资助：
本教材的出版受“福建农林大学出版基金”资助。

税务会计与税务筹划

张瑞琛　主编

中国财经出版传媒集团
中国财政经济出版社

图书在版编目（CIP）数据

税务会计与税务筹划/张瑞琛主编．--北京：中国财政经济出版社，2022.7

ISBN 978－7－5095－3905－7

Ⅰ．①税…　Ⅱ．①张…　Ⅲ．①税务会计②税务筹划　Ⅳ．①F810.42

中国版本图书馆CIP数据核字（2021）第169671号

责任编辑：彭　波　　　　责任印制：史大鹏
封面设计：卜建辰　　　　责任校对：胡永立

中国财政经济出版社 出版

URL：http：//www.cfeph.cn

E－mail：cfeph@cfeph.cn

社址：北京市海淀区阜成路甲28号　邮政编码：100142

营销中心电话：010－88191522

天猫网店：中国财政经济出版社旗舰店

网址：https：//zgczjjcbs.tmall.com

北京密兴印刷有限公司印刷　各地新华书店经销

成品尺寸：185mm×260mm　16开　32印张　766 000字

2022年7月第1版　2022年7月北京第1次印刷

定价：68.00元

ISBN 978－7－5095－3905－7

（图书出现印装问题，本社负责调换，电话：010－88190548）

本社质量投诉电话：010－88190744

前　言

税法是各种税收法规的总称，是税收机关征税和纳税人据以纳税的法律依据。税法由国家立法机关制定颁布，或由国家立法机关授权国家机关制定公布。税务会计是进行税务筹划、税金核算和纳税申报的一种税务工作，目前普遍认为，税务会计是财务会计和管理会计的自然延伸，根据现代企业制度的权利义务观，税务筹划是纳税人的一项基本权利。当前我国税收法律制度逐步完善，了解税法、掌握税务核算、开展税收筹划在企业经济活动中已变得越来越重要。为了满足当前对高级技能型、应用型人才培养的需求，强化学生综合业务素质和实际操作能力的培养，我们编写了这本教材，全书包括：税法与税收筹划的基础理论、增值税、消费税、关税、个人所得税、企业所得税、土地增值税、财产与行为税类、资源税和环境保护税类、特定目的税类、税收征收管理办法、税务行政法制等12章的内容。为了帮助读者加深对教材基本内容的理解，我们在各章后都附上了复习思考题，提高和巩固学生对各章节知识的掌握和应用能力，让学生了解注会考试的难易程度，为之后的学习做准备。

虽然我们花费了较长的时间，力求把本书的编写工作做好，但限于水平，书中难免有不妥或错漏之处，恳请读者批评指正。

张瑞琛

2021年6月18日于福州金山

目　录

第一章　税法与税收筹划的基础理论 …… 1

第一节　税法的概念 …… 1

第二节　税法原则 …… 3

第三节　税法要素 …… 5

第四节　税收立法 …… 9

第五节　税法体系 …… 14

第六节　税收筹划基本理论 …… 17

复习思考题 …… 22

第二章　增值税 …… 25

第一节　增值税基本法律 …… 25

第二节　税率与征收率 …… 42

第三节　增值税计税管理 …… 48

第四节　一般计税方法应纳税额的计算 …… 50

第五节　简易征税方法应纳税额的计算 …… 84

第六节　增值税出口退税 …… 85

第七节　增值税税收筹划 …… 110

复习思考题 …… 116

第三章　消费税 …… 128

第一节　消费税基本法律 …… 128

第二节　消费税的计税管理 …… 135

第三节　消费税出口退税 …… 147

第四节　消费税税收筹划 …… 148

复习思考题 …… 151

第四章　关税 …… 157

第一节　关税基础知识 …… 157
第二节　关税基本法律 …… 158
第三节　关税征收管理 …… 165
复习思考题 …… 167

第五章　个人所得税 …… 170

第一节　个人所得税基本法律 …… 170
第二节　个人所得税的计税管理 …… 177
第三节　个人所得税征收管理 …… 197
第四节　个人所得税税收筹划 …… 210
复习思考题 …… 214

第六章　企业所得税 …… 219

第一节　企业所得税基本法律 …… 219
第二节　企业所得税的计税管理 …… 221
第三节　企业所得税征收管理 …… 243
第四节　企业所得税税收筹划 …… 249
复习思考题 …… 252

第七章　土地增值税 …… 266

复习思考题 …… 279

第八章　财产税与行为类 …… 282

第一节　房产税法 …… 282
第二节　契税 …… 288
第三节　车船税法 …… 293
第四节　印花税 …… 298
复习思考题 …… 310

第九章　资源税和环境保护税类 …… 317

第一节　资源税税法 …… 317
第二节　环境保护税 …… 331

第三节　城镇土地使用税法 …… 343
复习思考题 …… 349

第十章　特定目的税类 …… 354

第一节　城市维护建设税 …… 354
第二节　烟叶税 …… 357
第三节　教育费附加和地方教育费附加 …… 358
第四节　船舶吨税 …… 360
第五节　耕地占用税法 …… 363
第六节　车辆购置税 …… 366
复习思考题 …… 374

第十一章　税收征收管理办法 …… 378

第一节　税收征收管理法概述 …… 378
第二节　税务管理 …… 380
第三节　税款征收 …… 393
第四节　税务检查 …… 407
第五节　法律责任 …… 410
第六节　纳税担保和抵押 …… 416
第七节　纳税信用管理 …… 421
复习思考题 …… 426

第十二章　税务行政法制 …… 429

第一节　税务行政处罚 …… 429
第二节　税务行政复议 …… 437
第三节　税务行政诉讼 …… 449
复习思考题 …… 454

课后习题答案 …… 457

第一章　税法与税收筹划的基础理论 …… 457
第二章　增值税 …… 459
第三章　消费税 …… 466
第四章　关税 …… 470
第五章　个人所得税 …… 471

第六章　企业所得税 …… 474
第七章　土地增值税 …… 486
第八章　财产税与行为税类 …… 488
第九章　资源税和环境保护税类 …… 491
第十章　特定目的税类 …… 494
第十一章　税收征收管理办法 …… 496
第十二章　税务行政法制 …… 498

历年注会真题 …… 501
参考文献 …… 502

第一章　税法与税收筹划的基础理论

☞ **本章摘要**

税法是国家法律的重要组成部分，是征纳双方共同遵守的行为规范。税收的含义、产生及职能，税法的概念、地位和作用，税收法律关系和税法构成要素，税收的立法原则、立法机关和立法程序，以及我国税法的建立、发展和现行的税法体系，是税法的基础理论知识，也是学习和研究税法必须首先了解的问题。

第一节　税法的概念

税收是政府为了满足社会公共需要，凭借政治权力，强制、无偿地取得财政收入的一种形式。把握税法的概念必须在深入理解税收内涵的基础上进行。理解税收的内涵需要从税收的分配关系本质、国家税权和税收目的三个方面来把握。

（一）税收是国家取得财政收入的一种重要工具，其本质是一种分配关系

国家要行使职能必须有一定的财政收入作为保障。取得财政收入的手段多种多样，如征税、发行货币、发行国债、收费、罚没等，其中税收是大部分国家取得财政收入的主要形式。我国自1994年税制改革以来，税收收入占财政收入的比重大多数年份都维持在90%左右，近几年随着非税收入（如土地拍卖收入等）的增加，税收收入占财政收入总额的比重有所下降。在社会再生产过程中，分配是连接生产与消费的必要环节，在市场经济条件下，分配主要是对社会产品价值的分割。税收解决的是分配问题，是国家参与社会产品价值分配的法定形式，处于社会再生产的分配环节，因而从本质上它体现的是一种分配关系。

（二）国家征税的依据是政治权力，它有别于按生产要素进行的分配

国家通过征税，将一部分社会产品由纳税人所有转变为国家所有，因此征税的过程实际上是国家参与社会产品的分配过程。国家与纳税人之间形成的这种分配关系与社会再生产中的一般分配关系不同。分配问题涉及两个基本问题：一是分配的主体；二是分配的依据。税收分配是以国家为主体进行的分配，而一般分配则是以各生产要素的所有者为主体进行的分配；税收分配是国家凭借政治权力进行的分配，而一般分配则是基于生产要素进行的分配。

税收是凭政治权力进行的分配，是马克思主义经典作家的基本观点，也是我国税收理论界长期以来的主流认识。正如马克思指出的“赋税是政府机器的经济基础，而不是其他任何东西”。恩格斯在《家庭、私有制和国家起源》中也指出：“为了维持这种公共权力，

就需要公民缴纳费用——捐税”。关于国家征税的依据即国家为什么可以对公民征税这个问题，从税收思想史来看有多种观点，如公需说、保险说、交换说、社会政策说等。随着市场经济的发展，我国税收理论界也有一些学者认为用交换说更能说明政府和纳税人之间的关系，即国家依据符合宪法的税收法律对公民和法人行使一种请求权，体现的关系即为类似公法上的债权债务关系，即政府依据税法拥有公民和法人某些财产或收入的债权，公民或法人则对政府承担了债务，这种债务就是税收。公民或法人缴纳税收偿还了债务以后即拥有了享受政府提供的公共产品的权利，此时税收相当于一种价格，公民和法人与政府应该具有某种等价交换的关系，国家行使请求权的同时，负有向纳税人提供高质有效的公共产品的义务；从纳税人这方面来讲，在享受政府提供的公共产品的同时，也依法负有纳税的义务。在这种等价交换中，税收体现了一种平等性，即国家和纳税人之间的对等和平等。

（三）国家课征税款的目的是满足社会公共需要

国家在履行其公共职能的过程中必然要有一定的公共支出。公共产品提供的特殊性决定了公共支出一般情况下不可能由公民个人、企业采取自愿出价的方式，而只能采用由国家（政府）强制征税的方式，由经济组织、单位和个人来负担。国家征税的目的是满足提供社会公共产品的需要，以及弥补“市场失灵”、促进公平分配等的需要。同时，国家征税也要受到所提供公共产品规模和质量的制约。

税法是国家制定的用以调整国家与纳税人之间在征纳税方面的权利及义务关系的法律规范的总称。税法构建了国家及纳税人依法征税、依法纳税的行为准则体系，其目的是保障国家利益和纳税人的合法权益，维护正常的税收秩序，保证国家的财政收入。税法体现为法律这一规范形式，是税收制度的核心内容。一国税收制度是在税收分配活动中税收征纳双方所应遵守的行为规范的总和。其内容主要包括各税种的法律法规以及为了保证这些税法得以实施的税收征管制度和税收管理体制。

税法具有义务性法规和综合性法规的特点。首先，从法律性质上看，税法属于义务性法规，以规定纳税人的义务为主。税法属于义务性法规，并不是指税法没有规定纳税人的权利，而是指纳税人的权利是建立在其纳税义务的基础之上，处于从属地位。税法属义务性法规的这一特点是由税收的无偿性和强制性特点所决定的。税法的义务性、强制性，不仅有国家权力作为后盾，而且有一系列的制度措施作保障；税法作为强制性规范，即对于一切满足税收要素的纳税人，均应根据税法缴纳税款，而不允许行政机关与纳税人之间达成默契变动法定纳税义务的内容。其次，税法的另一特点是具有综合性，它是由一系列单行税收法律法规及行政规章制度组成的体系，其内容涉及课税的基本原则、征纳双方的权利和义务、税收管理规则、法律责任、解决税务争议的法律规范等。税法的综合性特点是由税收制度所调整的税收分配关系和税收法律关系的复杂性所决定的。

税法的本质是正确处理国家与纳税人之间因税收而产生的税收法律关系和社会关系，既要保证国家税收收入，也要保护纳税人的权利，两者缺一不可。片面强调国家税收收入或纳税人权利都不利于社会的和谐发展。如果国家征收不到充足的税款，就无法履行其公共服务的职能，无法提供公共产品，最终也不利于保障纳税人的利益，从这个意义上讲，税法的核心在于兼顾和平衡纳税人权利，在保障国家税收收入稳步增长的同时，也保证对纳税人权利的有效保护，这是税法的核心要义。

第二节　税法原则

税法的原则反映税收活动的根本属性，是税收法律制度建立的基础。税法原则包括税法基本原则和税法适用原则。

一、税法基本原则

（一）税收法定原则

党的十八届三中全会审议通过的《中共中央关于全面深化改革若干重大问题的决定》中提出了“落实税收法定原则”。这是我国在党的文件中首次明确提出税法原则中这一最根本的一条原则。

税法基本原则是统领所有税收规范的根本准则，为包括税收立法、执法、司法在内的一切税收活动所必须遵守。其中税收法定原则是税法基本原则中的核心。

税收法定原则又称为税收法定主义，是指税法主体的权利义务必须由法律加以规定，税法的各类构成要素皆必须且只能由法律予以明确。如果没有相应法律作前提，国家则不能征税，公民也没有纳税的义务。税收法定主义贯穿税收立法和执法的全部领域，其内容包括税收要件法定原则和税务合法性原则。

税收要件法定原则是指有关纳税人、课税对象、课税标准等税收要件必须以法律形式作出规定，且有关课税要素的规定必须尽量明确。具体来说它要求：

（1）国家对其开征的任何税种都必须由法律对其进行专门确定才能实施；

（2）国家对任何税种征税要素的变动都应当按相关法律的规定进行；

（3）征税的各个要素不仅应当由法律作出专门的规定，这种规定还应当尽量明确。如果规定的不明确则会产生漏洞或者歧义，在税收的立法过程中对税收的各要素加以规定之后还应当采用恰当准确的用语，使之明确化，尽量避免使用模糊性的文字。

税务合法性原则是指税务机关按法定程序依法征税，不得随意减征、停征或免征，无法律依据不征税。

（1）要求立法者在立法的过程中要对各个税种征收的法定程序加以明确规定，既可以使纳税得以程序化，提高工作效率，节约社会成本，又尊重并保护了税收债务人的程序性权利，促使其提高纳税的意识。

（2）要求征税机关及其工作人员在征税过程中，必须按照税收程序法和税收实体法律的规定来行使自己的职权，履行自己的职责，充分尊重纳税人的各项权利。

（二）税收公平原则

一般认为税收公平原则包括税收横向公平和纵向公平，即税收负担必须根据纳税人的负担能力分配，负担能力相等，税负相同；负担能力不等，税负不同。税收公平原则源于法律上的平等性原则，所以许多国家的税法在贯彻税收公平原则时，都特别强调“禁止不平等对待”的法理，禁止对特定纳税人给予歧视性对待，也禁止在没有正当理由的情况下对特定纳税人给予特别优惠。

（三）税收效率原则

税收效率原则包含两个方面：一是经济效率；二是行政效率。前者要求税法的制定要有利于资源的有效配置和经济体制的有效运行；后者要求提高税收行政效率，节约税收征管成本。

（四）实质课税原则

实质课税原则指应根据客观事实确定是否符合课税要件，并根据纳税人的真实负担能力决定纳税人的税负，而不能仅考虑相关外观和形式。

二、税法适用原则

税法适用原则是指税务行政机关和司法机关运用税收法律规范解决具体问题所必须遵循的准则。税法适用原则并不违背税法基本原则，而且在一定程度上体现着税法基本原则。但是与其相比，税法适用原则含有更多的法律技术性准则，更为具体化。包括：

1. 法律优位原则。

其基本含义为法律的效力高于行政立法的效力。法律优位原则在税法中的作用主要体现在处理不同等级税法的关系上。法律优位原则明确了税收法律的效力高于税收行政法规的效力，对此还可以进一步推论为税收行政法规的效力优于税收行政规章的效力。效力低的税法与效力高的税法发生冲突，效力低的税法即是无效的。

2. 法律不溯及既往原则。

法律不溯及既往原则是绝大多数国家所遵循的法律程序技术原则。其基本含义为：一部新法实施后，对新法实施之前人们的行为不得适用新法，而只能沿用旧法。在税法领域内坚持这一原则，目的在于维护税法的稳定性和可预测性，使纳税人能在知道纳税结果的前提下作出相应的经济决策，税收的调节作用才会较为有效。

3. 新法优于旧法原则。

新法优于旧法原则也称后法优于先法原则，其含义为：新法、旧法对同一事项有不同规定时，新法的效力优于旧法。其作用在于避免因法律修订带来新法、旧法对同一事项有不同的规定而引起法律适用的混乱，为法律的更新与完善提供法律适用上的保障。新法优于旧法原则在税法中普遍适用，但是当新税法与旧税法处于普通法与特别法的关系时，以及某些程序性税法引用“实体从旧，程序从新原则”时，可以例外。

4. 特别法优于普通法的原则。

其含义为对同一事项两部法律分别定有一般和特别规定时，特别规定的效力高于一般规定的效力。特别法优于普通法原则打破了税法效力等级的限制，即居于特别法地位的级别较低的税法，其效力可以高于作为普通法的级别较高的税法。

5. 实体从旧、程序从新原则。

这一原则的含义包括两个方面：一是实体税法不具备溯及力。即在纳税义务的确定上，以纳税义务发生时的税法规定为准，实体性的税法规则不具有向前的溯及力。二是程序性税法在特定条件下具备一定的溯及力。即对于新税法公布实施之前发生，却在新税法公布实施之后进入税款征收程序的纳税义务，原则上新税法具有约束力。

6. 程序优于实体原则。

程序优于实体原则是关于税收争讼法的原则，其基本含义为，在诉讼发生时税收程序法优于税收实体法。适用这一原则，是为了确保国家课税权的实现，不因争议的发生而影响税款的及时、足额入库。

第三节　税法要素

税法要素是指各种单行税法具有的共同的基本要素的总称。首先，税法要素既包括实体性的，也包括程序性的；其次，税法要素是所有完善的单行税法都共同具备的，仅为某一税法所单独具有而非普遍性的内容，不构成税法要素，如扣缴义务人。税法要素一般包括总则、纳税义务人、征税对象、税目、税率、纳税环节、纳税期限、纳税地点、减税免税、罚则、附则等项目。

一、总则

总则主要包括立法依据、立法目的、适用原则等。例如，《耕地占用税条例》规定，“为了合理利用土地资源，加强土地管理，保护农用耕地，特制定本条例。”此条突出了该条例制定的目的，即“立法目的”。

二、纳税人义务

纳税义务人或纳税人又称为纳税主体，是税法规定的直接负有纳税义务的单位和个人。任何一个税种首先要解决的就是国家对谁征税的问题。

纳税人有两种基本形式：自然人和法人。自然人和法人是两个相对称的法律概念。自然人是基于自然规律而出生的，有民事权利和义务的主体，包括本国公民，也包括外国人和无国籍人。法人是自然人的对称，根据《民法通则》第三十六条规定，法人是基于法律规定享有权利能力和行为能力，具有独立的财产和经费，依法独立承担民事责任的社会组织。我国的法人主要有四种：机关法人、事业法人、企业法人和社团法人。

税法中规定的纳税人有自然人和法人两种最基本的形式，按照不同的目的和标准，还可以对自然人和法人进行多种详细的分类，这些分类对国家制定区别对待的税收政策，发挥税收的经济调节作用，具有重要的意义。例如，自然人可划分为居民纳税人和非居民纳税人，个体经营者和其他个人等；法人可划分为居民企业和非居民企业，还可按企业不同的所有制性质来进行分类等。

与纳税人紧密联系的两个概念是代扣代缴义务人和代收代缴义务人。前者是指虽不承担纳税义务，但依照有关规定，在向纳税人支付收入、结算货款、收取费用时有义务代扣代缴其应纳税款的单位和个人，如出版社代扣作者稿酬所得的个人所得税等。如果代扣代缴义务人按规定履行了代扣代缴义务，税务机关将支付一定的手续费。反之，未按规定代扣代缴税款，造成应纳税款流失或将已扣缴的税款私自截留挪用、不按时缴入国库，一经税务机关发现，将要承担相应的法律责任。代收代缴义务人是指虽不承担纳税义务，但依照有关规定，在向纳税人收取商品或劳务收入时，有义务代收代缴其应纳税款的单位和个人。如消费税条例规定，委托加工的应税消费品，由受托方在向委托方交货时代收代缴委托方应该缴纳的消费税。

三、征税对象

征税对象又称为课税对象、征税客体，指税法规定对什么征税，是征纳税双方权利义务共同指向的客体或标的物，是区别一种税与另一种税的重要标志。如消费税的征税对象是消费税条例所列举的应税消费品，房产税的征税对象是房屋等。征税对象是税法最基本的要素，因为它体现着征税的最基本界限，决定着某一种税的基本征税范围，同时，征税对象也决定了各个不同税种的名称。如消费税、土地增值税、个人所得税等，这些税种因征税对象不同、性质不同，税名也就不同。征税对象按其性质的不同，通常可划分为流转额、所得额、财产、资源、特定行为等五大类，通常也因此将税收分为相应的五大类即流转税或称商品和劳务税、所得税、财产税、资源税和特定行为税。

与课税对象相关的两个基本概念：税目和税基。税目本身也是一个重要的税法要素，下面将单独讨论。而税基又叫计税依据，是据以计算征税对象应纳税款的直接数量依据，它解决对征税对象课税的计算问题，是对课税对象的量的规定。如企业所得税应纳税额的基本计算方法是应纳税所得额乘以适用税率，其中，应纳税所得额是据以计算所得税应纳税额的数量基础，为所得税的税基。计税依据按照计量单位的性质划分，有两种基本形态：价值形态和物理形态。价值形态包括应纳税所得额、销售收入、营业收入等；物理形态包括面积、体积、容积、重量等。以价值形态作为税基，又称为从价计征，即按征税对象的货币价值计算，如生产销售化妆品应纳消费税税额是由化妆品的销售收入乘以适用税率计算产生，其税基为销售收入，属于从价计征的方法。另一种是从量计征，即直接按征税对象的自然单位计算，如城镇土地使用税应纳税额是由占用土地面积乘以每单位面积应纳税额计算产生，其税基为占用土地的面积，属于从量计征的方法。

四、税目

税目是在税法中对征税对象分类规定的具体的征税项目，反映具体的征税范围，是对课税对象质的界定。设置税目的目的首先是明确具体的征税范围，凡列入税目的即为应税项目，未列入税目的，则不属于应税项目。其次，划分税目也是贯彻国家税收调节政策的需要，国家可根据不同项目的利润水平以及国家经济政策等为依据制定高低不同的税率，以体现不同的税收政策。并非所有税种都需要规定税目，有些税种不分课税对象的具体项目，一律按照课税对象的应税数额采用同一税率计征税款，因此一般无须设置税目，如企业所得税。有些税种具体课税对象比较复杂，需要规定税目，如消费税、营业税等，一般都规定有不同的税目。

五、税率

税率是对征税对象的征收比例或征收额度。税率是计算税额的尺度，也是衡量税负轻重与否的重要标志。我国现行的税率主要有以下几种。

（一）比例税率

即对同一征税对象，不分数额大小，规定相同的征收比例。比例税率在适用中又可分为三种具体形式：

1. 单一比例税率，是指对同一征税对象的所有纳税人都适用同一比例税率。
2. 差别比例税率，是指对同一征税对象的不同纳税人适用不同的比例征税。
3. 幅度比例税率，是指对同一征税对象，税法只规定最低税率和最高税率，各地区在该幅度内确定具体的适用税率。

比例税率具有计算简单、税负透明度高、有利于保证财政收入、有利于纳税人公平竞争、不妨碍商品流转额或非商品营业额扩大等优点，符合税收效率原则。但比例税率不能针对不同的收入水平实施不同的税收负担，在调节纳税人的收入水平方面难以体现税收的公平原则。

（二）累进税率

1. 超额累进税率。

超额累进税率指把征税对象按数额的大小分成若干等级，每一等级规定一个税率，税率依次提高，但每一纳税人的征税对象则依所属等级同时适用几个税率分别计算，将计算结果相加后得出应纳税款。目前我国采用这种税率的税种是个人所得税。

2. 超率累进税率。

超率累进税率即以征税对象数额的相对率划分若干级距，分别规定相应的差别税率，相对率每超过一个级距的，对超过的部分就按高一级的税率计算征税。目前我国税收体系中采用这种税率的是土地增值税。

（三）定额税率

即按征税对象确定的计算单位，直接规定一个固定的税额。目前，采用定额税率的有城镇土地使用税和车船税等。

六、纳税环节

纳税环节主要指税法规定的征税对象在从生产到消费的流转过程中应当缴纳税款的环节。如流转税在生产和流通环节纳税、所得税在分配环节纳税等。纳税环节有广义和狭义之分。广义的纳税环节指全部课税对象在再生产中的分布情况。如资源税分布在资源生产环节，商品税分布在生产或流通环节，所得税分布在分配环节等。狭义的纳税环节特指应税商品在流转过程中应纳税的环节。商品从生产到消费要经历诸多流转环节，各环节都存在销售额，都可能成为纳税环节。但考虑到税收经济的影响、财政收入的需要以及税收征管的能力等因素，国家常常对在商品流转过程中所征税种规定不同的纳税环节。按照某种税征税环节的多少，可以将税种划分为一次课征制或多次课征制。

合理选择纳税环节，对加强税收征管、有效控制税源、保证国家财政收入的及时、稳定、可靠，方便纳税人生产经营活动和财务核算，灵活机动地发挥税收调节经济的作用，具有十分重要的理论和实践意义。

七、纳税期限

纳税期限是指税法规定的关于税款缴纳时间即纳税时限方面的限定。税法关于纳税时限的规定，有三个相关概念：

（1）纳税义务发生时间。纳税义务发生时间，是指应税行为发生的时间。如增值税条例规定采取预收货款方式销售货物的，其纳税义务发生时间为货物发出的当天。

（2）纳税期限，纳税人每次发生纳税义务后，不可能马上去缴纳税款。税法规定了每种税的纳税期限，即每隔固定时间汇总一次纳税义务的时间。如增值税条例规定，增值税的具体纳税期限分别为1日、3日、5日、10日、15日、1个月或1个季度。纳税人的具体纳税期限，由主管税务机关根据纳税人应纳税额的大小分别核定；不能按照固定期限纳税的，可以按次纳税。

（3）缴库期限，即税法规定的纳税期满后，纳税人将应纳税款缴入国库的期限。如增值税暂行条例规定，纳税人以1个月或者1个季度为1个纳税期的，自期满之日起15日内申报纳税；以1日、3日、5日、10日或15日为1个纳税期的，自期满之日起5日内预缴税款，于次月1日起15日内申报纳税并结清上月应纳税款。

八、纳税地点

纳税地点主要是指根据各个税种纳税对象的纳税环节和有利于对税款的源头控制而规定的纳税人（包括代征、代扣、代缴义务人）的具体申报缴纳税收的地方。

九、减税免税

减税免税主要是对某些纳税人和征税对象采取减少征税或者免予征税的特殊规定。

十、罚则

罚则主要是指对纳税人违反税法的行为采取的处罚措施。

十一、附则

附则一般都规定与该法紧密相关的内容，如税法的解释权、生效时间等。

第四节 税收立法

一、税收立法原则

税收立法是指有权的机关依据一定的程序，遵循一定的原则，运用一定的技术，制定、公布、修改、补充和废止有关税收法律、法规、规章的活动。税收立法是税法实施的前提，有法可依、有法必依、执法必严、违法必究，是税收立法与税法实施过程中必须遵循的基本原则。

税收立法原则是指在税收立法活动中必须遵循的准则。我国的税收立法原则是根据我国的社会性质和具体国情确定的，是立法机关根据社会经济活动、经济关系，特别是税收征税双方的特点确定的，并贯穿于税收立法工作始终的指导方针。税收立法主要应该遵循下几个原则。

（一）从实际出发的原则

从实际出发，这是唯物主义的思想路线在税收立法实践中的运用和体现。贯彻这个原则，首先，要求税收立法必须根据经济、政治发展的客观需要，反映客观规律，也就是从中国国情出发，充分尊重经济社会发展规律和税收分配理论。其次，要客观反映一定时期国家、社会、政治、经济等各方面的实际情况，既不能被某些条条框框所束缚，也不能盲目抄袭别国的立法模式。在此基础上，充分运用科学知识和技术手段，不断丰富税收立法理论，完善税法体系，以适应社会主义市场经济发展的客观需要。

（二）公平原则

在税收立法中一定要体现公平原则。所谓公平，就是要体现合理负担原则。在市场经济体制下，参加市场竞争的各个主体需要有一个平等竞争的环境，而税收的公平是实现平等竞争的重要条件。公平主要体现在三个方面：一是从税收负担能力上看，负担能力大的应多纳税，负担能力小的应少纳税，没有负担能力的不纳税。二是从纳税人所处的生产和经营环境看，由于客观环境优越而取得超额收入或级差收益者应多纳税，反之少纳税。三是从税负平衡看，不同地区、不同行业间及多种经济成分之间的实际税负必须尽可能公平。

（三）民主决策的原则

民主决策的原则主要指税收立法过程中必须充分倾听群众的意见，严格按照法定程序进行，确保税收法律能体现广大群众的根本利益。坚持这个原则，要求税收立法的主体应以人民代表大会及其常务委员会为主，按照法定程序进行；对税收法案的审议，要进行充分的辩论，倾听各方面意见；税收立法过程要公开化，让广大公众及时了解税收立法的全过程，以及立法过程中各个环节的争论和如何达成共识的情况。

（四）原则性与灵活性相结合的原则

在制定税法时，要求明确、具体、严谨、周密。但是，为了保证税法制定后在全国范围内、在各个地区都能贯彻执行，不与现实脱节，又要求在制定税法时，不能规定得过细过死，这就要求必须坚持原则性与灵活性相结合的原则。具体讲，就是必须贯彻法制的统一性与因时、因地制宜相结合。法制的统一性，表现在税收立法上，就是税收立法权只能由国家最高权力机关来行使，各地区、各部门不能擅自制定违背国家法律的“土政策”“土规定”。但是，我国又是一个幅员辽阔、人口众多、多民族的国家，各地区的经济文化发展水平不平衡，因而对不同地区不能强求一样。因此，为了照顾不同地区特别是少数民族地区不同的情况和特点，为了充分发挥地方的积极性，在某些情况下，允许地方在遵守国家法律、法规的前提下，制定适合当地的实施办法等。因此，只有贯彻这个原则，才能制定出既符合全国统一性要求又能适应各地区实际情况的税法。

（五）法律的稳定性、连续性与废、改、立相结合的原则

制定税法，是与一定经济基础相适应的，税法一旦制定，在一定阶段内就要保持其稳定性，不能朝令夕改，变化不定。如果税法经常变动，不仅会破坏税法的权威性和严肃性，而且会给国民经济生活造成非常不利的影响。但是，这种稳定性不是绝对的，因为社会政治、经济状况是不断变化的，税法也要进行相应的发展变化。这种发展变化具体表现在：有的税法，已经过时，需要废除；有的税法，部分失去效力，需要修改、补充；根据新的情况，需要制定新的税法。此外，还必须注意保持税法的连续性，即税法不能中断，在新的税法未制定前，原有的税法不应随便中止、失效；在修改、补充或制定新的税法时，应保持与原有税法的承续关系，应在原有税法的基础上，结合新的实践经验，修改、补充原有的税法和制定新的税法。只有遵循这个原则，才能制定出符合社会政治、经济发展规律的税法。

二、税收立法权及其划分

税收立法权是制定、修改、解释或废止税收法律、法规、规章和规范性文件的权力。它包括两方面的内容：一是什么机关有税收立法权；二是各级机关的税收立法权是如何划分的。

（一）税收立法权划分的种类

税收立法权的明确有利于保证国家税法的统一制定和贯彻执行，充分、准确地发挥各级有权机关管理税收的职能作用，防止各种越权自定章法、随意减免税收现象的发生。

税收立法权的划分可按以下不同的方式进行：

1. 可以按照税种类型的不同来划分，如按商品和劳务税类、所得税类、地方税类来划分。有关特定税收领域的税收立法权通常全部给予特定一级的政府。

2. 可以根据任何税种的基本要素来划分。任何税种的结构都由几个要素构成：纳税人、征税对象、税基、税率、税目、纳税环节等。理论上，可以将税种的某一要素如税基

和税率的立法权，授予某级政府。但在实践中，这种做法并不多见。

3. 可以根据税收执法的级次来划分。立法权可以授予某级政府，行政上的执行权给予另一级，这是一种传统的划分方法，能适用于任何类型的立法权。根据这种模式，有关纳税主体、税基和税率的基本法规的立法权放在中央政府，更具体的税收实施规定的立法权给予较低级次政府或政府机构。因此，需要指定某级政府或政府机构制定不同级次的法规。我国的税收立法权的划分就属于此种类型。

（二）我国税收立法权划分的现状

1. 中央税、中央与地方共享税以及全国统一实行的地方税的立法权集中在中央，以保证中央政令统一，维护全国统一市场和企业平等竞争。其中，中央税是指维护国家权益、实施宏观调控所必需的税种，具体包括消费税、关税、车辆购置税等。中央和地方共享税是指同经济发展直接相关的主要税种，具体包括增值税、企业所得税、个人所得税。地方税具体包括资源税、土地增值税、印花税、城市维护建设税、城镇土地使用税、房产税、车船税等。

2. 依法赋予地方适当的地方税收立法权。我国地域辽阔，地区间经济发展水平很不平衡，经济资源包括税源都存在着较大差异，这种状况给全国统一制定税收法律带来一定的难度。因此，随着分税制改革的进行，有前提地、适当地给地方下放一些税收立法权，使地方可以实事求是地根据自己特有的税源开征新的税种，促进地方经济的发展。这样，既有利于地方因地制宜地发挥当地的经济优势，同时也便于同国际税收惯例对接。

3. 我国税收立法权划分的具体层次。

（1）全国性税种的立法权，即包括全部中央税、中央与地方共享税和在全国范围内征收的地方税税法的制定、公布和税种的开征、停征权，税收征收管理制度基本制度的设立属于全国人民代表大会（以下简称全国人大）及其常务委员会（以下简称常委会）。

（2）经全国人大及其常委会授权，全国性税种可先由国务院以“条例”或“暂行条例”的形式发布施行。经一段时期后，再行修订并通过立法程序，由全国人大及其常委会正式立法。

（3）经全国人大及其常委会授权，国务院有制定税法实施细则、增减税目和调整税率的权力。

（4）经全国人大及其常委会的授权，国务院有税法的解释权；经国务院授权，国家税务主管部门（财政部、国家税务总局及海关总署）有税收条例的解释权和制定税收条例实施细则的权力。

（5）经国务院授权，省级人民政府有本地区地方税法的解释权和制定税法实施细则、调整税目、税率的权力，也可在上述规定的前提下，制定一些税收征收办法，还可以在全国性地方税条例规定的幅度内，确定本地区适用的税率或税额。上述权力除税法解释权外，在行使后和发布实施前须报国务院备案。

地区性地方税收的立法权应只限于省级立法机关或经省级立法机关授权同级政府，不能层层下放。所立税法可在全省（自治区、直辖市）范围内执行，也可只在部分地区执行。

关于我国现行税收立法权的划分问题，迄今为止，尚无一部基本法律对之加以完整规定，只是散见于若干财政和税收法律、法规中，尚有待于未来的税收基本法对此作出统一规定。

三、税收立法机关

根据我国《宪法》《全国人民代表大会组织法》《国务院组织法》《立法法》及《地方各级人民代表大会和地方各级人民政府组织法》的规定，我国的立法体制是：全国人民代表大会及其常务委员会行使立法权，制定法律；国务院及所属各部委，有权根据宪法和法律制定行政法规和规章；地方人民代表大会及其常务委员会，在不与宪法、法律、行政法规抵触的前提下，有权制定地方性法规，但要报全国人大常委会和国务院备案；民族自治地方的人大有权依照当地民族政治、经济和文化的特点，制定自治条例和单行条例。

各有权机关根据国家立法体制规定所制定的一系列税收法律、法规、规章和规范性文件，构成了我国的税收法律体系。需要说明的是，我们平时所说的税法，有广义和狭义之分。广义概念上的税法包括所有调整税收关系的法律、法规、规章和规范性文件，是税法体系的总称；而狭义概念上的税法，特指由全国人民代表大会及其常务委员会制定和颁布的税收法律。由于制定税收法律、法规和规章的机关不同，其法律级次不同，因此其法律效力也不同。下面简单地予以介绍。

（一）全国人民代表大会和全国人大常委会制定的税收法律

《宪法》第五十八条规定："全国人民代表大会和全国人民代表大会常务委员会行使国家立法权。"上述规定确定了我国税收法律的立法权由全国人大及其常委会行使，其他任何机关都没有制定税收法律的权力。在国家税收中，凡是基本的、全局性的问题，例如，国家税收的性质，税收法律关系中征纳双方权利与义务的确定，税种的设置，税目、税率的确定等，都需要由全国人大及其常委会以税收法律的形式制定实施，并且在全国范围内，无论对国内纳税人，还是非居民纳税人都普遍适用。在现行税法中，如《企业所得税法》《个人所得税法》《税收征收管理法》以及 1993 年 12 月全国人大常委会通过的《关于外商投资企业和外国企业适用增值税、消费税、营业税等税收暂行条例的决定》都是税收法律。除《宪法》外，在税法体系中，税收法律具有最高的法律效力，是其他有权机关制定税收法规、规章的法律依据，其他各级有权机关制定的税收法规、规章，都不得与《宪法》和税收法律相抵触。

（二）全国人大或人大常委会授权立法

授权立法是指全国人民代表大会及其常务委员会根据需要授权国务院制定某些具有法律效力的暂行规定或者条例。授权立法与制定行政法规不同。国务院经授权立法所制定的规定或条例等，具有国家法律的性质和地位，它的法律效力高于行政法规，在立法程序上还需要报全国人大常委会备案。1984 年 9 月 1 日，全国人大常委会授权国务院改革工商税制和发布有关税收条例。1985 年，全国人大授权国务院在经济体制改革和对外开放方面可以制定暂行的规定或者条例，都是授权国务院立法的依据。按照这两次授权立法，国务院在1994年1月1日起实施的工商税制改革中，制定实施了增值税、营业税、消费税、资源税、土地增值税、企业所得税等6个暂行条例。授权立法，在一定程度上解决了我国经济体制改革和对外开放工作急需法律保障的当务之急。税收暂行条例的制定和公布施行，也为全国人大及常委会立法工作提供了有益的经验和条件，将这些条例在条件成熟时上升为法律做好了准备。

（三）国务院制定的税收行政法规

国务院作为最高国家权力机关的执行机关，是最高的国家行政机关，拥有广泛的行政立法权。我国《宪法》规定，国务院可“根据宪法和法律，规定行政措施，制定行政法规，发布决定和命令”。行政法规作为一种法律形式，在中国法律形式中处于低于宪法、法律和高于地方法规、部门规章、地方规章的地位，也是在全国范围内普遍适用的。行政法规的立法目的在于保证宪法和法律的实施，行政法规不得与宪法、法律相抵触，否则无效。国务院发布的《企业所得税法实施条例》《税收征收管理法实施细则》等，都是税收行政法规。

（四）地方人民代表大会及其常委会制定的税收地方性法规

根据《地方各级人民代表大会和地方各级人民政府组织法》的规定，省、自治区、直辖市的人民代表大会以及省、自治区的人民政府所在地的市和经国务院批准的较大的市的人民代表大会有制定地方性法规的权力。由于我国在税收立法上坚持“统一税法”的原则，因此地方权力机关制定税收地方法规不是无限制的，而是要严格按照税收法律的授权行事。目前，除了海南省、民族自治地区按照全国人大授权立法规定，在遵循宪法、法律和行政法规的原则基础上，可以制定有关税收的地方性法规外，其他省、市一般都无权自定税收地方性法规。

（五）国务院税务主管部门制定的税收部门规章

《宪法》第九十条规定：“国务院各部、各委员会根据法律和国务院的行政法规、决定、命令，在本部门的权限内，发布命令、指示和规章。”有权制定税收部门规章的税务主管机关是财政部、国家税务总局及海关总署。其制定规章的范围包括对有关税收法律、法规的具体解释、税收征收管理的具体规定、办法等，税收部门规章在全国范围内具有普遍适用效力，但不得与税收法律、行政法规相抵触。例如，财政部颁发的《增值税暂行条例实施细则》、国家税务总局颁发的《税务代理试行办法》等都属于税收部门规章。

（六）地方政府制定的税收地方规章

《地方各级人民代表大会和地方各级人民政府组织法》规定：“省、自治区、直辖市以及省、自治区的人民政府所在地的市和国务院批准的较大的市人民政府，可以根据法律和国务院的行政法规，制定规章。”按照“统一税法”的原则，上述地方政府制定税收规章，都必须在税收法律、法规明确授权的前提下进行，并且不得与税收法律、行政法规相抵触。没有税收法律、法规的授权，地方政府是无权自定税收规章的，凡是越权自定的税收规章没有法律效力。例如，国务院发布实施的城市维护建设税、房产税等地方性税种暂行条例，都规定了省、自治区、直辖市人民政府可根据条例制定实施细则。

四、税收立法程序

税收立法程序是指有权的机关，在制定、认可、修改、补充、废止等税收立法活动中，必须遵循的法定步骤和方法。

目前我国税收立法程序主要包括以下几个阶段。

1. 提议阶段。无论是税法的制定，还是税法的修改、补充和废止，一般由国务院授权其税务主管部门（财政部、国家税务总局及海关总署）负责立法的调查研究等准备工作，并提出立法方案或税法草案，上报国务院。

2. 审议阶段。税收法规由国务院负责审议。税收法律在经国务院审议通过后，以议案的形式提交全国人民代表大会常务委员会的有关工作部门，在广泛征求意见并做修改后，提交全国人民代表大会或其常务委员会审议通过。

3. 通过和公布阶段。税收行政法规，由国务院审议通过后，以国务院总理名义发布实施。税收法律，在全国人民代表大会或其常务委员会开会期间，先听取国务院关于制定税法议案的说明，然后经过讨论，以简单多数的方式通过后，以国家主席名义发布实施。

第五节　税法体系

税法内容十分丰富，涉及范围也极为广泛，各单行税收法律法规结合起来，形成了完整配套的税法体系，共同规范和制约税收分配的全过程，是实现依法治税的前提和保证。从法律角度来讲，一个国家在一定时期内、一定体制下以法定形式规定的各种税收法律、法规的总和，被称为税法体系。但从税收工作的角度来讲，所谓税法体系往往被称为税收制度。一个国家的税收制度是指在既定的管理体制下设置的税种以及与这些税种的征收、管理有关的，具有法律效力的各级成文法律、行政法规、部门规章等的总和。换句话说，税法体系就是通常所说的税收制度（以下简称税制）。

一个国家的税收制度，可按照构成方法和形式分为简单型税制及复合型税制。简单型税制主要是指税种单一、结构简单的税收制度；复合型税制主要是指由多个税种构成的税收制度。在现代社会中，世界各国一般都采用多种税并存的复税制税收制度。一个国家为了有效取得财政收入或调节社会经济活动，必须设置一定数量的税种，并规定每种税的征收和缴纳办法，包括对什么征税、向谁征税、征多少税以及何时纳税、何地纳税、按什么手续纳税和不纳税如何处理等。

因此，税收制度的内容主要有三个层次：一是不同的要素构成税种。构成税种的要素主要包括纳税人、征税对象、税目、税率、纳税环节、纳税期限、减税免税等。二是不同的税种构成税收制度。构成税收制度的具体税种，国与国之间差异较大，但一般都包括所得税（直接税），如企业（法人）所得税、个人所得税，也包括商品课税（间接税），如增值税、消费税及其他一些税种，如财产税（房地产税、车船税）、关税、社会、保障税等。三是规范税款征收程序的法律法规，如税收征收管理法等。

税种的设置及每种税的征税办法，一般是以法律形式确定的，这些法律就是税法。一个国家的税法一般包括税法通则、各税税法（条例）、实施细则、具体规定四个层次。其中，“税法通则”规定一个国家的税种设置和每个税种的立法精神，各个税种的“税法（条例）”分别规定每种税的征税办法，“实施细则”是对各税税法（条例）的详细说明和解释，“具体规定”则是根据不同地区、不同时期的具体情况制定的补充性法规。目前，世界上只有少数国家单独制定税法通则，大多数国家都把税法通则的有关内容包含在宪法和各税税法（条例）之中，我国的税法就属于这种情况。

税法体系中各税法按基本内容和效力、职能作用征收对象、权限范围的不同，可分为不同类型。

（一）按照税法的基本内容和效力的不同，可分为税收基本法和税收普通法

税收基本法也称税收通则，是税法体系的主体和核心，在税法体系中起着税收母法的作用。其基本内容一般包括税收制度的性质、税务管理机构、税收立法与管理权限、纳税人的基本权利与义务、征税机关的权利和义务、税种设置等。我国目前还没有制定统一的税收基本法，随着我国税收法制建设的发展和完善，将研究制定税收基本法。税收普通法是根据税收基本法的原则，对税收基本法规定的事项分别立法实施的法律。如个人所得税法、税收征收管理法等。

（二）按照税法的职能作用的不同，可分为税收实体法和税收程序法

税收实体法主要是指确定税种立法，具体规定各税种的征收对象、征收范围、税目、税率、纳税地点等。例如，《中华人民共和国企业所得税法》《中华人民共和国个人所得税法》就属于税收实体法。税收程序法是指税务管理方面的法律，主要包括税收管理法、纳税程序法、发票管理法、税务机关组织法、税务争议处理法等。《税收征收管理法》就属于税收程序法。

1. 税收实体法体系。

我国的现行税制就其实体法而言，是新中国成立后经过几次较大的改革逐步演变而来的，主要是经 1994 年税制改革后形成的，按征税对象大致分为以下五类：

（1）商品（货物）和劳务税类。包括增值税、消费税和关税，主要在生产、流通或者服务业中发挥调节作用。

（2）所得税类。包括企业所得税、个人所得税，主要是在国民收入形成后，对生产经营者的利润和个人的纯收入发挥调节作用。

（3）财产和行为税类。包括房产税、车船税、印花税、契税，主要是对某些财产和行为发挥调节作用。

（4）资源税和环境保护税类。包括资源、环境保护税、土地增值税和城镇土地使用税。主要是对因开发和利用自然资源差异而形成的级差收入发挥调节作用。

（5）特定目的税类。包括城市维护建设税、车辆购置税、耕地占用税、船舶吨税和烟叶税，主要是为了达到特定目的，对特定对象和特定行为发挥调节作用。

上述税种一共 18 个，其中的关税和船舶吨税由海关负责征收管理，其他税种由税务机关负责征收管理。耕地占用税和契税，1996 年以前由财政机关的农税部门征收管理，

1996 年财政部农税管理机构划归国家税务总局，这些税种就改由税务部门负责征收。

现行税种中，除企业所得税、个人所得税、车船税、环境保护税是以国家法律的形式发布实施外，其他各税种都是经全国人民代表大会授权立法，由国务院以暂行条例的形式发布实施的。这些法律法规共同组成了我国的税收实体法体系。

2. 税收程序法体系。

除税收实体法外，我国对税收征收管理适用的法律制度，是按照税收管理机关的不同而分别规定的：

(1) 由税务机关负责征收的税种的征收管理，按照全国人大常委会发布实施的《税收征收管理法》及各实体税法中的征管规定执行。

(2) 由海关机关负责征收的税种的征收管理，按照《海关法》及《进出口关税条例》等有关规定执行。

上述税收实体法和税收征收管理的程序法共同构成了我国现行税法体系。

(三) 按照税法相关税种征收对象的不同，可分为五种类型的税法

1. 商品和劳务税税法。主要包括增值税、消费税等税法。这类税法的特点是与商品生产、流通、消费有密切联系。对什么商品征税，税率多高，对商品经济活动都有直接的影响，易于发挥对经济的宏观调控作用。

2. 所得税税法。主要包括企业所得税、个人所得税等税法。其特点是可以直接调节纳税人收入，发挥其公平税负、调整分配关系的作用。

3. 财产、行为税税法。主要是对财产价值或某种行为课税的法律规范，包括房产税、印花税等税法。

4. 资源税税法。主要是为保护和合理使用国家自然资源而制订的税法。我国现行的资源税、城镇土地使用税等税法均属于资源税法的范畴。

5. 特定目的税税法。包括城市维护建设税、烟叶税法等。其目的是对某些特定对象和特定行为发挥特定调节作用。

(四) 按照主权国家行使税收管辖权的不同，可分为国内税法、国际税法、外国税法等

国内税法一般是按照属人或属地原则，规定一个国家的内部税收制度。国际税法是指国家间形成的税收制度，主要包括双边或多边国家间的税收协定、条约和国际惯例等，一般而言，其效力高于国内税法。外国税法是指外国各个国家制定的税收制度。

以上对于税法或税种的分类不具有法定性，但将各具体税种按一定方法分类，在税收理论研究和税制建设方面用途相当广泛，作用非常之大。例如，商品和劳务税也称间接税，是由于这些税种都是按照商品和劳务收入计算征收的，而这些税种虽然是由纳税人负责缴纳，但最终是由商品和劳务的购买者即消费者负担的，所以称为间接税；而所得税类税种的纳税人本身就是负税人，一般不存在税负转移或转嫁问题，所以称为直接税。

通常认为，在以间接税为主体的税制结构中，主要税种一般包括增值税、关税和消费税或销售税；在以直接税为主体的税制结构中，主要税种一般包括个人所得税和企业（法人）所得税。以个人所得税为主体税种的，多见于经济发达国家，而把企业（法人）所

得税作为主体税种的国家很少。以某种直接税和间接税税种为“双主体”的税制，是作为一种过渡性税制类型存在的。在 20 世纪 70 年代以前，理论界一直认为以所得税为主体的税制结构最为理想。发达国家和一些发展较快的发展中国家在进行以商品和劳务税为主体向以收益所得税为主体税种的税制改革过程中，曾经出现过一些采用“双主体”税制的国家。我国目前税制基本上是以间接税和直接税为双主体的税制结构，间接税（增值税、消费税、关税）占全部税收收入比例的 70% 左右，直接税（企业所得税、个人所得税）占全部税收收入比例的 25% 左右，其他辅助税种数量较多，但收入比重不大。

国家税收制度的确立，要根据本国的具体政治经济条件。所以，各国的政治经济条件不同，税收制度也不尽相同，具体征税办法也各有千秋、千差万别。就一个国家而言，在不同的时期，由于政治经济条件和政治经济目标不同，税收制度也有着或大或小的差异。

第六节 税收筹划基本理论

“税收筹划”又称“合理避税”。它来源于 1935 年英国的“税务局长诉温斯特大公”案。当时参与此案的英国上议院议员汤姆林爵士对税收筹划作了这样的表述：“任何一个人都有权安排自己的事业。如果依据法律所做的某些安排可以少缴税，那就不能强迫他多缴税收。”这一观点得到了法律界的认同。经过半个多世纪的发展，税收筹划的规范化定义得以逐步形成，即“在法律规定许可的范围内，通过对经营、投资、理财活动的事先筹划和安排，尽可能取得节税（Tax Savings）的经济利益。”

一、税收筹划概念

税收筹划的前提条件是必须符合国家法律及税收法规；税收筹划的方向应当符合税收政策法规的导向；税收筹划的发生必须是在生产经营和投资理财活动之前；税收筹划的目标是使纳税人的税收利益最大化。所谓“税收利益最大化”，包括税负最轻、税后利润最大化、企业价值最大化等内涵，而不仅仅指的是税负最轻。

对企业增值税税收筹划概念的探讨，首先是基于税收筹划概念的分析。税收筹划概念自 20 世纪 90 年代中叶由西方引入中国，译自 tax-planning 一词，也译作税务筹划、纳税筹划、税务计划等。税收筹划是一门涉及多门学科知识的新兴的现代边缘学科，许多问题尚不成熟，因而国际上对其概念的描述也不尽一致。综合而言，国内外学者对这一概念的表述大体如下。

（1）荷兰国际财政文献局（IBFD）所编写的《国际税收辞典》一书认为，税收筹划是指企业通过对经营活动和个人事务活动的安排，达到缴纳最低的税收。

（2）印度税务专家 N. J. 亚萨斯威所著的《个人投资与税收筹划》认为，税收筹划是指纳税人通过财务活动的安排，以充分利用税收法规所提供的包括减免税在内的一切优惠，从而享有最大的税收利益。

（3）印度税务专家史林瓦斯在他编著的《公司税收筹划手册》中说道：税收筹划是经营管理整体中的一个组合部分……税务已成为重要的环境因素之一，对企业既是机遇，也是威胁。

（4）美国南加州大学的梅格博士在其《会计学》一书中将税收筹划定义为：在纳税发生之前，有系统地对企业经营和投资行为做出事先安排，以达到尽量少缴税，这个过程就是税收筹划。

（5）税收筹划专家赵连志认为，税收筹划是指企业在税法规定许可的范围内，通过对投资、经营、理财活动进行筹划和安排，尽可能地取得节约税收成本的税收收益。税收筹划的目的就是减轻企业的税收负担。税收筹划的外在表现就是“缴税最晚、缴税最少”。

（6）学者盖地认为，税收筹划也称税务筹划、纳税筹划，是指企业（自然人、法人）依据所涉及的现行税法（不限一国一地），在遵守税法、尊重税法的前提下，运用企业的权利，根据税法中的“允许”和“不允许”、“应该”与“不应该”以及“非不允许”与“非不应该”的项目、内容，对经营、投资、筹资等活动进行旨在减轻税负的谋划和对策。

（7）国家税务总局注册税务师管理中心在其编写的《税务代理实务》中，把税收筹划明确定义为：税收筹划又称为纳税筹划，是指在遵循税收法律、法规的情况下，企业为实现企业价值最大化或股东权益最大化，在法律许可的范围内，自行或委托代理人，通过对经营、投资、理财等事项的安排和策划，以充分利用税法所提供的包括减免税在内的一切优惠，对多种纳税方案进行优化选择的一种财务管理活动。

二、税收筹划特点

1. 税收筹划具有合法性。

（1）税收筹划是在法律法规的许可范围内进行的，是纳税人在遵守国家法律及税收法规的前提下，在多种纳税方案中，做出选择税收利益最大化方案的决策，具有合法性。

（2）税收筹划符合国家税法的立法意图。

2. 税收筹划具有事前筹划性。

3. 税收筹划具有明确的目的性。

三、税收筹划的分类

1. 避税筹划。是指纳税人采用非违法手段（即表面上符合税法条文但实质上违背立法精神的手段），利用税法中的漏洞、空白获取税收利益的筹划。纳税筹划既不违法也不合法，与纳税人不尊重法律的偷逃税有着本质区别。国家只能采取反避税措施加以控制（即不断地完善税法，填补空白，堵塞漏洞）。

2. 节税筹划。是指纳税人在不违背立法精神的前提下，充分利用税法中固有的起征点、减免税等一系列的优惠政策，通过对筹资、投资和经营等活动的巧妙安排，达到少缴税甚至不缴税目的的行为。

3. 转嫁筹划。是指纳税人为了达到减轻税负的目的，通过价格调整将税负转嫁给他人承担的经济行为。

4. 实现涉税零风险。是指纳税人账目清楚，纳税申报正确，税款缴纳及时、足额，不会出现任何关于税收方面的处罚，即在税收方面没有任何风险，或风险极小可以忽略不计的一种状态。这种状态的实现，虽然不能使纳税人直接获取税收上的好处，但却能间接地获取一定的经济利益，而且这种状态的实现，更有利于企业的长远发展与规模扩大。

四、税收筹划的目标

1. 有利于企业经济行为有效率的选择，增强企业竞争能力。
（1）有利于增加企业可支配收入。
（2）有利于企业获得延期纳税的好处。
（3）有利于企业正确进行投资、生产经营决策，获得最大化的税收利益。
（4）有利于企业减少或避免税务处罚。
2. 有利于实现国家税法的立法意图，充分发挥税收杠杆作用，增加国家收入。
（1）有利于国家税收政策法规的落实。
（2）有利于增加财政收入。
（3）有利于增加国家外汇收入。
（4）有利于税收代理业的发展。

五、税收筹划的基本方法

（一）税收筹划的切入点

1. 以税收筹划空间大的税种为切入点。
在实际操作中，要选择对决策有重大影响的税种作为税收筹划的重点；选择税负弹性大的税种作为税收筹划的重点，税负弹性越大，税收筹划的潜力也越大。
2. 以税收优惠政策为切入点。
用好、用足税收优惠政策，应注意两个问题：
（1）纳税人不得曲解税收优惠条款，滥用税收优惠，以欺骗手段骗取税收优惠；
（2）纳税人应充分了解税收优惠条款，并按规定程序进行申请，避免因程序不当而失去应有权益。
3. 以纳税人构成为切入点。
企业在进行税收筹划之前，首先要考虑能否避开成为某税种纳税人，从而从根本上解决减轻税收负担问题。
4. 以影响应纳税额的几个基本因素为切入点。
从计税依据和税率这两个因素入手，找到合理、合法的办法来降低应纳税额。
5. 以不同的财务管理过程为切入点。
（1）筹资管理税收筹划；
（2）投资管理税收筹划；
（3）资金运营管理税收筹划；
（4）收益分配管理税收筹划。

（二）利用税收优惠政策

1. 税收优惠与税收利益。
（1）税收优惠是国家税制的一个组成部分，是政府为了达到一定的政治、社会和经济目的，而对纳税人实行的税收鼓励。

（2）在投资者眼里，税收利益来源于两个方面：一方面，通过政府提供税收优惠政策取得；另一方面，通过纳税人对税收方案的选择取得。其共同的特点是风险与收益并存，在税收筹划中必须做仔细的衡量和慎重的决策。

2. 税收优惠的形式。

（1）免税。免税是指国家出于照顾或奖励的目的，对特定的地区、行业、企业、项目或情况（特定的纳税人或纳税人的特定应税项目，或由于纳税人的特殊情况）给予纳税人完全免征税收的优惠政策。充分地利用免税获得税收利益的关键在于：尽量争取更多的免税待遇、尽量使免税期最长化。

（2）减税。减税是国家出于照顾或奖励的目的，对特定的地区、行业、企业、项目或情况（纳税人或纳税人的特定应税项目，或由于纳税人的特殊情况）所给予纳税人减征部分税收的优惠政策。充分利用减税优惠获得税收利益的关键在于：尽量争取减税待遇并使减税最大化、尽量使减税期最长化。

（3）税率差异。税率差异是指对性质相同或相似的税种适用不同的税率。利用税率差异来获得税收利益的关键在于：尽量寻求税率最低化、尽量寻求税率差异的稳定性和长期性。

（4）税收扣除。狭义的税收扣除指从计税金额中减去一部分以求出应税金额，广义的税收扣除还包括从应计税额中减去一部分，即“税额扣除”“税额抵扣”“税收抵免”。利用税收扣除来获得税收利益最大化的关键在于：①争取扣除项目最多化；②争取扣除金额最大化；③争取扣除最早化。

（5）税收抵免。税收抵免是指从应纳税额中扣除税收抵免额。利用税收抵免来获得税收利益最大化的关键在于：①争取抵免项目最多化；②争取抵免金额最大化。

（6）优惠退税。优惠退税是指政府将纳税人已经缴纳或实际承担的税款退还给规定的受益人。利用退税获得税收利益最大化的关键在于：①争取退税项目最多化；②使退税额最大化。

（7）亏损抵补。亏损抵补是指当年经营亏损在次年或其他年度以经营盈利抵补，以减少以后年度的应纳税款。纳税人在利用税收优惠政策进行税收筹划时需要注意以下两个方面：①注重对优惠政策的综合衡量；②注重投资风险对资本收益的影响。

（三）高纳税义务转换为低纳税义务

（1）所谓高纳税义务转换为低纳税义务，指的是当同一经济行为有多种税收方案可供选择时，纳税人避开高税点而选择低税点，以减轻纳税义务，获得税收利益。

（2）税率通常有两种形式：一种统称为定额税率；另一种用百分比的形式来表示，含比例税率和累进税率。累进税率又可分为全额累进税率和超额累进税率。

（3）除了收入与费用的实现和认定对适用税率高低有影响外，获利年度的确认、资本物的持有期、融资的不同方式、生产经营的组织结构等都可能发生纳税义务从重到轻或从轻到重的变动及转化。

（四）税收递延

1. 税收递延的概念。

税收递延也称为延期纳税或纳税期的递延，即允许企业在规定的期限内，分期或延迟缴纳税款。

2. 税收递延的途径。

采取有利的会计处理方法，是企业实现递延纳税的重要途径。税务、会计差异按原因和性质的不同可以分为：

（1）时间性差异，是指会计准则和税法因确认收益或费用、损失的时间不同而产生的税前会计利润与应纳税所得额的差异。

（2）永久性差异，是指由于会计准则和税法在计算收益或费用、损失时的规定不同而产生的税前利润与应纳税所得额之间的差异。

从是否可作返回性调整的角度看，税收递延涉及的只是时间性差异。税收筹划的目标，便是在不违反税法的前提下，尽量地延缓缴税。

3. 税收递延的方法。

（1）推迟收入的确认。

①合理安排生产经营活动：交货时间、结算时间、销售方式。

②合理安排公司财务：主要是指在会计上通过合理安排确认营业收入实现的时间来推迟税款的缴纳，或者说合理安排营业收入的入账时间以推迟税款的缴纳。

（2）尽早确认费用。

对于费用确认，应当遵循如下原则：凡是能直接进营业成本、期间费用和损失的不进生产成本，凡是能进成本的不进资产，能预提的不待摊，能多提的就多提，能快摊的就快摊。

与相对节税直接有关的几个费用项目如下：（1）固定资产折旧费；（2）无形资产和递延资产摊销；（3）存货计价方法。

（五）选择有利的企业组织形式

1. 不同的企业组织形式。

第一个层次：国际上通常把企业组织形式分为三类，即公司制企业、合伙企业和个人独资企业。

第二个层次：在公司制企业内划分为两对公司关系，即总分公司及母子公司。

2. 子公司与分公司的税收筹划。

（1）子公司与分公司。

子公司与分公司是现代大公司制企业常见的组织形式。子公司是对应于母公司而言的，分公司是对应于总公司而言的。不同于子公司，分公司不具备独立法人实体的资格。

①子公司是独立的法人实体，在设立公司的所在国被视为居民纳税人，通常要承担与该国的其他居民公司一样的全面纳税义务。母公司所在国的税收法规对子公司没有约束力，除非它们与所在国之间缔结的双边税收协定有特殊的规定。

②分公司不是独立的法人实体，在设立分公司的所在国被视为非居民纳税人，其所发

生的利润与亏损与总公司合并计算。

③子公司作为居民纳税人，而分公司作为非居民纳税人。在东道国的税收待遇上，前者通常承担无限纳税义务，后者通常承担有限纳税义务。

3. 合伙企业及其税收筹划。

涉及合伙企业的税收筹划应关注以下要点：

（1）要认真分析各国对合伙企业的法律界定和税收规定，并从其法律地位、经营和筹资便利、税基、税率、税收待遇等综合因素进行分析和比较。

（2）从多数国家来看，合伙企业的税负一般要低于公司制企业，这是合伙企业的税收利益所在。

（3）在比较税收利益时，不能仅看名义上的差别，更要看实际税负的差别。

4. 私营企业与个体工商户的选择。

私人投资者在投资前，应通过自身投资的盈利状况及发展前景作仔细预测，综合考虑各种因素，最终做出最有利于自己的投资决策。

复习思考题

一、单项选择题

1. 下列各项中不属于涉税专业服务机构涉税业务内容的是（　　）。

A. 纳税申报代理　B. 非涉税鉴证　C. 税收策划　D. 纳税情况审查

2. 在税法的构成要素中，区分不同税种的主要标志的要素是（　　）。

A. 税率　B. 税目　C. 税基　D. 征税对象

3. 税法基本原则的核心是（　　）。

A. 税收法定原则　B. 税收公平原则　C. 税收效率原则　D. 实质课税原则

4. 关于税法要素，下列说法不正确的是（　　）。

A. 纳税人是税法规定的直接负有纳税义务的单位和个人，也是实际负担税款的单位和个人

B. 征税对象是税法中规定的征纳双方权利义务共同指向的客体或标的物

C. 税率是对征税对象的征收比例或征收额度，是衡量税负轻重与否的重要标志

D. 税目反映具体的征税范围，是对课税对象质的界定

5. 下列关于税法与行政法的关系，叙述正确的是（　　）。

A. 税法与行政法的联系主要表现在税法具有行政法的一般特征

B. 税法与一般行政法一样，都具有经济分配的性质

C. 税法是一种授权性法规

D. 行政法大多为义务性法规

6.《中华人民共和国土地增值税暂行条例》的法律级次属于（　　）。

A. 财政部制定的部门规章　B. 全国人大授权国务院立法

C. 国务院制定的税收行政法规　D. 全国人大制定的税收法律

7.《增值税暂行条例实施细则》的法律级次属于（　　）。

A. 财政部制定的部门规章　B. 全国人大授权国务院立法

C. 国务院制定的税收行政法规　　D. 全国人大制定的税收法律

8. 下列税种中不属于中央与地方共享收入的是（　　）。

A. 资源税　　B. 城镇土地使用税

C. 城市维护建设税　　D. 增值税

9. 税法具有义务性法规的这一特点是由税收的（　　）特点所决定的。

A. 强制性、固定性　　B. 无偿性、固定性

C. 无偿性、强制性　　D. 权利、义务对等

10. 一部新法实施后，对新法实施之前人们的行为不得适用新法，而只能沿用旧法，这体现了税法适用原则中的（　　）。

A. 新法优于旧法原则　　B. 法律不溯及既往原则

C. 实体从旧、程序从新原则　　D. 程序优于实体原则

11. 按照税法的基本内容和效力的不同，可以将税法分成（　　）。

A. 中央税法与地方税法　　B. 税收实体法与税收程序法

C. 国际税法与国内税法　　D. 税收基本法与税收普通法

12. 我国目前税制基本上是（　　）的税制结构。

A. 直接税为主体　　B. 间接税为主体

C. 间接税和直接税为双主体　　D. 无主体

13. 下列选项中，不属于纳税人的权利的是（　　）。

A. 有权要求税务机关对企业的情况保密

B. 依法享有申请减税、免税、退税的权利

C. 依法享有申请行政复议、提起行政诉讼、请求国家赔偿等权利

D. 负责税收征收管理工作

14. 下列属于纳税人的权利的是（　　）。

A. 办理税务登记　　B. 依法缴纳税款　　C. 申请延期纳税权　　D. 进行纳税申报

15. 我国税收制度按照构成方法和形式分类属于（　　）。

A. 直接型税制　　B. 间接型税制　　C. 简单型税制　　D. 复合型税制

二、多项选择题

1. 税法的基本原则包括（　　）。

A. 法律优位原则　　B. 税收公平原则　　C. 税收效率原则　　D. 实质课税原则

2. 税收法律关系的产生、变更和消灭的原因包括（　　）。

A. 税收法律事件　　B. 税收法律的公布　　C. 税收法律的实施　　D. 税收法律行为

3. 下列各项中，属于税收部门规章的有（　　）。

A. 财政部颁发的《增值税暂行条例实施细则》

B. 国家税务总局颁发的《税务代理试行办法》

C. 国务院发布的《企业所得税实施条例》

D. 国务院发布的《税收征收管理法实施细则》

4. 下列税种中，全部属于中央政府固定收入的有（　　）。

A. 进口环节增值税　　B. 进口环节消费税

C. 车辆购置税　　D. 房产税

5. 税收执法权是指税收机关依法征收税款，依法进行税收管理活动的权力，具体包括（　　）。

A. 税务检查权　　B. 税务行政复议裁决权及其他税务管理权

C. 税务稽查权　　D. 税款征收管理权

6. 下列各项中，属于国际重复征税产生原因的有（　　）。

A. 地域管辖权与地域管辖权的重叠

B. 居民（公民）管辖权与收入管辖权的重叠

C. 居民（公民）管辖权与地域管辖权的重叠

D. 居民（公民）管辖权与居民（公民）管辖权的重叠

7. 目前世界上的税收管辖权大致可以分为（　　）。

A. 居民管辖权　　B. 地域管辖权　　C. 公民管辖权　　D. 法人管辖权

8. 税法是国家制定的用以调整国家与纳税人之间在征纳税方面的权利及义务关系的法律规范的总称，它具有（　　）的特点。

A. 义务性法规　　B. 授权性法规　　C. 单一性法规　　D. 综合性法规

9. 以下选项中，属于税法的适用原则的有（　　）。

A. 程序优于实体原则　　B. 法律优位原则

C. 税收效率原则　　D. 新法优于旧法原则

10. 下列税种中，同时采用比例税率和定额税率进行征收的有（　　）。

A. 土地增值税　　B. 消费税　　C. 印花税　　D. 个人所得税

11. 下列税法要素各项中，表述正确的有（　　）。

A. 对于累进税率，一般情况下，课税数额越大，适用税率越高

B. 比例税率是对同一征税对象，不分数额大小，规定相同的征收比例

C. 税目反映具体的征税范围

D. 纳税义务人或纳税人又叫纳税主体

12. 资产持有过程中缴纳的税收有（　　）。

A. 车船税　　B. 车辆购置税　　C. 土地使用税　　D. 房产税

13. 税收立法包括有权机关的（　　）活动。

A. 制定有关税收法律、法规、规章　　B. 公布有关税收法律、法规、规章

C. 修改有关税收法律、法规、规章　　D. 废止有关税收法律、法规、规章

14. 税收管理权限包括（　　）。

A. 税收立法权　　B. 税收法律法规的解释权

C. 税种的开征或停征权　　D. 税目和税率的调整权

第二章　增值税

☞ **本章摘要**

增值税被称为最优良的税种，其最大的好处是有效地克服了重复征税。该税从创立至今仅有60余年的历史，但其推广速度之快、运用范围之广是其他任何税种都无法比拟的，目前世界上已有160多个国家和地区实行了增值税。从世界各国实行的增值税来看，以法定扣除项目为标准来划分，可分为生产型增值税、收入型增值税和消费型增值税。我国目前采用的是消费型增值税。

第一节　增值税基本法律

一、征税范围

增值税的征税范围包括在境内发生应税销售行为以及进口货物等。根据《增值税暂行条例》《增值税暂行条例实施细则》和“营改增通知”的规定，我们将增值税的征税范围分为一般规定和特殊规定。

（一）征税范围的一般规定

现行增值税征税范围的一般规定包括应税销售行为和进口的货物。具体规定如下：

1. 销售或者进口的货物。

货物是指有形动产，包括电力、热力、气体在内。销售货物，是指有偿转让货物的所有权。

2. 销售劳务。

劳务是指纳税人提供的加工、修理修配劳务。加工是指受托加工货物，即委托方提供原料及主要材料，受托方按照委托方的要求制造货物并收取加工费的业务；修理修配是指受托对损伤和丧失功能的货物进行修复，使其恢复原状和功能的业务。

销售劳务也可称为提供劳务，是指有偿提供劳务。单位或者个体工商户聘用的员工为本单位或者雇主提供劳务不包括在内。

3. 销售服务。

服务包括交通运输服务、邮政服务、电信服务、建筑服务、金融服务、现代服务、生活服务。具体征税范围如下：

（1）交通运输服务。交通运输服务是指利用运输工具将货物或者旅客送达目的地，使其空间位置得到转移的业务活动，包括陆路运输服务、水路运输服务、航空运输服务和管道运输服务。

①陆路运输服务。陆路运输服务是指通过陆路（地上或者地下）运送货物或者旅客的运输业务活动，包括铁路运输服务和其他陆路运输服务。

铁路运输服务是指通过铁路运送货物或者旅客的运输业务活动。

其他陆路运输服务是指铁路运输以外的陆路运输业务活动，包括公路运输、缆车运输、索道运输、地铁运输、城市轻轨运输等。

出租车公司向使用本公司自有出租车的出租车司机收取的管理费用，按照陆路运输服务缴纳增值税。

②水路运输服务。水路运输服务是指通过江、河、湖、川等天然、人工水道或者海洋航道运送货物或者旅客的运输业务活动。

水路运输的程租、期租业务，属于水路运输服务。

程租业务是指运输企业为租船人完成某一特定航次的运输任务并收取租赁费的业务。

期租业务是指运输企业将配备有操作人员的船舶承租给他人使用一定期限，承租期内听候承租方调遣，不论是否经营，均按天向承租方收取租赁费，发生的固定费用均由船东负担的业务。

③航空运输服务。航空运输服务是指通过空中航线运送货物或者旅客的运输业务活动。

航空运输的湿租业务属于航空运输服务。湿租业务是指航空运输企业将配备有机组人员的飞机承租给他人使用一定期限，承租期内听候承租方调遣，不论是否经营，均按一定标准向承租方收取租赁费，发生的固定费用均由承租方承担的业务。

航天运输服务按照航空运输服务缴纳增值税。航天运输服务是指利用火箭等载体将卫星、空间探测器等空间飞行器发射到空间轨道的业务活动。

④管道运输服务。管道运输服务是指通过管道设施输送气体、液体、固体物质的运输业务活动。

⑤自 2018 年 1 月 1 日起，纳税人已售票但客户逾期未消费取得的运输逾期票证收入，按照“交通运输服务”缴纳增值税。

⑥在运输工具舱位承包业务中，发包方以其向承包方收取的全部价款和价外费用为销售额，按照“交通运输服务”缴纳增值税。承包方以其向托运人收取的全部价款和价外费用为销售额，按照“交通运输服务”缴纳增值税。

运输工具舱位承包业务是指承包方以承运人身份与托运人签订运输服务合同，收取运费并承担承运人责任，然后以承包他人运输工具舱位的方式，委托发包方实际完成相关运输服务的经营活动。

⑦在运输工具舱位互换业务中，互换运输工具舱位的双方均以各自换出运输工具舱位确认的全部价款和价外费用为销售额，按照“交通运输服务”缴纳增值税。

运输工具舱位互换业务是指纳税人之间签订运输协议，在各自以承运人身份承揽的运输业务中，互相利用对方交通运输工具的舱位完成相关运输服务的经营活动。

⑧无运输工具承运业务按照“交通运输服务”缴纳增值税。无运输工具承运业务是指经营者以承运人身份与托运人签订运输服务合同，收取运费并承担承运人责任，然后委托实际承运人完成运输服务的经营活动。

（2）邮政服务。邮政服务是指中国邮政集团公司及其所属邮政企业提供邮件寄递、邮政汇兑和机要通信等邮政基本服务的业务活动，包括邮政普遍服务、邮政特殊服务和其他邮政服务。

①邮政普遍服务。邮政普遍服务是指函件、包裹等邮件寄递，以及邮票发行、报刊发行和邮政汇兑等业务活动。

函件是指信函、印刷品、邮资封片卡、无名址函件和邮政小包等。

包裹是指按照封装上的名址递送给特定个人或者单位的独立封装的物品，其重量不超过 50 千克，任何一边的尺寸不超过 150 厘米，长、宽、高合计不超过 300 厘米。

②邮政特殊服务。邮政特殊服务是指义务兵平常信函、机要通信、盲人读物和革命烈士遗物的寄递等业务活动。

③其他邮政服务。其他邮政服务是指邮册等邮品销售、邮政代理等业务活动。

（3）电信服务。电信服务是指利用有线、无线的电磁系统或者光电系统等各种通信网络资源，提供语音通话服务，传送、发射、接收或者应用图像、短信等电子数据和信息的业务活动，包括基础电信服务和增值电信服务。

①基础电信服务是指利用固网、移动网、卫星、互联网提供语音通话服务的业务活动，以及出租或者出售带宽、波长等网络元素的业务活动。

②增值电信服务是指利用固网、移动网、卫星、互联网、有线电视网络，提供短信和彩信服务、电子数据和信息的传输及应用服务、互联网接入服务等业务活动。

卫星电视信号落地转接服务，按照增值电信服务缴纳增值税。

（4）建筑服务。建筑服务是指各类建筑物、构筑物及其附属设施的建造、修缮、装饰，线路、管道、设备、设施等的安装以及其他工程作业的业务活动，包括工程服务、安装服务、修缮服务、装饰服务和其他建筑服务。

①工程服务是指新建、改建各种建筑物、构筑物的工程作业，包括与建筑物相连的各种设备或者支柱、操作平台的安装或者装设工程作业，以及各种窑炉和金属结构工程作业。

②安装服务是指生产设备、动力设备、起重设备、运输设备、传动设备、医疗实验设备以及其他各种设备、设施的装配、安置工程作业，包括与被安装设备相连的工作台、梯子、栏杆的装设工程作业，以及被安装设备的绝缘、防腐、保温、油漆等工程作业。

固定电话、有线电视、宽带、水、电、燃气、暖气等经营者向用户收取的安装费、初装费、开户费、扩容费以及类似收费，按照安装服务缴纳增值税。

③修缮服务是指对建筑物、构筑物进行修补、加固、养护、改善，使之恢复原来的使用价值或者延长其使用期限的工程作业。

④装饰服务是指对建筑物、构筑物进行修饰装修，使之美观或者具有特定用途的工程作业。物业服务企业为业主提供的装修服务，按照“建筑服务”缴纳增值税。

⑤其他建筑服务是指上列工程作业之外的各种工程作业服务，如钻井（打井）、拆除建筑物或者构筑物、平整土地、园林绿化、疏浚（不包括航道疏浚）、建筑物平移、搭脚手架、爆破、矿山穿孔、表面附着物（包括岩层、土层、沙层等）剥离和清理等工程作业。纳税人将建筑施工设备出租给他人使用并配备操作人员的，按照“建筑服务”缴纳增值税。

（5）金融服务。金融服务是指经营金融保险的业务活动，包括贷款服务、直接收费金融服务、保险服务和金融商品转让。“保本收益、报酬、资金占用费、补偿金”，是指合同中明确承诺到期本金可全部收回的投资收益。金融商品持有期间（含到期）取得的非保本的上述收益，不属于利息或利息性质的收入，不征收增值税。

①贷款服务。贷款是指将资金贷与他人使用而取得利息收入的业务活动。

各种占用、拆借资金取得的收入，包括金融商品持有期间（含到期）利息（保本收益、报酬、资金占用费、补偿金等）收入、信用卡透支利息收入、买入返售金融商品利息收入、融资融券收取的利息收入，以及融资性售后回租、押汇、罚息、票据贴现、转贷等业务取得的利息及利息性质的收入，按照“贷款服务”缴纳增值税。

保本收益、报酬、资金占用费、补偿金是指合同中明确承诺到期本金可全部收回的投资收益。金融商品持有期间（含到期）取得的非保本的上述收益，不属于利息或利息性质的收入，不征收增值税。

融资性售后回租是指承租方以融资为目的，将资产出售给从事融资性售后回租业务的企业后，从事融资性售后回租业务的企业将该资产出租给承租方的业务活动。

以货币资金投资收取的固定利润或者保底利润，按照“贷款服务”缴纳增值税。

②直接收费金融服务。直接收费金融服务是指为货币资金融通及其他金融业务提供相关服务并且收取费用的业务活动，包括提供货币兑换、账户管理、电子银行、信用卡、信用证、财务担保、资产管理、信托管理、基金管理、金融交易场所（平台）管理，资金结算、资金清算、金融支付等服务。

③保险服务。保险服务是指投保人根据合同约定，向保险人支付保险费，保险人对于合同约定的可能发生的事故因其发生所造成的财产损失承担赔偿保险金责任，或者当被保险人死亡、伤残、疾病或者达到合同约定的年龄、期限等条件时承担给付保险金责任的商业保险行为，包括人身保险服务和财产保险服务。

人身保险服务是指以人的寿命和身体为保险标的的保险业务活动。

财产保险服务是指以财产及其有关利益为保险标的的保险业务活动。

④金融商品转让。金融商品转让是指转让外汇、有价证券、非货物期货和其他金融商品所有权的业务活动。

纳税人转让因同时实施股权分置改革和重大资产重组而首次公开发行股票并上市形成的限售股，以及上市首日至解禁日期间由上述股份孳生的送、转股，以该上市公司股票上市首日开盘价为买入价，按照“金融商品转让”缴纳增值税。

其他金融商品转让包括基金、信托、理财产品等各类资产管理产品和各种金融衍生品的转让。纳税人购入基金、信托、理财产品等各类资产管理产品持有至到期，不属于金融商品转让。

（6）现代服务。现代服务是指围绕制造业、文化产业、现代物流产业等提供技术性、知识性服务的业务活动，包括研发和技术服务、信息技术服务、文化创意服务、物流辅助服务、租赁服务、鉴证咨询服务、广播影视服务、商务辅助服务和其他现代服务。

①研发和技术服务，包括研发服务、合同能源管理服务、工程勘察勘探服务、专业技术服务。

研发服务也称技术开发服务，是指就新技术、新产品、新工艺或者新材料及其系统进行研究与试验开发的业务活动。

合同能源管理服务是指节能服务公司与用能单位以契约形式约定节能目标，节能服务公司提供必要的服务，用能单位以节能效果支付节能服务公司投入及其合理报酬的业务活动。

工程勘察勘探服务是指在采矿、工程施工前后，对地形、地质构造、地下资源蕴藏情况进行实地调查的业务活动。

专业技术服务是指气象服务、地震服务、海洋服务、测绘服务、城市规划、环境与生态监测服务等专项技术服务。

②信息技术服务。信息技术服务是指利用计算机、通信网络等技术对信息进行生产、收集、处理、加工、存储、运输、检索和利用，并提供信息服务的业务活动，包括软件服务、电路设计及测试服务、信息系统服务、业务流程管理服务和信息系统增值服务。

软件服务是指提供软件开发服务、软件维护服务、软件测试服务的业务活动。

电路设计及测试服务是指提供集成电路和电子电路产品设计、测试及相关技术支持服务的业务活动。

信息系统服务是指提供信息系统集成、网络管理、网站内容维护、桌面管理与维护、信息系统应用、基础信息技术管理平台整合、信息技术基础设施管理、数据中心、托管中心、信息安全服务、在线杀毒、虚拟主机等业务活动，包括网站对非自有的网络游戏提供的网络运营服务。

业务流程管理服务是指依托信息技术提供的人力资源管理、财务经济管理、审计管理、税务管理、物流信息管理、经营信息管理和呼叫中心等服务的活动。

信息系统增值服务是指利用信息系统资源为用户附加提供的信息技术服务，包括数据处理、分析和整合、数据库管理、数据备份、数据存储、容灾服务、电子商务平台等。

③文化创意服务。文化创意服务，包括设计服务、知识产权服务、广告服务和会议展览服务。

设计服务是指把计划、规划、设想，通过文字、语言、图画、声音、视觉等形式传递出来的业务活动，包括工业设计、内部管理设计、业务运作设计、供应链设计、造型设计、服装设计、环境设计、平面设计、包装设计、动漫设计、网游设计、展示设计、网站设计、机械设计、工程设计、广告设计、创意策划、文印晒图等。

知识产权服务是指处理知识产权事务的业务活动，包括对专利、商标、著作权、软件、集成电路布图设计的登记、鉴定、评估、认证、检索服务。

广告服务是指利用图书、报纸、杂志、广播、电视、电影、幻灯、路牌、招贴、橱窗、霓虹灯、灯箱、互联网等各种形式为客户的商品、经营服务项目、文体节目或者通告、声明等委托事项进行宣传和提供相关服务的业务活动，包括广告代理和广告的发布、播映、宣传、展示等。

会议展览服务是指为商品流通、促销、展示、经贸洽谈、民间交流、企业沟通、国际往来等举办或者组织安排的各类展览和会议的业务活动。

宾馆、旅馆、旅社、度假村和其他经营性住宿场所提供会议场地及配套服务的活动，按照“会议展览服务”缴纳增值税。

④物流辅助服务。物流辅助服务包括航空服务、港口码头服务、货运客运场站服务、

打捞救助服务、装卸搬运服务、仓储服务和收派服务。

航空服务包括航空地面服务和通用航空服务。

航空地面服务是指航空公司、飞机场、民航管理局、航站等向在境内航行或者在境内机场停留的境内外飞机或者其他飞行器提供的导航等劳务性地面服务的业务活动，包括旅客安全检查服务、停机坪管理服务、机场候机厅管理服务、飞机清洗消毒服务、空中飞行管理服务、飞机起降服务、飞行通讯服务、地面信号服务、飞机安全服务、飞机跑道管理服务、空中交通管理服务等。

通用航空服务是指为专业工作提供飞行服务的业务活动，包括航空摄影、航空培训、航空测量、航空勘探、航空护林、航空吊挂播撒、航空降雨、航空气象探测、航空海洋监测、航空科学实验等。

港口码头服务是指港务船舶调度服务、船舶通讯服务、航道管理服务、航道疏浚服务、灯塔管理服务、航标管理服务、船舶引航服务、理货服务、系解缆服务、停泊和移泊服务、海上船舶溢油清除服务、水上交通管理服务、船只专业清洗消毒检测服务和防止船只漏油服务等为船只提供服务的业务活动。

港口设施经营人收取的港口设施保安费按照“港口码头服务”缴纳增值税。

货运客运场站服务是指货运客运场站提供货物配载服务、运输组织服务、中转换乘服务、车辆调度服务、票务服务、货物打包整理、铁路线路使用服务、加挂铁路客车服务、铁路行包专列发送服务、铁路到达和中转服务、铁路车辆编解服务、车辆挂运服务、铁路接触网服务、铁路机车牵引服务等业务活动。

打捞救助服务是指提供船舶人员救助、船舶财产救助、水上救助和沉船沉物打捞服务的业务活动。

装卸搬运服务是指使用装卸搬运工具或者人力、畜力将货物在运输工具之间、装卸现场之间或者运输工具与装卸现场之间进行装卸和搬运的业务活动。

仓储服务是指利用仓库、货场或者其他场所代客贮放、保管货物的业务活动。

收派服务是指接受寄件人委托，在承诺的时限内完成函件和包裹的收件、分拣、派送服务的业务活动。收件服务是指从寄件人收取函件和包裹，并运送到服务提供方同城的集散中心的业务活动。分拣服务是指服务提供方在其集散中心对函件和包裹进行归类、分发的业务活动。派送服务是指服务提供方从其集散中心将函件和包裹送达同城的收件人的业务活动。

⑤租赁服务。租赁服务包括融资租赁服务和经营租赁服务。

融资租赁服务是指具有融资性质和所有权转移特点的租赁活动，即出租人根据承租人所要求的规格、型号、性能等条件购入有形动产或者不动产租赁给承租人，合同期内租赁物所有权属于出租人，承租人只拥有使用权，合同期满付清租金后，承租人有权按照残值购入租赁物，以拥有其所有权。不论出租人是否将租赁物销售给承租人，均属于融资租赁。

按照标的物的不同，融资租赁服务可分为有形动产融资租赁服务和不动产融资租赁服务。

融资性售后回租不按照本税目缴纳增值税。

经营租赁服务是指在约定时间内将有形动产或者不动产转让他人使用且租赁物所有权

不变更的业务活动。按照标的物的不同，经营租赁服务可分为有形动产经营租赁服务和不动产经营租赁服务。

将建筑物、构筑物等不动产或者飞机、车辆等有形动产的广告位出租给其他单位或者个人用于发布广告，按照“经营租赁服务”缴纳增值税。

车辆停放服务、道路通行服务（包括过路费、过桥费、过闸费等）等按照“不动产经营租赁服务”缴纳增值税。

水路运输的光租业务、航空运输的干租业务，属于经营租赁。

光租业务是指运输企业将船舶在约定的时间内出租给他人使用，不配备操作人员，不承担运输过程中发生的各项费用，只收取固定租赁费的业务活动。

干租业务是指航空运输企业将飞机在约定的时间内出租给他人使用，不配备机组人员，不承担运输过程中发生的各项费用，只收取固定租赁费的业务活动。

⑥鉴证咨询服务。鉴证咨询服务包括认证服务、鉴证服务和咨询服务。

认证服务是指具有专业资质的单位利用检测、检验、计量等技术，证明产品、服务、管理体系符合相关技术规范、相关技术规范的强制性要求或者标准的业务活动。

鉴证服务是指具有专业资质的单位受托对相关事项进行鉴证，发表具有证明力的意见的业务活动，包括会计鉴证、税务鉴证、法律鉴证、职业技能鉴定、工程造价鉴证、工程监理、资产评估、环境评估、房地产土地评估、建筑图纸审核、医疗事故鉴定等。

咨询服务是指提供信息、建议、策划、顾问等服务的活动，包括金融、软件、技术、财务、税收、法律、内部管理、业务运作、流程管理、健康等方面的咨询。

翻译服务和市场调查服务按照“咨询服务”缴纳增值税。

⑦广播影视服务。广播影视服务包括广播影视节目（作品）的制作服务、发行服务和播映（含放映，下同）服务。

广播影视节目（作品）制作服务是指进行专题（特别节目）、专栏、综艺、体育、动画片、广播剧、电视剧、电影等广播影视节目和作品制作的服务，包括与广播影视节目和作品相关的策划、采编、拍摄、录音、音视频文字图片素材制作、场景布置、后期的剪辑、翻译（编译）、字幕制作、片头、片尾、片花制作、特效制作、影片修复、编目和确权等业务活动。

广播影视节目（作品）发行服务是指以分账、买断、委托等方式，向影院、电台、电视台、网站等单位和个人发行广播影视节目（作品）以及转让体育赛事等活动的报道及播映权的业务活动。

广播影视节目（作品）播映服务是指在影院、剧院、录像厅及其他场所播映广播影视节目（作品），以及通过电台、电视台、卫星通信、互联网、有线电视等无线或者有线装置播映广播影视节目（作品）的业务活动。

⑧商务辅助服务。商务辅助服务包括企业管理服务、经纪代理服务、人力资源服务、安全保护服务。

企业管理服务是指提供总部管理、投资与资产管理、市场管理、物业管理、日常综合管理等服务的业务活动。

经纪代理服务是指各类经纪、中介、代理服务，包括金融代理、知识产权代理、货物运输代理、代理报关、法律代理、房地产中介、职业中介、婚姻中介、代理记账、拍卖等。

拍卖行受托拍卖取得的手续费或佣金收入，按照“经纪代理服务”缴纳增值税。

货物运输代理服务是指接受货物收货人、发货人、船舶所有人、船舶承租人或者船舶经营人的委托，以委托人的名义，为委托人办理货物运输、装卸、仓储和船舶进出港口、引航、靠泊等相关手续的业务活动。

代理报关服务是指接受进出口货物的收、发货人委托，代为办理报关手续的业务活动。

人力资源服务是指提供公共就业、劳务派遣、人才委托招聘、劳动力外包等服务的业务活动。纳税人提供安全保护服务，比照劳务派遣服务政策执行。

安全保护服务是指提供保护人身安全和财产安全，维护社会治安等的业务活动，包括场所住宅保安、特种保安、安全系统监控以及其他安保服务。纳税人提供武装守护押运服务，按照“安全保护服务”缴纳增值税。

⑨其他现代服务。其他现代服务是指除研发和技术服务、信息技术服务、文化创意服务、物流辅助服务、租赁服务、鉴证咨询服务、广播影视服务和商务辅助服务以外的现代服务。

纳税人为客户办理退票而向客户收取的退票费、手续费等收入，按照“其他现代服务”缴纳增值税。

纳税人对安装运行后的电梯提供的维护保养服务，按照“其他现代服务”缴纳增值税。

（7）生活服务。生活服务是指为满足城乡居民日常生活需求提供的各类服务活动，包括文化体育服务、教育医疗服务、旅游娱乐服务、餐饮住宿服务、居民日常服务和其他生活服务。提供餐饮服务的纳税人销售的外卖食品，按照“餐饮服务”缴纳增值税。

①文化体育服务。文化体育服务包括文化服务和体育服务。

文化服务是指为满足社会公众文化生活需求提供的各种服务，包括文艺创作、文艺表演、文化比赛，图书馆的图书和资料借阅，档案馆的档案管理，文物及非物质遗产保护，组织举办宗教活动、科技活动、文化活动，提供游览场所。

纳税人在游览场所经营索道、摆渡车、电瓶车、游船等取得的收入，按照“文化体育服务”缴纳增值税。

体育服务是指组织举办体育比赛、体育表演、体育活动，以及提供体育训练、体育指导、体育管理的业务活动。

②教育医疗服务。教育医疗服务，包括教育服务和医疗服务。

教育服务是指提供学历教育服务、非学历教育服务、教育辅助服务的业务活动。

学历教育服务是指根据教育行政管理部门确定或者认可的招生和教学计划组织教学，并颁发相应学历证书的业务活动，包括初等教育、初级中等教育、高级中等教育、高等教育等。

非学历教育服务包括学前教育、各类培训、演讲、讲座、报告会等。

教育辅助服务包括教育测评、考试、招生等服务。

医疗服务是指提供医学检查、诊断、治疗、康复、预防、保健、接生、计划生育、防疫服务等方面的服务，以及与这些服务有关的提供药品、医用材料器具、救护车、病房住宿和伙食的业务。

③旅游娱乐服务。旅游娱乐服务包括旅游服务和娱乐服务。

旅游服务是指根据旅游者的要求，组织安排交通、游览、住宿、餐饮、购物、文娱、商务等服务的业务活动。

娱乐服务是指为娱乐活动同时提供场所和服务的业务，包括歌厅、舞厅、夜总会、酒吧、台球、高尔夫球、保龄球、游艺（包括射击、狩猎、跑马、游戏机、蹦极、卡丁车、热气球、动力伞、射箭、飞镖）。

④餐饮住宿服务。餐饮住宿服务包括餐饮服务和住宿服务。

餐饮服务是指通过同时提供饮食和饮食场所的方式为消费者提供饮食消费服务的业务活动。纳税人现场制作食品并直接销售给消费者，按照“餐饮服务”缴纳增值税。

住宿服务是指提供住宿场所及配套服务等的活动，包括宾馆、旅馆、旅社、度假村和其他经营性住宿场所提供的住宿服务。

⑤居民日常服务。居民日常服务是指主要为满足居民个人及其家庭日常生活需求提供的服务，包括市容市政管理、家政、婚庆、养老、殡葬、照料和护理、救助救济、美容美发、按摩、桑拿、氧吧、足疗、沐浴、洗染、摄影扩印等服务。

⑥其他生活服务。其他生活服务是指除文化体育服务、教育医疗服务、旅游娱乐服务、餐饮住宿服务和居民日常服务之外的生活服务。

纳税人提供植物养护服务，按照“其他生活服务”缴纳增值税。

4. 销售无形资产。

无形资产是指不具实物形态，但能带来经济利益的资产，包括技术、商标、著作权、自然资源使用权和其他权益性无形资产。

技术包括专利技术和非专利技术。

自然资源使用权包括土地使用权、海域使用权、探矿权、采矿权、取水权和其他自然资源使用权。

其他权益性无形资产包括基础设施资产经营权、公共事业特许权、配额、经营权（包括特许经营权、连锁经营权、其他经营权）、经销权、分销权、代理权、会员权、席位权、网络游戏虚拟道具、域名、名称权、肖像权、冠名权、转会费等。

销售无形资产是指转让无形资产所有权或者使用权的业务活动。

5. 销售不动产。

不动产是指不能移动或者移动后会引起性质、形状改变的财产，包括建筑物、构筑物等。

建筑物包括住宅、商业营业用房、办公楼等可供居住、工作或者进行其他活动的建造物。

构筑物包括道路、桥梁、隧道、水坝等建造物。

销售不动产是指转让不动产所有权的业务活动。

转让建筑物有限产权或者永久使用权的，转让在建的建筑物或者构筑物所有权的，以及在转让建筑物或者构筑物时一并转让其所占土地的使用权的，按照“销售不动产”缴纳增值税。

6. 缴纳增值税的经济行为需具备的条件。

确定一项经济行为是否需要缴纳增值税，根据“营改增通知”，除另有规定外，一般应同时具备四个条件：①应税行为是发生在中华人民共和国境内；②应税行为是属于《销售服务、无形资产、不动产注释》范围内的业务活动；③应税服务是为他人提供的；④应税行为是有偿的。

上述所说的有偿，有两类情形属于例外：

第一种情形是满足上述四个增值税征税条件但不需要缴纳增值税的情形，主要包括：

①行政单位收取的同时满足条件的政府性基金或者行政事业性收费；②存款利息；③被保险人获得的保险赔付；④房地产主管部门或者其指定机构、公积金管理中心、开发企业以及物业管理单位代收的住宅专项维修资金；⑤在资产重组过程中，通过合并、分立、出售、置换等方式，将全部或者部分实物资产以及与其相关联的债权、负债和劳动力一并转让给其他单位和个人，其中涉及的不动产、土地使用权转让行为。

第二种情形是不同时满足上述四个增值税征税条件但需要缴纳增值税，主要包括某些无偿的应税行为需要缴纳增值税。即“营改增通知”规定的三种视同销售服务、无形资产或者不动产情形：①单位或者个体工商户向其他单位或者个人无偿提供服务，但用于公益事业或者以社会公众为对象的除外；②单位或者个人向其他单位或者个人无偿转让无形资产或者不动产，但用于公益事业或者以社会公众为对象的除外；③财政部和国家税务总局规定的其他情形。按照此条规定，向其他单位或者个人无偿提供服务、无偿转让无形资产或者不动产，除用于公益事业或者以社会公众为对象外，应视同发生应税行为，照章缴纳增值税。

7. 非经营活动的确认。

销售服务、无形资产或者不动产，是指有偿提供服务、有偿转让无形资产或者不动产，但属于下列非经营活动的情形除外：

（1）行政单位收取的同时满足以下条件的政府性基金或者行政事业性收费。

①由国务院或者财政部批准设立的政府性基金，由国务院或者省级人民政府及其财政、价格主管部门批准设立的行政事业性收费；

②收取时开具省级以上（含省级）财政部门监（印）制的财政票据；

③所收款项全额上缴财政。

（2）单位或者个体工商户聘用的员工为本单位或者雇主提供取得工资的服务。

（3）单位或者个体工商户为聘用的员工提供服务。

（4）财政部和国家税务总局规定的其他情形。

8. 境内销售服务、无形资产或者不动产的界定。

在境内销售服务、无形资产或者不动产，是指：

（1）服务（租赁不动产除外）或者无形资产（自然资源使用权除外）的销售方或者购买方在境内；

（2）所销售或者租赁的不动产在境内；

（3）所销售自然资源使用权的自然资源在境内；

（4）财政部和国家税务总局规定的其他情形。

下列情形不属于在境内销售服务或者无形资产：

（1）境外单位或者个人向境内单位或者个人销售完全在境外发生的服务。

（2）境外单位或者个人向境内单位或者个人销售完全在境外使用的无形资产。境内的单位和个人作为工程分包方，为施工地点在境外的工程项目提供建筑服务，从境内工程总承包方取得的分包款收入，属于“视同从境外取得收入”。

（3）境外单位或者个人向境内单位或者个人出租完全在境外使用的有形动产。

（4）财政部和国家税务总局规定的其他情形：

①为出境的函件、包裹在境外提供的邮政服务、收派服务；

②向境内单位或者个人提供的工程施工地点在境外的建筑服务、工程监理服务；

③向境内单位或者个人提供的工程、矿产资源在境外的工程勘察勘探服务；

④向境内单位或者个人提供的会议展览地点在境外的会议展览服务。

境外单位或者个人销售的服务（不含租赁不动产）在以下两种情况下属于在我国境内销售服务，应照章缴纳增值税：

（1）境外单位或者个人向境内单位或者个人销售的完全在境内发生的服务，属于在境内销售服务。例如，境外某一工程公司到境内给境内某单位提供工程勘察勘探服务。

（2）境外单位或者个人向境内单位或者个人销售的未完全在境外发生的服务，属于在境内销售服务。例如，境外某一咨询公司与境内某一公司签订咨询合同，就这家境内公司开拓境内、境外市场进行实地调研并提出合理化管理建议，境外咨询公司提供的咨询服务同时在境内和境外发生，属于在境内销售服务。

境外单位或者个人销售的无形资产在以下两种情况下属于在我国境内销售无形资产，应该照章缴纳增值税：

（1）境外单位或者个人向境内单位或者个人销售的完全在境内使用的无形资产，属于在境内销售无形资产。例如，境外 A 公司向境内 B 公司转让 A 公司在境内的连锁经营权。

（2）境外单位或者个人向境内单位或者个人销售的未完全在境外使用的无形资产，属于在境内销售无形资产。例如，境外 C 公司向境内 D 公司转让一项专利技术，该技术同时用于 D 公司在境内和境外的生产线。

上述一般规定中所说的有偿，是指从购买方取得货币、货物或者其他经济利益。其他经济利益是指非货币、货物形式的收益，包括固定资产（不含货物）、生物资产（不含货物）、无形资产（包括特许权）、股权投资、存货、不准备持有至到期的债券投资、服务以及有关权益等。

【例 2－1】下列行为中，属于增值税征收范围的有（　　）。

A. 甲公司将房屋与乙公司土地交换

B. 丙银行将房屋出租给丁饭店，而丁饭店长期不付租金，后经双方协商，由银行在饭店就餐抵账

C. 戊房地产开发企业委托己建筑工程公司建造房屋，双方在结算价款时，房地产企业将若干套房屋给建筑公司冲抵工程款

D. 庚运输公司与辛汽车修理公司商订，庚运输公司为辛汽车修理公司免费提供运输服务，辛汽车修理公司为其免费提供汽车维修作为回报

【答案】ABCD

【分析】在 A 选项中，甲公司将不动产换取了乙公司的土地使用权，此时虽没有取得货币，但相对于甲公司而言，他是取得了乙公司的土地使用权；同样乙公司也是以土地为代价换取了甲公司房屋所有权，这里的土地使用权和房屋所有权就是我们所说的其

他经济利益。

在B选项中，丙银行将房屋出租给丁饭店，而丁饭店长期不付租金，后经双方协商，由丙银行在饭店就餐抵账，对丙银行而言，出租房屋取得的是免费接受餐饮服务；对丁饭店而言，提供餐饮服务取得的是免费使用房屋。这两者都涉及了饮食服务和房屋出租等也是其他经济利益，因此都应征收增值税。

在C选项中，戊房地产开发企业委托己建筑工程公司建造房屋，双方在结算价款时，戊房地产企业将若干套房屋给己建筑公司冲抵工程款，看上去没有资金往来，但实际上戊房地产开发企业取得的好处是接受了己建筑工程公司的建筑劳务，同样己建筑工程公司获得了房屋所有权，双方都取得了经济利益，因此也应当缴纳增值税。

在D选项，庚运输公司与辛汽车修理公司商订，庚运输公司为辛汽车修理公司免费提供运输服务，辛汽车修理公司为其免费提供汽车维修作为回报。这里运输服务和汽车维修都属于其他经济利益，因此对辛公司提供的运输服务应征收增值税。

（二）征税范围的特殊规定

增值税的征税范围除了上述的一般规定以外，还对经济实务中某些特殊项目或行为是否属于增值税的征税范围，作出了具体界定。

1. 增值税征税范围的特殊项目界定。

（1）罚没物品征与不征增值税的处理。

①执罚部门和单位查处的属于一般商业部门经营的商品，具备拍卖条件的，由执罚部门或单位商同级财政部门同意后，公开拍卖。其拍卖收入作为罚没收入由执罚部门和单位如数上缴财政，不予征税。对经营单位购入拍卖物品再销售的应照章征收增值税。

②执罚部门和单位查处的属于一般商业部门经营的商品，不具备拍卖条件的，由执罚部门、财政部门、国家指定销售单位同有关部门按质论价，交由国家指定销售单位纳入正常销售渠道变价处理。执罚部门按商定价格所取得的变价收入作为罚没收入如数上缴财政，不予征税。国家指定销售单位将罚没物品纳入正常销售渠道销售的，应照章征收增值税。

③执罚部门和单位查处的属于专管机关管理或专管企业经营的财物，如金银（不包括金银首饰）、外币、有价证券、非禁止出口文物，应交由专管机关或专营企业收兑或收购。执罚部门和单位按收兑或收购价所取得的收入作为罚没收入如数上缴财政，不予征税。专管机关或专营企业经营上述物品中属于应征增值税的货物，应照章征收增值税。

（2）航空运输企业已售票但未提供航空运输服务取得的逾期票证收入，按照航空运输服务征收增值税。

（3）纳税人取得的中央财政补贴，不属于增值税应税收入，不征收增值税。

（4）融资性售后回租业务中，承租方出售资产的行为不属于增值税的征税范围，不征收增值税。

（5）药品生产企业销售自产创新药的销售额，为向购买方收取的全部价款和价外费用，其提供给患者后续免费使用的相同创新药，不属于增值税视同销售范围。创新药是指经国家食品药品监督管理部门批准注册、获批前未曾在中国境内外上市销售，通过合成或者半合成方法制得的原料药及其制剂。

（6）根据国家指令无偿提供的铁路运输服务、航空运输服务，属于《营业税改征增值税试点实施办法》第十四条规定的用于公益事业的服务。

（7）存款利息不征收增值税。

（8）被保险人获得的保险赔付不征收增值税。

（9）房地产主管部门或者其指定机构、公积金管理中心、开发企业以及物业管理单位代收的住宅专项维修资金，不征收增值税。

（10）纳税人在资产重组过程中，通过合并、分立、出售、置换等方式，将全部或者部分实物资产以及与其相关联的债权、负债和劳动力一并转让给其他单位和个人，不属于增值税的征税范围。

（11）单用途商业预付卡（以下简称单用途卡）业务按照以下规定执行：

①单用途卡发卡企业或者售卡企业（以下统称售卡方）销售单用途卡，或者接受单用途卡持卡人充值取得的预收资金，不缴纳增值税。售卡方可按照《关于营改增试点若干征管问题的公告》国家税务总局公告 2016 年第 53 号第九条的规定，向购卡人、充值人开具增值税普通发票，不得开具增值税专用发票。

单用途卡，是指发卡企业按照国家有关规定发行的，仅限于在本企业、本企业所属集团或者同一品牌特许经营体系内兑付货物或者服务的预付凭证。

发卡企业，是指按照国家有关规定发行单用途卡的企业。售卡企业，是指集团发卡企业或者品牌发卡企业指定的，承担单用途卡销售、充值、挂失、换卡、退卡等相关业务的本集团或同一品牌特许经营体系内的企业。

②售卡方因发行或者销售单用途卡并办理相关资金收付结算业务取得的手续费、结算费、服务费、管理费等收入，应按照现行规定缴纳增值税。

③持卡人使用单用途卡购买货物或服务时，货物或者服务的销售方应按照现行规定缴纳增值税，且不得向持卡人开具增值税发票。

④销售方与售卡方不是同一个纳税人的，销售方在收到售卡方结算的销售款时，应向售卡方开具增值税普通发票，并在备注栏注明“收到预付卡结算款”，不得开具增值税专用发票。售卡方从销售方取得的增值税普通发票，作为其销售单用途卡或接受单用途卡充值取得预收资金不缴纳增值税的凭证，留存备查。

（12）支付机构预付卡（以下称多用途卡）业务按照以下规定执行：

①支付机构销售多用途卡取得的等值人民币资金，或者接受多用途卡持卡人充值取得的充值资金，不缴纳增值税。支付机构可按照上述（11）的规定，向购卡人、充值人开具增值税普通发票，不得开具增值税专用发票。

支付机构是指取得中国人民银行核发的《支付业务许可证》，获准办理“预付卡发行与受理”业务的发卡机构和获准办理“预付卡受理”业务的受理机构。

多用途卡是指发卡机构以特定载体和形式发行的，可在发卡机构之外购买货物或服务的预付价值。

②支付机构因发行或者受理多用途卡并办理相关资金收付结算业务取得的手续费、结算费、服务费、管理费等收入，应按照现行规定缴纳增值税。

③持卡人使用多用途卡，向与支付机构签署合作协议的特约商户购买货物或服务，特约商户应按照现行规定缴纳增值税，且不得向持卡人开具增值税发票。

④特约商户收到支付机构结算的销售款时，应向支付机构开具增值税普通发票，并在备注栏注明“收到预付卡结算款”，不得开具增值税专用发票。支付机构从特约商户取得的增值税普通发票，作为其销售多用途卡或接受多用途卡充值取得预收资金不缴纳增值税的凭证，留存备查。

2. 增值税征税范围的特殊行为界定。

（1）视同发生应税销售行为。单位或者个体工商户的下列行为，视同发生应税销售行为：

①将货物交付其他单位或者个人代销。

②销售代销货物。

③设有两个以上机构并实行统一核算的纳税人，将货物从一个机构移送至其他机构用于销售，但相关机构设在同一县（市）的除外。

“用于销售”，是指受货机构发生以下情形之一的经营行为：一是向购货方开具发票；二是向购货方收取货款。

受货机构的货物移送行为有上述两项情形之一的，应当向所在地税务机关缴纳增值税；未发生上述两项情形的，则应由总机构统一缴纳增值税。

如果受货机构只就部分货物向购买方开具发票或收取货款，则应当区别不同情况计算并分别向总机构所在地或分支机构所在地缴纳税款。

④将自产或者委托加工的货物用于非应税项目。

⑤将自产、委托加工的货物用于集体福利或者个人消费。

⑥将自产、委托加工或者购进的货物作为投资，提供给其他单位或者个体工商户。

⑦将自产、委托加工或者购进的货物分配给股东或者投资者。

⑧将自产、委托加工或者购进的货物无偿赠送其他单位或者个人。

⑨单位或者个体工商户向其他单位或者个人无偿销售应税服务、无偿转让无形资产或者不动产，但用于公益事业或者以社会公众为对象的除外。

⑩财政部和国家税务总局规定的其他情形。

上述 10 种情况应该确定为视同发生应税销售行为，均要征收增值税。其确定的目的主要有三个：一是保证增值税税款抵扣制度的实施，不致因发生上述行为而造成各相关环节税款抵扣链条的中断，如前两种情况就是这种原因。如果不将之视同发生应税销售行为就会出现销售代销货物方仅有销项税额而无进项税额，而将货物交付其他单位或者个人代销方仅有进项税额而无销项税额的情况，就会出现增值税抵扣链条不完整；二是避免因发生上述行为而造成应税销售行为之间税收负担不平衡的矛盾，防止以上述行为逃避纳税的现象。三是体现增值税计算的配比原则，即购进货物、劳务、服务、无形资产、不动产已经在购进环节实施了进项税额抵扣，这些购进货物、劳务、服务、无形资产、不动产应该产生相应的销售额，同时就应该产生相应的销项税额，否则就会产生不配比情况。如上述④～⑨讲的几种情况就属于此种原因。

（2）混合销售。

一项销售行为如果既涉及货物又涉及服务，为混合销售。从事货物的生产、批发或者零售的单位和个体工商户的混合销售，按照销售货物缴纳增值税；其他单位和个体工商户的混合销售，按照销售服务缴纳增值税。

上述从事货物的生产、批发或者零售的单位和个体工商户，包括以从事货物的生产、批发或者零售为主，并兼营销售服务的单位和个体工商户在内。

混合销售行为成立的行为标准有两点：一是其销售行为必须是一项；二是该项行为必须既涉及货物销售又涉及应税行为。

我们在确定混合销售是否成立时，其行为标准中的上述两点必须是同时存在，如果一项销售行为只涉及销售服务，不涉及货物，这种行为就不是混合销售行为；反之，如果涉及销售服务和涉及货物的行为，不是存在于一项销售行为之中，这种行为也不是混合销售行为。

二、纳税义务人和扣缴义务人

（一）纳税义务人

在中华人民共和国境内（以下简称境内）销售货物、劳务、服务、无形资产、不动产的单位和个人，为增值税纳税人。

单位，是指企业、行政单位、事业单位、军事单位、社会团体及其他单位。

个人，是指个体工商户和其他个人。

单位以承包、承租、挂靠方式经营的，承包人、承租人、挂靠人（以下统称承包人）以发包人、出租人、被挂靠人（以下统称发包人）名义对外经营并由发包人承担相关法律责任的，以该发包人为纳税人。否则，以承包人为纳税人。

采用承包、承租、挂靠经营方式下，区分以下两种情况界定纳税人：

1. 同时满足以下两个条件的，以发包人为纳税人：

（1）以发包人名义对外经营。

（2）由发包人承担相关法律责任。

2. 不同时满足上述两个条件的，以承包人为纳税人。

纳税人应当按照国家统一的会计制度进行增值税会计核算。

资管产品运营过程中发生的增值税应税销售行为，以资管产品管理人为增值税纳税人。

（二）扣缴义务人

中华人民共和国境外（以下简称境外）的单位或者个人在境内销售劳务，在境内未设有经营机构的，以其境内代理人为扣缴义务人；在境内没有代理人的，以购买方为扣缴义务人。

三、一般纳税人和小规模纳税人的登记

增值税实行凭专用发票抵扣税款的制度，客观上要求纳税人具备健全的会计核算制度和能力。在实际经济生活中我国增值税纳税人众多，会计核算水平参差不齐，大量的小企业和个人还不具备用专用发票抵扣税款的条件，为了既简化增值税的计算和征收，也有利于减少税收征管漏洞，增值税法将增值税纳税人按会计核算水平和经营规模分为一般纳税

人和小规模纳税人两类纳税人，分别采取不同的登记管理办法。2017 年 11 月 30 日国家税务总局 2017 年度第 2 次局务会议审议通过了自 2018 年 2 月 1 日起施行的《增值税一般纳税人登记管理办法》，其主要内容如下：

（一）一般纳税人的登记管理

1. 一般纳税人的登记条件。

根据《增值税一般纳税人登记管理办法》的规定，增值税纳税人（以下简称纳税人），年应税销售额超过财政部、国家税务总局规定的小规模纳税人标准（以下简称规定标准）的，除下述（二）第 1 条规定外，应当向主管税务机关办理一般纳税人登记。

本书所称年应税销售额，是指纳税人在连续不超过 12 个月或四个季度的经营期内累计应征增值税销售额，包括纳税申报销售额、稽查查补销售额、纳税评估调整销售额。

销售服务、无形资产或者不动产（以下简称应税行为）有扣除项目的纳税人，其应税行为年应税销售额按未扣除之前的销售额计算。纳税人偶然发生的销售无形资产、转让不动产的销售额，不计入应税行为年应税销售额。

年应税销售额未超过规定标准的纳税人，会计核算健全，能够提供准确税务资料的，可以向主管税务机关办理一般纳税人登记。

会计核算健全，是指能够按照国家统一的会计制度规定设置账簿，根据合法、有效凭证进行核算。

纳税人应当向其机构所在地主管税务机关办理一般纳税人登记手续。

纳税人登记为一般纳税人后，不得转为小规模纳税人，国家税务总局另有规定的除外。

2. 不得办理一般纳税人登记的情况。

（1）按照政策规定，选择按照小规模纳税人纳税的（应当向主管税务机关提交书面说明）。

（2）年应税销售额超过规定标准的其他个人。

3. 纳税人办理一般纳税人登记的程序。

（1）纳税人向主管税务机关填报《增值税一般纳税人登记表》，如实填写固定生产经营场所等信息，并提供税务登记证件；

（2）纳税人填报内容与税务登记信息一致的，主管税务机关当场登记；

（3）纳税人填报内容与税务登记信息不一致，或者不符合填列要求的，税务机关应当场告知纳税人需要补正的内容。

4. 登记的时限。

纳税人在年应税销售额超过规定标准的月份（或季度）的所属申报期结束后 15 日内按照规定办理相关手续；未按规定时限办理的，主管税务机关应当在规定时限结束后 5 日内制作《税务事项通知书》，告知纳税人应当在 5 日内向主管税务机关办理相关手续；逾期仍不办理的，次月起按销售额依照增值税税率计算应纳税额，不得抵扣进项税额，直至纳税人办理相关手续为止。

纳税人自一般纳税人生效之日起，按照增值税一般计税方法计算应纳税额，并可以按照规定领用增值税专用发票，财政部、国家税务总局另有规定的除外。

本书所称的生效之日，是指纳税人办理登记的当月 1 日或者次月 1 日，由纳税人在办理登记手续时自行选择。

5. 风险管理。

主管税务机关应当加强对税收风险的管理。对税收遵从度低的一般纳税人，主管税务机关可以实行纳税辅导期管理，具体办法由国家税务总局另行制定。

（二）小规模纳税人的登记管理

小规模纳税人是指年销售额在规定标准以下，并且会计核算不健全，不能按规定报送有关税务资料的增值税纳税人。

根据《关于统一增值税小规模纳税人标准的通知》（财税〔2018〕33 号）和《关于统一小规模纳税人标准等若干增值税问题的公告》（国家税务总局公告 2018 年第 18 号）等相关文件的规定，小规模纳税人的具体认定标准为年应征增值税销售额 500 万元及以下。

按照《中华人民共和国增值税暂行条例实施细则》第二十八条规定，已登记为增值税一般纳税人的单位和个人，在 2018 年 12 月 31 日前，可转登记为小规模纳税人，其未抵扣的进项税额作转出处理。

同时符合以下条件的一般纳税人，可选择按照《财政部税务总局关于统一增值税小规模纳税人标准的通知》（财税〔2018〕33 号）第二条的规定，转登记为小规模纳税人或选择继续作为一般纳税人：

（1）根据《中华人民共和国增值税暂行条例》第十三条和《中华人民共和国增值税暂行条例实施细则》第二十八条的有关规定，登记为一般纳税人。

（2）转登记日前连续 12 个月（以 1 个月为 1 个纳税期，下同）或者连续 4 个季度（以 1 个季度为 1 个纳税期，下同）累计应征增值税销售额（以下称应税销售额）未超过 500 万元。

转登记日前连续 12 个月（以 1 个月为 1 个纳税期）或者连续 4 个季度（以 1 个季度为 1 个纳税期）累计销售额未超过 500 万元的一般纳税人，在 2019 年 12 月 31 日前，可选择转登记为小规模纳税人。

应税销售额的具体范围，按照《增值税一般纳税人登记管理办法》（国家税务总局令第 43 号）和《国家税务总局关于增值税一般纳税人登记管理若干事项的公告》（国家税务总局公告 2018 年第 6 号）的有关规定执行。

（3）一般纳税人转登记为小规模纳税人（以下称转登记纳税人）后，自转登记日的下期起，按照简易计税方法计算缴纳增值税；转登记日当期仍按照一般纳税人的有关规定计算缴纳增值税。

（4）转登记纳税人尚未申报抵扣的进项税额以及转登记日当期的期末留抵税额，计入“应交税费——待抵扣进项税额”核算。尚未申报抵扣的进项税额计入“应交税费——待抵扣进项税额”时：

①转登记日当期已经取得的增值税专用发票、机动车销售统一发票、收费公路通行费增值税电子普通发票，应当已经通过增值税发票选择确认平台进行选择确认或认证后稽核比对相符；经稽核比对异常的，应当按照现行规定进行核查处理。已经取得的海关进口增

值税专用缴款书；经稽核比对相符的，应当自行下载《海关进口增值税专用缴款书稽核结果通知书》；经稽核比对异常的，应当按照现行规定进行核查处理。

②转登记日当期尚未取得的增值税专用发票、机动车销售统一发票、收费公路通行费增值税电子普通发票，转登记纳税人在取得上述发票以后，应当持税控设备，由主管税务机关通过增值税发票选择确认平台（税务局端）为其办理选择确认。尚未取得的海关进口增值税专用缴款书，转登记纳税人在取得以后，经稽核比对相符的，应当由主管税务机关通过稽核系统为其下载《海关进口增值税专用缴款书稽核结果通知书》；经稽核比对异常的，应当按照现行规定进行核查处理。

（5）转登记纳税人在一般纳税人期间销售或者购进的货物、劳务、服务、无形资产、不动产，自转登记日的下期起发生销售折让、中止或者退回的，调整转登记日当期的销项税额、进项税额和应纳税额。

①调整后的应纳税额小于转登记日当期申报的应纳税额形成的多缴税款，从发生销售折让、中止或者退回当期的应纳税额中抵减；不足抵减的，结转下期继续抵减。

②调整后的应纳税额大于转登记日当期申报的应纳税额形成的少缴税款，从“应交税费——待抵扣进项税额”中抵减；抵减后仍有余额的，计入发生销售折让、中止或者退回当期的应纳税额一并申报缴纳。

转登记纳税人因税务稽查、补充申报等原因，需要对一般纳税人期间的销项税额进项税额和应纳税额进行调整的，按照上述规定处理。

转登记纳税人应准确核算“应交税费——待抵扣进项税额”的变动情况。

（6）转登记纳税人可以继续使用现有税控设备开具增值税发票，不需要缴销税控设备和增值税发票。

（7）转登记纳税人在一般纳税人期间发生的增值税应税销售行为，未开具增值税发票需要补开的，应当按照原适用税率或者征收率补开增值税发票；发生销售折让、中止或者退回等情形，需要开具红字发票的，按照原蓝字发票记载的内容开具红字发票；开票有误需要重新开具的，先按照原蓝字发票记载的内容开具红字发票后，再重新开具正确的蓝字发票。

（8）自转登记日的下期起连续不超过 12 个月或者连续不超过 4 个季度的经营期内转登记纳税人应税销售额超过财政部、国家税务总局规定的小规模纳税人标准的，应当按照《增值税一般纳税人登记管理办法》（国家税务总局令第 43 号）的有关规定，向主管税务机关办理一般纳税人登记。

转登记纳税人按规定再次登记为一般纳税人后，不得再转登记为小规模纳税人。

第二节　税率与征收率

一、增值税税率

根据《关于深化增值税改革有关政策的公告》（财政部、国家税务总局、海关总署公告 2019 年第 39 号），自 2019 年 4 月 1 日起，增值税一般纳税人发生增值税应税销售行为或者进口货物，原适用 16% 税率的，税率调整为 13%；原适用 10% 税率的，税率调整为 9%。这样，增值税的税率就分别为 13%、9%、6% 和零税率。每种税率适用的应税销售行为的具体情况如下：

（一）适用 13% 税率的

纳税人销售货物、劳务、有形动产租赁服务或者进口货物，除下列第（二）项、第（四）项、第（五）项另有规定外，税率为 13%。

（二）适用 9% 税率的

纳税人销售交通运输、邮政、基础电信、建筑、不动产租赁服务，销售不动产，转让土地使用权，销售或者进口下列货物，税率为 9%：

1. 粮食等农产品、食用植物油、食用盐。

2. 自来水、暖气、冷气、热水、煤气、石油液化气、天然气、二甲醚、沼气、居民用煤炭制品。

3. 图书、报纸、杂志、音像制品、电子出版物。

4. 饲料、化肥、农药、农机、农膜。

5. 国务院规定的其他货物的税率界定：

（1）干姜、姜黄的增值税适用税率为 9%。

（2）人工合成牛胚胎的生产过程属于农业生产，纳税人销售自产人工合成牛胚胎应免征增值税。

（3）花椒油、橄榄油、核桃油、杏仁油、葡萄籽油和牡丹籽油按照食用植物油 9% 的税率征收增值税。环氧大豆油、氢化植物油不属于食用植物油征收范围，适用 13% 增值税税率。

（4）麦芽、复合胶、人发不属于《财政部国家税务总局关于印发〈农业产品征税范围注释〉的通知》（财税字〔1995〕52 号）规定的农业产品范围，应适用 13% 的增值税税率。

（5）按照《食品安全国家标准——巴氏杀菌乳》（GB19645—2010）生产的巴氏杀菌乳和按照《食品安全国家标准——灭菌乳》（GB25190—2010）生产的灭菌乳，均属于初级农业产品，可依照《农业产品征收范围注释》中的鲜奶按 9% 的税率征收增值税；按照《食品安全国家标准——调制乳》（GB25191—2010）生产的调制乳，不属于初级农业产品，应按照 13% 税率征收增值税。

（6）肉桂油、桉油、香茅油不属于《财政部国家税务总局关于印发〈农业产品征税范围注释〉的通知》（财税字〔1995〕52 号）中农业产品的范围，其增值税适用税率为 13%。

（7）淀粉不属于农业产品的范围，应按照 13% 的税率征收增值税。

（8）密集型烤房设备、频振式杀虫灯、自动虫情测报灯、黏虫板、卷帘机属于《国家税务总局关于印发〈增值税部分货物征税范围注释〉的通知》（国税发〔1993〕151 号）规定的农机范围，应适用 9% 增值税税率。

（9）农用挖掘机、养鸡设备系列、养猪设备系列产品属于农机，适用9%增值税税率。

（10）国内印刷企业承印的经新闻出版主管部门批准印刷且采用国际标准书号编序的境外图书，属于《增值税暂行条例》第二条规定的“图书”，适用9%增值税税率。

（11）动物骨粒属于《农业产品征税范围注释》（财税字〔1995〕52号）第二条第（五）款规定的动物类“其他动物组织”，其适用的增值税税率为9%。

6. 适用9%增值税税率货物范围注释：

（1）农产品。农产品是指种植业、养殖业、林业、牧业、水产业生产的各种植物、动物的初级产品。具体征税范围暂继续按照《财政部、国家税务总局关于印发〈农业产品征税范围注释〉的通知》（财税字〔1995〕52号）及现行相关规定执行，并包括挂面、干姜、姜黄、玉米胚芽、动物骨粒、按照《食品安全国家标准——巴氏杀菌乳》（GB19645—2010）生产的巴氏杀菌乳、按照《食品安全国家标准——灭菌乳》（GB25190—2010）生产的灭菌乳。

（2）食用植物油、自来水、暖气、冷气、热水、煤气、石油液化气、天然气、沼气、居民用煤炭制品、图书、报纸、杂志、化肥、农药、农机、农膜。

上述货物的具体征税范围暂继续按照《国家税务总局关于印发〈增值税部分货物征税范围注释〉的通知》（国税发〔1993〕151号）及现行相关规定执行，并包括棕榈油、棉籽油、茴油、毛椰子油、核桃油、橄榄油、花椒油、杏仁油、葡萄籽油、牡丹籽油、由石油伴生气加工压缩而成的石油液化气、西气东输项目上游中外合作开采天然气、中小学课本配套产品（包括各种纸制品或图片）、国内印刷企业承印的经新闻出版主管部门批准印刷且采用国际标准书号编序的境外图书、农用水泵、农用柴油机、不带动力的手扶拖拉机、三轮农用运输车、密集型烤房设备、频振式杀虫灯、自动虫情测报灯、黏虫板、卷帘机、农用挖掘机、养鸡设备系列、养猪设备系列产品、动物尸体降解处理机、蔬菜清洗机。

（3）饲料。饲料是指用于动物饲养的产品或其加工品。具体征税范围按照《国家税务总局关于修订“饲料”注释及加强饲料征免增值税管理问题的通知》（国税发〔1999〕39号）执行，并包括豆粕、宠物饲料、饲用鱼油、矿物质微量元素舔砖、饲料级磷酸二氢钙产品。

（4）音像制品。音像制品是指正式出版的录有内容的录音带、录像带、唱片、激光唱盘和激光视盘。

（5）电子出版物。电子出版物是指以数字代码方式，使用计算机应用程序，将图文声像等内容信息编辑加工后存储在具有确定的物理形态的磁、光、电等介质上，通过内嵌在计算机、手机、电子阅读设备、电子显示设备、数字音/视频播放设备、电子游戏机、导航仪以及其他具有类似功能的设备上读取使用，具有交互功能，用以表达思想、普及知识和积累文化的大众传播媒体。载体形态和格式主要包括只读光盘（CD只读光盘CD—ROM、交互式光盘CD—I、照片光盘Photo—CD、高密度只读光盘DVD—ROM、蓝光只读光盘HD—DVD ROM和BD ROM）、一次写入式光盘（一次写入CD光盘CD—R、一次写入高密度光盘DVD—R、一次写入蓝光光盘HD—DVD/R，BD—R）、可擦写光盘（可擦写CD光盘CD—RW、可擦写高密度光盘DVD—RW、可擦写蓝光光盘HDDVD—RW和

BD—RW、磁光盘 MO)、软磁盘(FD)、硬磁盘(HD)、集成电路卡(CF 卡、MD 卡、SM 卡、MMC 卡、RR—MMC 卡、MS 卡、SD 卡、XD 卡、T—Flash 卡、记忆棒)和各种存储芯片。

(6)二甲醚。二甲醚是指化学分子式为 CH3OCH3,常温常压下为具有轻微醚香味,易燃、无毒、无腐蚀性的气体。

(7)食用盐。食用盐是指符合《食用盐》(GB/T5461—2016)和《食用盐卫生标准》(GB2721—2003)两项国家标准的食用盐。

(三)适用6%税率的

纳税人销售服务、无形资产,除(一)、(二)、(五)另有规定外,税率为6%。

纳税人通过省级土地行政主管部门设立的交易平台转让补充耕地指标,按照销售无形资产缴纳增值税,税率为6%。补充耕地指标,是指根据《中华人民共和国土地管理法》及国务院土地行政主管部门《耕地占补平衡考核办法》的有关要求,经省级土地行政主管部门确认,用于耕地占补平衡的指标。

(四)适用出口货物零税率的

纳税人出口货物,税率为零;但是,国务院另有规定的除外。

(五)适用跨境销售服务、无形资产零税率的

境内单位和个人跨境销售国务院规定范围内的服务、无形资产,税率为零。

根据“营改增通知”的相关规定,服务、无形资产的零税率政策如下:

1. 中华人民共和国境内(以下称境内)的单位和个人销售的下列服务和无形资产,适用增值税零税率。

(1)国际运输服务。国际运输服务,是指:

①在境内载运旅客或者货物出境。

②在境外载运旅客或者货物入境。

③在境外载运旅客或者货物。

(2)航天运输服务。

(3)向境外单位提供的完全在境外消费的下列服务:

①研发服务。

②合同能源管理服务。

③设计服务。

④广播影视节目(作品)的制作和发行服务。

⑤软件服务。

⑥电路设计及测试服务。

⑦信息系统服务。

⑧业务流程管理服务。

⑨离岸服务外包业务。离岸服务外包业务,包括信息技术外包服务(ITO)、技术性业务流程外包服务(BPO)、技术性知识流程外包服务(KPO),其所涉及的具体业务活

动，按照《销售服务、无形资产、不动产注释》相对应的业务活动执行。

⑩转让技术。

（4）财政部和国家税务总局规定的其他服务。

2. 其他零税率政策。

（1）按照国家有关规定应取得相关资质的国际运输服务项目，纳税人取得相关资质的，适用增值税零税率政策，未取得的，适用增值税免税政策。

（2）境内的单位或个人提供程租服务，如果租赁的交通工具用于国际运输服务和港澳台运输服务，由出租方按规定申请适用增值税零税率。

（3）境内的单位和个人向境内单位或个人提供期租、湿租服务，如果承租方利用租赁的交通工具向其他单位或个人提供国际运输服务和港澳台运输服务，由承租方适用增值税零税率。境内的单位或个人向境外单位或个人提供期租、湿租服务，由出租方适用增值税零税率。

（4）境内单位和个人以无运输工具承运方式提供的国际运输服务，由境内实际承运人适用增值税零税率；无运输工具承运业务的经营者适用增值税免税政策。

3. 境内单位和个人发生的与香港、澳门、台湾有关的应税行为，除另有规定外，参照上述规定执行。

二、增值税征收率

增值税征收率是指对特定的货物或特定的纳税人发生应税销售行为在某一生产流通环节应纳税额与销售额的比率。增值税征收率适用于两种情况，一是小规模纳税人；二是一般纳税人发生应税销售行为按规定可以选择简易计税方法计税的。

（一）征收率的一般规定

1. 下列情况适用5%征收率：

（1）小规模纳税人销售自建或者取得的不动产。

（2）一般纳税人选择简易计税方法计税的不动产销售。

（3）房地产开发企业中的小规模纳税人，销售自行开发的房地产项目。

（4）其他个人销售其取得（不含自建）的不动产（不含其购买的住房）。

（5）一般纳税人选择简易计税方法计税的不动产经营租赁。

（6）小规模纳税人出租（经营租赁）其取得的不动产（不含个人出租住房）。

（7）其他个人出租（经营租赁）其取得的不动产（不含住房）。

（8）个人出租住房，应按照5%的征收率减按1.5%计算应纳税额。

（9）一般纳税人和小规模纳税人提供劳务派遣服务选择差额纳税的。

（10）一般纳税人2016年4月30日前签订的不动产融资租赁合同，或以2016年4月30日前取得的不动产提供的融资租赁服务，选择适用简易计税方法的。

（11）一般纳税人收取试点前开工的一级公路、二级公路、桥、闸通行费，选择适用简易计税方法的。

（12）一般纳税人提供人力资源外包服务，选择适用简易计税方法的。

（13）纳税人转让 2016 年 4 月 30 日前取得的土地使用权，选择适用简易计税方法的。

2. 除上述适用 5% 征收率以外的纳税人选择简易计税方法发生的应税销售行为均为 3%。

（二）征收率的特殊规定

1. 根据增值税法的有关规定，适用 3% 征收率的某些一般纳税人和小规模纳税人可以减按 2% 计征增值税。

（1）一般纳税人销售自己使用过的属于《增值税暂行条例》第十条规定不得抵扣且未抵扣进项税额的固定资产，按照简易办法依照 3% 征收率减按 2% 征收增值税。

纳税人销售自己使用过的固定资产，适用简易办法依照 3% 征收率减按 2% 征收增值税政策的，可以放弃减税，按照简易办法依照 3% 征收率缴纳增值税，并可以开具增值税专用发票。

“已使用过的固定资产”是指纳税人根据财务会计制度已经计提折旧的固定资产。

（2）小规模纳税人（除其他个人外，下同）销售自己使用过的固定资产，减按 2% 征收率征收增值税。

（3）纳税人销售旧货，按照简易办法依照 3% 征收率减按 2% 征收增值税。

旧货是指进入二次流通的具有部分使用价值的货物（含旧汽车、旧摩托车和旧游艇），但不包括自己使用过的物品。

上述纳税人销售自己使用过的固定资产、物品和旧货适用按照简易办法依照 3% 征收率减按 2% 征收增值税的，按下列公式确定销售额和应纳税额：

销售额 = 含税销售额 ÷（1 + 3%）

应纳税额 = 销售额 × 2%

2. 提供物业管理服务的纳税人，向服务接受方收取的自来水水费，以扣除其对外支付的自来水水费后的余额为销售额，按照简易计税方法依 3% 的征收率计算缴纳增值税。

3. 小规模纳税人提供劳务派遣服务，可以按照“营改增通知”的有关规定，以取得的全部价款和价外费用为销售额，按照简易计税方法依 3% 的征收率计算缴纳增值税；也可以选择差额纳税，以取得的全部价款和价外费用，扣除代用工单位支付给劳务派遣员工的工资、福利和为其办理社会保险及住房公积金后的余额为销售额，按照简易计税方法依 5% 的征收率计算缴纳增值税。

选择差额纳税的纳税人，向用工单位收取用于支付给劳务派遣员工工资、福利和为其办理社会保险及住房公积金的费用，不得开具增值税专用发票，可以开具普通发票。

4. 非企业性单位中的一般纳税人提供的研发和技术服务、信息技术服务、鉴证咨询服务，以及销售技术、著作权等无形资产，可以选择简易计税方法按照 3% 征收率计算缴纳增值税。

非企业性单位中的一般纳税人提供《营业税改征增值税试点过渡政策的规定》（财税〔2016〕36 号）第一条第二十六项中的“技术转让、技术开发和与之相关的技术咨询、技术服务”，可以参照上述规定，选择简易计税方法按照 3% 征收率计算缴纳增值税。

5. 一般纳税人提供教育辅助服务，可以选择简易计税方法按照 3% 征收率计算缴纳增值税。

6. 增值税一般纳税人生产销售和批发、零售抗癌药品，可选择按照简易办法依照3%征收率计算缴纳增值税。抗癌药品是指经国家药品监督管理部门批准注册的抗癌制剂及原料药。

抗癌药品范围实行动态调整，纳税人选择简易办法计算缴纳增值税后，36个月内不得变更。

7. 自2019年3月1日起，增值税一般纳税人生产销售和批发、零售罕见病药品，可选择按照简易办法依照3%征收率计算缴纳增值税。上述纳税人选择简易办法计算缴纳增值税后，36个月内不得变更。

罕见病药品是指经国家药品监督管理部门批准注册的罕见病药品制剂及原料药。罕见病药品范围实行动态调整，由财政部、海关总署、国家税务总局、国家药监局根据变化情况适时明确。

纳税人应单独核算罕见病药品的销售额。未单独核算的，不得适用上述规定的简易征收政策。

三、兼营行为的税率选择

试点纳税人发生应税销售行为适用不同税率或者征收率的，应当分别核算适用不同税率或者征收率的销售额，未分别核算销售额的，按照以下方法适用税率或者征收率：

1. 兼有不同税率的应税销售行为，从高适用税率。
2. 兼有不同征收率的应税销售行为，从高适用征收率。
3. 兼有不同税率和征收率的应税销售行为，从高适用税率。
4. 纳税人销售活动板房、机器设备、钢结构件等自产货物的同时提供建筑、安装服务，不属于“营改增通知”第四十条规定的混合销售，应分别核算货物和建筑服务的销售额，分别适用不同的税率或者征收率。

第三节　增值税计税管理

增值税的计税方法，包括一般计税方法、简易计税方法和扣缴计税方法。

一、一般计税方法

一般纳税人发生应税销售行为适用一般计税方法计税。其计算公式是：

当期应纳增值税税额 = 当期销项税额 - 当期进项税额

二、简易计税方法

小规模纳税人发生应税销售行为适用简易计税方法计税。简易计税方法的公式是：

当期应纳增值税额 = 当期销售额（不含增值税）× 征收率

一般纳税人发生财政部和国家税务总局规定的特定应税销售行为，也可以选择适用简易计税方法计税，但是不得抵扣进项税额。其主要包括以下情况：

1. 县级及县级以下小型水力发电单位生产的自产电力。小型水力发电单位，是指各类投资主体建设的装机容量为5万千瓦以下（含5万千瓦）的小型水力发电单位。

2. 自产建筑用和生产建筑材料所用的砂、土、石料。

3. 以自己采掘的砂、土、石料或其他矿物连续生产的砖、瓦、石灰（不含黏土实心砖、瓦）。

4. 自己用微生物、微生物代谢产物、动物毒素、人或动物的血液或组织制成的生物制品。

5. 自产的自来水。

6. 自来水公司销售自来水。

7. 自产的商品混凝土（仅限于以水泥为原料生产的水泥混凝土）。

8. 单采血浆站销售非临床用人体血液。

9. 寄售商店代销寄售物品（包括居民个人寄售的物品在内）。

10. 典当业销售死当物品。

11. 药品经营企业销售生物制品。

12. 公共交通运输服务。公共交通运输服务，包括轮客渡、公交客运、地铁城市轻轨、出租车、长途客运、班车。

班车，是指按固定路线、固定时间运营并在固定站点停靠的运送旅客的陆路运输服务。

13. 经认定的动漫企业为开发动漫产品提供的动漫脚本编撰、形象设计、背景设计、动画设计、分镜、动画制作、摄制、描线、上色、画面合成、配音、配乐、音效合成、剪辑、字幕制作、压缩转码（面向网络动漫、手机动漫格式适配）服务，以及在境内转让动漫版权（包括动漫品牌、形象或者内容的授权及再授权）。

14. 电影放映服务、仓储服务、装卸搬运服务、收派服务和文化体育服务。

15. 以纳入“营改增”试点之日前取得的有形动产为标的物提供的经营租赁服务。

16. 在纳入“营改增”试点之日前签订的尚未执行完毕的有形动产租赁合同。

17. 以清包工方式提供的建筑服务。以清包工方式提供建筑服务，是指施工方不采购建筑工程所需的材料或只采购辅助材料，并收取人工费、管理费或者其他费用的建筑服务。

18. 为甲供工程提供的建筑服务。甲供工程，是指全部或部分设备、材料、动力由工程发包方自行采购的建筑工程。

19. 销售2016年4月30日前取得的不动产。

20. 房地产开发企业销售自行开发的房地产老项目。房地产老项目，是指：

（1）《建筑工程施工许可证》注明的合同开工日期在2016年4月30日前的建筑工程项目；

（2）未取得《建筑工程施工许可证》的，建筑工程承包合同注明的开工日期在2016年4月30日前的建筑工程项目。

21. 出租2016年4月30日前取得的不动产。

22. 提供非学历教育服务。

23. 一般纳税人收取试点前开工的一级公路、二级公路、桥、闸通行费。

24. 一般纳税人提供人力资源外包服务。

25. 一般纳税人2016年4月30日前签订的不动产融资租赁合同，或以2016年4月30日前取得的不动产提供的融资租赁服务。

26. 纳税人转让2016年4月30日前取得的土地使用权。

27. 一般纳税人提供劳务派遣服务，可以选择差额纳税，以取得的全部价款和价外费用，扣除代用工单位支付劳务派遣员工的工资、福利和为其办理社会保险及住房公积金后的余额为销售额，按照简易计税方法依5%的征收率计算缴纳增值税。

28. 一般纳税人销售电梯的同时提供安装服务，其安装服务可以按照甲供工程选择适用简易计税方法计税。

29. 房地产开发企业中的一般纳税人以围填海方式取得土地并开发的房地产项目，围填海工程《建筑工程施工许可证》或建筑工程承包合同注明的围填海开工日期在2016年4月30日前的，属于房地产老项目，可以选择适用简易计税方法按照5%的征收率计算缴纳增值税。

一般纳税人发生财政部和国家税务总局规定的特定应税销售行为，一经选择适用简易计税方法计税，36个月内不得变更。

三、扣缴计税方法

境外的单位或者个人在境内销售劳务，在境内未设有经营机构的，以其境内代理人为扣缴义务人；在境内没有代理人的，以购买方为扣缴义务人。扣缴义务人按照下列公式计算应扣缴税额：

应扣缴税额 = 接受方支付的价款 ÷ (1 + 税率) × 税率

第四节　一般计税方法应纳税额的计算

我国采用的一般计税方法是间接计算法，即先按当期销售额和适用税率计算出销项税额，然后将当期准予抵扣的进项税额进行抵扣，从而间接计算出当期增值额部分的应纳税额。

增值税一般纳税人发生应税销售行为的应纳税额，除适用简易征税办法外的，均应该等于当期销项税额抵扣当期进项税额后的余额。其计算公式如下：

当期应纳税额 = 当期销项税额 - 当期进项税额

增值税一般纳税人当期应纳税额的多少，取决于当期销项税额和当期进项税额这两个因素。

一、销项税额的计算

销项税额是指纳税人发生应税销售行为时，按照销售额与规定税率计算并向购买方收取的增值税税额。销项税额的计算公式为：

销项税额 = 销售额 × 适用税率

从销项税额的定义和公式中我们可以知道，它是由购买方在购买货物、劳务、服务、无形资产、不动产时，一并向销售方支付的税额。对于属于一般纳税人的销售方来说，在没有抵扣其进项税额前，销售方收取的销项税额还不是其应纳增值税税额。

销项税额的计算取决于销售额和适用税率两个因素。在适用税率既定的前提下，销项税额的大小主要取决于销售额的大小。本教材将销售额的确认分为以下五种情况。

（一）一般销售方式下的销售额确认

销售额是指纳税人发生应税销售行为时向购买方（承受劳务和服务行为也视为购买方）收取的全部价款和价外费用。特别需要强调的是，尽管销项税额也是销售方向购买方收取的，但是由于增值税采用价外计税方式，用不含增值税（以下简称不含税）价作为计税依据，因而销售额中不包括向购买方收取的销项税额。

价外费用是指价外收取的各种性质的收费，但下列项目不包括在内：

1. 受托加工应征消费税的消费品所代收代缴的消费税。

2. 同时符合以下条件代为收取的政府性基金或者行政事业性收费：

（1）由国务院或者财政部批准设立的政府性基金，由国务院或者省级人民政府及其财政、价格主管部门批准设立的行政事业性收费；

（2）收取时开具省级以上财政部门印制的财政票据；

（3）所收款项全额上缴财政。

3. 以委托方名义开具发票代委托方收取的款项。

4. 销售货物的同时代办保险等而向购买方收取的保险费，以及向购买方收取的代购买方缴纳的车辆购置税、车辆牌照费。

凡随同应税销售行为向购买方收取的价外费用，无论其会计制度如何核算，均应并入销售额计算应纳税额。应当注意，根据国家税务总局规定：对增值税一般纳税人（包括纳税人自己或代其他部门）向购买方收取的价外费用和逾期包装物押金，应视为含增值税（以下简称含税）收入，在征税时应换算成不含税收入再并入销售额。

按会计准则规定，由于对价外收费一般都不在营业收入科目中核算，而在“其他应付款”“营业外收入”等科目中核算。这样，企业在会计实务中时常出现对价外收费虽在相应科目中作会计核算，但却未核算其销项税额。有的企业则既不按会计核算要求进行收入核算，又不按规定核算销项税额，而是将发生的价外收费直接冲减有关费用科目。因此应严格核查各项价外收费，进行正确的会计核算和税额核算。

销售额应以人民币计算。纳税人以人民币以外的货币结算销售额的，应当折合成人民币计算。折合率可以选择销售额发生的当天或者当月 1 日的人民币汇率中间价。纳税人应当在事先确定采用何种折合率，确定后 12 个月内不得变更。

（二）特殊销售方式下的销售额确认

在销售活动中，为了达到促销之目的，纳税人有多种销售方式选择。不同销售方式下，销售者取得的销售额会有所不同。增值税的法律法规对以下几种销售方式分别作了规定：

1. 采取折扣方式销售。

折扣销售是指销货方在发生应税销售行为时，因购货方购货数量较大等原因而给予购货方的价格优惠，例如，购买5件商品，销售价格折扣10%；购买10件商品，折扣20%等。根据增值税法律制度的规定，纳税人发生应税销售行为并向购买方开具增值税专用发票后，由于购货方在一定时期内累计购买货物、劳务、服务、无形资产、不动产达到一定数量，或者由于市场价格下降等原因，销货方给予购货方相应的价格优惠或补偿等折扣、折让行为，销货方可按现行《增值税专用发票使用规定》的有关规定开具红字增值税专用发票（见本章第十一节有关内容）。这里需要解释的是：

（1）折扣销售不同于销售折扣。销售折扣是指销货方在发生应税销售行为后，为了鼓励购货方及早偿还货款而协议许诺给予购货方的一种折扣优待，例如，10天内付款，货款折扣2%；20天内付款，折扣1%；30天内全价付款。由于销售折扣发生在应税销售行为之后，是一种融资性质的理财费用，因此，销售折扣不得从销售额中减除。企业在确定销售额时应把折扣销售与销售折扣严格区分开。

（2）销售折扣又不同于销售折让。销售折让是指企业因售出商品的质量不合格等原因而在售价上给予的减让。对增值税而言，销售折让其实是指纳税人发生应税销售行为后因为劳动成果质量不合格等原因在售价上给予的减让。销售折让与销售折扣相比较，虽然都是在应税销售行为销售后发生的，但因为销售折让是由于应税销售行为的品种和质量引起销售额的减少，因此，对销售折让可以折让后的货款为销售额。

（3）折扣销售仅限于应税销售行为价格的折扣，如果销货者将自产、委托加工和购买的应税销售行为用于实物折扣的，则该实物款额不能从应税销售行为的销售额中减除，且该实物应按《增值税暂行条例实施细则》和"营改增通知""视同销售货物"中的"赠送他人"计算征收增值税。

纳税人发生应税销售行为，如将价款和折扣额在同一张发票上的"金额"栏分别注明的，可按折扣后的销售额征收增值税。未在同一张发票"金额"栏注明折扣额，而仅在发票的"备注"栏注明折扣额的，折扣额不得从销售额中减除；未在同一张发票上分别注明的，以价款为销售额，不得扣减折扣额。

纳税人发生应税销售行为因销售折让、中止或者退回的，应扣减当期的销项税额（一般计税方法）或销售额（简易计税方法）。

2. 采取以旧换新方式销售。

以旧换新是指纳税人在销售自己的货物时，有偿收回旧货物的行为。根据增值税法律法规的规定，采取以旧换新方式销售货物的，应按新货物的同期销售价格确定销售额，不得扣减旧货物的收购价格。之所以这样规定，既是因为销售货物与收购货物是两个不同的业务活动，销售额与收购额不能相互抵减，也是为了严格增值税的计算征收，防止出现销售额不实、减少纳税的现象。

但是，考虑到金银首饰以旧换新业务的特殊情况，对金银首饰以旧换新业务，可以按销售方实际收取的不含增值税的全部价款征收增值税。

3. 采取还本销售方式销售。

还本销售是指纳税人在销售货物后，到一定期限由销售方一次或分次退还给购货方全部或部分价款。这种方式实际上是一种筹资行为，是以货物换取资金的使用价值，到期还本不付息的方法。增值税法律法规的规定，采取还本销售方式销售货物，其销售额就是货物的销售价格，不得从销售额中减除还本支出。

4. 采取以物易物方式销售。

以物易物是一种较为特殊的购销活动，是指购销双方不是以货币结算，而是以同等价款的应税销售行为相互结算，实现应税销售行为购销的一种方式。在实务中，有的纳税人以为以物易物不是购销行为，销货方收到购货方抵顶货款的货物、劳务、服务、无形资产、不动产，认为自己不是购货；购货方发出抵顶货款的应税销售行为，认为自己不是销货。这两种认识都是错误的。正确的方法应当是，以物易物双方都应作购销处理，以各自发出的应税销售行为核算销售额并计算销项税额，以各自收到的货物、劳务、服务、无形资产、不动产按规定核算购进金额并计算进项税额。应注意，在以物易物活动中，应分别开具合法的票据，如收到的货物、劳务、服务、无形资产、不动产不能取得相应的增值税专用发票或其他合法票据的，不能抵扣进项税额。

5. 包装物押金的税务处理。

包装物是指纳税人包装本单位货物的各种物品。纳税人销售货物时另收取包装物押金，目的是促使购货方及早退回包装物以便周转使用。

根据增值税法律法规的规定，纳税人为销售货物而出租出借包装物收取的押金，单独记账核算的，时间在1年以内，又未过期的，不并入销售额征税，但对因逾期未收回包装物不再退还的押金，应按所包装货物的适用税率计算销项税额。

“逾期”是指按合同约定实际逾期或以1年为期限，对收取1年以上的押金，无论是否退还均并入销售额征税。当然，在将包装物押金并入销售额征税时，需要先将该押金换算为不含税价，再并入销售额征税。纳税人为销售货物出租出借包装物而收取的押金，无论包装物周转使用期限长短，超过1年（含1年）以上仍不退还的均并入销售额征税。

国家税务总局国税发〔1995〕192号文件规定，自1995年6月1日起，对销售除啤酒、黄酒外的其他酒类产品而收取的包装物押金，无论是否返还以及会计上如何核算，均应并入当期销售额征税。对销售啤酒、黄酒所收取的押金，按上述一般押金的规定处理。

另外，包装物押金不应混同于包装物租金，纳税人销售货物同时发生收取包装物租金的情况，包装物租金收取之时就应该考虑销项税额的征纳问题。

6. 直销企业的税务处理。

直销企业先将货物销售给直销员，直销员再将货物销售给消费者的，直销企业的销售额为其向直销员收取的全部价款和价外费用。直销员将货物销售给消费者时，应按照现行规定缴纳增值税。

直销企业通过直销员向消费者销售货物，直接向消费者收取货款，直销企业的销售额为其向消费者收取的全部价款和价外费用。

7. 贷款服务的销售额。

贷款服务，以提供贷款服务取得的全部利息及利息性质的收入为销售额。

银行提供贷款服务按期计收利息的，结息日当日计收的全部利息收入，均应计入结息日所属期的销售额，按照现行规定计算缴纳增值税。

证券公司、保险公司、金融租赁公司、证券基金管理公司、证券投资基金以及其他经人民银行、银监会、证监会、保监会批准成立且经营金融保险业务的机构发放贷款后，自结息日起90天内发生的应收未收利息按现行规定缴纳增值税，自结息日起90天后发生的应收未收利息暂不缴纳增值税，待实际收到利息时按规定缴纳增值税。

自 2018 年 1 月 1 日起，资管产品管理人运营资管产品提供的贷款服务以 2018 年 1 月 1 日起产生的利息及利息性质的收入为销售额。

8. 直接收费金融服务的销售额。

直接收费金融服务以提供直接收费金融服务收取的手续费、佣金、酬金、管理费、服务费、经手费、开户费、过户费、结算费、转托管费等各类费用为销售额。

9. 发卡机构、清算机构和收单机构提供银行卡跨机构资金清算服务，按照以下规定执行：

（1）发卡机构以其向收单机构收取的发卡行服务费为销售额，并按照此销售额向清算机构开具增值税发票。

（2）清算机构以其向发卡机构、收单机构收取的网络服务费为销售额，并按照发卡机构支付的网络服务费向发卡机构开具增值税发票，按照收单机构支付的网络服务费向收单机构开具增值税发票。

清算机构从发卡机构取得的增值税发票上记载的发卡行服务费，一并计入清算机构的销售额，并由清算机构按照此销售额向收单机构开具增值税发票。

（3）收单机构以其向商户收取的收单服务费为销售额，并按照此销售额向商户开具增值税发票。

（三）按差额确定销售额

虽然原营业税的征税范围全行业均纳入了增值税的征收范围，但是目前仍然有无法通过抵扣机制避免重复征税的情况存在，因此引入了差额征税的办法，解决纳税人税收负担增加问题。以下项目属于按差额确定销售额：

1. 金融商品转让的销售额。

金融商品转让，按照卖出价扣除买入价后的余额为销售额。

转让金融商品出现的正负差，按盈亏相抵后的余额为销售额。若相抵后出现负差，可结转下一纳税期与下期转让金融商品销售额相抵，但年末时仍出现负差的，不得转入下一个会计年度。

上市公司因实施重大资产重组形成的限售股，以及股票复牌首日至解禁日期间由上述股份孳生的送、转股，因重大资产重组停牌的，按照《国家税务总局关于营改增试点若干征管问题的公告》（国家税务总局公告 2016 年第 53 号）第五条第（三）项的规定确定买入价；在重大资产重组前已经暂停上市的，以上市公司完成资产重组后股票恢复上市首日的开盘价为买入价。

金融商品的买入价，可以选择按照加权平均法或者移动加权平均法进行核算，选择后 36 个月内不得变更。

金融商品转让不得开具增值税专用发票。

单位将其持有的限售股在解禁流通后对外转让的，按照以下规定确定买入价：

（1）上市公司实施股权分置改革时，在股票复牌之前形成的原非流通股股份，以及股票复牌首日至解禁日期间由上述股份孳生的送、转股，以该上市公司完成股权分置改革后股票复牌首日的开盘价为买入价。

（2）公司首次公开发行股票并上市形成的限售股，以及上市首日至解禁日期间由上述股份孳生的送、转股，以该上市公司股票首次公开发行（IPO）的发行价为买入价。

（3）因上市公司实施重大资产重组形成的限售股，以及股票复牌首日至解禁日期间由上述股份孳生的送、转股，以该上市公司因重大资产重组股票停牌前一交易日的收盘价为买入价。

【例2-2】 假设某经营金融业务的公司（一般纳税人）2017年第四季度转让债券卖出价为100 000元（含增值税价格，下同），该债券是2016年9月购入的，买入价为60 000元。该公司2017年第四季度之前转让金融商品亏损15 000元。则转让债券的销售额和销项税额分别是：

销售额 = 100 000 - 60 000 - 15 000 = 25 000（元）

销项税额 = 25 000 ÷ (1 + 6%) × 6% = 1 415.09（元）

自2018年1月1日起，资管产品管理人运营资管产品发生的部分金融商品转让业务，转让2017年12月31日前取得的股票（不包括限售股）、债券、基金、非货物期货，可以选择按照实际买入价计算销售额，或者以2017年最后一个交易日的股票收盘价（2017年最后一个交易日处于停牌期间的股票，为停牌前最后一个交易日收盘价）、债券估值（中债金融估值中心有限公司或中证指数有限公司提供的债券估值）、基金份额净值、非货物期货结算价格作为买入价计算销售额。

2. 经纪代理服务的销售额。

经纪代理服务以取得的全部价款和价外费用，扣除向委托方收取并代为支付的政府性基金或者行政事业性收费后的余额为销售额。向委托方收取的政府性基金或者行政事业性收费，不得开具增值税专用发票。

3. 融资租赁和融资性售后回租业务的销售额。

（1）经人民银行、银监会或者商务部批准从事融资租赁业务的试点纳税人（包括经上述部门备案从事融资租赁业务的试点纳税人），提供融资租赁服务，以取得的全部价款和价外费用，扣除支付的借款利息（包括外汇借款和人民币借款利息）、发行债券利息和车辆购置税后的余额为销售额。

（2）经人民银行、银监会或者商务部批准从事融资租赁业务的试点纳税人，提供融资性售后回租服务，以取得的全部价款和价外费用（不含本金），扣除对外支付的借款利息（包括外汇借款和人民币借款利息）、发行债券利息后的余额作为销售额。

（3）试点纳税人根据2016年4月30日前签订的有形动产融资性售后回租合同，在合同到期前提供的有形动产融资性售后回租服务，可继续按照有形动产融资租赁服务缴纳增值税。

继续按照有形动产融资租赁服务缴纳增值税的试点纳税人，经人民银行、银监会或者商务部批准从事融资租赁业务的，根据2016年4月30日前签订的有形动产融资性售后回租合同，在合同到期前提供的有形动产融资性售后回租服务，可以选择以下方法之一计算销售额：

①以向承租方收取的全部价款和价外费用，扣除向承租方收取的价款本金，以及对外支付的借款利息（包括外汇借款和人民币借款利息）、发行债券利息后的余额为销售额。

纳税人提供有形动产融资性售后回租服务，计算当期销售额时可以扣除的价款本金，为书面合同约定的当期应当收取的本金。无书面合同或者书面合同没有约定的，为当期实际收取的本金。

试点纳税人提供有形动产融资性售后回租服务，向承租方收取的有形动产价款本金，不得开具增值税专用发票，可以开具普通发票。

②以向承租方收取的全部价款和价外费用，扣除支付的借款利息（包括外汇借款和人民币借款利息）、发行债券利息后的余额为销售额。

（3）经商务部授权的省级商务主管部门和国家经济技术开发区批准的从事融资租赁业务的试点纳税人，2016 年 5 月 1 日后实收资本达到 1.7 亿元的，从达到标准的当月起按照上述第（1）、（2）、（3）点规定执行；2016 年 5 月 1 日后实收资本未达到 1.7 亿元但注册资本达到 1.7 亿元的，在 2016 年 7 月 31 日前仍可按照上述第（1）、（2）、（3）点规定执行，2016 年 8 月 1 日后开展的融资租赁业务和融资性售后回租业务不得按照上述第（1）、（2）、（3）点规定执行。

4. 航空运输企业的销售额，不包括代收的机场建设费和代售其他航空运输企业客票而代收转付的价款。

自 2018 年 1 月 1 日起，航空运输销售代理企业提供境外航段机票代理服务，以取得的全部价款和价外费用，扣除向客户收取并支付给其他单位或者个人的境外航段机票结算款和相关费用后的余额为销售额。其中，支付给境内单位或者个人的款项，以发票或行程单为合法有效凭证；支付给境外单位或者个人的款项，以签收单据为合法有效凭证，税务机关对签收单据有疑义的，可以要求其提供境外公证机构的确认证明。

航空运输销售代理企业提供境内机票代理服务，以取得的全部价款和价外费用，扣除向客户收取并支付给航空运输企业或其他航空运输销售代理企业的境内机票净结算款和相关费用后的余额为销售额。其中，支付给航空运输企业的款项，以国际航空运输协会（IATA）开账与结算计划（BSP）对账单或航空运输企业的签收单据为合法有效凭证；支付给其他航空运输销售代理企业的款项，以代理企业间的签收单据为合法有效凭证。航空运输销售代理企业就取得的全部价款和价外费用，向购买方开具行程单，或开具增值税普通发票。

航空运输销售代理企业是指根据《航空运输销售代理资质认可办法》取得中国航空运输协会颁发的“航空运输销售代理业务资质认可证书”，接受中国航空运输企业或通航中国的外国航空运输企业委托，依照双方签订的委托销售代理合同提供代理服务的企业。

5. 试点纳税人中的一般纳税人提供客运场站服务，以其取得的全部价款和价外费用，扣除支付给承运方运费后的余额为销售额。

6. 试点纳税人提供旅游服务，可以选择以取得的全部价款和价外费用，扣除向旅游服务购买方收取并支付给其他单位或者个人的住宿费、餐饮费、交通费、签证费、门票费和支付给其他接团旅游企业的旅游费用后的余额为销售额。

选择上述办法计算销售额的试点纳税人，向旅游服务购买方收取并支付的上述费用，不得开具增值税专用发票，可以开具普通发票。

7. 纳税人提供建筑服务适用简易计税方法的，以取得的全部价款和价外费用扣除支付的分包款后的余额为销售额。分包款是指支付给分包方的全部价款和价外费用。

8. 房地产开发企业中的一般纳税人销售其开发的房地产项目（选择简易计税方法的房地产老项目除外），以取得的全部价款和价外费用，扣除受让土地时向政府部门支付的土地价款后的余额为销售额。“向政府部门支付的土地价款”包括土地受让人向政府部门支付的征地和拆迁补偿费用、土地前期开发费用和土地出让收益等。

房地产开发企业（包括多个房地产开发企业组成的联合体）受让土地向政府部门支付土地价款后，设立项目公司对该受让土地进行开发，同时符合下列条件的，可由项目公司按规定扣除房地产开发企业向政府部门支付的土地价款。

（1）房地产开发企业、项目公司、政府部门三方签订变更协议或补充合同，将土地受让人变更为项目公司；

（2）政府部门出让土地的用途、规划等条件不变的情况下，签署变更协议或补充合同时，土地价款总额不变；

（3）项目公司的全部股权由受让土地的房地产开发企业持有。

房地产开发企业中的一般纳税人销售其开发的房地产项目（选择简易计税方法的房地产老项目除外），在取得土地时向其他单位或个人支付的拆迁补偿费用也允许在计算销售额时扣除。纳税人按上述规定扣除拆迁补偿费用时，应提供拆迁协议、拆迁双方支付和取得拆迁补偿费用凭证等能够证明拆迁补偿费用真实性的材料。

9. 纳税人转让不动产缴纳增值税差额扣除的有关规定。

（1）纳税人转让不动产，按照有关规定差额缴纳增值税的，如因丢失等原因无法提供取得不动产时的发票，可向税务机关提供其他能证明契税计税金额的完税凭证等资料，进行差额扣除。

（2）纳税人以契税计税金额进行差额扣除的，按照下列公式计算增值税应纳税额：

①2016 年 4 月 30 日及以前缴纳契税的：

增值税应纳税额 = [全部交易价格(含增值税) - 契税计税金额(含营业税)] ÷ (1 + 5%) × 5%

②2016 年 5 月 1 日及以后缴纳契税的：

增值税应纳税额 = [全部交易价格(含增值税) ÷ (1 + 5%) - 契税计税金额(不含增值税)] × 5%

（3）纳税人同时保留取得不动产时的发票和其他能证明契税计税金额的完税凭证等资料的，应当凭发票进行差额扣除。

10. 试点纳税人按照上述 2 ~ 9 款的规定从全部价款和价外费用中扣除的价款，应当取得符合法律、行政法规和国家税务总局规定的有效凭证。否则，不得扣除。

上述“有效凭证”是指：

（1）支付给境内单位或者个人的款项，以发票为合法有效凭证。

（2）支付给境外单位或者个人的款项，以该单位或者个人的签收单据为合法有效凭证，税务机关对签收单据有疑义的，可以要求其提供境外公证机构的确认证明。

（3）缴纳的税款，以完税凭证为合法有效凭证。

（4）扣除的政府性基金、行政事业性收费或者向政府支付的土地价款，以省级以上（含省级）财政部门监（印）制的财政票据为合法有效凭证。

（5）国家税务总局规定的其他凭证。

纳税人取得的上述凭证属于增值税扣税凭证的，其进项税额不得从销项税额中抵扣。

（四）视同发生应税销售行为的销售额确定

纳税人发生应税销售行为的情形，价格明显偏低并无正当理由的，或者视同发生应税销售行为而无销售额的，由主管税务机关按照下列次序核定销售额：

1. 按照纳税人最近时期发生同类应税销售行为的平均价格确定。

2. 按照其他纳税人最近时期发生同类应税销售行为的平均价格确定。

3. 按照组成计税价格确定。组成计税价格的公式为：

组成计税价格 = 成本 ×（1 + 成本利润率）

成本利润率由国家税务总局确定。

（五）含税销售额的换算

为了符合增值税作为价外税的要求，纳税人在填写进销货及纳税凭证、进行账务处理时，应分项记录不含税销售额、销项税额和进项税额，以正确计算应纳增值税额。然而，在实际工作中，常常会出现一般纳税人将发生应税销售行为采用销售额和销项税额合并定价收取的方法，这样，就会形成含税销售额。我国增值税是价外税，计税依据中不含增值税本身的数额。在计算应纳税额时，如果不将含税销售额换算为不含税销售额，就不符合我国增值税的设计原则，即仍会导致对增值税销项税额本身的重复征税现象，也会影响企业成本核算过程，如果普遍出现以含税销售额作为计税依据的做法会在某种程度上推动物价非正常上涨情况的出现。因此，一般纳税人发生应税销售行为取得的含税销售额在计算销项税额时，必须将其换算为不含税的销售额。对于一般纳税人发生的应税销售行为，采用销售额和销项税额合并定价方法的，按下列公式计算销售额：

销售额 = 含税销售额 ÷（1 + 税率）

公式中的税率为发生应税销售行为时按《增值税暂行条例》所规定的适用税率。

二、进项税额的确认和计算

进项税额是指纳税人购进货物、劳务、服务、无形资产、不动产所支付或者负担的增值税额。进项税额是与销项税额相对应的另一个概念。在开具增值税专用发票的情况下，它们之间的对应关系是，销售方收取的销项税额，就是购买方支付的进项税额。对于任何一个一般纳税人而言，由于其在经营活动中，既会发生应税销售行为，又会发生购进货物、劳务、服务、无形资产、不动产行为，因此，每一个一般纳税人都会有收取的销项税额和支付的进项税额。增值税的核心就是用纳税人收取的销项税额抵扣其支付的进项税额，其余额为纳税人实际应缴纳的增值税税额。这样，进项税额作为可抵扣的部分，对于纳税人实际纳税多少就产生了举足轻重的作用。

然而，需要注意的是，并不是纳税人支付的所有进项税额都可以从销项税额中抵扣。为体现增值税的配比原则，即购进项目金额与发生应税销售行为的销售额之间应有配比性，当纳税人购进的货物、劳务、服务、无形资产、不动产行为不是用于增值税应税项目，而是用于简易计税方法计税项目、免税项目或用于集体福利、个人消费等情况时，其支付的进项税额就不能从销项税额中抵扣。增值税法律法规对不能抵扣进项税额的项目作了严格的规定，如果违反规定，随意抵扣进项税额就将以逃避缴纳税款论处。因此，严格把握哪些进项税额可以抵扣、哪些进项税额不能抵扣是十分重要的，这些方面也是纳税人在缴纳增值税实务中差错出现最多的地方。

一般纳税人应在“应交税费”科目下设置“应交增值税”明细科目。在“应交增值税”明细账中，应设置“进项税额”等专栏。“进项税额”专栏，记录一般纳税人购进货物、劳务、服务、无形资产、不动产而支付的、准予从销项税额中抵扣的增值税额。一般纳税人购进货物、劳务、服务、无形资产、不动产支付的进项税额，用蓝字登记；退回、中止或者折让应冲销的进项税额，用红字登记。

（一）准予从销项税额中抵扣的进项税额

根据《增值税暂行条例》和“营改增通知”，准予从销项税额中抵扣的进项税额，限于下列增值税扣税凭证上注明的增值税税额和按规定的扣除率计算的进项税额。

1. 从销售方取得的增值税专用发票（含《机动车销售统一发票》，下同）上注明的增值税额。增值税专用发票具体包括以下两种：

（1）《增值税专用发票》。《增值税专用发票》是增值税一般纳税人发生应税销售行为开具的发票。

（2）《机动车销售统一发票》。《机动车销售统一发票》是增值税一般纳税人从事机动车零售业务开具的发票。

2. 从海关取得的海关进口增值税专用缴款书上注明的增值税额。

增值税一般纳税人进口货物时应准确填报企业名称，确保海关缴款书上的企业名称与税务登记的企业名称一致。税务机关将进口货物取得的属于增值税抵扣范围的海关缴款书信息与海关采集的缴款信息进行稽核比对。经稽核比对相符后，海关缴款书上注明的增值税额可作为进项税额在销项税额中抵扣。稽核比对不相符，所列税额暂不得抵扣，待核查确认海关缴款书票面信息与纳税人实际进口业务一致后，海关缴款书上注明的增值税额可作为进项税额在销项税额中抵扣。

3. 自境外单位或者个人购进劳务、服务、无形资产或者境内的不动产，从税务机关或者扣缴义务人取得的代扣代缴税款的完税凭证上注明的增值税额。

4. 纳税人购进农产品，按下列规定抵扣进项税额：

（1）纳税人购进农产品，取得一般纳税人开具的增值税专用发票或海关进口增值税专用缴款书的，以增值税专用发票或海关进口增值税专用缴款书上注明的增值税额为进项税额。

（2）从按照简易计税方法依照3%征收率计算缴纳增值税的小规模纳税人取得增值税专用发票的，以增值税专用发票上注明的金额和9%的扣除率计算进项税额。

（3）取得（开具）农产品销售发票或收购发票的，以农产品销售发票或收购发票上注明的农产品买价和9%的扣除率计算进项税额。

（4）纳税人购进用于生产销售或委托加工13%税率货物的农产品，按照10%的扣除率计算进项税额。

（5）购进农产品进项税额的计算公式：

进项税额 = 买价 × 扣除率

（6）纳税人从批发、零售环节购进适用免征增值税政策的蔬菜、部分鲜活肉蛋而取得的普通发票，不得作为计算抵扣进项税额的凭证。

（7）纳税人购进农产品既用于生产销售或委托受托加工13%税率货物又用于生产销售其他货物服务的，应当分别核算用于生产销售或委托受托加工13%税率货物和其他货物服务的农产品进项税额。未分别核算的，统一以增值税专用发票或海关进口增值税专用缴款书上注明的增值税额为进项税额，或以农产品收购发票或销售发票上注明的农产品买价和9%的扣除率计算进项税额。

（8）对烟叶税纳税人按规定缴纳的烟叶税，准予并入烟叶产品的买价计算增值税的进项税额，并在计算缴纳增值税时予以抵扣。购进烟叶准予抵扣的增值税进项税额，按照收购烟叶实际支付的价款总额和烟叶税及法定扣除率计算。计算公式如下：

烟叶税应纳税额＝收购烟叶实际支付的价款总额×税率（20%）

准予抵扣的进项税额＝(收购烟叶实际支付的价款总额＋烟叶税应纳税额)×扣除率

上述购进农产品抵扣进项税额的办法，不适用于《农产品增值税进项税额核定扣除试点实施办法》中购进的农产品。

5.《农产品增值税进项税额核定扣除试点实施办法》规定的进项税额。该办法的主要规定如下：

（1）适用该办法的范围。自2012年7月1日起，以购进农产品为原料生产销售液体乳及乳制品、酒及酒精、植物油（以下简称货物）的增值税一般纳税人，纳入农产品增值税进项税额核定扣除试点范围，其购进农产品无论是否用于生产上述产品，增值税进项税额均按照《农产品增值税进项税额核定扣除试点实施办法》的规定抵扣。

（2）农产品增值税进项税额核定方法。

①试点纳税人以购进农产品为原料生产货物的，农产品增值税进项税额可按照以下方法核定：

A. 投入产出法：参照国家标准、行业标准（包括行业公认标准和行业平均耗用值）确定销售单位数量货物耗用外购农产品的数量（以下称农产品单耗数量）。

当期允许抵扣农产品增值税进项税额依据农产品单耗数量、当期销售货物数量、农产品平均购买单价（含税，下同）和农产品增值税进项税额扣除率（以下简称扣除率）计算。公式为：

当期允许抵扣农产品增值税进项税额＝当期农产品耗用数量×农产品平均购买单价×扣除率÷(1＋扣除率)

当期农产品耗用数量＝当期销售货物数量(不含采购除农产品以外的半成品生产的货物数量)×农产品单耗数量

对以单一农产品原料生产多种货物或者多种农产品原料生产多种货物的，在核算当期农产品耗用数量和平均购买单价时，应依据合理的方法归集和分配。

平均购买单价是指购买农产品期末平均买价，不包括买价之外单独支付的运费和入库前的整理费用。期末平均买价计算公式：

期末平均买价＝(期初库存农产品数量×期初平均买价＋当期购进农产品数量×当期买价)÷(期初库存农产品数量＋当期购进农产品数量)

B. 成本法：依据试点纳税人年度会计核算资料，计算确定耗用农产品的外购金额占生产成本的比例（以下称农产品耗用率）。当期允许抵扣农产品增值税进项税额依据当期主营业务成本、农产品耗用率以及扣除率计算。公式为：

当期允许抵扣农产品增值税进项税额 = 当期主营业务成本 × 农产品耗用率 × 扣除率 ÷ (1 + 扣除率)

农产品耗用率 = 上年投入生产的农产品外购金额 ÷ 上年生产成本

农产品外购金额（含税）不包括不构成货物实体的农产品（包括包装物、辅助材料、燃料、低值易耗品等）和在购进农产品之外单独支付的运费、入库前的整理费用。

对以单一农产品原料生产多种货物或者多种农产品原料生产多种货物的，在核算当期主营业务成本以及核定农产品耗用率时，试点纳税人应依据合理的方法进行归集和分配。

农产品耗用率由试点纳税人向主管税务机关申请核定。

年度终了，主管税务机关应根据试点纳税人本年实际对当年已抵扣的农产品增值税进项税额进行纳税调整，重新核定当年的农产品耗用率，并作为下一年度的农产品耗用率。

C. 参照法：新办的试点纳税人或者试点纳税人新增产品的，试点纳税人可参照所属行业或者生产结构相近的其他试点纳税人确定农产品单耗数量或者农产品耗用率。次年，试点纳税人向主管税务机关申请核定当期的农产品单耗数量或者农产品耗用率，并据此计算确定当年允许抵扣的农产品增值税进项税额，同时对上一年增值税进项税额进行调整。核定的进项税额超过实际抵扣增值税进项税额的，其差额部分可以结转下期继续抵扣；核定的进项税额低于实际抵扣增值税进项税额的，其差额部分应按现行增值税的有关规定将进项税额做转出处理。

②试点纳税人购进农产品直接销售的，农产品增值税进项税额按照以下方法核定扣除：

当期允许抵扣农产品增值税进项税额 = 当期销售农产品数量 ÷ (1 − 损耗率) × 农产品平均购买单价 ×9% ÷ (1 +9%) 损耗率：损耗数量 ÷ 购进数量 ×100%

③试点纳税人购进农产品用于生产经营且不构成货物实体的（包括包装物、辅助材料、燃料、低值易耗品等），增值税进项税额按照以下方法核定扣除：

当期允许抵扣农产品增值税进项税额 = 当期耗用农产品数量 × 农产品平均购买单价 × 9% ÷ (1 +9%)

农产品单耗数量、农产品耗用率和损耗率统称为农产品增值税进项税额扣除标准（以下称扣除标准）。

（3）试点纳税人销售货物，应合并计算当期允许抵扣农产品增值税进项税额。

（4）试点纳税人购进农产品取得的农产品增值税专用发票和海关进口增值税专用缴款书，按照注明的金额及增值税额一并计入成本科目；自行开具的农产品收购发票和取得的农产品销售发票，按照注明的买价直接计入成本。

（5）本办法规定的扣除率为销售货物的适用税率。

（6）试点纳税人应自执行本办法之日起，将期初库存农产品以及库存半成品、产成品耗用的农产品增值税进项税额作转出处理。

（7）试点纳税人应当按照上述第（2）条的规定准确计算当期允许抵扣农产品增值税进项税额，并从相关科目转入“应交税费——应交增值税（进项税额）”科目。未能准确计算的，由主管税务机关核定。

（8）试点纳税人购进的农产品价格明显偏高或偏低，且不具有合理商业目的的，由主管税务机关核定。

（9）试点纳税人在计算农产品增值税进项税额时，应按照下列顺序确定适用的扣除标准：

①财政部和国家税务总局不定期公布的全国统一的扣除标准（见表2－1）。

②省级税务机关商同级财政机关根据本地区实际情况，报经财政部和国家税务总局备案后公布的适用于本地区的扣除标准。

③省级税务机关依据试点纳税人申请，按照本办法第十三条规定的核定程序审定的仅适用于该试点纳税人的扣除标准。

（10）试点纳税人在申报期内，除向主管税务机关报送《增值税一般纳税人纳税申报办法》规定的纳税申报资料外，还应报送《农产品核定扣除增值税进项税额计算表》。

表2－1　　全国统一的部分液体乳及乳制品扣除标准表

产品类型	扣除标准（原乳单耗数量）
超高温灭菌牛乳（每吨）	1.068
超高温灭菌牛乳（蛋白质含量>3.3%）（每吨）	1.124
巴氏杀菌牛乳（每吨）	1.055
巴氏杀菌牛乳（蛋白质含量多3.3%）（每吨）	1.196
超高温灭菌羊乳（每吨）	1.023
巴氏杀菌羊乳（每吨）	1.062

6. 增值税一般纳税人在资产重组过程中，将全部资产、负债和劳动力一并转让给其他增值税一般纳税人，并按程序办理注销税务登记的，其在办理注销登记前尚未抵扣的进项税额可结转至新纳税人处继续抵扣。

7. 自2019年4月1日起，停止执行纳税人取得不动产或者不动产在建工程的进项税额分2年抵扣的规定。此前按照上述规定尚未抵扣完毕的待抵扣进项税额，可自2019年4月税款所属期起从销项税额中抵扣。

8. 收费公路通行费增值税抵扣规定。

自2018年1月1日起，纳税人支付的道路、桥、闸通行费，按照以下规定抵扣进项税额：

（1）纳税人支付的道路通行费，按照收费公路通行费增值税电子普通发票上注明的增值税额抵扣进项税额。

2018年1月1日至6月30日，纳税人支付的高速公路通行费，如暂未能取得收费公路通行费增值税电子普通发票，可凭取得的通行费发票（不含财政票据，下同）上注明的收费金额按照下列公式计算可抵扣的进项税额：

高速公路通行费可抵扣进项税额＝高速公路通行费发票上注明的金额÷(1＋3%)×3%

2018年1月1日至12月31日，纳税人支付的一级、二级公路通行费，如暂未能取得收费公路通行费增值税电子普通发票，可凭取得的通行费发票上注明的收费金额按照下列公式计算可抵扣进项税额：

一级、二级公路通行费可抵扣进项税额＝一级、二级公路通行费发票上注明的金额÷(1+5%)×5%

（2）纳税人支付的桥、闸通行费，暂凭取得的通行费发票上注明的收费金额按照下列公式计算可抵扣的进项税额：

桥、闸通行费可抵扣进项税额＝桥、闸通行费发票上注明的金额÷(1+5%)×5%

（3）通行费是指有关单位依法或者依规设立并收取的过路、过桥和过闸费用。

《财政部、国家税务总局关于收费公路通行费增值税抵扣有关问题的通知》（财税〔2016〕86号）自2018年1月1日起停止执行。

9. 原增值税一般纳税人自用的应征消费税的摩托车、汽车、游艇，其进项税额准予从销项税额中抵扣。

10. 原增值税一般纳税人从境外单位或者个人购进服务、无形资产或者不动产，按照规定应当扣缴增值税的，准予从销项税额中抵扣的进项税额为自税务机关或者扣缴义务人取得的解缴税款的完税凭证上注明的增值税额。

纳税人凭完税凭证抵扣进项税额的，应当具备书面合同、付款证明和境外单位的对账单或者发票。资料不全的，其进项税额不得从销项税额中抵扣。

11. 按照"营改增通知"规定不得抵扣且未抵扣进项税额的固定资产、无形资产、不动产，发生用途改变，用于允许抵扣进项税额的应税项目，可在用途改变的次月按照下列公式计算可以抵扣的进项税额：

可以抵扣的进项税额＝固定资产、无形资产、不动产净值÷(1＋适用税率)×适用税率

上述可以抵扣的进项税额应取得合法有效的增值税扣税凭证。

12. 自2018年1月1日起，纳税人租入固定资产、不动产，既用于一般计税方法计税项目，又用于简易计税方法计税项目、免征增值税项目、集体福利或者个人消费的，其进项税额准予从销项税额中全额抵扣。

13. 提供保险服务的纳税人以实物赔付方式承担机动车辆保险责任的，自行向车辆修理劳务提供方购进的车辆修理劳务，其进项税额可以按规定从保险公司销项税额中抵扣。

纳税人提供的其他财产保险服务，比照上述规定执行。

14. 国内旅客运输服务进项税额的抵扣规定。

"国内旅客运输服务"，限于与本单位签订了劳动合同的员工，以及本单位作为用工单位接受的劳务派遣员工发生的国内旅客运输服务。

纳税人允许抵扣的国内旅客运输服务进项税额，是指纳税人2019年4月1日及以后实际发生，并取得合法有效增值税扣税凭证注明的或依据其计算的增值税税额。以增值税专用发票或增值税电子普通发票为增值税扣税凭证的，为2019年4月1日及以后开具的增值税专用发票或增值税电子普通发票。

纳税人未取得增值税专用发票的，暂按照以下规定确定进项税额：

（1）纳税人购进国内旅客运输服务，以取得的增值税电子普通发票上注明的税额为进项税额的，增值税电子普通发票上注明的购买方"名称""纳税人识别号"等信息，应当与实际抵扣税款的纳税人一致，否则不予抵扣。

（2）取得注明旅客身份信息的航空运输电子客票行程单的，按照下列公式计算进项税额：

航空旅客运输进项税额 =（票价 + 燃油附加费）÷（1 +9%）×9%

（3）取得注明旅客身份信息的铁路车票的，按照下列公式计算的进项税额：

铁路旅客运输进项税额 = 票面金额 ÷（1 +9%）×9%

（4）取得注明旅客身份信息的公路、水路等其他客票的，按照下列公式计算进项税额：

公路、水路等其他旅客运输进项税额 = 票面金额 ÷（1 +3%）×3%

15. 增值税加计抵减政策。

（1）加计抵减的期限和比例。

自 2019 年 4 月 1 日至 2021 年 12 月 31 日，允许生产、生活性服务业纳税人按照当期可抵扣进项税额加计抵减应纳税额（以下称加计抵减政策）。生产性服务业的加计抵扣比例为 10%，生活性服务业的加计抵扣的比例为 15%。

“生产、生活性服务业纳税人”是指提供邮政服务、电信服务、现代服务、生活服务（以下称四项服务）取得的销售额占全部销售额的比重超过 50% 的纳税人。

上述所称“销售额”包括纳税申报销售额、稽查查补销售额、纳税评估调整销售额，其中，纳税申报销售额包括一般计税方法销售额，简易计税方法销售额，免税销售额，税务机关代开发票销售额，免、抵、退办法出口销售额，即征即退项目销售额。

稽查查补销售额和纳税评估调整销售额，计入查补或评估调整当期销售额确定适用加计抵减政策；适用增值税差额征收政策的，以差额后的销售额确定适用加计抵减政策。

经财政部和国家税务总局或者其授权的财政和税务机关批准，实行汇总缴纳增值税的总机构及其分支机构，以总机构本级及其分支机构的合计销售额，确定总机构及其分支机构适用加计抵减政策。

纳税人确定适用加计抵减政策后，当年内不再调整，以后年度是否适用，根据上年度销售额计算确定。

（2）加计抵减的起始期。

①生产性服务业 2019 年 3 月 31 日前设立的纳税人，自 2018 年 4 月至 2019 年 3 月期间的销售额（经营期不满 12 个月的，按照实际经营期的销售额）符合上述规定条件的，自 2019 年 4 月 1 日起适用 10% 加计抵减政策。

2019 年 4 月 1 日后设立的纳税人，自设立之日起 3 个月的销售额符合上述规定条件的，自登记为一般纳税人之日起适用 10% 加计抵减政策。

②生活性服务业 2019 年 9 月 30 日前设立的纳税人，自 2018 年 10 月至 2019 年 9 月期间的销售额（经营期不满 12 个月的，按照实际经营期的销售额）符合上述规定条件的，自 2019 年 10 月 1 日起适用加计抵减 15% 政策。

2019 年 10 月 1 日后设立的纳税人，自设立之日起 3 个月的销售额符合上述规定条件的，自登记为一般纳税人之日起适用加计抵减 15% 政策。

2019 年 3 月 31 日前设立，自 2018 年 4 月至 2019 年 3 月期间销售额均为零的纳税人，以首次产生销售额当月起连续 3 个月的销售额确定适用加计抵减政策。

2019 年 4 月 1 日后设立，且自设立之日起 3 个月的销售额均为零的纳税人，以首次产生销售额当月起连续 3 个月的销售额确定适用加计抵减政策。

（3）计提加计抵减额的规定和计算。

纳税人可计提但未计提的加计抵减额，可在确定适用加计抵减政策当期一并计提。

纳税人应按照当期可抵扣进项税额的 10% 或 15% 计提当期加计抵减额。

按照现行规定不得从销项税额中抵扣的进项税额，不得计提加计抵减额；已计提加计抵减额的进项税额，按规定作进项税额转出的，应在进项税额转出当期，相应调减加计抵减额。计算公式如下：

当期计提加计抵减额 = 当期可抵扣进项税额 ×10% 或 15%

当期可抵减加计抵减额 = 上期末加计抵减额余额 + 当期计提加计抵减额 - 当期调减加计抵减额

纳税人应按照现行规定计算一般计税方法下的应纳税额（以下称抵减前的应纳税额）后，区分以下情形加计抵减：

①抵减前的应纳税额等于零的，当期可抵减加计抵减额全部结转下期抵减。

②抵减前的应纳税额大于零，且大于当期可抵减加计抵减额的，当期可抵减加计抵减额全额从抵减前的应纳税额中抵减。

③抵减前的应纳税额大于零，且小于或等于当期可抵减加计抵减额的，以当期可抵减加计抵减额抵减应纳税额至零。未抵减完的当期可抵减加计抵减额，结转下期继续抵减。

④纳税人出口货物劳务、发生跨境应税行为不适用加计抵减政策，其对应的进项税额不得计提加计抵减额。如果纳税人兼营出口货物劳务、发生跨境应税行为且无法划分不得计提加计抵减额的进项税额，按照以下公式计算：

不得计提加计抵减额的进项税额 = 当期无法划分的全部进项税额 × 当期出口货物劳务和发生跨境应税行为的销售额 ÷ 当期全部销售额

纳税人应单独核算加计抵减额的计提、抵减、调减、结余等变动情况。骗取适用加计抵减政策或虚增加计抵减额的，按照《中华人民共和国税收征收管理法》等有关规定处理。

加计抵减政策执行到期后，纳税人不再计提加计抵减额，结余的加计抵减额停止抵减。

（二）不得从销项税额中抵扣的进项税额

纳税人购进货物、劳务、服务、无形资产、不动产，取得的增值税扣税凭证不符合法律、行政法规或者国务院税务主管部门有关规定的，其进项税额不得从销项税额中抵扣。增值税扣税凭证是指增值税专用发票、海关进口增值税专用缴款书、农产品收购发票和农产品销售发票、从税务机关或者境内代理人取得的解缴税款的税收缴款凭证及增值税法律法规允许抵扣的其他扣税凭证。

按《增值税暂行条例》和“营改增通知”及其他相关政策规定，下列项目的进项税额不得从销项税额中抵扣：

1. 用于简易计税方法计税项目、免征增值税项目、集体福利或者个人消费的购进货物、劳务、服务、无形资产和不动产。

其中涉及的固定资产、无形资产、不动产，仅指专用于上述项目的固定资产、无形资产（不包括其他权益性无形资产）、不动产。但是发生兼用于上述不允许抵扣项目情况的，该进项税额准予全部抵扣。

另外，纳税人购进其他权益性无形资产无论是专用于简易计税方法计税项目、免征增值税项目、集体福利或者个人消费，还是兼用于上述不允许抵扣项目，均可以抵扣进项税额。

纳税人的交际应酬消费属于个人消费，即交际应酬消费不属于生产经营中的生产投入和支出。

2. 非正常损失的购进货物，以及相关劳务和交通运输服务。

3. 非正常损失的在产品、产成品所耗用的购进货物（不包括固定资产）、劳务和交通运输服务。

4. 非正常损失的不动产，以及该不动产所耗用的购进货物、设计服务和建筑服务。

5. 非正常损失的不动产在建工程所耗用的购进货物、设计服务和建筑服务。纳税人新建、改建、扩建、修缮、装饰不动产，均属于不动产在建工程。

上述第 2、3、4、5 项所说的非正常损失，是指因管理不善造成货物被盗、丢失、霉烂变质，以及因违反法律法规造成货物或者不动产被依法没收、销毁、拆除的情形。这些非正常损失是由纳税人自身原因造成导致征税对象实体的灭失，为保证税负公平，其损失不应由国家承担，因而纳税人无权要求抵扣进项税额。

6. 购进的贷款服务、餐饮服务、居民日常服务和娱乐服务。

一般情况下，餐饮服务、居民日常服务和娱乐服务主要接受对象是个人。对于一般纳税人购买的餐饮服务、居民日常服务和娱乐服务，难以准确的界定接受劳务的对象是企业还是个人，因此，一般纳税人购进的餐饮服务、居民日常服务和娱乐服务的进项税额不得从销项税额中抵扣。

对于贷款服务进项税不得抵扣，也就是利息支出进项税不得抵扣的规定，主要是考虑如果允许抵扣借款利息，从根本上打通融资行为的增值税抵扣链条，按照增值税“道道征道道扣”的原则，首先就应当对存款利息征税。但在现有条件下，难度很大，一方面涉及对居民存款征税，无法解决专用发票的开具问题，也与当下实际存款利率为负的现状不符。

对于住宿服务和旅游服务未列入不得抵扣项目，主要考虑是这两个行业属于公私消费参半的行业，因而用个人消费来进行规范。

7. 纳税人接受贷款服务向贷款方支付的与该笔贷款直接相关的投融资顾问费、手续费、咨询费等费用，其进项税额不得从销项税额中抵扣。

8. 提供保险服务的纳税人以现金赔付方式承担机动车辆保险责任的，将应付给被保险人的赔偿金直接支付给车辆修理劳务提供方，不属于保险公司购进车辆修理劳务，其进项税额不得从保险公司销项税额中抵扣。

纳税人提供的其他财产保险服务，比照上述规定执行。

9. 财政部和国家税务总局规定的其他情形。

上述第 4 项、第 5 项所称货物，是指构成不动产实体的材料和设备，包括建筑装饰材料和给排水、采暖、卫生、通风、照明、通讯、煤气、消防、中央空调、电梯、电气、智能化楼宇设备及配套设施。

10. 适用一般计税方法的纳税人，兼营简易计税方法计税项目、免征增值税项目而无法划分不得抵扣的进项税额，按照下列公式计算不得抵扣的进项税额：

不得抵扣的进项税额 = 当期无法划分的全部进项税额 ×（当期简易计税方法计税项目销售额 + 免征增值税项目销售额）÷ 当期全部销售额

主管税务机关可以按照上述公式依据年度数据对不得抵扣的进项税额进行清算。这是因为对于纳税人而言，进项税额转出是按月进行的，但由于年度内取得进项税额的不均衡性，有可能会造成按月计算的进项税转出与按年度计算的进项税转出产生差异，主管税务机关可在年度终了对纳税人进项税转出计算公式进行清算，可对相关差异进行调整。

11. 一般纳税人已抵扣进项税额的固定资产、无形资产或者不动产，发生《增值税暂行条例》和“营改增通知”规定不得从销项税额中抵扣进项税额情形的，按照下列公式计算不得抵扣的进项税额：

不得抵扣的进项税额 = 已抵扣进项税额 × 不动产净值率不动产净值率 =（不动产净值 ÷ 不动产原值）×100%

固定资产、无形资产或者不动产净值，是指纳税人根据财务会计制度计提折旧或摊销后的余额。

12. 有下列情形之一者，应当按照销售额和增值税税率计算应纳税额，不得抵扣进项税额，也不得使用增值税专用发票：

（1）一般纳税人会计核算不健全，或者不能够提供准确税务资料的。

（2）应当办理一般纳税人资格登记而未办理的。

该规定是为了加强对符合一般纳税人条件的纳税人的管理，防止利用一般纳税人和小规模纳税人的两种不同的征税办法少缴税款。

（三）异常增值税扣税凭证的管理

1. 符合下列情形之一的增值税专用发票，列入异常凭证范围：

（1）纳税人丢失、被盗税控专用设备中未开具或已开具未上传的增值税专用发票；

（2）非正常户纳税人未向税务机关申报或未按规定缴纳税款的增值税专用发票；

（3）增值税发票管理系统稽核比对发现“比对不符”“缺联”“作废”的增值税专用发票；

（4）经国家税务总局、省税务局大数据分析发现，纳税人开具的增值税专用发票存在涉嫌虚开、未按规定缴纳消费税等情形的；

（5）属于《国家税务总局关于走逃（失联）企业开具增值税专用发票认定处理有关问题的公告》（国家税务总局公告 2016 年第 76 号）第二条第（一）项规定情形的增值税专用发票。

2. 增值税一般纳税人申报抵扣异常凭证，同时符合下列情形的，其对应开具的增值税专用发票列入异常凭证范围：

（1）异常凭证进项税额累计占同期全部增值税专用发票进项税额 70%（含）以上的；

（2）异常凭证进项税额累计超过 5 万元的。

纳税人尚未申报抵扣、尚未申报出口退税或已作进项税额转出的异常凭证，其涉及的进项税额不计入异常凭证进项税额的计算。

3. 增值税一般纳税人取得的增值税专用发票列入异常凭证范围的，应按照以下规定处理：

（1）尚未申报抵扣增值税进项税额的，暂不允许抵扣。已经申报抵扣增值税进项税额的，除另有规定外，一律作进项税额转出处理。

（2）尚未申报出口退税或者已申报但尚未办理出口退税的，除另有规定外，暂不允许办理出口退税。适用增值税免抵退税办法的纳税人已经办理出口退税的，应根据列入异常凭证范围的增值税专用发票上注明的增值税额作进项税额转出处理；适用增值税免退税办法的纳税人已经办理出口退税的，税务机关应按照现行规定对列入异常凭证范围的增值税专用发票对应的已退税款追回。

纳税人因骗取出口退税停止出口退（免）税期间取得的增值税专用发票列入异常凭证范围的，按照本条第（1）项规定执行。

（3）消费税纳税人以外购或委托加工收回的已税消费品为原料连续生产应税消费品，尚未申报扣除原料已纳消费税税款的，暂不允许抵扣；已经申报抵扣的，冲减当期允许抵扣的消费税税款，当期不足冲减的应当补缴税款。

（4）纳税信用A级纳税人取得异常凭证且已经申报抵扣增值税、办理出口退税或抵扣消费税的，可以自接到税务机关通知之日起10个工作日内，向主管税务机关提出核实申请。经税务机关核实，符合现行增值税进项税额抵扣、出口退税或消费税抵扣相关规定的，可不作进项税额转出、追回已退税款、冲减当期允许抵扣的消费税税款等处理。纳税人逾期未提出核实申请的，应于期满后按照本条第（1）项、第（2）项、第（3）项规定作相关处理。

（5）纳税人对税务机关认定的异常凭证存有异议，可以向主管税务机关提出核实申请。经税务机关核实，符合现行增值税进项税额抵扣或出口退税相关规定的，纳税人可继续申报抵扣或者重新申报出口退税；符合消费税抵扣规定且已缴纳消费税税款的，纳税人可继续申报抵扣消费税税款。

4. 经国家税务总局、省税务局大数据分析发现存在涉税风险的纳税人，不得离线开具发票，其开票人员在使用开票软件时，应当按照税务机关指定的方式进行人员身份信息实名验证。

5. 新办理增值税一般纳税人登记的纳税人，自首次开票之日起3个月内不得离线开具发票，按照有关规定不使用网络办税或不具备风险条件的特定纳税人除外。

三、应纳税额的计算

一般纳税人在计算出销项税额和进项税额后就可以得出实际应纳税额。为了正确计算增值税的应纳税额，在实际操作中还需要掌握以下几个重要规定。

（一）计算应纳税额的时间限定

为了保证计算应纳税额的合理、准确性，纳税人必须严格把握当期进项税额从当期销项税额中抵扣这个要点。“当期”是指税务机关依照税法规定对纳税人确定的纳税期限。只有在纳税期限内实际发生的销项税额、进项税额，才是法定的当期销项税额或当期进项税额。目前，有些纳税人为了达到逃避纳税的目的，把当期实现的销售额隐瞒不记账或滞后记账，以减少当期销项税额，或者把不是当期实际发生的进项税额（上期结转的进项税额除外）也充作当期进项税额，以加大进项税额，少纳税甚至不纳税，这都是违反税法规定的行为。为了制止这种违法行为，税法首先对应税销售行为应计入当期销项税额以及抵扣的进项税额的时间作了限定。

1. 计算销项税额的时间限定。

纳税人在什么时间计算销项税额，《增值税暂行条例》和《增值税暂行条例实施细则》及“营改增通知”都做了严格的规定。例如，采取直接收款方式销售货物，不论货物是否发出，均为收到销售款或者取得索取销售款凭据的当天；采取托收承付和委托银行收款方式销售货物，为发出货物并办妥托收手续的当天，等等，以保证准时、准确记录和核算当期销项税额。

2. 增值税专用发票进项税额的抵扣限定。

增值税一般纳税人取得2017年1月1日及以后开具的增值税专用发票、海关进口增值税专用缴款书、机动车销售统一发票、收费公路通行费增值税电子普通发票，取消认证确认、稽核比对、申报抵扣的期限。纳税人在进行增值税纳税申报时，应当通过本省（自治区、直辖市和计划单列市）增值税发票综合服务平台对上述扣税凭证信息进行用途确认。

增值税一般纳税人取得2016年12月31日及以前开具的增值税专用发票、海关进口增值税专用缴款书、机动车销售统一发票，超过认证确认、稽核比对、申报抵扣期限，但符合规定条件的，仍可按照《国家税务总局关于逾期增值税扣税凭证抵扣问题的公告》(2011年第50号，国家税务总局公告2017年第36号、2018年第31号修改)、《国家税务总局关于未按期申报抵扣增值税扣税凭证有关问题的公告》(2011年第78号，国家税务总局公告2018年第31号修改）规定，继续抵扣进项税额。

3. 海关进口增值税专用缴款书进项税额申报抵扣和出口退税的限定。

增值税一般纳税人取得海关进口增值税专用缴款书（以下简称海关缴款书）后如需申报抵扣或出口退税，按以下方式处理：

（1）增值税一般纳税人取得仅注明一个缴款单位信息的海关缴款书，应当登录本省（区、市）增值税发票选择确认平台（以下简称选择确认平台）查询、选择用于申报抵扣或出口退税的海关缴款书信息。通过选择确认平台查询到的海关缴款书信息与实际情况不一致或未查询到对应信息的，应当上传海关缴款书信息，经系统稽核比对相符后，纳税人登录选择确认平台查询、选择用于申报抵扣或出口退税的海关缴款书信息。

（2）增值税一般纳税人取得注明两个缴款单位信息的海关缴款书，应当上传海关缴款书信息，经系统稽核比对相符后，纳税人登录选择确认平台查询、选择用于申报抵扣或出口退税的海关缴款书信息。

（3）海关缴款书稽核比对异常的处理。

稽核比对结果为不符、缺联、重号、滞留的异常海关缴款书按以下方式处理：

①对于稽核比对结果为不符、缺联的海关缴款书，纳税人应当持海关缴款书原件向主管税务机关申请数据修改或核对。属于纳税人数据采集错误的，数据修改后再次进行稽核比对；不属于数据采集错误的，纳税人可向主管税务机关申请数据核对，主管税务机关会同海关进行核查。经核查，海关缴款书票面信息与纳税人实际进口货物业务一致的，纳税

人登录选择确认平台查询、选择用于申报抵扣或出口退税的海关缴款书信息。

②对于稽核比对结果为重号的海关缴款书，纳税人可向主管税务机关申请核查。经核查，海关缴款书票面信息与纳税人实际进口货物业务一致的，纳税人登录选择确认平台查询、选择用于申报抵扣或出口退税的海关缴款书信息。

③对于稽核比对结果为滞留的海关缴款书，可继续参与稽核比对，纳税人不需申请数据核对。

纳税人应在“应交税费”科目下设“待抵扣进项税额”明细科目，用于核算已申请稽核但尚未取得稽核相符结果的海关进口增值税专用缴款书进项税额。纳税人取得海关进口增值税专用缴款书后，应借记“应交税费——待抵扣进项税额”明细科目，贷记相关科目；稽核比对相符以及核查后允许抵扣的，应借记“应交税费——应交增值税（进项税额）”专栏，贷记“应交税费——待抵扣进项税额”科目。经核查不得抵扣的进项税额，红字借记“应交税费——待抵扣进项税额”，红字贷记相关科目。

4. 未按期申报抵扣增值税扣税凭证抵扣的处理办法。

增值税一般纳税人取得的增值税专用发票以及海关进口增值税专用缴款书，未在规定期限内到税务机关办理认证（按规定不用认证的纳税人除外）或者申报抵扣的，不得作为合法的增值税扣税凭证，不得计算进项税额抵扣。

增值税一般纳税人，取得的增值税扣税凭证稽核比对结果相符但未按规定期限申报抵扣，属于发生真实交易且符合规定的客观原因的，经主管税务机关审核，允许纳税人继续申报抵扣其进项税额。增值税一般纳税人除客观原因以外的其他原因造成增值税扣税凭证未按期申报抵扣的，仍按照现行增值税扣税凭证申报抵扣有关规定执行。

客观原因如下：

（1）因自然灾害、社会突发事件等不可抗力原因造成增值税扣税凭证未按期申报抵扣；

（2）有关司法、行政机关在办理业务或者检查中，扣押、封存纳税人账簿资料，导致纳税人未能按期办理申报手续；

（3）税务机关信息系统、网络故障，导致纳税人未能及时取得认证结果通知书或稽核结果通知书，未能及时办理申报抵扣；

（4）由于企业办税人员伤亡、突发危重疾病或者擅自离职，未能办理交接手续，导致未能按期申报抵扣；

（5）国家税务总局规定的其他情形。

（二）计算应纳税额时销项税额不足抵扣进项税额的处理

计算应纳税额时进项税额不足抵扣，有两种处理方式：

1. 结转抵扣。

由于增值税实行购进扣税法，有时企业当期购进的货物、劳务、服务、无形资产、不动产很多，在计算应纳税额时会出现当期销项税额小于当期进项税额而不足抵扣的情况。根据税法规定，当期销项税额不足抵扣进项税额的部分可以结转下期继续抵扣。

2. 退还增量留抵税额。

增量留抵税额是指与2019年3月底相比新增加的期末留抵税额。

（1）对于同时符合以下条件（以下称符合留抵退税条件）的纳税人，可以向主管税务机关申请退还增量留抵税额：

①自 2019 年 4 月税款所属期起，连续六个月（按季纳税的，连续两个季度）增量留抵税额均大于零，且第六个月增量留抵税额不低于 50 万元；

②纳税信用等级为 A 级或 B 级；

③申请退税前 36 个月未发生骗取留抵退税、出口退税或虚开增值税专用发票情形的；

④申请退税前 36 个月未因偷税被税务机关处罚两次及以上的；

⑤自 2019 年 4 月 1 日起未享受即征即退、先征后返（退）政策的。

（2）增量留抵税额的计算。

纳税人当期允许退还的增量留抵税额，按照以下公式计算：

允许退还的增量留抵税额 = 增量留抵税额 × 进项构成比例 × 60%

进项构成比例，为 2019 年 4 月至申请退税前一税款所属期内已抵扣的增值税专用发票（含税控机动车销售统一发票）、海关进口增值税专用缴款书、解缴税款完税凭证注明的增值税额占同期全部已抵扣进项税额的比重。

纳税人申请办理留抵退税，应于符合留抵退税条件的次月起，在增值税纳税申报期（以下称申报期）内，完成本期增值税纳税申报后，通过电子税务局或办税服务厅提交《退（抵）税申请表》。

（3）适用免抵退税办法纳税人留抵退税的处理。

①对于纳税人出口货物劳务、发生跨境应税行为，适用免抵退税办法的，可以在同一申报期内，既申报免抵退税又申请办理留抵退税。

②申请办理留抵退税的纳税人，出口货物劳务、跨境应税行为适用免抵退税办法的，应当按期申报免抵退税。当期可申报免抵退税的出口销售额为零的，应办理免抵退税零申报。

③纳税人既申报免抵退税又申请办理留抵退税的，税务机关应先办理免抵退税。办理免抵退税后，纳税人仍符合留抵退税条件的，再办理留抵退税。

（4）税务机关按照“窗口受理、内部流转、限时办结、窗口出件”的原则办理留抵退税。

（5）纳税人符合留抵退税条件且不存在下面第（8）所列情形的，税务机关应自受理留抵退税申请之日起 10 个工作日内完成审核，并向纳税人出具准予留抵退税的《税务事项通知书》。

纳税人发生下面第（6）条②所列情形的，上述 10 个工作日，自免抵退税应退税额核准之日起计算。

（6）纳税人在办理留抵退税期间发生下列情形的，按照以下规定确定允许退还的增量留抵税额：

①因纳税申报、稽查查补和评估调整等原因，造成期末留抵税额发生变化的，按最近一期《增值税纳税申报表（一般纳税人适用）》期末留抵税额确定允许退还的增量留抵税额。

②纳税人在同一申报期既申报免抵退税又申请办理留抵退税的，或者在纳税人申请办理留抵退税时存在尚未经税务机关核准的免抵退税应退税额的，应待税务机关核准免抵退

税应退税额后，按最近一期《增值税纳税申报表（一般纳税人适用）》期末留抵税额，扣减税务机关核准的免抵退税应退税额后的余额确定允许退还的增量留抵税额。

税务机关核准的免抵退税应退税额，是指税务机关当期已核准，但纳税人尚未在《增值税纳税申报表（一般纳税人适用）》第15栏“免、抵、退应退税额”中填报的免抵退税应退税额。

③纳税人既有增值税欠税，又有期末留抵税额的，按最近一期《增值税纳税申报表（一般纳税人适用）》期末留抵税额，抵减增值税欠税后的余额确定允许退还的增量留抵税额。

（7）在纳税人办理增值税纳税申报和免抵退税申报后、税务机关核准其免抵退税应退税额前，核准其前期留抵退税的，以最近一期《增值税纳税申报表（一般纳税人适用）》期末留抵税额，扣减税务机关核准的留抵退税额后的余额，计算当期免抵退税应退税额和免抵税额。

税务机关核准的留抵退税额，是指税务机关当期已核准，但纳税人尚未在《增值税纳税申报表附列资料（二）（本期进项税额明细）》第22栏“上期留抵税额退税”填报的留抵退税额。

（8）税务机关在办理留抵退税期间，发现符合留抵退税条件的纳税人存在以下情形，暂停为其办理留抵退税：

①存在增值税涉税风险疑点的；

②被税务稽查立案且未结案的；

③增值税申报比对异常未处理的；

④取得增值税异常扣税凭证未处理的；

⑤国家税务总局规定的其他情形。

（9）上述列举的增值税涉税风险疑点等情形已排除，且相关事项处理完毕后，按以下规定办理：

①纳税人仍符合留抵退税条件的，税务机关继续为其办理留抵退税，并自增值税涉税风险疑点等情形排除且相关事项处理完毕之日起5个工作日内完成审核，向纳税人出具准予留抵退税的《税务事项通知书》。

②纳税人不再符合留抵退税条件的，不予留抵退税。税务机关应自增值税涉税风险疑点等情形排除且相关事项处理完毕之日起5个工作日内完成审核，向纳税人出具不予留抵退税的《税务事项通知书》。

税务机关对发现的增值税涉税风险疑点进行排查的具体处理时间，由各省（自治区、直辖市和计划单列市）税务局确定。

（10）税务机关对增值税涉税风险疑点进行排查时，发现纳税人涉嫌骗取出口退税、虚开增值税专用发票等增值税重大税收违法行为的，终止为其办理留抵退税，并自作出终止办理留抵退税决定之日起5个工作日内，向纳税人出具终止办理留抵退税的《税务事项通知书》。

税务机关对纳税人涉嫌增值税重大税收违法行为核查处理完毕后，纳税人仍符合留抵退税条件的，可按照上述规定重新申请办理留抵退税。

（11）纳税人应在收到税务机关准予留抵退税的《税务事项通知书》当期，以税务机关核准的允许退还的增量留抵税额冲减期末留抵税额，并在办理增值税纳税申报时，相应填写《增值税纳税申报表附列资料（二）（本期进项税额明细）》第22栏“上期留抵税额退税”。

（12）纳税人以虚增进项、虚假申报或其他欺骗手段骗取留抵退税的，由税务机关追缴其骗取的退税款，并按照《中华人民共和国税收征收管理法》等有关规定处理。另外，为进一步推进制造业高质量发展，财政部、国家税务总局还特意对部分先进制造业纳税人退还增量留抵税额做出了如下规定：

自2019年6月1日起，同时符合以下条件的部分先进制造业纳税人，可以自2019年7月及以后纳税申报期向主管税务机关申请退还增量留抵税额：

①增量留抵税额大于零；

②纳税信用等级为A级或B级；

③申请退税前36个月未发生骗取留抵退税、出口退税或虚开增值税专用发票情形；

④申请退税前36个月未因偷税被税务机关处罚两次及以上；

⑤自2019年4月1日起未享受即征即退、先征后返（退）政策。

部分先进制造业纳税人，是指按照《国民经济行业分类》，生产并销售非金属矿物制品、通用设备、专用设备及计算机、通信和其他电子设备销售额占全部销售额的比重超过50%的纳税人。

上述销售额比重根据纳税人申请退税前连续12个月的销售额计算确定；申请退税前经营期不满12个月但满3个月的，按照实际经营期的销售额计算确定。

增量留抵税额，是指与2019年3月31日相比新增加的期末留抵税额。

部分先进制造业纳税人当期允许退还的增量留抵税额，按照以下公式计算：

允许退还的增量留抵税额＝增量留抵税额×进项构成比例

进项构成比例，为2019年4月至申请退税前一税款所属期内已抵扣的增值税专用发票（含税控机动车销售统一发票）、海关进口增值税专用缴款书、解缴税款完税凭证注明的增值税额占同期全部已抵扣进项税额的比重。在计算允许退还的增量留抵税额的进项构成比例时，纳税人在2019年4月至申请退税前一税款所属期内按规定转出的进项税额，无需从已抵扣的增值税专用发票、机动车销售统一发票、海关进口增值税专用缴款书、解缴税款完税凭证注明的增值税额中扣减。

部分先进制造业纳税人申请退还增量留抵税额的其他规定，按照《财政部国家税务总局海关总署关于深化增值税改革有关政策的公告》（财政部国家税务总局海关总署公告2019年第39号，以下称39号公告）执行。

（三）扣减发生期进项税额的规定

由于增值税实行以当期销项税额抵扣当期进项税额的“购进扣税法”，当期购进的货物、劳务、服务、无形资产、不动产如果事先并未确定将用于不得抵扣进项税额项目，其进项税额会在当期销项税额中予以抵扣。但已抵扣进项税额的购进货物、劳务、服务、无形资产、不动产如果事后改变用途，用于不得抵扣进项税额项目将如何处理？根据《增值税暂行条例》《增值税暂行条例实施细则》和“营改增通知”的规定，应当将该项购进货物、劳务、服务、无形资产、不动产的进项税额从当期的进项税额中扣减；无法确定该项进项税额的，按当期实际成本计算应扣减的进项税额。

这里需要注意的是，所称“从当期发生的进项税额中扣减”，是指已抵扣进项税额的购进货物、劳务、服务、无形资产、不动产是在哪一个时期发生上述情况的，就从这个发生期内纳税人的进项税额中扣减，而无须追溯到这些购进货物、劳务、服务、无形资产、不动产抵扣进项税额的那个时期。另外，对无法准确确定该项进项税额的，“按当期实际成本计算应扣减的进项税额。”该做法是指其扣减进项税额的计算依据不是按该货物、劳务、服务、无形资产、不动产的原进价，而是按发生上述情况的当期该货物、劳务、服务、无形资产、不动产的“实际成本”与征税时该货物、劳务、服务、无形资产、不动产适用的税率计算应扣减的进项税额。

实际成本 = 进价 + 运费 + 保险费 + 其他有关费用，前述实际成本的计算公式，如果属于进口货物是完全适用的；如果是国内购进的货物、劳务、服务、无形资产、不动产，主要包括进价和运费两大部分。

如果一般纳税人会计核算不健全，或者不能够提供准确税务资料的，应当按照销售额和增值税税率计算应纳税额，不得抵扣进项税额，也不得使用增值税专用发票：如已抵扣进项税额的购进货物劳务、服务、无形资产、不动产事后改变用途，用于不得抵扣进项税额项目的，应按销售额比例划分作为进项税额转出处理。

（四）销售折让、中止或者退回涉及销项税额和进项税额的税务处理

纳税人适用一般计税方法计税的，因销售折让、中止或者退回而退还给购买方的增值税额，应当从当期的销项税额中扣减；因销售折让、中止或者退回而收回的增值税额，应当从当期的进项税额中扣减。

一般纳税人发生应税销售行为，开具增值税专用发票后，应税销售行为发生退回或者折让、开票有误等情形，应按国家税务总局的规定开具红字增值税专用发票。未按规定开具红字增值税专用发票的不得扣减销项税额或者销售额。

纳税人在发生应税销售行为的活动中，因应税销售行为质量、规格、服务质量等原因常会发生销货退回或销售折让的情况。由于应税销售行为的退回或折让不仅涉及应税销售行为的价款或折让价款的退回，还涉及增值税的退回，这样，销货方和购货方应相应对当期的销项税额或进项税额进行调整。为此，《增值税暂行条例》《增值税暂行条例实施细则》和“营改增通知”均规定，增值税一般纳税人因发生应税销售行为退回或者折让而退还给购买方的增值税额，应从发生应税销售行为中退回或者折让当期的销项税额中扣减；因购进货物、劳务、服务、无形资产、不动产退出或者折让而收回的增值税额，应从发生应税销售行为退出或者折让当期的进项税额中扣减。

对于一些企业在发生购进货物、劳务、服务、无形资产、不动产退出或折让并收回价款和增值税额时，没有相应减少当期进项税额，造成进项税额虚增，减少纳税的现象，这是税法所不能允许的，都将被认定为是逃避缴纳税款行为，并按逃避缴纳税款予以处罚。

（五）向供货方取得返还收入的增值税处理

对商业企业向供货方收取的与商品销售量、销售额挂钩（如以一定比例、金额、数量

计算）的各种返还收入，均应按照平销返利行为的有关规定冲减当期增值税进项税金。应冲减进项税金的计算公式调整为：

当期应冲减进项税金 = 当期取得的返还资金 ÷（1 + 所购货物适用增值税税率）× 所购货物适用增值税税率

商业企业向供货方收取的各种返还收入，一律不得开具增值税专用发票。

（六）一般纳税人注销时进项税额的处理

一般纳税人注销或取消辅导期一般纳税人资格，转为小规模纳税人时，其存货不作进项税额转出处理，其留抵税额也不予以退税。

（七）金融机构开展个人实物黄金交易业务的增值税处理

1. 对于金融机构从事的实物黄金交易业务，实行金融机构各省级分行和直属一级分行所属地市级分行、支行按照规定的预征率预缴增值税，由省级分行和直属一级分行统一清算缴纳。

（1）发生实物黄金交易行为的分理处、储蓄所等应按月计算实物黄金的销售数量、金额，上报其上级支行。

（2）各支行、分理处、储蓄所应依法向机构所在地主管税务局申请办理税务登记。各支行应按月汇总所属分理处、储蓄所上报的实物黄金销售额和本支行的实物黄金销售额，按照规定的预征率计算增值税预征税额，向主管税务机关申报缴纳增值税。

预征税额 = 销售额 × 预征率

（3）各省级分行和直属一级分行应向机构所在地主管税务局申请办理税务登记，申请认定增值税一般纳税人资格。按月汇总所属地市分行或支行上报的实物黄金销售额和进项税额，按照一般纳税人方法计算增值税应纳税额，根据已预征税额计算应补税额，向主管税务机关申报缴纳。

应纳税额 = 销项税额 − 进项税额应补税额 = 应纳税额 − 预征税额

当期进项税额大于销项税额的，其留抵税额结转下期抵扣，预征税额大于应纳税额的，在下期增值税应纳税额中抵减。

（4）从事实物黄金交易业务的各级金融机构取得的进项税额，应当按照现行规定划分不可抵扣的进项税额，作进项税额转出处理。

（5）预征率由各省级分行和直属一级分行所在地省级税务局确定。

2. 金融机构所属分行、支行、分理处、储蓄所等销售实物黄金时，应当向购买方开具国家税务总局统一监制的普通发票，不得开具银行自制的金融专业发票，普通发票领购事宜由各分行、支行办理。

3. 金融机构从事经其行业主管部门允许的贵金属交易业务，可比照销售个人实物黄金，实行统一清算缴纳的办法；已认定为增值税一般纳税人的金融机构，可根据《增值税专用发票使用规定》及相关规定领购、使用增值税专用发票。

（八）纳税人转让不动产的增值税处理

纳税人转让其取得的不动产，包括以直接购买、接受捐赠、接受投资入股、自建以及抵债等各种形式取得的不动产，按照下列规定进行增值税处理，但是房地产开发企业销售自行开发的房地产项目不适用以下规定。

1. 一般纳税人转让其取得的不动产，按照以下规定缴纳增值税：

（1）一般纳税人转让其2016年4月30日前取得（不含自建）的不动产，可以选择适用简易计税方法计税，以取得的全部价款和价外费用扣除不动产购置原价或者取得不动产时的作价后的余额为销售额，按照5%的征收率计算应纳税额。纳税人应按照上述计税方法向不动产所在地主管税务机关预缴税款，向机构所在地主管税务机关申报纳税。

（2）一般纳税人转让其2016年4月30日前自建的不动产，可以选择适用简易计税方法计税，以取得的全部价款和价外费用为销售额，按照5%的征收率计算应纳税额。纳税人应按照上述计税方法向不动产所在地主管税务机关预缴税款，向机构所在地主管税务机关申报纳税。

（3）一般纳税人转让其2016年4月30日前取得（不含自建）的不动产，选择适用一般计税方法计税的，以取得的全部价款和价外费用为销售额计算应纳税额。纳税人应以取得的全部价款和价外费用扣除不动产购置原价或者取得不动产时的作价后的余额，按照5%的预征率向不动产所在地主管税务机关预缴税款，向机构所在地主管税务机关申报纳税。

（4）一般纳税人转让其2016年4月30日前自建的不动产，选择适用一般计税方法计税的，以取得的全部价款和价外费用为销售额计算应纳税额。纳税人应以取得的全部价款和价外费用，按照5%的预征率向不动产所在地主管税务机关预缴税款，向机构所在地主管税务机关申报纳税。

（5）一般纳税人转让其2016年5月1日后取得（不含自建）的不动产，适用一般计税方法，以取得的全部价款和价外费用为销售额计算应纳税额。纳税人应以取得的全部价款和价外费用扣除不动产购置原价或者取得不动产时的作价后的余额，按照5%的预征率向不动产所在地主管税务机关预缴税款，向机构所在地主管税务机关申报纳税。

（6）一般纳税人转让其2016年5月1日后自建的不动产，适用一般计税方法，以取得的全部价款和价外费用为销售额计算应纳税额。纳税人应以取得的全部价款和价外费用，按照5%的预征率向不动产所在地主管税务机关预缴税款，向机构所在地主管税务机关申报纳税。

2. 小规模纳税人转让其取得的不动产，除个人转让其购买的住房外，按照以下规定缴纳增值税：

（1）小规模纳税人转让其取得（不含自建）的不动产，以取得的全部价款和价外费用扣除不动产购置原价或者取得不动产时的作价后的余额为销售额，按照5%的征收率计算应纳税额。

（2）小规模纳税人转让其自建的不动产，以取得的全部价款和价外费用为销售额，按照5%的征收率计算应纳税额。除其他个人之外的小规模纳税人，应按照本条规定的计税方法向不动产所在地主管税务机关预缴税款，向机构所在地主管税务机关申报纳税；其他个人按照本条规定的计税方法向不动产所在地主管税务机关申报纳税。

3. 个人转让其购买的住房，按照以下规定缴纳增值税：

（1）个人转让其购买的住房，按照有关规定全额缴纳增值税的（见本章第九节的有关规定)，以取得的全部价款和价外费用为销售额，按照5%的征收率计算应纳税额。

(2) 个人转让其购买的住房，按照有关规定差额缴纳增值税的（见本章第九节的有关规定)，以取得的全部价款和价外费用扣除购买住房价款后的余额为销售额，按照5%的征收率计算应纳税额。

个体工商户应按照本条规定的计税方法向住房所在地主管税务机关预缴税款，向机构所在地主管税务机关申报纳税；其他个人应按照本条规定的计税方法向住房所在地主管税务机关申报纳税。

4. 其他个人以外的纳税人转让其取得的不动产，区分以下情形计算应向不动产所在地主管税务机关预缴的税款：

(1) 以转让不动产取得的全部价款和价外费用作为预缴税款计算依据的，计算公式为：

应预缴税款 = 全部价款和价外费用 ÷ (1 + 5%) × 5%

(2) 以转让不动产取得的全部价款和价外费用扣除不动产购置原价或者取得不动产时的作价后的余额作为预缴税款计算依据的，计算公式为：

应预缴税款 =（全部价款和价外费用 − 不动产购置原价或者取得不动产时的作价）÷ (1 + 5%) × 5%

5. 其他个人转让其取得的不动产，按照上述第4条规定的计算方法计算应纳税额并向不动产所在地主管税务机关申报纳税。

6. 纳税人按规定从取得的全部价款和价外费用中扣除不动产购置原价或者取得不动产时的作价的，应当取得符合法律、行政法规和国家税务总局规定的合法有效凭证。否则，不得扣除。

上述凭证是指：

(1) 税务部门监制的发票。

(2) 法院判决书、裁定书、调解书，以及仲裁裁决书、公证债权文书。

(3) 国家税务总局规定的其他凭证。

7. 纳税人转让其取得的不动产，向不动产所在地主管税务机关预缴的增值税税款，可以在当期增值税应纳税额中抵减，抵减不完的，结转下期继续抵减。

纳税人以预缴税款抵减应纳税额，应以完税凭证作为合法有效凭证。

8. 小规模纳税人转让其取得的不动产，不能自行开具增值税发票的，可向不动产所在地主管税务机关申请代开。

纳税人向其他个人转让其取得的不动产，不得开具或申请代开增值税专用发票。

9. 纳税人转让不动产缴纳增值税差额扣除的有关规定。

(1) 纳税人转让不动产，按照有关规定差额缴纳增值税的，如因丢失等原因无法提供取得不动产时的发票，可向税务机关提供其他能证明契税计税金额的完税凭证等资料，进行差额扣除。

(2) 纳税人以契税计税金额进行差额扣除的，按照下列公式计算增值税应纳税额：

①2016年4月30日及以前缴纳契税的：

增值税应纳税额 = [全部交易价格（含增值税）− 契税计税金额（含营业税）] ÷ (1 + 5%) × 5%

②2016 年 5 月 1 日及以后缴纳契税的：

增值税应纳税额 =［全部交易价格(含增值税) ÷(1 +5%) - 契税计税金额(不含增值税)］×5%

(3) 纳税人同时保留取得不动产时的发票和其他能证明契税计税金额的完税凭证等资料的，应当凭发票进行差额扣除。

(九) 纳税人跨县 (市、区) 提供建筑服务的增值税处理纳税人跨县 (市、区) 提供建筑服务，应按照财税〔2016〕36 号文件规定的纳税义务发生时间和计税方法，向建筑服务发生地主管税务机关预缴税款，向机构所在地主管税务机关申报纳税

《建筑工程施工许可证》未注明合同开工日期，但建筑工程承包合同注明的开工日期在 2016 年 4 月 30 日前的建筑工程项目，属于财税〔2016〕36 号文件规定的可以选择简易计税方法计税的建筑工程老项目。

跨县 (市、区) 提供建筑服务，是指单位和个体工商户 (以下简称纳税人) 在其机构所在地以外的县 (市、区) 提供建筑服务。

纳税人在同一地级行政区范围内跨县 (市、区) 提供建筑服务，不适用《纳税人跨县 (市、区) 提供建筑服务增值税征收管理暂行办法》(国家税务总局公告 2016 年第 17 号印发)。对于纳税人在同一直辖市、计划单列市范围内跨县 (市、区) 提供建筑服务的，由直辖市、计划单列市税务局决定是否适用以下规定。但是其他个人跨县 (市、区) 提供建筑服务，不适用以下规定。

1. 纳税人跨县 (市、区) 提供建筑服务，按照以下规定预缴税款：

(1) 一般纳税人跨县 (市、区) 提供建筑服务，适用一般计税方法计税的，以取得的全部价款和价外费用扣除支付的分包款后的余额，按照 2% 的预征率计算应预缴税款。

(2) 一般纳税人跨县 (市、区) 提供建筑服务，选择适用简易计税方法计税的，以取得的全部价款和价外费用扣除支付的分包款后的余额，按照 3% 的征收率计算应预缴税款。

(3) 小规模纳税人跨县 (市、区) 提供建筑服务，以取得的全部价款和价外费用扣除支付的分包款后的余额，按照 3% 的征收率计算应预缴税款 (月销售额未超过 10 万元的，当期无需预缴税款)。

2. 纳税人跨县 (市、区) 提供建筑服务，按照以下公式计算应预缴税款：

(1) 适用一般计税方法计税的：

应预缴税款 =(全部价款和价外费用 - 支付的分包款) ÷(1 +9%) ×2%

(2) 适用简易计税方法计税的：

应预缴税款 =(全部价款和价外费用 - 支付的分包款) ÷(1 +3%) ×3%

纳税人取得的全部价款和价外费用扣除支付的分包款后的余额为负数的，可结转下次预缴税款时继续扣除。

纳税人应按照工程项目分别计算应预缴税款，分别预缴。

3. 征收管理。

(1) 纳税人按照上述规定从取得的全部价款和价外费用中扣除支付的分包款，应当取得符合法律、行政法规和国家税务总局规定的合法有效凭证，否则不得扣除。上述凭证是指：

①从分包方取得的2016年4月30日前开具的建筑业营业税发票。该发票在2016年6月30日前可作为预缴税款的扣除凭证。

②从分包方取得的2016年5月1日后开具的，备注栏注明建筑服务发生地所在县（市、区）、项目名称的增值税发票。

③国家税务总局规定的其他凭证。

（2）纳税人跨县（市、区）提供建筑服务，在向建筑服务发生地主管税务机关预缴税款时，需要填报《增值税预缴税款表》，并出示以下资料：

①与发包方签订的建筑合同复印件（加盖纳税人公章）；

②与分包方签订的分包合同复印件（加盖纳税人公章）；

③从分包方取得的发票复印件（加盖纳税人公章）。

（3）纳税人跨县（市、区）提供建筑服务，向建筑服务发生地主管税务机关预缴的增值税税款，可以在当期增值税应纳税额中抵减，抵减不完的，结转下期继续抵减。

纳税人以预缴税款抵减应纳税额，应以完税凭证作为合法有效凭证。

（4）小规模纳税人跨县（市、区）提供建筑服务，不能自行开具增值税发票的，可向建筑服务发生地主管税务机关按照其取得的全部价款和价外费用申请代开增值税发票。

（5）纳税人跨县（市、区）提供建筑服务预缴税款时间，按照财税〔2016〕36号文件规定的纳税义务发生时间和纳税期限执行。

（6）纳税人跨县（市、区）提供建筑服务，按照本办法应向建筑服务发生地主管税务机关预缴税款而自应当预缴之月起超过6个月没有预缴税款的，由机构所在地主管税务机关按照《中华人民共和国税收征收管理法》及相关规定进行处理。

（7）提供建筑服务的一般纳税人按规定适用或选择适用简易计税方法计税的，不再实行备案制。以下证明材料无需向税务机关报送，改为自行留存备查：

①为建筑工程老项目提供的建筑服务，留存《建筑工程施工许可证》或建筑工程承包合同；

②为甲供工程提供的建筑服务、以清包工方式提供的建筑服务，留存建筑工程承包合同。

纳税人跨县（市）提供建筑服务适用或选择适用简易计税方法计税的，应按规定向机构所在地主管税务机关备案，建筑服务发生地主管税务机关无须备案。

（8）建筑企业与发包方签订建筑合同后，以内部授权或者三方协议等方式，授权集团内其他纳税人（以下简称第三方）为发包方提供建筑服务，并由第三方直接与发包方结算工程款的，由第三方缴纳增值税并向发包方开具增值税发票，与发包方签订建筑合同的建筑企业不缴纳增值税。发包方可凭实际提供建筑服务的纳税人开具的增值税专用发票抵扣进项税额。

（十）纳税人提供不动产经营租赁服务的增值税处理

纳税人以经营租赁方式出租其取得的不动产（以下简称出租不动产），适用以下规定，但是纳税人提供道路通行服务不适用本办法。

取得的不动产包括以直接购买、接受捐赠、接受投资入股、自建以及抵债等各种形式取得的不动产。

1. 一般纳税人出租不动产，按照以下规定缴纳增值税：

（1）一般纳税人出租其2016年4月30日前取得的不动产，可以选择适用简易计税方法，按照5%的征收率计算应纳税额。

不动产所在地与机构所在地不在同一县（市、区）的，纳税人应按照上述计税方法向不动产所在地主管国税机关预缴税款，向机构所在地主管税务机关申报纳税。

不动产所在地与机构所在地在同一县（市、区）的，纳税人向机构所在地主管税务机关申报纳税。

（2）一般纳税人出租其2016年5月1日后取得的不动产，适用一般计税方法计税。不动产所在地与机构所在地不在同一县（市、区）的，纳税人应按照3%的预征率向不动产所在地主管税务机关预缴税款，向机构所在地主管税务机关申报纳税。

不动产所在地与机构所在地在同一县（市、区）的，纳税人应向机构所在地主管税务机关申报纳税。

一般纳税人出租其2016年4月30日前取得的不动产适用一般计税方法计税的，按照上述规定执行。

2. 小规模纳税人出租不动产，按照以下规定缴纳增值税：

（1）单位和个体工商户出租不动产（不含个体工商户出租住房），按照5%的征收率计算应纳税额。个体工商户出租住房，按照5%的征收率减按1.5%计算应纳税额。

不动产所在地与机构所在地不在同一县（市、区）的，纳税人应按照上述计税方法向不动产所在地主管税务机关预缴税款，向机构所在地主管税务机关申报纳税。

不动产所在地与机构所在地在同一县（市、区）的，纳税人应向机构所在地主管税务机关申报纳税。

（2）其他个人出租不动产（不含住房），按照5%的征收率计算应纳税额，向不动产所在地主管税务机关申报纳税。其他个人出租住房，按照5%的征收率减按1.5%计算应纳税额，向不动产所在地主管税务机关申报纳税。

3. 预缴税款的计算（小规模纳税人月销售额未超过10万元的，当期无需预缴税款）。

（1）纳税人出租不动产适用一般计税方法计税的，按照以下公式计算应预缴税款：

应预缴税款 = 含税销售额 ÷ (1 + 9%) × 3%

（2）纳税人出租不动产适用简易计税方法计税的，除个人出租住房外，按照以下公式计算应预缴税款：

应预缴税款 = 含税销售额 ÷ (1 + 5%) × 5%

（3）个体工商户出租住房，按照以下公式计算应预缴税款：

应预缴税款 = 含税销售额 ÷ (1 + 5%) × 1.5%

（4）其他个人出租不动产，按照以下公式计算应纳税款：

①出租住房：

应纳税款 = 含税销售额 ÷ (1 + 5%) × 1.5%

②出租非住房：

应纳税款 = 含税销售额 ÷ (1 + 5%) × 5%

4. 征收管理。

（1）单位和个体工商户出租不动产，按照本办法规定向不动产所在地主管税务机关预缴税款时，应填写《增值税预缴税款表》。

（2）单位和个体工商户出租不动产，向不动产所在地主管税务机关预缴的增值税款，可以在当期增值税应纳税额中抵减，抵减不完的，结转下期继续抵减。

纳税人以预缴税款抵减应纳税额，应以完税凭证作为合法有效凭证。

（3）小规模纳税人中的单位和个体工商户出租不动产，不能自行开具增值税发票的，可向不动产所在地主管税务机关申请代开增值税发票。

其他个人出租不动产，可向不动产所在地主管税务机关申请代开增值税发票。

纳税人向其他个人出租不动产，不得开具或申请代开增值税专用发票。

（4）纳税人出租不动产，按照该办法规定应向不动产所在地主管税务机关预缴税款而自应当预缴之月起超过6个月没有预缴税款的，由机构所在地主管税务机关按照《中华人民共和国税收征收管理法》及相关规定进行处理。

（十一）房地产开发企业不动产经营租赁服务的增值税处理

1. 房地产开发企业中的一般纳税人，出租自行开发的房地产老项目，可以选择适用简易计税方法，按照5%的征收率计算应纳税额。纳税人出租自行开发的房地产老项目与其机构所在地不在同一县（市）的，应按照上述计税方法在不动产所在地预缴税款后，向机构所在地主管税务机关进行纳税申报。

房地产开发企业中的一般纳税人，出租其2016年5月1日后自行开发的与机构所在地不在同一县（市）的房地产项目，应按照3%预征率在不动产所在地预缴税款后，向机构所在地主管税务机关进行纳税申报。

2. 房地产开发企业中的小规模纳税人，出租自行开发的房地产项目，按照5%的征收率计算应纳税额。纳税人出租自行开发的房地产项目与其机构所在地不在同一县（市）的，应按照上述计税方法在不动产所在地预缴税款后，向机构所在地主管税务机关进行纳税申报。

（十二）房地产开发企业（一般纳税人）销售自行开发房地产项目的增值税处理

自行开发房地产项目是指在依法取得土地使用权的土地上进行基础设施和房屋建设。房地产开发企业以接盘等形式购入未完工的房地产项目继续开发后，以自己的名义立项销售的，属于销售自行开发的房地产项目。自行开发房地产项目的增值税处理如下：

1. 销售额的确定。

房地产开发企业中的一般纳税人（以下简称一般纳税人）销售自行开发的房地产项目，适用一般计税方法计税，按照取得的全部价款和价外费用，扣除当期销售房地产项目对应的土地价款后的余额计算销售额。销售额的计算公式如下：

销售额＝(全部价款和价外费用－当期允许扣除的土地价款)÷(1＋9%)

当期允许扣除的土地价款按照以下公式计算：

当期允许扣除的土地价款＝(当期销售房地产项目建筑面积÷房地产项目可供销售建筑面积)×支付的土地价款

当期销售房地产项目建筑面积，是指当期进行纳税申报的增值税销售额对应的建筑面积。

房地产项目可供销售建筑面积，是指房地产项目可以出售的总建筑面积，不包括销售房地产项目时未单独作价结算的配套公共设施的建筑面积。

支付的土地价款，是指向政府、土地管理部门或受政府委托收取土地价款的单位直接支付的土地价款。

在计算销售额时从全部价款和价外费用中扣除土地价款，应当取得省级以上（含省级）财政部门监（印）制的财政票据。

一般纳税人应建立台账登记土地价款的扣除情况，扣除的土地价款不得超过纳税人实际支付的土地价款。

房地产开发企业的一般纳税人销售自行开发的房地产老项目，可以选择适用简易计税方法按照5%的征收率计税。一经选择简易计税方法计税的，36个月内不得变更为一般计税方法计税。

房地产开发企业的一般纳税人销售自行开发的房地产老项目适用简易计税方法计税的，以取得的全部价款和价外费用为销售额，不得扣除对应的土地价款。

2. 预缴税款。

房地产开发企业的一般纳税人采取预收款方式销售自行开发的房地产项目，应在收到预收款时按照3%的预征率预缴增值税。

应预缴税款按照以下公式计算：

应预缴税款 = 预收款 + (1 + 适用税率或征收率) × 3%

适用一般计税方法计税的，按照9%的适用税率计算；适用简易计税方法计税的，按照5%的征收率计算。

房地产开发企业的一般纳税人应在取得预收款的次月纳税申报期向主管国税机关预缴税款。

3. 进项税额。

房地产开发企业的一般纳税人销售自行开发的房地产项目，兼有一般计税方法计税、简易计税方法计税、免征增值税的房地产项目而无法划分不得抵扣的进项税额的，应以《建筑工程施工许可证》注明的“建设规模”为依据进行划分。

不得抵扣的进项税额 = 当期无法划分得全部进项税额 × (简易计税、免税房地产项目建设规模/房地产建设项目总规模)

4. 纳税申报。

房地产开发企业的一般纳税人销售自行开发的房地产项目适用一般计税方法计税的，应按照规定的纳税义务发生时间，以当期销售额和9%的适用税率计算当期应纳税额，抵减已预缴税款后，向主管税务机关申报纳税。未抵减完的预缴税款可以结转下期继续抵减。

房地产开发企业的一般纳税人销售自行开发的房地产项目适用简易计税方法计税的，应按照“营改增通知”第四十五条规定的纳税义务发生时间，以当期销售额和5%的征收率计算当期应纳税额，抵减已预缴税款后，向主管税务机关申报纳税。未抵减完的预缴税款可以结转下期继续抵减。

5. 发票开具。

房地产开发企业的一般纳税人销售自行开发的房地产项目，自行开具增值税发票。

房地产开发企业的一般纳税人销售自行开发的房地产项目，其 2016 年 4 月 30 日前收取并已向主管税务机关申报缴纳营业税的预收款，未开具营业税发票的，可以开具增值税普通发票，不得开具增值税专用发票。

房地产开发企业的一般纳税人向其他个人销售自行开发的房地产项目，不得开具增值税专用发票。

（十三）一般纳税人应纳税额计算实例

【例 2-3】某生产企业为增值税一般纳税人，其生产的货物适用 13% 增值税税率，2019 年 8 月该企业的有关生产经营业务如下：

（1）销售甲产品给某大商场，开具了增值税专用发票，取得不含税销售额 80 万元；同时取得销售甲产品的送货运输费收入 5.65 万元（含增值税价格，与销售货物不能分别核算）。

（2）销售乙产品，开具了增值税普通发票，取得含税销售额 22.6 万元。

（3）将自产的一批应税新产品用于本企业集体福利项目，成本价为 20 万元，该新产品无同类产品市场销售价格，国家税务总局确定该产品的成本利润率为 10%。

（4）销售 2016 年 10 月购进作为固定资产使用过的进口摩托车 5 辆，开具增值税专用发票，上面注明每辆取得不含税销售额 1 万元。

（5）购进货物取得增值税专用发票，上面注明的货款金额 60 万元、税额 7.8 万元；另外支付购货的运输费用 6 万元，取得运输公司开具的增值税专用发票，上面注明的税额 0.54 万元。

（6）从农产品经营者（小规模纳税人）购进农产品一批（不适用进项税额核定扣除办法）作为生产货物的原材料，取得的增值税专用发票上注明的不含税金额为 30 万元，税额为 0.9 万元，同时支付给运输单位的运费 5 万元（不含增值税），取得运输部门开具的增值税专用发票，上面注明的税额为 0.45 万元。本月下旬将购进的农产品的 20% 用于本企业职工福利。

（7）当月租入商用楼房一层，取得对方开具的增值税专用发票上注明的税额为 5.22 万元。该楼房的 1/3 用于工会的集体福利项目，其余为企业管理部门使用。

以上相关票据均符合税法的规定。请按下列顺序计算该企业 8 月应缴纳的增值税税额：

（1）计算销售甲产品的销项税额；

（2）计算销售乙产品的销项税额；

（3）计算自产自用新产品的销项税额；

（4）计算销售使用过的摩托车应纳税额；

（5）计算当月允许抵扣进项税额的合计数；

（6）计算该企业 8 月合计应缴纳的增值税税额。

【答案】

（1）销售甲产品的销项税额 $=80\times13\%\div5.65+(1+13\%)\times13\%=11.05$（万元）

（2）销售乙产品的销项税额 $=22.6\div(1+13\%)\times13\%=2.6$（万元）

（3）自产自用新产品的销项税额 $=20\times(1+10\%)\times13\%=2.86$（万元）

（4）销售使用过的摩托车销项税额 $=1\times13\%\times5=0.65$（万元）

（5）合计允许抵扣的进项税额 $=7.8+0.54+(30\times10\%+0.45)\times(1-20\%)+5.22=$ 16.32（万元）

（6）该企业8月应缴纳的增值税税额 $=11.05+2.6+2.86+0.65-16.32=0.84$（万元）

第五节 简易征税方法应纳税额的计算

一、应纳税额的计算

纳税人发生应税销售行为适用简易计税方法的，应该按照销售额和征收率计算应纳增值税税额，并且不得抵扣进项税额。其应纳税额的计算公式是：

应纳税额 = 销售额（不含增值税）× 征收率

小规模纳税人一律采用简易计税方法计税，但是一般纳税人发生应税销售行为可以选择适用简易计税方法，例如，一般纳税人提供的公共交通运输服务，以清包工方式提供的建筑服务，可以选择按照简易计税方法计算缴纳增值税。

二、含税销售额的换算

按简易计税方法计税的销售额不包括其应纳的增值税税额，纳税人采用销售额和应纳增值税税额合并定价方法的，按照下列公式计算销售额：

销售额 = 含税销售额 ÷（1 + 征收率）

【例2－4】 某餐馆为增值税小规模纳税人，2016年6月取得含增值税的餐饮收入总额为12.36万元。计算该餐馆6月应缴纳的增值税税额。

（1）6月取得的不含税销售额 $=12.36\div(1+3\%)=12$（万元）

（2）6月应缴纳增值税税额 $=12\times3\%=0.36$（万元）

纳税人适用简易计税方法计税的，因销售折让、中止或者退回而退还给购买方的销售额，应当从当期销售额中扣减。扣减当期销售额后仍有余额造成多缴的税款，可以从以后的应纳税额中扣减。

对小规模纳税人发生上述情况而退还销售额给购买方，依照规定将所退的款项扣减当期销售额的，如果小规模纳税人已就该项业务委托税务机关为其代开了增值税专用发票的，应按规定申请开具红字专用发票。

【例2－5】 某小规模纳税人仅经营某项应税服务，适用3%的征收率。2018年5月发生一笔销售额为1 000元的业务并就此缴纳了增值税。6月该业务由于合理原因发生退款（销售额均不含税）。

（1）假设6月该企业应税服务的销售额为5 000元，则：

6月最终的计税销售额 $=5\ 000-1\ 000=4\ 000$（元）

6月缴纳的增值税 $=4\ 000\times3\%=120$（元）

（2）假设6月该企业应税服务销售额为600元，7月该企业应税服务销售额为5 000元，则：

6 月最终的计税销售额 = 600 − 600 = 0（元）

6 月应纳增值税额 = 0 × 3% = 0（元）

6 月销售额不足扣减的部分（600 − 1 000）而多缴的税款为 12 元（400 × 3%），可以从以后纳税期的应纳税额中扣减。

7 月企业实际缴纳的税额 = 5 000 × 3% − 12 = 138（元）

或 7 月企业实际缴纳的税额 = (5 000 − 400) × 3% = 138（元）

另外，按照现行规定应当预缴增值税税款的小规模纳税人，凡在预缴地实现的月销售额未超过 10 万元的，当期无需缴纳税款。该规定执行前（2019 年 1 月 19 日前），已预缴税款的，可以向预缴地主管税务机关申请退还。

第六节 增值税出口退税

出口货物、劳务和跨境应行为退（免）税是国际贸易中通常采用的并为世界各国普遍接受的、目的在于鼓励各国出口货物公平竞争的一种退还或免征间接税（目前我国主要包括增值税、消费税）的税收措施，即对出口货物、劳务和跨境应税行为已承担或应承担的增值税和消费税等间接税实行退还或者免征。由于这项制度比较公平合理，因此它已成为国际社会通行的惯例。

我国的出口货物、劳务和跨境应税行为退（免）增值税是指在国际贸易业务中，对我国报关出口的货物、劳务和跨境应税行为退还或免征其在国内各生产和流转环节按税法规定缴纳的增值税，即对应征收增值税的出口货物、劳务和跨境应税行为实行零税率（国务院另有规定除外）。

增值税出口货物、劳务和跨境应税行为的零税率，从税法上理解有两层含义：一是对本道环节生产或销售货物、劳务和跨境应税行为的增值部分免征增值税；二是对出口货物、劳务和跨境应税行为前道环节所含的进项税额进行退付。当然，由于各种货物、劳务和跨境应税行为出口政策不同，出口前涉及征免增值税的情况也有所不同，且由于出口政策是国家调控经济的手段，因此，对货物、劳务和跨境应税行为出口的不同情况，国家在遵循“征多少、退多少”“未征不退和彻底退税”基本原则的基础上，制定了不同的增值税退（免）税处理办法。

一、出口货物、劳务和跨境应税行为退（免）增值税基本政策

世界各国为了鼓励本国货物出口，在遵循世贸组织（WTO）基本规则的前提下，一般都采取优惠的税收政策。有的国家采取对该货物出口前所包含的税金在出口后予以退还的政策（即出口退税）；有的国家采取对出口的货物在出口前即予以免税的政策。我国则根据本国的实际，采取出口退税与免税相结合的政策。目前，我国的出口货物、劳务和跨境应税行为的增值税税收政策分为以下三种形式：

1. 出口免税并退税，即《关于出口货物劳务增值税和消费税政策的通知》（财税〔2012〕39 号，以下简称《通知》）中所说的“适用增值税退（免）税政策的范围”。出

口免税是指对货物、劳务和跨境应税行为在出口销售环节免征增值税，这是把货物、劳务和跨境应税行为出口环节与出口前的销售环节都同样视为一个征税环节；出口退税是指对货物、劳务和跨境应税行为在出口前实际承担的税收负担，按规定的退税率计算后予以退还。

2. 出口免税不退税，即《通知》中所说的“适用增值税免税政策的范围”。出口免税与上述第1项含义相同。出口不退税是指适用这个政策的出口货物、劳务和跨境应税行为因在前一道生产、销售环节或进口环节是免税的，因此，出口时该货物、劳务和跨境应税行为的价格中本身就不含税，也无须退税。

3. 出口不免税也不退税，即《通知》中所说的“适用增值税征税政策的范围”。出口不免税是指对国家限制或禁止出口的某些货物、劳务和跨境应税行为的出口环节视同内销环节，照常征税；出口不退税是指对这些货物、劳务和跨境应税行为出口不退还出口前其所负担的税款。

二、出口货物、劳务和跨境应税行为增值税退（免）税政策

（一）适用增值税退（免）税政策的范围

对下列出口货物、劳务和跨境应税行为，除适用《通知》第六条（适用增值税免税政策的出口货物和劳务）和第七条（适用增值税征税政策的出口货物和劳务）规定的外，实行免征和退还增值税［以下称增值税退（免）税］政策：

1. 出口企业出口货物。

《通知》所称出口企业，是指依法办理工商登记、税务登记、对外贸易经营者备案登记，自营或委托出口货物的单位或个体工商户，以及依法办理工商登记、税务登记但未办理对外贸易经营者备案登记，委托出口货物的生产企业。

《通知》所称出口货物，是指向海关报关后实际离境并销售给境外单位或个人的货物，分为自营出口货物和委托出口货物两类。

《通知》所称生产企业，是指具有生产能力（包括加工修理修配能力）的单位或个体工商户。

根据《关于企业出口集装箱有关退（免）税问题的公告》（国家税务总局公告2014年第59号），企业出口给外商的新造集装箱，交付到境内指定堆场，并取得出口货物报关单（出口退税专用），同时符合其他出口退（免）税规定的，准予按照现行规定办理出口退（免）税。

自2017年1月1日起，生产企业销售自产的海洋工程结构物，或者融资租赁企业及其设立的项目子公司、金融租赁公司及其设立的项目子公司购买并以融资租赁方式出租的国内生产企业生产的海洋工程结构物，应按规定缴纳增值税，不再适用《财政部、国家税务总局关于出口货物劳务增值税和消费税政策的通知》（财税〔2012〕39号）或者《财政部、国家税务总局关于在全国开展融资租赁货物出口退税政策试点的通知》（财税〔2014〕62号）规定的增值税出口退税政策，但购买方或者承租方为按实物征收增值税的中外合作油（气）田开采企业的除外。

2. 出口企业或其他单位视同出口的货物。

出口企业或其他单位视同出口的货物具体是指：

（1）出口企业对外援助、对外承包、境外投资的出口货物。

（2）出口企业经海关报关进入国家批准的出口加工区、保税物流园区、保税港区、综合保税区、珠澳跨境工业区（珠海园区）、中哈霍尔果斯国际边境合作中心（中方配套区域）、保税物流中心（B型）（以下统称特殊区域）并销售给特殊区域内单位或境外单位、个人的货物。

（3）免税品经营企业销售的货物（国家规定不允许经营和限制出口的货物、卷烟和超出免税品经营企业的《企业法人营业执照》中规定经营范围的货物除外）。具体是指：

①中国免税品（集团）有限责任公司向海关报关运入海关监管仓库，专供其经国家批准设立的统一经营、统一组织进货、统一制定零售价格、统一管理的免税店销售的货物；

②国家批准的除中国免税品（集团）有限责任公司外的免税品经营企业，向海关报关运入海关监管仓库，专供其所属的首都机场口岸海关隔离区内的免税店销售的货物；

③国家批准的除中国免税品（集团）有限责任公司外的免税品经营企业所属的上海虹桥、浦东机场海关隔离区内的免税店销售的货物。

国家规定不允许经营和限制出口的货物是指：《中华人民共和国禁止出境物品表》（海关总署令〔1993〕第43号）所列的货物；《卫生部、对外经贸经济合作部、海关总署关于进一步加强人体血液、组织器官管理有关问题的通知》（卫药发〔1996〕27号）规定的血液和血液制品、人体组织和器官（包括胎儿）以及利用人体组织和器官（包括胎儿）加工生产的制剂；商务部会同有关部门公布的《禁止出口货物目录》所列的货物；《濒危野生动物国际贸易公约》所列的附录一、二、三级的动物、动物产品和植物、植物产品；林业部、农业部发布的《国家重点保护野生动物名录》所列的一级、二级保护的野生动物及货物；国家食品药品监督管理局、公安部、卫生部发布的《精神药品管制品种目录》《麻醉药品管制品种目录》所列的货物；国家环保总局、海关总署发布的《中华人民共和国禁止或严格限制的有毒化学品目录》所列的货物。

（4）出口企业或其他单位销售给用于国际金融组织或外国政府贷款国际招标建设项目的中标机电产品（以下称中标机电产品）。上述中标机电产品，包括外国企业中标再分包给出口企业或其他单位的机电产品。

（5）出口企业或其他单位销售给国际运输企业用于国际运输工具上的货物。上述规定暂仅适用于外轮供应公司、远洋运输供应公司销售给外轮、远洋国轮的货物，国内航空供应公司生产销售给国内和国外航空公司国际航班的航空食品。

（6）出口企业或其他单位销售给特殊区域内生产企业生产耗用且不向海关报关而输入特殊区域的水（包括蒸汽）、电力、燃气（以下称输入特殊区域的水电气）。

3. 生产企业视同出口货物的满足条件。

（1）持续经营以来从未发生骗取出口退税、虚开增值税专用发票或农产品收购发票、接受虚开增值税专用发票（善意取得虚开增值税专用发票除外）行为且同时符合下列条件的生产企业出口的外购货物，可视同自产货物适用增值税退（免）税政策：

①已取得增值税一般纳税人资格。

②已持续经营2年及2年以上。

③纳税信用等级 A 级。

④上一年度销售额 5 亿元以上。

⑤外购出口的货物与本企业自产货物同类型或具有相关性。

（2）持续经营以来从未发生骗取出口退税、虚开增值税专用发票或农产品收购发票、接受虚开增值税专用发票（善意取得虚开增值税专用发票除外）行为但不能同时符合上述规定的条件的生产企业，出口的外购货物符合下列条件之一的，可视同自产货物申报适用增值税退（免）税政策：

①同时符合下列条件的外购货物：与本企业生产的货物名称、性能相同；使用本企业注册商标或境外单位或个人提供给本企业使用的商标；出口给进口本企业自产货物的境外单位或个人。

②与本企业所生产的货物属于配套出口，且出口给进口本企业自产货物的境外单位或个人的外购货物，符合下列条件之一的：用于维修本企业出口的自产货物的工具、零部件、配件，或者不经过本企业加工或组装，出口后能直接与本企业自产货物组合成成套设备的货物。

③经集团公司总部所在地的地级以上国家税务局认定的集团公司，其控股的生产企业之间收购的自产货物以及集团公司与其控股的生产企业之间收购的自产货物。

④同时符合下列条件的委托加工货物：与本企业生产的货物名称、性能相同，或者是用本企业生产的货物再委托深加工的货物；出口给进口本企业自产货物的境外单位或个人；委托方与受托方必须签订委托加工协议，且主要原材料必须由委托方提供，受托方不垫付资金，只收取加工费，开具加工费（含代垫的辅助材料）的增值税专用发票。

⑤用于本企业中标项目下的机电产品。

⑥用于对外承包工程项目下的货物。

⑦用于境外投资的货物。

⑧用于对外援助的货物。

⑨生产自产货物的外购设备和原材料（农产品除外）。

4. 出口企业对外提供加工修理修配劳务。

对外提供加工修理修配劳务，是指对进境复出口货物或从事国际运输的运输工具进行的加工修理修配。

5. 融资租赁货物出口退税。

根据《关于在全国开展融资租赁货物出口退税政策试点的通知》的规定，对融资租赁出口货物试行退税政策。对融资租赁企业、金融租赁公司及其设立的项目子公司（以下统称融资租赁出租方），以融资租赁方式租赁给境外承租人且租赁期限在 5 年（含）以上，并向海关报关后实际离境的货物，试行增值税、消费税出口退税政策。

融资租赁出口货物的范围，包括飞机、飞机发动机、铁道机车、铁道客车车厢、船舶及其他货物，具体应符合《增值税暂行条例实施细则》第二十一条“固定资产”的相关规定。

上述融资租赁企业，仅包括金融租赁公司、经商务部批准设立的外商投资融资租赁公司、经商务部和国家税务总局共同批准开展融资业务试点的内资融资租赁企业、经商务部授权的省级商务主管部门和国家经济技术开发区批准的融资租赁公司。

上述金融租赁公司，仅包括经中国银行业监督管理委员会批准设立的金融租赁公司。

上述所称融资租赁，是指具有融资性质和所有权转移特点的有形动产租赁活动。即出租人根据承租人所要求的规格、型号、性能等条件购入有形动产租赁给承租人，合同期内有形动产所有权属于出租人，承租人只拥有使用权，合同期满付清租金后，承租人有权按照残值购入有形动产，以拥有其所有权。不论出租人是否将有形动产残值销售给承租人，均属于融资租赁。

（二）增值税退（免）税办法

适用增值税退（免）税政策的出口货物、劳务和应税行为，按照下列规定实行增值税“免、抵、退”税或“免、退”税办法。

1. “免、抵、退”税办法。适用增值税一般计税方法的生产企业出口自产货物与视同自产货物、对外提供加工修理修配劳务，以及列名的74家生产企业出口非自产货物，免征增值税，相应的进项税额抵减应纳增值税额（不包括适用增值税即征即退、先征后退政策的应纳增值税额），未抵减完的部分予以退还。

境内的单位和个人提供适用增值税零税率的服务或者无形资产，如果属于适用增值税一般计税方法的，生产企业实行“免、抵、退”税办法，外贸企业直接将服务或自行研发的无形资产出口，视同生产企业连同其出口货物统一实行“免、抵、退”税办法。

实行退（免）税办法的研发服务和设计服务，如果主管税务机关认定出口价格偏高的，有权按照核定的出口价格计算退（免）税，核定的出口价格低于外贸企业购进价格的，低于部分对应的进项税额不予退税，转入成本。

境内的单位和个人提供适用增值税零税率应税服务的，可以放弃适用增值税零税率，选择免税或按规定缴纳增值税。放弃适用增值税零税率后，36个月内不得再申请适用增值税零税率。

2. “免、退”税办法。不具有生产能力的出口企业（以下称外贸企业）或其他单位出口货物、劳务，免征增值税，相应的进项税额予以退还。

适用增值税一般计税方法的外贸企业外购服务或者无形资产出口实行“免、退”税办法。

外贸企业外购研发服务和设计服务免征增值税，其对应的外购应税服务的进项税额予以退还。

（三）增值税出口退税率

1. 除财政部和国家税务总局根据国务院决定而明确的增值税出口退税率（以下称退税率）外，出口货物的退税率为其适用税率。

服务和无形资产的退税率为其按照《增值税暂行条例》规定适用的增值税税率。

2. 退税率的特殊规定：

（1）外贸企业购进按简易办法征税的出口货物、从小规模纳税人购进的出口货物，其退税率分别为简易办法实际执行的征收率、小规模纳税人征收率。上述出口货物取得增值税专用发票的，退税率按照增值税专用发票上的税率和出口货物退税率孰低的原则确定。

（2）出口企业委托加工修理修配货物，其加工修理修配费用的退税率，为出口货物的退税率。

（3）中标机电产品、出口企业向海关报关进入特殊区域销售给特殊区域内生产企业生产耗用的列名原材料、输入特殊区域的水电气，其退税率为适用税率。如果国家调整列名原材料的退税率，列名原材料应当自调整之日起按调整后的退税率执行。

3. 适用不同退税率的货物、劳务及跨境应税行为，应分开报关、核算并申报退（免）税，未分开报关、核算或划分不清的，从低适用退税率。

（四）增值税退（免）税的计税依据

出口货物、劳务的增值税退（免）税的计税依据，按出口货物、劳务的出口发票（外销发票）、其他普通发票或购进出口货物、劳务的增值税专用发票、海关进口增值税专用缴款书确定。

跨境应税行为的计税依据按照《适用增值税零税率应税服务退（免）税管理办法》（国家税务总局公告2014年第11号）执行。具体规定如下：

1. 生产企业出口货物、劳务（进料加工复出口货物除外）增值税退（免）税的计税依据，为出口货物、劳务的实际离岸价（FOB）。实际离岸价应以出口发票上的离岸价为准，但如果出口发票不能反映实际离岸价，主管税务机关有权予以核定。

2. 对进料加工出口货物，企业应以出口货物人民币离岸价扣除出口货物耗用的保税进口料件金额的余额为增值税退（免）税的计税依据。“保税进口料件”，是指海关以进料加工贸易方式监管的出口企业从境外和特殊区域等进口的料件。包括出口企业从境外单位或个人购买并从海关保税仓库提取且办理海关进料加工手续的料件，以及保税区外的出口企业从保税区内的企业购进并办理海关进料加工手续的进口料件。

3. 生产企业国内购进无进项税额且不计提进项税额的免税原材料加工后出口的货物的计税依据，按出口货物的离岸价（FOB）扣除出口货物所含的国内购进免税原材料的金额后确定。

4. 外贸企业出口货物（委托加工修理修配货物除外）增值税退（免）税的计税依据，为购进出口货物的增值税专用发票注明的金额或海关进口增值税专用缴款书注明的完税价格。

5. 外贸企业出口委托加工修理修配货物增值税退（免）税的计税依据，为加工修理修配费用增值税专用发票注明的金额。外贸企业应将加修理修配使用的原材料（进料加工海关保税进口料件除外）作价销售给受托加工修理修配的生产企业，受托加工修理修配的生产企业应将原材料成本并入加工修理修配费用开具发票。

6. 出口进项税额未计算抵扣的已使用过的设备增值税退（免）税的计税依据，按下列公式确定：

退（免）税计税依据＝增值税专用发票上的金额或海关进口增值税专用缴款书注明的完税价格×已使用过的设备固定资产净值÷已使用过的设备原值

已使用过的设备固定资产净值＝已使用过的设备原值－已使用过的设备已提累计折旧

“已使用过的设备”，是指出口企业根据财务会计制度已经计提折旧的固定资产。

7. 免税品经营企业销售的货物增值税退（免）税的计税依据，为购进货物的增值税专用发票注明的金额或海关进口增值税专用缴款书注明的完税价格。

8. 中标机电产品增值税退（免）税的计税依据，生产企业为销售机电产品的普通发票注明的金额，外贸企业为购进货物的增值税专用发票注明的金额或海关进口增值税专用缴款书注明的完税价格。

9. 输入特殊区域的水电气增值税退（免）税的计税依据，为作为购买方的特殊区域内生产企业购进水（包括蒸汽）、电力、燃气的增值税专用发票注明的金额。

10. 跨境应税行为的退（免）税计税依据按下列规定执行：

（1）实行“免、抵、退”税办法的退（免）税计税依据：

①以铁路运输方式载运旅客的，为按照铁路合作组织清算规则清算后的实际运输收入。

②以铁路运输方式载运货物的，为按照铁路运输进款清算办法，对“发站”或“到站（局）”名称包含“境”字的货票上注明的运输费用以及直接相关的国际联运杂费清算后的实际运输收入。

③以航空运输方式载运货物或旅客的，如果国际运输或港、澳、台地区运输各航段由多个承运人承运的，为中国航空结算有限责任公司清算后的实际收入；如果国际运输或港、澳、台地区运输各航段由一个承运人承运的，为提供航空运输服务取得的收入。

④其他实行“免、抵、退”税办法的增值税零税率应税行为，为提供增值税零税率应税行为取得的收入。

（2）实行免退税办法的退（免）税计税依据为购进应税服务的增值税专用发票或解缴税款的中华人民共和国税收缴款凭证上注明的金额。

实行退（免）税、法的服务和无形资产，如果主管税务机关认定出口价格偏高的，有权按照核定的出口价格计算退（免）税，核定的出口价格低于外贸企业购进价格的，低于部分对应的进项税额不予退税，转入成本。

（五）增值税“免、抵、退”税和“免、退”税的计算

1. 生产企业出口货物、劳务、服务和无形资产的增值税“免、抵、退”税，依下列公式计算：

（1）当期应纳税额的计算。

当期应纳税额 = 当期销项税额 -（当期进项税额 - 当期不得免征和抵扣税额）

当期不得免征和抵扣税额 = 当期出口货物离岸价 × 外汇人民币折合率 ×（出口货物用税率 - 出口货物退税率）- 当期不得免征和抵扣税额抵减额

当期不得免正和抵扣税额抵减额 = 当期免税购进原材料价格 ×（出口货物适用税率 - 出口货物退税率）

出口货物离岸价（FOB）以出口发票计算的离岸价为准。实际离岸价应以出口发票上的离岸价为准，但如果出口发票不能反映实际离岸价，主管税务机关有权予以核定。

从上述计算公式看，出口退税在“销项税额”方面并非执行真正的零税率而是一种“超低税率”，即征税率与退税率（各货物不同）之差。

如果我们从会计制度看，上述“免、抵、退”税的计算原理更加清晰。根据企业会计制度的规定，对于实行“免、抵、退”税方法的生产企业，在会计上应当增设如下增值税专栏：

①“出口抵减内销产品应纳税额”借方专栏；

②“出口退税”贷方专栏。

另外，以“进项税额转出”贷方专栏核算“当期‘免、抵、退’税不得免征和抵扣税额”，以“其他应收款——应收补贴款”科目核算“当期应退税额”。相关会计处理为：

①根据“当期‘免、抵、退’税不得免征和抵扣税额”：

借：主营业务成本

　　贷：应交税费——应交增值税（进项税额转出）

②根据“当期免抵税额”：

借：应交税费——应交增值税（出口抵减内销产品应纳税额）

　　贷：应交税费——应交增值税（出口退税）

③根据“当期应退税额”：

借：其他应收款——应收补贴款

　　贷：应交税费——应交增值税（出口退税）

这笔分录，才是真正的退税。根据“当期应退税额”的计算过程可得知，退的是期末未抵扣完的留抵进项税额。由此可见，“出口退税”贷方专栏核算的是“当期免抵税额”与“当期应退税额”之和，即税法中规定的“当期‘免、抵、退’税额”（即出口销售额×退税率）。

而出口货物实际执行的“超低税率”计算的“销项税额”被计入了“进项税额转出贷方专栏。如果将该部分数额与“出口退税”贷方专栏数额相加，其实也就是内销情况下，应当缴纳的销项税额。所以，“出口退税”贷方专栏反映的并非真正的退税，而是出口货物较内销货物因执行税率的不同而少交的增值税销项税额。

（2）当期“免、抵、退”税额的计算：

当期“免、抵、退”税额＝当期出口货物离岸价×外汇人民币折合率×出口货物退税率－当期“免、抵、退”税额抵减额

当期“免、抵、退”税额抵减额＝当期免税购进原材料价格×出口货物退税率

（3）当期应退税额和免抵税额的计算：

①当期期末留抵税额≤在当期“免、抵、退”税额，则：

当期应退税额＝当期期末留抵税额

当期免抵额＝当期“免、抵、退”税额－当期应退还税额

②当期期末留抵税额＞在当期“免、抵、退”税额，则：

当期应退税额＝当期“免、抵、退”税额

当期免抵税额＝0

当期期末留抵税额为当期增值税纳税申报表中“期末留抵税额”。

（4）当期免税购进原材料价格包括当期国内购进的无进项税额且不计提进项税额的免税原材料的价格和当期进料加工保税进口料件的价格，其中当期进料加工保税进口料件的价格为进料加工出口货物耗用的保税进口料件金额：

进料加工出口货物耗用的保税进口料件金额＝进料加工出口货物人民币离岸价×进料加工计划分配率计划分配率＝计划进口总值÷计划出口总值×100%

计算不得免征和抵扣税额时，应按当期全部出口货物的销售额扣除当期全部进料加工

出口货物耗用的保税进口料件金额后的余额乘以征退税率之差计算。

进料加工出口货物收齐有关凭证申报免抵退税时，以收齐凭证的进料加工出口货物人民币离岸价扣除其耗用的保税进口料件金额后的余额计算免抵退税额。

（5）生产企业“免、抵、退”税计算实例。

【例2-6】某自营出口的生产企业为增值税一般纳税人，出口货物的征税税率为16%，退税税率为13%，2018年5月的有关经营业务为：购进原材料一批，取得的增值税专用发票注明的价款200万元，外购货物准予抵扣的进项税额32万元通过认证。上月末留抵税款3万元，本月内销货物不含税销售额100万元，收款116万元存入银行，本月出口货物的销售额折合人民币200万元。试计算该企业当期的“免、抵、退”税额。

①当期“免、抵、退”税不得免征和抵扣税额＝200×（16%－13%）＝6（万元）

②当期应纳税额＝100×16%－（32－6）－3＝16－26－3＝－13（万元）

③出口货物“免、抵、退”税额＝200×13%＝26（万元）

④按规定，如当期末留抵税额当期“免、抵、退”税额时：

当期应退税额＝当期期末留抵税额

即该企业当期应退税额＝13（万元）

⑤当期免抵税额＝当期“免、抵、退“税额－当期应退税额

当期免抵税额＝26－13＝13（万元）

【例2-7】某国际运输公司，已登记为一般纳税人，该企业实行“免、抵、退”税管理办法。该企业2018年8月实际发生如下业务：

①该企业当月承接了3个国际运输业务，取得确认的收入60万元人民币。

②企业增值税纳税申报时，期末留抵税额为15万元人民币。

要求：计算该企业当月的退税额。

当期零税率应税行为“免、抵、退”税额＝当期零税率应税行为“免、抵、退”税计税依据×外汇人民币折合率×零税率应税行为增值税退税率＝60×10%＝6（万元）

因为当期期末留抵税额15万元 ＞ 当期“免、抵、退”税额6万元，

所以当期应退税额＝当期“免、抵、退”税额＝6（万元）

退税申报后，结转下期留抵的税额为9万元。

2. 外贸企业出口货物、劳务和应税行为增值税免退税，依下列公式计算：

（1）外贸企业出口委托加工修理修配货物以外的货物：

增值税应退税额＝增值税退（免）税计税依据×出口货物退税率

【例2-8】某进出口公司2018年6月出口美国平纹布2 000米，进货增值税专用发票列明单价20元/平方米，计税金额40 000元，增值税出口退税率为13%。要求：计算当期应退增值税税额。

应退税额＝2 000×20×13%＝5 200（元）

（2）外贸企业出口委托加工修理修配货物：

出口委托加工修理修配货物的增值税应退税额＝委托加工修理修配的增值税退（免）税计税依据×出口货物退税率

【例2-9】某进出口公司2017年6月购进牛仔布委托加工成服装出口，取得牛仔布增值税发票一张，注明计税金额10 000元；取得服装加工费计税金额2 000元，受托方将原

材料成本并入加工修理修配费用并开具了增值税专用发票。假设增值税出口退税率为16%。要求：计算当期应退的增值税税额。

应退税额 =（10 000 + 2 000）× 16% = 1 920（元）

（3）外贸企业兼营的零税率应税行为增值税免退税的计算：

外贸企业兼营的零税率应税服务应退税额 = 外贸企业兼营的零税率应税行为免退税计税依据 × 零税率应税行为增值税退税率

3. 融资租赁出口货物退税的计算。

融资租赁出租方将融资租赁出口货物租赁给境外承租方、将融资租赁海洋工程结构物租赁给海上石油天然气开采企业，向融资租赁出租方退还其购进租赁货物所含增值税。其计算公式如下：

增值税应退税额 = 购进融资租赁货物的增值税专用发票注明的金额或海关（进口增值税）专用缴款书注明的完税价格 × 融资租赁货物适用的增值税退税率

【例 2－10】 2017 年 8 月某融资租赁公司根据合同规定将一设备以融资租赁方式出租给境外的甲企业使用。融资租赁公司购进该设备的增值税专用发票上注明的金额为 100 万元人民币。假设增值税出口退税率为 16%。要求：计算该企业当期应退的增值税税额。

应退增值税税额 = 100 × 16% = 16（万元）

融资租赁出口货物适用的增值税退税率，按照统一的出口货物适用退税率执行。从增值税一般纳税人购进的按简易办法退税的融资租赁货物和从小规模纳税人购进的融资租赁货物，其适用的增值税退税率，按照购进货物适用的征收率和退税率孰低的原则确定。

4. 退税率低于适用税率的，相应计算出的差额部分的税款计入出口货物劳务成本。

5. 出口企业既有适用增值税“免、抵、退”项目，也有增值税即征即退、先征后退项目的，增值税即征即退和先征后退项目不参与出口项目“免、抵、退”税计算。出口企业应分别核算增值税免抵退项目和增值税即征即退、先征后退项目，并分别申请享受增值税即征即退、先征后退和“免、抵、退”税政策。

用于增值税即征即退或者先征后退项目的进项税额无法划分的，按照下列公式计算：

无法划分进项税额中用于增值税即征即退或者先征后退项目的部分 = 当月无法划分的全部进项税额 × 当月增值税即征即退或者先征后退项目销售额 ÷ 当月全部销售额、营业额合计

6. 实行“免、抵、退”税办法的零税率应税行为提供者如同时有货物、劳务（劳务指对外加工修理修配劳务，下同）出口且未分别计算的，可一并计算“免、抵、退”税额。税务机关在审批时，按照出口货物、劳务、零税率应税行为“免、抵、退”税额比例划分出口货物劳务、零税率应税行为的退税额和免抵税额。

三、出口货物、劳务和跨境应税行为增值税免税政策

对符合下列条件的出口货物、劳务和跨境应税行为，除适用《通知》第七条（适用增值税征税政策的出口货物和劳务）规定外，按下列规定实行免征增值税（以下称增值税免税）政策。

（一）适用增值税免税政策的范围

适用增值税免税政策的出口货物、劳务和应税行为是指：

1. 出口企业或其他单位出口规定的货物，具体是指：

（1）增值税小规模纳税人出口的货物。

（2）避孕药品和用具，古旧图书。

（3）软件产品。其具体范围是指海关税则号前四位为“9803”的货物。动漫软件出口免征增值税。

（4）含黄金、铂金成分的货物，钻石及其饰品。

（5）国家计划内出口的卷烟。其具体范围为：

①有出口经营权的卷烟生产企业（具体范围是指湖南中烟工业公司、浙江中烟工业公司、河南中烟工业公司、贵州中烟工业公司、湖北中烟工业公司、陕西中烟工业公司、安徽中烟工业公司）按国家批准的免税出口卷烟计划（以下简称出口卷烟计划）自营出口的自产卷烟。

②卷烟生产企业按出口卷烟计划委托卷烟出口企业（具体范围是指深圳烟草进出口有限公司、中国烟草辽宁进出口公司、中国烟草黑龙江进出口有限责任公司）出口的自产卷烟；北京卷烟厂按出口卷烟计划委托中国烟草上海进出口有限责任公司出口的向产“中南海”牌卷烟。

③口岸国际隔离区免税店销售的卷烟。

④卷烟出口企业（具体范围是指中国烟草上海进出口有限责任公司、中国烟草广东进出口公司、中国烟草山东进出口有限公司、云南烟草国际有限公司、川渝中烟工业公司、福建中烟工业公司）按出口卷烟计划出口的外购卷烟。

（6）非出口企业委托出口的货物。

（7）非列名生产企业出口的非视同自产货物。

（8）农业生产者自产农产品［农产品的具体范围按照《农业产品征税范围注释》（财税〔1995〕52号）的规定执行］。

（9）油、花生果仁、黑大豆等财政部和国家税务总局规定的出口免税的货物。

（10）外贸企业取得普通发票、废旧物资收购凭证、农产品收购发票、政府非税收入票据的货物。

（11）来料加工复出口的货物。

（12）特殊区域内的企业出口的特殊区域内的货物。

（13）以人民币现金作为结算方式的边境地区出口企业从所在省（自治区）的边境口岸出口到接壤国家的一般贸易和边境小额贸易出口货物。

（14）以旅游购物贸易方式报关出口的货物。

2. 出口企业或其他单位视同出口的下列货物和劳务：

（1）国家批准设立的免税店销售的免税货物［包括进口免税货物和已实现退（免）税的货物］。

（2）特殊区域内的企业为境外的单位或个人提供加工修理修配劳务。

（3）同一特殊区域、不同特殊区域内的企业之间销售特殊区域内的货物。

3. 出口企业或其他单位未按规定申报或未补齐增值税退（免）税凭证的出口货物和劳务。具体是指：

（1）未在国家税务总局规定的期限内申报增值税退（免）税的出口货物和劳务。

（2）未在规定期限内申报开具《代理出口货物证明》的出口货物和劳务。

（3）已申报增值税退（免）税，却未在国家税务总局规定的期限内向税务机关补齐增值税退（免）税凭证的出口货物和劳务。

对于适用增值税免税政策的出口货物和劳务，出口企业或其他单位可以依照现行增值税有关规定放弃免税，并依照《通知》第七条（适用增值税免税政策的出口货物和劳务）的规定缴纳增值税。

4. 境内的单位和个人销售的下列跨境应税行为免征增值税，但财政部和国家税务总局规定适用增值税零税率的除外：

（1）工程项目在境外的建筑服务。工程总承包方和工程分包方为施工地点在境外的工程项目提供的建筑服务，均属于工程项目在境外的建筑服务。

（2）工程项目在境外的工程监理服务。

（3）工程、矿产资源在境外的工程勘察勘探服务。

（4）会议展览地点在境外的会议展览服务。

（5）存储地点在境外的仓储服务。

（6）标的物在境外使用的有形动产租赁服务。

（7）在境外提供的广播影视节目（作品）的播映服务。在境外提供的广播影视节目（作品）播映服务，是指在境外的影院、剧院、录像厅及其他场所播映广播影视节目（作品)。通过境内的电台、电视台、卫星通信、互联网、有线电视等无线或者有线装置向境外播映广播影视节目（作品）不属于在境外提供的广播影视节目（作品）播映服务。

（8）在境外提供的文化体育服务、教育医疗服务、旅游服务。在境外提供的文化体育服务和教育医疗服务，是指纳税人在境外现场提供的文化体育服务和教育医疗服务。为参加在境外举办的科技活动、文化活动、文化演出、文化比赛、体育比赛、体育表演、体育活动而提供的组织安排服务，属于在境外提供的文化体育服务。通过境内的电台、电视台、卫星通信、互联网、有线电视等媒体向境外单位或个人提供的文化体育服务或教育医疗服务，不属于在境外提供的文化体育服务、教育医疗服务。

（9）为出口货物提供的邮政服务、收派服务、保险服务。

①为出口货物提供的邮政服务，是指寄递函件、包裹等邮件出境，向境外发行邮票，出口邮册等邮品。

②为出口货物提供的收派服务，是指为出境的函件、包裹提供的收件、分拣、派送服务。纳税人为出口货物提供收派服务，免税销售额为其向寄件人收取的全部价款和价外费用。

③为出口货物提供的保险服务，包括出口货物保险和出口信用保险。

（10）向境外单位提供的完全在境外消费的电信服务。

纳税人向境外单位或者个人提供的电信服务，通过境外电信单位结算费用的，服务接受方为境外电信单位，属于完全在境外消费的电信服务。

（11）向境外单位销售的完全在境外消费的知识产权服务。服务实际接受方为境内单位或者个人的知识产权服务，不属于完全在境外消费的知识产权服务。

(12) 向境外单位销售的完全在境外消费的物流辅助服务（仓储服务、收派服务除外）。

境外单位从事国际运输和港澳台运输业务经停我国机场、码头、车站、领空、内河、海域时，纳税人向其提供的航空地面服务、港口码头服务、货运客运站场服务、打捞救助服务、装卸搬运服务，属于完全在境外消费的物流辅助服务。

(13) 向境外单位销售的完全在境外消费的鉴证咨询服务。

下列情形不属于完全在境外消费的鉴证咨询服务：

①服务的实际接受方为境内单位或者个人。

②对境内的货物或不动产进行的认证服务、鉴证服务和咨询服务。

(14) 向境外单位销售的完全在境外消费的专业技术服务。

下列情形不属于完全在境外消费的专业技术服务：

①服务的实际接受方为境内单位或者个人。

②对境内的天气情况、地震情况、海洋情况、环境和生态情况进行的气象服务、地震服务、海洋服务、环境和生态监测服务。

③为境内的地形地貌、地质构造、水文、矿藏等进行的测绘服务。

④为境内的城、乡、镇提供的城市规划服务。

(15) 向境外单位销售的完全在境外消费的商务辅助服务。

①纳税人向境外单位提供的代理报关服务和货物运输代理服务，属于完全在境外消费的代理报关服务和货物运输代理服务。

②纳税人向境外单位提供的外派海员服务，属于完全在境外消费的人力资源服务。外派海员服务，是指境内单位派出属于本单位员工的海员，为境外单位在境外提供的船舶驾驶和船舶管理等服务。

③纳税人以对外劳务合作方式，向境外单位提供的完全在境外发生的人力资源服务，属于完全在境外消费的人力资源服务。对外劳务合作，是指境内单位与境外单位签订劳务合作合同，按照合同约定组织和协助中国公民赴境外工作的活动。

④不属于完全在境外消费的商务辅助服务包括：服务的实际接受方为境内单位或者个人，对境内不动产的投资与资产管理服务、物业管理服务、房地产中介服务，拍卖境内货物或不动产过程中提供的经纪代理服务，为境内货物或不动产的物权纠纷提供的法律代理服务，为境内货物或不动产提供的安全保护服务。

(16) 向境外单位销售的广告投放地在境外的广告服务。广告投放地在境外的广告服务，是指为在境外发布的广告提供的广告服务。

(17) 向境外单位销售的完全在境外消费的无形资产（技术除外）。

下列情形不属于向境外单位销售的完全在境外消费的无形资产：

①无形资产未完全在境外使用。

②所转让的自然资源使用权与境内自然资源相关。

③所转让的基础设施资产经营权、公共事业特许权与境内货物或不动产相关。

④向境外单位转让在境内销售货物、应税劳务、服务、无形资产或不动产的配额、经营权、经销权、分销权、代理权。

(18) 为境外单位之间的货币资金融通及其他金融业务提供的直接收费金融服务，且该服务与境内的货物、无形资产和不动产无关。

为境外单位之间、境外单位和个人之间的外币、人民币资金往来提供的资金清算、资金结算、金融支付、账户管理服务，属于为境外单位之间的货币资金融通及其他金融业务提供的直接收费金融服务。

（19）属于以下情形的国际运输服务：

①以无运输工具承运方式提供的国际运输服务。

②以水路运输方式提供国际运输服务但未取得《国际船舶运输经营许可证》的。

③以公路运输方式提供国际运输服务但未取得《道路运输经营许可证》或《国际汽车运输行车许可证》，或《道路运输经营许可证》的经营范围未包括“国际运输”的。

④以航空运输方式提供国际运输服务但未取得《公共航空运输企业经营许可证》，或其经营范围未包括“国际航空客货邮运输业务”的。

⑤以航空运输方式提供国际运输服务但未持有《通用航空经营许可证》，或其经营范围未包括“公务飞行”的。

（20）符合零税率政策但适用简易计税方法或声明放弃适用零税率选择免税的下列应税行为：

①国际运输服务。

②航天运输服务。

③向境外单位提供的完全在境外消费的下列服务：研发服务；合同能源管理服务；设计服务；广播影视节目（作品）的制作和发行服务；软件服务；电路设计及测试服务；信息系统服务；业务流程管理服务；离岸服务外包业务。

④向境外单位转让完全在境外消费的技术。

上述所称完全在境外消费，是指：

a. 服务的实际接受方在境外，且与境内的货物和不动产无关。

b. 无形资产完全在境外使用，且与境内的货物和不动产无关。

c. 财政部和国家税务总局规定的其他情形。

纳税人向国内海关特殊监管区域内的单位或者个人销售服务、无形资产，不属于跨境应税行为，应照章征收增值税。

纳税人发生本办法第二条所列跨境应税行为，除第（9）项、第（20）项外，必须签订跨境销售服务或无形资产书面合同。否则，不予免征增值税。

纳税人向境外单位销售服务或无形资产，按上述规定免征增值税的，该项销售服务或无形资产的全部收入应从境外取得，否则，不予免征增值税。下列情形视同从境外取得收入：

①纳税人向外国航空运输企业提供物流辅助服务，从中国民用航空局清算中心、中国航空结算有限责任公司或者经中国民用航空局批准设立的外国航空运输企业常驻代表机构取得的收入。

②纳税人与境外关联单位发生跨境应税行为，从境内第三方结算公司取得的收入。上述所称第三方结算公司，是指承担跨国企业集团内部成员单位资金集中运营管理职能的资金结算公司，包括财务公司、资金池、资金结算中心等。

③纳税人向外国船舶运输企业提供物流辅助服务，通过外国船舶运输企业指定的境内代理公司结算取得的收入。

④国家税务总局规定的其他情形。

纳税人发生跨境应税行为免征增值税的，应单独核算跨境应税行为的销售额，准确计算不得抵扣的进项税额，其免税收入不得开具增值税专用发票。

纳税人为出口货物提供收派服务，按照下列公式计算不得抵扣的进项税额：

不得抵扣的进项税额＝当期无法划分的全部进项税额×（当期简易计税方法计税项目销售额＋免征增值税项目销售额－为出口货物提供收派服务支付给境外合作方的费用）÷当期全部销售额

5. 对跨境电子商务综合试验区电子商务出口企业出口未取得有效进货凭证的货物，同时符合下列条件的，试行增值税、消费税免税政策：

（1）电子商务出口企业在综试区注册，并在注册地跨境电子商务线上综合服务平台登记出口日期、货物名称、计量单位、数量、单价、金额。

（2）出口货物通过综试区所在地海关办理电子商务出口申报手续。

（3）出口货物不属于财政部和国家税务总局根据国务院决定明确取消出口退（免）税的货物。

6. 市场经营户自营或委托市场采购贸易经营者以市场采购贸易方式出口的货物免征增值税。"市场采购贸易方式出口货物"，是指经国家批准的专业市场集聚区内的市场经营户自营或委托从事市场采购贸易经营的单位，按照海关总署规定的市场采购贸易监管办法办理通关手续，并纳入涵盖市场采购贸易各方经营主体和贸易全流程的市场采购贸易综合管理系统管理的货物（国家规定不适用市场采购贸易方式出口的商品除外）。

（二）进项税额的处理和计算

1. 适用增值税免税政策的出口货物和劳务，其进项税额不得抵扣和退税，应当转入成本。

2. 出口卷烟不得抵扣的进项税额，依下列公式计算：

不得抵扣的进项税额＝出口卷烟含消费税金额÷（出口卷烟含消费税金额＋内销卷烟销售额）×当期全部进项税额

（1）当生产企业销售的出口卷烟在国内有同类产品销售价格时：

出口卷烟含消费税金额＝出口销售数量×销售价格

"销售价格"为同类产品生产企业国内实际调拨价格。如实际调拨价格低于税务机关公示的计税价格的，"销售价格"为税务机关公示的计税价格；高于公示计税价格的，销售价格为实际调拨价格。

（2）当生产企业销售的出口卷烟在国内没有同类产品销售价格时：

出口卷烟含税金额＝（出口销售额＋出口销售数量×消费税定额税率）÷（1－消费税比例税率）

"出口销售额"以出口发票上的离岸价为准。若出口发票不能如实反映离岸价，生产企业应按实际离岸价计算，否则，税务机关有权按照有关规定予以核定调整。

3. 除出口卷烟外，适用增值税免税政策的其他出口货物、劳务和应税行为的计算，按照增值税免税政策的统一规定执行。其中，如果涉及销售额，除来料加工复出口货物为其加工费收入外，其他均为出口离岸价或销售额。

4. 纳税人发生跨境应税行为时，纳税人以承运人身份与托运人签订运输服务合同，收取运费并承担承运人责任，然后委托实际承运人完成全部或部分运输服务时，自行采购并交给实际承运人使用的成品油和支付的道路、桥、闸通行费，同时符合下列条件的，其进项税额准予从销项税额中抵扣：

（1）成品油和道路、桥、闸通行费，应用于纳税人委托实际承运人完成的运输服务；

（2）取得的增值税扣税凭证符合现行规定。

四、出口货物、劳务和跨境应税行为增值税征税政策

下列出口货物和劳务，不适用增值税退（免）税和免税政策，按下列规定及视同内销货物征税的其他规定征收增值税（以下称增值税征税）。

（一）适用增值税征税政策的范围

适用增值税征税政策的出口货物、劳务和跨境应税行为，是指：

1. 出口企业出口或视同出口财政部和国家税务总局根据国务院决定明确的取消出口退（免）税的货物（不包括来料加工复出口货物、中标机电产品、列名原材料、输入特殊区域的水电气、海洋工程结构物）。

2. 出口企业或其他单位销售给特殊区域内的生活消费用品和交通运输工具。

3. 出口企业或其他单位因骗取出口退税被税务机关停止办理增值税退（免）税期间出口的货物。

4. 出口企业或其他单位提供虚假备案单证的货物。

5. 出口企业或其他单位增值税退（免）税凭证有伪造或内容不实的货物。

6. 出口企业或其他单位未在国家税务总局规定期限内申报免税核销以及经主管税务机关审核不予免税核销的出口卷烟。

7. 出口企业或其他单位具有以下情形之一的出口货物和劳务：

（1）将空白的出口货物报关单、出口收汇核销单等退（免）税凭证交由除签有委托合同的货代公司、报关行，或由境外进口方指定的货代公司（提供合同约定或者其他相关证明）以外的其他单位或个人使用的。

（2）以自营名义出口，其出口业务实质上是由本企业及其投资的企业以外的单位或个人借该出口企业名义操作完成的。

（3）以自营名义出口，其出口的同一批货物既签订购货合同，又签订代理出口合同（或协议）的。

（4）出口货物在海关验放后，自己或委托货代承运人对该笔货物的海运提单或其他运输单据等上的品名、规格等进行修改，造成出口货物报关单与海运提单或其他运输单据有关内容不符的。

（5）以自营名义出口，但不承担出口货物的质量、收款或退税风险之一的，即出口货物发生质量问题不承担购买方的索赔责任（合同中有约定质量责任承担者除外）；不承担

未按期收款导致不能核销的责任（合同中有约定收款责任承担者除外）；不承担因申报出口退（免）税的资料、单证等出现问题造成不退税责任的。

（6）未实质参与出口经营活动、接受并从事由中间人介绍的其他出口业务，但仍以自营名义出口的。

8. 不适应跨境应税行为适用增值税零税率和免税政策规定的出口服务和无形资产。

（二）应纳增值税的计算

适用增值税征税政策的出口货物、劳务和跨境应税行为，其应纳增值税按下列办法计算：

1. 一般纳税人出口货物、劳务和跨境应税行为。

销项税额 =（出口货物、劳务和跨境应税行为离岸价 - 出口货物耗用的进料加工保税进口料件金额）÷（1 + 适用税率）× 适用税率

（1）出口货物、劳务和跨境应税行为若已按征退税率之差计算不得免征和抵扣税额并已经转入成本的，相应的税额应转回进项税额。

出口货物耗用的进料加工保税进口料件金额 = 主营业务成本 ×（投入的保税进口料件金额 ÷ 生产成本）

主营业务成本、生产成本均为不予退（免）税的进料加工出口货物的主营业务成本、生产成本。当耗用的保税进口料件金额大于不予退（免）税的进料加工出口货物金额时，耗用的保税进口料件金额为不予退（免）税的进料加工出口货物金额。

（2）出口企业应分别核算内销货物、劳务、跨境应税行为和增值税征税的出口货物的生产成本、主营业务成本。未分别核算的，其相应的生产成本、主营业务成本由主管税务机关核定。

进料加工手册海关核销后，出口企业应对组口货物耗用的保税进口料件金额进行清算。清算公式为：

清算耗用的保税进口料件总额 = 实际保税进口料件总额 - 退（免）税出口货物耗用的保税进口料件总额 - 进料加工副产品耗用的保税进口料件总额

若耗用的保税进口料件总额与各纳税期扣减的保税进口料件金额之和存在差额时，应在清算的当期相应调整销项税额。当耗用的保税进口料件总额大于出口货物离岸金额时，其差额部分不得扣减其他出口货物金额。

2. 小规模纳税人出口货物、劳务和跨境应税行为。

应纳税额 = 出口货物、劳务和跨境应税行为离岸价 ÷（1 + 征收率）× 征收率

五、外国驻华使（领）馆及其馆员在华购买货物和服务增值税退税管理办法

根据《财政部国家税务总局关于外国驻华使（领）馆及其馆员在华购买货物和服务增值税退税政策的通知》（财税〔2016〕51 号）、《关于外国驻华使（领）馆及其馆员在华购买货物和服务增值税退税政策有关问题的补充通知》（财税〔2017〕74 号）、《关于外国驻华使（领）馆及其馆员在华购买货物和服务增值税退税管理有关问题的公告》（国

家税务总局外交部2017年第39号）等有关文件规定，其增值税退税的主要内容如下：

（一）适用范围

外国驻华使（领）馆及其馆员（以下称享受退税的单位和人员）在中华人民共和国境内购买货物和服务增值税退税适用本办法。

享受退税的单位和人员，包括外国驻华使（领）馆的外交代表（领事官员）及行政技术人员，中国公民或者在中国永久居留的人员除外。外交代表（领事官员）和行政技术人员是指《中华人民共和国外交特权与豁免条例》第二十八条第五、第六项和《中华人民共和国领事特权与豁免条例》第二十八条第四、第五项规定的人员。

实行增值税退税政策的货物与服务范围，包括按规定征收增值税、属于合理自用范围内的生活办公类货物和服务（含修理修配劳务，下同）。生活办公类货物和服务，是指为满足日常生活、办公需求购买的货物和服务。工业用机器设备、金融服务以及财政部和国家税务总局规定的其他货物和服务，不属于生活办公类货物和服务。

（二）下列情形不适用增值税退税政策

1. 购买非合理自用范围内的生活办公类货物和服务；

2. 购买货物单张发票销售金额（含税价格）不足800元人民币（自来水、电、燃气、暖气、汽油、柴油除外），购买服务单张发票销售金额（含税价格）不足300元人民币；

3. 使（领）馆馆员个人购买货物和服务，除车辆和房租外，每人每年申报退税销售金额（含税价格）超过18万元人民币的部分，不适用增值税退税政策；

4. 增值税免税货物和服务。

（三）退税的计算

申报退税的应退税额，为增值税发票上注明的税额。使（领）馆及其馆员购买电力、燃气、汽油、柴油，发票上未注明税额的，增值税应退税额按不含税销售额和相关产品增值税适用税率计算，计算公式为：

增值税应退税额＝发票金额（含增值税）÷（1＋增值税适用税率）×增值税适用税率

（四）退税管理

1. 申报退税期限。

享受退税的单位和人员，应按季度向外交部礼宾司报送退税凭证和资料申报退税，报送时间为每年的1月、4月、7月、10月；本年度购买的货物和服务（以发票开具日期为准），最迟申报不得迟于次年1月。逾期报送的，外交部礼宾司不予受理。

外交部礼宾司受理使（领）馆退税申报后，10个工作日内，对享受退税的单位和人员的范围进行确认，对申报时限及其他内容进行审核、签章，将各使（领）馆申报资料一并转送北京市国家税务局办理退税，并履行交接手续。

2. 对享受退税的单位和人员申报的货物与服务是否属合理自用范围或者申报凭证真实性有疑问的，税务机关应暂缓办理退税，并通过外交部礼宾司对其进行问询。

3. 税务机关如发现享受退税的单位和人员申报的退税凭证虚假或所列内容与实际交

易不符的，不予退税，并通过外交部礼宾司向其通报；情况严重的，外交部礼宾司将不再受理其申报。

4. 享受退税的单位和人员购买货物和服务办理退税后，如发生退货或转让所有权、使用权等情形，须经外交部礼宾司向北京市国家税务局办理补税手续。如转让需要外交部礼宾司核准的货物，外交部礼宾司应在确认转让货物未办理退税或已办理补税手续后，办理核准转让手续。

六、境外旅客购物离境退税政策

为落实《国务院关于促进旅游业改革发展的若干意见》（国发〔2014〕31 号）中“研究完善境外旅客购物离境退税政策，将实施范围扩大至全国符合条件的地区”的要求，完善增值税制度，促进旅游业发展，国家决定在全国符合条件的地区实施境外旅客购物离境退税政策（以下简称离境退税政策）。

离境退税政策，是指境外旅客在离境口岸离境时，对其在退税商店购买的退税物品退还增值税的政策。境外旅客，是指在我国境内连续居住不超过 183 天的外国人和港澳台同胞。离境口岸，是指实施离境退税政策的地区正式对外开放并设有退税代理机构的口岸，包括航空口岸、水运口岸和陆地口岸。

该政策的主要内容如下：

（一）退税物品

退税物品是指由境外旅客本人在退税商店购买且符合退税条件的个人物品，但不包括下列物品：

1. 《中华人民共和国禁止、限制进出境物品表》所列的禁止、限制出境物品；
2. 退税商店销售的适用增值税免税政策的物品；
3. 财政部、海关总署、国家税务总局规定的其他物品。

（二）境外旅客申请退税，应当同时符合以下条件

1. 同一境外旅客同一日在同一退税商店购买的退税物品金额达到 500 元人民币；
2. 退税物品尚未启用或消费；
3. 离境日距退税物品购买日不超过 90 天；
4. 所购退税物品由境外旅客本人随身携带或随行托运出境。

（三）退税物品的退税率

退税物品的退税率为 10%。

（四）应退增值税额的计算公式

应退增值税额 = 退税物品销售发票金额（含增值税）× 退税率

（五）离境退税的具体流程

1. 退税物品购买。境外旅客在退税商店购买退税物品后，需要申请退税的，应当向

退税商店索取境外旅客购物离境退税申请单和销售发票。

2. 海关验核确认。境外旅客在离境口岸离境时，应当主动持退税物品、境外旅客购物离境退税申请单、退税物品销售发票向海关申报并接受海关监管。海关验核无误后，在境外旅客购物离境退税申请单上签章。

3. 代理机构退税。无论是本地购物本地离境还是本地购物异地离境，离境退税均由设在办理境外旅客离境手续的离境口岸隔离区内的退税代理机构统一办理。境外旅客凭护照等本人有效身份证件、海关验核签章的境外旅客购物离境退税申请单、退税物品销售发票向退税代理机构申请办理增值税退税。

退税代理机构对相关信息审核无误后，为境外旅客办理增值税退税，并先行垫付退税资金。退税代理机构可在增值税退税款中扣减必要的退税手续费。

4. 税务部门结算。退税代理机构应定期向省级（即省、自治区、直辖市、计划单列市，下同）税务部门申请办理增值税退税结算。省级税务部门对退税代理机构提交的材料审核无误后按规定向退税代理机构退付其垫付的增值税退税款，并将退付情况通报省级财政部门。

（六）退税币种为人民币。退税方式：包括现金退税和银行转账退税两种方式

退税额未超过10 000元的，可自行选择退税方式。退税额超过10 000元的，以银行转账方式退税。

七、出口货物、劳务和跨境应税行为退（免）税管理

根据《增值税暂行条例》、《出口货物退（免）税管理办法（试行）》（国税发〔2005〕51号）和2016年9月1日实施的《出口退（免）税企业分类管理办法》，出口货物、劳务和应税行为退（免）税管理的主要内容如下：

（一）出口退（免）税企业分类管理

出口企业管理类别分为一类、二类、三类、四类。

1. 同时符合下列条件的出口生产企业，管理类别可评定为一类：

（1）企业的生产能力与上一年度申报出口退（免）税规模相匹配。

（2）近3年（含评定当年，下同）未发生过虚开增值税专用发票或者其他增值税扣税凭证、骗取出口退税行为。

（3）上一年度的年末净资产大于上一年度该企业已办理的出口退税额（不含免抵税额）。

（4）评定时纳税信用级别为A级或B级。

（5）企业内部建立了较为完善的出口退（免）税风险控制体系。

2. 同时符合下列条件的外贸企业，管理类别可评定为一类：

（1）近3年未发生过虚开增值税专用发票或者其他增值税扣税凭证、骗取出口退税行为。

（2）上一年度的年末净资产大于上一年度该企业已办理出口退税额的60%。

（3）持续经营5年以上（因合并、分立、改制重组等原因新设立企业的情况除外）。

（4）评定时纳税信用级别为A级或B级。

（5）评定时海关企业信用管理类别为高级认证企业或一般认证企业。

（6）评定时外汇管理的分类管理等级为A级。

（7）企业内部建立了较为完善的出口退（免）税风险控制体系。

3. 同时符合下列条件的外贸综合服务企业，管理类别可评定为一类：

（1）近3年未发生过虚开增值税专用发票或者其他增值税扣税凭证、骗取出口退税行为。

（2）上一年度的年末净资产大于上一年度该企业已办理出口退税额的30%。

（3）上一年度申报从事外贸综合服务业务的出口退税额，大于该企业全部出口退税额的80%。

（4）评定时纳税信用级别为A级或B级。

（5）评定时海关企业信用管理类别为高级认证企业或一般认证企业。

（6）评定时外汇管理的分类管理等级为A级。

（7）企业内部建立了较为完善的出口退（免）税风险控制体系。

4. 符合下列条件之一的出口企业，管理类别应评定为三类：

（1）自首笔申报出口退（免）税之日起至评定时未满12个月。

（2）评定时纳税信用级别为C级，或尚未评价纳税信用级别。

（3）上一年度累计6个月以上未申报出口退（免）税（从事对外援助、对外承包、境外投资业务的，以及出口季节性商品或出口生产周期较长的大型设备的出口企业除外）。

（4）上一年度发生过违反出口退（免）税有关规定的情形，但尚未达到税务机关行政处罚标准或司法机关处理标准的。

（5）存在省国家税务局规定的其他失信或风险情形。

5. 符合下列条件之一的出口企业，管理类别应评定为四类：

（1）评定时纳税信用级别为D级。

（2）上一年度发生过拒绝向国税机关提供有关出口退（免）税账簿、原始凭证、申报资料、备案单证等情形。

（3）上一年度因违反出口退（免）税有关规定，被税务机关行政处罚或被司法机关处理过的。

（4）评定时企业因骗取出口退税被停止出口退税权，或者停止出口退税权届满后未满2年。

（5）四类出口企业的法定代表人新成立的出口企业。

（6）列入国家联合惩戒对象的失信企业。

（7）海关企业信用管理类别认定为失信企业。

（8）外汇管理的分类管理等级为C级。

（9）存在省国家税务局规定的其他严重失信或风险情形。

一类、三类、四类出口企业以外的出口企业，其出口企业管理类别应评定为二类。

（二）认定和申报

根据《增值税暂行条例》的规定，纳税人出口货物适用退（免）税规定的，应当向海关办理出口手续，凭出口报关单等有关凭证，在规定的出口退（免）税申报期内按月向主管税务机关申报办理该项出口货物的退（免）税；境内单位和个人跨境销售服务和无形资产适用退（免）税规定的，应当按期向主管税务机关申报办理退（免）税。具体办法由国务院财政、税务主管部门制定。

为进一步落实税务系统“放管服”改革要求，简化出口退（免）税手续，优化出口退（免）税服务，持续加快退税进度，支持外贸出口，国家税务总局于2018年就出口退（免）税申报的有关问题发布了第16号公告，其主要内容如下：

1. 出口企业或其他单位办理出口退（免）税备案手续时，应按规定向主管税务机关填报修改后的《出口退（免）税备案表》。

2. 出口企业和其他单位申报出口退（免）税时，不再进行退（免）税预申报。主管税务机关确认申报凭证的内容与对应的管理部门电子信息无误后方可受理出口退（免）税申报。

3. 实行免抵退税办法的出口企业或其他单位在申报办理出口退（免）税时，不再报送当期《增值税纳税申报表》。

4. 出口企业按规定申请开具代理进口货物证明时，不再提供进口货物报关单（加工贸易专用）。

5. 外贸企业购进货物需分批申报退（免）税的以及生产企业购进非自产应税消费品需分批申报消费税退税的，出口企业不再向主管税务机关填报《出口退税进货分批申报单》，由主管税务机关通过出口税收管理系统对进货凭证进行核对。

6. 出口企业或其他单位在出口退（免）税申报期限截止之日前，申报出口退（免）税的出口报关单、代理出口货物证明、委托出口货物证明、增值税进货凭证仍没有电子信息或凭证的内容与电子信息比对不符的，应在出口退（免）税申报期限截止之日前，向主管税务机关报送《出口退（免）税凭证无相关电子信息申报表》。相关退（免）税申报凭证及资料留存企业备查，不再报送。

7. 出口企业或其他单位出口货物劳务、发生增值税跨境应税行为，由于以下原因未收齐单证，无法在规定期限内申报的，应在出口退（免）税申报期限截止之日前，向负责管理出口退（免）税的主管税务机关报送《出口退（免）税延期申报申请表》及相关举证资料，提出延期申报申请。主管税务机关自受理企业申请之日起20个工作日内完成核准，并将结果告知出口企业或其他单位。

（1）自然灾害、社会突发事件等不可抗力因素；

（2）出口退（免）税申报凭证被盗、抢，或者因邮寄丢失、误递；

（3）有关司法、行政机关在办理业务或者检查中，扣押出口退（免）税申报凭证；

（4）买卖双方因经济纠纷，未能按时取得出口退（免）税申报凭证；

（5）由于企业办税人员伤亡、突发危重疾病或者擅自离职，未能办理交接手续，导致不能按期提供出口退（免）税申报凭证；

（6）由于企业向海关提出修改出口货物报关单申请，在出口退（免）税申报期限截止之日前海关未完成修改，导致不能按期提供出口货物报关单；

（7）有关政府部门在出口退（免）税申报期限截止之日前未出具出口退（免）税申报所需凭证资料；

（8）国家税务总局规定的其他情形。

8. 出口企业申报退（免）税的出口货物，应按照《国家税务总局关于出口企业申报出口货物退（免）税提供收汇资料有关问题的公告》（国家税务总局公告2013年第30号，以下简称“30号公告”）的规定在出口退（免）税申报截止之日前收汇，未按规定收汇的出口货物适用增值税免税政策。对有下列情形之一的出口企业，在申报出口退（免）税时，须按照30号公告的规定提供收汇资料：

（1）出口退（免）税企业分类管理类别为四类的；

（2）主管税务机关发现出口企业申报的不能收汇原因是虚假的；

（3）主管税务机关发现出口企业提供的出口货物收汇凭证是冒用的。

上述第（1）种情形自出口企业被主管税务机关评定为四类企业的次月起执行；第（2）种至第（3）种情形自主管税务机关通知出口企业之日起24个月内执行。上述情形的执行时间以申报退（免）税时间为准。

出口企业同时存在上述两种以上情形的，执行时间的截止时间为几种情形中的最晚截止时间。

9. 生产企业应于每年4月20日前，按以下规定向主管税务机关申请办理上年度海关已核销的进料加工手册（账册）项下的进料加工业务核销手续。4月20日前未进行核销的，对该企业的出口退（免）税业务，主管税务机关暂不办理，在其进行核销后再办理。

（1）生产企业申请核销前，应从主管税务机关获取海关联网监管加工贸易电子数据中的进料加工“电子账册（电子化手册）核销数据”以及进料加工业务的进口和出口货物报关单数据。

生产企业将获取的反馈数据与进料加工手册（账册）实际发生的进口和出口情况核对后，填报《生产企业进料加工业务免抵退税核销表》向主管税务机关申请核销。如果核对发现，实际业务与反馈数据不一致的，生产企业还应填写《已核销手册（账册）海关数据调整表》连同电子数据和证明材料一并报送主管税务机关。

（2）主管税务机关应将企业报送的电子数据读入出口退税审核系统，对《生产企业进料加工业务免抵退税核销表》和《已核销手册（账册）海关数据调整表》及证明资料进行审核。

（3）主管税务机关确认核销后，生产企业应以《生产企业进料加工业务免抵退税核销表》中的“已核销手册（账册）综合实际分配率”，作为当年度进料加工计划分配率。同时，应在核销确认的次月，根据《生产企业进料加工业务免抵退税核销表》确认的不得免征和抵扣税额在纳税申报时申报调整；应在确认核销后的首次免抵退税申报时，根据《生产企业进料加工业务免抵退税核销表》确认的调整免抵退税额申报调整当期免抵退税额。

（4）生产企业发现核销数据有误的，应在发现次月按照本条第（1）项至第（3）项的有关规定向主管税务机关重新办理核销手续。

10. 出口企业因纳税信用级别、海关企业信用管理类别、外汇管理的分类管理等级等发生变化，或者对分类管理类别评定结果有异议的，可以书面向负责评定出口企业管理类别的税务机关提出重新评定管理类别。有关税务机关应按照《国家税务总局关于发布修订后的〈《出口退（免）税企业分类管理办法〉的公告》（国家税务总局公告2016年第46号）的规定，自收到企业复评资料之日起20个工作日内完成评定工作。

11. 境内单位提供航天运输服务或在轨交付空间飞行器及相关货物，在进行出口退（免）税申报时，应填报《航天发射业务出口退税申报明细表》，并提供下列资料及原始凭证的复印件：

（1）签订的发射合同或在轨交付合同；

（2）发射合同或在轨交付合同对应的项目清单项下购进航天运输器及相关货物和空间飞行器及相关货物的增值税专用发票或海关进口增值税专用缴款书、接受发射运行保障服务的增值税专用发票；

（3）从与之签订航天运输服务合同的单位取得收入的收款凭证。

《国家税务总局关于发布〈适用增值税零税率应税服务退（免）税管理办法〉的公告》（国家税务总局公告2014年第11号）第九条第二项第1目规定的其他具有提供商业卫星发射服务资质的证明材料，包括国家国防科技工业局颁发的《民用航天发射项目许可证》。

（三）若干征、退（免）税规定

1. 出口企业或其他单位退（免）税备案之前的出口货物劳务，在办理退（免）税认定后，可按规定适用增值税退（免）税或免税政策。

2. 出口企业或其他单位出口货物劳务适用免税政策的，除特殊区域内企业出口的特殊区域内货物、出口企业或其他单位视同出口的免征增值税的货物劳务外，如果未按规定申报免税，应视同内销货物和加工修理修配劳务征收增值税。

3. 开展进料加工业务的出口企业若发生未经海关批准将海关保税进口料件作价销售给其他企业加工的，应按规定征收增值税。

4. 卷烟出口企业经主管税务机关批准按国家批准的免税出口卷烟计划购进的卷烟免征增值税。

5. 发生增值税不应退税或免税但已实际退税或免税的，出口企业和其他单位应当补缴已退或已免税款。

6. 国家批准的免税品经营企业销售给免税店的进口免税货物免征增值税。

7. 融资租赁出租方应当按照主管税务机关的要求办理退税认定和申报增值税退税。用于融资租赁货物退税的增值税专用发票或海关进口增值税专用缴款书，不得用于抵扣内销货物应纳税额。对承租期未满而发生退租的融资租赁货物，融资租赁出租方应及时主动向税务机关报告，并按照规定补缴已退税款，对融资租赁出口货物，再复进口时融资租赁出租方应按照规定向海关办理复运进境手续并提供主管税务机关出具的货物已补税或未退税证明，海关不征收进口关税和进口环节税。

（四）外贸企业不能确定出口货物的处理

外贸企业核算要求外贸企业应单独设账核算出口货物的购进金额和进项税额，若购进货物时不能确定是用于出口的，先计入出口库存账，用于其他用途时应从出口库存账转出。

（五）符合条件的生产企业已签订出口合同的交通运输工具和机器设备的退税

符合条件的生产企业已签订出口合同的交通运输工具和机器设备，在其退税凭证尚未收集齐全的情况下，可凭出口合同、销售明细账等，向主管税务机关申报免抵退税。在货物向海关报关出口后应按规定申报退（免）税，并办理已退（免）税的核销手续。多退（免）的税款，应予追回。

生产企业申请时应同时满足以下条件：

1. 已取得增值税一般纳税人资格。

2. 已持续经营2年及2年以上。

3. 生产的交通运输工具和机器设备生产周期在1年及1年以上。

4. 上一年度净资产大于同期出口货物增值税、消费税退税额之和的3倍。

5. 持续经营以来从未发生逃税、骗取出口退税、虚开增值税专用发票或农产品收购发票、接受虚开增值税专用发票（善意取得虚开增值税专用发票除外）行为。

（六）出口货物、劳务和应税行为退（免）税日常管理

1. 税务机关对出口货物、劳务和应税行为退（免）税有关政策、规定应及时予以公告，并加强对出口商的宣传辅导和培训工作。

2. 税务机关应做好出口货物、劳务和应税行为退（免）税计划及其执行情况的分析、上报工作。税务机关必须在国家税务总局下达的出口退（免）税计划内办理退库和调库。

3. 税务机关遇到下述情况，应及时结清出口商出口货物、劳务和应税行为的退（免）税款：

（1）出口商发生解散、破产、撤销以及其他依法应终止出口退（免）税事项的，或者注销出口货物退（免）税认定的。

（2）出口商违反国家有关政策法规，被停止一定期限出口退税权的。

4. 税务机关应建立出口货物、劳务和应税行为退（免）税评估机制和监控机制，强化出口货物退（免）税管理，防止骗税案件的发生。

5. 税务机关成按照规定，做好出口货物、劳务和应税行为退（免）税电子数据的接收、使用和管理工作，保证出口货物、劳务和应税行为退（免）税电子化管理系统的安全，定期做好电子数据备份及设备维护工作。

6. 税务机关应建立出口货物、劳务和应税行为退（免）税凭证、资料的档案管理制度。出口货物、劳务和应税行为退（免）税凭证、资料应当保存10年。但是，法律、行政法规另有规定的除外。具体管理办法由各省级国家税务局制定。

（七）违章处理

1. 出口企业和其他单位有下列行为之一的，主管税务机关应按照《税收征收管理法》

第六十条规定予以处罚：

（1）未按规定设置、使用和保管有关出口货物退（免）税账簿、凭证、资料的；

（2）未按规定装订、存放和保管备案单证的。

2. 出口企业和其他单位拒绝税务机关检查或拒绝提供有关出口货物退（免）税账簿、凭证、资料的，税务机关应按照《税收征收管理法》第七十条规定予以处罚。

3. 出口企业提供虚假备案单据的，主管税务机关应按照《税收征收管理法》第七十条的规定处罚。

4. 从事进料加工业务的生产企业，未按规定期限办理进料加工登记、申报、核销手续的，主管税务机关应按照《税收征收管理法》第六十二条有关规定进行处理后再办理相关手续。

5. 出口企业和其他单位有违反发票管理规定行为的，主管税务机关应按照《发票管理办法》有关规定予以处罚。

6. 出口企业和其他单位以假报出口或者其他欺骗手段，骗取国家出口退税款，由主管税务机关追缴其骗取的退税款，并处骗取税款1倍以上5倍以下的罚款；构成犯罪的，依法追究刑事责任。

对骗取国家出口退税款的，由省级以上（含本级）税务机关批准，按下列规定停止其出口退（免）税资格：

（1）骗取国家出口退税款不满5万元的，可以停止为其办理出口退税半年以上一年以下。

（2）骗取国家出口退税款5万元以上不满50万元的，可以停止为其办理出口退税一年以上一年半以下。

（3）骗取国家出口退税款50万元以上不满250万元，或因骗取出口退税行为受过行政处罚、两年内又骗取国家出口退税款数额在30万元以上不满150万元的，停止为其办理出口退税一年半以上两年以下。

（4）骗取国家出口退税款250万元以上，或因骗取出口退税行为受过行政处罚、两年内又骗取国家出口退税款数额在150万元以上的，停止为其办理出口退税两年以上三年以下。

（5）停止办理出口退税的时间以省级以上（含本级）税务机关批准后作出《税务行政处罚决定书》的决定之日为起始日。

第七节　增值税税收筹划

一、增值税纳税人的税收筹划

（一）纳税人的法律界定

增值税是对在我国境内销售货物或提供加工修理修配劳务、销售服务、无形资产或者不动产以及进口货物的单位和个人，就其销售货物或提供应税劳务和应税服务的销售额以及进口货物金额计税并实行税款抵扣制的一种流转税。增值税纳税人分为一般纳税人和小规模纳税人。

（二）纳税人的税收筹划

（1）含税销售额无差别平衡点增值率的计算（见表2-2）。

表2-2　无差别平衡点增值率（含税销售额）　单位：%

一般纳税人税率	小规模纳税人征收率	无差别平衡点增值率
17	3	20.05
13	3	25.32
11	3	29.39
6	3	51.46

（2）不含税销售额无差别平衡点增值率的计算（见表2-3）。

表2-3　无差别平衡点增值率（不含税销售额）　单位：%

一般纳税人税率	小规模纳税人征收率	无差别平衡点增值率
17	3	17.65
13	3	23.08
11	3	27.27
6	3	50.00

进行增值税一般纳税人与小规模纳税人身份筹划时需要注意的问题：
（1）税法对一般纳税人的认定要求；
（2）企业财务利益最大化要求；
（3）企业产品的性质及客户的类型。

二、增值税计税依据的税收筹划

（一）销售方式的税收筹划

1. 折扣销售。

折扣销售分为现金折扣、商业折扣和销售折让三种方式。

现金折扣是指企业在销售货物或提供应税劳务的行为发生后，为尽快收回资金而给予购买方价格上的优惠形式。现金折扣发生在销货之后，是一种融资性质的理财费用，因此现金折扣不得从销售额中减除。

商业折扣是指企业在销售货物或提供应税劳务的行为发生后，为鼓励对方多购买而给予购买方价格上的优惠形式。税法规定：如果销售额和折扣额在同一张发票上分别注明，可按折扣后余额作为销售额计算增值税；如果将折扣额另开发票，不论其在财务上如何处理，均不得从销售额中扣减。

销售折让是指货物销售后，由于产品质量、性能或规格等方面的原因，购货方虽没有退货，但要求给予的一种价格上的优惠。根据税法的规定，销售折让可以从货物或应税劳务的销售额中扣除，以其余额计缴增值税。

2. 还本销售。

还本销售是指销货方将货物出售之后，按约定的时间一次或分次将购货款部分或全部退还给购货方，退还的货款即为还本支出。这种方式实际上是一种以货物抵取资金的使用价值，到期还本不付息的筹集资金方式。税法规定，纳税人采取还本方式销售货物的，不得从销售额中减除还本支出。

3. 以旧换新。

以旧换新是指纳税人在销售货物时，以一定的价格同时回收相关的旧货，以达到促销目的。根据税法的规定，除黄金饰品外，纳税人采取以旧换新方式销售货物的，应按新货物的同期销售价格计缴税款。无论纳税人在财务上怎样处理，旧货物的支出均不得从销售额中扣除。

4. 以物易物。

以物易物是一种较为特殊的购销活动，是指购销双方不是以货币结算，而是以同等价款的货物相互交换，实现货物购销的一种方式。税法规定，以物易物双方都应作购销处理，以各自发出的货物核算销售额并计算销项税额，以各自收到的货物按规定核算购货额并计算进项税额。

（二）结算方式的税收筹划

销售结算方式通常有直接收款、委托收款、托收承付、赊销或分期收款、预收款销售、委托代销等。不同的销售方式，其纳税义务发生的时间是不相同的。

1. 赊销和分期收款方式的筹划。

赊销和分期收款结算方式都是以合同约定日期为纳税义务发生时间。因此，企业在产品销售过程中，在应收货款一时无法收回或部分无法收回的情况下，可以选择赊销或分期收款结算方式。

2. 委托代销方式销售货物的筹划。

委托代销是指委托方将商品交付给受托方，受托方根据合同的要求，将商品出售后开具销货清单并交给委托方。此时，委托方才确认销售收入的实现。因此，根据这一原理，如果企业的产品销售对象是商业企业，并且产品以商业企业再销售后付款结算方式销售，则可以采用委托代销结算方式，根据实际收到的货款分期计算销项税额，从而延缓纳税时间。

（三）销售价格的税收筹划

产品的销售价格对企业来说至关重要。在市场经济条件下，纳税人有自由定价权。纳税人可以利用自由定价权，制定合理的价格，从而获得更多的收益。

与纳税筹划有关的定价策略有两种表现形式：一种是与关联企业间合作定价，目的是减轻企业间的整体税负；另一种是主动制定一个稍低一点的价格，以获得更大的销量，从而获得更多的收益。

（1）进项税额抵扣时间的筹划。

根据进项税额抵扣时间的规定，对于取得的防伪税控系统开具的增值税专用发票，应在取得发票后尽快到税务机关进行认证。如购进的多用途物资应先进行认证再进行抵扣，待转为非应税项目用时再作进项税额转出处理，以避免非应税项目用物资转为应税项目用时由于超过认证时间而不能抵扣其进项税额的情况。

（2）供货方的选择。

由于增值税实行凭增值税发票抵扣的制度，只有一般纳税人才能使用增值税专用发票。一般纳税人从小规模纳税人处认购的货物，小规模纳税人可以到税务所申请代开小规模纳税人使用的专用发票，抵扣率为3%；如果购货方取得的是小规模纳税人自己开具的普通发票，不能进行任何抵扣（农产品除外）。

增值税一般纳税人从小规模纳税人处采购的货物不能进行抵扣，或只能抵扣3%。为了弥补因不能取得专用发票而产生的损失，必然要求小规模纳税人在价格上给予一定程度的优惠（见表2－4）。

表2－4　　价格优惠临界点（%）　　单位：%

一般纳税人的抵扣率	小规模纳税人的抵扣率	价格优惠临界点（含税）
17	3	86.80
17	0	84.02
13	3	90.24
13	0	87.35
11	3	92.05
11	0	89.10
6	3	96.88
6	0	93.77

（3）兼营简易计税方法计税项目、免征增值税项目进项税额核算的筹划。

①是否准确划分简易计税方法计税项目、免征增值税项目进项税额的选择。

增值税一般纳税人兼营简易计税方法计税项目、免征增值税项目，应当正确划分其不得抵扣的进项税额。应税项目与简易计税方法计税项目、免征增值税项目的进项税额可以划分清楚的，用于生产应税项目产品的进项税额可按规定进行抵扣；用于生产简易计税方法计税项目、免征增值税项目产品的进项税额不得抵扣。

②兼营简易计税方法计税项目、免征增值税项目进项税额核算方式的筹划。

根据《增值税暂行条例》及其实施细则和“营改增”税收政策的相关规定，一般纳税人对用于简易计税方法计税项目、免征增值税项目的进项税额可以在其用于该类用途时，从原在购进时已做抵扣的进项税额中通过“应交税费——应交增值税（进项税额转出）”科目转出，即转入相关资产或产品成本。在实践中，有不少企业为避免进项税额核算出现差错，便通过设立“工程物资”“其他材料”等科目单独计算用于简易计税方法计税项目、免征增值税项目的进项税额，将其直接计入材料成本。

在一般情况下，材料从购进到生产领用都存在一个时间差，对用于简易计税方法计税项目、免征增值税项目进项税额的不同核算方法决定了企业能否充分利用这个时间差。

（四）增值税税率的税收筹划

全面营业税改增值税之后，纳税人经营活动往往包含应纳增值税项目，但所对应的增值税税率可能会有所不同，如兼营和混合销售行为。在这种情况下，就要考虑缴纳何种增值税税率的筹划问题。

1. 兼营。

根据《增值税暂行条例》和“营改增”政策法规，纳税人销售货物、加工修理修配劳务、服务、无形资产或者不动产适用不同税率或者征收率的，应当分别核算适用不同税率或者征收率的销售额；未分别核算销售额的，按照以下方法适用税率或者征收率：

（1）兼有不同税率的销售货物、加工修理修配劳务、服务、无形资产或者不动产，从高适用税率。

（2）兼有不同征收率的销售货物、加工修理修配劳务、服务、无形资产或者不动产，从高适用征收率。

（3）兼有不同税率和征收率的销售货物、加工修理修配劳务、服务、无形资产或者不动产，从高适用税率。

为了避免从高适用税率或征收率而加重税收负担的情况，兼有不同税率或征收率的货物、应税劳务或应税服务的企业，一定要将各自的销售额分别核算。

2. 混合销售。

全面“营改增”后，一项销售行为如果既涉及货物又涉及服务，为混合销售。从事货物的生产、批发或者零售的单位和个体工商户的混合销售行为，按照销售货物缴纳增值税；其他单位和个体工商户的混合销售行为，按照销售服务缴纳增值税。上述从事货物的生产、批发或者零售的单位和个体工商户，包括以从事货物的生产、批发或者零售为主（指纳税人每年的货物销售额与服务销售额合计数中，货物的销售额超过50%），并兼营销售服务的单位和个体工商户在内。

（五）减免税的税收筹划

1. 增值税免税的税负效应。

免税是指国家对某种特定货物、劳务、服务或销售不动产、无形资产的全部或某一阶段的生产和流通过程不予课税。一般来说，免税意味着国家放弃一笔财政收入而给予纳税人优惠。然而，由于增值税具有环环相扣的特点，免税可能会造成链条的中断，进而会加重纳税人的税收负担。增值税应税货物从生产到流通要经过多个环节，对不同环节的免税其结果是不尽相同的。在实际生活中，销售价格随供求状况的变化而上下波动，商品的税负也成为影响价格的重要因素，免税造成的税负转嫁与归宿呈现复杂的情况。在免税阶段经营者虽然不能抵扣进项税额，但可以通过商品或劳务的购销价格的调整将进项税额转移出去。税负转嫁的难易，则取决于商品供求弹性的大小。

2. 利用增值税的免税规定节税。

根据增值税减免税的有关规定，纳税人可以利用法定的免税规定以及机构的适当分立达到节税的目的。

（六）增值税出口退税的税收筹划

1. 出口退税的有关规定。

退税包括三种形式：（1）出口免税并退税；（2）出口免税不退税；（3）出口不免税也不退税。出口退税货物应具备的条件如下：

第一，必须是属于增值税、消费税征税范围的货物。

第二，必须是报关离境的货物。这是区别货物是否应当退税的主要标志，凡是报关未离境的货物，不论出口企业以外汇结算还是以人民币结算，也不论企业在财务上和其他管理上做何处理，均不得视为出口货物予以退税。

第三，必须是在财务上做销售处理的货物。出口货物只有在财务上做销售后才能办理退税。

第四，必须是出口收汇并已核销的货物。

根据“营改增”税收政策的相关规定，增值税零税率应税服务退（免）税办法包括免抵退税办法和免退税办法。境内的单位和个人提供适用增值税零税率的应税服务，如果属于适用增值税一般计税方法的，生产企业实行免抵退税办法，外贸企业外购研发服务和设计服务出口实行免退税办法，外贸企业自己开发的研发服务和设计服务出口，视同生产企业连同其出口货物统一实行免抵退税办法。零税率应税服务的退税率为对应服务提供给境内单位适用的增值税税率（11%或6%）。

2. 出口退税业务的税收筹划。

（1）选择经营方式。

现行的出口退税政策对不同的经营方式规定了不同的出口退税政策，纳税人可以利用政策之间的税收差异，选择合理的经营方式，降低自己的税负。

目前生产企业出口货物主要有两种方式，即自营出口（含进料加工）和来料加工，分别按“免抵退”办法和“不征不退”的免税办法处理。

①退税率小于征税率时的税收筹划。

对于利润率较低、出口退税率较高及耗用的国产辅助材料较多（进项税额较大）的货物出口宜采用进料加工方式，对于利润率较高的货物出口宜采用来料加工方式。

目前在大幅提高出口退税率的情况下，选用“免抵退”办法还是免税办法的基本思路就是：如果出口产品不得抵扣的进项税额小于为生产该出口产品而取得的全部进项税额，则应采用“免抵退”办法，否则应采用“不征不退”的免税办法。

②退税率等于征税率时的税收筹划。

对于退税率等于征税率的产品，无论其利润率高低，采用“免抵退”的自营出口方式均比采用来料加工等“不征不退”免税方式更优惠，因为两种方式出口货物均不征税，但采用“免抵退”方式可以退还全部进项税额，而免税方式则要把该进项税额计入成本。

（2）选择出口方式。

对于有出口经营权的企业来说，出口方式有两种：一种是自营出口；另一种是通过外贸企业代理出口自产货物。以这两种方式出口货物都可以获得免税并退税，但获得的退税数额却不尽相同。

在退税率与征税率相等的情况下，企业选择自营出口还是委托外贸企业代理出口，两者税负相等。在退税率与征税率不等的情况下，企业选择自营出口还是委托外贸企业代理出口，两者税负是不同的，即选择自营出口收到的出口退税数额小于委托外贸企业代理出口应获得的出口退税数额，选择外贸企业出口有利于减轻增值税税负。

（3）选择生产经营地。

2000 年 5 月，国务院正式下发《中华人民共和国海关对于出口加工区监管的暂行办法》，国家决定在北京、深圳、天津等地设立 15 个出口加工区的试点。凡是进入出口加工区内的加工企业在购买国内生产设备和原材料时，这些设备和原材料均可以视同出口，享受有关出口退税政策。

因此，对于出口企业，要么在出口加工区建立关联企业，要么将出口加工业务从企业分离出去，要么将出口加工业务迁到出口加工区去。企业用来生产出口加工业务的机器、设备、办公用品都能够视同出口，享受退税的好处。

另外，充分利用出口加工区和保税区的税收优惠政策，获得递延纳税或提前退税的好处。在出口加工区或保税区设立关联企业，如进口料件时先由保税区企业进口，获得免税优惠，等“区外”企业实际使用时，即由“区内”转“区外”时纳税。根据有关规定，保税区内所有进口料件免税，保税区内所有进口设备、原材料和办公用品也可免税，因此可获得递延纳税的好处。另外，“区外”企业可先将“产品”销售给“区内”企业，再由“区内”企业出口，根据有关税法的规定，进入出口加工区即视同出口，因此可获得提前退税的好处。

税法知识链接

《关于深化增值税改革有关政策的公告》

《增值税暂行条例》

复习思考题

以下习题适用《关于深化增值税改革有关政策的公告》（财政部、税务总局、海关总署公告 2019 年第 39 号）规定的增值税税率。

一、单项选择题

1. 根据增值税法律制度的规定，下列行为中应视同销售征收增值税的是（　　）。

A. 购进钢材一批用于生产应税货物　　B. 购进服装一批用于职工运动会

C. 购进水果一批用于交际应酬　　D. 购进书包一批用于捐赠希望小学

2. 根据增值税法律制度的规定，下列各项说法中，不正确的是（　　）。

A. 纳税人提供植物养护服务，按照“其他生活服务”缴纳增值税

B. 纳税人为客户办理退票而向客户收取的退票费收入，按照“其他现代服务”缴纳增值税

C. 纳税人提供的邮政代理服务，按照“经纪代理服务”缴纳增值税

D. 拍卖行受托拍卖取得的手续费或佣金收入，按照“经纪代理服务”缴纳增值税

3. 根据增值税法律制度的规定，下列各项业务中不属于“交通运输服务”的是（　　）。

A. 无运输工具承运业务

B. 货物运输代理服务

C. 运输工具舱位互换业务

D. 运输工具舱位承包业务

4. 根据增值税法律制度的规定，下列各项中，不属于在境内销售服务的是（　　）。

A. 东京的某租赁公司为苏州某公司的员工出差提供在当地的汽车租赁服务

B. 越南的某公司为南京的某企业在南京提供的桥梁设计服务

C. 境内某企业将一台进口的设备提供给其关联公司无偿使用

D. 天津某公司为洛杉矶某公司的员工出差提供在境内的酒店住宿服务

5. 下列关于增值税纳税人年应税销售额的表述，不正确的是（　　）。

A. 年应税销售额是指纳税人在连续不超过 12 个月或四个季度的经营期内累计应征增值税销售额

B. 年应税销售额包括纳税申报销售额、稽查查补销售额、纳税评估调整销售额

C. 销售应税服务有扣除项目的纳税人，应税行为的年应税销售额按未扣除之前的销售额计算

D. 纳税人偶然发生的转让不动产销售额，应计入应税行为年应税销售额

6. 某旧货经营单位为增值税小规模纳税人，2020 年 2 月销售旧货共取得含税销售收入 120 000 元，销售自己使用过的固定资产共取得含税销售收入 32 400 元（未放弃减税优惠），则该旧货经营单位 2020 年 2 月应缴纳增值税（　　）元。

A. 2 959.22　　B. 4 438.83　　C. 3 273.79　　D. 4 124.27

7. 某商城为增值税一般纳税人，2020 年 2 月发生以下业务：以旧换新销售 5 台电冰箱，新电冰箱每台零售价 5 000 元，旧电冰箱每台作价 350 元，每台电冰箱收取差价 4 650 元；采取以旧换新方式向消费者销售金项链 2 000 条，新项链每条零售价 0.25 万元，旧项链每条作价 0.22 万元，每条项链取得差价款 0.03 万元。则当月该商城以上业务的销项税额为（　　）万元。

A. 57.81　　B. 7.17　　C. 7.19　　D. 57.79

8. 根据增值税的有关规定，下列说法中，正确的是（　　）。

A. 企业销售货物发生销售折扣的，按折扣后的销售额征收增值税

B. 商场采取以旧换新方式销售空调的，按照新空调的同期销售价格减除旧空调的收购价格确定销售额

C. 企业采取还本销售方式销售货物，实际上是一种融资行为，不征收增值税

D. 贷款服务以提供贷款服务取得的全部利息及利息性质的收入为销售额征收增值税

9. 甲企业（增值税一般纳税人）是《农产品增值税进项税额核定扣除试点实施办法》的试点抵扣单位，2020 年 2 月销售 70 吨酸奶，取得收入 2 200 万元，原乳单耗数量为

1.068，原乳平均购买单价为0.3万元/吨，已知甲企业采用投入产出法计算准予抵扣的农产品增值税进项税额，则甲企业当月准予抵扣的农产品增值税进项税额为（　　）万元。

A. 2.24　　B. 2.92　　C. 2.58　　D. 2.02

10. 张某为A公司员工（已签订正式的劳动合同），2019年8月因公出差，乘坐高铁从北京前往至上海，取得的注明张某身份信息的车票上注明的票面金额为524.30元。则A公司可以抵扣的进项税额为（　　）元。

A. 48.81　　B. 43.29　　C. 15.27　　D. 0

11. 某企业（增值税一般纳税人）2020年2月生产货物用于销售，取得不含税销售收入100 000元，当月外购原材料取得增值税专用发票上注明增值税3 200元。当月从某公司（增值税一般纳税人）租入一台机器，取得该公司开具的增值税专用发票上注明的租赁费20 000元，该机器既用于生产货物，又用于企业职工食堂。当月为接送员工上下班购置一辆乘用车，取得增值税专用发票上注明的金额为100 000元。则该企业本月应纳增值税税额为（　　）元。

A. 13 000　　B. 9 800　　C. 0　　D. 7 200

12. 某酒厂（增值税一般纳税人）2020年3月，销售白酒60吨，取得不含税销售收入120万元，同时收取包装物押金5万元；当月另销售啤酒20吨，共取得不含税销售收入80万元，同时收取包装物押金8万元，包装物均约定2个月后归还。当月没收3个月前收取的白酒包装物押金3万元、啤酒包装物押金6万元。根据上述业务该酒厂2020年3月的增值税销项税额为（　　）万元。

A. 27.27　　B. 27.50　　C. 27.61　　D. 28.53

13. 某家电生产企业为增值税一般纳税人，2020年4月8日向某百货公司销售电冰箱100台，开具的增值税专用发票上注明价款170 000元，因百货公司在10日内付款所以享受含税价款2%的折扣，该家电生产企业实际收到货款188 258元；本月购进原材料取得的增值税专用发票上注明增值税税额合计8 190元。该家电生产企业本月应缴纳增值税（　　）元。

A. 21 035.3　　B. 16 283.54　　C. 13 910　　D. 13 468

14. B市的甲建筑企业是增值税一般纳税人，2020年2月在A市取得含税建筑收入总额为500万元，支付分包款200万元，则甲企业在建筑服务发生地A市预缴增值税税款（　　）万元。

A. 5.50　　B. 24.77　　C. 8.26　　D. 27

15. 位于A市的甲企业是增值税小规模纳税人，2020年2月将其位于B市的一座办公楼出租，取得含税租金收入150 000元，则其应在B市预缴增值税（　　）元。

A. 2 912.62　　B. 3 000　　C. 7 142.86　　D. 5 000

16. 房地产开发企业的一般纳税人采取预收款方式销售自行开发的房地产项目，在收到预收款时按照一定的预征率预缴增值税，该预征率为（　　）。

A. 2%　　B. 3%　　C. 4%　　D. 5%

17. 某企业系增值税一般纳税人，主要经营餐饮服务，2019年12月购进一批餐桌餐椅用于堂食服务，取得增值税专用发票注明税额33 900元，已知该企业的销售额符合加计抵减的条件且上期计提的加计抵减额仍余2 250元未抵减完。假定不考虑其他因素，该企业当期可抵减的加计抵减额为（　　）元。

A. 7 335　　B. 5 640　　C. 5 085　　D. 3 390

18. 某企业为增值税一般纳税人，2020 年 2 月销售自产的货物，开具的普通发票上注明含税金额 50 000 元，当期外购原材料取得增值税专用发票上注明增值税 2 600 元，上月销售的货物在本月发生销货退回，退还给购买方价税合计金额 2 000 元并按规定开具红字增值税专用发票。则该企业 2 月应纳增值税（　　）元。

A. 3 640　　B. 3 252.21　　C. 2 922.12　　D. 3 669.91

19. 某水路运输公司（增值税一般纳税人）2020 年 2 月提供水路运输服务，取得收入 500 万元（不含税，下同）；当月另提供水路运输的程租业务，取得收入 300 万元；提供无运输工具承运业务，取得收入 200 万元；提供水路运输的光租业务，取得收入 200 万元。已知，该公司当月可抵扣进项税额为 12 万元，则该公司当月应缴纳增值税（　　）万元。

A. 96　　B. 104　　C. 108　　D. 144

20. 甲企业为增值税一般纳税人，2020 年 2 月 1 日，采取分期收款方式向乙企业销售一批货物，价税合计 565 万元，合同约定 2 月支付 50% 的货款，3 月支付另外 50% 的货款。乙企业因资金紧张于 2020 年 3 月 9 日才支付了第一笔款项 200 万元。甲企业 2020 年 2 月应确认的增值税销项税额为（　　）万元。

A. 0　　B. 32.5　　C. 65　　D. 23

21. 李某 2020 年将个人商铺对外出租，2 月 1 日取得当月含税房租 18.9 万元。则李某当月应缴纳的增值税为（　　）万元。

A. 0.9　　B. 0.27　　C. 0.87　　D. 1.56

22. 根据增值税法律制度的规定，下列各项中，不适用零税率政策的是（　　）。

A. 在境内载运旅客或者货物出境

B. 在境外载运旅客或者货物入境

C. 在境外载运旅客或者货物

D. 在境内载运旅客或者货物

23. 某生产企业（具有出口经营权）为增值税一般纳税人，2020 年 2 月从国内采购生产用原材料一批，取得增值税专用发票，注明价款 810 万元、增值税税额 105.3 万元；当月国内销售货物取得不含税销售额 150 万元，出口自产货物取得收入折合人民币 690 万元。已知，适用的增值税税率为 13%，出口退税率为 10%，月初无留抵税额，相关发票均已在当月抵扣。则下列关于该企业增值税的税务处理中，说法正确的是（　　）。

A. 应缴纳增值税 19.5 万元，免抵增值税额为 69 万元

B. 应退增值税 65.1 万元，免抵增值税额为 0

C. 应退增值税 69 万元，免抵增值税额为 0

D. 应退增值税 65.1 万元，免抵增值税额为 3.9 万元

24. 某超市为增值税一般纳税人，2019 年 12 月零售大米和蔬菜共取得销售收入 15 000 元，开具普通发票，当月无法准确划分大米和蔬菜的销售额。当月外购货物取得普通发票上注明价税合计金额为 3 000 元，则该超市 2019 年 12 月应纳增值税（　　）元。

A. 0　　B. 1 350　　C. 1 238.53　　D. 893.40

25. 根据营改增政策的规定，下列项目不享受免征增值税优惠政策的是（　　）。

A. 个人转让著作权　　B. 个人提供有形动产租赁服务

C. 养老机构提供的养老服务　　D. 纳税人提供的技术转让

二、多项选择题

1. 根据增值税法律制度的规定，下列各项中，应当按照物流辅助服务缴纳增值税的有（　　）。

A. 港口码头服务　　B. 代理报关服务

C. 打捞救助服务　　D. 无运输工具承运业务

2. 根据增值税法律制度的规定，下列各项中，不征收增值税的有（　　）。

A. 上缴财政的罚没物品拍卖收入

B. 被保险人获得的保险赔付

C. 物业管理单位代收的住宅专项维修资金

D. 存款利息

3. 下列各项中，属于在境内销售服务、无形资产或者不动产的有（　　）。

A. 销售位于境内的厂房

B. 境外单位向境内单位或个人提供的在境外的工程勘探服务

C. 境外单位为出境的包裹在境外提供的收派服务

D. 转让位于境内的矿山开采权

4. 根据营改增相关规定，下列情形属于视同提供应税行为的有（　　）。

A. 某运输企业为灾区无偿提供公路运输服务

B. 某咨询公司为个人无偿提供技术咨询服务

C. 某动画公司聘用动画人才为本公司设计动画

D. 某运输公司为其他单位无偿提供交通运输服务

5. 增值税的一般纳税人提供的下列服务中，可以选择按照简易计税方法计税的有（　　）。

A. 以清包工方式提供的建筑服务

B. 房地产开发企业中的一般纳税人以围填海方式取得土地并开发的房地产老项目

C. 销售电梯的同时提供的安装服务

D. 提供交通运输服务

6. 根据增值税法律制度的规定，下列关于资管产品的有关规定的表述中，正确的有（　　）。

A. 资管产品管理人运营资管产品过程中发生的增值税应税行为，暂适用简易计税方法，按照3%的征收率缴纳增值税

B. 管理人只能分别核算资管产品运营业务销售额和增值税应纳税额

C. 资管产品管理人应分别核算资管产品运营业务和其他业务的销售额和增值税应纳税额

D. 资管产品管理人包括银行、信托公司、证券公司、期货公司、私募基金管理人等

7. 增值税一般纳税人是指年应税销售额超过规定的小规模纳税人标准的企业和企业性单位。其中年应税销售额包括（　　）。

A. 免税销售额　　B. 稽查查补销售额

C. 纳税评估调整销售额　　D. 税务机关代开发票销售额

8. 下列各项中，适用5%征收率计算缴纳增值税的有（　　）。

A. 小规模纳税人销售取得的不动产

B. 小规模纳税人出租其取得的商务用房

C. 一般纳税人和小规模纳税人提供劳务派遣服务选择差额纳税的

D. 一般纳税人提供人力资源外包服务，选择适用简易计税方法的

9. 增值税一般纳税人销售或者进口下列货物，按低税率9%计征增值税的有（　　）。

A. 挂面　　B. 食用盐　　C. 玉米胚芽　　D. 淀粉

10. 增值税的一般纳税人，提供的下列应税行为，可以选择按照简易计税方法计税的有（　　）。

A. 提供非学历教育

B. 为甲供工程提供的建筑服务

C. 提供人力资源外包服务

D. 提供文化创意服务

11. 根据营改增的规定，下列应税服务适用6%增值税税率的有（　　）。

A. 研发服务　　B. 装卸搬运服务

C. 交通运输服务　　D. 有形动产租赁服务

12. 根据增值税的有关规定，下列表述正确的有（　　）。

A. 航空运输企业已售票但未提供航空运输服务取得的逾期票证收入，按照航空运输服务缴纳增值税

B. 纳税人转让因同时实施股权分置改革和重大资产重组而首次公开发行股票并上市形成的限售股，按照金融商品转让缴纳增值税

C. 自2018年5月1日起，对进口抗癌药品减按3%征收进口环节增值税

D. 融资性售后回租业务中，承租方出售资产的行为，不属于增值税的征收范围，不征收增值税

13. 根据增值税法律制度的有关规定，下列各项中可以作为增值税进项税额抵扣凭证的有（　　）。

A. 购进国内旅客运输服务取得的增值税电子普通发票

B. 购进国内旅客运输服务取得的注明旅客身份信息的公路车票

C. 增值税普通发票

D. 农产品收购发票

14. 某商场为增值税一般纳税人，与其供货企业甲服装厂达成协议，按销售量的一定比例进行平销返利。2020年2月从甲服装厂购进商品取得增值税专用发票，注明价款200万元、增值税26万元，当月按平价全部销售，月末甲服装厂按照协议支付给商场返利6万元。下列该项业务的处理，符合增值税有关规定的有（　　）。

A. 商场应以200万元作为计税销售额计算销项税额

B. 商场该项业务的销项税额为34万元

C. 商场应缴纳的增值税为0.69万元

D. 商场应缴纳的增值税为0.3万元

15. 根据增值税法律制度的规定，下列各项中，不得抵扣进项税额的有（　　）。

A. 提供保险服务的纳税人以现金赔付方式将应付给被保险人的赔偿金直接支付给车辆修理劳务提供方以承担机动车辆保险责任的

B. 接受贷款服务向贷款方支付的与该笔贷款直接相关的咨询费

C. 购进的居民日常服务

D. 提供保险服务的纳税人以实物赔付方式自行向车辆修理劳务提供方购进的车辆修理劳务以承担机动车辆保险责任的

16. 增值税一般纳税人销售的下列自产货物中，可以选择适用简易计税方法计税的有（　　）。

A. 以水泥为原料生产的水泥混凝土

B. 自来水

C. 县级以下小型火力发电单位生产的自产电力

D. 药品经营企业销售生物制品

17. 下列出口货物，适用增值税免税政策的有（　　）。

A. 市场经营户自营出口的货物

B. 非出口企业委托出口的货物

C. 市场经营户委托市场采购贸易经营者以市场采购贸易方式出口的货物

D. 进料加工复出口的货物

18. 根据增值税的出口退（免）税制度的有关规定，以下可按视同出口货物处理，适用增值税退（免）税政策的有（　　）。

A. 出口企业对外援助、对外承包、境外投资的出口货物

B. 出口企业经海关报关进入国家批准的特殊区域，并销售给特殊区域内单位或境外单位、个人的货物

C. 出口企业或其他单位销售给用于国际金融组织或外国政府贷款国际招标建设项目的中标机电产品

D. 出口企业或其他单位销售给国际运输企业用于国际运输工具上的货物

19. 下列关于增值税专用发票的使用说法正确的有（　　）。

A. 商业企业一般纳税人零售的劳保用品不得开具增值税专用发票

B. 除另有规定外，一般纳税人销售免税货物不得开具增值税专用发票

C. 小规模纳税人（其他个人除外）发生应税行为，需要开具增值税专用发票的，可自行开具

D. 购买方为消费者个人的，销售方不得开具增值税专用发票

20. 根据增值税法律制度的规定，下列情形的增值税专用发票，应当列入异常凭证范围的有（　　）。

A. 增值税发票管理系统稽核比对发现“缺联”的增值税专用发票

B. 经省税务局大数据分析发现纳税人开具的专用发票存在未按规定缴纳消费税的情形

C. 非正常户纳税人未向税务机关申报缴纳税款的增值税专用发票

D. 纳税人丢失、被盗税控专用设备中已开具未上传的增值税专用发票

21. 根据《增值税暂行条例》及其实施细则的规定，下列各项中，属于增值税免税项目的有（　　）。

A. 避孕药品和用具

B. 古旧图书

C. 外国企业无偿援助的进口物资和设备

D. 其他个人销售自己使用过的物品

22. 根据增值税法律制度的规定，下列各项中，免征增值税的有（　　）。

A. 福利彩票、体育彩票的发行收入

B. 驾校提供的汽车驾驶培训服务

C. 学生勤工俭学提供的服务

D. 自 2018 年 11 月 7 日起至 2021 年 11 月 6 日止，境外机构投资境内债券市场取得的债券利息收入

23. 根据增值税法律制度的规定，下列项目中，免征增值税的有（　　）。

A. 个人销售自建自用住房

B. 农场提供农田灌溉业务

C. 批发、零售图书

D. 将土地使用权转让给农业生产者用于农业生产

24. 根据增值税法律制度的规定，金融机构取得的下列利息收入中，应当缴纳增值税的有（　　）。

A. 存款利息收入

B. 金融同业往来利息收入

C. 罚息收入

D. 票据贴现取得的利息收入

25. 当主管税务机关确认购货方在真实交易中取得的供货方虚开的增值税专用发票属于善意取得时，符合规定的处理方法有（　　）。

A. 取得的虚开的增值税专用发票，可以作为增值税合法抵扣凭证抵扣进项税额

B. 取得的虚开的增值税专用发票，不得作为增值税合法抵扣凭证抵扣进项税额

C. 取得虚开的增值税专用发票被依法追缴已抵扣税款的，税务机关除责令限期缴纳外，从滞纳税款之日起，按日加收滞纳税款万分之五的滞纳金

D. 取得虚开的增值税专用发票已抵扣进项税款的，税务机关应依法追缴已抵扣的税款，但不需要加收滞纳金

26. 根据增值税法律制度的规定，下列各项中，说法正确的有（　　）。

A. 个人投资者转让创新企业 CDR 取得的差价收入，按照“金融商品转让”缴纳增值税

B. 国产抗艾滋病病毒药品在流通环节享受免税

C. 单位将自产货物通过公益性社会组织直接无偿捐赠给目标脱贫地区，免征增值税

D. 为社区提供养老服务的机构，提供社区养老服务取得的收入免征增值税

三、计算问答题

1. 某生产企业为增值税一般纳税人，2019 年 12 月发生以下业务：

（1）销售给有长期合作关系的客户 10 万件货物，价目表上注明该批货物不含税单价为每件 80 元，给予 5% 的折扣，开具增值税专用发票，在金额栏注明销售额 800 万元，折扣额 40 万元。

（2）销售给 A 商场一批货物，开具的增值税专用发票上注明销售额 200 万元，A 商场尚未付款提货。

（3）销售库存原材料，开具普通发票注明含税价款 26.4 万元。

（4）销售 2008 年 2 月购进的生产设备一台，取得含税销售额 7.92 万元，该设备账面原值 21 万元，已提折旧 15.6 万元（该企业未放弃相关减税优惠）。

（5）为生产免税产品购入一批原材料，取得的增值税专用发票上注明金额 4 万元，增值税税额 0.52 万元。

（6）为生产应税产品购进一批生产用原材料，取得的增值税专用发票上注明金额 600 万元，增值税税额 78 万元，已支付货款并已验收入库；向运输企业（小规模纳税人）支付不含税运费 10 万元，取得增值税专用发票。

（其他相关资料：该企业取得的增值税专用发票均合规并在当月抵扣）

要求：根据上述资料，按照下列序号计算回答问题，每问需计算出合计数。

（1）第（4）笔业务应纳的增值税。

（2）计算 2019 年 12 月该企业应确认的销项税额。

（3）计算 2019 年 12 月该企业准予从销项税额中抵扣的进项税额。

（4）计算 2019 年 12 月该企业应纳的增值税税额。

2. 位于县城的某制药厂为增值税一般纳税人，主要生产各类应税药品和免税药品。2020 年 2 月发生如下经济业务：

（1）向医药经销店销售应税药品，取得不含税销售额 35 万元，支付不含税销货运费 3 万元，取得增值税专用发票。

（2）制药厂下设的位于同一县城的非独立核算的门市部销售本厂生产的应税药品，取得销售收入价税合计 28 万元，另收取优质费 2.4 万元。

（3）销售免税药品，取得货款 15 万元；另支付不含税销货运费 0.5 万元，取得增值税专用发票。

（4）外购生产应税药品的原材料，取得增值税专用发票，注明销售额 40 万元，增值税 5.2 万元，运输途中合理损耗 5%。

（5）免税药品生产车间领用上月从一般纳税人处购入的生产应税药品的一部分原料（进项税额已抵扣），成本为 3 万元（含运费成本 1 万元，支付运费时取得增值税专用发票并已抵扣进项税额）。

（6）购进生产检测设备一台，取得增值税专用发票，注明销售额 8 万元，增值税 1.04 万元；委托运输公司将设备运回制药厂，取得增值税专用发票，注明运费 1 万元。

（其他相关资料：该制药厂取得的增值税专用发票均合规并在当月抵扣）

要求：根据上述资料，按照下列序号计算回答问题。

（1）计算本月应转出的进项税额。

（2）计算本月准予从销项税额中抵扣的进项税额。

（3）计算本月应确认的销项税额。

（4）计算该制药厂本月应纳的增值税。

3. 某省所属专门从事科学研究工作的研发机构为增值税一般纳税人，2020 年 1 月发生下列业务：（1）为境内甲企业（小规模纳税人）提供产品研发服务并提供培训业务，取得研发服务收入 120 万元，培训收入 30 万元，发生业务支出 38 万元。（2）为境内乙公司提供技术项目论证服务，开具增值税专用发票，注明金额为 90 万元。（3）向境内丙企业转让一项专利取得技术转让收入 240 万元，技术服务收入 60 万元，已履行相关备案手续（4）购进用于研发的国产设备，取得增值税专用发票上注明销售额 300 万元、增值税 39 万元；购进研发用耗材，取得增值税专用发票上注明销售额 50 万元、增值税 6.5 万元；支付运输费，取得运输公司开具的增值税专用发票上注明销售额 10 万元、增值税 0.9 万元。

根据上述资料，回答下列问题：

（1）计算业务（1）的销项税额。

（2）计算业务（2）的销项税额。

（3）计算业务（3）的销项税额。

（4）确定本月准予抵扣的进项税额。

（5）计算当期应缴纳的增值税。

（6）说明购进国产设备的增值税处理规定。

（7）简要说明购进的国产设备今后所有权转移或移作他用，增值税的处理规定。

四、综合题

1. 某轿车生产企业为增值税一般纳税人，2020 年 2 月生产经营情况如下：

（1）境内采购原材料，取得增值税专用发票注明税额 730 万元；从小规模纳税人购进零配件，取得增值税专用发票，注明价款 800 万元，增值税 24 万元；支付水电费取得增值税专用发票，注明增值税税额 120 万元，其中职工浴室使用 5%。

（2）进口一批生产轿车用的发动机，支付货价 800 万元（折合人民币，下同），支付运抵我国境内输入地点起卸前的运输费用和保险费共计 80 万元，支付卖方佣金 20 万元。

（3）采用分期收款方式销售 200 辆中轻型商用客车，不含税销售额共计 3 600 万元，合同规定本月收回 50% 货款，其余款项下月收回；由于购货方资金紧张，实际收到货款 1 500万元；销售 800 辆 A 牌小轿车，开具增值税专用发票，注明价款 12 000 万元，支付不含税运费 150 万元，取得运输企业开具的增值税专用发票。

（4）将 4 辆自产 A 牌小轿车奖励给做出突出贡献的科研人员；将 2 辆自产中轻型商用客车赠送某关联单位；将 1 辆自产 A 牌小轿车抵偿欠款。

（5）提供汽车修理劳务，开具的普通发票上注明金额 46.8 万元；对外提供汽车租赁业务，开具的普通发票上注明的租金收入 14 万元。将企业的外墙广告位出租，开具的增值税专用发票上注明的租金收入 30 万元。

（其他相关资料：发动机关税税率为 20%，该企业取得的增值税专用发票均合规并在当月抵扣。）

要求：根据上述资料，按照下列序号计算回答问题。

（1）计算该企业业务（1）准予从销项税额中抵扣的进项税额。

（2）分别计算该企业进口发动机应缴纳的进口关税和增值税。

（3）分别计算该企业业务（3）应确认的销项税额及准予抵扣的进项税额。

（4）计算该企业业务（4）应确认的增值税销项税额。

（5）计算该企业业务（5）应确认的增值税销项税额。

（6）计算该企业当月应向税务机关缴纳的增值税税额。

2. 甲建筑公司（一般纳税人）机构所在地为A地，2019年发生如下业务：

（1）2019年10月承接B地的工程项目，2019年12月取得该项目的建筑服务价款545万元（含税价），当月支付给分包方乙公司分包款109万元（含税价，乙公司为一般纳税人，提供的为清包工服务，未选择简易计税方法）。

（2）2019年11月承接C地的工程项目，2019年12月取得该项目的建筑服务价款206万元（含税价），当月支付给分包方丙公司分包款51.5万元（含税价，丙公司为一般纳税人，甲建筑公司选择简易计税方法）。

（3）2019年12月除B、C两地项目外无其他业务，当月取得可抵扣进项税额35万元（不包含用于C地简易计税项目而不得抵扣的进项税额）。

要求：根据上述资料，按照下列序号计算回答问题。

（1）甲建筑公司承接的B地工程项目应向哪个税务机关预缴增值税？应预缴税额多少？

（2）甲建筑公司承接的C地工程项目应向哪个税务机关预缴增值税？应预缴税额多少？

（3）甲建筑公司扣除支付的分包款应取得的凭证有何要求？

（4）甲建筑公司12月应缴纳的增值税税额是多少？在其机构所在地应补缴的税额是多少？

3. 王某是一家上市公司的高管，2019年6月王某和其同事郭某去北方某市避暑度假3个月，在此期间，主要活动如下：

（1）王某向某汽车租赁公司租赁了一辆奔驰汽车，租期3个月，一次性支付租金16 000元。

（2）去当地知名影院观看暑期档上映的影片，电影票零售价每张55元，合计支付110元。

（3）两人利用其中4天时间到著名景点旅游，并通过当地一家旅游公司预订了房间，支付房费1 000元，旅游公司将其中的880元房费转交给宾馆。

（4）两人通过某订餐平台，获得了某新开业酒店免费试吃活动，免费享受了售价为168元的双人套餐，第二天在该酒店点了268元的外卖。

（5）王某和郭某参观了当地的博物馆，第一道门票费用合计80元；游览了当地景区，合计支付门票420元。

（6）在度假期间，王某一直关注股票行情，将2016年购买的股票通过证券交易机构出售，取得收入88 000元，当时该股票的购买价为46 000元。

（7）王某之前一直利用业余时间通过网络为某公司提供翻译服务，在度假期间仍提供翻译服务，取得收入5 000元。

（8）王某在提供翻译服务时，发现其一直使用的笔记本电脑出现了问题，而且无法修复。为了追赶翻译进度，王某将其自用的笔记本电脑在当地销售，取得收入 3 000 元，另购买一台新款笔记本电脑，花费 12 000 元。

其他相关资料：汽车租赁公司、影院、旅游公司、餐厅均为一般纳税人；以上金额均含增值税。如果某项业务活动可以选择简易计税，则按照纳税人选择简易计税计算纳税。

要求：根据上述资料，按照下列序号计算回答问题，每问需计算出合计数。

（1）计算汽车租赁公司出租汽车应缴纳的增值税。

（2）计算影院电影票收入应缴纳的增值税。

（3）计算旅游公司应缴纳的增值税。

（4）计算酒店应缴纳的增值税。

（5）计算博物馆取得的收入应缴纳的增值税。

（6）计算景区取得收入应缴纳的增值税。

（7）王某销售股票是否缴纳增值税，并说明理由，如有计算，需计算出具体金额。

（8）计算王某提供翻译服务应缴纳的增值税及个人所得税。

（9）王某销售自己使用过的电脑是否缴纳增值税，并说明理由，如有计算，需计算出具体金额。

第三章　消费税

☞ **本章摘要**

消费税法是流转税法的重要组成部分。消费税为世界各国所普遍征收，目前有120多个国家征收消费税，尤其一些发展中国家在财政收入中占有重要的地位。我国的消费税是对增值税有益的补充，即在增值税对货物征税的基础上，有选择地对一部分特殊消费品征收消费税。

第一节　消费税基本法律

一、纳税义务人

在中华人民共和国境内生产、委托加工和进口消费税暂行条例规定的消费品的单位和个人，以及国务院确定的销售《消费税暂行条例》规定的消费品的其他单位和个人，为消费税的纳税人，应当依照《消费税暂行条例》缴纳消费税。

单位，是指企业、行政单位、事业单位、军事单位、社会团体及其他单位。

个人，是指个体工商户及其他个人。

在中华人民共和国境内，是指生产、委托加工和进口属于应当缴纳消费税的消费品的起运地或者所在地在境内。

二、税目

消费税的征收范围比较狭窄，同时也会根据经济发展、环境保护等国家大政方针进行修订，依据《消费税暂行条例》及相关法规规定，目前消费税税目包括烟、酒、化妆品等15种商品，部分税目还进一步划分了若干子目。

（一）烟

凡是以烟叶为原料加工生产的产品，不论使用何种辅料，均属于本税目的征收范围。包括卷烟（进口卷烟、白包卷烟、手工卷烟和未经国务院批准纳入计划的企业及个人生产的卷烟）、雪茄烟和烟丝。

在“烟”税目下分“卷烟”等子目，“卷烟”又分“甲类卷烟”和“乙类卷烟”。其中，甲类卷烟是指每标准条（200支，下同）调拨价格在70元（不含增值税）以上（含70元）的卷烟；乙类卷烟是指每标准条调拨价格在70元（不含增值税）以下的卷烟。

（二）酒

酒是酒精度在1度以上的各种酒类饮料，包括白酒、黄酒、啤酒和其他酒。

啤酒每吨出厂价（含包装物及包装物押金）在3 000元（含3 000元，不含增值税）以上的是甲类啤酒，每吨出厂价（含包装物及包装物押金）在3 000元（不含增值税）以下的是乙类啤酒。包装物押金不包括重复使用的塑料周转箱的押金。对饮食业、商业、娱乐业举办的啤酒屋（啤酒坊）利用啤酒生产设备生产的啤酒，应当征收消费税。果啤属于啤酒，按啤酒征收消费税。

配制酒（露酒）是指以发酵酒、蒸馏酒或食用酒精为酒基，加入可食用或药食两用的辅料或食品添加剂，进行调配、混合或再加工制成的并改变了其原酒基风格的饮料酒。具体规定如下：

1. 以蒸馏酒或食用酒精为酒基，具有国家相关部门批准的国食健字或卫食健字文号并且酒精度低于38度（含）的配制酒，按消费税税目税率表“其他酒”10%适用税率征收消费税。

2. 以发酵酒为酒基，酒精度低于20度（含）的配制酒，按消费税税目税率表“其他酒”10%适用税率征收消费税。

3. 其他配制酒，按消费税税目税率表“白酒”适用税率征收消费税。

葡萄酒消费税适用“酒”税目下设的“其他酒”子目。葡萄酒是指以葡萄为原料，经破碎（压榨）、发酵而成的酒精度在1度（含）以上的葡萄原酒和成品酒（不含以葡萄为原料的蒸馏酒）。

（三）高档化妆品

自2016年10月1日起，本税目调整为包括高档美容、修饰类化妆品、高档护肤类化妆品和成套化妆品。

高档美容、修饰类化妆品和高档护肤类化妆品是指生产（进口）环节销售（完税）价格（不含增值税）在10元/毫升（克）或15元/片（张）及以上的美容、修饰类化妆品和护肤类化妆品。

美容、修饰类化妆品是指香水、香水精、香粉、口红、指甲油、胭脂、眉笔、唇笔、蓝眼油、眼睫毛以及成套化妆品。

舞台、戏剧、影视演员化妆用的上妆油、卸妆油、油彩，不属于本税目的征收范围。

高档护肤类化妆品征收范围另行制定。

（四）贵重首饰及珠宝玉石

包括以金、银、白金、宝石、珍珠、钻石、翡翠、珊瑚、玛瑙等高贵稀有物质以及其他金属、人造宝石等制作的各种纯金银首饰及镶嵌首饰和经采掘、打磨、加工的各种珠宝玉石。对出国人员免税商店销售的金银首饰征收消费税。

（五）鞭炮、焰火

包括：各种鞭炮、焰火。体育上用的发令纸、鞭炮药引线，不按本税目征收。

（六）成品油

本税目包括汽油、柴油、石脑油、溶剂油、航空煤油、润滑油、燃料油 7 个子目；航空煤油暂缓征收。

1. 汽油。

汽油是指用原油或其他原料加工生产的辛烷值不小于 66 的可用作汽油发动机燃料的各种轻质油。取消车用含铅汽油消费税，汽油税目不再划分二级子目，统一按照无铅汽油税率征收消费税。

以汽油、汽油组分调和生产的甲醇汽油、乙醇汽油也属于本税目征收范围。

2. 柴油。

柴油是指用原油或其他原料加工生产的倾点或凝点在 -50 至 30 的可用作柴油发动机燃料的各种轻质油和以柴油组分为主、经调和精制可用作柴油发动机燃料的非标油。

以柴油、柴油组分调和生产的生物柴油也属于本税目征收范围。

3. 石脑油。

石脑油又叫化工轻油，是以原油或其他原料加工生产的用于化工原料的轻质油。

石脑油的征收范围包括除汽油、柴油、航空煤油、溶剂油以外的各种轻质油。非标汽油、重整生成油、拔头油、戊烷原料油、轻裂解料（减压柴油 VGO 和常压柴油 AGO）、重裂解料、加氢裂化尾油、芳烃抽余油均属轻质油，属于石脑油征收范围。

4. 溶剂油。

溶剂油是用原油或其他原料加工生产的用于涂料、油漆、食用油、印刷油墨、皮革、农药、橡胶、化妆品生产和机械清洗、胶粘行业的轻质油。

橡胶填充油、溶剂油原料，属于溶剂油征收范围。

5. 航空煤油。

航空煤油也叫喷气燃料，是用原油或其他原料加工生产的用作喷气发动机和喷气推进系统燃料的各种轻质油。航空煤油的消费税暂缓征收。

6. 润滑油。

润滑油是用原油或其他原料加工生产的用于内燃机、机械加工过程的润滑产品。润滑油分为矿物性润滑油、植物性润滑油、动物性润滑油和化工原料合成润滑油。

润滑油的征收范围包括矿物性润滑油、矿物性润滑油基础油、植物性润滑油、动物性润滑油和化工原料合成润滑油。以植物性、动物性和矿物性基础油（或矿物性润滑油）混合掺配而成的“混合性”润滑油，不论矿物性基础油（或矿物性润滑油）所占比例高低，均属润滑油的征收范围。

另外，用原油或其他原料加工生产的用于内燃机、机械加工过程的润滑产品均属于润滑油征税范围。润滑脂是润滑产品，生产、加工润滑脂应当征收消费税。变压器油、导热类油等绝缘油类产品不属于润滑油，不征收消费税。

7. 燃料油。

燃料油也称重油、渣油，是用原油或其他原料加工生产，主要用作电厂发电、锅炉用燃料、加热炉燃料、冶金和其他工业炉燃料。腊油、船用重油、常压重油、减压重油、180CTS 燃料油、7 号燃料油、糠醛油、工业燃料、4 ~ 6 号燃料油等油品的主要用途是作为燃料燃烧，属于燃料油征收范围。

（七）小汽车

小汽车是指由动力驱动，具有4个或4个以上车轮的非轨道承载的车辆。

本税目征收范围包括：（1）乘用车：含驾驶员座位在内最多不超过9个座位（含）的，在设计和技术特性上用于载运乘客和货物的各类乘用车。（2）中轻型商用客车：含驾驶员座位在内的座位数在10～23座（含23座）的在设计和技术特性上用于载运乘客和货物的各类中轻型商用客车。（3）超豪华小汽车：每辆零售价格130万元（不含增值税）及以上的乘用车和中轻型商用客车。

用排气量小于1.5升（含）的乘用车底盘（车架）改装、改制的车辆属于乘用车征收范围。用排气量大于1.5升的乘用车底盘（车架）或用中轻型商用客车底盘（车架）改装、改制的车辆属于中轻型商用客车征收范围。

含驾驶员人数（额定载客）为区间值的（如8～10人、17～26人）小汽车，按其区间值下限人数确定征收范围。

电动汽车不属于本税目征收范围。车身长度大于7米（含），并且座位在10～23座（含）以下的商用客车，不属于中轻型商用客车征税范围，不征收消费税。沙滩车、雪地车、卡丁车、高尔夫车不属于消费税征收范围，不征收消费税。

（八）摩托车

包括轻便摩托车和摩托车两种。对最大设计车速不超过50千米/小时，发动机气缸总工作容量不超过50毫升的三轮摩托车不征收消费税。气缸容量250毫升（不含）以下的小排量摩托车不征收消费税。

（九）高尔夫球及球具

高尔夫球及球具是指从事高尔夫球运动所需的各种专用装备，包括高尔夫球、高尔夫球杆及高尔夫球包（袋）等。

高尔夫球是指重量不超过45.93克、直径不超过42.67毫米的高尔夫球运动比赛、练习用球；高尔夫球杆是指被设计用来打高尔夫球的工具，由杆头、杆身和握把三部分组成；高尔夫球包（袋）是指专用于盛装高尔夫球及球杆的包（袋）。

本税目征收范围包括高尔夫球、高尔夫球杆、高尔夫球包（袋）。高尔夫球杆的杆头、杆身和握把属于本税目的征收范围。

（十）高档手表

高档手表是指销售价格（不含增值税）每只在10 000元（含）以上的各类手表。

本税目征收范围包括符合以上标准的各类手表。

（十一）游艇

游艇是指长度大于8米小于90米，船体由玻璃钢、钢、铝合金、塑料等多种材料制作，可以在水上移动的水上浮载体。按照动力划分，游艇分为无动力艇、帆艇和机动艇。

本税目征收范围包括艇身长度大于 8 米（含）小于 90 米（含），内置发动机，可以在水上移动，一般为私人或团体购置，主要用于水上运动和休闲娱乐等非营利活动的各类机动艇。

（十二）木制一次性筷子

木制一次性筷子，又称卫生筷子，是指以木材为原料经过锯段、浸泡、旋切、刨切、烘干、筛选、打磨、倒角、包装等环节加工而成的各类供一次性使用的筷子。

本税目征收范围包括各种规格的木制一次性筷子。未经打磨、倒角的木制一次性筷子属于本税目征税范围。

（十三）实木地板

实木地板是指以木材为原料，经锯割、干燥、刨光、截断、开榫、涂漆等工序加工而成的块状或条状的地面装饰材料。实木地板按生产工艺不同，可分为独板（块）实木地板、实木指接地板、实木复合地板三类；按表面处理状态不同，可分为未涂饰地板（白坯板、素板）和漆饰地板两类。

本税目征收范围包括各类规格的实木地板、实木指接地板、实木复合地板及用于装饰墙壁、天棚的侧端面为榫、槽的实木装饰板。未经涂饰的素板也属于本税目征税范围。

（十四）电池

电池，是一种将化学能、光能等直接转换为电能的装置，一般由电极、电解质、容器、极端，通常还有隔离层组成的基本功能单元，以及用一个或多个基本功能单元装配成的电池组。范围包括原电池、蓄电池、燃料电池、太阳能电池和其他电池。

自 2015 年 2 月 1 日起对电池（铅蓄电池除外）征收消费税；对无汞原电池、金属氢化物镍蓄电池（又称“氢镍蓄电池”或“镍氢蓄电池”）、锂原电池、锂离子蓄电池、太阳能电池、燃料电池、全银液流电池免征消费税。2015 年 12 月 31 日前对铅蓄电池缓征消费税；自 2016 年 1 月 1 日起，对铅蓄电池按 4% 税率征收消费税。

（十五）涂料

涂料是指涂于物体表面能形成具有保护、装饰或特殊性能的固态涂膜的一类液体或固体材料之总称。自 2015 年 2 月 1 日起对涂料征收消费税，施工状态下挥发性有机物（Volatile Organic Compounds，VOC）含量低于 420 克/升（含）的涂料免征消费税。

三、税率

消费税采用比例税率和定额税率两种形式，以适应不同应税消费品的实际情况。消费税根据不同的税目或子目确定相应的税率或单位税额。大部分应税消费品适用比例税率，例如，烟丝税率为 30%，摩托车税率为 3% 等；黄酒、啤酒、成品油按单位重量或单位体积确定单位税额；卷烟、白酒采用比例税率和定额税率双重征收形式。

消费税税目、税率（额）见表 3－1 所示。

表 3－1　　消费税税目、税率（额）

税目	税率（额）
一、烟	
1. 卷烟	
（1）甲类卷烟（生产或进口环节）	56%加 0.003 元/支
（2）乙类卷烟（生产或进口环节）	36%加 0.003 元/支
（3）商业批发	11%加 0.005 元/支
2. 雪茄烟	36%
3. 烟丝	30%
二、酒	
1. 白酒	20%加 0.5 元/500 克（或 500 毫升）
2. 黄酒	240 元/吨
3. 啤酒	
（1）甲类啤酒	250 元/吨
（2）乙类啤酒	220 元/吨
4. 其他酒	10%
三、高档化妆品	15%
四、贵重首饰及珠宝玉石	
1. 金银首饰、铂金首饰和钻石及钻石饰品	5%
2. 其他贵重首饰和珠宝玉石	10%
五、鞭炮、焰火	15%
六、成品油	
1. 汽油	1.52 元/升
2. 柴油	1.2 元/升
3. 航空煤油	1.2 元/升
4. 石脑油	1.52 元/升
5. 溶剂油	1.52 元/升
6. 润滑油	1.52 元/升
7. 燃料油	1.2 元/升
七、小汽车	
1. 乘用车	
（1）气缸容量（排气量，下同）在 1.0 升（含 1.0 升）以下的	1%

续表

税 目	税率（额）
（2）气缸容量在 1.0 升以上至 1.5 升（含 1.5 升）的	3%
（3）气缸容量在 1.5 升以上至 2.0 升（含 2.0 升）的	5%
（4）气缸容量在 2.0 升以上至 2.5 升（含 2.5 升）的	9%
（5）气缸容量在 2.5 升以上至 3.0 升（含 3.0 升）的	12%
（6）气缸容量在 3.0 升以上至 4.0 升（含 4.0 升）的	25%
（7）气缸容量在 4.0 升以上的	40%
2. 中轻型商用客车	5%
3. 超豪华小汽车（零售环节）	10%
八、摩托车	
1. 气缸容量为 250 毫升的	3%
2. 气缸容量为 250 毫升以上的	10%
九、高尔夫球及球具	10%
十、高档手表	20%
十一、游艇	10%
十二、木制一次性筷子	5%
十三、实木地板	5%
十四、电池	4%
十五、涂料	4%

纳税人兼营不同税率的应税消费品，应当分别核算不同税率应税消费品的销售额、销售数量。未分别核算销售额、销售数量，或者将不同税率的应税消费品组成成套消费品销售的，从高适用税率。

例如，某酒厂既生产税率为 20% 的粮食白酒，又生产税率为 10% 的其他酒，如汽酒、药酒等，该厂应分别核算白酒与其他酒的销售额，然后按各自适用的税率计税；如不分别核算各自的销售额，其他酒也按白酒的税率计算纳税。如果该酒厂还生产白酒与其他酒小瓶装礼品套酒，就是税法所指的成套消费品，应按全部销售额按白酒的税率 20% 计算应纳消费税额，而不能以其他酒 10% 的税率计算其中任何一部分的应纳税额。对未分别核算的销售额按高税率计税，意在督促企业对不同税率应税消费品的销售额分别核算，准确计算纳税。

第二节 消费税的计税管理

一、计税方法

按照现行消费税法规定，消费税应纳税额的计算分为从价计征、从量计征和从价从量复合计征三种方法。

（一）从价计征

在从价定率计算方法下，应纳税额等于应税消费品的销售额乘以适用税率，应纳税额的多少取决于应税消费品的销售额和适用税率两个因素。

1. 销售额的确定。

销售额为纳税人销售应税消费品向购买方收取的全部价款和价外费用。销售，是指有偿转让应税消费品的所有权；有偿，是指从购买方取得货币、货物或者其他经济利益；价外费用，是指价外向购买方收取的手续费、补贴、基金、集资费、返还利润、奖励费、违约金、滞纳金、延期付款利息、赔偿金、代收款项、代垫款项、包装费、包装物租金、储备费、优质费、运输装卸费以及其他各种性质的价外收费。但下列项目不包括在内：

（1）同时符合以下条件的代垫运输费用：

①承运部门的运输费用发票开具给购买方的；

②纳税人将该项发票转交给购买方的。

（2）同时符合以下条件代为收取的政府性基金或者行政事业性收费：

①由国务院或者财政部批准设立的政府性基金，由国务院或者省级人民政府及其财政、价格主管部门批准设立的行政事业性收费；

②收取时开具省级以上财政部门印制的财政票据；

③所收款项全额上缴财政。

其他价外费用，无论是否属于纳税人的收入，均应并入销售额计算征税。

实行从价定率办法计算应纳税额的应税消费品连同包装销售的，无论包装是否单独计价，也不论在会计上如何核算，均应并入应税消费品的销售额中征收消费税。如果包装物不作价随同产品销售，而是收取押金，此项押金则不应并入应税消费品的销售额中征税。但对因逾期未收回的包装物不再退还的或者已收取的时间超过 12 个月的押金，应并入应税消费品的销售额，按照应税消费品的适用税率缴纳消费税。

对既作价随同应税消费品销售，又另外收取押金的包装物的押金，凡纳税人在规定的期限内没有退还的，均应并入应税消费品的销售额，按照应税消费品的适用税率缴纳消费税。

从 1995 年 6 月 1 日起，对销售啤酒、黄酒外的其他酒类产品而收取的包装物押金，无论是否返还以及会计上如何核算，均应并入当期销售额征税。

白酒生产企业向商业销售单位收取的“品牌使用费”是随着应税白酒的销售而向购货方收取的，属于应税白酒销售价款的组成部分，因此，不论企业采取何种方式或以何种名义收取价款，均应并入白酒的销售额中缴纳消费税。

纳税人销售的应税消费品，以外汇结算销售额的，其销售额的人民币折合率可以选择结算的当天或者当月1日的国家外汇牌价（原则上为中间价）。纳税人应在事先确定采取何种折合率，确定后1年内不得变更。

2. 含增值税销售额的换算。

应税消费品在缴纳消费税的同时，与一般货物一样，还应缴纳增值税。按照《消费税暂行条例实施细则》的规定，应税消费品的销售额，不包括应向购货方收取的增值税税款。如果纳税人应税消费品的销售额中未扣除增值税税款或者因不得开具增值税专用发票而发生价款和增值税税款合并收取的，在计算消费税时，应将含增值税的销售额换算为不含增值税税款的销售额。其换算公式为：

应税消费品的销售额 = 含增值税的销售额 ÷（1 + 增值税税率或征收率）

在使用换算公式时，应根据纳税人的具体情况分别使用增值税税率或征收率。如果消费税的纳税人同时又是增值税一般纳税人的，应适用13%的增值税税率；如果消费税的纳税人是增值税小规模纳税人的，应适用3%的征收率。

（二）从量计征

在从量定额计算方法下，应纳税额等于应税消费品的销售数量乘以单位税额，应纳税额的多少取决于应税消费品的销售数量和单位税额两个因素。

1. 销售数量的确定。

销售数量是指纳税人生产、加工和进口应税消费品的数量。具体规定为：

①销售应税消费品的，为应税消费品的销售数量；

②自产自用应税消费品的，为应税消费品的移送使用数量；

③委托加工应税消费品的，为纳税人收回的应税消费品数量；

④进口的应税消费品，为海关核定的应税消费品进口征税数量。

2. 计量单位的换算标准。

《消费税暂行条例》规定，黄酒、啤酒是以吨为税额单位；汽油、柴油是以升为税额单位的。但是，考虑到在实际销售过程中，一些纳税人会把吨或升这两个计量单位混用，故规范了不同产品的计量单位，以准确计算应纳税额，吨与升两个计量单位的换算标准如表3－2所示。

表3－2　　吨、升换算表

序号	名称	计量单位的换算标准
1	黄酒	1吨＝962升
2	啤酒	1吨＝988升
3	汽油	1吨＝1 388升
4	柴油	1吨＝1 176升
5	航空煤油	1吨＝1 246升

续表

序号	名称	计量单位的换算标准
6	石脑油	1 吨 =1 385 升
7	溶剂油	1 吨 =1 282 升
8	润滑油	1 吨 =1 126 升
9	燃料油	1 吨 =1 015 升

（三）从价从量复合计征

现行消费税的征税范围中，只有卷烟、白酒采用复合计征方法。应纳税额等于应税销售数量乘以定额税率再加上应税销售额乘以比例税率。

生产销售卷烟、白酒从量定额计税依据为实际销售数量。进口、委托加工、自产自用卷烟、白酒从量定额计税依据分别为海关核定的进口征税数量、委托方收回数量、移送使用数量。

（四）计税依据的特殊规定

1. 自设非独立核算门市部销售应税消费品的计税规定。

纳税人通过自设非独立核算门市部销售的自产应税消费品，应当按照门市部对外销售额或者销售数量征收消费税。

2. 应税消费品用于换取生产资料和消费资料，投资入股和抵偿债务的计税规定。

纳税人用于换取生产资料和消费资料，投资入股和抵偿债务等方面的应税消费品，应当以纳税人同类应税消费品的最高销售价格作为计税依据计算消费税。

3. 卷烟计税价格的核定。

自 2012 年 1 月 1 日起，卷烟消费税最低计税价格（以下简称计税价格）核定范围为卷烟生产企业在生产环节销售的所有牌号、规格的卷烟。

计税价格由国家税务总局按照卷烟批发环节销售价格扣除卷烟批发环节批发毛利核定并发布。计税价格的核定公式为：

某牌号、规格卷烟计税价格 = 批发环节销售价格 ×（1 − 适用批发毛利率）

卷烟批发环节销售价格，按照税务机关采集的所有卷烟批发企业在价格采集期内销售的该牌号、规格卷烟的数量、销售额进行加权平均计算。计算公式为：

$$\text{批发环节销售价格} = \frac{\sum \text{该牌号规格卷烟各采集点的销售额}}{\sum \text{该牌号规格卷烟各采集点的销售数量}}$$

未经国家税务总局核定计税价格的新牌号、新规格卷烟，生产企业应按卷烟调拨价格申报纳税。

已经国家税务总局核定计税价格的卷烟，生产企业实际销售价格高于计税价格的，按实际销售价格确定适用税率，计算应纳税款并申报纳税；实际销售价格低于计税价格的，按计税价格确定适用税率，计算应纳税款并申报纳税。

4. 白酒最低计税价格的核定。

（1）核定范围。

白酒生产企业销售给销售单位的白酒，生产企业消费税计税价格低于销售单位对外销售价格（不含增值税，下同）70%以下的，税务机关应核定消费税最低计税价格。自2015年6月1日起，纳税人委托加工收回的白酒销售给销售单位，消费税计税价格低于销售单位对外销售价格（不含增值税）70%以下的，也应核定消费税最低计税价格。

销售单位，是指销售公司、购销公司以及委托境内其他单位或个人包销本企业生产白酒的商业机构。销售公司、购销公司，是指专门购进并销售白酒生产企业生产的白酒，并与该白酒生产企业存在关联性质。包销，是指销售单位依据协定价格从白酒生产企业购进白酒，同时承担大部分包装材料等成本费用，并负责销售白酒。

白酒生产企业应将各种白酒的消费税计税价格和销售单位销售价格，按照规定的式样及要求，在主管税务机关规定的时限内填报。白酒消费税最低计税价格由白酒生产企业自行申报，税务机关核定。

主管税务机关应将白酒生产企业申报的销售给销售单位的消费税计税价格低于销售单位对外销售价格70%以下、年销售额1 000万元以上的各种白酒，按照规定的式样及要求，在规定的时限内逐级上报至国家税务总局。税务总局选择其中部分白酒核定消费税最低计税价格。

除税务总局已核定消费税最低计税价格的白酒外，其他按规定需要核定消费税最低计税价格的白酒，消费税最低计税价格由各省、自治区、直辖市和计划单列市国家税务局核定。

（2）核定标准。

①白酒生产企业销售给销售单位的白酒，生产企业消费税计税价格高于销售单位对外销售价格70%（含70%）以上的，税务机关暂不核定消费税最低计税价格。

②白酒生产企业销售给销售单位的白酒，生产企业消费税计税价格低于销售单位对外销售价格70%以下的，消费税最低计税价格由税务机关根据生产规模、白酒品牌、利润水平等情况在销售单位对外销售价格50%～70%范围内自行核定。其中生产规模较大，利润水平较高的企业生产的需要核定消费税最低计税价格的白酒，税务机关核价幅度原则上应选择在销售单位对外销售价格60%～70%范围内。

（3）重新核定。

已核定最低计税价格的白酒，销售单位对外销售价格持续上涨或下降时间达到3个月以上、累计上涨或下降幅度在20%（含）以上的白酒，税务机关重新核定最低计税价格。

（4）计税价格的适用。

已核定最低计税价格的白酒，生产企业实际销售价格高于消费税最低计税价格的，按实际销售价格申报纳税；实际销售价格低于消费税最低计税价格的，按最低计税价格申报纳税。

5. 金银首饰销售额的确定。

对既销售金银首饰，又销售非金银首饰的生产、经营单位，应将两类商品划分清楚，分别核算销售额。凡划分不清楚或不能分别核算的，在生产环节销售的，一律从高适用税率征收消费税；在零售环节销售的，一律按金银首饰征收消费税。金银首饰与其他产品组成成套消费品销售的，应按销售额全额征收消费税。

金银首饰连同包装物销售的，无论包装是否单独计价，也无论会计上如何核算，均应并入金银首饰的销售额，计征消费税。

带料加工的金银首饰，应按受托方销售同类金银首饰的销售价格确定计税依据征收消费税。没有同类金银首饰销售价格的，按照组成计税价格计算纳税。

纳税人采用以旧换新（含翻新改制）方式销售的金银首饰，应按实际收取的不含增值税的全部价款确定计税依据征收消费税。

二、应纳税额的计算

（一）生产销售环节应纳消费税的计算

纳税人在生产销售环节应缴纳的消费税，包括直接对外销售应税消费品应缴纳的消费税和自产自用应税消费品应缴纳的消费税。

1. 直接对外销售应纳消费税的计算。

直接对外销售应税消费品涉及三种计算方法。

（1）从价定率计算。

在从价定率计算方法下，应纳消费税额等于销售额乘以适用税率。基本计算公式为：

应纳税额 = 应税消费品的销售额 × 比例税率

【例 3－1】某化妆品生产企业为增值税一般纳税人。2018 年 3 月 15 日向某大型商场销售化妆品一批，开具增值税专用发票，取得不含增值税销售额 50 万元，增值税额 8 万元；3 月 20 日向某单位销售化妆品一批，开具普通发票，取得含增值税销售额 4.52 万元。计算该化妆品生产企业上述业务应缴纳的消费税额。

①化妆品适用消费税税率 15%。

②化妆品的应税销售额 = 50 + 4.52 ÷ (1 + 13%) = 54（万元）

③应缴纳的消费税额 = 54 × 15% = 8.1（万元）

（2）从量定额计算。

在从量定额计算方法下，应纳税额等于应税消费品的销售数量乘以单位税额。基本计算公式为：

应纳税额 = 应税消费品的销售数量 × 定额税率

【例 3－2】某啤酒厂 2018 年 4 月销售甲类啤酒 1 000 吨，取得不含增值税销售额 295 万元，增值税税款 47.2 万元，另收取包装物押金 23.4 万元。计算 4 月该啤酒厂应纳消费税税额。

（1）销售甲类啤酒，适用定额税率每吨 250 元。

（2）应纳税额 = 销售数量 × 定额税率 = 1 000 × 250 = 250 000（元）

（3）从价定率和从量定额复合计算。

现行消费税的征税范围中，只有卷烟、白酒采用复合计算方法。基本计算公式为：

应纳税额 = 应税消费品的销售数量 × 定额税率 + 应税销售额 × 比例税率

【例 3－3】某白酒生产企业为增值税一般纳税人，2018 年 4 月销售白酒 50 吨，取得不含增值税的销售额 200 万元。计算白酒企业 4 月应缴纳的消费税额。

（1）白酒适用比例税率20%，定额税率每500克0.5元。

（2）应纳税额 $=50\times 2\,000\times 0.00005+200\times 20\%=45$（万元）

2. 自产自用应纳消费税的计算。

所谓自产自用，就是纳税人生产应税消费品后，不是用于直接对外销售，而是用于自己连续生产应税消费品或用于其他方面。这种自产自用应税消费品形式，在实际经济活动中是很常见的，但也是在是否纳税或如何纳税上最容易出现问题的。例如，有的企业把自己生产的应税消费品，以福利或奖励等形式发给本厂职工，以为不是对外销售，不必计入销售额，无须纳税，这样就出现了漏缴税款的现象。因此，很有必要认真理解税法对自产自用应税消费品的有关规定。

（1）用于连续生产应税消费品。

纳税人自产自用的应税消费品，用于连续生产应税消费品的，不纳税。所谓"纳税人自产自用的应税消费品，用于连续生产应税消费品的"，是指作为生产最终应税消费品的直接材料并构成最终产品实体的应税消费品。例如，卷烟厂生产出烟丝，再用生产出的烟丝连续生产卷烟，虽然烟丝是应税消费品，但用于连续生产卷烟的烟丝就不用缴纳消费税，只对生产销售的卷烟征收消费税。如果生产的烟丝直接用于销售，则烟丝需要缴纳消费税。税法规定对自产自用的应税消费品，用于连续生产应税消费品的不征税，体现了不重复课税原则。

（2）用于其他方面的应税消费品。

纳税人自产自用的应税消费品，除用于连续生产应税消费品外，凡用于其他方面的，于移送使用时纳税。用于其他方面是指纳税人用于生产非应税消费品、在建工程、管理部门、非生产机构、提供劳务，以及用于馈赠、赞助、集资、广告、样品、职工福利、奖励等方面。所谓"用于生产非应税消费品"，是指把自产的应税消费品用于生产《消费税暂行条例》税目、税率表所列15类产品以外的产品。

如原油加工厂用生产出的应税消费品汽油调和制成溶剂汽油，该溶剂汽油就属于非应税消费品，加工厂应就该自产自用行为缴纳消费税，但是不用缴纳增值税。所谓"用于在建工程"，是指把自产的应税消费品用于本单位的各项建设工程。例如，石化工厂把自己生产的柴油用于本厂基建工程的车辆、设备使用。所谓"用于管理部门、非生产机构"，是指把自己生产的应税消费品用于与本单位有隶属关系的管理部门或非生产机构。例如，汽车制造厂把生产出的小汽车提供给上级主管部门使用。所谓"用于馈赠、赞助、集资、广告、样品、职工福利、奖励"，是指把自己生产的应税消费品无偿赠送给他人，或以资金的形式投资于外单位，或作为商品广告、经销样品，或以福利、奖励的形式发给职工。例如，小汽车生产企业把自己生产的小汽车赠送或赞助给小汽车拉力赛赛手使用，兼作商品广告；酒厂把生产的滋补药酒以福利的形式发给职工等。总之，企业自产的应税消费品虽然没有用于销售或连续生产应税消费品，但只要是用于税法所规定的范围的都要视同销售，依法缴纳消费税。

（3）组成计税价格及税额的计算。

纳税人自产自用的应税消费品，凡用于其他方面，应当纳税的，按照纳税人生产的同类消费品的销售价格计算纳税。同类消费品的销售价格是指纳税人当月销售的同类消费品的销售价格，如果当月同类消费品各期销售价格高低不同，应按销售数量加权平均计算。但销售的应税消费品有下列情况之一的，不得列入加权平均计算：

①销售价格明显偏低又无正当理由的；

②无销售价格的。

如果当月无销售或者当月未完结，应按照同类消费品上月或者最近月份的销售价格计算纳税。

没有同类消费品销售价格的，按照组成计税价格计算纳税。组成计税价格的计算公式是：

实行从价定率办法计算纳税的组成计税价格计算公式：

组成计税价格 =（成本 + 利润）÷（1 – 比例税率）

应纳税额 = 组成计税价格 × 比例税率

实行复合计税办法计算纳税的组成计税价格计算公式：

组成计税价格 =（成本 + 利润 + 自产自用数量 × 定额税率）÷（1 – 比例税率）

应纳税额 = 组成计税价格 × 比例税率 + 自产自用数量 × 定额税率

上述公式中所说的“成本”，是指应税消费品的产品生产成本。

上述公式中所说的“利润”，是指根据应税消费品的全国平均成本利润率计算的利润。应税消费品全国平均成本利润率由国家税务总局确定（见表 3 – 3）。

表 3 – 3　　平均成本利润率　　单位：%

货物名称	利润率	货物名称	利润率
1. 甲类卷烟	10	10. 贵重首饰及珠宝玉石	6
2. 乙类卷烟	5	11. 摩托车	6
3. 雪茄烟	5	12. 高尔夫球及球具	10
4. 烟丝	5	13. 高档手表	20
5. 粮食白酒	10	14. 游艇	10
6. 薯类白酒	5	15. 木制一次性筷子	5
7. 其他酒	5	16. 实木地板	5
8. 化妆品	5	17. 乘用车	8
9. 鞭炮、焰火	5	18. 中轻型商用客车	5

【例 3 – 4】某化妆品公司将一批自产的化妆品用作职工福利，化妆品的成本 80 000 元，该化妆品无同类产品市场销售价格，但已知其成本利润率为 5%，消费税税率为 15%。计算该批化妆品应缴纳的消费税税额。

（1）组成计税价格 = 成本 ×（1 + 成本利润率）÷（1 – 消费税税率）

= 80 000 ×（1 + 5%）÷（1 – 15%）

= 84 000 ÷ 0.85 = 98 823.53（元）

（2）应纳税额 = 98 823.53 × 15% = 14 823.53（元）

（二）委托加工环节应税消费品应纳税额的计算

企业、单位或个人由于设备、技术、人力等方面的局限或其他方面的原因，常常要委托其他单位代为加工应税消费品，然后，将加工好的应税消费品收回，直接销售或自己使用。这是生产应税消费品的另一种形式，也需要纳入征收消费税的范围。例如，某企业将购来的小客车底盘和零部件提供给某汽车改装厂，加工组装成小客车供自己使用，则加工、组装成的小客车就需要缴纳消费税。按照规定，委托加工的应税消费品，由受托方在向委托方交货时代收代缴税款。

1. 委托加工应税消费品的确定。

委托加工的应税消费品是指由委托方提供原料和主要材料，受托方只收取加工费和代垫部分辅助材料加工的应税消费品。对于由受托方提供原材料生产的应税消费品，或者受托方先将原材料卖给委托方，然后再接受加工的应税消费品，以及由受托方以委托方名义购进原材料生产的应税消费品，不论纳税人在财务上是否作销售处理，都不得作为委托加工应税消费品，而应当按照销售自制应税消费品缴纳消费税。

2. 代收代缴税款的规定。

对于确实属于委托方提供原料和主要材料，受托方只收取加工费和代垫部分辅助材料加工的应税消费品，《税法》规定，由受托方在向委托方交货时代收代缴消费税。这样，受托方就是法定的代收代缴义务人。如果受托方对委托加工的应税消费品没有代收代缴或少代收代缴消费税，应按照《税收征收管理法》的规定，承担代收代缴的法律责任。因此，受托方必须严格履行代收代缴义务，正确计算和按时代缴税款为了加强对受托方代收代缴税款的管理，委托个人（含个体工商户）加工的应税消费品，由委托方收回后缴纳消费税。

委托加工的应税消费品，受托方在交货时已代收代缴消费税，委托方将收回的应税消费品，以不高于受托方的计税价格出售的，为直接出售，不再缴纳消费税；委托方以高于受托方的计税价格出售的，不属于直接出售，需要按照规定申报缴纳消费税，在计税时准予扣除受托方已代收代缴的消费税。

对于受托方没有按规定代收代缴税款的，不能因此免除委托方补缴税款的责任。在对委托方进行税务检查中，如果发现受其委托加工应税消费品的受托方没有代收代缴税款，则应按照《税收征收管理法》规定，对受托方处以应代收代缴税款50%以上3倍以下的罚款；委托方要补缴税款，对委托方补征税款的计税依据是：如果在检查时，收回的应税消费品已经直接销售的，按销售额计税；收回的应税消费品尚未销售或不能直接销售的（如收回后用于连续生产等），按组成计税价格计税。组成计税价格的计算公式与下列“3”组成计税价格公式相同。

3. 组成计税价格及应纳税额的计算。

委托加工的应税消费品，按照受托方的同类消费品的销售价格计算纳税，同类消费品的销售价格是指受托方（即代收代缴义务人）当月销售的同类消费品的销售价格，如果当月同类消费品各期销售价格高低不同，应按销售数量加权平均计算。但销售的应税消费品有下列情况之一的，不得列入加权平均计算。

（1）销售价格明显偏低又无正当理由的；

（2）无销售价格的。

如果当月无销售或者当月未完结，应按照同类消费品当月或最近月份的销售价格计算纳税。没有同类消费品销售价格的，按照组成计税价格计算纳税。组成计税价格的计算公式为：

实行从价定率办法计算纳税的组成计税价格计算公式：

组成计税价格 =（材料成本 + 加工费）÷（1 − 比例税率）

实行复合计税办法计算纳税的组成计税价格计算公式：

组成计税价格 =（材料成本 + 加工费 + 委托加工数量 × 定额税率）÷（1 − 比例税率）

上述组成计税价格公式中有两个重要的专用名词解释如下：

（1）材料成本。

按照《消费税暂行条例实施细则》的解释，“材料成本”是指委托方所提供加工材料的实际成本。

委托加工应税消费品的纳税人，必须在委托加工合同上如实注明（或以其他方式提供）材料成本，凡未提供材料成本的，受托方所在地主管税务机关有权核定其材料成本。从这一条规定可以看出，税法对委托方提供原料和主要材料，并要以明确的方式如实提供材料成本，要求是很严格的，其目的就是防止假冒委托加工应税消费品或少报材料成本，逃避纳税的现象。

（2）加工费。

《消费税暂行条例实施细则》规定，“加工费”是指受托方加工应税消费品向委托方所收取的全部费用（包括代垫辅助材料的实际成本，不包括增值税税金），这是税法对受托方的要求。受托方必须如实提供向委托方收取的全部费用，这样才能既保证组成计税价格及代收代缴消费税准确地计算出来，也使受托方按加工费得以正确计算其应纳的增值税。

【例 3 − 5】 某鞭炮企业 2016 年 4 月受托为某单位加工一批鞭炮，委托单位提供的原材料金额为 60 万元，收取委托单位不含增值税的加工费 8 万元，鞭炮企业无同类产品市场价格。计算鞭炮企业应代收代缴的消费税。

（1）鞭炮的适用税率 15%。

（2）组成计税价格 =（60 + 8）÷（1 − 15%）= 80（万元）

（3）应代收代缴消费税 = 80 × 15% = 12（万元）

（三）进口环节应纳消费税的计算

进口的应税消费品，于报关进口时缴纳消费税；进口的应税消费品的消费税由海关代征；进口的应税消费品，由进口人或者其代理人向报关地海关申报纳税；纳税人进口应税消费品，按照关税征收管理的相关规定，应当自海关填发海关进口消费税专用缴款书之日起 15 日内缴纳税款。

1993 年 12 月，国家税务总局、海关总署联合颁发的《关于对进口货物征收增值税、消费税有关问题的通知》规定，进口应税消费品的收货人或办理报关手续的单位和个人，为进口应税消费品消费税的纳税义务人。进口应税消费品消费税的税目、税率（税额），依照《消费税暂行条例》所附的《消费税税目税率（税额）表》执行。

纳税人进口应税消费品，按照组成计税价格和规定的税率计算应纳税额。计算方法如下：

1. 从价定率计征应纳税额的计算。

实行从价定率办法计算纳税的组成计税价格计算公式：

组成计税价格 =（关税完税价格 + 关税）÷（1 - 消费税比例税率）

应纳税额 = 组成计税价格 × 消费税比例税率

【例 3 - 6】 某商贸公司，2016 年 5 月从国外进口一批应税消费品，已知该批应税消费品的关税完税价格为 90 万元，按规定应缴纳关税 18 万元，假定进口的应税消费品的消费税税率为 10%。请计算该批消费品进口环节应缴纳的消费税税额。

（1）组成计税价格 =（90 + 18）÷（1 - 10%）= 120（万元）

（2）应缴纳消费税税额 = 120 × 10% = 12（万元）

公式中所称"关税完税价格"，是指海关核定的关税计税价格。

2. 实行从量定额计征应纳税额的计算。

应纳税额的计算公式：

应纳税额 = 应税消费品数量 × 消费税定额税率

3. 实行从价定率和从量定额复合计税办法应纳税额的计算。

应纳税额的计算公式：

组成计税价格 =（关税完税价格 + 关税 + 进口数量 × 消费税定额税率）÷（1 - 消费税比例税率）

应纳税额 = 组成计税价格 × 消费税税率 + 应税消费品进口数量 × 消费税定额税率

进口环节消费税除国务院另有规定者外，一律不得给予减税、免税。

（四）已纳消费税扣除的计算

为了避免重复征税，现行消费税规定，将外购应税消费品和委托加工收回的应税消费品继续生产应税消费品销售的，可以将外购应税消费品和委托加工收回应税消费品已缴纳的消费税给予扣除。

1. 外购应税消费品已纳税款的扣除。

（1）外购应税消费品连续生产应税消费品。

由于某些应税消费品是用外购已缴纳消费税的应税消费品连续生产出来的，在对这些连续生产出来的应税消费品计算征税时，税法规定应按当期生产领用数量计算准予扣除外购的应税消费品已纳的消费税税款。扣除范围包括：

①外购已税烟丝生产的卷烟；

②外购已税高档化妆品生产的高档化妆品；

③外购已税珠宝玉石生产的贵重首饰及珠宝玉石；

④外购已税鞭炮焰火生产的鞭炮焰火；

⑤外购已税杆头、杆身和握把为原料生产的高尔夫球杆；

⑥外购已税木制一次性筷子为原料生产的木制一次性筷子；

⑦外购已税实木地板为原料生产的实木地板；

⑧外购已税汽油、柴油、石脑油、燃料油、润滑油用于连续生产应税成品油；

⑨外购已税摩托车连续生产应税摩托车（如用外购两轮摩托车改装三轮摩托车）。

上述当期准予扣除外购应税消费品已纳消费税税款的计算公式为：

当期准予扣除的外购应税消费品已纳税款 = 当期准予扣除的外购应税消费品买价 × 外购应税消费品适用税率

当期准予扣除的外购应税消费品买价 = 期初库存的外购应税消费品的买价 + 当期购进的应税消费品的买价 - 期末库存的外购应税消费品的买价

外购已税消费品的买价是指购货发票上注明的销售额（不包括增值税税款）。由于我国近期多次调整成品油消费税税率，纳税人外购应税油品连续生产应税成品油，应根据其取得的外购应税油品增值税专用发票开具时间来确定具体扣除金额，如果增值税专用发票开具时间为调整前，则按照调整前的成品油消费税税率计算扣除消费税；如果增值税专用发票开具时间为调整后，则按照调整后的成品油消费税税率计算扣除消费税。

另外，根据《葡萄酒消费税管理办法（试行）》的规定，自2015年5月1日起，从葡萄酒生产企业购进、进口葡萄酒连续生产应税葡萄酒的，准予从葡萄酒消费税应纳税额中扣除所耗用应税葡萄酒已纳消费税税款。如本期消费税应纳税额不足抵扣的，余额留待下期抵扣。

【例3-7】某卷烟生产企业，某月初库存外购应税烟丝金额50万元，当月又外购应税烟丝金额500万元（不含增值税），月末库存烟丝金额30万元，其余被当月生产卷烟领用。请计算卷烟厂当月准许扣除的外购烟丝已缴纳的消费税税额。

①烟丝适用的消费税税率为30%。

②当期准许扣除的外购烟丝买价 = 50 + 500 - 30 = 520（万元）

③当月准许扣除的外购烟丝已缴纳的消费税税额 = 520 × 30% = 156（万元）

需要说明的是，纳税人用外购的已税珠宝玉石生产的改在零售环节征收消费税的金银首饰（镶嵌首饰），在计税时一律不得扣除外购珠宝玉石的已纳税款。

（2）外购应税消费品后销售。

对自己不生产应税消费品，而只是购进后再销售应税消费品的工业企业，其销售的化妆品、护肤护发品、鞭炮焰火和珠宝玉石，凡不能构成最终消费品直接进入消费品市场，而需要进一步生产加工、包装、贴标的或者组合的珠宝玉石、化妆品、酒、鞭炮、焰火等，应当征收消费税，同时允许扣除上述外购应税消费品的已纳税款。

2. 委托加工收回的应税消费品已纳税款的扣除。

委托加工的应税消费品因为已由受托方代收代缴消费税，因此，委托方收回货物后用于连续生产应税消费品的，其已纳税款准予按照规定从连续生产的应税消费品应纳消费税税额中抵扣。按照国家税务总局的规定，下列连续生产的应税消费品准予从应纳消费税税额中按当期生产领用数量计算扣除委托加工收回的应税消费品已纳消费税税款：

①以委托加工收回的已税烟丝为原料生产的卷烟；

②以委托加工收回的已税高档化妆品为原料生产的高档化妆品；

③以委托加工收回的已税珠宝玉石为原料生产的贵重首饰及珠宝玉石；

④以委托加工收回的已税鞭炮、焰火为原料生产的鞭炮、焰火；

⑤以委托加工收回的已税杆头、杆身和握把为原料生产的高尔夫球杆；

⑥以委托加工收回的已税木制一次性筷子为原料生产的木制一次性筷子；

⑦以委托加工收回的已税实木地板为原料生产的实木地板；

⑧以委托加工收回的已税汽油、柴油、石脑油、燃料油、润滑油用于连续生产应税成品油；

⑨以委托加工收回的已税摩托车连续生产应税摩托车（如用外购两轮摩托车改装三轮

摩托车）。

上述当期准予扣除委托加工收回的应税消费品已纳消费税税款的计算公式是：

当期准予扣除的委托加工应税消费品已纳税款＝期初库存的委托加工应税消费品已纳税款＋当期收回的委托加工应税消费品已纳税款－期末库存的委托加工应税消费品已纳税款

纳税人以进口、委托加工收回应税油品连续生产应税成品油，分别依据《海关进口消费税专用缴款书》《税收缴款书（代扣代收专用）》，按照现行政策规定计算扣除应税油品已纳消费税税款。

纳税人以外购、进口、委托加工收回的应税消费品（以下简称外购应税消费品）为原料连续生产应税消费品，准予按现行政策规定抵扣外购应税消费品已纳消费税税款。经主管税务机关核实上述外购应税消费品未缴纳消费税的，纳税人应将已抵扣的消费税税款，从核实当月允许抵扣的消费税中冲减。

需要说明的是，纳税人用委托加工收回的已税珠宝玉石生产的改在零售环节征收消费税的金银首饰，在计税时一律不得扣除委托加工收回的珠宝玉石的已纳消费税税款。

（五）特殊环节应纳消费税的计算

1. 卷烟批发环节应纳消费税的计算。

为了适当增加财政收入，完善卷烟产品消费税制度，自 2009 年 5 月 1 日起，在卷烟批发环节加征一道从价税。自 2015 年 5 月 10 日起，卷烟批发环节税率又有调整。

（1）纳税义务人：在中华人民共和国境内从事卷烟批发业务的单位和个人。

纳税人销售给纳税人以外的单位和个人的卷烟于销售时纳税。纳税人之间销售的卷烟不缴纳消费税。

（2）征收范围：纳税人批发销售的所有牌号规格的卷烟。

（3）适用税率：从价税税率 11%，从量税税率 0.005 元/支。

（4）计税依据：纳税人批发卷烟的销售额（不含增值税）、销售数量。

纳税人应将卷烟销售额与其他商品销售额分开核算，未分开核算的，一并征收消费税。

纳税人兼营卷烟批发和零售业务的，应当分别核算批发和零售环节的销售额、销售数量；未分别核算批发和零售环节销售额、销售数量的，按照全部销售额、销售数量计征批发环节消费税。

（5）纳税义务发生时间：纳税人收讫销售款或者取得索取销售款凭据的当天。

（6）纳税地点：卷烟批发企业的机构所在地，总机构与分支机构不在同一地区的，由总机构申报纳税。

（7）卷烟消费税在生产和批发两个环节征收后，批发企业在计算纳税时不得扣除已含的生产环节的消费税税款。

2. 超豪华小汽车零售环节应纳消费税的计算。

为了引导合理消费，促进节能减排，自 2016 年 12 月 1 日起，在生产（进口）环节按现行税率征收消费税基础上，超豪华小汽车在零售环节加征一道消费税。

（1）征税范围：每辆零售价格 130 万元（不含增值税）及以上的乘用车和中轻型商

用客车，即乘用车和中轻型商用客车子税目中的超豪华小汽车。

（2）纳税人：将超豪华小汽车销售给消费者的单位和个人为超豪华小汽车零售环节纳税人。

（3）税率：税率为10%。

（4）应纳税额的计算：

应纳税额＝零售环节销售额（不含增值税）×零售环节税率

国内汽车生产企业直接销售给消费者的超豪华小汽车，消费税税率按照生产环节税率和零售环节税率加总计算。其消费税应纳税额计算公式为：

应纳税额＝销售额（不含增值税）×（生产环节税率＋零售环节税率）

对纳税人出口应税消费品，免征消费税；国务院另有规定的除外。

第三节 消费税出口退税

一、出口免税并退税

有出口经营权的外贸企业购进应税消费品直接出口，以及外贸企业受其他外贸企业委托代理出口应税消费品。外贸企业只有受其他外贸企业委托，代理出口应税消费品才可办理退税，外贸企业受其他企业（主要是非生产性的商贸企业）委托，代理出口应税消费品是不予退（免）税的。

属于从价定率计征消费税的，计税依据为已征且未在内销应税消费品应纳税额中抵扣的购进出口货物金额；属于从量定额计征消费税的，计税依据为已征且未在内销应税消费品应纳税额中抵扣的购进出口货物数量；属于复合计征消费税的，按从价定率和从量定额的计税依据分别确定。

消费税应退税额＝从价定率计征消费税的退税计税依据×比例税率
＋从量定额计征消费税的退税计税依据×定额税率

二、出口免税但不退税

有出口经营权的生产性企业自营出口或生产企业委托外贸企业代理出口自产的应税消费品，依据其实际出口数量免征消费税，不予办理退还消费税。免征消费税是指对生产性企业按其实际出口数量免征生产环节的消费税。不予办理退还消费税，因已免征生产环节的消费税，该应税消费品出口时，已不含有消费税，所以无须再办理退还消费税。

三、出口不免税也不退税

除生产企业、外贸企业外的其他企业，具体是指一般商贸企业，这类企业委托外贸企业代理出口应税消费品一律不予退（免）税。

第四节　消费税税收筹划

一、消费税纳税人的税收筹划

1. 纳税人的法律界定。

在中华人民共和国境内生产、委托加工和进口规定的应税消费品的单位和个人，是消费税的纳税人。

2. 纳税人的税收筹划。

由于消费税是针对特定的纳税人的，因此可以通过企业的合并，递延纳税时间。

（1）合并会使原来企业间的购销环节转变为企业内部的原材料转让环节，从而递延部分消费税税款。

（2）如果后一环节的消费税税率较前一环节的低，则可直接减轻企业的消费税税负。

二、消费税计税依据的税收筹划

（一）计税依据的法律界定

计税依据是计算应纳税额的根据，是征税对象量的表现。我国现行的消费税计税办法分为从价计征、从量计征和复合计征三种类型，不同的计税方法其计税依据的计算不同。

1. 从价计征的应税消费品计税依据的确定。

实行从价定率计征办法的应税消费品以销售额为计税依据。即：

应纳税额 = 应税消费品的销售额 × 消费税税率

（1）消费税计税依据的销售额为不含增值税、含消费税税款的销售额，即纳税人销售应税消费品向购买方收取的除增值税税款以外的全部价款和价外费用。

应税消费品的销售额 = 含增值税的销售额 ÷（1 + 增值税税率或征收率）

（2）采用组成计税价格作为计税依据的情形。

①纳税人自产的应税消费品不是用于连续生产应税消费品的，于移送使用时纳税，其计税价格按照纳税人生产的同类消费品的销售价格；没有同类消费品销售价格的，按照组成计税价格计算纳税。

$$组成计税价格 = \frac{成本 + 利润}{1 - 消费税比例税率}$$

或者

$$组成计税价格 = \frac{成本 + 利润 + 自产自用数量 \times 定税税率}{1 - 消费税比例税率}$$

②委托加工的应税消费品，按照受托方同类消费品的销售价格计算纳税；没有同类消费品销售价格的，按照组成计税价格计算纳税。

$$组成计税价格 = \frac{材料成本 + 加工费}{1 - 消费税比例税率}$$

或者

$$组成计税价格=\frac{材料成本+加工费+委托加工数量\times定额税率}{1-消费税比例税率}$$

③进口的、实行从价定率征税办法的应税消费品，按照组成计税价格计算纳税。

$$组成计税价格=\frac{关税完税价格+关税}{1-消费税比例税率}$$

或者

$$组成计税价格=\frac{关税完税价格+关税+进口数量\times定额税率}{1-消费税比例税率}$$

2. 从量计征的消费品计税依据的确定。

实行从量定额计征办法的应税消费品以销售数量为计税依据。即：

应纳税额=应税消费品的销售数量×单位税额

销售数量的确定有以下规定：销售应税消费品的计税依据为应税消费品的销售数量；自产自用应税消费品的计税依据为应税消费品的移送使用数量；委托加工应税消费品的计税依据为纳税人收回的应税消费品的数量；进口应税消费品的计税依据为海关核定的应税消费品的进口征税数量。

3. 复合计税的应税消费品计税依据的确定。

实行复合计税办法的应税消费品主要包括粮食白酒、薯类白酒和卷烟。

复合计税办法下应纳消费税额的计算公式如下：

应纳税额=销售数量×定额税率+销售额×比例税率

计税依据的确定：

（1）生产销售卷烟、粮食白酒、薯类白酒的从量定额计税依据为实际销售数量；

（2）进口、委托加工、自产自用卷烟、粮食白酒、薯类白酒的从量定额计税依据分别为海关核定的进口征税数量、委托方收回数量、移送使用数量；

（3）生产销售、进口、委托加工、自产自用卷烟、粮食白酒、薯类白酒的从价定率计税办法的计税依据按我国《消费税暂行条例》及其有关规定执行。

（二）计税依据的税收筹划

1. 关联企业转让定价。

消费税的纳税行为发生在生产领域而非流通领域（金银首饰除外），如果关联企业中生产（委托加工、进口）应税消费品的企业以较低的价格将应税消费品销售给其独立核算的销售部门，则可以降低销售额，从而减少应纳消费税税额。

消费税的课征只选择单一环节（卷烟除外），主要在产制环节征收，企业可以采用分设独立核算的经销部、销售公司的办法，降低生产环节的销售价格，从而实现节税。

2. 选择合理的销售方式。

由于应税消费品销售方式不同而使纳税义务发生时间不同，纳税人通过选择恰当的销售方式可以使企业合理地推迟纳税义务发生时间，递延税款缴纳。

3. 以应税消费品抵债、入股的筹划。

根据税法的规定，纳税人用于换取生产资料和消费资料、投资入股和抵偿债务等方面的应税消费品，应当以纳税人同类应税消费品的最高销售价格作为计税依据计算消费税。如果企业存在以应税消费品抵债、入股的情况，最好先销售，再作抵债或入股处理。

4. 外购应税消费品用于连续生产的筹划。

税法只规定了部分应税消费品在委托加工环节由受托方代收代缴的消费税可以在计税时准予从应纳税额中扣除，除此之外的其他消费品在委托加工环节由受托方代收代缴的消费税则不能在计税时准予从应纳税额中扣除，作为回购企业，应注意外购应税消费品已纳消费税抵扣的符合条件。

生产企业用外购已税消费品连续加工应税消费品时，需要注意的是：

（1）允许扣除已纳税款的应税消费品只限于从工业企业购进的应税消费品，对从商业企业购进的应税消费品的已纳税款一律不得扣除。

（2）如果企业购进的已税消费品开具的是普通发票，在换算为不含税的销售额时，应一律按3%的征收率换算。

（3）卷烟生产企业购进卷烟直接销售不再缴纳消费税。

5. 以外汇结算的应税消费品的筹划。

纳税人销售的应税消费品，以外汇结算销售额时，应按外汇市场牌价折合成人民币销售额以后，再按公式计算应纳税额。人民币折合汇率既可以采用结算当天的国家外汇牌价，也可以采用当月1日的外汇牌价。企业应从减轻税负的角度考虑根据外汇市场的变动趋势以及纳税人对未来的经济形势及汇率走势的判断，选择有利于企业的汇率。

6. 包装物的筹划。

根据《消费税暂行条例实施细则》的规定，实行从价定率办法计算应纳税额的应税消费品连同包装销售的，无论包装物是否单独计价，也不论在会计上如何核算，均应并入应税消费品的销售额中征收消费税。因此，对包装物筹划的关键是企业可通过先销售、后包装的形式以降低应税销售额，从而降低消费税税负。

三、消费税税率的税收筹划

纳税人应针对消费税的税率多档次的特点，根据税法的基本原则，正确进行必要的合并核算和分开核算，以求达到节税目的。消费税纳税人同时经营两种以上税率的应税消费品行为，则应分别核算；消费税纳税人将两种不同税率的应税消费品组成成套消费品销售，应尽量采取先销售后包装的形式。

税法知识链接

《消费税暂行条例》

《消费税暂行条例实施细则》

复习思考题

一、单项选择题

1. 下列关于金银首饰零售环节征税的陈述，不正确的是（　　）。

A. 金银首饰与其他产品组成成套消费品销售的，应按销售额全额征收消费税

B. 零售环节适用税率为3%，在纳税人销售金银首饰、钻石及钻石饰品时征收

C. 改在零售环节征收消费税的金银首饰仅限于金基、银基合金首饰以及金、银和金基、银基合金的镶嵌首饰

D. 金银首饰连同包装物销售的，无论包装是否单独计价，也无论会计上如何核算，均应并入金银首饰的销售额，计征消费税

2. 下列消费品的生产经营环节，既征收增值税又征收消费税的是（　　）。

A. 啤酒的批发环节　　B. 金银首饰的零售环节

C. 高档手表的零售环节　　D. 高档化妆品的批发环节

3. 根据消费税的相关规定，下列行为中应缴纳消费税的是（　　）。

A. 进口雪茄烟　　B. 零售粮食白酒　　C. 零售高档化妆品　　D. 进口服装

4. 下列在批发环节缴纳消费税的是（　　）。

A. 卷烟　　B. 白酒　　C. 烟丝　　D. 啤酒

5. 根据现行税法规定，下列消费品既征收增值税又征收消费税的是（　　）。

A. 外贸公司进口的啤酒　　B. 卷烟厂用生产出的烟丝连续生产卷烟

C. 汽车厂销售自产电动汽车　　D. 珠宝批发公司批发外购的金银镶嵌首饰

6. 以下关于消费税税率的叙述中，错误的是（　　）。

A. 消费税采用比例税率和定额税率两种形式，以适应不同应税消费品的实际情况

B. 卷烟在批发环节加征一道复合税，税率为11%加0.005元/支

C. 消费税根据不同的税目或子目确定相应的税率或单位税额

D. 金银首饰在零售环节征收消费税，税率为10%

7. 企业生产销售的下列产品中，属于消费税征税范围的是（　　）。

A. 铅蓄电池　　B. 电动汽车

C. 体育用鞭炮药引线　　D. 销售价格为9 000元的手表

8. 某企业将自产的烟丝用于连续加工卷烟，下列说法中正确的是（　　）。

A. 同时缴纳增值税和消费税　　B. 不缴纳增值税和消费税

C. 缴纳增值税，不缴纳消费税　　D. 缴纳消费税，不缴纳增值税

9. 下列纳税人自产自用的应税消费品，于移送使用时既要缴纳增值税又要缴纳消费税的是（　　）。

A. 纳税人将香水用于连续高档护肤品

B. 纳税人将自产烟丝用于连续生产卷烟

C. 纳税人将自产摩托车（气缸容量250ml）赠送给摩托车拉力赛赛手

D. 纳税人外购轮胎用于连续生产小汽车

10. 某进出口公司2017年11月从澳大利亚进口2艘游艇，关税完税价折合人民币合

计 1 100 万元，关税税率假设为 30%，游艇消费税税率为 10%，该进出口公司应纳消费税（　　）万元。

A. 122.22　　B. 158.89　　C. 143　　D. 185.59

11. 下列属于委托加工应税消费品的是（　　）。

A. 委托方提供原材料，受托方代垫辅助材料加工的应税消费品

B. 受托方以委托方名义购进原材料加工的应税消费品

C. 受托方提供原材料加工的应税消费品

D. 委托方向受托方购买原材料，并要求受托方加工的应税消费品

12. 某外贸公司 2017 年 11 月从生产企业购入高档化妆品一批，取得增值税专用发票注明价款 30 万元，支付购买高档化妆品的运输费用 3 万元，当月将该批化妆品全部出口取得销售收入 45 万元。高档化妆品税率 15%，该外贸公司出口高档化妆品应退的消费税为（　　）万元。

A. 4.7　　B. 3.2　　C. 4.5　　D. 5.6

13. 2017 年 10 月，某酒厂将自产的一种新型粮食白酒 3 吨用于赠送客户，该批粮食白酒的成本共计 8 000 元，该批粮食白酒无同类产品市场销售价格，但已知其成本利润率为 10%，税率为 20%。计算该批粮食白酒应缴纳的消费税为（　　）元。

A. 7 200　　B. 4 290　　C. 5 950　　D. 2 950

14. 某酒厂 2017 年 11 月生产销售散装黄酒 400 吨，每吨不含税售价 3 800 元。同时该厂生产一种新的粮食白酒 2 吨，赠送给客户，已知该种白酒无同类产品出厂价，生产成本每吨 35 000 元，成本利润率为 10%。该厂当月应缴纳的消费税为（　　）元（黄酒消费税单位税额每吨 240 元）。

A. 88 000　　B. 117 750　　C. 111 625　　D. 102 766.67

二、多项选择题

1. 下列各项中属于生产环节计征消费税的有（　　）。

A. 卷烟　　B. 金银首饰

C. 钻石　　D. 钻石以外的珠宝首饰

2. 下列关于消费税纳税义务人的说法，不正确的有（　　）。

A. 零售金银首饰的纳税人是消费者

B. 携带卷烟入境的纳税人是携带者

C. 委托加工实木地板的纳税人是受托方

D. 从事卷烟批发业务的纳税人是卷烟批发商

3. 下列属于消费税纳税人的有（　　）。

A. 超豪华小汽车的生产销售商　　B. 销售卷烟的零售商店

C. 加工应税消费品的受托方　　D. 零售金银首饰的商城

4. 下列各项不属于消费税的征税范围的有（　　）。

A. 黄酒　　B. 调味料酒　　C. 木制一次性筷子　　D. 电动汽车

5. 下列属于"酒类"应税项目的有（　　）。

A. 粮食白酒　　B. 啤酒　　C. 果啤　　D. 酒精

6. 以下符合卷烟批发环节征收消费税规定的有（　　）。

A. 卷烟批发商之间销售卷烟不缴纳消费税

B. 纳税人批发卷烟和其他商品不能分别核算的，一并征收消费税

C. 卷烟批发企业的总分支机构不在同一地区的，由各分支机构分别纳税

D. 批发环节计算纳税时，不得扣除已含的生产环节消费税税款

7. 下列各项中，有关消费税的纳税地点正确的有（　　）。

A. 纳税人进口应税消费品在纳税人机构所在地缴纳消费税

B. 纳税人自产自用应税消费品在纳税人机构所在地税务机关缴纳消费税

C. 纳税人委托加工应税消费品一般回委托方所在地缴纳消费税

D. 纳税人（企业）到外县销售自产应税消费品应回机构所在地缴纳消费税

8. 下列各项中，符合消费税纳税地点规定的有（　　）。

A. 进口应税消费品的，由进口人或其代理人向报关地海关申报纳税

B. 卷烟批发企业的机构所在地，总机构与分支机构不在同一地区的，由总机构申报纳税

C. 委托加工应税消费品的，一律由委托方向受托方所在地主管税务机关申报纳税

D. 纳税人到外县销售自产应税消费品的，应向机构所在地或者居住地主管税务机关申报纳税

9. 某企业以自产的 8 吨粮食白酒用于抵偿债务。已知同期白酒的最高售价是每吨 5 万元，平均售价是每吨 3.8 万元（以上售价均为不含税价，白酒适用比例税率 20%，定额税率每斤 0.5 元），则下列说法正确的有（　　）。

A. 该企业应缴纳消费税　　B. 不需要缴纳消费税

C. 该企业应缴纳消费税 80 000 元　　D. 该企业应缴纳消费税 88 000 元

10. 某企业生产的某系列高档化妆品，用于下列用途时应征收消费税的有（　　）。

A. 促销活动中赠送品　　B. 本企业职工运动会奖品

C. 加工生产其他系列高档化妆品　　D. 电视广告的样品

11. 某汽车制造厂生产的小汽车应按自产自用缴纳消费税的有（　　）。

A. 为检测性能留作自用　　B. 用于本厂安全技术研发部作碰撞试验

C. 移送改装分场改装加长型豪华小轿车　　D. 供上级单位长期使用

12. 某木材公司将一批自产实木地板用于本企业宾馆，其成本为 8 万元，消费税税率和成本利润率均为 5%，则其计税销售额为（　　）。

A. 消费税组价为 8.84 万元　　B. 消费税组价为 9.26 万元

C. 增值税组价为 7.18 万元　　D. 增值税组价为 8.84 万元

三、计算分析题

1. 甲礼花厂 2017 年 6 月发生如下业务：

①委托乙厂加工一批焰火，甲厂提供原料成本 37.5 万元，当月乙厂将加工完毕的焰火交付甲厂，开具增值税专用发票，注明收取加工费 5 万元。

②将委托加工收回的焰火 60% 用于销售，取得不含税销售额 38 万元，将其余的 40% 用于连续生产 A 型组合焰火。

③将生产的 A 型组合焰火的 80% 以分期收款方式对外销售，合同约定不含税销售额 36 万元，6 月 28 日收取货款的 70%，7 月 28 日收取货款的 30%，当月货款尚未收到，另

将剩余的 20% 赠送给客户。

（其他相关资料：焰火消费税税率为 15%）

要求：根据上述资料，按照下列序号回答问题，如有计算需计算出合计数。

（1）计算业务①中乙厂代收代缴的消费税。

（2）列出业务②中用于销售的焰火是否应缴纳消费税，并说明理由，如果需要缴纳，计算应缴纳的消费税。

（3）计算③中赠送客户焰火计征消费税计税依据的金额。

（4）计算③中准予扣除的已纳消费税税款。

（5）计算③中应缴纳的消费税。

2. 甲地板厂系增值税一般纳税人，2019 年 11 月发生如下业务：

（1）进口实木地板 A 一批，海关审定的关税完税价格为 8 万元。

（2）从乙实木地板厂购进未经涂饰的素板，取得的增值税专用发票上注明价款 5 万元，增值税 0.65 万元。当月领用进口实木地板 A 的 20% 和未经涂饰素板的 70% 用于继续生产实木地板 B，生产完成后以直接收款方式将部分实木地板 B 对外出售，取得不含税销售收入 32 万元。

（3）采取赊销方式向某商场销售剩余的实木地板 B，不含税销售额 150 万元，合同约定当月 15 日付款，由于商场资金周转不开，实际于下月 20 日支付该笔货款。

（4）将自产的一批实木地板 C 作价 200 万元投资给某商店，该批实木地板的最低不含增值税销售价格为 160 万元，平均不含增值税销售价格为 180 万元，最高不含增值税销售价格为 200 万元。

（5）将新生产的豪华实木地板用于本企业办公室装修，该批实木地板成本为 90 万元，市场上无同类产品的销售价格。

（其他相关资料：实木地板消费税税率为 5%、成本利润率为 5%、进口关税税率为 30%；上述业务涉及的相关票据均已申报抵扣）

要求：根据上述相关资料，按顺序回答下列问题，如有计算，每问需计算出合计数。

（1）计算甲地板厂应缴纳的进口环节增值税和消费税；

（2）计算甲地板厂应向税务机关缴纳的消费税。

3. 某首饰商城为增值税一般纳税人，2020 年 2 月发生以下业务：

（1）零售金银首饰与镀金首饰组成的套装礼盒，取得零售收入 29 万元，其中金银首饰收入 20 万元，镀金首饰收入 9 万元；

（2）采取“以旧换新”方式向消费者销售金项链 2 000 条，新项链每条零售价 0.25 万元，旧项链每条作价 0.22 万元，每条项链取得差价款0.03万元；

（3）将 300 条银基项链无偿赠送给客户，该批项链账面成本为 39 万元，零售价 70.2 万元；

（4）外购金银首饰一批，取得的普通发票上注明的价款 400 万元；外购镀金首饰一批，取得的增值税专用发票，注明价款 50 万元、增值税 6.5 万元。

（其他相关资料：金银首饰零售环节消费税税率 5%，成本利润率为 6%，上述业务涉及的相关票据均已申报抵扣）

要求：根据上述资料，按下列序号计算回答问题，每问需计算出合计数。

（1）销售套装礼盒应缴纳的消费税；

（2）“以旧换新”销售金项链应缴纳的消费税；

（3）将银基项链无偿赠送给客户应缴纳的消费税；

（4）商城 2 月应缴纳的增值税。

4. 某企业为增值税一般纳税人，2019 年 8 月经营状况如下：

①生产食用酒精一批，将其中的 50% 用于销售，开具的增值税专用发票注明金额 20 万元、税额 2.6 万元。

②将剩余 50% 的食用酒精作为酒基，加入食品添加剂调制成 45 度的配制酒 2 吨，当月全部销售，开具的增值税专用发票注明金额 18 万元、税额 2.34 万元。

③配制葡萄酒一批，装瓶对外销售，开具的增值税专用发票注明金额 36 万元、税额 4.68 万元。

④从农户手中收购高粱，收购成本价 43 万元；所收购的高粱当月全部委托 A 公司生产白酒 35 000 千克，收到 A 公司开具增值税专用发票金额 4 万元，税额 0.52 万元。当月收回的白酒全部销售，收取了不含税价款 80 万元。

其他相关资料：企业当期通过认证可抵扣的进项税额为 8 万元，白酒消费税比例税率 20%，定额税率 0.5 元/500 克，其他酒消费税税率为 10%。

要求：根据上述资料，按照下列序号回答问题，如有计算需计算出合计数。

（1）计算业务①应缴纳的消费税。

（2）计算业务②应缴纳的消费税。

（3）计算业务③应缴纳的消费税。

（4）计算 A 公司代收代缴消费税。

（5）计算业务④应纳消费税。

四、综合题

1. 某日化企业（地处市区）为增值税一般纳税人，2019 年 12 月发生如下业务：

（1）与甲企业（地处县城）签订加工合同，为甲企业加工一批高档化妆品，甲企业提供的原材料成本 20 万元，加工完工后开具增值税专用发票，注明收取加工费及代垫辅助材料价款共计 8 万元、增值税 1.04 万元。

（2）进口一批高档化妆品作原材料，支付货价 60 万元、购货佣金 3 万元，支付进口高档化妆品运抵我国输入地点起卸前的运输费用及保险费用共计 9 万元，支付包装劳务费 1 万元，关税税率为 20%；支付海关监管区至企业仓库运费 1.1 万元（不含税），取得一般纳税人开具的增值税专用发票，本月领用进口高档化妆品的 80% 用于连续生产高档化妆品。

（3）将普通护肤品和高档化妆品组成成套化妆品销售，某大型商场一次购买 240 套，该日化企业开具增值税专用发票，注明金额 48 万元，其中包括普通护肤品 18 万元，高档化妆品 30 万元。

（4）销售其他高档化妆品取得不含税销售额 150 万元。

（5）将成本为 1.4 万元的新研制的高档化妆品赠送给消费者使用，当月无同类高档化妆品销售价格。

（其他相关资料：上述业务涉及的相关票据均已申报抵扣。高档化妆品的成本利润率

为 5%，消费税税率为 15%）

要求：根据上述资料，按下列序号计算回答问题，每问需计算出合计数。

（1）2019 年 12 月该企业受托加工高档化妆品应代收代缴的消费税；

（2）2019 年 12 月该企业进口高档化妆品应纳的进口环节税金；

（3）2019 年 12 月该企业国内销售环节应向主管税务机关缴纳的增值税；

（4）2019 年 12 月该企业国内销售环节应自行向主管税务机关缴纳的消费税。

2. 甲卷烟厂为增值税一般纳税人，主要生产甲类卷烟和雪茄烟，2019 年 10 月，生产经营如下：

（1）从烟农手中购进烟叶，支付买价 30 000 元，并且按照规定支付了 3 000 元的价外补贴，同时按照实际支付的价款总额的 20% 缴纳了烟叶税。将其运往丙企业委托加工成烟丝，支付运输企业（增值税一般纳税人）不含税运费 10 000 元，取得增值税专用发票，向丙企业支付加工费，取得增值税专用发票注明加工费 10 000 元，增值税 1 300 元，该批烟丝已经验收入库，但本月尚未领用生产，丙企业无同类烟丝的销售价格。

（2）从乙企业（增值税小规模纳税人）购进已税烟丝，取得税务机关代开的增值税专用发票，注明价款 20 000 元。

（3）进口一批烟丝，海关审定的关税完税价格为 30 000 元，缴纳进口环节相关税金后，海关放行，并取得海关进口增值税专用缴款书，该批烟丝已经验收入库，但本月尚未领用生产。

（4）领用从乙企业购进烟丝的 60% 用于继续生产甲类卷烟，销售甲类卷烟 3 箱，取得不含税销售收入 120 000 元；领用从乙企业购进烟丝的 10% 用于继续生产雪茄烟，销售雪茄烟取得不含税销售收入 520 000 元。

（5）本月因管理不善导致上月从增值税一般纳税人处购进的烟丝（已抵扣进项税额）霉烂变质，成本 20 000 元。

（其他相关资料：烟丝的消费税税率为 30%；甲类卷烟生产环节消费税税率为 56% 加 0. 003 元/支；雪茄烟的消费税税率 36%，烟丝的关税税率为 50%；上述业务涉及的相关票据均已申报抵扣）

要求：根据上述相关资料，按顺序回答下列问题，如有计算，每问需计算出合计数。

（1）计算丙企业应代收代缴的消费税；

（2）计算甲卷烟厂当期应缴纳的进口环节消费税和增值税；

（3）计算甲卷烟厂应向主管税务机关缴纳的增值税；

（4）计算甲卷烟厂应向主管税务机关缴纳的消费税。

第四章 关 税

☞ **本章摘要**

关税法是流转税法的重要组成部分。关税是一个古老的税种，是维护国家主权和经济利益的重要手段，也是当今世界各国广泛征收的税种之一，更为各国重视和运用。我国关税历史悠久，尤其是改革开放至今，关税法律制度几经修改和完善，逐步与世贸组织（WTO）规则及国际惯例相衔接。

第一节 关税基础知识

一、征税对象

关税是海关依法对进出境货物、物品征收的一种税。所谓“境”是指关境，又称“海关境域”或“关税领域”，是国家《海关法》全面实施的领域。通常情况下，一国关境与国境是一致的，包括国家全部的领土、领海、领空。但当某一国家在国境内设立了自由港、自由贸易区等时，这些区域就进出口关税而言处在关境之外，这时，该国家的关境小于国境。例如，根据我国《中华人民共和国香港特别行政区基本法》和《中华人民共和国澳门特别行政区基本法》，香港和澳门保持自由港地位，为我国单独的关税地区，即单独关境区。单独关境区是不完全适用该国海关法律、法规或实施单独海关管理制度的区域。

关税的征税对象是准许进出境的货物和物品。货物是指贸易性商品；物品指入境旅客随身携带的行李物品、个人邮递物品、各种运输工具上的服务人员携带进口的自用物品、馈赠物品以及其他方式进境的个人物品。

二、纳税义务人

进口货物的收货人、出口货物的发货人、进出境物品的所有人，是关税的纳税义务人。进出口货物的收、发货人是依法取得对外贸易经营权，并进口或者出口货物的法人或者其他社会团体。进出境物品的所有人包括该物品的所有人和推定为所有人的人。一般情况下，对于携带进境的物品，推定其携带人为所有人；对分离运输的行李，推定相应的进出境旅客为所有人；对以邮递方式进境的物品，推定其收件人为所有人；以邮递或其他运输方式出境的物品，推定其寄件人或托运人为所有人。

第二节　关税基本法律

一、原产地规定

确定进境货物原产国的主要原因之一，是便于正确运用进口税则的各栏税率，对产自不同国家或地区的进口货物适用不同的关税税率。我国原产地规定基本上采用了“全部产地生产标准”“实质性加工标准”两种国际上通用的原产地标准。

（一）全部产地生产标准

全部产地生产标准是指进口货物“完全在一个国家内生产或制造”，生产国或制造国，即为该货物的原产国。完全在一国生产或制造的进口货物包括：

1. 在该国领土或领海内开采的矿产品；
2. 在该国领土上收获或采集的植物产品；
3. 在该国领土上出生或由该国饲养的活动物及从其所得产品；
4. 在该国领土上狩猎或捕捞所得的产品；
5. 在该国的船只上卸下的海洋捕捞物，以及由该国船只在海上取得的其他产品；
6. 在该国加工船加工上述第5项所列物品所得的产品；
7. 在该国收集的只适用于做再加工制造的废碎料和废旧物品；
8. 在该国完全使用上述1～7项所列产品加工成的制成品。

（二）实质性加工标准

实质性加工标准是适用于确定有两个或两个以上国家参与生产的产品的原产国的标准，其基本含义是：经过几个国家加工、制造的进口货物，以最后一个对货物进行经济上可以视为实质性加工的国家作为有关货物的原产国。“实质性加工”是指产品加工后，在进出口税则中四位数税号一级的税则归类已经有了改变，或者加工增值部分所占新产品总值的比例已超过30%及以上的。

（三）其他

对机器、仪器、器材或车辆所用零件、部件、配件、备件及工具，如与主件同时进口且数量合理的，其原产地按主件的原产地确定，分别进口的则按各自的原产地确定。

二、关税完税价格

《中华人民共和国海关法》（以下简称《海关法》）规定，进出口货物的完税价格，由海关以该货物的成交价格为基础审查确定。成交价格不能确定时，完税价格由海关依法估定。自我国加入世界贸易组织后，我国海关已全面实施《世界贸易组织估价协定》，遵循客观、公平、统一的估价原则，并依据2014年2月1日起实施的《中华人民共和国海关审定进出口货物完税价格办法》（以下简称《完税价格办法》），审定进出口货物的完税价格。

（一）一般进口货物的完税价格

根据《海关法》规定，进口货物的完税价格包括货物的货价、货物运抵我国境内输入地点起卸前的运输及其相关费用、保险费。进口货物完税价格的确定方法大致可以划分为两类：一类是以进口货物的成交价格为基础进行调整，从而确定进口货物完税价格的估价方法（以下称成交价格估价方法）；另一类则是在进口货物的成交价格不符合规定条件或者成交价格不能确定的情况下，海关用以审查确定进口货物完税价格的估价方法（以下称海关估价方法）。

1. 成交价格估价方法。

进口货物的成交价格，是指卖方向我国境内销售该货物时买方为进口该货物向卖方实付、应付的，并且按照《完税价格办法》有关规定调整后的价款总额，包括直接支付的价款和间接支付的价款。

（1）进口货物的成交价格应当符合的条件：

①对买方处置或者使用进口货物不予限制，但是法律、行政法规规定实施的限制、对货物销售地域的限制和对货物价格无实质性影响的限制除外。有下列情形之一的，应当视为对买方处置或者使用进口货物进行了限制：进口货物只能用于展示或者免费赠送的；进口货物只能销售给指定第三方的；进口货物加工为成品后只能销售给卖方或者指定第三方的；其他经海关审查，认定买方对进口货物的处置或者使用受到限制的。

②进口货物的价格不得受到使该货物成交价格无法确定的条件或者因素的影响。有下列情形之一的，应当视为进口货物的价格受到了使该货物成交价格无法确定的条件或者因素的影响：进口货物的价格是以买方向卖方购买一定数量的其他货物为条件而确定的；进口货物的价格是以买方向卖方销售其他货物为条件而确定的；其他经海关审查，认定货物的价格受到使该货物成交价格无法确定的条件或者因素影响的。

③卖方不得直接或者间接获得因买方销售、处置或者使用进口货物而产生的任何收益，或者虽然有收益但是能够按照《完税价格办法》的规定做出调整。

④买卖双方之间没有特殊关系，或者虽然有特殊关系但是按照规定未对成交价格产生影响。有下列情形之一的，应当认为买卖双方存在特殊关系：买卖双方为同一家族成员的；买卖双方互为商业上的高级职员或者董事的；一方直接或者间接地受另一方控制的；买卖双方都直接或者间接地受第三方控制的；买卖双方共同直接或者间接地控制第三方的；一方直接或者间接地拥有、控制或者持有对方5%以上（含5%）公开发行的有表决权的股票或者股份的；一方是另一方的雇员、高级职员或者董事的；买卖双方是同一合伙的成员的。买卖双方在经营上相互有联系，一方是另一方的独家代理、独家经销或者独家受让人，如果符合前款的规定，也应当视为存在特殊关系。需要注意的是，买卖双方之间存在特殊关系，但是纳税义务人能证明其成交价格与同时或者大约同时发生的下列任何一款价格相近的，应当视为特殊关系未对进口货物的成交价格产生影响：向境内无特殊关系的买方出售的相同或者类似进口货物的成交价格；按照倒扣价格估价方法所确定的相同或者类似进口货物的完税价格；按照计算价格估价方法所确定的相同或者类似进口货物的完

税价格。

（2）应计入完税价格的调整项目。采用成交价格估价方法，以成交价格为基础审查确定进口货物的完税价格时，未包括在该货物实付、应付价格中的下列费用或者价值应当计入完税价格：

①由买方负担的除购货佣金以外的佣金和经纪费。“购货佣金”指买方为购买进口货物向自己的采购代理人支付的劳务费用。“经纪费”指买方为购买进口货物向代表买卖双方利益的经纪人支付的劳务费用。

②由买方负担的与该货物视为一体的容器费用。

③由买方负担的包装材料费用和包装劳务费用。

④与该货物的生产和向中华人民共和国境内销售有关的，由买方以免费或者以低于成本的方式提供并可以按适当比例分摊的料件、工具、模具、消耗材料及类似货物的价款，以及在境外开发、设计等相关服务的费用。

⑤与该货物有关并作为卖方向我国销售该货物的一项条件，应当由买方向卖方或者有关方直接或间接支付的特许权使用费。“特许权使用费”是指进口货物的买方为取得知识产权权利人及权利人有效授权人关于专利权、商标权、专有技术、著作权、分销权或者销售权的许可或者转让而支付的费用。

⑥卖方直接或间接从买方对该货物进口后转售、处置或使用所得中获得的收益。

纳税义务人应当向海关提供上列所述费用或者价值的客观量化数据资料。如果纳税义务人不能提供，海关与纳税义务人进行价格磋商后，按照《完税价格办法》列明的海关估价方法审查确定完税价格。

（3）不计入完税价格的调整项目。进口货物的价款中单独列明的下列税收、费用，不计入该货物的完税价格：

①厂房、机械或者设备等货物进口后发生的建设、安装、装配、维修或者技术援助费用，但是保修费用除外；

②进口货物运抵中华人民共和国境内输入地点起卸后发生的运输及其相关费用、保险费；

③进口关税、进口环节海关代征税及其他国内税；

④为在境内复制进口货物而支付的费用；

⑤境内外技术培训及境外考察费用；

⑥同时符合下列条件的利息费用：利息费用是买方为购买进口货物而融资所产生的；有书面的融资协议的；利息费用单独列明的；纳税义务人可以证明有关利率不高于在融资当时当地此类交易通常应当具有的利率水平，且没有融资安排的相同或者类似进口货物的价格与进口货物的实付、应付价格非常接近的。

2. 进口货物海关估价方法。

进口货物的成交价格不符合规定条件或者成交价格不能确定的，海关经了解有关情况，并且与纳税义务人进行价格磋商后，依次以相同货物成交价格估价方法、类似货物成交价格估价方法、倒扣价格估价方法、计算价格估价方法及其他合理方法审查确定该货物的完税价格。纳税义务人向海关提供有关资料后，可以提出申请，颠倒倒扣价格估价方法和计算价格估价方法的适用次序。

（1）相同货物成交价格估价方法。相同货物成交价格估价方法，是指海关以与进口货物同时或者大约同时向中华人民共和国境内销售的相同货物的成交价格为基础，审查确定进口货物的完税价格的估价方法。

①按照该方法审查确定进口货物的完税价格时，应当使用与该货物具有相同商业水平且进口数量基本一致的相同货物的成交价格。使用上述价格时，应当以客观量化的数据资料，对该货物与相同货物之间由于运输距离和运输方式不同而在成本和其他费用方面产生的差异进行调整。在没有前述的相同货物的成交价格的情况下，可以使用不同商业水平或者不同进口数量的相同货物的成交价格。使用上述价格时，应当以客观量化的数据资料，对因商业水平、进口数量、运输距离和运输方式不同而在价格、成本和其他费用方面产生的差异做出调整。

②按照该方法审查确定进口货物的完税价格时，应当首先使用同一生产商生产的相同货物的成交价格；没有同一生产商生产的相同货物的成交价格的，可以使用同一生产国或者地区其他生产商生产的相同货物的成交价格；如果有多个相同货物的成交价格，应当以最低的成交价格为基础审查确定进口货物的完税价格。

上述“相同货物”，是指与进口货物在同一国家或地区生产的，在物理性质、质量和信誉等所有方面都相同的货物，但是表面的微小差异允许存在。“大约同时”，是指海关接受货物申报之日的大约同时，最长不应当超过前后 45 日。按照倒扣价格法审查确定进口货物的完税价格时，如果进口货物、相同或者类似货物没有在海关接受进口货物申报之日前后 45 日内在境内销售，可以将在境内销售的时间延长至接受货物申报之日前后 90 日内（下同）。

（2）类似货物成交价格估价方法。类似货物成交价格估价方法，是指海关以与进口货物同时或者大约同时向中华人民共和国境内销售的类似货物的成交价格为基础，审查确定进口货物的完税价格的估价方法。

①按照该方法审查确定进口货物的完税价格时，应当使用与该货物具有相同商业水平且进口数量基本一致的类似货物的成交价格。使用上述价格时，应当以客观量化的数据资料，对该货物与类似货物之间由于运输距离和运输方式不同而在成本和其他费用方面产生的差异进行调整。在没有前述的类似货物的成交价格的情况下，可以使用不同商业水平或者不同进口数量的类似货物的成交价格。使用上述价格时，应当以客观量化的数据资料，对因商业水平、进口数量、运输距离和运输方式不同而在价格、成本和其他费用方面产生的差异做出调整。

②按照该方法审查确定进口货物的完税价格时，应当首先使用同一生产商生产的类似货物的成交价格；没有同一生产商生产的类似货物的成交价格的，可以使用同一生产国或者地区其他生产商生产的类似货物的成交价格；如果有多个类似货物的成交价格，应当以最低的成交价格为基础审查确定进口货物的完税价格。

上述“类似货物”，是指与进口货物在同一国家或地区生产的，虽然不是在所有方面都相同，但是却具有相似的特征、相似的组成材料、同样的功能，并且在商业中可以互换的货物。

（3）倒扣价格估价方法。倒扣价格估价方法，是指海关以进口货物、相同或者类似进口货物在境内的销售价格为基础，扣除境内发生的有关费用后，审查确定进口货物完税价格的估价方法。该销售价格应当同时符合下列条件：

①是在该货物进口的同时或者大约同时，将该货物、相同或者类似进口货物在境内销售的价格；

②是按照货物进口时的状态销售的价格；

③是在境内第一销售环节销售的价格；

④是向境内无特殊关系方销售的价格；

⑤按照该价格销售的货物合计销售总量最大。

按照倒扣价格估价方法审查确定进口货物完税价格的，下列各项应当扣除：

①同等级或者同种类货物在境内第一销售环节销售时，通常的利润和一般费用（包括直接费用和间接费用）以及通常支付的佣金；

②货物运抵境内输入地点起卸后的运输及其相关费用、保险费；

③进口关税、进口环节海关代征税及其他国内税。

（4）计算价格估价方法。计算价格估价方法，是指海关以下列各项的总和为基础，审查确定进口货物完税价格的估价方法。

①生产该货物所使用的料件成本和加工费用；

②向境内销售同等级或者同种类货物通常的利润和一般费用（包括直接费用和间接费用）；

③该货物运抵境内输入地点起卸前的运输及相关费用、保险费。

按照上述规定审查确定进口货物的完税价格时，海关在征得境外生产商同意并且提前通知有关国家或者地区政府后，可以在境外核实该企业提供的有关资料。

（5）合理方法。合理方法，是指当海关不能根据成交价格估价方法、相同货物成交价格估价方法、类似货物成交价格估价方法、倒扣价格估价方法和计算价格估价方法确定完税价格时，海关遵循客观、公平、统一的原则，以客观量化的数据资料为基础审查确定进口货物完税价格的估价方法。海关在采用合理方法确定进口货物的完税价格时，不得使用以下价格：

①境内生产的货物在境内的销售价格；

②可供选择的价格中较高的价格；

③货物在出口地市场的销售价格；

④以计算价格估价方法规定之外的价值或者费用计算的相同或者类似货物的价格；

⑤出口到第三国或者地区的货物的销售价格；

⑥最低限价或者武断、虚构的价格。

（二）进口货物完税价格中的运输及相关费用、保险费的计算

1. 进口货物的运输及其相关费用，应当按照由买方实际支付或者应当支付的费用计算。如果进口货物的运输及其相关费用无法确定的，海关应当按照该货物进口同期的正常运输成本审查确定。

2. 运输工具作为进口货物，利用自身动力进境的，海关在审查确定完税价格时，不再另行计入运输及其相关费用。

3. 进口货物的保险费，应当按照实际支付的费用计算。如果进口货物的保险费无法

确定或者未实际发生，海关应当按照“货价加运费”两者总额的3‰计算保险费，其计算公式如下：

保险费 =（货价 + 运费）× 3‰

4. 邮运进口的货物，应当以邮费作为运输及其相关费用、保险费。

（三）出口货物的完税价格

1. 以成交价格为基础的完税价格。

出口货物的完税价格，由海关以该货物的成交价格为基础审查确定，并且应当包括货物运至我国境内输出地点装载前的运输及其相关费用、保险费。

出口货物的成交价格，是指该货物出口销售时，卖方为出口该货物应当向买方直接收取和间接收取的价款总额。下列税收、费用不计入出口货物的完税价格：

（1）出口关税；

（2）在货物价款中单独列明的货物运至我国境内输出地点装载后的运输及其相关费用、保险费。

2. 出口货物海关估价方法。

出口货物的成交价格不能确定时，海关经了解有关情况，并且与纳税义务人进行价格磋商后，依次以下列价格审查确定该货物的完税价格：

（1）同时或者大约同时向同一国家或地区出口的相同货物的成交价格；

（2）同时或者大约同时向同一国家或地区出口的类似货物的成交价格；

（3）根据境内生产相同或者类似货物的成本、利润和一般费用（包括直接费用和间接费用）、境内发生的运输及其相关费用、保险费计算所得的价格；

（4）按照合理方法估定的价格。

三、应纳税额的计算

（1）从价税应纳税额的计算。

关税税额 = 应税进（出）口货物数量 × 单位完税价格 × 税率

（2）从量税应纳税额的计算。

关税税额 = 应税进（出）口货物数量 × 单位货物税额

（3）复合税应纳税额的计算。

关税税额 = 应税进（出）口货物数量 × 单位货物税额 + 应税进（出）口货物数量 × 单位完税价格 × 税率

（4）滑准税应纳税额的计算。

关税税额 = 应税进（出）口货物数量 × 单位完税价格 × 滑准税税率

现行税则《进（出）口商品从量税、复合税、滑准税税目税率表》后注明了滑准税税率的计算公式，该公式是一个与应税进（出）口货物完税价格相关的取整函数。

【例 4-1】某商场于2019年2月进口一批高档美容修饰类化妆品。该批货物在国外的买价120万元，货物运抵我国入关前发生的运输费、保险费和其他费用分别为10万元、6万元、4万元。货物报关后，该商场按规定缴纳了进口环节的增值税和消费税并取得了海关开具的缴款书。将化妆品从海关运往商场所在地取得增值税专用发票，注明运输费用5万元、增值税进项税额0.50万元，该批化妆品当月在国内全部销售，取得不含税销售额520万元（假定化妆品进口关税税率20%，增值税税率13%，消费税税率15%）。

要求：计算该批化妆品进口环节应缴纳的关税、增值税、消费税和国内销售环节应缴纳的增值税。

（1）关税完税价格 = 120 + 10 + 6 + 4 = 140（万元）

（2）应缴纳进口关税 = 140 × 20% = 28（万元）

（3）进口环节的组成计税价格 =（140 + 28）÷（1 − 15%）= 197.65（万元）

（4）进口环节应缴纳增值税 = 197.65 × 13% = 25.69（万元）

（5）进口环节应缴纳消费税 = 197.65 × 15% = 29.65（万元）

（6）国内销售环节应缴纳增值税 = 520 × 13% − 0.50 − 25.69 = 41.41（万元）

四、跨境电子商务零售进口税收政策

自2016年4月8日起，跨境电子商务零售进口商品按照货物征收关税和进口环节增值税、消费税，购买跨境电子商务零售进口商品的个人作为纳税义务人，实际交易价格（包括货物零售价格、运费和保险费）作为完税价格，电子商务企业、电子商务交易平台企业或物流企业可作为代收代缴义务人。

（一）适用范围

跨境电子商务零售进口税收政策适用于从其他国家或地区进口的、《跨境电子商务零售进口商品清单》范围内的以下商品：

1. 所有通过与海关联网的电子商务交易平台交易，能够实现交易、支付、物流电子信息“三单”比对的跨境电子商务零售进口商品；

2. 未通过与海关联网的电子商务交易平台交易，但快递、邮政企业能够统一提供交易、支付、物流等电子信息，并承诺承担相应法律责任进境的跨境电子商务零售进口商品。

不属于跨境电子商务零售进口的个人物品以及无法提供交易、支付、物流等电子信息的跨境电子商务零售进口商品，按现行规定执行。

（二）计征限额

跨境电子商务零售进口商品的单次交易限值为人民币5 000元，个人年度交易限值为人民币26 000元。在限值以内进口的跨境电子商务零售进口商品，关税税率暂设为0；进口环节增值税、消费税取消免征税额，暂按法定应纳税额的70%征收。超过单次限值、累加后超过个人年度限值的单次交易，以及完税价格超过2 000元限值的单个不可分割商品，均按照一般贸易方式全额征税。

（三）计征规定

跨境电子商务零售进口商品自海关放行之日起30日内退货的，可申请退税，并相应调整个人年度交易总额。

跨境电子商务零售进口商品购买人（订购人）的身份信息应进行认证；未进行认证的，购买人（订购人）身份信息应与付款人一致。

《跨境电子商务零售进口商品清单》由财政部有关部门另行公布。

第三节 关税征收管理

一、关税缴纳

进口货物的纳税义务人应当自运输工具申报进境之日起 14 日内，出口货物的纳税义务人除海关特准的外，应当在货物运抵海关监管区后、装货的 24 小时以前，向货物的进出境地海关申报，海关根据税则归类和完税价格计算应缴纳的关税和进口环节代征税，并填发税款缴款书。纳税义务人应当自海关填发税款缴款书之日起 15 日内，向指定银行缴纳税款。如关税缴款期限届满日遇星期六、星期日等休息日或者法定节假日，则关税缴纳期限顺延至休息日或者法定节假日之后的第一个工作日。为方便纳税义务人，经申请且海关同意，进（出）口货物的纳税义务人可以在设有海关的指运地（启运地）办理海关申报、纳税手续。

关税纳税义务人因不可抗力或者在国家税收政策调整的情形下，不能按期缴纳税款的，经依法提供税款担保后，可以延期缴纳税款，但最长不得超过 6 个月。

二、关税的强制执行

纳税义务人未在关税缴纳期限内缴纳税款，即构成关税滞纳。为保证海关征收关税决定的有效执行和国家财政收入的及时入库，《海关法》赋予海关对滞纳关税的纳税义务人强制执行的权利。强制措施主要有两类：

1. 征收关税滞纳金。滞纳金自关税缴纳期限届满滞纳之日起，至纳税义务人缴纳关税之日止，按滞纳税款万分之五的比例按日征收，周末或法定节假日不予扣除。具体计算公式为：

关税滞纳金金额 = 滞纳关税税额 × 滞纳金征收比率 × 滞纳天数

2. 强制征收。如纳税义务人自缴纳税款期限届满之日起 3 个月仍未缴纳税款，经直属海关关长或者其授权的隶属海关关长批准，海关可以采取强制扣缴、变价抵缴等强制措施。强制扣缴即海关书面通知纳税义务人开户银行或者其他金融机构从其存款中扣缴税款。变价抵缴即海关将纳税义务人的应税货物依法变卖，或者扣留并依法变卖其价值相当于应纳税款的货物或者其他财产，以变卖所得抵缴税款。

三、关税退还

关税退还是关税纳税义务人按海关核定的税额缴纳关税后，因某种原因的出现，海关将实际征收多于应当征收的税额（称为溢征关税）退还给原纳税义务人的一种行政行为。

根据《海关法》和《进出口关税条例》的规定，海关多征的税款，海关发现后应当立即退还；纳税义务人发现多缴税款的，自缴纳税款之日起1年内，可以以书面形式要求海关退还多缴的税款并加算银行同期活期存款利息；海关应当自受理退税申请之日起30日内查实并通知纳税义务人办理退还手续。此外，有下列情形之一的，纳税义务人自缴纳税款之日起1年内，可以申请退还关税，并应当以书面形式向海关说明理由，提供原缴款凭证及相关资料：

1. 已征进口关税的货物，因品质或规格原因，原状退货复运出境的；

2. 已征出口关税的货物，因品质或规格原因，原状退货复运进境，并已重新缴纳因出口而退还的国内环节有关税收的；

3. 已征出口关税的货物，因故未装运出口，申报退关的。

海关应当自受理退税申请之日起30日内查实并通知纳税义务人办理退还手续；纳税义务人应当自收到通知之日起3个月内办理有关退税手续。前述第1项和第2项规定强调的是，“因货物品质或者规格原因，原状复运进境或者出境的”。如果属于其他原因且不能以原状复运进境或者出境，不能退税。

四、关税补征和追征

补征和追征是海关在关税纳税义务人按海关核定的税额缴纳关税后，发现实际征收税额少于应当征收的税额（称为短征关税）时，责令纳税义务人补缴所差税款的一种行政行为。海关法根据短征关税的原因，将海关征收原短征关税的行为分为补征和追征两种。由于纳税人违反海关规定造成短征关税的，称为追征；非因纳税人违反海关规定造成短征关税的，称为补征。区分关税追征和补征的目的是区别不同情况适用不同的征收时效，超过时效规定的期限，海关就丧失了追补关税的权力。

根据《海关法》和《进出口关税条例》的规定，进出境货物和物品放行后，海关发现少征或者漏征税款，应当自缴纳税款或者货物、物品放行之日起1年内，向纳税义务人补征税款；因纳税义务人违反规定而造成的少征或者漏征的税款，海关可以自纳税义务人缴纳税款或者货物、物品放行之日起3年以内追征，并从缴纳税款或者货物、物品放行之日起按日加收少征或者漏征税款万分之五的滞纳金；海关发现其监管货物因纳税义务人违反规定造成少征或者漏征税款的，应当自纳税义务人应缴纳税款之日起3年内追征税款，并从应缴纳税款之日起按日加收少征或者漏征税款万分之五的滞纳金。

五、关税纳税争议的处理

为保护纳税人合法权益，我国《海关法》和《进出口关税条例》都规定了纳税义务人对海关确定的进出口货物的征税、减税、补税或者退税等有异议时，有提出申诉的权利。在纳税义务人同海关发生纳税争议时，可以向海关申请复议，但同时应当在规定期限内按海关核定的税额缴纳关税，逾期则构成滞纳，海关有权按规定采取强制执行措施。

纳税争议的内容一般为进出境货物和物品的纳税义务人对海关在原产地认定、税则归类、税率或汇率适用、完税价格确定、关税减征、免征、追征、补征和退还等征税行为是否合法或适当，是否侵害了纳税义务人的合法权益，而对海关征收关税的行为表示异议。

纳税争议的申诉程序：纳税义务人自海关填发税款缴款书之日起60日内，向原征税海关的上一级海关提出复议申请。逾期申请复议的，海关不予受理。海关行政复议机关应当自受理复议申请之日起60日内做出复议决定，并以复议决定书的形式正式答复纳税义务人；纳税义务人对海关复议决定仍然不服的，可以自收到复议决定书之日起15日内，向人民法院提起诉讼。

税法知识链接

《海关法》

复习思考题

一、单项选择题

1. 下列符合关税法定免税规定的是（　　）。

A. 残疾人专用品

B. 边境贸易进口物资

C. 关税税款在人民币100元以下的一票货物

D. 在海关放行前损失的货物

2. 某企业进口设备一台，应付价格为200万元，其中包含进口后的技术服务费10万元。另外支付购货佣金5万元、经纪费8万元、买方负担的包装费4万元、货物运抵境内输入地点之后的运输费13万元，则该企业进口设备应缴纳的关税为（　　）万元。（关税税率为20%）

A. 40.40　　B. 40.60　　C. 44　　D. 46

3. 某进出口公司为增值税一般纳税人，5月从国外进口一批机器设备共10台，每台货价15万元人民币，其中包括运抵我国黄骅港起卸前的包装、运输、保险和其他劳务费用共计8万元；另外销售商单独向该进出口公司收取设备包装材料费10万元。假设该类设备进口关税税率为40%，境内运费已经取得合法的货物运输企业的发票。该公司应交纳的关税是（　　）万元。

A. 54　　B. 64　　C. 68　　D. 72

4. 如果进口货物的运费无法确定或未实际发生，海关应当按照该货物进口同期运输行业公布的运费率（额）计算运费；按照“货价加运费”两者总额的（　　）计算保险费。

A. 3‰　　B. 3%　　C. 1%　　D. 10%

5. 下列各项中不应计入关税完税价格的是（　　）。

A. 为进口货物而支付的包装劳务费

B. 为进口货物而支付的商标权费用

C. 为进口货物而发生的境外考察费

D. 为进口货物而支付的境外开发、设计等相关费用

6. 下列属于进口完税价格组成部分的是（　　）。

A. 进口人向境外自己的采购代理人支付的劳务费

B. 进口人向中介机构支付的经纪费

C. 设备进口后的安装调试费用

D. 进口关税

7. 采用成交价格估价方法时，下列未包含在进口货物价格中的项目应计入关税完税价格的是（　　）。

A. 由买方负担的购货佣金

B. 进口关税及其他国内税

C. 符合条件的利息费用

D. 卖方直接或间接从买方获得该货物境内销售、处置所得的利益

8. 根据关税法的规定，下列不属于进境物品的纳税义务人的是（　　）。

A. 进境物品的邮寄人　　B. 进境邮递物品的收件人

C. 携带物品进境的入境人员　　D. 以其他方式进口物品的收件人

9. 下列不属于关税纳税义务人的是（　　）。

A. 进口货物的收货人　　B. 出口货物的发货人

C. 邮递出口物品的寄件人　　D. 进出境物品的寄件人

10. 目前，我国海关计征关税标准主要是（　　）。

A. 从价税　　B. 从量税　　C. 复合税　　D. 滑准税

11. 关税纳税义务人因不可抗力或者在国家税收政策调整的情形下，不能按期缴纳税款的，经海关总署批准，可以延期缴纳税款，但最多不得超过（　　）。

A. 3 个月　　B. 6 个月　　C. 9 个月　　D. 12 个月

12. 某进出口公司 2017 年 3 月 8 日进口一批货物，海关于当日填发缴款书，该纳税人一直没有纳税。海关从（　　）起可对其实施强制扣缴措施。

A. 3 月 16 日　　B. 3 月 23 日　　C. 6 月 9 日　　D. 6 月 23 日

13. 下列属于我国确定进口货物原产地的标准之一的是（　　）。

A. 主要产地生产标准　　B. 最后产地生产标准

C. 最初产地生产标准　　D. 全部产地生产标准

14. “实质性加工”是指产品加工后，在进出口税则中四位数税号一级的税则归类已经有了改变，或者加工增值部分所占新产品总值的比例已超过（　　）及以上的。

A. 10%　　B. 20%　　C. 25%　　D. 30%

二、多项选择题

1. 下列关于一般进口货物的完税价格中的佣金描述正确的有（　　）。

A. 购货佣金就是买方佣金，是不能计入关税完税价中的

B. 购货佣金就是买方佣金，能计入关税完税价中的

C. 所有发生的佣金都不能计算在完税价格中

D. 购货佣金指买方为购买进口货物向自己的采购代理人支付的劳务费用

2. 下列关于我国关税税率的表述，正确的是（　　）。

A. 目前我国对录像机实行复合税

B. 我国出口税则为二栏税率

C. 选择税是对一种进口商品同时定有从价税和从量税两种税率

D. 从价税是一种最常用的关税计税标准

3. 下列选项中，属于关税的强制执行措施的有（　　）。

A. 处以应纳关税的 1 ~5 倍罚款

B. 征收滞纳金

C. 变价抵缴

D. 强制扣缴

4. 关税税率表作为进出口税则的主体，包括（　　）。

A. 税则商品分类目录

B. 进出口商品的构成

C. 税率栏

D. 进口商品的材料属性

5. 下列货物属于关税特定减免税的有（　　）。

A. 残疾人专用品

B. 慈善捐赠物资

C. 加工贸易产品

D. 无商业价值的广告品和货样

6. 我国目前原产地规定采用（　　）。

A. 全部产地生产标准

B. 参与性加工标准

C. 实质性加工标准

D. 挂靠性加工标准

第五章　个人所得税

☞ **本章摘要**

个人所得税法是指国家制定的用以调整个人所得税征收与缴纳之间权利及义务关系的法律规范。个人所得税的基本规范是1980年9月10日第五届全国人民代表大会第三次会议制定的《中华人民共和国个人所得税法》(以下简称《个人所得税法》),多年来通过了七次修改,目前适用的是2018年8月31日,由第十三届全国人民代表大会常务委员会第五次会议修改通过并公布的,自2019年1月1日起施行。

个人所得税是以自然人取得的各类应税所得为征税对象而征收的一种所得税,是政府利用税收对个人收入进行调节的一种手段。个人所得税的纳税人不仅包括个人还包括具有自然人性质的企业。从世界范围看,个人所得税的税制模式有三种:分类征收制、综合征收制与混合征收制。分类征收制,就是将纳税人不同来源、性质的所得项目,分别规定不同的税率征税;综合征收制,是对纳税人全年的各项所得加以汇总,就其总额进行征税;混合征收制,是对纳税人不同来源、性质的所得先分别按照不同的税率征税,然后将全年的各项所得进行汇总征税。三种不同的征收模式各有其优缺点。目前,我国个人所得税已初步建立分类与综合相结合的征收模式,即混合征收制。个人所得税在组织财政收入、提高公民纳税意识,尤其在调节个人收入分配差距方面具有重要作用。

第一节　个人所得税基本法律

一、纳税义务人

个人所得税的纳税义务人,包括中国公民、个体工商业户、个人独资企业、合伙企业投资者、在中国有所得的外籍人员(包括无国籍人员,下同)和香港、澳门、台湾同胞。上述纳税义务人依据住所和居住时间两个标准,区分为居民和非居民,分别承担不同的纳税义务。

(一)居民个人

居民个人负有无限纳税义务。其所取得的应纳税所得,无论是来源于中国境内还是中国境外任何地方,都要在中国缴纳个人所得税。根据《个人所得税法》规定,居民纳税义务人是指在中国境内有住所,或者无住所而在中国境内居住累计满183天的个人。

在中国境内有住所的个人,是指因户籍、家庭、经济利益关系,而在中国境内习惯性居住的个人。这里所说的习惯性居住,是判定纳税义务人属于居民还是非居民的一个重要依据。它是指个人因学习、工作、探亲等原因消除之后，没有理由在其他地方继续居留时，所要回到的地方，而不是指实际居住或在某一个特定时期内的居住地。一个纳税人因学习、工作、探亲、旅游等原因，原来是在中国境外居住，但是在这些原因消除之后，如果必须回到中国境内居住的，则中国为该人的习惯性居住地。尽管该纳税义务人在一个纳税年度内，甚至连续几个纳税年度，都未在中国境内居住过 1 天，他仍然是中国居民纳税义务人，应就其来自全球的应纳税所得，向中国缴纳个人所得税。

一个纳税年度在境内居住累计满 183 天，是指在一个纳税年度（即公历 1 月 1 日起至 12 月 31 日止，下同）内，在中国境内居住累计满 183 日。在计算居住天数时，按其一个纳税年度内在境内的实际居住时间确定，取消原有的临时离境规定。即境内无住所的某人在一个纳税年度内无论出境多少次，只要在我国境内累计住满 183 天，就可判定为我国的居民个人。综上所述，个人所得税的居民个人包括以下两类：

1. 在中国境内定居的中国公民和外国侨民。但不包括虽具有中国国籍，却并没有在中国大陆定居，而是侨居海外的华侨和居住在香港、澳门、台湾的同胞。

2. 从公历 1 月 1 日起至 12 月 31 日止，在中国境内累计居住满 183 天的外国人、海外侨胞和香港、澳门、台湾同胞。例如，一个外籍人员从 2018 年 10 月起到中国境内的公司任职，在 2019 年纳税年度内，虽然曾多次离境回国，但由于该外籍个人在我国境内居住停留时间累计达 206 天，已经超过了一个纳税年度内在境内累计居住满 183 天的标准。因此，该纳税义务人为居民个人。

现行税法中关于“中国境内”的概念，是指中国大陆地区，目前还不包括香港、澳门和台湾地区。

（二）非居民个人

非居民个人，是指不符合居民纳税义务人判定标准（条件）的纳税义务人，非居民纳税义务人承担有限纳税义务，即仅就其来源于中国境内的所得向中国缴纳个人所得税。《个人所得税法》规定，非居民个人是“在中国境内无住所又不居住，或者无住所而一个纳税年度在境内居住累计不满 183 天的个人”。也就是说，非居民纳税义务个人，是指习惯性居住地不在中国境内，而且不在中国居住；或者在一个纳税年度内，在中国境内居住累计不满 183 天的个人。在现实生活中，习惯性居住地不在中国境内的个人，只有外籍人员、华侨或香港、澳门和台湾同胞。因此，非居民个人，实际上只能是在一个纳税年度中，没有在中国境内居住，或者在中国境内居住天数累计不满 183 天的外籍人员、华侨或香港、澳门、台湾同胞。

自 2004 年 7 月 1 日起，对境内居住的天数和境内实际工作期间按以下规定为准：

1. 判定纳税义务及计算在中国境内居住的天数。

对在中国境内无住所的个人，需要计算确定其在中国境内居住天数，以便依照税法和协定或安排的规定判定其在华负有何种纳税义务时，均应以该个人实际在华逗留天数计算。上述个人入境、离境、往返或多次往返境内外的当日，均按 1 天计算其在华实际逗留天数。

2. 个人入、离境当日及在中国境内实际工作期间的判定。

对在中国境内、境外机构同时担任职务或仅在境外机构任职的境内无住所个人，在按

《国家税务总局关于在中国境内无住所的个人计算缴纳个人所得税若干具体问题的通知》（国税函发〔1995〕125号）第一条的规定计算其境内工作期间时，对其入境、离境、往返或多次往返境内外的当日，均按半天计算为在华实际工作天数。

二、征税范围

居民个人取得下列第一项至第四项所得（以下称综合所得），按纳税年度合并计算个人所得税，非居民个人取得下列第一项至第四项所得，按月或者按次分项计算个人所得税。纳税人取得下列第五项至第九项所得，分别计算个人所得税。

（一）工资、薪金所得

工资、薪金所得，是指个人因任职或者受雇而取得的工资、薪金、奖金、年终加薪、劳动分红、津贴、补贴以及与任职或者受雇有关的其他所得。

1. 工资、薪金所得涵盖范围。

一般来说，工资、薪金所得属于非独立个人劳动所得。所谓非独立个人劳动，是指个人所从事的是由他人指定、安排并接受管理的劳动，工作或服务于公司、工厂、行政事业单位的人员（私营企业主除外）均为非独立劳动者。他们从上述单位取得的劳动报酬，是以工资、薪金的形式体现的。在这类报酬中，工资和薪金的收入主体略有差异。通常情况下，把直接从事生产、经营或服务的劳动者（工人）的收入称为工资，即所谓“蓝领阶层”所得；而将从事社会公职或管理活动的劳动者（公职人员）的收入称为薪金，即所谓“白领阶层”所得。但实际立法过程中，各国都从简便易行的角度考虑，将工资、薪金合并为一个项目计征个人所得税。

除工资、薪金以外，奖金、年终加薪、劳动分红、津贴、补贴也被确定为工资、薪金范畴。其中，年终加薪、劳动分红不分种类和取得情况，一律按工资、薪金所得课税。奖金是指所有具有工资性质的奖金，免税奖金的范围在税法中另有规定。此外，还有一些所得发放被视为取得工资、薪金所得的情形。例如，公司职工取得的用于购买企业国有股权的劳动分红，按“工资、薪金所得”项目计征个人所得税；出租汽车经营单位对出租车驾驶员采取单车承包或承租方式运营，出租车驾驶员从事客货营运取得的收入，按工资、薪金所得征税。

2. 个人取得的津贴、补贴，不计入工资、薪金所得的项目。

根据我国目前个人收入的构成情况，规定对于一些不属于工资、薪金性质的补贴、津贴或者不属于纳税人本人工资、薪金所得项目的收入，不予征税。这些项目包括：

（1）独生子女补贴。

（2）执行公务员工资制度未纳入基本工资总额的补贴、津贴差额和家属成员的副食品补贴。

（3）托儿补助费。

（4）差旅费津贴、误餐补助。其中，误餐补助是指按照财政部规定，个人因公在城区、郊区工作，不能在工作单位或返回就餐的，根据实际误餐顿数，按规定的标准领取的误餐费。单位以误餐补助名义发给职工的补助、津贴不能包括在内。

（5）外国来华留学生，领取的生活津贴费、奖学金，不属于工资、薪金范畴，不征个人所得税。

3. 军队干部取得的补贴、津贴中有8项不计入工资、薪金所得项目征税，即：

（1）政府特殊津贴。

（2）福利补助。

（3）夫妻分居补助费。

（4）随军家属无工作生活困难补助。

（5）独生子女保健费。

（6）子女保教补助费。

（7）机关在职军以上干部公勤费（保姆费）。

（8）军粮差价补贴。

4. 军队干部取得的暂不征税的补贴、津贴。

（1）军人职业津贴。

（2）军队设立的艰苦地区补助。

（3）专业性补助。

（4）基层军官岗位津贴（营连排长岗位津贴）。

（5）伙食补贴。

（二）劳务报酬所得

劳务报酬所得，指个人独立从事各种非雇用的各种劳务所取得的所得。内容如下：

1. 设计，指按照客户的要求，代为制定工程、工艺等各类设计业务。

2. 装潢，指接受委托，对物体进行装饰、修饰，使之美观或具有特定用途的作业。

3. 安装，指按照客户要求，对各种机器、设备的装配、安置，以及与机器、设备相连的附属设施的装设和被安装机器设备的绝缘、防腐、保温、油漆等工程作业。

4. 制图，指受托按实物或设想物体的形象，依体积、面积、距离等，用一定比例绘制成平面图、立体图、透视图等的业务。

5. 化验，指受托用物理或化学的方法，检验物质的成分和性质等业务。

6. 测试，指利用仪器仪表或其他手段代客对物品的性能和质量进行检测试验的业务。

7. 医疗，指从事各种病情诊断、治疗等医护业务。

8. 法律，指受托担任辩护律师、法律顾问，撰写辩护词、起诉书等法律文书的业务。

9. 会计，指受托从事会计核算的业务。

10. 咨询，指对客户提出的政治、经济、科技、法律、会计、文化等方面的问题进行解答、说明的业务。

11. 讲学，指应邀（聘）进行讲课、作报告、介绍情况等业务。

12. 翻译，指受托从事中、外语言或文字的翻译（包括笔译和口译）的业务。

13. 审稿，指对文字作品或图形作品进行审查、核对的业务。

14. 书画，指按客户要求，或自行从事书法、绘画、题词等业务。

15. 雕刻，指代客镌刻图章、牌匾、碑、玉器、雕塑等业务。

16. 影视，指应邀或应聘在电影、电视节目中出任演员，或担任导演、音响、化妆、道具、制作、摄影等与拍摄影视节目有关的业务。

17. 录音，指用录音器械代客录制各种音响带的业务，或者应邀演讲、演唱、采访而被录音的服务。

18. 录像，指用录像器械代客录制各种图像、节目的业务，或者应邀表演、采访被录像的业务。

19. 演出，指参加戏剧、音乐、舞蹈、曲艺等文艺演出活动的业务。

20. 表演，指从事杂技、体育、武术、健美、时装、气功以及其他技巧性表演活动的业务。

21. 广告，指利用图书、报纸、杂志、广播、电视、电影、招贴、路牌、橱窗、霓虹灯、灯箱、墙面及其他载体，为介绍商品、经营服务项目、文体节目或通告、声明等事项，所做的宣传和提供相关服务的业务。

22. 展览，指举办或参加书画展、影展、盆景展、邮展、个人收藏品展、花鸟虫鱼展等各种展示活动的业务。

23. 技术服务，指利用一技之长而进行技术指导、提供技术帮助的业务。

24. 介绍服务，指介绍供求双方商谈，或者介绍产品、经营服务项目等服务的业务。

25. 经纪服务，指经纪人通过居间介绍，促成各种交易和提供劳务等服务的业务。

26. 代办服务，指代委托人办理受托范围内的各项事宜的业务。

27. 其他劳务，指上述列举的26项劳务项目之外的各种劳务。

自2004年1月20日起，对商品营销活动中，企业和单位对其营销业绩突出的非雇员以培训班、研讨会、工作考察等名义组织旅游活动，通过免收差旅费、旅游费对个人实行的营销业绩奖励（包括实物、有价证券等），应根据所发生费用的全额作为该营销人员当期的劳务收入，按照“劳务报酬所得”项目征收个人所得税，并由提供上述费用的企业和单位代扣代缴。

在实际操作过程中，还可能出现难以判定一项所得是属于工资、薪金所得，还是属于劳务报酬所得的情况。这两者的区别在于，工资、薪金所得是属于非独立个人劳务活动，即在机关、团体、学校、部队、企业、事业单位及其他组织中任职、受雇而得到的报酬；而劳务报酬所得，则是个人独立从事各种技艺、提供各项劳务取得的报酬。

注意：个人由于担任董事职务所取得的董事费收入，属于劳务报酬所得性质，按照劳务报酬所得项目征收个人所得税，但仅适用于个人担任公司董事、监事，且不在公司任职、受雇的情形。个人在公司（包括关联公司）任职、受雇，同时兼任董事、监事的，应将董事费、监事费与个人工资收入合并，统一按工资、薪金所得项目缴纳个人所得税。

（三）稿酬所得

稿酬所得，是指个人因其作品以图书、报刊形式出版、发表而取得的所得。将稿酬所得独立划归一个征税项目，而对不以图书、报刊形式出版、发表的翻译、审稿、书画所得归为劳务报酬所得，主要是考虑了出版、发表作品的特殊性。第一，它是一种依靠较高智力创作的精神产品；第二，它具有普遍性；第三，它与社会主义精神文明和物质文明密切相关；第四，它的报酬相对偏低。因此，稿酬所得应当与一般劳务报酬相区别，并给予适当优惠照顾。

（四）特许权使用费所得

特许权使用费所得，是指个人提供专利权、商标权、著作权、非专利技术以及其他特许权的使用权取得的所得。提供著作权的使用权取得的所得，不包括稿酬所得。

专利权，是由国家专利主管机关依法授予专利申请人或其权利继承人在一定期间内实施其发明创造的专有权。对于专利权，许多国家只将提供他人使用取得的所得，列入特许权使用费，而将转让专利权所得列为资本利得税的征税对象。我国没有开征资本利得税，故将个人提供和转让专利权取得的所得，都列入特许权使用费所得征收个人所得税。

商标权，即商标注册人享有的商标专用权。著作权，即版权，是作者依法对文学、艺术和科学作品享有的专有权。个人提供或转让商标权、著作权、专有技术或技术秘密、技术诀窍取得的所得，应当依法缴纳个人所得税。

（五）经营所得

经营所得，是指：

1. 个体工商户从事生产、经营活动取得的所得，个人独资企业投资人、合伙企业的个人合伙人来源于境内注册的个人独资企业、合伙企业生产、经营的所得。个体工商户以业主为个人所得税纳税义务人。

2. 个人依法从事办学、医疗、咨询以及其他有偿服务活动取得的所得。

3. 个人对企业、事业单位承包经营、承租经营以及转包、转租取得的所得。

对企事业单位的承包经营、承租经营所得，是指个人承包经营或承租经营以及转包、转租取得的所得。承包项目可分多种，如生产经营、采购、销售、建筑安装等各种承包。转包包括全部转包或部分转包。

4. 个人从事其他生产、经营活动取得的所得。

例如，个人因从事彩票代销业务而取得的所得，或者从事个体出租车运营的出租车驾驶员取得的收入，都应按照“经营所得”项目计征个人所得税。这里所说的从事个体出租车运营，包括：出租车属个人所有，但挂靠出租汽车经营单位或企事业单位，驾驶员向挂靠单位缴纳管理费的，或出租汽车经营单位将出租车所有权转移给驾驶员的。

注意：个体工商户和从事生产、经营的个人，取得与生产、经营活动无关的其他各项应税所得，应分别按照其他应税项目的有关规定，计算征收个人所得税。如取得银行存款的利息所得、对外投资取得的股息所得，应按“股息、利息、红利”税目的规定单独计征个人所得税。个人独资企业、合伙企业的个人投资者以企业资金为本人、家庭成员及其相关人员支付与企业生产经营无关的消费性支出及购买汽车、住房等财产性支出，视为企业对个人投资者利润分配，并入投资者个人的生产经营所得，依照“经营所得”项目计征个人所得税。

（六）利息、股息、红利所得

利息、股息、红利所得，是指个人拥有债权、股权而取得的利息、股息、红利所得。利息，是指个人拥有债权而取得的利息，包括存款利息、贷款利息和各种债券的利息。按税法规定，个人取得的利息所得，除国债和国家发行的金融债券利息外，应当依法缴纳个人所得税。股息、红利，是指个人拥有股权取得的股息、红利。按照一定的比率对每股发给的息金称为股息；公司、企业应分配的利润，按股份分配的叫红利。股息、红利所得，除另有规定外，都应当缴纳个人所得税。

除个人独资企业、合伙企业以外的其他企业的个人投资者，以企业资金为本人、家庭成员及其相关人员支付与企业生产经营无关的消费性支出及购买汽车、住房等财产性支出，视为企业对个人投资者的红利分配，依照“利息、股息、红利所得”项目计征个人所得税。企业的上述支出不允许在所得税前扣除。

纳税年度内个人投资者从其投资企业（个人独资企业、合伙企业除外）借款，在该纳税年度终了后既不归还又未用于企业生产经营的，其未归还的借款可视为企业对个人投资者的红利分配，依照“利息、股息、红利所得”项目计征个人所得税。

（七）财产租赁所得

财产租赁所得，是指个人出租不动产、机器设备、车船以及其他财产取得的所得。

个人取得的财产转租收入，属于“财产租赁所得”的征税范围，由财产转租人缴纳个人所得税。

（八）财产转让所得

财产转让所得，是指个人转让有价证券、股权、合伙企业中的财产份额、不动产、机器设备、车船以及其他财产所得。

在现实生活中，个人进行的财产转让主要是个人财产所有权的转让。财产转让实际上是一种买卖行为，当事人双方通过签订、履行财产转让合同，形成财产买卖的法律关系，使出让财产的个人从对方取得价款（收入）或其他经济利益。财产转让所得因其性质的特殊性，需要单独列举项目征税。对个人取得的各项财产转让所得，除股票转让所得外，都要征收个人所得税。具体规定为：

1. 股票转让所得。

根据《个人所得税法实施条例》规定，对股票转让所得征收个人所得税的办法，由财政部另行制定，报国务院批准施行。鉴于我国证券市场发育还不成熟，股份制还处于试点阶段，对股票转让所得的计算、征税办法和纳税期限的确认等都需要做深入的调查研究后，结合国际通行的做法，作出符合我国实际的规定。因此国务院决定，对股票转让所得暂不征收个人所得税。

2. 量化资产股份转让。

集体所有制企业在改制为股份合作制企业时，对职工个人以股份形式取得的拥有所有权的企业量化资产，暂缓征收个人所得税；待个人将股份转让时，就其转让收入额，减除个人取得该股份时实际支付的费用支出和合理转让费用后的余额，按“财产转让所得”项目计征个人所得税。

（九）偶然所得

偶然所得，是指个人得奖、中奖、中彩以及其他偶然性质的所得。得奖是指参加各种有奖竞赛活动，取得名次得到的奖金；中奖、中彩是指参加各种有奖活动，如有奖销售、有奖储蓄或者购买彩票，经规定程序，抽中、摇中号码而取得的奖金。偶然所得应缴纳的个人所得税税款，一律由发奖单位或机构代扣代缴。

个人取得的所得，难以界定应纳税所得项目的，由国务院税务主管部门确定。

三、所得来源地的确定

除国务院财政、税务主管部门另有规定外，下列所得，不论支付地点是否在中国境内，均为来源于中国境内的所得：

1. 因任职、受雇、履约等而在中国境内提供劳务取得的所得。

2. 将财产出租给承租人在中国境内使用而取得的所得。

3. 转让中国境内的建筑物、土地使用权等财产或者在中国境内转让其他财产取得的所得。

4. 许可各种特许权在中国境内使用而取得的所得。

5. 从中国境内的公司、企业以及其他经济组织或者个人取得的利息、股息、红利所得。

在中国境内无住所的个人，在中国境内居住累计满 183 天的年度连续不满六年的，其来源于中国境外的所得，经向主管税务机关备案，其来源于中国境外且由境外单位或者个人支付的所得，免予缴纳个人所得税；在中国境内居住累计满 183 天的任一年度中有一次离境超过 30 天的，其在中国境内居住累计满 183 天的年度的连续年限重新起算。

在中国境内无住所，但是在一个纳税年度中在中国境内居住累计不超过 90 日的个人，其来源于中国境内的所得，由境外雇主支付并且不由该雇主在中国境内的机构、场所负担的部分，免予缴纳个人所得税。例如，外国来华工作人员，在我国服务而取得的工资、薪金，不论是我方支付、外国支付、我方和外国共同支付，均属于来源于中国的所得，除少数人员可以享受免税优惠外（见本章第四节），其他均应按规定征收个人所得税。但对在中国境内连续居住不超过 90 天的，可只就我方支付的工资、薪金部分计算纳税，对外国支付的工资、薪金部分免予征税。并且，外国来华工作人员，由外国派出单位发给包干款项，其中包括个人工资、公用经费（邮电费、办公费、广告费、业务上往来必要的交际费）、生活津贴费（住房费、差旅费），凡对上述所得能够划分清楚的，可只就工资薪金所得部分按照规定征收个人所得税。

第二节 个人所得税的计税管理

一、税率及应纳税额的确定

1. 综合所得适用税率。

综合所得适用七级超额累进税率，税率为 3% ~45% （见表 5 -1）。

居民个人每一纳税年度内取得综合所得包括：工资、薪金所得，劳务报酬所得，稿酬所得和特许权使用费所得。

表 5-1　　综合所得个人所得税税率表

级数	全年应纳税所得额	税率（%）
1	不超过 36 000 元的	3
2	超过 36 000 元至 144 000 元的部分	10
3	超过 144 000 元至 300 000 元的部分	20
4	超过 300 000 元至 420 000 元的部分	25
5	超过 420 000 元至 660 000 元的部分	30
6	超过 660 000 元至 960 000 元的部分	35
7	超过 960 000 元的部分	45

注：①本表所称全年应纳税所得额是指依照税法的规定，居民个人取得综合所得以每一纳税年度收入额减除费用六万元以及专项扣除、专项附加扣除和依法确定的其他扣除后的余额。

②非居民个人取得工资、薪金所得，劳务报所得，稿酬所得和特许权使用费所得，依照本表按月换算后计算应纳税额。

2. 经营所得适用五级超额累进税率，税率为 5% ~35% （见表 5-2）。

表 5-2　　经营所得个人所得税税率表

级数	全年应纳税所得额	税率（%）
1	不超过 30 000 元的	5
2	超过 30 000 元至 90 000 元的部分	10
3	超过 90 000 元至 300 000 元的部分	20
4	超过 300 000 元至 500 000 元的部分	30
5	不超过 500 000 元的	35

注：本表所称全年含税应纳税所得额是依照本法第六条规定，以每一纳税年度的收入总额减除成本、费用以及损失后的余额。

值得注意的是，由于目前实行承包（租）经营的形式较多，分配方式也不相同，因此，承包、承租人按照承包、承租经营合同（协议）规定取得所得的适用税率也不一致。

（1）承包、承租人对企业经营成果不拥有所有权，仅是按合同（协议）规定取得一定所得的，其所得按“工资、薪金”所得项目征税，适用 3% ~45% 的七级超额累进税率。

（2）承包、承租人按合同（协议）的规定只向发包、出租方缴纳一定费用后，企业经营成果归其所有的，承包、承租人取得的所得，按对企事业单位的承包经营、承租经营所得项目，适用 5% ~35% 的五级超额累进税率征税。

3. 其他所得适用税率。

利息、股息、红利所得，财产租赁所得，财产转让所得和偶然所得，适用税率为 20% 的比例税率。

二、应纳税所得额的规定

由于个人所得税的应税项目不同，并且取得某项所得所需费用也不相同，因此，计算个人应纳税所得额，需要按不同应税项目分项计算。以某项应税项目的收入额减去税法规定的该项目费用减除标准后的余额，为该应税项应纳税所得额。两个以上的个人共同取得同一项目收入的，应当对每个人取得的收入分别按照个人所得税法的规定计算纳税。

1. 每次收入的确定。

《个人所得税法》对纳税义务人的征税方法有三种：一是按年计征，如个体工商户和承包、承租经营所得；二是按月计征，如工资、薪金所得；三是按次计征，如利息、股息、红利所得，财产租赁所得，偶然所得和非居民个人取得的劳务报酬所得，稿酬所得，特许权使用费所得等6项所得。在按次征收情况下，由于扣除费用依据每次应纳税所得额的大小，分别规定了定额和定率两种标准。因此，无论是从正确贯彻税法的立法精神、维护纳税义务人的合法权益方面来看，还是从避免税收漏洞、防止税款流失、保证国家税收收入方面来看，如何准确划分“次”都是十分重要的。前述6个项目的“次”，《个人所得税法实施条例》中作出了明确规定。具体是：

（1）非居民个人取得劳务报酬所得、稿酬所得、特许权使用费所得，根据不同所得项目的特点，分别规定为：

①属于一次性收入的，以取得该项收入为一次。

从劳务报酬所得来看，从事设计、安装、装潢、制图、化验、测试等劳务，往往是接受客户的委托，按照客户的要求，完成一次劳务后取得收入。因此，是属于只有一次性的收入，应以每次提供劳务取得的收入为一次。但需要注意的是，如果一次性劳务报酬收入以分月支付方式取得的，就适用同一事项连续取得收入，以1个月内取得的收入为一次的规定。

从稿酬来看，以每次出版、发表取得的收入为一次，不论出版单位是预付还是分笔支付稿酬，或者加印该作品后再付稿酬，均应合并其稿酬所得按一次计征个人所得税。具体又可细分为：同一作品再版取得的所得，应视作另一次稿酬所得计征个人所得税。同一作品先在报刊上连载，然后再出版，或先出版，再在报刊上连载的，应视为两次稿酬所得征税。即连载作为一次，出版作为另一次。同一作品在报刊上连载取得收入的，以连载完成后取得的所有收入合并为一次，计征个人所得税。同一作品在出版和发表时，以预付稿酬或分次支付稿酬等形式取得的稿酬收入，应合并计算为一次。同一作品出版、发表后，因添加印数而追加稿酬的，应与以前出版、发表时取得的稿酬合并计算为一次，计征个人所得税。在两处或两处以上出版、发表或再版同一作品而取得稿酬所得，则可分别各处取得的所得或再版所得按分次所得计征个人所得税。作者去世后，对取得其遗作稿酬的个人，按稿酬所得征收个人所得税。

从特许权使用费来看，以某项使用权的一次转让所取得的收入为一次。一个非居民个人，可能不仅拥有一项特许权利，每一项特许权的使用权也可能不止一次地向我国境内提供。因此，对特许权使用费所得的“次”的界定，明确为每一项使用权的每次转让所取得的收入为一次。如果该次转让取得的收入是分笔支付的，则应将各笔收入相加为一次的收入，计征个人所得税。

②属于同一事项连续取得收入的，以 1 个月内取得的收入为一次。例如，某外籍歌手（非居民个人）与一卡拉 OK 厅签约，在一定时期内每天到卡拉 OK 厅演唱一次，每次演出后付酬 500 元。在计算其劳务报酬所得时，应视为同一事项的连续性收入，以其 1 个月内取得的收入为一次计征个人所得税，而不能以每天取得的收入为一次。

（2）财产租赁所得，以 1 个月内取得的收入为一次。

（3）利息、股息、红利所得，以支付利息、股息、红利时取得的收入为一次。

（4）偶然所得，以每次收入为一次。

2. 应纳税所得额和费用减除标准。

（1）居民个人取得综合所得，以每年收入额减除费用 60 000 元以及专项扣除、专项附加扣除和依法确定的其他扣除后的余额，为应纳税所得额。

①专项扣除，包括居民个人按照国家规定的范围和标准缴纳的基本养老保险、基本医疗保险、失业保险等社会保险费和住房公积金等。

②专项附加扣除，包括子女教育、继续教育、大病医疗、住房贷款利息或者住房租金、赡养老人等支出，具体范围、标准和实施步骤由国务院确定，并报全国人民代表大会常务委员会备案。

③依法确定的其他扣除，包括个人缴付符合国家规定的企业年金、职业年金，个人购买符合国家规定的商业健康保险、税收递延型商业养老保险的支出，以及国务院规定可以扣除的其他项目。

④专项扣除、专项附加扣除和依法确定的其他扣除，以居民个人一个纳税年度的应纳税所得额为限额；一个纳税年度扣除不完的，不结转以后年度扣除。

（2）非居民个人的工资、薪金所得，以每月收入额减除费用 5 000 元后的余额为应纳税所得额；劳务报酬所得、稿酬所得、特许权使用费所得，以每次收入额为应纳税所得额。

（3）经营所得，以每一纳税年度的收入总额减除成本、费用以及损失后的余额，为应纳税所得额。

所称成本、费用，是指生产、经营活动中发生的各项直接支出和分配计入成本的间接费用以及销售费用、管理费用、财务费用；所称损失，是指生产、经营活动中发生的固定资产和存货的盘亏、毁损、报废损失，转让财产损失，坏账损失，自然灾害等不可抗力因素造成的损失以及其他损失。

取得经营所得的个人，没有综合所得的，计算其每一纳税年度的应纳税所得额时，应当减除费用 60 000 元、专项扣除、专项附加扣除以及依法确定的其他扣除。专项附加扣除在办理汇算清缴时减除。

在个人税收递延型商业养老保险试点区域内，取得个体工商户生产经营所得、对企事业单位的承包承租经营所得的个体工商户业主、个人独资企业投资者、合伙企业自然人合伙人和承包承租经营者，其缴纳的税收递延型商业养老保险保费准予在申报扣除当年计算应纳税所得额时予以限额据实扣除，扣除限额按照不超过当年应税收入的 6% 和 12 000 元孰低办法确定。

从事生产、经营活动，未提供完整、准确的纳税资料，不能正确计算应纳税所得额的，由主管税务机关核定应纳税所得额或者应纳税额。

个人独资企业的投资者以全部生产经营所得为应纳税所得额；合伙企业的投资者按照合伙企业的全部生产经营所得和合伙协议约定的分配比例，确定应纳税所得额，合伙协议没有约定分配比例的，以全部生产经营所得和合伙人数量平均计算每个投资者的应纳税所得额。

上述所称生产经营所得，包括企业分配给投资者个人的所得和企业当年留存的所得（利润）。

对个体工商户业主、个人独资企业和合伙企业自然人投资者的生产经营所得依法计征个人所得税时，个体工商户业主、个人独资企业和合伙企业是自然人投资者本人的费用扣除标准统一确定为60 000元/年（5 000元/月）。

对企事业单位的承包经营、承租经营所得，以每一纳税年度的收入总额，减除必要费用后的余额，为应纳税所得额。每一纳税年度的收入总额，是指纳税义务人按照承包经营、承租经营合同规定分得的经营利润和工资、薪金性质的所得；所说的减除必要费用，是指按年减除60 000元。

（4）财产租赁所得，每次收入不超过4 000元的，减除费用800元；4 000元以上的，减除20%的费用，其余额为应纳税所得额。

（5）财产转让所得，以转让财产的收入额减除财产原值和合理费用后的余额，为应纳税所得额。财产原值，是指：

①有价证券，为买入价以及买入时按照规定缴纳的有关费用。

②建筑物，为建造费或者购进价格以及其他有关费用。

③土地使用权，为取得土地使用权所支付的金额、开发土地的费用以及其他有关费用。

④机器设备、车船，为购进价格、运输费、安装费以及其他有关费用。

⑤其他财产，参照以上方法确定。

纳税义务人未提供完整、准确的财产原值凭证，不能正确计算财产原值的，由主管税务机关核定其财产原值。

合理费用，是指卖出财产时按照规定支付的有关费用。

⑥利息、股息、红利所得，偶然所得和其他所得，以每次收入额为应纳税所得额。

⑦专项附加扣除标准。

专项附加扣除是本次税法修订引入新的费用扣除标准，遵循公平合理、利于民生、简便易行的原则，目前包含子女教育、继续教育、大病医疗、住房贷款利息或者住房租金、赡养老人等6项支出，并将根据教育、医疗、住房、养老等民生支出变化情况，适时调整专项附加扣除的范围和标准。取得综合所得和经营所得的居民个人可以享受专项附加扣除。

A. 子女教育。

纳税人年满3岁的子女接受学前教育和学历教育的相关支出，按照每个子女每月1 000元（每年12 000元）的标准定额扣除。

学前教育包括年满3岁至小学入学前教育；学历教育包括义务教育（小学、初中教育)、高中阶段教育(普通高中、中等职业、技工教育)、高等教育(大学专科、大学本科、硕士研究生、博士研究生教育)。

父母可以选择由其中一方按扣除标准的100%扣除,也可以选择由双方分别按扣除标准的50%扣除,具体扣除方式在一个纳税年度内不能变更。

纳税人子女在中国境外接受教育的,纳税人应当留存境外学校录取通知书、留学签证等相关教育的证明资料备查。

B. 继续教育。

纳税人在中国境内接受学历(学位)继续教育的支出,在学历(学位)教育期间按照每月400元(每年4 800元)定额扣除。同一学历(学位)继续教育的扣除期限不能超过48个月(4年)。纳税人接受技能人员职业资格继续教育、专业技术人员职业资格继续教育支出,在取得相关证书的当年,按照3 600元定额扣除。

个人接受本科及以下学历(学位)继续教育,符合税法规定扣除条件的,可以选择由其父母扣除,也可以选择由本人扣除。

纳税人接受技能人员职业资格继续教育、专业技术人员职业资格继续教育的,应当留存相关证书等资料备查。

C. 大病医疗。

在一个纳税年度内,纳税人发生的与基本医保相关的医药费用支出,扣除医保报销后个人负担(指医保目录范围内的自付部分)累计超过15 000元的部分,由纳税人在办理年度汇算清缴时,在80 000元限额内据实扣除。

纳税人发生的医药费用支出可以选择由本人或者其配偶扣除;未成年子女发生的医药费用支出可以选择由其父母一方扣除。纳税人及其配偶、未成年子女发生的医药费用支出,应按前述规定分别计算扣除额。

纳税人应当留存医药服务收费及医保报销相关票据原件(或复印件)等资料备查。医疗保障部门应当向患者提供在医疗保障信息系统记录的本人年度医药费用信息查询服务。

D. 住房贷款利息。

纳税人本人或配偶,单独或共同使用商业银行或住房公积金个人住房贷款,为本人或其配偶购买中国境内住房,发生的首套住房贷款利息支出,在实际发生贷款利息的年度,按照每月1 000元(每年12 000元)的标准定额扣除,扣除期限最长不超过240个月(20年)。纳税人只能享受一套首套住房贷款利息扣除。

所称首套住房贷款是指购买住房享受首套住房贷款利率的住房贷款。

经夫妻双方约定,可以选择由其中一方扣除,具体扣除方式在确定后,一个纳税年度内不得变更。

夫妻双方婚前分别购买住房发生的首套住房贷款,其贷款利息支出,婚后可以选择其中一套购买的住房,由购买方按扣除标准的100%扣除,也可以由夫妻双方对各自购买的住房分别按扣除标准的50%扣除,具体扣除方式在一个纳税年度内不能变更。

纳税人应当留存住房贷款合同、贷款还款支出凭证备查。

E. 住房租金。

纳税人在主要工作城市没有自有住房而发生的住房租金支出,可以按照以下标准定额扣除:

直辖市、省会（首府）城市、计划单列市以及国务院确定的其他城市，扣除标准为每月 1 500 元（每年 18 000 元）。除上述所列城市外，市辖区户籍人口超过 100 万的城市，扣除标准为每月 1 100 元（每年 13 200 元）；市辖区户籍人口不超过 100 万的城市，扣除标准为每月 800 元（每年 9 600 元）。

市辖区户籍人口，以国家统计局公布的数据为准。

所称主要工作城市是指纳税人任职受雇的直辖市、计划单列市、副省级城市、地级市（地区、州、盟）全部行政区域范围；纳税人无任职受雇单位的，为受理其综合所得汇算清缴的税务机关所在城市。

夫妻双方主要工作城市相同的，只能由一方扣除住房租金支出。

住房租金支出由签订租赁住房合同的承租人扣除。

纳税人及其配偶在一个纳税年度内不得同时分别享受住房贷款利息专项附加扣除和住房租金专项附加扣除。

纳税人应当留存住房租赁合同、协议等有关资料备查。

F. 赡养老人。

纳税人赡养一位及以上被赡养人的赡养支出，统一按以下标准等额扣除：

纳税人为独生子女的，按照每月 2 000 元（每年 24 000 元）的标准定额扣除；纳税人为非独生子女的，由其与兄弟姐妹分摊每月 2 000 元（每年 24 000 元）的扣除额度，每人分摊的额度最高不得超过每月 1 000 元（每年 12 000 元）。可以由赡养人均摊或者约定分摊，也可以由被赡养人指定分摊。约定或者指定分摊的须签订书面分摊协议，指定分摊优于约定分摊。具体分摊方式和额度在一个纳税年度内不得变更。

所称被赡养人是指年满 60 岁的父母，以及子女均已去世的年满 60 岁的祖父母、外祖父母。

3. 应纳税所得额的其他规定。

（1）劳务报酬所得、稿酬所得、特许权使用费所得以收入减除 20% 的费用后的余额为收入额。稿酬所得的收入额减按 70% 计算。个人兼有不同的劳务报酬所得，应当分别减除费用，计算缴纳个人所得税。

（2）个人将其所得对教育、扶贫、济困等公益慈善事业进行捐赠，捐赠额未超过纳税人申报的应纳税所得额 30% 的部分，可以从其应纳税所得额中扣除；国务院规定对公益慈善事业捐赠实行全额税前扣除的，从其规定。

所称个人将其所得对教育、扶贫、济困等公益慈善事业进行捐赠，是指个人将其所得通过中国境内的公益性社会组织、国家机关向教育、扶贫、济困等公益慈善事业的捐赠；所称应纳税所得额，是指计算扣除捐赠额之前的应纳税所得额。

（3）个人所得的形式，包括现金、实物、有价证券和其他形式的经济利益；所得为实物的，应当按照取得的凭证上所注明的价格计算应纳税所得额，无凭证的实物或者凭证上所注明的价格明显偏低的，参照市场价格核定应纳税所得额；所得为有价证券的，根据票面价格和市场价格核定应纳税所得额；所得为其他形式的经济利益的，参照市场价格核定应纳税所得额。

（4）居民个人从中国境外取得的所得，可以从其应纳税额中抵免已在境外缴纳的个人所得税税额，但抵免额不得超过该纳税人境外所得依照本法规定计算的应纳税额。

（5）所得为人民币以外货币的，按照办理纳税申报或者扣缴申报的上一月最后一日人民币汇率中间价，折合成人民币计算应纳税所得额。年度终了后办理汇算清缴的，对已经按月、按季或者按次预缴税款的人民币以外货币所得，不再重新折算；对应当补缴税款的所得部分，按照上一纳税年度最后一日人民币汇率中间价，折合成人民币计算应纳税所得额。

（6）对个人从事技术转让、提供劳务等过程中所支付的中介费，如能提供有效、合法凭证的，则允许从其所得中扣除。

三、应纳税额的计算

依照税法规定的适用税率和费用扣除标准，各项所得的应纳税额，应分别计算如下。

（一）居民个人综合所得应纳税额的计算

首先，工资、薪金所得全额计入收入额；而劳务报酬所得、特许权使用费所得的收入额为实际取得劳务报酬、特许权使用费收入的80%；此外，稿酬所得的收入额在扣除20%费用的基础上，再减按70%计算，即稿酬所得的收入额为实际取得稿酬收入的56%。

其次，居民个人的综合所得，以每一纳税年度的收入额减除费用6万元以及专项扣除、专项附加扣除和依法确定的其他扣除后的余额，为应纳税所得额。

居民个人综合所得应纳税额的计算公式为：

$$\text{应纳税额} = \sum(\text{每一级数的全年应纳税所得额} \times \text{对应级数的适用税率})$$
$$= [\text{每一级数}(\text{全年收入额} - 60\,000\text{元} - \text{专项扣除} - \text{享受的专项附加扣除} - \text{享受的其他扣除}) \times \text{对应级数的适用税率}]$$

需要说明的是，由于居民个人的全年综合所得在计算应纳个人所得税额时，适用的是超额累进税率，因而计算比较烦琐。运用速算扣除数计算法，可以简化计算过程。速算扣除数是指在采用超额累进税率征税的情况下，根据超额累进税率表中划分的应纳税所得额级距和税率，先用全额累进方法计算出税额，再减去用超额累进方法计算的应征税额以后的差额。当超额累进税率表中的级距和税率确定以后，各级速算扣除数也固定不变，成为计算应纳税额时的常数。虽然税法中没有提供含有速算扣除数的税率表，但我们可以利用上述原理整理出包含有速算扣除数的居民个人全年综合所得税率表（见表5-3）。

表5-3　　综合所得个人所得税税率表（含速算扣除数）

级数	全年应纳税所得额	税率（%）	速算扣除数
1	不超过36 000元的	3	0
2	超过36 000元至144 000元的部分	10	2 520
3	超过144 000元至300 000元的部分	20	16 920
4	超过300 000元至420 000元的部分	25	31 920
5	超过420 000元至660 000元的部分	30	52 920
6	超过660 000元至960 000元的部分	35	85 920
7	超过960 000元的部分	45	181 920

这样，居民个人综合所得应纳税额的计算公式应为：

应纳税额＝全年应纳税所得额×适用税率－速算扣除数

＝（全年收入额－60 000元－社保、住房公积金费用－享受的专项附加扣除－享受的其他扣除）×适用税率－速算扣除数

【例5－1】假定某居民个人纳税人2019年扣除“四险一金”后共取得含税工资收入12万元，除住房贷款专项附加扣除外，该纳税人不享受其余专项附加扣除和税法规定的其他扣除。计算其当年应纳个人所得税税额。

（1）全年应纳税所得额＝120 000－60 000－12 000＝2 280（元）

（2）应纳税额＝48 000×10%－2 520＝1 440（元）

【例5－2】假定某居民个人纳税人为独生子女，2019年交完社保和住房公积金后共取得税前工资收入20万元，劳务报酬1万元，稿酬1万元。该纳税人有两个小孩且均由其扣除子女教育专项附加，纳税人的父母健在且均已年满60岁。计算其当年应纳个人所得税税额。

（1）全年应纳税所得额＝200 000＋10 000×（1－20%）＋10 000×70%×（1－20%）－60 000－12 000×2－24 000

＝213 600－108 000＝105 600（元）

（2）应纳税额＝105 600×10%－2 520＝8 040（元）

（二）非居民个人取得工资、薪金所得，劳务报酬所得，稿酬所得和特许权使用费所得应纳税额的计算

首先需要明确的是，同居民个人取得的劳务报酬所得、稿酬所得和特许权使用费所得一样，非居民个人取得的这些项目的所得同样适用劳务报酬所得、稿酬所得、特许权使用费所得以收入减除20%的费用后的余额为收入额；稿酬所得的收入额减按70%计算的规定。

非居民个人的工资、薪金所得，以每月收入额减除费用5 000元后的余额为应纳税所得额；劳务报酬所得、稿酬所得、特许权使用费所得，以每次收入额为应纳税所得额。

前面提及，非居民个人取得工资、薪金所得，劳务报酬所得，稿酬所得和特许权使用费所得，依照表5－1按月换算后计算应纳税额。因此，非居民个人从我国境内取得这些所得时，适用的税率表如表5－4所示。

表5－4　非居民个人工资、薪金所得，劳务报酬所得，稿酬所得，特许权使用费所得适用税率表

级数	全年应纳税所得额	税率（%）	速算扣除数
1	不超过3 000元的	3	0
2	超过3 000元至12 000元的部分	10	210
3	超过12 000元至25 000元的部分	20	1 410
4	超过25 000元至35 000元的部分	25	2 660
5	超过35 000元至55 000元的部分	30	4 410
6	超过55 000元至80 000元的部分	35	7 160
7	超过80 000元的部分	45	15 160

【例 5 - 3】假定某外商投资企业中工作的美国专家（假设为非居民纳税人），2019 年 2 月取得由该企业发放的含税工资收入 10 400 元人民币，此外还从别处取得劳务报酬 5 000 元人民币。请计算当月其应纳个人所得税税额。

（1）该非居民个人当月工资、薪金所得应纳税额 =（10 400 - 5 000）× 10% - 210 = 330（元）

（2）该非居民个人当月劳务报酬所得应纳税额 = 5 000 ×（1 - 20%）× 10% - 210 = 190（元）

（三）经营所得应纳税额的计算

经营所得应纳税额的计算公式为：

应纳税额 = 全年应纳税所得额 × 适用税率 - 速算扣除数

或　　　= （全年收入总额 - 成本、费用以及损失）× 适用税率 - 速算扣除数

同居民个人综合所得应纳税额的计算一样，利用税法中给出的经营所得税率表，换算得到包含速算扣除数的经营所得适用税率表，如表 5 - 5 所示。

表 5 - 5　　经营所得个人所得税税率表（含速算扣除数）

级数	全年应纳税所得额	税率（%）	速算扣除数
1	不超过 30 000 元的	5	0
2	超过 30 000 元至 90 000 元的部分	10	1 500
3	超过 90 000 元至 300 000 元的部分	20	10 500
4	超过 300 000 元至 500 000 元的部分	30	40 500
5	超过 500 000 元的部分	35	65 500

1. 个体工商户的生产、经营所得应纳税额的计算。

个体工商户应纳税所得额的计算，以权责发生制为原则，属于当期的收入和费用，不论款项是否收付，均作为当期的收入和费用；不属于当期的收入和费用，即使款项已经在当期收付，均不作为当期收入和费用。财政部、国家税务总局另有规定的除外。基本规定如下：

（1）计税基本规定。

①个体工商户的生产、经营所得，以每一纳税年度的收入总额，减除成本、费用、税金、损失、其他支出以及允许弥补的以前年度亏损后的余额，为应纳税所得额。

②个体工商户从事生产经营以及与生产经营有关的活动（以下简称生产经营）取得的货币形式和非货币形式的各项收入，为收入总额。其包括：销售货物收入、提供劳务收入、转让财产收入、利息收入、租金收入、接受捐赠收入、其他收入。

前款所称其他收入包括个体工商户资产溢余收入、逾期一年以上的未退包装物押金收入、确实无法偿付的应付款项、已作坏账损失处理后又收回的应收款项、债务重组收入、补贴收入、违约金收入、汇兑收益等。

③成本，是指个体工商户在生产经营活动中发生的销售成本、销货成本、业务支出以及其他耗费。

④费用，是指个体工商户在生产经营活动中发生的销售费用、管理费用和财务费用，已经计入成本的有关费用除外。

⑤税金，是指个体工商户在生产经营活动中发生的除个人所得税和允许抵扣的增值税以外的各项税金及其附加。

⑥损失，是指个体工商户在生产经营活动中发生的固定资产和存货的盘亏、毁损、报废损失，转让财产损失，坏账损失，自然灾害等不可抗力因素造成的损失以及其他损失。

个体工商户发生的损失，减除责任人赔偿和保险赔款后的余额，参照财政部、国家税务总局有关企业资产损失税前扣除的规定扣除。

个体工商户已经作为损失处理的资产，在以后纳税年度又全部收回或者部分收回时，应当计入收回当期的收入。

⑦其他支出，是指除成本、费用、税金、损失外，个体工商户在生产经营活动中发生的与生产经营活动有关的、合理的支出。

⑧个体工商户发生的支出应当区分收益性支出和资本性支出。收益性支出在发生当期直接扣除；资本性支出应当分期扣除或者计入有关资产成本，不得在发生当期直接扣除。

前款所称支出，是指与取得收入直接相关的支出。

除税收法律法规另有规定外，个体工商户实际发生的成本、费用、税金、损失和其他支出，不得重复扣除。

⑨个体工商户下列支出不得扣除：

个人所得税税款；税收滞纳金；罚金、罚款和被没收财物的损失；不符合扣除规定的捐赠支出；赞助支出；用于个人和家庭的支出；与取得生产经营收入无关的其他支出；国家税务总局规定不准扣除的支出。

⑩个体工商户生产经营活动中，应当分别核算生产经营费用和个人、家庭费用。对于生产经营与个人、家庭生活混用难以分清的费用，其40%视为与生产经营有关费用，准予扣除。

⑪个体工商户纳税年度发生的亏损，准予向以后年度结转，用以后年度的生产经营所得弥补，但结转年限最长不得超过五年。

⑫个体工商户使用或者销售存货，按照规定计算的存货成本，准予在计算应纳税所得额时扣除。

⑬个体工商户转让资产，该项资产的净值，准予在计算应纳税所得额时扣除。

⑭本办法所称亏损，是指个体工商户依照本办法规定计算的应纳税所得额小于0的数额。

⑮ 个体工商户与企业联营而分得的利润，按利息、股息、红利所得项目征收个人所得税。

⑯个体工商户和从事生产、经营的个人，取得与生产、经营活动无关的各项应税所得，应按规定分别计算征收个人所得税。

（2）扣除项目及标准。

①个体工商户实际支付给从业人员的、合理的工资薪金支出，准予扣除。

个体工商户业主的费用扣除标准，确定为60 000元/年。

个体工商户业主的工资薪金支出不得税前扣除。

②个体工商户按照国务院有关主管部门或者省级人民政府规定的范围和标准为其业主和从业人员缴纳的基本养老保险费、基本医疗保险费、失业保险费、生育保险费、工伤保险费和住房公积金，准予扣除。

个体工商户为从业人员缴纳的补充养老保险费、补充医疗保险费，分别在不超过从业人员工资总额5%标准内的部分据实扣除；超过部分，不得扣除。

个体工商户业主本人缴纳的补充养老保险费、补充医疗保险费，以当地（地级市）上年度社会平均工资的3倍为计算基数，分别在不超过该计算基数5%标准内的部分据实扣除；超过部分，不得扣除。

③除个体工商户依照国家有关规定为特殊工种从业人员支付的人身安全保险费和财政部、国家税务总局规定可以扣除的其他商业保险费外，个体工商户业主本人或者为从业人员支付的商业保险费，不得扣除。

④个体工商户在生产经营活动中发生的合理的不需要资本化的借款费用，准予扣除。

个体工商户为购置、建造固定资产、无形资产和经过12个月以上的建造才能达到预定可销售状态的存货发生借款的，在有关资产购置、建造期间发生的合理的借款费用，应当作为资本性支出计入有关资产的成本，并依照本办法的规定扣除。

⑤个体工商户在生产经营活动中发生的下列利息支出，准予扣除：

向金融企业借款的利息支出；向非金融企业和个人借款的利息支出，不超过按照金融企业同期词类贷款利率计算的数额的部分。

⑥个体工商户在货币交易中，以及纳税年度终了时将人民币以外的货币性资产、负债按照期末即期人民币汇率中间价折算为人民币时产生的汇兑损失，除已经计入有关资产成本部分外，准予扣除。

⑦个体工商户向当地工会组织拨缴的工会经费、实际发生的职工福利费支出、职工教育经费支出分别在工资薪金总额的2%、14%、2.5%的标准内据实扣除。

工资薪金总额是指允许在当期税前扣除的工资薪金支出数额。

职工教育经费的实际发生数额超出规定比例当期不能扣除的数额，准予在以后纳税年度结转扣除。

个体工商户业主本人向当地工会组织缴纳的工会经费、实际发生的职工福利费支出、职工教育经费支出，以当地（地级市）上年度社会平均工资的3倍为计算基数，在本条第一款规定比例内据实扣除。

⑧个体工商户发生的与生产经营活动有关的业务招待费，按照实际发生额的60%扣除但最高不得超过当年销售（营业）收入的5‰。

业主自申请营业执照之日起至开始生产经营之日止所发生的业务招待费，按照实际发生额的60%计入个体工商户的开办费。

⑨个体工商户每一纳税年度发生的与其生产经营活动直接相关的广告费和业务宣传费不超过当年销售（营业）收入15%的部分，可以据实扣除；超过部分，准予在以后纳税年度结转扣除。

⑩个体工商户代其从业人员或者他人负担的税款，不得税前扣除。

⑪个体工商户按照规定缴纳的摊位费、行政性收费、协会会费等，按实际发生数额扣除。

⑫个体工商户根据生产经营活动的需要租入固定资产支付的租赁费，按照以下方法扣除：以经营租赁方式租入固定资产发生的租赁费支出，按照租赁期限均匀扣除；以融资租赁方式租入固定资产发生的租赁费支出，按照规定构成融资租入固定资产价值的部分应当提取折旧费用，分期扣除。

⑬个体工商户参加财产保险，按照规定缴纳的保险费，准予扣除。

⑭个体工商户发生的合理的劳动保护支出，准予扣除。

⑮个体工商户自申请营业执照之日起至开始生产经营之日止所发生符合本办法规定的费用，除为取得固定资产、无形资产的支出，以及应计入资产价值的汇兑损益、利息支出外，作为开办费，个体工商户可以选择在开始生产经营的当年一次性扣除，也可自生产经营月份起在不短于3年期限内摊销扣除，但一经选定，不得改变。

开始生产经营之日为个体工商户取得第一笔销售（营业）收入的日期。

⑯个体工商户通过公益性社会团体或者县级以上人民政府及其部门，用于《中华人民共和国公益事业捐赠法》规定的公益事业的捐赠，捐赠额不超过其应纳税所得额30%的部分可以据实扣除。

财政部、国家税务总局规定可以全额在税前扣除的捐赠支出项目，按有关规定执行。

个体工商户直接对受益人的捐赠不得扣除。

公益性社会团体的认定，按照财政部、国家税务总局、民政部有关规定执行。

⑰本办法所称赞助支出，是指个体工商户发生的与生产经营活动无关的各种非广告性质支出。

⑱个体工商户研究开发新产品、新技术、新工艺所发生的开发费用，以及研究开发新产品、新技术而购置单台价值在10万元以下的测试仪器和试验性装置的购置费准予直接扣除；单台价值在10万元以上（含10万元）的测试仪器和试验性装置，按固定资产管理，不得在当期直接扣除。

【例5-4】某小型运输公司系个体工商户，账证齐全，2019年12月取得经营收入为320 000元，准许扣除的当月成本、费用（不含业主工资）及相关税金共计250 600元。1~11月累计应纳税所得额88 400元（未扣除业主费用减除标准），1~11月累计已预缴个人所得税10 200元。除经营外，业主本人没有其他收入，且2019年全年均享受赡养老人一项专项附加扣除。不考虑专项扣除和符合税法规定的其他扣除，请计算该个体工商户2019年度汇算清缴时应申请的个人所得税退税款。

纳税人取得经营所得，按年计算个人所得税，由纳税人在月度或季度终了后15日内，向经营管理所在地主管税务机关办理预缴纳税申报；在取得所得的次年3月31日前，向经营管理所在地主管税务机关办理汇算清缴。因此，按照税收法律、法规和文件规定，先计算全年应纳税所得额，再计算全年应纳税额。并根据全年应纳税额和当年已预交税额计算出当年度应补（退）税额。

（1）全年应纳税所得额＝320 000－250 600＋88 400－60 000－24 000＝73 800（元）

（2）全年应缴纳个人所得税＝73 800×10%－1 500＝5 880（元）

（3）该个体工商户2019年度应申请的个人所得税退税额＝10 200－5 880＝4 320（元）

2. 个人独资企业和合伙企业应纳税额计算。

对个人独资企业和合伙企业生产经营所得，其个人所得税应纳税额的计算有以下两种方法：

第一种：查账征税。

（1）自2019年1月1日起，个人独资企业和合伙企业投资者的生产经营所得依法计征个人所得税时，个人独资企业和合伙企业投资者本人的费用扣除标准统一确定为60 000元/年，即5 000元/月。投资者的工资不得在税前扣除。

（2）投资者及其家庭发生的生活费用不允许在税前扣除。投资者及其家庭发生的生活费用与企业生产经营费用混合在一起，并且难以划分的，全部视为投资者个人及其家庭发生的生活费用，不允许在税前扣除。

（3）企业生产经营和投资者及其家庭生活共用的固定资产，难以划分的，由主管税务机关根据企业的生产经营类型、规模等具体情况，核定准予在税前扣除的折旧费用的数额或比例。

（4）企业向其从业人员实际支付的合理的工资、薪金支出，允许在税前据实扣除。

（5）企业拨缴的工会经费、发生的职工福利费、职工教育经费支出分别在工资薪金总额2%、14%、2.5%的标准内据实扣除。

（6）每一纳税年度发生的广告费和业务宣传费用不超过当年销售（营业）收入15%的部分，可据实扣除；超过部分，准予在以后纳税年度结转扣除。

（7）每一纳税年度发生的与其生产经营业务直接相关的业务招待费支出，按照发生额的60%扣除，但最高不得超过当年销售（营业）收入的5‰。

（8）企业计提的各种准备金不得扣除。

（9）投资者兴办两个或两个以上企业，并且企业性质全部是独资的，年度终了后，汇算清缴时，应纳税款的计算按以下方法进行：汇总其投资兴办的所有企业的经营所得作为应纳税所得额，以此确定适用税率，计算出全年经营所得的应纳税额，再根据每个企业的经营所得占所有企业经营所得的比例，分别计算出每个企业的应纳税额和应补缴税额。计算公式如下：

$$应纳税所得额 = \sum 各个企业的经营所得$$

$$应纳税额 = 应纳税所得额 \times 税率 - 速算扣除数$$

$$本企业应纳税额 = 应纳税额 \times 本企业的经营所得 \div \sum 各个企业的经营所得$$

$$本企业应补缴的税额 = 本企业应纳税额 - 本企业预缴的税额$$

（10）投资者兴办两个或两个以上企业的，根据前述规定准予扣除的个人费用，由投资者选择在其中一个企业的生产经营所得中扣除。

（11）企业的年度亏损，允许用本企业下一年度的生产经营所得弥补，下一年度所得不足弥补的，允许逐年延续弥补，但最长不得超过5年。

投资者兴办两个或两个以上企业的，企业的年度经营亏损不能跨企业弥补。

（12）投资者来源于中国境外的生产经营所得，已在境外缴纳所得税的，可以按照个人所得税法的有关规定计算扣除已在境外缴纳的所得税。

第二种：核定征收。

核定征收方式，包括定额征收、核定应税所得率征收以及其他合理的征收方式。

（1）有下列情形之一的，主管税务机关应采取核定征收方式征收个人所得税：

①企业依照国家有关规定应当设置但未设置账簿的。

②企业虽设置账簿，但账目混乱或者成本资料、收入凭证、费用凭证残缺不全，难以查账的。

③纳税人发生纳税义务，未按照规定的期限办理纳税申报，经税务机关责令限期申报，逾期仍不申报的。

（2）实行核定应税所得率征收方式的，应纳所得税额的计算公式如下：

①应纳所得税额 = 应纳税所得额 × 适用税率

②应纳税所得额 = 收入总额 × 应税所得率

或 = 成本费用支出额 ÷ (1 − 应税所得率) × 应税所得率

应税所得率应按规定的标准执行（见表 5－6）。

表 5－6 个人所得税应税所得率表

行业	应税所得率（%）
工业、交通运输业、商业	5～20
建筑业、房地产开发业	7～20
饮食服务业	7～25
娱乐业	20～40
其他行业	10～30

企业经营多业的，无论其经营项目是否单独核算，均应根据其主营项目确定其适用的应税所得率。

（3）实行核定征税的投资者，不能享受个人所得税的优惠政策。

（4）实行查账征税方式的个人独资企业和合伙企业改为核定征税方式后，在查账征税方式下认定的年度经营亏损未弥补完的部分，不得再继续弥补。

（5）个体工商户、个人独资企业和合伙企业因在纳税年度中间开业、合并、注销及其他原因，导致该纳税年度的实际经营期不足 1 年的，对个体工商户业主、个人独资企业投资者与合伙企业自然人和合伙人的生产经营所得计算个人所得税时，以其实际经营期为 1 个纳税年度。投资者本人的费用扣除标准，应按照其实际经营月份数，以每月 5 000 元的减除标准确定。计算公式如下：

应纳税所得额 = 该年度收入总额 − 成本、费用及损失 − 当年投资者本人的费用扣除额

当年投资者本人的费用扣除额 = 月减除费用（5 000 元/月）× 当年实际经营月份数

应纳税额 = 应纳税所得额 × 税率 − 速算扣除数

此外，无论是查账征收的，还是核定征税的个人独资企业和合伙企业，税法规定：

（1）个人独资企业和合伙企业对外投资分回的利息或者股息、红利，不并入企业的收入，而应单独作为投资者个人取得的利息、股息、红利所得，按“利息、股息、红利所得”应税项目计算缴纳个人所得税。以合伙企业名义对外投资分回利息或者股息、红利的，应按个人独资企业的投资者以全部生产经营所得为应纳税所得额；合伙企业的投资者按照合伙企业的全部生产经营所得和合伙协议约定的分配比例确定应纳税所得额，合伙协议没有约定分配比例的，以全部生产经营所得和合伙人数量平均计算每个投资者的应纳税

所得额的规定，确定各个投资者的利息、股息、红利所得，分别接“利息、股息、红利所得”应税项目计算缴纳个人所得税。

（2）残疾人员投资兴办或参与投资兴办个人独资企业和合伙企业的，残疾人员取得的经营所得，符合各省、自治区、直辖市人民政府规定的减征个人所得税条件的，经本人申请、主管税务机关审核批准，可按各省、自治区、直辖市人民政府规定减征的范围和幅度，减征个人所得税。

（3）企业进行清算时，投资者应当在注销工商登记之前，向主管税务机关结清有关税务事宜。企业的清算所得应当视为年度生产经营所得，由投资者依法缴纳个人所得税。所称清算所得，是指企业清算时的全部资产或者财产的公允价值扣除各项清算费用、损失、负债、以前年度留存的利润后，超过实缴资本的部分。

（4）企业在纳税年度的中间开业，或者由于合并、关闭等原因，使该纳税年度的实际经营期不足 12 个月的，应当以其实际经营期为一个纳税年度。

（四）财产租赁所得应纳税额的计算

1. 应纳税所得额。

财产租赁所得一般以个人每次取得的收入，定额或定率减除规定费用后的余额为应纳税所得额。每次收入不超过 4 000 元，定额减除费用 800 元；每次收入在 4 000 元以上，定率减除 20% 的费用。财产租赁所得以 1 个月内取得的收入为一次。

在确定财产租赁的应纳税所得额时，纳税人在出租财产过程中缴纳的税金和教育费附加，可持完税（缴款）凭证，从其财产租赁收入中扣除。准予扣除的项目除了规定费用和有关税、费外，还准予扣除能够提供有效、准确凭证，证明由纳税人负担的该出租财产实际开支的修缮费用。允许扣除的修缮费用，以每次 800 元为限。一次扣除不完的，准予在下一次继续扣除，直到扣完为止。

个人出租财产取得的财产租赁收入，在计算缴纳个人所得税时，应依次扣除以下费用：

（1）财产租赁过程中缴纳的税费。

（2）由纳税人负担的该出租财产实际开支的修缮费用。

（3）税法规定的费用扣除标准。

应纳税所得额的计算公式为：

①每次（月）收入不超过 4 000 元的：

应纳税所得额 = 每次（月）收入额 − 准予扣除项目 − 修缮费用（800 元为限）− 800 元

②每次（月）收入超过 4 000 元的：

应纳税所得额 =［每次（月）收入额 − 准予扣除项目 − 修缮费用（800 元为限）］×（1 − 20%）

2. 个人房屋转租应纳税额的计算。

个人将承租房屋转租取得的租金收入，属于个人所得税应税所得，应按“财产租赁所得”项目计算缴纳个人所得税。

具体规定为：

（1）取得转租收入的个人向房屋出租方支付的租金，凭房屋租赁合同和合法支付凭据允许在计算个人所得税时，从该项转租收入中扣除。

（2）有关财产租赁所得个人所得税前扣除税费的扣除次序调整为：

①财产租赁过程中缴纳的税费。

②向出租方支付的租金。

③由纳税人负担的租赁财产实际开支的修缮费用。

④税法规定的费用扣除标准。

3. 应纳税额的计算方法。

财产租赁所得适用20%的比例税率。但对个人按市场价格出租的居民住房取得的所得，自2001年1月1日起暂减按10%的税率征收个人所得税。其应纳税额的计算公式为：

应纳税额＝应纳税所得额×适用税率

【例5－5】刘某于2019年1月将其自有的面积为150平方米的公寓按市场价出租给张某居住。刘某每月取得租金收入4 500元，全年租金收入54 000元。计算刘某全年租金收入应缴纳的个人所得税（不考虑其他税费）。

财产租赁收入以每月内取得的收入为一次，按市场价出租给个人居住适用10%的税率，因此，刘某每月及全年应纳税额为：

（1）每月应纳税额＝4 500×（1－20%）×10%＝360（元）

（2）全年应纳税额＝360×12＝4 320（元）

本例在计算个人所得税时未考虑其他税费。如果对租金收入计征营业税、城市维护建设税、房产税和教育费附加等，还应将其从税前的收入中先扣除后再计算应缴纳的个人所得税。

假定【例5－5】中，当年2月因下水道堵塞找人修理，发生修理费用1 000元，有维修部门的正式收据，则2月和3月的应纳税额为：

（1）2月应纳税额＝（4 500－800－800）×10%＝290（元）

（2）3月应纳税额＝（4 500－200）×（1－20%）×10%＝344（元）

在实际征税过程中，有时会出现财产租赁所得的纳税人不明确的情况。对此，在确定财产租赁所得纳税人时，应以产权凭证为依据。无产权凭证的，由主管税务机关根据实际情况确定纳税人。如果产权所有人死亡，在未办理产权继承手续期间，该财产出租且有租金收入的，以领取租金收入的个人为纳税人。

（五）财产转让所得应纳税额的计算

1. 一般情况下财产转让所得应纳税额的计算。

财产转让所得应纳税额的计算公式为：

应纳税额＝应纳税所得额×适用税率＝（收入总额－财产原值－合理税费）×20%

【例5－6】某个人建房一幢，造价360 000元，支付其他费用50 000元。该个人建成后将房屋出售，售价600 000元，在售房过程中按规定支付交易费等相关税费35 000元，其应纳个人所得税税额的计算过程为：

（1）应纳税所得额＝财产转让收入－财产原值－合理费用

＝600 000－（360 000＋50 000）－35 000＝155 000（元）

（2）应纳税额＝155 000×20%＝31 000（元）

2. 个人住房转让所得应纳税额的计算。

自2006年8月1日起，个人转让住房所得应纳个人所得税的计算具体规定如下：

（1）以实际成交价格为转让收入。纳税人申报的住房成交价格明显低于市场价格且无正当理由的，征收机关依法有权根据有关信息核定其转让收入，但必须保证各税种计税价格一致。

（2）纳税人可凭原购房合同、发票等有效凭证，经税务机关审核后，允许从其转让收入中减除房屋原值、转让住房过程中缴纳的税金及有关合理费用。

房屋原值具体为：①商品房：购置该房屋时实际支付的房价款及缴纳的相关税费。②自建住房：实际发生的建造费用及建造和取得产权时实际缴纳的相关税费。③经济适用房（含集资合作建房、安居工程住房）：原购房人实际支付的房价款及相关税费，以及按规定缴纳的土地出让金。④已购公有住房：原购公有住房标准面积按当地经济适用房价格计算的房价款，加上原购公有住房超标准面积实际支付的房价款以及按规定向财政部门（或原产权单位）缴纳的所得收益及相关税费。已购公有住房是指城镇职工根据国家和县级（含县级）以上人民政府有关城镇住房制度改革政策规定，按照成本价（或标准价）购买的公有住房。经济适用房价格按县级（含县级）以上地方人民政府规定的标准确定。⑤城镇拆迁安置住房，其原值分别为：房屋拆迁取得货币补偿后购置房屋的，为购置该房屋实际支付的房价款及缴纳的相关税费；房屋拆迁采取产权调换方式的，所调换房屋原值为《房屋拆迁补偿安置协议》注明的价款及缴纳的相关税费；房屋拆迁采取产权调换方式，被拆迁人除取得所调换房屋，又取得部分货币补偿的，所调换房屋原值为《房屋拆迁补偿安置协议》注明的价款和缴纳的相关税费，减去货币补偿后的余额；房屋拆迁采取产权调换方式，被拆迁人取得所调换房屋，又支付部分货币的，所调换房屋原值为《房屋拆迁补偿安置协议》注明的价款，加上所支付的货币及缴纳的相关税费。

转让住房过程中缴纳的税金是指纳税人在转让住房时实际缴纳的城市维护建设税、教育费附加、土地增值税、印花税等税金。

合理费用是指纳税人按照规定实际支付的住房装修费用、住房贷款利息、手续费、公证费等费用。其中：①住房装修费用。纳税人能提供实际支付装修费用的税务统一发票，并且发票上所列付款人姓名与转让房屋产权人一致的，经税务机关审核，其转让的住房在转让前实际发生的装修费用，可在以下规定比例内扣除：已购公有住房、经济适用房：最高扣除限额为房屋原值的15%；商品房及其他住房：最高扣除限额为房屋原值的10%。纳税人原购房为装修房，即合同注明房价款中含有装修费（铺装了地板，装配了洁具、厨具等）的，不得再重复扣除装修费用。②住房贷款利息。纳税人出售以按揭贷款方式购置的住房，其向贷款银行实际支付的住房贷款利息，凭贷款银行出具的有效证明据实扣除。③纳税人按照有关规定实际支付的手续费、公证费等，凭有关部门出具的有效证明据实扣除。

（3）纳税人未提供完整、准确的房屋原值凭证，不能正确计算房屋原值和应纳税额的，税务机关可根据《税收征收管理法》第三十五条的规定，对其实行核定征税，即按纳税人住房转让收入的一定比例核定应纳个人所得税额。具体比例由省级地方税务局或者省级地方税务局授权的地市级地方税务局根据纳税人出售住房的所处区域、地理位置、建造时间、房屋类型、住房平均价格水平等因素，在住房转让收入1%～3%的幅度内确定。

（4）关于个人转让离婚析产房屋的征税问题。

①通过离婚析产的方式分割房屋产权是夫妻双方对共同共有财产的处置，个人因离婚办理房屋产权过户手续，不征收个人所得税。

②个人转让离婚析产房屋所取得的收入，允许扣除其相应的财产原值和合理费用后，余额按照规定的税率缴纳个人所得税；其相应的财产原值，为房屋初次购置全部原值和相关税费之和乘以转让者占房屋所有权的比例。

③个人转让离婚析产房屋所取得的收入，符合家庭生活自用五年以上唯一住房的，可以申请免征个人所得税，其购置时间按照个人购买住房以取得的房屋产权证或契税完税证明上注明的时间作为其购买房屋的时间执行。对于纳税人申报时，同时出具房屋产权证和契税完税证明且两者所注明的时间不一致的，按照“孰先”的原则确定购买房屋的时间。即房屋产权证上注明的时间早于契税完税证明上注明的时间的，以房屋产权证注明的时间为购买房屋的时间；契税完税证明上注明的时间早于房屋产权证上注明的时间的，以契税完税证明上注明的时间为购买房屋的时间。

3. 个人转让股权应纳税额的计算。

为加强股权转让所得个人所得税征收管理，规范税务机关、纳税人和扣缴义务人征纳行为，维护纳税人合法权益，自2015年1月1日起，按照国家税务总局发布的《股权转让所得个人所得税管理办法（试行）》计算个人转让股权应纳税额。

（1）基本概念。

股权是指自然人股东（以下简称个人）投资于在中国境内成立的企业或组织（以下统称被投资企业，不包括个人独资企业和合伙企业）的股权或股份。

股权转让是指个人将股权转让给其他个人或法人的行为，包括以下情形：出售股权；公司回购股权；发行人首次公开发行新股时，被投资企业股东将其持有的股份以公开发行方式一并向投资者发售；股权被司法或行政机关强制过户；以股权对外投资或进行其他非货币性交易；以股权抵偿债务；其他股权转移行为。

个人转让股权，以股权转让收入减除股权原值和合理费用后的余额为应纳税所得额，按“财产转让所得”缴纳个人所得税。合理费用是指股权转让时按照规定支付的有关税费。

个人股权转让所得个人所得税，以股权转让方为纳税人，以受让方为扣缴义务人。

扣缴义务人应于股权转让相关协议签订后5个工作日内，将股权转让的有关情况报告主管税务机关。

被投资企业应当详细记录股东持有本企业股权的相关成本，如实向税务机关提供与股权转让有关的信息，协助税务机关依法执行公务。

（2）股权转让收入的确认。

股权转让收入，是指转让方因股权转让而获得的现金、实物、有价证券和其他形式的经济利益。

转让方取得与股权转让相关的各种款项，包括违约金、补偿金以及其他名目的款项、资产、权益等，均应当并入股权转让收入。

纳税人按照合同约定，在满足约定条件后取得的后续收入，应当作为股权转让收入。

股权转让收入应当按照公平交易原则确定。

符合下列情形之一的，主管税务机关可以核定股权转让收入：

①申报的股权转让收入明显偏低且无正当理由的。

②未按照规定期限办理纳税申报，经税务机关责令限期申报，逾期仍不申报的。

③转让方无法提供或拒不提供股权转让收入的有关资料。

④其他应核定股权转让收入的情形。

符合下列情形之一，视为股权转让收入明显偏低：

①申报的股权转让收入低于股权对应的净资产份额的。其中，被投资企业拥有土地使用权、房屋、房地产企业未销售房产、知识产权、探矿权、采矿权、股权等资产的，申报的股权转让收入低于股权对应的净资产公允价值份额的。

②申报的股权转让收入低于初始投资成本或低于取得该股权所支付的价款及相关税费的。

③申报的股权转让收入低于相同或类似条件下同一企业同一股东或其他股东股权转让收入的。

④申报的股权转让收入低于相同或类似条件下同类行业的企业股权转让收入的。

⑤不具合理性的无偿让渡股权或股份。

⑥主管税务机关认定的其他情形。

符合下列条件之一的股权转让收入明显偏低，视为有正当理由：

①能出具有效文件，证明被投资企业因国家政策调整，生产经营受到重大影响，导致低价转让股权。

②继承或将股权转让给其能提供具有法律效力身份关系证明的配偶、父母、子女、祖父母、外祖父母、孙子女、外孙子女、兄弟姐妹以及对转让人承担直接抚养或者赡养义务的抚养人或者赡养人。

③相关法律、政府文件或企业章程规定，并有相关资料充分证明转让价格合理且真实的本企业员工持有的不能对外转让股权的内部转让。

④股权转让双方能够提供有效证据证明其合理性的其他合理情形。

主管税务机关应依次按照下列方法核定股权转让收入：

①净资产核定法。

股权转让收入按照每股净资产或股权对应的净资产份额核定。

被投资企业的土地使用权、房屋、房地产企业未销售房产、知识产权、探矿权、采矿权、股权等资产占企业总资产比例超过20%的，主管税务机关可参照纳税人提供的具有法定资质的中介机构出具的资产评估报告核定股权转让收入。

6个月内再次发生股权转让且被投资企业净资产未发生重大变化的，主管税务机关可参照上一次股权转让时被投资企业的资产评估报告核定此次股权转让收入。

②类比法。

参照相同或类似条件下同一企业同一股东或其他股东股权转让收入核定；参照相同或类似条件下同类行业企业股权转让收入核定；其他合理方法。

主管税务机关采用以上方法核定股权转让收入存在困难的，可以采取其他合理方法核定。

(3) 股权原值的确认。

个人转让股权的原值依照以下方法确认:

①以现金出资方式取得的股权，按照实际支付的价款与取得股权直接相关的合理税费之和确认股权原值。

②以非货币性资产出资方式取得的股权，按照税务机关认可或核定的投资入股时非货币性资产价格与取得股权直接相关的合理税费之和确认股权原值。

③无偿让渡方式取得股权，具备“继承或将股权转让给其能提供具有法律效力身份关系证明的配偶、父母、子女、祖父母、外祖父母、孙子女、外孙子女、兄弟姐妹以及对转让人承担直接抚养或者赡养义务的抚养人或者赡养人”情形的，按取得股权发生的合理税费与原持有人的股权原值之和确认股权原值。

④被投资企业以资本公积、盈余公积、未分配利润转增股本，个人股东已依法缴纳个人所得税的，以转增额和相关税费之和确认其新转增股本的股权原值。

⑤除以上情形外，由主管税务机关按照避免重复征收个人所得税的原则合理确认股权原值。

股权转让人已被主管税务机关核定股权转让收入并依法征收个人所得税的，该股权受让人的股权原值以取得股权时发生的合理税费与股权转让人被主管税务机关核定的股权转让收入之和确认。

个人转让股权未提供完整、准确的股权原值凭证，不能正确计算股权原值的，由主管税务机关核定其股权原值。

对个人多次取得同一被投资企业股权的，转让部分股权时，采用“加权平均法”确定其股权原值。

4. 个人转让债券类债权时原值的确定。

转让债券类债权，采用“加权平均法”确定其应予减除的财产原值和合理费用。即以纳税人购进的同一种类债券买入价和买进过程中缴纳的税费总和，除以纳税人购进的该种类债券数量之和，乘以纳税人卖出的该种类债券数量，再加上卖出的该种类债券过程中缴纳的税费。用公式表示为:

一次卖出某一种类债券允许扣除的买入价和费用 =(纳税人购进的该种类债券买入价和买进过程中交纳的税费总和)×(一次卖出的该种类债券的数量 + 卖出该种类债券过程中缴纳的税费)÷纳税人购进的该种类债券总数量

(六) 利息、股息、红利所得和偶然所得应纳税额的计算

利息、股息、红利所得和偶然所得应纳税额的计算公式为:

应纳税额 = 应纳税所得额 × 适用税率 = 每次收入额 ×20%

第三节 个人所得税征收管理

个人所得税的纳税办法，全国通用实行的有自行申报纳税和全员全额扣缴申报纳税两种。此外，税收征管法还对无法查账征收的纳税人规定了核定征收的方式，但由于核定征收由各地税务局依据自身情况制定当地的细则，因此本书就此部分内容不作详述。

一、自行申报纳税

自行申报纳税，是由纳税人自行在税法规定的纳税期限内，向税务机关申报取得的应税所得项目和数额，如实填写个人所得税纳税申报表，并按照税法规定计算应纳税额，据此缴纳个人所得税的一种方法。

（一）有下列情形之一的，纳税人应当依法办理纳税申报：

1. 取得综合所得需要办理汇算清缴。
2. 取得应税所得没有扣缴义务人。
3. 取得应税所得，扣缴义务人未扣缴税款。
4. 取得境外所得。
5. 因移居境外注销中国户籍。
6. 非居民个人在中国境内从两处以上取得工资、薪金所得。
7. 国务院规定的其他情形。

（二）取得综合所得需要办理汇算清缴的纳税申报

取得综合所得且符合下列情形之一的纳税人，应当依法办理汇算清缴：

1. 从两处以上取得综合所得，且综合所得年收入额减除专项扣除后的余额超过6万元。
2. 取得劳务报酬所得、稿酬所得、特许权使用费所得中一项或者多项所得，且综合所得年收入额减除专项扣除的余额超过6万元。
3. 纳税年度内预缴税额低于应纳税额。
4. 纳税人申请退税。

需要办理汇算清缴的纳税人，应当在取得所得的次年3月1日至6月30日内，向任职、受雇单位所在地主管税务机关办理纳税申报，并报送《个人所得税年度自行纳税申报表》。纳税人有两处以上任职、受雇单位的，选择向其中一处任职、受雇单位所在地主管税务机关办理纳税申报；纳税人没有任职、受雇单位的，向户籍所在地或经常居住地主管税务机关办理纳税申报。

纳税人办理综合所得汇算清缴，应当准备与收入、专项扣除、专项附加扣除、依法确定的其他扣除、捐赠、享受税收优惠等相关的资料，并按规定留存备查或报送。

纳税人办理汇算清缴退税或者扣缴义务人为纳税人办理汇算清缴退税的，税务机关审核后，按照国库管理的有关规定办理退税。纳税人申请退税时提供的汇算清缴信息有错误的，税务机关应当告知其更正；纳税人更正的，税务机关应当及时办理退税。纳税人申请退税，应当提供其在中国境内开设的银行账户，并在汇算清缴地就地办理税款退库。

（三）取得经营所得的纳税申报

个体工商户业主、个人独资企业投资者、合伙企业个人合伙人、承包承租经营者个人以及其他从事生产、经营活动的个人取得经营所得，包括以下情形。

1. 个体工商户从事生产、经营活动取得的所得，个人独资企业投资人、合伙企业的个人合伙人来源于境内注册的个人独资企业、合伙企业生产、经营的所得。

2. 个人依法从事办学、医疗、咨询以及其他有偿服务活动取得的所得。

3. 个人对企业、事业单位承包经营、承租经营以及转包、转租取得的所得。

4. 个人从事其他生产、经营活动取得的所得。

纳税人取得经营所得，按年计算个人所得税，由纳税人在月度或季度终了后15日内，向经营管理所在地主管税务机关办理预缴纳税申报，并报送《个人所得税经营所得纳税申报表（A表）》。在取得所得的次年3月31日前，向经营管理所在地主管税务机关办理汇算清缴，并报送《个人所得税经营所得纳税申报表（B表）》；从两处以上取得经营所得的，选择向其中一处经营管理所在地主管税务机关办理年度汇总申报，并报送《个人所得税经营所得纳税申报表（C表）》。

（四）取得应税所得，扣缴义务人未扣缴税款的纳税申报

纳税人取得应税所得，扣缴义务人未扣缴税款的，应当区别以下情形办理纳税申报：

1. 居民个人取得综合所得的，且符合前述第（一）项所述情形的，应当依法办理汇算清缴。

2. 非居民个人取得工资、薪金所得，劳务报酬所得，稿酬所得，特许权使用费所得的，应当在取得所得的次年6月30日前，向扣缴义务人所在地主管税务机关办理纳税申报，并报送《个人所得税自行纳税申报表（A表）》。有两个以上扣缴义务人均未扣缴税款的，选择向其中一处扣缴义务人所在地主管税务机关办理纳税申报。

非居民个人在次年6月30日前离境（临时离境除外）的，应当在离境前办理纳税申报。

3. 纳税人取得利息、股息、红利所得，财产租赁所得，财产转让所得和偶然所得的，应当在取得所得的次年6月30日前，按相关规定向主管税务机关办理纳税申报，并报送《个人所得税自行纳税申报表（A表）》。

税务机关通知限期缴纳的，纳税人应当按照期限缴纳税款。

纳税人取得应税所得没有扣缴义务人的，应当在取得所得的次月十五日内向税务机关报送纳税申报表，并缴纳税款。

（五）取得境外所得的纳税申报

居民个人从中国境外取得所得的，应当在取得所得的次年3月1日至6月30日内，向中国境内任职、受雇单位所在地主管税务机关办理纳税申报；在中国境内没有任职、受雇单位的，向户籍所在地或中国境内经常居住地主管税务机关办理纳税申报；户籍所在地与中国境内经常居住地不一致的，选择其中一地主管税务机关办理纳税申报；在中国境内没有户籍的，向中国境内经常居住地主管税务机关办理纳税申报。

（六）因移居境外注销中国户籍的纳税申报

纳税人因移居境外注销中国户籍的，应当在申请注销中国户籍前，向户籍所在地主管

税务机关办理纳税申报，进行税款清算。

1. 纳税人在注销户籍年度取得综合所得的，应当在注销户籍前，办理当年综合所得的汇算清缴，并报送《个人所得税年度自行纳税申报表》。尚未办理上一年度综合所得汇算清缴的，应当在办理注销户籍纳税申报时一并办理。

2. 纳税人在注销户籍年度取得经营所得的，应当在注销户籍前，办理当年经营所得的汇算清缴，并报送《个人所得税经营所得纳税申报表（B 表)》。从两处以上取得经营所得的，还应当一并报送《个人所得税经营所得纳税申报表（C 表)》。尚未办理上一年度经营所得汇算清缴的，应当在办理注销户籍纳税申报时一并办理。

3. 纳税人在注销户籍当年取得利息、股息、红利所得，财产租赁所得，财产转让所得和偶然所得的，应当在注销户籍前，申报当年上述所得的完税情况，并报送《个人所得税自行纳税申报表（A 表)》。

4. 纳税人有未缴或者少缴税款的，应当在注销户籍前，结清欠缴或未缴的税款。纳税人存在分期缴税且未缴纳完毕的，应当在注销户籍前，结清尚未缴纳的税款。

5. 纳税人办理注销户籍纳税申报时，需要办理专项附加扣除、依法确定的其他扣除的，应当向税务机关报送《个人所得税专项附加扣除信息表》《商业健康保险税前扣除情况明细表》《个人税收递延型商业养老保险税前扣除情况明细表》等。

（七）非居民个人在中国境内从两处以上取得工资、薪金所得的纳税申报

非居民个人在中国境内从两处以上取得工资、薪金所得的，应当在取得所得的次月 15 日内，向其中一处任职、受雇单位所在地主管税务机关办理纳税申报，并报送《个人所得税自行纳税申报表（A 表)》。

（八）纳税申报方式

纳税人可以采用远程办税端、邮寄等方式申报，也可以直接到主管税务机关申报。

（九）其他有关问题

1. 纳税人办理自行纳税申报时，应当一并报送税务机关要求报送的其他有关资料。首次申报或者个人基础信息发生变化的，还应报送《个人所得税基础信息表（B 表)》。

2. 纳税人在办理纳税申报时需要享受税收协定待遇的，按照享受税收协定待遇有关办法办理。

二、全员全额扣缴申报纳税

税法规定：扣缴义务人向个人支付应税款项时，应当依照个人所得税法规定预扣或者代扣税款，按时缴库，并专项记载备查。

全员全额扣缴申报，是指扣缴义务人应当在代扣税款的次月十五日内，向主管税务机关报送其支付所得的所有个人的有关信息、支付所得数额、扣除事项和数额、扣缴税款的具体数额和总额以及其他相关涉税信息资料。这种方法，有利于控制税源、防止漏税和逃税。

根据《个人所得税法》及其实施条例、《税收征收管理法》及其实施细则的有关规定，国家税务总局制定下发了《个人所得税扣缴申报管理办法（试行）》（以下简称《管理办法》）。自2019年1月1日起执行的《管理办法》，对扣缴义务人和代扣预扣税款的范围、不同项目所得扣缴方法、扣缴义务人的义务及应承担的责任等内容做了明确规定。

（一）扣缴义务人和代扣预扣税款的范围

1. 扣缴义务人，是指向个人支付所得的单位或者个人。

所称支付，包括现金支付、汇拨支付、转账支付和以有价证券、实物以及其他形式的支付。

2. 实行个人所得税全员全额扣缴申报的应税所得包括：

（1）工资、薪金所得。

（2）劳务报酬所得。

（3）稿酬所得。

（4）特许权使用费所得。

（5）利息、股息、红利所得。

（6）财产租赁所得。

（7）财产转让所得。

（8）偶然所得。

扣缴义务人应当依法办理全员全额扣缴申报。

（二）不同项目所得扣缴方法

1. 扣缴义务人向居民个人支付工资、薪金所得时，应当按照累计预扣法计算预扣税款，并按月办理扣缴申报。

累计预扣法，是指扣缴义务人在一个纳税年度内预扣预缴税款时，以纳税人在本单位截至当前月份工资、薪金所得累计收入减除累计免税收入、累计减除费用、累计专项扣除、累计专项附加扣除和累计依法确定的其他扣除后的余额为累计预扣预缴应纳税所得额，适用居民个人工资、薪金所得预扣预缴率表（见表5－7），计算累计应预扣预缴税额，再减除累计减免税额和累计已预扣预缴税额，其余额为本期应预扣预缴税额。余额为负值时，暂不退税。纳税年度终了后余额仍为负值时，由纳税人通过办理综合所得年度汇算清缴，税款多退少补。

具体计算公式如下：

本期应预扣预缴税额＝（累计预扣预缴应纳税所得额×预扣率－速算扣除数）－累计减免税额－累计已预扣预缴税额

累计预扣预缴应纳税所得额＝累计收入－累计免税收入－累计减除费用一累计专项扣除－累计专项附加扣除－累计依法确定的其他扣除

其中：累计减除费用，按照5 000元/月乘以纳税人当年截至本月在本单位的任职受雇月份数计算。

表 5－7　　居民个人工资、薪金所得预扣预缴率表

级数	累计预扣预缴应纳税所得额	预扣率（%）	速算扣除数
1	不超过 36 000 元的	3	0
2	超过 36 000 元至 144 000 元的部分	10	2 520
3	超过 144 000 元至 300 000 元的部分	20	16 920
4	超过 300 000 元至 420 000 元的部分	25	31 920
5	超过 420 000 元至 660 000 元的部分	30	52 920
6	超过 660 000 元至 960 000 元的部分	35	85 920
7	超过 960 000 元的部分	45	181 920

居民个人向扣缴义务人提供有关信息并依法要求办理专项附加扣除的，扣缴义务人应当按照规定在工资、薪金所得按月预扣预缴税款时予以扣除，不得拒绝。

年度预扣预缴税额与年度应纳税额不一致的，由居民个人于次年 3 月 1 日至 6 月 30 日向主管税务机关办理综合所得年度汇算清缴，税款多退少补。

【例 5－7】 某居民个人 2019 年每月取得工资收入 10 000 元，每月缴纳社保费用和住房公积金 1 500 元，该居民个人全年均享受住房贷款利息专项附加扣除，请计算该居民个人的工资薪金扣缴义务人 2019 年每月代扣代缴的税款金额。

（1）1 月：

累计预扣预缴应纳税所得额＝累计收入－累计免税收入－累计基本减除费用－累计专项扣除－累计专项附加扣除－累计依法确定的其他扣除＝10 000－5 000－1 500－1 000＝2 500（元）

本期应预扣预缴税额＝2 500×3%－0＝75（元）

（2）2 月：

累计预扣预缴应纳税所得额＝累计收入－累计免税收入－累计基本减除费用－累计专项扣除－累计专项附加扣除－累计依法确定的其他扣除＝20 000－10 000－3 000－2 000＝5 000（元）

本期应预扣预缴税额＝（5 000×3%－0）－累计减免税额一累计已预扣预缴税额＝150－75＝75（元）

（3）2019 年 12 月：

累计预扣预缴应纳税所得额＝累计收入－累计免税收入－累计基本减除费用－累计专项扣除－累计专项附加扣除－累计依法确定的其他扣除＝120 000－60 000－18 000－12 000＝30 000（元）

本期应预扣预缴税额＝（30 000×3%－0）－累计减免税额－累计已预扣预缴税额＝900－75×11＝75（元）

2. 扣缴义务人向居民个人支付劳务报酬所得、稿酬所得、特许权使用费所得时，应当按照以下方法按次或者按月预扣预缴税款

（1）劳务报酬所得、稿酬所得、特许权使用费所得以收入减除费用后的余额为收入额；其中，稿酬所得的收入额减按 70% 计算。

（2）减除费用：预扣预缴税款时，劳务报酬所得、稿酬所得、特许权使用费所得每次

收入不超过4 000元的，减除费用按800元计算；每次收入4 000元以上的，减除费用按收入的20%计算。

（3）应纳税所得额：劳务报酬所得、稿酬所得、特许权使用费所得，以每次收入额为预扣预缴应纳税所得额，计算应预扣预缴税额。劳务报酬所得适用居民个人劳务报酬所得预扣预缴率表（见表5－8），稿酬所得、特许权使用费所得适用20%的比例预扣率。

（4）预扣预缴税额计算公式：

劳务报所得应预扣预缴税额＝预扣预缴应纳税所得额×预扣率－速算扣除数

稿酬所得、特许权使用费所得应预扣预缴税额＝预扣预缴应纳税所得额×20%

表5－8　　居民个人劳务报酬所得预扣预缴率表

级数	预扣预缴应纳税所得额	预扣率（%）	速算扣除数
1	不超过20 000元的	20	0
2	超过20 000元至50 000元的部分	30	2 000
3	超过50 000元的部分	40	7 000

居民个人办理年度综合所得汇算清缴时，应当依法计算劳务报酬所得、稿酬所得、特许权使用费所得的收入额，并入年度综合所得计算应纳税款，税款多退少补。

【例5－8】歌星刘某一次取得表演收入40 000元，扣除20%的费用后，应纳税所得额为32 000元。请计算其应预扣预缴个人所得税税额。

应预扣预缴额＝预缴应纳税所得额×（1－20%）×预扣率－速算扣除数＝40 000×（1－20%）×30%－2 000＝7 600（元）

【例5－9】某作家为居民个人，2019年3月取得一次未扣除个人所得税的稿酬收入20 000元，请计算其应预扣预缴的个人所得税税额。

应预扣预缴税额＝预扣预缴应纳税所得额×预扣率×（1－30%）＝20 000×（1－20%）×20%×（1－30%）＝2 240（元）

3. 非居民个人取得工资、薪金所得，劳务报酬所得，稿酬所得和特许权使用费所得，有扣缴义务人的，由扣缴义务人按月或者按次代扣代缴税款，不办理汇算清缴。

扣缴义务人向非居民个人支付工资、薪金所得，劳务报酬所得，稿酬所得和特许权使用费所得时，应当按照以下方法按月或者按次代扣代缴税款：

（1）非居民个人的工资、薪金所得，以每月收入额减除费用5 000元后的余额为应纳税所得额。

（2）劳务报酬所得、稿酬所得、特许权使用费所得，以每次收入额为应纳税所得额，适用非居民个人工资薪金所得、劳务报酬所得、稿酬所得、特许权使用费所得适用税率表计算应纳税额。劳务报酬所得、稿酬所得、特许权使用费所得以收入扣除百分之二十的费用后的余额为收入额；其中，稿酬所得的收入额减按百分之七十计算。

（3）税款扣缴计算公式：

非居民个人工资、薪金所得，劳务报所得，稿酬所得，特许权使用费所得应纳税额＝应纳税所得额×税率－速算扣除数

非居民个人在一个纳税年度内税款扣缴方法保持不变，达到居民个人条件时，应当告

知扣缴义务人基础信息变化情况，年度终了后按照居民个人有关规定办理汇算清缴。

4. 扣缴义务人支付利息、股息、红利所得，财产租赁所得，财产转让所得或者偶然所得时，应当依法按次或者按月代扣代缴税款。

5. 劳务报酬所得、稿酬所得、特许权使用费所得，属于一次性收入的，以取得该项收入为一次；属于同一项目连续性收入的，以一个月内取得的收入为一次。

财产租赁所得，以一个月内取得的收入为一次。

利息、股息、红利所得，以支付利息、股息、红利时取得的收入为一次。

偶然所得，以每次取得该项收入为一次。

6. 纳税人需要享受税收协定待遇的，应当在取得应税所得时主动向扣缴义务人提出，并提交相关信息、资料，扣缴义务人代扣代缴税款时按照享受税收协定待遇有关办法办理。

7. 扣缴义务人未将扣缴的税款解缴入库的，不影响纳税人按照规定申请退税，税务机关应当凭纳税人提供的有关资料办理退税。

（三）扣缴义务人责任与义务

1. 支付工资、薪金所得的扣缴义务人应当于年度终了后两个月内，向纳税人提供其个人所得和已扣缴税款等信息。纳税人年度中间需要提供上述信息的，扣缴义务人应当提供。

纳税人取得除工资、薪金所得以外的其他所得，扣缴义务人应当在扣缴税款后，及时向纳税人提供其个人所得和已扣缴税款等信息。

2. 扣缴义务人应当按照纳税人提供的信息计算税款、办理扣缴申报，不得擅自更改纳税人提供的信息。

扣缴义务人发现纳税人提供的信息与实际情况不符的，可以要求纳税人修改。纳税人拒绝修改的，扣缴义务人应当报告税务机关，税务机关应当及时处理。

纳税人发现扣缴义务人提供或者扣缴申报的个人信息、支付所得、扣缴税款等信息与实际情况不符的，有权要求扣缴义务人修改。扣缴义务人拒绝修改的，纳税人应当报告税务机关，税务机关应当及时处理。

3. 扣缴义务人对纳税人提供的《个人所得税专项附加扣除信息表》，应当按照规定妥善保存备查。

4. 扣缴义务人应当依法对纳税人报送的专项附加扣除等相关涉税信息和资料保密。

5. 对扣缴义务人按照规定扣缴的税款，按年付给百分之二的手续费。不包括税务机关、司法机关等查补或者责令补扣的税款。

扣缴义务人领取的扣缴手续费可用于提升办税能力、奖励办税人员。

6. 扣缴义务人依法履行代扣代缴义务，纳税人不得拒绝。纳税人拒绝的，扣缴义务人应当及时报告税务机关。

7. 扣缴义务人有未按照规定向税务机关报送资料和信息、未按照纳税人提供信息虚报虚扣专项附加扣除、应扣未扣税款、不缴或少缴已扣税款、借用或冒用他人身份等行为的，依照《中华人民共和国税收征收管理法》等相关法律、行政法规处理。

（四）代扣代缴期限

扣缴义务人每月或者每次预扣、代扣的税款，应当在次月十五日内缴入国库，并向税务机关报送《个人所得税扣缴申报表》。

扣缴义务人首次向纳税人支付所得时，应当按照纳税人提供的纳税人识别号等基础信息，填写《个人所得税基础信息表（A表）》，并于次月扣缴申报时向税务机关报送。

扣缴义务人对纳税人向其报告的相关基础信息变化情况，应当于次月扣缴申报时向税务机关报送。

三、专项附加扣除的操作办法

为了规范个人所得税专项附加扣除行为，切实维护纳税人合法权益，根据新修改的《中华人民共和国个人所得税法》及其实施条例、《中华人民共和国税收征收管理法》及其实施细则、《国务院关于印发个人所得税专项附加扣除暂行办法的通知》（国发〔2018〕41号）的规定，国家税务总局制定了《专项附加扣除操作办法》，自2019年1月1日起施行。纳税人享受子女教育、继续教育、大病医疗、住房贷款利息或者住房租金、赡养老人专项附加扣除的，依照该办法规定办理。

（一）享受扣除及办理时间

1. 纳税人享受符合规定的专项附加扣除的计算时间分别为：

（1）子女教育。学前教育阶段，为子女年满3周岁当月至小学入学前一月。学历教育，为子女接受全日制学历教育入学的当月至全日制学历教育结束的当月。

（2）继续教育。学历（学位）继续教育，为在中国境内接受学历（学位）继续教育入学的当月至学历（学位）继续教育结束的当月，同一学历（学位）继续教育的扣除期限最长不得超过48个月。技能人员职业资格继续教育、专业技术人员职业资格继续教育，为取得相关证书的当年。

（3）大病医疗。为医疗保障信息系统记录的医药费用实际支出的当年。

（4）住房贷款利息。为贷款合同约定开始还款的当月至贷款全部归还或贷款合同终止的当月，扣除期限最长不得超过240个月。

（5）住房租金。为租赁合同（协议）约定的房屋租赁期开始的当月至租赁期结束的当月。提前终止合同（协议）的，以实际租赁期限为准。

（6）赡养老人。为被赡养人年满60周岁的当月至赡养义务终止的年末。

上述规定的学历教育和学历（学位）继续教育的期间，包含因病或其他非主观原因休学但学籍继续保留的休学期间，以及施教机构按规定组织实施的寒暑假等假期。

2. 享受子女教育、继续教育、住房贷款利息或者住房租金、赡养老人专项附加扣除的纳税人，自符合条件开始，可以向支付工资、薪金所得的扣缴义务人提供上述专项附加扣除有关信息，由扣缴义务人在预扣预缴税款时，按其在本单位本年可享受的累计扣除额办理扣除；也可以在次年3月1日至6月30日内，向汇缴地主管税务机关办理汇算清缴申报时扣除。

纳税人同时从两处以上取得工资、薪金所得，并由扣缴义务人办理上述专项附加扣除的，对同一专项附加扣除项目，一个纳税年度内，纳税人只能选择从其中一处扣除。

享受大病医疗专项附加扣除的纳税人，由其在次年3月1日至6月30日内，自行向汇缴地主管税务机关办理汇算清缴申报时扣除。

3. 扣缴义务人办理工资、薪金所得预扣预缴税款时，应当根据纳税人报送的《个人所得税专项附加扣除信息表》（以下简称《扣除信息表》）为纳税人办理专项附加扣除。

纳税人年度中间更换工作单位的，在原单位任职、受雇期间已享受的专项附加扣除金额，不得在新任职、受雇单位扣除。原扣缴义务人应当自纳税人离职不再发放工资薪金所得的当月起，停止为其办理专项附加扣除。

4. 纳税人未取得工资、薪金所得，仅取得劳务报酬所得、稿酬所得、特许权使用费所得需要享受专项附加扣除的，应当在次年3月1日至6月30日内，自行向汇缴地主管税务机关报送《扣除信息表》，并在办理汇算清缴申报时扣除。

5. 一个纳税年度内，纳税人在扣缴义务人预扣预缴税款环节未享受或未足额享受专项附加扣除的，可以在当年内向支付工资、薪金的扣缴义务人申请在剩余月份发放工资、薪金时补充扣除，也可以在次年3月1日至6月30日内，向汇缴地主管税务机关办理汇算清缴时申报扣除。

（二）报送信息及留存备查资料

1. 纳税人选择在扣缴义务人发放工资、薪金所得时享受专项附加扣除的，首次享受时应当填写并向扣缴义务人报送《扣除信息表》；纳税年度中间相关信息发生变化的，纳税人应当更新《扣除信息表》相应栏次，并及时报送给扣缴义务人。

更换工作单位的纳税人，需要由新任职、受雇扣缴义务人办理专项附加扣除的，应当在入职的当月，填写并向扣缴义务人报送《扣除信息表》。

2. 纳税人次年需要由扣缴义务人继续办理专项附加扣除的，应当于每年12月份对次年享受专项附加扣除的内容进行确认，并报送至扣缴义务人。纳税人未及时确认的，扣缴义务人于次年1月起暂停扣除，待纳税人确认后再行办理专项附加扣除。

扣缴义务人应当将纳税人报送的专项附加扣除信息，在次月办理扣缴申报时一并报送至主管税务机关。

3. 纳税人选择在汇算清缴申报时享受专项附加扣除的，应当填写并向汇缴地主管税务机关报送《扣除信息表》。

4. 纳税人将需要享受的专项附加扣除项目信息填报至《扣除信息表》相应栏次。填报要素完整的，扣缴义务人或者主管税务机关应当受理；填报要素不完整的，扣缴义务人或者主管税务机关应当及时告知纳税人补正或重新填报。纳税人未补正或重新填报的，暂不办理相关专项附加扣除，待纳税人补正或重新填报后再行办理。

5. 纳税人享受子女教育专项附加扣除，应当填报配偶及子女的姓名、身份证件类型及号码、子女当前受教育阶段及起止时间、子女就读学校以及本人与配偶之间扣除分配比例等信息。

纳税人需要留存备查资料包括：子女在境外接受教育的，应当留存境外学校录取通知书、留学签证等境外教育佐证资料。

6. 纳税人享受继续教育专项附加扣除，接受学历（学位）继续教育的，应当填报教育起止时间、教育阶段等信息；接受技能人员或者专业技术人员职业资格继续教育的，应当填报证书名称、证书编号、发证机关、发证（批准）时间等信息。

纳税人需要留存备查资料包括：纳税人接受技能人员职业资格继续教育、专业技术人员职业资格继续教育的，应当留存职业资格相关证书等资料。

7. 纳税人享受住房贷款利息专项附加扣除，应当填报住房权属信息、住房坐落地址、贷款方式、贷款银行、贷款合同编号、贷款期限、首次还款日期等信息；纳税人有配偶的，填写配偶姓名、身份证件类型及号码。

纳税人需要留存备查资料包括：住房贷款合同、贷款还款支出凭证等资料。

8. 纳税人享受住房租金专项附加扣除，应当填报主要工作城市、租赁住房坐落地址、出租人姓名及身份证件类型和号码或者出租方单位名称及纳税人识别号（社会统一信用代码）、租赁起止时间等信息；纳税人有配偶的，填写配偶姓名、身份证件类型及号码。

纳税人需要留存备查资料包括：住房租赁合同或协议等资料。

9. 纳税人享受赡养老人专项附加扣除，应当填报纳税人是否为独生子女、月扣除金额、被赡养人姓名及身份证件类型和号码、与纳税人关系；有共同赡养人的，需填报分摊方式、共同赡养人姓名及身份证件类型和号码等信息。

纳税人需要留存备查资料包括：约定或指定分摊的书面分摊协议等资料。

10. 纳税人享受大病医疗专项附加扣除，应当填报患者姓名、身份证件类型及号码、与纳税人关系、与基本医保相关的医药费用总金额、医保目录范围内个人负担的自付金额等信息。

纳税人需要留存备查资料包括：大病患者医药服务收费及医保报销相关票据原件或复印件，或者医疗保障部门出具的纳税年度医药费用清单等资料。

11. 纳税人应当对报送的专项附加扣除信息的真实性、准确性、完整性负责。

（三）信息报送方式

1. 纳税人可以通过远程办税端、电子或者纸质报表等方式，向扣缴义务人或者主管税务机关报送个人专项附加扣除信息。

2. 纳税人选择纳税年度内由扣缴义务人办理专项附加扣除的，按下列规定办理：

（1）纳税人通过远程办税端选择扣缴义务人并报送专项附加扣除信息的，扣缴义务人根据接收的扣除信息办理扣除。

（2）纳税人通过填写电子或者纸质《扣除信息表》直接报送扣缴义务人的，扣缴义务人将相关信息导入或者录入扣缴端软件，并在次月办理扣缴申报时提交给主管税务机关。《扣除信息表》应当一式两份，纳税人和扣缴义务人签字（章）后分别留存备查。

3. 纳税人选择年度终了后办理汇算清缴申报时享受专项附加扣除的，既可以通过远程办税端报送专项附加扣除信息，也可以将电子或者纸质《扣除信息表》（一式两份）报送给汇缴地主管税务机关。

报送电子《扣除信息表》的，主管税务机关受理打印，交由纳税人签字后，一份由纳税人留存备查，一份由税务机关留存；报送纸质《扣除信息表》的，纳税人签字确认、主管税务机关受理签章后，一份退还纳税人留存备查，一份由税务机关留存。

4. 扣缴义务人和税务机关应当告知纳税人办理专项附加扣除的方式和渠道，鼓励并引导纳税人采用远程办税端报送信息。

（四）后续管理

1. 纳税人应当将《扣除信息表》及相关留存备查资料，自法定汇算清缴期结束后保存五年。

纳税人报送给扣缴义务人的《扣除信息表》，扣缴义务人应当自预扣预缴年度的次年起留存五年。

2. 纳税人向扣缴义务人提供专项附加扣除信息的，扣缴义务人应当按照规定予以扣除，不得拒绝。扣缴义务人应当为纳税人报送的专项附加扣除信息保密。

3. 扣缴义务人应当及时按照纳税人提供的信息计算办理扣缴申报，不得擅自更改纳税人提供的相关信息。

扣缴义务人发现纳税人提供的信息与实际情况不符，可以要求纳税人修改。纳税人拒绝修改的，扣缴义务人应当向主管税务机关报告，税务机关应当及时处理。

除纳税人另有要求外，扣缴义务人应当于年度终了后两个月内，向纳税人提供已办理的专项附加扣除项目及金额等信息。

4. 税务机关定期对纳税人提供的专项附加扣除信息开展抽查。

5. 税务机关核查时，纳税人无法提供留存备查资料，或者留存备查资料不能支持相关情况的，税务机关可以要求纳税人提供其他佐证；不能提供其他佐证材料，或者佐证材料仍不足以支持的，不得享受相关专项附加扣除。

6. 税务机关核查专项附加扣除情况时，可以提请有关单位和个人协助核查，相关单位和个人应当协助。

7. 纳税人有下列情形之一的，主管税务机关应当责令其改正；情形严重的，应当纳入有关信用信息系统，并按照国家有关规定实施联合惩戒；涉及违反税收征管法等法律法规的，税务机关依法进行处理：

（1）报送虚假专项附加扣除信息；

（2）重复享受专项附加扣除；

（3）超范围或标准享受专项附加扣除；

（4）拒不提供留存备查资料；

（5）税务总局规定的其他情形。

纳税人在任职、受雇单位报送虚假扣除信息的，税务机关责令改正的同时，通知扣缴义务人。

四、反避税规定

（一）有下列情形之一的；税务机关有权按照合理方法进行纳税调整

1. 个人与其关联方之间的业务往来不符合独立交易原则而减少本人或者其关联方应纳税额，且无正当理由。

2. 居民个人控制的，或者居民个人和居民企业共同控制的设立在实际税负明显偏低的国家（地区）的企业，无合理经营需要，对应当归属于居民个人的利润不作分配或者减少分配。

3. 个人实施其他不具有合理商业目的的安排而获取不当税收利益。

（二）补税及加征利息

1. 税务机关依照前述规定情形作出纳税调整，需要补征税款的，应当补征税款，并依法加收利息。

2. 依法加征的利息，应当按照税款所属纳税申报期最后一日中国人民银行公布的与补税期间同期的人民币贷款基准利率计算，自税款纳税申报期满次日起至补缴税款期限届满之日止按日加收。纳税人在补缴税款期限届满前补缴税款的，利息加收至补缴税款之日。

五、自然人纳税识别号的规定

1. 自然人纳税人识别号，是自然人纳税人办理各类涉税事项的唯一代码标识。

2. 有中国公民身份号码的，以其中国公民身份号码作为纳税人识别号；没有中国公民身份号码的，由税务机关赋予其纳税人识别号。

3. 纳税人首次办理涉税事项时，应当向税务机关或者扣缴义务人出示有效身份证件，并报送相关基础信息。

4. 税务机关应当在赋予自然人纳税人识别号后告知或者通过扣缴义务人告知纳税人其纳税人识别号，并为自然人纳税人查询本人纳税人识别号提供便利。

5. 自然人纳税人办理纳税申报、税款缴纳、申请退税、开具完税凭证、纳税查询等涉税事项时应当向税务机关或扣缴义务人提供纳税人识别号。

6. 上述所称“有效身份证件”，是指：

（1）纳税人为中国公民且持有有效《中华人民共和国居民身份证》（以下简称“居民身份证”）的，为居民身份证。

（2）纳税人为华侨且没有居民身份证的，为有效的《中华人民共和国护照》和华侨身份证明。

（3）纳税人为港澳居民的，为有效的《港澳居民来往内地通行证》或《中华人民共和国港澳居民居住证》。

（4）纳税人为台湾居民的，为有效的《台湾居民来往大陆通行证》或《中华人民共和国台湾居民居住证》。

（5）纳税人为持有有效《中华人民共和国外国人永久居留身份证》（以下简称永久居留证）的外籍个人的，为永久居留证和外国护照；未持有永久居留证但持有有效《中华人民共和国外国人工作许可证》（以下简称工作许可证）的，为工作许可证和外国护照；其他外籍个人，为有效的外国护照。

六、个人所得税《税收完税证明》调整为《纳税记录》的规定

为配合个人所得税制度改革，进一步落实国务院减证便民要求，优化纳税服务，国家税务总局决定将个人所得税《税收完税证明》（文书式）调整为《纳税记录》。

1. 自 2019 年 1 月 1 日起，纳税人申请开具税款所属期为 2019 年 1 月 1 日（含）以后

的个人所得税缴（退）税情况证明的，税务机关不再开具《税收完税证明》（文书式），调整为开具《纳税记录》（具体内容及式样见附件）；纳税人申请开具税款所属期为2018年12月31日（含）以前个人所得税缴（退）税情况证明的，税务机关继续开具《税收完税证明》（文书式）。

2. 纳税人2019年1月1日以后取得应税所得并由扣缴义务人向税务机关办理了全员全额扣缴申报，或根据税法规定自行向税务机关办理纳税申报的，不论是否实际缴纳税款，均可以申请开具《纳税记录》。

3. 纳税人可以通过电子税务局、手机APP申请开具本人的个人所得税《纳税记录》，也可到办税服务厅申请开具。

4. 纳税人可以委托他人持下列证件和资料到办税服务厅代为开具个人所得税《纳税记录》

（1）委托人及受托人有效身份证件原件；

（2）委托人书面授权资料。

5. 纳税人对个人所得税《纳税记录》存在异议的，可以向该项记录中列明的税务机关申请核实。

6. 税务机关提供个人所得税《纳税记录》的验证服务，支持通过电子税务局、手机APP等方式进行验证。具体验证方法见个人所得税《纳税记录》中的相关说明。

第四节　个人所得税税收筹划

一、个人所得税纳税人的税收筹划

1. 居民纳税义务人与非居民纳税义务人的转换。

个人所得税的纳税义务人根据纳税人的住所和其在中国境内居住的时间，分为居民纳税人和非居民纳税人。

2. 通过人员的住所（居住地）变动降低税收负担。

所谓人员的住所（居住地）变动，是指个人通过个人的住所或居住地跨越税境的迁移，也就是具体实施策划的当事人把自己的居所迁出某一国，但又不在任何地方取得住所，从而躲避所在国对其纳税人身份的确认，进而免除个人所得税的纳税义务。

3. 通过人员流动降低税收负担。

通过人员流动降低税收负担的思路，从本质上讲，与人员的住所变动大同小异。其区别主要表现在，前者是住所的变化，而后者则是人本身在不同的区域中位移。

4. 企业所得税纳税义务人与个体工商户纳税义务人、个人独资企业、合伙企业的选择。

一般来讲，在收入相同的情况下，个体工商户、个人独资企业、合伙企业、有限责任制企业的税负是不一样的，有限责任制企业的税负最重。

5. 个体工商户与个人独资企业的转换。

个人独资企业的投资者所承担的税负按年应纳税所得额及适用税率的不同而有所不

同。一般情况下，应纳税所得额越少，对应的税率越低，税负也越轻。可以利用个体工商户与个人独资企业的转换，通过对税基大的应纳税所得额进行分解来获得税收利益。

二、对不同收入项目计税依据和税率的税收筹划

（一）工资、薪金所得的税收筹划

1. 工资、薪金福利化筹划。

把纳税人现金性工资转为提供福利，照样可以增加其消费满足，却可少缴个人所得税。

（1）企业提供住所。

（2）企业提供假期旅游津贴。

（3）企业提供员工福利设施。

①企业提供免费膳食或者由企业直接支付搭伙管理费。

②使用企业提供的家具及住宅设备。

③企业提供办公用品和设施。

④由企业提供车辆供职工使用，该车辆不可以再租给他人使用。

⑤转售股票认购权。

⑥企业为职工子女成立教育基金，提供奖学金给职工子女。

⑦使用由企业缔结合约提供给职工的公用设施，如水、电、煤气、电话等。

2. 纳税项目转换与选择的筹划。

（1）劳务报酬转化为工资、薪金。

（2）工资、薪金转化为劳务报酬。

3. 利用“削山头”法进行筹划。

对于适用于累进税率的纳税项目，应纳税的计税依据在各期分布越平均，越有利于节省纳税支出。

4. 年终奖的税收筹划。

“年终奖”是指行政机关、企事业单位等扣缴义务人根据其全年经济效益和对雇员全年工作业绩的综合考核情况，向雇员发放的一次性奖金。

5. 劳务报酬所得节税筹划。

（1）分项计算筹划法。个人兼有不同的劳务报酬所得，应当分别减除费用，计算缴纳个人所得税。

（2）支付次数筹划法。对具体的劳务报酬项目来说，个人举办培训班取得的培训收入和董事费收入均可采用此种方法。

（3）费用转移筹划法。为他人提供劳务以取得报酬的个人，可以考虑由对方提供一定的福利，将本应由自己承担的费用改由对方提供，以达到规避个人所得税的目的。

6. 稿酬所得的筹划。

（1）系列丛书筹划法。

如果一本书可以分成几个部分，以系列丛书的形式出现，则该作品将被认定为几个单

独的作品，单独计算纳税，这在某些情况下可以节省纳税人不少税款。

（2）著作组筹划法。

如果一项稿酬所得预计数额较大，还可以考虑使用著作组筹划法，即改一本书由一个人写为由多个人合作创作。

（3）再版筹划法。

这种筹划方法就是在作品市场看好时，与出版社商量采取分批印刷的办法，以减少每次收入量，节省税款。《个人所得税法》规定，个人每次以图书的形式在两处或两处以上出版、发表或再版同一作品而取得的稿酬所得，可分别将各处取得的所得或再版所得按分次所得计征个人所得税。因此，在某些情况下也可以考虑再版这种筹划方法。

（4）增加前期写作费用筹划法。

一般的做法就是和出版社商量，让其提供尽可能多的设备或服务，这样就将费用转移给了出版社，自己基本上不负担费用，使自己的稿酬所得相当于享受到两次费用抵扣，从而减少应纳税额。可以考虑由出版社负担的费用有以下几种：资料、稿纸、绘画工具、作图工具、书写工具、其他材料、交通、住宿、实验、用餐、实践等费用，有些行业甚至可以要求提供办公室以及电脑等办公设备。

7. 利息、股息和红利所得的筹划。

（1）专项基金筹划法。

财税字〔1999〕267号文规定，根据国务院《对储蓄存款利息所得征收个人所得税的实施办法》第五条，“对个人取得的教育储蓄存款利息所得以及国务院财政部门确定的其他专项储蓄存款或者储蓄性专项基金存款的利息所得，免征个人所得税”的规定，为保证和支持社会保障制度与住房制度改革顺利实施，先明确按照国家或各级地方政府规定的比例交付的下列专项基金或资金存入银行个人账户所取得的利息收入免征个人所得税：①住房公积金；②医疗保险金；③基本养老保险金；④失业保险基金。

（2）所得再投资筹划法。

对于个人因持有某公司的股票、债券而取得的股息、红利所得，税法规定予以征收个人所得税。但为了鼓励企业和个人进行投资和再投资，各国都不对企业留存未分配利润征收所得税。如果个人对企业的前景看好，就可以将本该领取的股息、红利所得留在企业，作为对公司的再投资，而企业则可以将这部分所得以股票或债券的形式记在个人名下。这种做法既可以避免缴纳个人所得税，又可以更好地促进企业的发展，使自己的股票价值更加可观。

（3）投资方式筹划法。

个人进行投资决策时，最重要的因素就是投资的净收益。如果一项收益的表面值很高，但要缴纳的税收和规费同样也很高，则净收益不一定能够吸引人；相反，虽然某些投资的表面收益率不是很高，但是其净收益却较高，则这项投资也会吸引众多投资者。

（4）充分利用国家优惠政策。

个人取得的国债和国家发行的金融债券利息所得免税。中国铁路建设债券不属于财政部发行的债券和经国务院批准发行的金融债券。

对个人投资者买卖基金份额获得的差价收入，在对个人买卖股票的差价收入未恢复征收个人所得税以前，暂不征收个人所得税。

8. 个体工商户所得的纳税筹划。

（1）增加费用支出。

①尽可能地把一些收入转换成费用开支。

②如果使用自己的房产进行经营，可以采用收取租金的方法扩大经营费用支出。

③通过向家庭成员支付工资的办法，扩大工资等费用支出。

（2）分散、推后收益实现。

①合理使用原材料核算的计价方法。

②在可以预见的若干年内合理地安排有关费用，一般以平均分摊为原则。

③合理安排预缴税款，使应纳所得税尽可能推迟实现。

④在必要时采取捐赠的手段，从而收到既降低税收负担，又扩大纳税人的社会影响的效果。

9. 其他所得项目的税收筹划。

（1）承包、承租经营所得的税收筹划。

通过推迟或提前获得收入，或通过改变收入支付方式，使收入尽可能在各个纳税期限内保持均衡，不仅避免了在某些月份被课以较高税率的重税，还能分享繁重月份税法所提供的费用扣除和费用宽免等优惠，从而在总体上达到了减轻纳税义务的节税效果。

（2）专利权节税筹划。

在出卖专利或自办企业间做出合理决策。

三、个人所得税优惠政策的税收筹划

1. 优惠政策的有关规定。

包括以下五个方面：

（1）免纳个人所得税的项目。

（2）经批准可以减征个人所得税的情况。

（3）暂免征收个人所得税的所得。

（4）对在中国境内无住所，但在境内居住 1 年以上、不到 5 年的纳税人的减免税优惠。

（5）对在中国境内无住所，但在一个纳税年度中在中国境内居住不超过 90 日的纳税人的减免税优惠。

2. 扣除境外已纳税额。

（1）纳税义务人从中国境外取得的所得，准予其在应纳税额中扣除已在境外缴纳的个人所得税税额。

（2）但扣除额不得超过该纳税人境外所得依照本国法计算的应纳税额。

（3）超过该国家或者地区扣除限额的，其超过部分不得在本纳税年度的应纳税额中扣除。

（4）补扣期限最长不得超过五年。

税法知识链接

《个人所得税法》　　　　《个人所得税法实施条例》

复习思考题

一、单项选择题

1. 下列各项中，属于“财产转让所得”项目范围的是（　　）。

A. 退休人员再任职取得的收入

B. 员工行权之前将股票期权转让的净收入

C. 员工行权之后将股票再转让，获得的高于购买日公平市场价的差额

D. 企业高管人员在股票认购权行使前

2. 中国公民赵某出版作品集取得稿酬所得 20 000 元，赵某稿酬所得年末应并入综合所得的收入额为（　　）元。

A. 2 240　　B. 20 000　　C. 11 200　　D. 16 000

3. 以下关于个人所得税的规定中，表述不正确的是（　　）。

A. 劳务报酬属于综合所得之一，汇算清缴时适用 3% ~45% 的超额累进税率

B. 居民个人工资薪金所得预扣税率适用 7 级超额累计税率

C. 劳务报酬所得以收入减除 20% 的费用后的余额为收入额

D. 财产转让所得属于综合所得之一，适用五级超额累进税率

4. 在计算个人所得税时，下列各项中允许税前全额扣除的是（　　）。

A. 通过非营利性社会团体向贫困地区的捐赠

B. 通过非营利性社会团体向遭受严重自然灾害地区的捐赠

C. 用于对关联性科研机构经费的资助

D. 经税务机关批准，将稿酬所得用于资助对非关联的高等学校研究开发新产品、新技术、新工艺所发生的研究开发经费

5. 中国公民李某取得工程设计收入 20 000 元，从中拿出 5 000 元，直接捐赠给了农村义务教育，李某就该笔收入应预缴的个人所得税为（　　）元。

A. 0　　B. 1 400　　C. 3 200　　D. 3 800

6. 王某 2019 年 3 月因身体原因提前 2 年退休，企业按照统一标准发放给王某一次性补贴 150 000 元。王某应就该项一次性补贴缴纳的个人所得税为（　　）元。

A. 700　　B. 750　　C. 780　　D. 900

7. 李先生在甲公司工作了 8 年，2019 年 10 月与该单位解除聘用关系，取得一次性补偿收入 100 000 元。甲公司所在地上年平均工资为 8 000 元。李先生的补偿收入应缴纳个

人所得税（ ）元。

A. 1 370　B. 3 149　C. 5 080　D. 5 645

8. 下列关于个人所得税相关规定的说法错误的是（ ）。

A. 2019 年甲公司依法破产，职工李某从该公司取得一次性安置费 1 万元免征个税

B. 2019 年李某与原公司解除劳动合同后领取的一次性补偿收入，在计征其个人所得税时，可以扣除按比例实缴的医疗保险

C. 2019 年王某与原公司解除劳动合同后领取的一次性补偿收入，在计征其个人所得税时，不可以扣除按比例实缴的住房公积金

D. 刘某因与用人单位解除劳动关系而取得的一次性补偿收入，其收入在当地上年职工平均工资 3 倍数额以内的部分免征个人所得税

9. 张某于 2019 年 2 月购入某上市公司股票，2019 年 12 月该上市公司分得红利 5 000 元，则张某分得红利应纳个人所得税（ ）元。

A. 800　B. 250　C. 500　D. 1 000

10. 李先生 2019 年 1 月达到法定退休年龄而退休，每月领取退休工资 3 600 元，2 月李先生被一家公司聘用，月工资 4 500 元。2019 年 2 月李先生应预扣预缴个人所得税（ ）元。

A. 0　B. 33　C. 365　D. 535

11. 按现行个人所得税规定，下列选项中说法错误的是（ ）。

A. 实行内部退养的个人在其办理内部退养手续后至法定离退休年龄之间从原任职单位取得的工资、薪金，不属于离退休工资，应按“劳务报酬所得”项目计征个人所得税

B. 个人在办理内部退养手续后至法定离退休年龄之间重新就业取得的“工资、薪金”所得，应与其从原任职单位取得的同一月份的“工资、薪金”所得合并纳税

C. 个人在办理内部退养手续后从原任职单位取得的一次性收入，应按办理内部退养手续后至法定离退休年龄之间的所属月份进行平均，并与领取当月的“工资、薪金”所得合并后减除当月费用扣除标准，以余额为基数确定适用税率

D. 个人因办理提前退休手续而取得的一次性补贴收入，应按照办理提前退休手续至法定退休年龄之间所属月份平均分摊计算个人所得税

12. 下列所得，应按“综合所得”缴纳个人所得税的是（ ）。

A. 工资薪金所得　B. 经营所得　C. 财产租赁所得　D. 财产转让所得

13. 下列补贴中，属于个人所得税“工资、薪金所得”征税范围的是（ ）。

A. 独生子女补贴　B. 劳动分红

C. 托儿补助费　D. 差旅费津贴、误餐补助

14. 在商品营销活动中，企业和单位对营销业绩突出的非雇员（营销人员）以培训班、研讨会、工作考察等名义组织旅游活动，通过免收差旅费、旅游费对个人实行的营销业绩奖励，所发生的费用，该营销人员（ ）。

A. 不缴纳个人所得税

B. 按工资、薪金所得缴纳个人所得税

C. 按劳务报酬所得缴纳个人所得税

D. 按偶然所得缴纳个人所得税

15. 以下应按照特许权使用费所得征收个人所得税的是（ ）。

A. 转让债券取得的所得

B. 转让住房取得的所得

C. 个人将其收藏的已故作家文字作品手稿拍卖取得的所得

D. 个人将自己的文字作品手稿拍卖取得的所得

16. 以下关于对企事业单位承包、承租经营所得的说法中，不正确的是（　　）。

A. 个人对企事业单位承包、承租经营后，工商登记改变为个体工商户的，应征收企业所得税，再按“经营所得”缴纳个人所得税

B. 个人对企事业单位承包、承租经营后，工商登记改变为个体工商户的，不再征收企业所得税，仅按“经营所得”缴纳个人所得税

C. 个人对企事业单位承包、承租经营后，工商登记仍为企业的，承包、承租人对企业经营成果不拥有所有权，仅按合同规定取得固定所得的，承包、承租人取得的所得按工资、薪金所得缴纳个人所得税

D. 个人对企事业单位承包、承租经营后，工商登记仍为企业的，承包、承租人按合同规定只向发包方、出租方缴纳一定的费用，缴纳承包、承租费后的企业的经营成果归承包、承租人所有的，其取得的所得，按经营所得缴纳个人所得税

二、多项选择题

1. 下列项目中，在计算财产转让所得项目应纳个人所得税时可以扣除的有（　　）。

A. 消费税　　B. 房产税　　C. 增值税　　D. 印花税

2. 张某在足球世界杯期间参加下列活动所获得收益中，应当缴纳个人所得税的有（　　）。

A. 参加某电商的秒杀活动，以 100 元购得原价 2 000 元的足球鞋一双

B. 为赴巴西看球，开通手机全球漫游套餐，获赠价值 1 500 元的手机一部

C. 参加某电台举办世界杯竞猜活动，获得价值 6 000 元的赴巴西机票一张

D. 作为某航空公司金卡会员被邀请参加世界杯抽奖活动，抽得市价 2 500 元球衣一套

3. 下列关于个人股票期权所得个人所得税的征税方法的相关叙述中，正确的有（　　）。

A. 员工将行权后的股票再转让时获得的高于购买日公平市场价的差额，应按照“财产转让所得”适用的征免规定计算缴纳个人所得税

B. 个人将行权后的境内上市公司股票再行转让取得的所得，暂不征收个人所得税

C. 个人转让境外上市公司的股票而取得的所得，暂不征收个人所得税

D. 个人转让境内上市公司的股票而取得的所得，暂不征收个人所得税

4. 下列选项，不应按照“利息、股息、红利所得”项目征收个人所得税的有（　　）。

A. 个人取得的企业债券利息

B. 合伙企业的个人投资者以企业资金为本人购买住房

C. 个人参与商场的抽奖活动抽到的奖金

D. 公司职工取得的用于购买企业国有股权的劳动分红

5. 下列关于个人投资者收购企业股权后将盈余积累转增股本有关个人所得税的规定正确的有（　　）。

A. 新股东以不低于净资产价格收购股权的，企业原盈余积累已全部计入股权交易价

格，新股东取得盈余积累转增股本的部分，按股息红利所得征收个人所得税

B. 新股东以低于净资产价格收购股权的，企业原盈余积累中，对于股权收购价格减去原股本的差额部分已经计入股权交易价格，新股东取得盈余积累转增股本的部分，不征收个人所得税

C. 对于股权收购价格低于原所有者权益的差额部分未计入股权交易价格，新股东取得盈余积累转增股本的部分，应按照“利息、股息、红利所得”项目征收个人所得税

D. 新股东将所持股权转让时，其财产原值为其收购企业股权实际支付的对价及相关税费

6. 内地李先生通过沪港通机制购买香港联交所股票，个人所得税的税收处理正确的有（　　）。

A. 股票转让差价免税

B. 股票转让差价按“财产转让所得”缴纳个人所得税

C. 取得的股息红利，按照20%的税率缴纳个人所得税

D. 取得的股息红利，实行差别化待遇缴纳个人所得税

7. 王某承包了一家餐厅，餐厅每年支付王某承包收入20万元，王某不参与分享餐厅经营成果；张某承包了一家国有招待所，承包合同规定每月支付张某工资5 000元，同时张某每年要上交承包费60万元，其余招待所经营成果归张某所有，则下列关于个人所得税的说法正确的有（　　）。

A. 王某取得的所得按照工资、薪金所得项目征税

B. 王某取得的所得按照对企事业单位承包经营、承租经营所得项目征税

C. 张某取得的工资按照工资、薪金所得项目征税

D. 张某取得的工资和承包经营成果按照对经营所得项目征税

8. 有下列情形之一的，纳税人应当依法办理纳税申报（　　）。

A. 取得综合所得需要办理汇算清缴　　B. 取得应税所得没有扣缴义务人

C. 取得应税所得扣缴义务人未扣缴税款　　D. 取得境外所得

三、计算分析题

中国居民纳税人张某自2015年起任国内某上市公司高级工程师，2019年取得的部分收入如下：

（1）每月领取工资17 500元，个人负担“三险一金”2 800元，申报专项附加扣除时，作为独生子的张某向单位报送的专项附加扣除信息如下：3周岁在上幼儿园的女儿一名；年满60周岁的父亲一名；夫妻约定女儿教育全额由张某扣除。

（2）公司于2017年实行股票期权计划。2017年1月11日张先生获得公司授予的股票期权10 000份（该期权不可公开交易），授予价格为每份6元。当日公司股票的收盘价为7.68元。公司规定的股票期权行权期限是2019年2月10日至9月10日。张某于2019年2月13日对4 000份股票期权实施行权，当日公司股票的收盘价为9.6元。

（3）5月取得财政部发行国债的利息1 200元，取得2018年某省发行的地方政府债券的利息560元，取得某国内上市公司发行的公司债券利息750元。

（4）7月9日张某对剩余的股票期权全部实施行权，当日股票收盘价10.8元。

要求：根据上述资料，按照下列序号计算回答问题，每问需计算合计数。

（1）计算 1 月张某取得工资收入应预扣预缴的个人所得税。

（2）计算 2 月张某实施股票期权行权应缴纳的个人所得税。

（3）计算 5 月张某取得的各项利息收入应缴纳的个人所得税。

（4）计算 7 月张某实施股票期权行权应缴纳的个人所得税。

第六章 企业所得税

☞ 本章摘要

企业所得税法，是指国家制定的用以调整企业所得税征收与缴纳之间权利及义务关系的法律规范。现行企业所得税法的基本规范，是2007年3月16日第十届全国人民代表大会第五次全体会议通过的《中华人民共和国企业所得税法》（以下简称《企业所得税法》）和2007年11月28日国务院第197次常务会议通过的《中华人民共和国企业所得税法实施条例》（以下简称《实施条例》）。

企业所得税是对我国境内的企业和其他取得收入的组织的生产经营所得和其他所得征收的一种税。企业所得税的作用：（1）促进企业改善经营管理活动，提升企业的盈利能力；（2）调节产业结构，促进经济发展；（3）为国家建设筹集财政资金。

第一节 企业所得税基本法律

一、纳税义务人

企业所得税的纳税义务人，是指在中华人民共和国境内的企业和其他取得收入的组织。《企业所得税法》第一条规定，除个人独资企业、合伙企业不适用企业所得税法外，凡在我国境内，企业和其他取得收入的组织（以下统称企业）为企业所得税的纳税人，依照本法规定缴纳企业所得税。

企业所得税的纳税人分为居民企业和非居民企业，这是根据企业纳税义务范围的宽窄进行的分类方法，不同的企业在向中国政府缴纳所得税时，纳税义务不同。把企业分为居民企业和非居民企业，是为了更好地保障我国税收管辖权的有效行使。税收管辖权是一国政府在征税方面的主权，是国家主权的重要组成部分。根据国际上的通行做法，我国选择了地域管辖权和居民管辖权的双重管辖权标准，最大限度地维护我国的税收利益。

（一）居民企业

居民企业，是指依法在中国境内成立，或者依照外国（地区）法律成立但实际管理机构在中国境内的企业。这里的企业包括国有企业、集体企业、私营企业、联营企业、股份制企业、外商投资企业、外国企业以及有生产、经营所得和其他所得的其他组织。其中，有生产、经营所得和其他所得的其他组织，是指经国家有关部门批准，依法注册、登记的事业单位、社会团体等组织。由于我国的一些社会团体组织、事业单位在完成国家事业计划的过程中，开展多种经营和有偿服务活动，取得除财政部门各项拨款、财政部和国家物价部门批准的各项规费收入以外的经营收入，具有了经营的特点，应当视同企业纳入征税范围。其中，实际管理机构，是指对企业的生产经营、人员、账务、财产等实施实质性全面管理和控制的机构。

（二）非居民企业

非居民企业，是指依照外国（地区）法律成立且实际管理机构不在中国境内，但在中国境内设立机构、场所的，或者在中国境内未设立机构、场所，但有来源于中国境内所得的企业。

上述所称机构、场所，是指在中国境内从事生产经营活动的机构、场所，包括：

1. 管理机构、营业机构、办事机构。
2. 工厂、农场、开采自然资源的场所。
3. 提供劳务的场所。
4. 从事建筑、安装、装配、修理、勘探等工程作业的场所。
5. 其他从事生产经营活动的机构、场所。

非居民企业委托营业代理人在中国境内从事生产经营活动的，包括委托单位或者个人经常代其签订合同，或者储存、交付货物等，该营业代理人视为非居民企业在中国境内设立的机构、场所。

二、征税对象

企业所得税的征税对象，是指企业的生产经营所得、其他所得和清算所得。

（一）居民企业的征税对象

居民企业应就来源于中国境内、境外的所得作为征税对象。所得包括销售货物所得、提供劳务所得、转让财产所得、股息红利等权益性投资所得、利息所得、租金所得、特许权使用费所得、接受捐赠所得和其他所得。

（二）非居民企业的征税对象

非居民企业在中国境内设立机构、场所的，应当就其所设机构、场所取得的来源于中国境内的所得，以及发生在中国境外但与其所设机构、场所有实际联系的所得，缴纳企业所得税。非居民企业在中国境内未设立机构、场所的，或者虽设立机构、场所但取得的所得与其所设机构、场所没有实际联系的，应当就其来源于中国境内的所得缴纳企业所得税。

上述所称实际联系，是指非居民企业在中国境内设立的机构、场所拥有的据以取得所得的股权、债权，以及拥有、管理、控制据以取得所得的财产。

（三）所得来源的确定

1. 销售货物所得，按照交易活动发生地确定。
2. 提供劳务所得，按照劳务发生地确定。

3. 转让财产所得。（1）不动产转让所得按照不动产所在地确定；（2）动产转让所得按照转让动产的企业或者机构、场所所在地确定；（3）权益性投资资产转让所得按照被投资企业所在地确定。

4. 股息、红利等权益性投资所得，按照分配所得的企业所在地确定。

5. 利息所得、租金所得、特许权使用费所得，按照负担、支付所得的企业或者机构、场所所在地确定，或者按照负担、支付所得的个人的住所地确定。

6. 其他所得，由国务院财政、税务主管部门确定。

三、税率

企业所得税税率是体现国家与企业分配关系的核心要素。税率设计的原则是兼顾国家、企业、职工个人三者利益，既要保证财政收入的稳定增长，又要使企业在发展生产、经营方面有一定的财力保证；既要考虑到企业的实际情况和负担能力，又要维护税率的统一性。

企业所得税实行比例税率。比例税率简便易行，透明度高，不会因征税而改变企业间收入分配比例，有利于促进效率的提高，现行规定是：

1. 基本税率为25%。适用于居民企业和在中国境内设有机构、场所且所得与机构、场所有关联的非居民企业。现行企业所得税基本税率设定为25%，既考虑了我国财政承受能力，又考虑了企业负担水平。

2. 低税率为20%。适用于在中国境内未设立机构、场所的，或者虽设立机构、场所但取得的所得与其所设机构、场所没有实际联系的非居民企业。但实际征税时适用10%的税率。

第二节　企业所得税的计税管理

应纳税所得额是企业所得税的计税依据，按照企业所得税法的规定，应纳税所得额为企业每一个纳税年度的收入总额，减除不征税收入、免税收入、各项扣除以及允许弥补的以前年度亏损后的余额。基本公式为：

应纳税所得额 = 收入总额 − 不征税收入 − 免税收入 − 各项扣除 − 允许弥补的以前年度亏损

企业应纳税所得额的计算以权责发生制为原则，属于当期的收入和费用，不论款项是否收付，均作为当期的收入和费用；不属于当期的收入和费用，即使款项已经在当期收付，均不作为当期的收入和费用。应纳税所得额的正确计算直接关系到国家财政收入和企业的税收负担，并且同成本、费用核算关系密切。因此，企业所得税法对应纳税所得额计算作了明确规定。其主要内容包括收入总额、扣除范围和标准、资产的税务处理、亏损弥补等。

一、收入总额

企业的收入总额包括以货币形式和非货币形式从各种来源取得的收入，具体有：销售货物收入，提供劳务收入，转让财产收入，股息、红利等权益性投资收益，利息收入，租金收入，特许权使用费收入，接受捐赠收入，其他收入。

企业取得收入的货币形式，包括现金、存款、应收账款、应收票据、准备持有至到期的债券投资以及债务的豁免等；纳税人以非货币形式取得的收入，包括固定资产、生物资产、无形资产、股权投资、存货、不准备持有至到期的债券投资、劳务以及有关权益等，这些非货币资产应当按照公允价值确定收入额，公允价值是指按照市场价格确定的价值。收入的具体构成为：

1. 一般收入的确认。

（1）销售货物收入，是指企业销售商品、产品、原材料、包装物、低值易耗品以及其他存货取得的收入。

（2）提供劳务收入，是指企业从事建筑安装、修理修配、交通运输、仓储租赁、金融保险、邮电通信、咨询经纪、文化体育、科学研究、技术服务、教育培训、餐饮住宿、中介代理、卫生保健、社区服务、旅游、娱乐、加工以及其他劳务服务活动取得的收入。

（3）转让财产收入，是指企业转让固定资产、生物资产、无形资产、股权、债权等财产取得的收入。

企业转让股权收入，应于转让协议生效且完成股权变更手续时，确认收入的实现。转让股权收入扣除为取得该股权所发生的成本后，为股权转让所得。企业在计算股权转让所得时，不得扣除被投资企业未分配利润等股东留存收益中按该项股权所可能分配的金额。

被清算企业的股东分得的剩余资产的金额，其中相当于被清算企业累计未分配利润和累计盈余公积中按该股东所占股份比例计算的部分，应确认为股息所得；剩余资产减除股息所得后的余额，超过或低于股东投资成本的部分，应确认为股东的投资转让所得或损失。

投资企业从被投资企业撤回或减少投资，其取得的资产中，相当于初始出资的部分，应确认为投资收回；相当于被投资企业累计未分配利润和累计盈余公积按减少实收资本比例计算的部分，应确认为股息所得；其余部分确认为投资资产转让所得。

（4）股息、红利等权益性投资收益，是指企业因权益性投资从被投资方取得的收入。股息、红利等权益性投资收益，除国务院财政、税务主管部门另有规定外，按照被投资方作出利润分配决定的日期确认收入的实现。

被投资企业将股权（票）溢价所形成的资本公积转为股本的，不作为投资方企业的股息、红利收入，投资方企业也不得增加该项长期投资的计税基础。

依据《财政部 国家税务总局 证监会关于沪港股票市场交易互联互通机制试点有关税收政策的通知》（财税〔2014〕81号）的规定，自2014年11月17日起，对内地企业投资者通过沪港通投资香港联交所上市股票取得的股息红利所得，计入其收入总额，依法计征企业所得税。其中，内地居民企业连续持有H股满12个月取得的股息红利所得，依法免征企业所得税。

香港联交所上市H股公司应向中国结算提出申请，由中国结算向H股公司提供内地企业投资者名册，H股公司对内地企业投资者不代扣股息红利所得税款，应纳税款由企业自行申报缴纳。

内地企业投资者自行申报缴纳企业所得税时，对香港联交所非H股上市公司已扣代缴的股息红利所得税，可依法申请税收抵免。

（5）利息收入，是指企业将资金提供他人使用但不构成权益性投资，或者因他人占用本企业资金取得的收入，包括存款利息、贷款利息、债券利息、欠款利息等收入。利息收入，按照合同约定的债务人应付利息的日期确认收入的实现。

自 2013 年 9 月 1 日起，企业混合性投资业务，是指兼具权益和债权双重特性的投资业务。同时符合下列条件的混合性投资业务，按下列规定进行企业所得税处理：

①被投资企业接受投资后，需要按投资合同或协议约定的利率定期支付利息（或定期支付保底利息、固定利润、固定股息，下同）；

②有明确的投资期限或特定的投资条件，并在投资期满或者满足特定投资条件后，被投资企业需要赎回投资或偿还本金；

③投资企业对被投资企业净资产不拥有所有权；

④投资企业不具有选举权和被选举权；

⑤投资企业不参与被投资企业日常生产经营活动。

符合上述（1）至（5）条规定的混合性投资业务，按下列规定进行企业所得税处理：

（6）对于被投资企业支付的利息，投资企业应于被投资企业应付利息的日期，确认收入的实现并计入当期应纳税所得额；被投资企业应于应付利息的日期，确认利息支出，并按税法和《国家税务总局关于企业所得税若干问题的公告》（国家税务总局公告 2011 年第 34 号）第一条的规定，进行税前扣除。

①对于被投资企业赎回的投资，投资双方应于赎回时将赎价与投资成本之间的差额确认为债务重组损益，分别计入当期应纳税所得额。

②租金收入，是指企业提供固定资产、包装物或者其他有形资产的使用权取得的收入。租金收入，按照合同约定的承租人应付租金的日期确认收入的实现。其中，如果交易合同或协议中规定租赁期限跨年度，且租金提前一次性支付的，根据《实施条例》第九条规定的收入与费用配比原则，出租人可对上述已确认的收入，在租赁期内，分期均匀计入相关年度收入。

（7）特许权使用费收入，是指企业提供专利权、非专利技术、商标权、著作权以及其他特许权的使用权取得的收入。特许权使用费收入，按照合同约定的特许权使用人应付特许权使用费的日期确认收入的实现。

（8）接受捐赠收入，是指企业接受的来自其他企业、组织或者个人无偿给予的货币性资产、非货币性资产。接受捐赠收入，按照实际收到捐赠资产的日期确认收入的实现。

（9）其他收入，是指企业取得的除以上收入外的其他收入，包括企业资产溢余收入、逾期未退包装物押金收入、确实无法偿付的应付款项、已作坏账损失处理后又收回的应收款项、债务重组收入、补贴收入、违约金收入、汇兑收益等。

2. 特殊收入的确认。

（1）以分期收款方式销售货物的，按照合同约定的收款日期确认收入的实现。

（2）企业受托加工制造大型机械设备、船舶、飞机，以及从事建筑、安装、装配工程业务或者提供其他劳务等，持续时间超过 12 个月的，按照纳税年度内完工进度或者完成的工作量确认收入的实现。

（3）采取产品分成方式取得收入的，按照企业分得产品的日期确认收入的实现，其收入额按照产品的公允价值确定。

（4）企业发生非货币性资产交换，以及将货物、财产、劳务用于捐赠、偿债、赞助、集资、广告、样品、职工福利或者利润分配等用途的，应当视同销售货物、转让财产或者提供劳务，但国务院财政、税务主管部门另有规定的除外。

3. 处置资产收入的确认。

（1）企业发生下列情形的处置资产，除将资产转移至境外以外，由于资产所有权属在形式和实质上均不发生改变，可作为内部处置资产，不视同销售确认收入，相关资产的计税基础延续计算。

①将资产用于生产、制造、加工另一产品。

②改变资产形状、结构或性能。

③改变资产用途（如自建商品房转为自用或经营）。

④将资产在总机构及其分支机构之间转移。

⑤上述两种或两种以上情形的混合。

⑥其他不改变资产所有权属的用途。

（2）企业将资产移送他人的下列情形，因资产所有权属已发生改变而不属于内部处置资产，应按规定视同销售确定收入。

①用于市场推广或销售。

②用于交际应酬。

③用于职工奖励或福利。

④用于股息分配。

⑤用于对外捐赠。

⑥其他改变资产所有权属的用途。

（3）企业发生第2条规定情形时，属于企业自制的资产，应按企业同类资产同期对外销售价格确定销售收入；属于外购的资产，可按购入时的价格确定销售收入。

4. 非货币性资产投资企业所得税处理。

非货币性资产，是指现金、银行存款、应收账款、应收票据以及准备持有至到期的债券投资等货币性资产以外的资产。

（1）居民企业（以下简称企业）以非货币性资产对外投资确认的非货币性资产转让所得，可在不超过5年期限内，分期均匀计入相应年度的应纳税所得额，按规定计算缴纳企业所得税。

（2）企业以非货币性资产对外投资，应对非货币性资产进行评估并按评估后的公允价值扣除计税基础后的余额，计算确认非货币性资产转让所得。

企业以非货币性资产对外投资，应于投资协议生效并办理股权登记手续时，确认非货币性资产转让收入的实现。

（3）企业以非货币性资产对外投资而取得被投资企业的股权，应以非货币性资产的原计税成本为计税基础，加上每年确认的非货币性资产转让所得，逐年进行调整。

被投资企业取得非货币性资产的计税基础，应按非货币性资产的公允价值确定。

（4）企业在对外投资5年内转让上述股权或投资收回的，应停止执行递延纳税政策，并就递延期内尚未确认的非货币性资产转让所得，在转让股权或投资收回当年的企业所得税年度汇算清缴时，一次性计算缴纳企业所得税；企业在计算股权转让所得时，可按本通知第三条第一款规定将股权的计税基础一次调整到位。

企业在对外投资5年内注销的，应停止执行递延纳税政策，并就递延期内尚未确认的非货币性资产转让所得，在注销当年的企业所得税年度汇算清缴时，一次性计算缴纳企业所得税。

（5）此处所称非货币性资产投资，限于以非货币性资产出资设立新的居民企业，或将非货币性资产注入现存的居民企业。

（6）企业发生非货币性资产投资，符合《财政部、国家税务总局关于企业重组业务企业所得税处理若干问题的通知》（财税〔2009〕59号）等文件规定的特殊性税务处理条件的，也可选择按特殊性税务处理规定执行。

5. 企业转让上市公司限售股有关所得税处理。

根据国家税务总局公告2011年第39号规定，自2011年7月1日起，企业转让上市公司限售股有关所得税的处理按以下规定执行。

（1）纳税义务人的范围界定问题。

根据《企业所得税法》第一条及其《实施条例》第三条的规定，转让限售股取得收入的企业（包括事业单位、社会团体、民办非企业单位等），为企业所得税的纳税义务人。

（2）企业转让代个人持有的限售股征税问题。

因股权分置改革造成原由个人出资而由企业代持有的限售股，企业在转让时按以下规定处理：

①企业转让上述限售股取得的收入，应作为企业应税收入计算纳税。

上述限售股转让收入扣除限售股原值和合理税费后的余额为该限售股转让所得。企业未能提供完整、真实的限售股原值凭证，不能准确计算该限售股原值的，主管税务机关一律按该限售股转让收入的15%，核定为该限售股原值和合理税费。

依照本条规定完成纳税义务后的限售股转让收入余额转付给实际所有人时不再纳税。

②依法院判决、裁定等原因，通过证券登记结算公司，企业将其代持的个人限售股直接变更到实际所有人名下的，不视同转让限售股。

③企业在限售股解禁前转让限售股征税问题。

企业在限售股解禁前将其持有的限售股转让给其他企业或个人（以下简称受让方），其企业所得税问题按以下规定处理：

企业应按减持在证券登记结算机构登记的限售股取得的全部收入，计入企业当年度应税收入计算纳税。

企业持有的限售股在解禁前已签订协议转让给受让方，但未变更股权登记、仍由企业持有的，企业实际减持该限售股取得的收入，依照上述第2条第（1）项规定纳税后，其余额转付给受让方的，受让方不再纳税。

6. 企业接收政府和股东划入资产的企业所得税处理。

（1）企业接收政府划入资产的企业所得税处理。

①县级以上人民政府（包括政府有关部门，下同）将国有资产明确以股权投资方式投入企业，企业应作为国家资本金（包括资本公积）处理。该项资产如为非货币性资产，应按政府确定的接收价值确定计税基础。

②县级以上人民政府将国有资产无偿划入企业，凡指定专门用途并按《财政部国家税务总局关于专项用途财政性资金企业所得税处理问题的通知》（财税〔2011〕70号）规定进行管理的，企业可作为不征税收入进行企业所得税处理。其中，该项资产属于非货币性资产的，应按政府确定的接收价值计算不征税收入。

③县级以上人民政府将国有资产无偿划入企业，属于上述第①、②项以外情形的，应按政府确定的接收价值计入当期收入总额计算缴纳企业所得税。政府没有确定接收价值的，按资产的公允价值计算确定应税收入。

（2）企业接收股东划入资产的企业所得税处理。

①企业接收股东划入资产（包括股东赠与资产、上市公司在股权分置改革过程中接收原非流通股股东和新非流通股股东赠与的资产、股东放弃本企业的股权，下同），凡合同、协议约定作为资本金（包括资本公积）且在会计上已做实际处理的，不计入企业的收入总额，企业应按公允价值确定该项资产的计税基础。

②企业接收股东划入资产，凡作为收入处理的，应按公允价值计入收入总额，计算缴纳企业所得税，同时按公允价值确定该项资产的计税基础。

7. 相关收入实现的确认。

除企业所得税法及实施条例前述收入的规定处，企业销售收入的确认，必须遵循权责发生制原则和实质重于形式原则。

（1）企业销售商品同时满足下列条件的，应确认收入的实现：

①商品销售合同已经签订，企业已将商品所有权相关的主要风险和报酬转移给购货方。

②企业对已售出的商品既没有保留通常与所有权相联系的继续管理权，也没有实施有效控制。

③收入的金额能够可靠计量。

④已发生或将发生的销售方的成本能够可靠核算。

（2）符合上述收入确认条件，采取下列商品销售方式的，应按以下规定确认收入实现时间：

①销售商品采用托收承付方式的，在办妥托收手续时确认收入。

②销售商品采取预收款方式的，在发出商品时确认收入。

③销售商品需要安装和检验的，在购买方接受商品以及安装和检验完毕时确认收入。如果安装程序比较简单，就可在发出商品时确认收入。

④销售商品采用支付手续费方式委托代销的，在收到代销清单时确认收入。

（3）采用售后回购方式销售商品的，销售的商品按售价确认收入，回购的商品作为购进商品处理。有证据表明，不符合销售收入确认条件的，如以销售商品方式进行融资，收到的款项应确认为负债，回购价格大于原售价的，差额应在回购期间确认为利息费用。

（4）销售商品以旧换新的，销售商品应当按照销售商品收入确认条件确认收入，回收的商品作为购进商品处理。

（5）企业为促进商品销售而在商品价格上给予的价格扣除属于商业折扣，商品销售涉及商业折扣的，应当按照扣除商业折扣后的金额确定销售商品收入金额。

债权人为鼓励债务人在规定的期限内付款而向债务人提供的债务扣除属于现金折扣，

销售商品涉及现金折扣的，应当按扣除现金折扣前的金额确定销售商品收入金额，现金折扣在实际发生时作为财务费用扣除。

企业因售出商品的质量不合格等原因而在售价上给予的减让属于销售折让；企业因售出商品质量、品种不符合要求等原因而发生的退货属于销售退回。企业已经确认销售收入的售出商品发生销售折让和销售退回，应当在发生当期冲减当期销售商品收入。

（6）企业在各个纳税期末，提供劳务交易的结果能够可靠估计的，应采用完工进度（完工百分比）法确认提供劳务收入。

①提供劳务交易的结果能够可靠估计，是指同时满足下列条件：

收入的金额能够可靠计量；交易的完工进度能够可靠确定；交易中已发生和将发生的成本能够可靠核算。

②企业提供劳务完工进度的确定，可选用下列方法：

已完工作的测量；已提供劳务占劳务总量的比例；发生成本占总成本的比例。

③企业应按照从接受劳务方已收或应收的合同或协议价款确定劳务收入总额，根据纳税期末提供劳务收入总额乘以完工进度扣除以前纳税年度累计已确认提供劳务收入后的金额，确认为当期劳务收入；同时，按照提供劳务估计总成本乘以完工进度扣除以前纳税期间累计已确认劳务成本后的金额，结转为当期劳务成本。

④下列提供劳务满足收入确认条件的，应按规定确认收入：

安装费。应根据安装完工进度确认收入。安装工作是商品销售附带条件的，安装费在确认商品销售实现时确认收入。

宣传媒介的收费。应在相关的广告或商业行为出现于公众面前时确认收入。广告的制作费，应根据制作广告的完工进度确认收入。

软件费。为特定客户开发软件的收费，应根据开发的完工进度确认收入。

服务费。包含在商品售价内可区分的服务费，在提供服务的期间分期确认收入。

艺术表演、招待宴会和其他特殊活动的收费。在相关活动发生时确认收入。收费涉及几项活动的，预收的款项应合理分配给每项活动，分别确认收入。

会员费。申请入会或加入会员，只允许取得会籍，所有其他服务或商品都要另行收费的，在取得该会员费时确认收入。申请入会或加入会员后，会员在会员期内不再付费就可得到各种服务或商品，或者以低于非会员的价格销售商品或提供服务的，该会员费应在整个受益期内分期确认收入。

特许权费。属于提供设备和其他有形资产的特许权费，在交付资产或转移资产所有权时确认收入；属于提供初始及后续服务的特许权费，在提供服务时确认收入。

劳务费。长期为客户提供重复的劳务收取的劳务费，在相关劳务活动发生时确认收入。

（7）企业以买一赠一等方式组合销售本企业商品的，不属于捐赠，应将总的销售金额按各项商品的公允价值的比例来分摊确认各项的销售收入。

（8）企业取得财产（包括各类资产、股权、债权等）转让收入、债务重组收入、接受捐赠收入、无法偿付的应付款收入等，不论是以货币形式还是非货币形式体现，除另有规定外，均应一次性计入确认收入的年度计算缴纳企业所得税。

二、不征税收入和免税收入

国家为了扶持和鼓励某些特殊的纳税人和特定的项目，或者避免因征税影响企业的正常经营，对企业取得的某些收入予以不征税或免税的特殊政策，以减轻企业的负担，促进经济的协调发展。或准予抵扣应纳税所得额，或者是对专项用途的资金作为非税收入处理，减轻企业的税负，增加企业可用资金。

1. 不征税收入。

（1）财政拨款，是指各级人民政府对纳入预算管理的事业单位、社会团体等组织拨付的财政资金，但国务院和国务院财政、税务主管部门另有规定的除外。

（2）依法收取并纳入财政管理的行政事业性收费、政府性基金。行政事业性收费是指依照法律法规等有关规定，按照国务院规定程序批准，在实施社会公共管理，以及在向公民、法人或者其他组织提供特定公共服务过程中，向特定对象收取并纳入财政管理的费用。政府性基金，是指企业依照法律、行政法规等有关规定，代政府收取的具有专项用途的财政资金。具体规定如下：

①企业按照规定缴纳的、由国务院或财政部批准设立的政府性基金以及由国务院和省、自治区、直辖市人民政府及其财政、价格主管部门批准设立的行政事业性收费，准予在计算应纳税所得额时扣除。

企业缴纳的不符合上述第①条审批管理权限设立的基金、收费，不得在计算应纳税所得额时扣除。

②企业收取的各种基金、收费，应计入企业当年收入总额。

③对企业依照法律、法规及国务院有关规定收取并上缴财政的政府性基金和行政事业性收费，准予作为不征税收入，于上缴财政的当年在计算应纳税所得额时从收入总额中减除；未上缴财政的部分，不得从收入总额中减除。

（3）国务院规定的其他不征税收入，是指企业取得的，由国务院财政、税务主管部门规定专项用途并经国务院批准的财政性资金。

财政性资金，是指企业取得的来源于政府及其有关部门的财政补助、补贴、贷款贴息，以及其他各类财政专项资金，包括直接减免的增值税和即征即退、先征后退、先征后返的各种税收，但不包括企业按规定取得的出口退税款。

①企业取得的各类财政性资金，除属于国家投资和资金使用后要求归还本金的以外，均应计入企业当年收入总额。国家投资是指国家以投资者身份投入企业并按有关规定相应增加企业实收资本（股本）的直接投资。

②对企业取得的由国务院财政、税务主管部门规定专项用途并经国务院批准的财政性资金，准予作为不征税收入，在计算应纳税所得额时从收入总额中减除。

③纳入预算管理的事业单位、社会团体等组织按照核定的预算和经费报领关系收到的由财政部门或上级单位拨入的财政补助收入，准予作为不征税收入，在计算应纳税所得额时从收入总额中减除，但国务院和国务院财政、税务主管部门另有规定的除外。

（4）专项用途财政性资金企业所得税处理的具体规定。

根据（财税〔2011〕70号）通知规定，自2011年1月1日起，企业取得的专项用途财政性资金企业所得税处理按以下规定执行：

①企业从县级以上各级人民政府财政部门及其他部门取得的应计入收入总额的财政性资金，凡同时符合以下条件的，可以作为不征税收入，在计算应纳税所得额时从收入总额中减除：

企业能够提供规定资金专项用途的资金拨付文件；财政部门或其他拨付资金的政府部门对该资金有专门的资金管理办法或具体管理要求；企业对该资金以及以该资金发生的支出单独进行核算。

②根据《实施条例》第二十八条的规定，上述不征税收入用于支出所形成的费用，不得在计算应纳税所得额时扣除；用于支出所形成的资产，其计算的折旧、摊销不得在计算应纳税所得额时扣除。

③企业将符合上述第①条规定条件的财政性资金作不征税收入处理后，在5年（60个月）内未发生支出且未缴回财政部门或其他拨付资金的政府部门的部分，应计入取得该资金第六年的应税收入总额；计入应税收入总额的财政性资金发生的支出，允许在计算应纳税所得额时扣除。

另外，企业取得的不征税收入，应按照上述（财税〔2011〕70号，以下简称《通知》）的规定进行处理。凡未按照《通知》规定进行管理的，应作为企业应税收入计入应纳税所得额，依法缴纳企业所得税。

2. 免税收入。

（1）国债利息收入。为鼓励企业积极购买国债，支援国家建设，税法规定，企业因购买国债所得的利息收入，免征企业所得税。

根据国家税务总局公告2011年第36号规定，自2011年1月1日起，按以下规定执行：

①国债利息收入时间确认。

根据《实施条例》第十八条的规定，企业投资国债从国务院财政部门（以下简称发行者）取得的国债利息收入，应以国债发行时约定应付利息的日期，确认利息收入的实现。

企业转让国债，应在国债转让收入确认时确认利息收入的实现。

②国债利息收入计算。

企业到期前转让国债，或者从非发行者投资购买的国债，其持有期间尚未兑付的国债利息收入，按以下公式计算确定：

国债利息收入 = 国债金额 ×（适用年利率 ÷ 365）× 持有天数

上述公式中的“国债金额”，按国债发行面值或发行价格确定；“适用年利率”按国债票面年利率或折合年收益率确定；如企业不同时间多次购买同一品种国债的，“持有天数”可按平均持有天数计算确定。

③国债利息收入免税问题。

根据《企业所得税法》第二十六条的规定，企业取得的国债利息收入，免征企业所得税。具体按以下规定执行：

企业从发行者直接投资购买的国债持有至到期，其从发行者取得的国债利息收入，全额免征企业所得税。

企业到期前转让国债，或者从非发行者投资购买的国债，其按上述第②项计算的国债利息收入，免征企业所得税。

④国债转让收入时间确认。

企业转让国债应在转让国债合同、协议生效的日期，或者国债移交时确认转让收入的实现。

企业投资购买国债，到期兑付的，应在国债发行时约定的应付利息的日期，确认国债转让收入的实现。

⑤国债转让收益（损失）计算。

企业转让或到期兑付国债取得的价款，减除其购买国债成本，并扣除其持有期间按照本公告上述第②条计算的国债利息收入以及交易过程中相关税费后的余额，为企业转让国债收益（损失）。

⑥国债转让收益（损失）征税问题。

根据《实施条例》第十六条规定，企业转让国债，应作为转让财产，其取得的收益（损失）应作为企业应纳税所得额计算纳税。

⑦通过支付现金方式取得的国债，以买入价和支付的相关税费为成本。

⑧通过支付现金以外的方式取得的国债，以该资产的公允价值和支付的相关税费为成本。

企业在不同时间购买同一品种国债的，其转让时的成本计算方法，可在先进先出法、加权平均法、个别计价法中选用一种。计价方法一经选用，不得随意改变。

（2）符合条件的居民企业之间的股息、红利等权益性收益，是指居民企业直接投资于其他居民企业取得的投资收益。

（3）在中国境内设立机构、场所的非居民企业从居民企业取得与该机构、场所有实际联系的股息、红利等权益性投资收益。该收益都不包括连续持有居民企业公开发行并上市流通的股票不足 12 个月取得的投资收益。

（4）符合条件的非营利组织的收入。符合条件的非营利组织是指：

①依法履行非营利组织登记手续。

②从事公益性或者非营利性活动。

③取得的收入除用于与该组织有关的、合理的支出外，全部用于登记核定或者章程规定的公益性或者非营利性事业。

④财产及其孳生息不用于分配。

⑤按照登记核定或者章程规定，该组织注销后的剩余财产用于公益性或者非营利性目的，或者由登记管理机关转赠给予该组织性质、宗旨相同的组织，并向社会公告。

⑥投入人对投入该组织的财产不保留或者享有任何财产权利。

⑦工作人员工资福利开支控制在规定的比例内，不变相分配该组织的财产。

⑧国务院财政、税务主管部门规定的其他条件。

《企业所得税法》第二十六条第 4 项所称符合条件的非营利组织的收入，不包括非营利组织从事营利性活动取得的收入，但国务院财政、税务主管部门另有规定的除外。

非营利组织的下列收入为免税收入：

①接受其他单位或者个人捐赠的收入。

②除《企业所得税法》第七条规定的财政拨款以外的其他政府补助收入，但不包括因政府购买服务取得的收入。

③按照省级以上民政、财政部门规定收取的会费。

④不征税收入和免税收入孳生的银行存款利息收入。

⑤财政部、国家税务总局规定的其他收入。

三、税前扣除原则和范围

1. 扣除项目的原则。

企业申报的扣除项目和金额要真实、合法。所谓真实是指能提供证明有关支出确属已经实际发生；合法是指符合国家税法的规定，若其他法规规定与税收法规规定不一致，应以税收法规的规定为标准。除税收法规另有规定外，税前扣除一般应遵循以下原则：

①权责发生制原则，是指企业费用应在发生的所属期扣除，而不是在实际支付时确认扣除。

②配比原则，是指企业发生的费用应当与收入配比扣除。除特殊规定外，企业发生的费用不得提前或滞后申报扣除。

③相关性原则，是指企业可扣除的费用从性质和根源上必须与取得应税收入直接相关。

④确定性原则，是指企业可扣除的费用不论何时支付，其金额必须是确定的。

⑤合理性原则，是指符合生产经营活动常规，应当计入当期损益或者有关资产成本的必要和正常的支出。

2. 扣除项目的范围。

《企业所得法》规定，企业实际发生的与取得收入有关的、合理的支出，包括成本、费用、税金、损失和其他支出，准予在计算应纳税所得额时扣除。在实际中，计算应纳税所得额时还应注意三方面的内容：第一，企业发生的支出应当区分收益性支出和资本性支出。收益性支出在发生当期直接扣除；资本性支出应当分期扣除或者计入有关资产成本，不得在发生当期直接扣除。第二，企业的不征税收入用于支出所形成的费用或者财产，不得扣除或者计算对应的折旧、摊销扣除。第三，除企业所得税法和本条例另有规定外，企业实际发生的成本、费用、税金、损失和其他支出，不得重复扣除。

①成本，是指企业在生产经营活动中发生的销售成本、销货成本、业务支出以及其他耗费，即企业销售商品（产品、材料、下脚料、废料、废旧物资等）、提供劳务、转让固定资产、无形资产（包括技术转让）的成本。

企业必须将经营活动中发生的成本合理划分为直接成本和间接成本。直接成本是可直接计入有关成本计算对象或劳务的经营成本中的直接材料、直接人工等。间接成本是指多个部门为同一成本对象提供服务的共同成本，或者同一种投入可以制造、提供两种或两种以上的产品或劳务的联合成本。

直接成本可根据有关会计凭证、记录直接计入有关成本计算对象或劳务的经营成本中。间接成本必须根据与成本计算对象之间的因果关系、成本计算对象的产量等，以合理的方法分配计入有关成本计算对象中。

②费用，是指企业每一个纳税年度为生产、经营商品和提供劳务等所发生的销售（经营）费用、管理费用和财务费用。已经计入成本的有关费用除外。

销售费用，是指应由企业负担的为销售商品而发生的费用，包括广告费、运输费、装卸费、包装费、展览费、保险费、销售佣金（能直接认定的进口佣金调整商品进价成本）、代销手续费、经营性租赁费及销售部门发生的差旅费、工资、福利费等费用。

管理费用，是指企业的行政管理部门为管理组织经营活动提供各项支援性服务而发生的费用。

财务费用，是指企业筹集经营性资金而发生的费用，包括利息净支出、汇兑净损失、金融机构手续费以及其他非资本化支出。

③税金，是指企业发生的除企业所得税和允许抵扣的增值税以外的企业缴纳的各项税金及其附加。即企业按规定缴纳的消费税、城市维护建设税、关税、资源税、土地增值税、房产税、车船税、土地使用税、印花税、教育费附加等产品销售税金及附加。这些已纳税金准予税前扣除。准许扣除的税金有两种方式：一是在发生当期扣除；二是在发生当期计入相关资产的成本，在以后各期分摊扣除。

④损失，是指企业在生产经营活动中发生的固定资产和存货的盘亏、毁损、报废损失，转让财产损失，呆账损失，坏账损失，自然灾害等不可抗力因素造成的损失以及其他损失。

企业发生的损失，减除责任人赔偿和保险赔款后的余额，依照国务院财政、税务主管部门的规定扣除。

企业已经作为损失处理的资产，在以后纳税年度又全部收回或者部分收回时，应当计入当期收入。

⑤扣除的其他支出，是指除成本、费用、税金、损失外，企业在生产经营活动中发生的与生产经营活动有关的、合理的支出。

3. 扣除项目及其标准。

在计算应纳税所得额时，下列项目可按实际发生额或规定的标准扣除。

（1）工资、薪金支出。

①企业发生的合理的工资、薪金支出准予据实扣除。工资、薪金支出是企业每一纳税年度支付给本企业任职或与其有雇佣关系的员工的所有现金或非现金形式的劳动报酬，包括基本工资、奖金、津贴、补贴、年终加薪、加班工资，以及与任职或者是受雇有关的其他支出。

合理的工资、薪金，是指企业按照股东大会、董事会、薪酬委员会或相关管理机构制定的工资薪金制度规定实际发放给员工的工资薪金。税务机关在对工资薪金进行合理性确认时，可按以下原则掌握：

企业制定了较为规范的员工工资薪金制度；企业所制定的工资薪金制度符合行业及地区水平；企业在一定时期所发放的工资薪金是相对固定的，工资薪金的调整是有序进行的；企业对实际发放的工资薪金，已依法履行了代扣代缴个人所得税义务；有关工资薪金的安排，不以减少或逃避税款为目的。

②属于国有性质的企业，其工资薪金，不得超过政府有关部门给予的限定数额；超过部分，不得计入企业工资薪金总额，也不得在计算企业应纳税所得额时扣除。

③企业因雇用季节工、临时工、实习生、返聘离退休人员以及接受外部劳务派遣用工所实际发生的费用，应区分为工资薪金支出和职工福利费支出，并按《企业所得税法》规定在企业所得税前扣除。其中属于工资薪金支出的，准予计入企业工资薪金总额的基数，作为计算其他各项相关费用扣除的依据。

④根据国家税务总局公告 2012 年第 18 号《关于我国居民企业实行股权激励计划有关企业所得税处理问题的公告》，为推进我国资本市场改革，促进企业建立健全激励与约束机制，就上市公司实施股权激励计划有关企业所得税处理问题，规定如下：

上述所称股权激励，是指《上市公司股权激励管理办法》（以下简称《管理办法》）中规定的上市公司以本公司股票为标的，对其董事、监事、高级管理人员及其他员工（以下简称激励对象）进行的长期性激励。股权激励实行方式包括授予限制性股票、股票期权以及其他法律法规规定的方式。限制性股票，是指《管理办法》中规定的激励对象按照股权激励计划规定的条件，从上市公司获得的一定数量的本公司股票。股票期权，是指《管理办法》中规定的上市公司按照股权激励计划授予激励对象在未来一定期限内，以预先确定的价格和条件购买本公司一定数量股票的权利。

上市公司依照《管理办法》要求建立职工股权激励计划，并按我国企业会计准则的有关规定，在股权激励计划授予激励对象时，按照该股票的公允价格及数量，计算确定作为上市公司相关年度的成本或费用，作为换取激励对象提供服务的对价。上述企业建立的职工股权激励计划，其企业所得税的处理，自 2012 年 7 月 1 日起按以下规定执行：

A. 对股权激励计划实行后立即可以行权的，上市公司可以根据实际行权时该股票的公允价格与激励对象实际行权支付价格的差额和数量，计算确定作为当年上市公司工资薪金支出，依照税法规定进行税前扣除。

B. 对股权激励计划实行后，需待一定服务年限或者达到规定业绩条件（以下简称等待期）方可行权的。上市公司等待期内会计上计算确认的相关成本费用，不得在对应年度计算缴纳企业所得税时扣除。在股权激励计划可行权后，上市公司方可根据该股票实际行权时的公允价格与当年激励对象实际行权支付价格的差额及数量，计算确定作为当年上市公司工资薪金支出，依照税法规定进行税前扣除。

C. 上述所指股票实际行权时的公允价格，以实际行权日该股票的收盘价格确定。

⑤企业福利性补贴支出税前扣除。国家税务总局 2015 年第 34 号公告规定，列入企业员工工资薪金制度、固定与工资薪金一起发放的福利性补贴，符合《国家税务总局关于企业工资薪金及职工福利费扣除问题的通知》（国税函〔2009〕3 号）第一条规定的合理工资、薪金支出条件，可作为企业发生的工资薪金支出，按规定在税前扣除。

不能同时符合上述合理工资、薪金支出条件的福利性补贴，应作为国税函〔2009〕3号文件第三条规定的职工福利费，按规定计算限额税前扣除。

⑥企业年度汇算清缴结束前支付汇缴年度工资薪金税前扣除。企业在年度汇算清缴结束前向员工实际支付的已预提汇缴年度工资薪金，准予在汇缴年度按规定扣除。

⑦企业接受外部劳务派遣用工所实际发生的费用，应分两种情况按规定在税前扣除按照协议（合同）约定直接支付给劳务派遣公司的费用，应作为劳务费支出；直接支付给员工个人的费用，应作为工资薪金支出和职工福利费支出。其中属于工资薪金支出的费用，准予计入企业工资薪金总额的基数，作为计算其他各项相关费用扣除的依据。

（2）职工福利费、工会经费、职工教育经费。

企业发生的职工福利费、工会经费、职工教育经费按标准扣除，未超过标准的按实际数扣除，超过标准的只能按标准扣除。

①企业发生的职工福利费支出，不超过工资薪金总额14%的部分准予扣除。

企业职工福利费，包括以下内容：

A. 尚未实行分离办社会职能的企业，其内设福利部门所发生的设备、设施和人员费用，包括职工食堂、职工浴室、理发室、医务所、托儿所、疗养院等集体福利部门的设备、设施及维修保养费用和福利部门工作人员的工资薪金、社会保险费、住房公积金、劳务费等。

B. 为职工卫生保健、生活、住房、交通等所发放的各项补贴和非货币性福利，包括企业向职工发放的因公外地就医费用、未实行医疗统筹企业职工医疗费用、职工供养直系亲属医疗补贴、供暖费补贴、职工防暑降温费、职工困难补贴、救济费、职工食堂经费补贴、职工交通补贴等。

C. 按照其他规定发生的其他职工福利费，包括丧葬补助费、抚恤费、安家费、探亲假路费等。

值得注意的是，企业发生的职工福利费，应该单独设置账册，进行准确核算。没有单独设置账册准确核算的，税务机关应责令企业在规定的期限内进行改正。逾期仍未改正的，税务机关可对企业发生的职工福利费进行合理的核定。

②企业拨缴的工会经费，不超过工资薪金总额2%的部分准予扣除。

自2010年7月1日起，企业拨缴的职工工会经费，不超过工资薪金总额2%的部分，凭工会组织开具的《工会经费收入专用收据》在企业所得税税前扣除。

自2010年1月1日起，在委托税务机关代收工会经费的地区，企业拨缴的工会经费，也可凭合法、有效的工会经费代收凭据依法在税前扣除。

③除国务院财政、税务主管部门另有规定外，企业发生的职工教育经费支出，自2008年1月1日起不超过工资薪金总额8%的部分，准予在计算企业所得税应纳税所得额时扣除；超过部分，准予结转以后纳税年度扣除。

软件生产企业发生的职工教育经费中的职工培训费用，根据《财政部国家税务总局关于企业所得税若干优惠政策的通知》（财税〔2012〕27号）规定，可以全额在企业所得税前扣除。软件生产企业应准确划分职工教育经费中的职工培训费支出，对于不能准确划分的，以及准确划分后职工教育经费中扣除职工培训费用的余额，一律按照工资薪金总额8%的比例扣除。

核力发电企业为培养核电厂操纵员发生的培养费用，依据国家税务总局公告2014年第29号第三条规定，可作为企业的发电成本在税前扣除。企业应将核电厂操纵员培养费与员工的职工教育经费严格区分，单独核算，员工实际发生的职工教育经费支出不得计入核电厂操纵员培养费直接扣除。

上述计算职工福利费、工会经费、职工教育经费的工资薪金总额，是指企业按照上述第1条规定实际发放的工资薪金总和，不包括企业的职工福利费、职工教育经费、工会经费以及养老保险费、医疗保险费、失业保险费、工伤保险费、生育保险费等社会保险费和住房公积金。属于国有性质的企业，其工资薪金，不得超过政府有关部门给予的限定数额；超过部分，不得计入企业工资薪金总额，也不得在计算企业应纳税所得额时扣除。

（3）社会保险费。

①企业依照国务院有关主管部门或者省级人民政府规定的范围和标准为职工缴纳的“五险一金”，即基本养老保险费、基本医疗保险费、失业保险费、工伤保险费、生育保险费等基本社会保险费和住房公积金，准予扣除。

②企业为投资者或者职工支付的补充养老保险费、补充医疗保险费，在国务院财政、税务主管部门规定的范围和标准内，准予扣除。企业依照国家有关规定为特殊工种职工支付的人身安全保险费和符合国务院财政、税务主管部门规定可以扣除的商业保险费准予扣除。

③企业参加财产保险，按照规定缴纳的保险费，准予扣除。企业为投资者或者职工支付的商业保险费，不得扣除。

（4）利息费用。

企业在生产、经营活动中发生的利息费用，按下列规定扣除。

①非金融企业向金融企业借款的利息支出、金融企业的各项存款利息支出和同业拆借利息支出、企业经批准发行债券的利息支出可据实扣除。

所谓金融企业，是指各类银行、保险公司及经中国人民银行批准从事金融业务的非银行金融机构。其包括国家专业银行、区域性银行、股份制银行、外资银行、中外合资银行以及其他综合性银行；还包括全国性保险企业、区域性保险企业、股份制保险企业、中外合资保险企业以及其他专业性保险企业；城市、农村信用社、各类财务公司以及其他从事信托投资、租赁等业务的专业和综合性非银行金融机构。非金融企业，是指除上述金融企业以外的所有企业、事业单位以及社会团体等企业或组织。

②非金融企业向非金融企业借款的利息支出，不超过按照金融企业同期同类贷款利率计算的数额的部分可据实扣除，超过部分不许扣除。

鉴于目前我国对金融企业利率要求的具体情况，企业在按照合同要求首次支付利息并进行税前扣除时，应提供金融企业的同期同类贷款利率情况说明，以证明其利息支出的合理性。

金融企业的同期同类贷款利率情况说明中，应包括在签订该借款合同当时，本省任何一家金融企业提供同期同类贷款利率情况。该金融企业应为经政府有关部门批准成立的可以从事贷款业务的企业，包括银行、财务公司、信托公司等金融机构。同期同类贷款利率是指在贷款期限、贷款金额、贷款担保以及企业信誉等条件基本相同下，金融企业提供贷款的利率。其既可以是金融企业公布的同期同类平均利率，也可以是金融企业对某些企业提供的实际贷款利率。

③关联企业利息费用的扣除。企业从其关联方接受的债权性投资与权益性投资的比例超过规定标准而发生的利息支出，不得在计算应纳税所得额时扣除。

A. 在计算应纳税所得额时，企业实际支付给关联方的利息支出，不超过以下规定比例和税法及其实施条例有关规定计算的部分，准予扣除，超过的部分不得在发生当期和以后年度扣除。

企业实际支付给关联方的利息支出，除符合下面第 B 条规定外，其接受关联方债权性投资与其权益性投资比例为：金融企业 5∶1；其他企业 2∶1。

B. 企业如果能够按照税法及其实施条例的有关规定提供相关资料，并证明相关交易活动符合独立交易原则的；或者该企业的实际税负不高于境内关联方的，其实际支付给境内关联方的利息支出，在计算应纳税所得额时准予扣除。

C. 企业同时从事金融业务和非金融业务，其实际支付给关联方的利息支出，应按照合理方法分开计算；没有按照合理方法分开计算的，一律按前述第 A 条有关其他企业的比例计算准予税前扣除的利息支出。

D. 企业自关联方取得的不符合规定的利息收入应按照有关规定缴纳企业所得税。

④企业向自然人借款的利息支出在企业所得税税前的扣除。

A. 企业向股东或其他与企业有关联关系的自然人借款的利息支出，应根据《企业所得税法》第四十六条及《财政部国家税务总局关于企业关联方利息支出税前扣除标准有关税收政策问题的通知》（财税〔2008〕121 号）规定的条件，计算企业所得税扣除额。

B. 企业向除 A 规定以外的内部职工或其他人员借款的利息支出，其借款情况同时符合以下条件的，其利息支出在不超过按照金融企业同期同类贷款利率计算的数额的部分，准予扣除。

条件一：企业与个人之间的借贷是真实、合法、有效的，并且不具有非法集资目的或其他违反法律、法规的行为；

条件二：企业与个人之间签订了借款合同。

（5）借款费用。

①企业在生产经营活动中发生的合理的不需要资本化的借款费用，准予扣除。

②企业为购置、建造固定资产、无形资产和经过 12 个月以上的建造才能达到预定可销售状态的存货发生借款的，在有关资产购置、建造期间发生的合理的借款费用，应予以资本化，作为资本性支出计入有关资产的成本；有关资产交付使用后发生的借款利息，可在发生当期扣除。

③企业通过发行债券、取得贷款、吸收保户储金等方式融资而发生的合理的费用支出，符合资本化条件的，应计入相关资产成本；不符合资本化条件的，应作为财务费用，准予在企业所得税前据实扣除。

（6）汇兑损失。

企业在货币交易中，以及纳税年度终了时将人民币以外的货币性资产、负债按照期末即期人民币汇率中间价折算为人民币时产生的汇兑损失，除已经计入有关资产成本以及与向所有者进行利润分配相关的部分外，准予扣除。

（7）业务招待费。

①企业发生的与生产经营活动有关的业务招待费支出，按照发生额的 60% 扣除，但最高不得超过当年销售（营业）收入的 5‰。

②对从事股权投资业务的企业（包括集团公司总部、创业投资企业等），其从被投资企业所分配的股息、红利以及股权转让收入，可以按规定的比例计算业务招待费扣除限额。

③企业在筹建期间，发生的与筹办活动有关的业务招待费支出，可按实际发生额的 60% 计入企业筹办费，并按有关规定在税前扣除。

（8）广告费和业务宣传费。

①企业发生的符合条件的广告费和业务宣传费支出，除国务院财政、税务主管部门另

有规定外，不超过当年销售（营业）收入15%的部分，准予扣除；超过部分，准予结转以后纳税年度扣除。

②自2016年1月1日起至2020年12月31日止，对化妆品制造或销售、医药制造和饮料制造（不含酒类制造）企业发生的广告费和业务宣传费支出，不超过当年销售（营业）收入30%的部分，准予扣除；超过部分，准予在以后纳税年度结转扣除。

③对签订广告费和业务宣传费分摊协议（以下简称分摊协议）的关联企业，其中一方发生的不超过当年销售（营业）收入税前扣除限额比例内的广告费和业务宣传费支出可以在本企业扣除，也可以将其中的部分或全部按照分摊协议归集至另一方扣除。另一方在计算本企业广告费和业务宣传费支出企业所得税税前扣除限额时，可将按照上述办法归集至本企业的广告费和业务宣传费不计算在内。

④企业在筹建期间，发生的广告费和业务宣传费，可按实际发生额计入企业筹办费，可按上述规定在税前扣除。

⑤烟草企业的烟草广告费和业务宣传费支出，一律不得在计算应纳税所得额时扣除。

企业申报扣除的广告费支出应与赞助支出严格区分。企业申报扣除的广告费支出，必须符合下列条件：广告是通过工商部门批准的专门机构制作的；已实际支付费用，并已取得相应发票；通过一定的媒体传播。

（9）环境保护专项资金。

企业依照法律、行政法规有关规定提取的用于环境保护、生态恢复等方面的专项资金，准予扣除。上述专项资金提取后改变用途的，不得扣除。

（10）保险费。

企业参加财产保险，按照规定缴纳的保险费，准予扣除。

（11）租赁费。

企业根据生产经营活动的需要租入固定资产支付的租赁费，按照以下方法扣除：

①以经营租赁方式租入固定资产发生的租赁费支出，按照租赁期限均匀扣除。经营性租赁是指所有权不转移的租赁。

②以融资租赁方式租入固定资产发生的租赁费支出，按照规定构成融资租入固定资产价值的部分应当提取折旧费用，分期扣除。融资租赁是指在实质上转移与一项资产所有权有关的全部风险和报酬的一种租赁。

（12）劳动保护费。

企业发生的合理的劳动保护支出，准予扣除。自2011年7月1日起，企业根据其工作性质和特点，由企业统一制作并要求员工工作时统一着装所发生的工作服饰费用，根据《实施条例》第二十七条的规定，可以作为企业合理的支出给予税前扣除。

（13）公益性捐赠支出。

公益性捐赠，是指企业通过公益性社会团体或者县级（含县级）以上人民政府及其部门，用于《中华人民共和国公益事业捐赠法》规定的公益事业的捐赠。

企业发生的公益性捐赠支出，不超过年度利润总额12%的部分，准予扣除。超过年度利润总额12%的部分，准予以后三年内在计算应纳税所得额时结转扣除。年度利润总额，是指企业依照国家统一会计制度的规定计算的年度会计利润。

企业发生的公益性捐赠支出未在当年税前扣除的部分，自2017年1月1日起准予向以后年度结转扣除，但结转年限自捐赠发生年度的次年起计算最长不得超过三年。企业在对公益性捐赠支出计算扣除时，应先扣除以前年度结转的捐赠支出，再扣除当年发生的捐赠支出。2016 年 9 月 1 日至 2016 年 12 月 31 日发生的公益性捐赠支出，未在 2016 年税前扣除的部分，可按上述规定执行。

①用于公益事业的捐赠支出，是指《中华人民共和国公益事业捐赠法》规定的向公益事业的捐赠支出，具体范围包括：

救助灾害、救济贫困、扶助残疾人等困难的社会群体和个人的活动；教育、科学、文化、卫生、体育事业；环境保护、社会公共设施建设；促进社会发展和进步的其他社会公共和福利事业。

企事业单位、社会团体以及其他组织捐赠住房作为廉租住房的视同公益性捐赠按上述规定执行。

②公益性社会团体，是指同时符合下列条件的基金会、慈善组织等社会团体：

依法登记，具有法人资格；以发展公益事业为宗旨，且不以营利为目的；全部资产及其增值为该法人所有；收益和营运结余主要用于符合该法人设立目的的事业；终止后的剩余财产不归属任何个人或者营利组织；不经营与其设立目的无关的业务；有健全的财务会计制度；捐赠者不以任何形式参与社会团体财产的分配；国务院财政、税务主管部门会同国务院民政部门等登记管理部门规定的其他条件。

③公益性社会团体和县级以上人民政府及其组成部门和直属机构在接受捐赠时，捐赠资产的价值，按以下原则确认：

接受捐赠的货币性资产，应当按照实际收到的金额计算；接受捐赠的非货币性资产，应当以其公允价值计算。捐赠方在向公益性社会团体和县级以上人民政府及其组成部门和直属机构捐赠时，应当提供注明捐赠非货币性资产公允价值的证明，如果不能提供上述证明，公益性社会团体和县级以上人民政府及其组成部门和直属机构不得向其开具公益性捐赠票据。

④公益性社会团体和县级以上人民政府及其组成部门和直属机构在接受捐赠时，应按照行政管理级次分别使用由财政部或省、自治区、直辖市财政部门印制的公益性捐赠票据，并加盖本单位的印章；对个人索取捐赠票据的，应予以开具。

⑤对符合条件的公益性群众团体，应按照管理权限，由财政部、国家税务总局和省、自治区、直辖市、计划单列市财政、税务部门分别每年联合公布名单。名单应当包括继续获得公益性捐赠税前扣除资格和新获得公益性捐赠税前扣除资格的群众团体，企业和个人在名单所属年度内向名单内的群众团体进行的公益性捐赠支出，可以按规定进行税前扣除。

⑥对存在以下情形之一的公益性群众团体，应取消其公益性捐赠税前扣除资格：

前 3 年接受捐赠的总收入中用于公益事业的支出比例低于 70% 的；在申请公益性捐赠税前扣除资格时有弄虚作假行为的；存在逃避缴纳税款行为或为他人逃避缴纳税款提供便利的；存在违反该组织章程的活动，或者接受的捐赠款项用于组织章程规定用途之外的支出等情况的；受到行政处罚的。

被取消公益性捐赠税前扣除资格的公益性群众团体，3 年内不得重新申请公益性捐赠税前扣除资格。

⑦对于通过公益性群众团体发生的公益性捐赠支出，主管税务机关应对照财政、税务部门联合发布的名单，接受捐赠的群众团体位于名单内，则企业或个人在名单所属年度发生的公益性捐赠支出可按规定进行税前扣除；接受捐赠的群众团体不在名单内，或虽在名单内但企业或个人发生的公益性捐赠支出不属于名单所属年度的，不得扣除。

（14）有关资产的费用。

企业转让各类固定资产发生的费用，允许扣除。企业按规定计算的固定资产折旧费、无形资产和递延资产的摊销费，准予扣除。

（15）总机构分摊的费用。

非居民企业在中国境内设立的机构、场所，就其中国境外总机构发生的与该机构、场所生产经营有关的费用，能够提供总机构出具的费用汇集范围、定额、分配依据和方法等证明文件，并合理分摊的，准予扣除。

（16）资产损失。

企业当期发生的固定资产和流动资产盘亏、毁损净损失，由其提供清查盘存资料经主管税务机关审核后，准予扣除。

（17）依照有关法律、行政法规和国家有关税法规定准予扣除的其他项目。如会员费、合理的会议费、差旅费、违约金、诉讼费用等。

（18）手续费及佣金支出。

①企业发生的与生产经营有关的手续费及佣金支出，不超过以下规定计算限额以内的部分，准予扣除；超过部分，不得扣除。

保险企业：财产保险企业按当年全部保费收入扣除退保金等后余额的15%（含本数，下同）计算限额；人身保险企业按当年全部保费收入扣除退保金等后余额的10%计算限额。

其他企业：按与具有合法经营资格中介服务机构或个人（不含交易双方及其雇员、代理人和代表人等）所签订服务协议或合同确认的收入金额的5%计算限额。

②企业应与具有合法经营资格的中介服务企业或个人签订代办协议或合同，并按国家有关规定支付手续费及佣金。除委托个人代理外，企业以现金等非转账方式支付的手续费及佣金不得在税前扣除。企业为发行权益性证券支付给有关证券承销机构的手续费及佣金不得在税前扣除。

③企业不得将手续费及佣金支出计入回扣、业务提成、返利、进场费等费用。

④企业已计入固定资产、无形资产等相关资产的手续费及佣金支出，应当通过折旧、摊销等方式分期扣除，不得在发生当期直接扣除。

⑤企业支付的手续费及佣金不得直接冲减服务协议或合同金额，并如实入账。

⑥企业应当如实向当地主管税务机关提供当年手续费及佣金计算分配表和其他相关资料，并依法取得合法真实凭证。

⑦电信企业在发展客户、拓展业务等过程中（如委托销售电话入网卡、电话充值卡等），需向经纪人、代办商支付手续费及佣金的，其实际发生的相关手续费及佣金支出，不超过企业当年收入总额5%的部分，准予在企业所得税前据实扣除。

⑧从事代理服务、主营业务收入为手续费、佣金的企业（如证券、期货、保险代理等企业）其为取得该类收入而实际发生的营业成本（包括手续费及佣金支出），准予在企业

所得税前据实扣除。

(19) 根据《企业所得税法》第二十一条规定，对企业依据财务会计制度规定，并实际在财务会计处理上已确认的支出，凡没有超过《企业所得税法》和有关税收法规规定的税前扣除范围和标准的，可按企业实际会计处理确认的支出，在企业所得税前扣除，计算其应纳税所得额。

(20) 企业维简费支出企业所得税税前扣除规定。

企业实际发生的维简费支出，属于收益性支出的，可作为当期费用税前扣除；属于资本性支出的，应计入有关资产成本，并按《企业所得税法》规定计提折旧或摊销费用在税前扣除。

自2013年1月1日起，除煤矿企业继续执行《国家税务总局关于煤矿企业维简费和高危行业企业安全生产费用企业所得税税前扣除问题的公告》(国家税务总局公告2011年第26号) 外，其他企业按以下规定执行。

①企业按照有关规定预提的维简费，不得在当期税前扣除。

②本规定实施前，企业按照有关规定提取且已在当期税前扣除的维简费，按以下规定处理：

尚未使用的维简费，并未作纳税调整的，可不作纳税调整，应首先抵减2013年实际发生的维简费，仍有余额的，继续抵减以后年度实际发生的维简费，至余额为零时，企业方可按收益性支出、资本性支出各自的规定处理；已作纳税调整的，不再调回，直接按收益性支出、资本性支出各自的规定处理。

已用于资产投资并形成相关资产全部成本的，该资产提取的折旧或费用摊销额，不得税前扣除；已用于资产投资并形成相关资产部分成本的，该资产提取的折旧或费用摊销额中与该部分成本对应的部分，不得税前扣除；已税前扣除的，应调整作为2013年度应纳税所得额。

(21) 企业参与政府统一组织的棚户区改造支出。

企业参与政府统一组织的工矿(含中央下放煤矿)棚户区改造、林区棚户区改造、垦区危房改造并同时符合一定条件的棚户区改造支出，准予在企业所得税前扣除。

同时符合一定条件的棚户区改造支出，是指同时满足以下条件的棚户区改造支出：

①棚户区位于远离城镇、交通不便，市政公用、教育医疗等社会公共服务缺乏城镇依托的独立矿区、林区或垦区；

②该独立矿区、林区或垦区不具备商业性房地产开发条件；

③棚户区市政排水、给水、供电、供暖、供气、垃圾处理、绿化、消防等市政服务或公共配套设施不齐全；

④棚户区房屋集中连片户数不低于50户，其中，实际在该棚户区居住且在本地区无其他住房的职工(含离退休职工)户数占总户数的比例不低于75%；

⑤棚户区房屋按照《房屋完损等级评定标准》和《危险房屋鉴定标准》评定属于危险房屋、严重损坏房屋的套内面积不低于该片棚户区建筑面积的25%；

⑥棚户区改造已纳入地方政府保障性安居工程建设规划和年度计划，并由地方政府牵头按照保障性住房标准组织实施；异地建设的，原棚户区土地由地方政府统一规划使用或者按规定实行土地复垦、生态恢复。

在企业所得税年度纳税申报时，企业应向主管税务机关提供其棚户区改造支出同时符合上述条件的书面说明材料。

（22）金融企业涉农贷款和中小企业贷款损失准备金税前扣除。

自 2014 年 1 月 1 日起至 2018 年 12 月 31 日，金融企业涉农贷款和中小企业贷款损失准备金企业所得税税前扣除按以下规定处理。

①金融企业根据《贷款风险分类指引》（银监发〔2007〕54 号对其涉农贷款和中小企业贷款进行风险分类后，按照以下比例计提的贷款损失准备金，准予在计算应纳税所得额时扣除：

关注类贷款，计提比例为 2%；次级类贷款，计提比例为 25%；可疑类贷款，计提比例为 50%；损失类贷款，计提比例为 100%。

②涉农贷款，是指《贷款风险专项统计制度》（银监发〔2007〕246 号）统计的以下贷款：

农户贷款，是指金融企业发放给农户的所有贷款。农户贷款的判定应以贷款发放时的承贷主体是否属于农户为准。农户，是指长期（1 年以上）居住在乡镇（不包括城关镇）行政管理区域内的住户，还包括长期居住在城关镇所辖行政村范围内的住户和户口不在本地而在本地居住 1 年以上的住户，国有牧场的职工和农村个体工商户。位于乡镇（不包括城关镇）行政管理区域内和在城关镇所辖行政村范围内的国有经济的机关、团体、学校、企事业单位的集体户；有本地户口，但举家外出谋生 1 年以上的住户，无论是否保留承包耕地均不属于农户。农户以户为统计单位，既可以从事农业生产经营，也可以从事非农业生产经营。

农村企业及各类组织贷款，是指金融企业发放给注册地位于农村区域的企业及各类组织的所有贷款。农村区域，是指除地级及以上城市的城市行政区及其市辖建制镇之外的区域。

③中小企业贷款，是指金融企业对年销售额和资产总额均不超过 2 亿元的企业的贷款。

④金融企业发生的符合条件的涉农贷款和中小企业贷款损失，应先冲减已在税前扣除的贷款损失准备金，不足冲减部分可据实在计算应纳税所得额时扣除。

（23）金融企业贷款损失准备金企业所得税税前扣除有关政策。

自 2014 年 1 月 1 日起至 2018 年 12 月 31 日，金融企业贷款（涉农贷款和中小企业贷款除外）损失准备金企业所得税税前扣除按以下规定处理。

①准予税前提取贷款损失准备金的贷款资产范围包括：

贷款（含抵押、质押、担保等贷款）；银行卡透支、贴现、信用垫款（含银行承兑汇票垫款、信用证垫款、担保垫款等）、进出口押汇、同业拆出、应收融资租赁款等各项具有贷款特征的风险资产；由金融企业转贷并承担对外还款责任的国外贷款，包括国际金融组织贷款、外国买方信贷、外国政府贷款、日本国际协力银行不附条件贷款和外国政府混合贷款等资产。

②金融企业准予当年税前扣除的贷款损失准备金计算公式如下：

准予当年税前扣除的贷款损失准备金 = 本年末准予提取贷款损失准备金的贷款资产余额 × 1% − 截至上年末已在税前扣除的贷款损失准备金的余额

金融企业按上述公式计算的数额如为负数，应当相应调增当年应纳税所得额。

③金融企业的委托贷款、代理贷款、国债投资、应收股利、上交央行准备金以及金融企业剥离的债权和股权、应收财政贴息、央行款项等不承担风险和损失的资产，不得提取贷款损失准备金在税前扣除。

④金融企业发生的符合条件的贷款损失，应先冲减已在税前扣除的贷款损失准备金，不足冲减部分可据实在计算当年应纳税所得额时扣除。

四、不得扣除的项目

在计算应纳税所得额时，下列支出不得扣除：

1. 向投资者支付的股息、红利等权益性投资收益款项。

2. 企业所得税税款。

3. 税收滞纳金，是指纳税人违反税收法规，被税务机关处以的滞纳金。

4. 罚金、罚款和被没收财物的损失，是指纳税人违反国家有关法律、法规规定，被有关部门处以的罚款，以及被司法机关处以的罚金和被没收财物。

5. 超过规定标准的捐赠支出。

6. 赞助支出，是指企业发生的与生产经营活动无关的各种非广告性质支出。

7. 未经核定的准备金支出，是指不符合国务院财政、税务主管部门规定的各项资产减值准备、风险准备等准备金支出。

8. 企业之间支付的管理费、企业内营业机构之间支付的租金和特许权使用费，以及非银行企业内营业机构之间支付的利息，不得扣除。

9. 与取得收入无关的其他支出。

五、亏损弥补

1. 亏损，是指企业依照《企业所得税法》及其暂行条例的规定，将每一纳税年度的收入总额减除不征税收入、免税收入和各项扣除后小于零的数额。税法规定，企业某一纳税年度发生的亏损可以用下一年度的所得弥补，下一年度的所得不足以弥补的，可以逐年延续弥补，但最长不得超过 5 年。而且，企业在汇总计算缴纳企业所得税时，其境外营业机构的亏损不得抵减境内营业机构的盈利。

2. 自 2018 年 1 月 1 日起，当年具备高新技术企业或科技型中小企业资格（以下统称资格）的企业，其具备资格年度之前 5 个年度发生的尚未弥补完的亏损，准予结转以后年度弥补，最长结转年限由 5 年延长至 10 年。

上述所称高新技术企业，是指按照《科技部、财政部、国家税务总局关于修订印发〈高新技术企业认定管理办法〉的通知》（国科〔2016〕32 号）规定认定的高新技术企业；所称科技型中小企业，是指按照《科技部、财政部、国家税务总局关于印发〈科技型中小企业评价办法〉的通知》（国科〔2017〕115 号）规定取得科技型中小企业登记编号的企业。

3. 企业筹办期间不计算为亏损年度，企业自开始生产经营的年度，为开始计算企业损益的年度。企业从事生产经营之前进行筹办活动期间发生筹办费用支出，不得计算为当期的亏损，企业可以在开始经营之日的当年一次性扣除，也可以按照新税法有关长期待摊费用的处理规定处理，但一经选定，不得改变。

4. 税务机关对企业以前年度纳税情况进行检查时调增的应纳税所得额，凡企业以前年度发生亏损且该亏损属于企业所得税法规定允许弥补的，应允许调增的应纳税所得额弥补该亏损。弥补该亏损后仍有余额的，按照企业所得税法规定计算缴纳企业所得税。对检查调增的应纳税所得额应根据其情节，依照《税收征收管理法》有关规定进行处理或处罚。

上述规定自2010年12月1日开始执行。以前（含2008年度之前）没有处理的事项，按本规定执行。

5. 对企业发现以前年度实际发生的、按照税收规定应在企业所得税前扣除而未扣除或者少扣除的支出，企业作出专项申报及说明后，准予追补至该项目发生年度计算扣除，但追补确认期限不得超过5年。

企业由于上述原因多缴的企业所得税税款，可以在追补确认年度企业所得税应纳税款中抵扣，不足抵扣的，可以向以后年度递延抵扣或申请退税。

亏损企业追补确认以前年度未在企业所得税前扣除的支出，或盈利企业经过追补确认后出现亏损的，应首先调整该项支出所属年度的亏损额，然后再按照弥补亏损的原则计算以后年度多缴的企业所得税款，并按前款规定处理。

第三节 企业所得税征收管理

一、纳税地点

1. 除税收法律、行政法规另有规定外，居民企业以企业登记注册地为纳税地点；但登记注册地在境外的，以实际管理机构所在地为纳税地点。企业注册登记地是指企业依照国家有关规定登记注册的住所地。

2. 居民企业在中国境内设立不具有法人资格的营业机构的，应当汇总计算并缴纳企业所得税。企业汇总计算并缴纳企业所得税时，应当统一核算应纳税所得额，具体办法由国务院财政、税务主管部门另行制定。

3. 非居民企业在中国境内设立机构、场所的，应当就其所设机构、场所取得的来源于中国境内的所得，以及发生在中国境外但与其所设机构、场所有实际联系的所得，以机构、场所所在地为纳税地点。非居民企业在中国境内设立两个或者两个以上机构、场所的，经税务机关审核批准，可以选择由其主要机构、场所汇总缴纳企业所得税。非居民企业经批准汇总缴纳企业所得税后，需要增设、合并、迁移、关闭机构、场所或者停止机构、场所业务的，应当事先由负责汇总申报缴纳企业所得税的主要机构、场所向其所在地税务机关报告；需要变更汇总缴纳企业所得税的主要机构、场所的，依照前款规定办理。

4. 非居民企业在中国境内未设立机构、场所的，或者虽设立机构、场所但取得的所得与其所设机构、场所没有实际联系的所得，以扣缴义务人所在地为纳税地点。

5. 除国务院另有规定外，企业之间不得合并缴纳企业所得税。

二、纳税期限

企业所得税按年计征，分月或分季预缴，年终汇算清缴，多退少补。

企业所得税的纳税年度，自公历1月1日起至12月31日止。企业在一个纳税年度的中间开业，或者由于合并、关闭等原因终止经营活动，使该纳税年度的实际经营期不足12个月的，应当以其实际经营期为1个纳税年度。企业清算时，应当以清算期间作为1个纳税年度。

自年度终了之日起5个月内，向税务机关报送年度企业所得税纳税申报表，并汇算清缴，结清应缴应退税款。

企业在年度中间终止经营活动的，应当自实际经营终止之日起60日内，向税务机关办理当期企业所得税汇算清缴。

三、纳税申报

按月或按季预缴的，应当自月份或者季度终了之日起15日内，向税务机关报送预缴企业所得税纳税申报表，预缴税款。

企业在报送企业所得税纳税申报表时，应当按照规定附送财务会计报告和其他有关资料。

企业应当在办理注销登记前，就其清算所得向税务机关申报并依法缴纳企业所得税。

依照企业所得税法缴纳的企业所得税，以人民币计算。所得以人民币以外的货币计算的，应当折合成人民币计算并缴纳税款。

企业在纳税年度内无论盈利或者亏损，都应当依照《企业所得税法》第五十四条规定的期限，向税务机关报送预缴企业所得税纳税申报表、年度企业所得税纳税申报表、财务会计报告和税务机关规定应当报送的其他有关资料。

四、源泉扣缴

（一）扣缴义务人

1. 对非居民企业在中国境内未设立机构、场所的，或者虽设立机构、场所但取得的所得与其所设机构、场所没有实际联系的所得应缴纳的所得税，实行源泉扣缴，以支付人为扣缴义务人。税款由扣缴义务人在每次支付或者到期应支付时，从支付或者到期应支付的款项中扣缴。

上述所称支付人，是指依照有关法律规定或者合同约定对非居民企业直接负有支付相关款项义务的单位或者个人。

上述所称支付，包括现金支付、汇拨支付、转账支付和权益兑价支付等货币支付和非货币支付。

上述所称到期应支付的款项，是指支付人按照权责发生制原则应当计入相关成本、费用的应付款项。

2. 对非居民企业在中国境内取得工程作业和劳务所得应缴纳的所得税，税务机关可以指定工程价款或者劳务费的支付人为扣缴义务人。

（二）扣缴方法

1. 扣缴义务人扣缴税款时，按非居民企业计算方法计算税款。

2. 应当扣缴的所得税，扣缴义务人未依法扣缴或者无法履行扣缴义务的，由企业在所得发生地缴纳。企业未依法缴纳的，税务机关可以从该企业在中国境内其他收入项目的支付人应付的款项中，追缴该企业的应纳税款。

上述所称所得发生地，是指依照实施条例第七条规定的原则确定的所得发生地。在中国境内存在多处所得发生地的，由企业选择其中之一申报缴纳企业所得税。

上述所称该企业在中国境内其他收入，是指该企业在中国境内取得的其他各种来源的收入。

3. 税务机关在追缴该企业应纳税款时，应当将追缴理由、追缴数额、缴纳期限和缴纳方式等告知该企业。

4. 扣缴义务人每次代扣的税款，应当自代扣之日起 7 日内缴入国库，并向所在地的税务机关报送扣缴企业所得税报告表。

五、跨地区经营汇总纳税企业所得税征收管理

（一）基本原则和适用范围

1. 基本原则。属于中央与地方共享范围的跨省市总分机构企业缴纳的企业所得税，按照统一规范、兼顾总机构和分支机构所在地利益的原则，实行“统一计算、分级管理、就地预缴、汇总清算、财政调库”的处理办法，总分机构统一计算的当期应纳税额的地方分享部分中，25% 由总机构所在地分享，50% 由各分支机构所在地分享，25% 按一定比例在各地间进行分配。

统一计算，是指居民企业应统一计算包括各个不具有法人资格营业机构在内的企业全部应纳税所得额、应纳税额。总机构和分支机构适用税率不一致的，应分别按适用税率计算应纳所得税额。

分级管理，是指居民企业总机构、分支机构，分别由所在地主管税务机关属地进行监督和管理。

就地预缴，是指居民企业总机构、分支机构，应按本办法规定的比例分别就地按月或者按季向所在地主管税务机关申报、预缴企业所得税。汇总清算，是指在年度终了后，总分机构企业根据统一计算的年度应纳税所得额、应纳所得税额，抵减总机构、分支机构当年已就地分期预缴的企业所得税款后，多退少补。

财政调库，是指财政部定期将缴入中央总金库的跨省市总分机构企业所得税待分配收入，按照核定的系数调整至地方国库。

2. 适用范围。跨省市总分机构企业是指跨省（自治区、直辖市和计划单列市，下同）

设立不具有法人资格分支机构的居民企业。

总机构和具有主体生产经营职能的二级分支机构就地预缴企业所得税。

按照现行财政体制的规定，国有邮政企业（包括中国邮政集团公司及其控股公司和直属单位）、中国工商银行股份有限公司、中国农业银行股份有限公司、中国银行股份有限公司、国家开发银行股份有限公司、中国农业发展银行、中国进出口银行、中国投资有限责任公司、中国建设银行股份有限公司、中国建银投资有限责任公司、中国信达资产管理股份有限公司、中国石油天然气股份有限公司、中国石油化工股份有限公司、海洋石油天然气企业（包括中国海洋石油总公司、中海石油（中国）有限公司、中海油田服务股份有限公司、海洋石油工程股份有限公司）、中国长江电力股份有限公司等企业总分机构缴纳的企业所得税（包括滞纳金、罚款收入）为中央收入，全额上缴中央国库，不实行本办法。

（二）税款预缴

由总机构统一计算企业应纳税所得额和应纳所得税额，并分别由总机构、分支机构按月或按季就地预缴。

1. 分支机构分摊预缴税款。总机构在每月或每季终了之日起 10 日内，按照上年度各省市分支机构的营业收入、职工薪酬和资产总额三个因素，将统一计算的企业当期应纳税额的 50% 在各分支机构之间进行分摊（总机构所在省市同时设有分支机构的，同样按三个因素分摊），各分支机构根据分摊税款就地办理缴库，所缴纳税款收入由中央与分支机构所在地按 60：40 分享。分摊时三个因素权重依次为 0. 35. 0. 35 和 0. 3。当年新设立的分支机构第 2 年起参与分摊；当年撤销的分支机构自办理注销税务登记之日起不参与分摊。

分支机构营业收入，是指分支机构销售商品、提供劳务、让渡资产使用权等日常经营活动实现的全部收入。其中，生产经营企业分支机构营业收入是指生产经营企业分支机构销售商品、提供劳务、让渡资产使用权等取得的全部收入；金融企业分支机构营业收入是指金融企业分支机构取得的利息、手续费、佣金等全部收入；保险企业分支机构营业收入是指保险企业分支机构取得的保费等全部收入。

分支机构职工薪酬，是指分支机构为获得职工提供的服务而给予职工的各种形式的报酬以及其他相关支出。

分支机构资产总额，是指分支机构在 12 月 31 日拥有或者控制的资产合计额。

各分支机构分摊预缴额按下列公式计算：

某分支机构分摊税款 = 所有分支机构分摊税款总额 × 该分支机构分摊比例

其中：

所有分支机构分摊税款总额 = 汇总纳税企业当期应纳所得税额 × 50%

该分支机构分摊比例 =（该分支机构营业收入/各分支机构营业收入之和）× 0. 35 +（该分支机构职工薪酬/各分支机构职工薪酬之和）× 0. 35 +（该分支机构资产总额/各分支 机构资产总额之和）× 0. 30

以上公式中，分支机构仅指需要参与就地预缴的分支机构。

2. 总机构就地预缴税款。总机构应将统一计算的企业当期应纳税额的 25%，就地办理缴库，所缴纳税款收入由中央与总机构所在地按 60：40 分享。

3. 总机构预缴中央国库税款。总机构应将统一计算的企业当期应纳税额的剩余 25%，就地全额缴入中央国库，所缴纳税款收入 60% 为中央收入，40% 由财政部按照 2004 ~ 2006 年各省市三年实际分享企业所得税占地方分享总额的比例定期向各省市分配。

（三）汇总清算

企业总机构汇总计算企业年度应纳所得税额，扣除总机构和各境内分支机构已预缴的税款，计算出应补应退税款，分别由总机构和各分支机构（不包括当年已办理注销税务登记的分支机构）就地办理税款缴库或退库。

1. 补缴的税款按照预缴的分配比例，50% 由各分支机构就地办理缴库，所缴纳税款收入由中央与分支机构所在地按 60：40 分享；25% 由总机构就地办理缴库，所缴纳税款收入由中央与总机构所在地按 60：40 分享；其余 25% 部分就地全额缴入中央国库，所缴纳税款收入中 60% 为中央收入，40% 由财政部按照 2004 ~ 2006 年各省市三年实际分享企业所得税占地方分享总额的比例定期向各省市分配。

2. 多缴的税款按照预缴的分配比例，50% 由各分支机构就地办理退库，所退税款由中央与分支机构所在地按 60：40 分担；25% 由总机构就地办理退库，所退税款由中央与总机构所在地按 60：40 分担；其余 25% 部分就地从中央国库退库，其中 60% 从中央级 1010442 项“总机构汇算清缴所得税”下有关科目退付，40% 从中央级 1010443 项“企业税待分配收入”下有关科目退付。

六、合伙企业所得税的征收管理

自 2008 年 1 月 1 日起，合伙企业缴纳的所得税按下列规定处理，此前规定与下列规定有抵触的，以下列规定为准。

（一）合伙企业以每一个合伙人为纳税义务人

合伙企业合伙人是自然人的，缴纳个人所得税；合伙人是法人和其他组织的，缴纳企业所得税。

（二）合伙企业生产经营所得和其他所得采取先分后税的原则

具体应纳税所得额的计算按照《关于个人独资企业和合伙企业投资者征收个人所得税的规定》（财税〔2000〕91 号）及《财政部、国家税务总局关于调整个体工商户个人独资企业和合伙企业个人所得税税前扣除标准有关问题的通知》（财税〔2008〕65 号）的有关规定执行。

前款所称生产经营所得和其他所得，包括合伙企业分配给所有合伙人的所得和企业当年留存的所得（利润）。

（三）合伙企业的合伙人按照下列原则确定应纳税所得额

1. 合伙企业的合伙人以合伙企业的生产经营所得和其他所得，按照合伙协议约定的分配比例确定应纳税所得额。

2. 合伙协议未约定或者约定不明确的，以全部生产经营所得和其他所得，按照合伙人协商决定的分配比例确定应纳税所得额。

3. 协商不成的，以全部生产经营所得和其他所得，按照合伙人实缴出资比例确定应纳税所得额。

4. 无法确定出资比例的，以全部生产经营所得和其他所得，按照合伙人数量平均计算每个合伙人的应纳税所得额。

合伙协议不得约定将全部利润分配给部分合伙人。

（四）亏损递减

合伙企业的合伙人是法人和其他组织的，合伙人在计算其缴纳企业所得税时，不得用合伙企业的亏损抵减其盈利。

七、居民企业报告境外投资和所得信息的管理

为规范居民企业境外投资和所得信息报告的内容和方式，国家税务总局公布《关于居民企业报告境外投资和所得信息有关问题的公告》（国家税务总局公告 2014 年第 38 号），具体规定如下：

1. 居民企业成立或参股外国企业，或者处置已持有的外国企业股份或有表决权股份，符合以下情形之一，且按照中国会计制度可确认的，应当在办理企业所得税预缴申报时向主管税务机关填报《居民企业参股外国企业信息报告表》：

（1）在该规定施行之日，居民企业直接或间接持有外国企业股份或有表决权股份达到10%（含）以上；

（2）在该规定施行之日后，居民企业在被投资外国企业中直接或间接持有的股份或有表决权股份自不足 10% 的状态改变为达到或超过 10% 的状态；

（3）在该规定施行之日后，居民企业在被投资外国企业中直接或间接持有的股份或有表决权股份自达到或超过 10% 的状态改变为不足 10% 的状态。

2. 居民企业在办理企业所得税年度申报时，还应附报以下与境外所得相关的资料信息。

（1）有适用《企业所得税法》第四十五条情形或者需要适用《特别纳税调整实施办法（试行）》（国税发〔2009〕2 号）第八十四条规定的居民企业填报《受控外国企业信息报告表》；

（2）纳入《企业所得税法》第二十四条规定抵免范围的外国企业或符合《企业所得税法》第四十五条规定的受控外国企业按照中国会计制度编报的年度独立财务报表。

3. 在税务检查（包括纳税评估、税务审计及特别纳税调整调查等）时，主管税务机关可以要求居民企业限期报告与其境外所得相关的必要信息。

4. 居民企业能够提供合理理由，证明确实不能按照本办法规定期限报告境外投资和所得信息的，可以依法向主管税务机关提出延期要求。限制提供相关信息的境外法律规定、商业合同或协议，不构成合理理由。

5. 主管税务机关应当为纳税人报告境外投资和所得信息提供便利，及时受理纳税人

报告的各类信息，并依法保密。

6. 居民企业未按照本办法规定报告境外投资和所得信息，经主管税务机关责令限期改正，逾期仍不改正的，主管税务机关可根据税收征管法及其实施细则以及其他有关法律、法规的规定，按已有信息合理认定相关事实，并据以计算或调整应纳税款。

7. 非居民企业在境内设立机构、场所，取得发生在境外但与其所设机构、场所有实际联系的所得的，参照本公告规定报告相关信息。

8. 上述规定自2014年9月1日起施行。在施行之日以前发生，但与施行之日以后应报告信息相关或者属于施行之日以后纳税年度的应报告信息，仍适用该规定。

第四节　企业所得税税收筹划

一、企业所得税纳税人的税收筹划方法

（一）纳税主体身份的选择

企业在投资设立时，要考虑纳税主体的身份与税收之间的关系，因为不同身份的纳税主体会面对不同的税收政策。

1. 个人独资企业、合伙企业与公司制企业的选择。
2. 子公司与分公司的选择。
3. 私营企业和个体工商业户的选择。

（二）纳税主体身份的转变

在我国，法人单位主要有以下四类：（1）行政机关法人；（2）事业法人；（3）社团法人；（4）企业法人。

二、企业所得税计税依据的税收筹划

（一）收入的筹划

1. 应税收入确认金额的筹划。
2. 应税收入确认时间的筹划。

（二）扣除项目的筹划

扣除项目的筹划包括期间费用的筹划、成本项目的筹划、固定资产的筹划、无形资产摊销的筹划、公益性捐赠的筹划。

（三）亏损弥补的筹划

亏损弥补政策是我国企业所得税中的一项重要优惠措施，是国家为了扶持纳税人发

展，从政策上帮助纳税人渡过难关的一项优惠措施。企业要充分利用亏损弥补政策，以取得最大的节税效益。

三、企业所得税税率的税收筹划

（一）企业所得税的税率

1. 企业所得税的基本税率。

《企业所得税法》第四条规定：企业所得税的税率为25%。无论内资企业还是外资企业，一律执行相同的基本税率，在一定程度上保持了税收的公平性，是我国整体降低企业所得税负担的重要表现。

2. 企业所得税的优惠税率。

（1）小型微利企业的20%低税率。

（2）高新技术企业的15%优惠税率。

（二）税率的筹划方法

1. 享受低税率政策。

由于企业所得税的税率有三个不同的档次，税率存在显著差异，因此，企业可以创造条件设立高新技术企业，从而享受15%的低税率。当然，对于规模较小、盈利水平一般的企业，也可将其盈利水平控制在一定范围之内，从而适用小型微利企业20%的低税率。

2. 预提所得税的筹划。

预提所得税简称为“预提税”。预提所得税制度是指一国政府对没有在该国境内设立机构场所的外国公司、企业和其他经济组织从该国取得的股息、利息、租金、特许权使用费所得；或者虽设立机构场所，但取得的所得与其所设机构场所没有实际联系的，由支付单位按支付金额扣缴所得税的制度。

3. 过渡期税率的筹划。

过渡期纳税情况，请参照《企业所得税法》、《国务院关于实施企业所得税过渡优惠政策的通知》（国发〔2007〕39号）、《关于贯彻落实国务院关于实施企业所得税过渡优惠政策有关问题的通知》（财税〔2008〕21号）等的相关规定进行税收筹划。

四、企业所得税优惠政策的税收筹划

1. 企业所得税的优惠政策。

企业所得税的优惠政策包括农、林、牧、渔减免税优惠政策，其他减免税优惠政策，加计扣除优惠政策、创业投资额抵扣政策，减计收入优惠政策、税额抵免政策、特殊行业优惠政策、加速折旧优惠政策、降低税率优惠政策。

2. 企业所得税优惠政策的税收筹划方法。

（1）选择投资地区。

现行税法中所规定的享受减免税优惠政策的地区主要包括：国务院批准的“老、少、边、穷”地区、西部地区、东北老工业基地、经济特区、经济技术开发区、沿海开放城市、保税区、旅游度假区，等等。

（2）选择投资方向。

《企业所得税法》是以“产业优惠为主、区域优惠为辅”作为税收优惠的导向。无论是初次投资还是增加投资都可以根据税收优惠政策加以选择，充分享受税收产业优惠政策。

五、合并分立与资产重组的税收筹划

（一）企业并购的税收筹划

1. 企业并购税收筹划的应用范围。

企业并购筹划一般应用于以下五个方面：

（1）并购、重组后的企业可以进入新的领域、新的行业；

（2）并购有大量亏损的企业，可以盈亏抵补，实现低成本扩张；

（3）企业并购可以实现关联企业或上下游企业流通环节的减少，合理规避流转税和印花税；

（4）企业并购可能改变纳税主体性质，譬如，企业可能因为合并而由小规模纳税人变为一般纳税人，或由内资企业变为中外合资企业；

（5）企业并购因规模扩充能够提高应提取折旧的资产总额，获取折旧抵税利益。

2. 企业并购税收筹划方法。

（1）选择并购目标。

（2）选择并购出资方式。

（3）选择并购会计处理方法。

（二）企业分立的税收筹划

1. 企业分立税收筹划的应用范围。

分立筹划利用分拆手段，可以有效地改变企业规模和组织形式，降低企业整体税负。分立筹划一般应用于以下方面：

（1）企业分立为多个纳税主体，可以形成有关联关系的企业群，实施集团化管理和系统化筹划。

（2）企业分立可以将兼营或混合销售中的低税率或零税率业务独立出来，单独计税降低税负。

（3）企业分立使适用累进税率的纳税主体分化成两个或多个适用低税率的纳税主体，税负自然会降低。

（4）企业分立可以增加一道流通环节，有利于流转税抵扣及转让定价策略的运用。

2. 企业分立税收筹划方法。

企业分立是一种产权结构的调整，不可避免地会影响到税收。在我国企业分立实务中，税法规定了免税分立与应税分立两种模式。对于纳税人来说，在实施企业分立时，应尽量利用免税分立方法进行筹划，合理降低企业税负。

3. 整体资产转让的税收筹划。

整体资产转让的税收处理的一般原则是：在交易发生时，将其分解为按公允价值销售全部资产和进行投资两项经济业务进行所得税处理，并按规定计算确认资产转让所得或损失。一般是在年终所得税汇算清缴时，按照资产公允价值和账面价值的差额调整应纳税所得额。

4. 整体资产置换的税收筹划。

企业整体资产置换原则上应在交易发生时，将其分解为按公允价值销售全部资产和按公允价值购买另一方全部资产的经济业务进行所得税处理，并按规定计算确认资产转让所得或损失。

税法知识链接

《企业所得税法》　　《企业所得税法实施细则》

复习思考题

一、单项选择题

1. 根据企业所得税的相关规定，下列各项属于居民企业的是（　　）。

A. 依照中国法律在中国境内成立的合伙企业

B. 依照中国法律在中国境内成立的有限责任公司

C. 依照外国法律成立且实际管理机构在中国境外的企业

D. 依照中国法律在中国境内成立的个人独资企业

2. A 国某企业（实际管理机构也在 A 国）在中国上海设立分支机构，2019 年该分支机构在中国境内取得不含增值税咨询收入 1 000 万元；在北京为某公司培训技术人员，取得北京公司支付的不含增值税培训收入 200 万元；在美国洛杉矶取得与该分支机构无实际联系的所得 300 万元。2019 年度该企业应在我国缴纳企业所得税的应纳税收入总额为（　　）万元。

A. 500　　B. 1 000　　C. 1 200　　D. 150

3. 根据企业所得税的相关规定，企业取得的下列各项所得中，按照负担、支付所得的企业或者机构、场所所在地确定所得来源地的是（　　）。

A. 销售货物所得　　B. 动产转让所得

C. 权益性投资资产转让所得　　D. 特许权使用费所得

4. 下列关于收入确认时间的说法中，不正确的是（　　）。

A. 股息、红利等权益性投资收益，除另有规定外，按照被投资方作出利润分配决定的日期确认收入的实现

B. 利息收入，按照合同约定的债务人应付利息的日期确认收入的实现

C. 特许权使用费收入，按照收到特许权使用费的日期确认收入的实现

D. 接受捐赠收入，按照实际收到捐赠资产的日期确认收入的实现

5. 下列关于企业所得税收入确认的表述中，正确的是（　　）。

A. 采用售后回购方式销售商品的，企业所得税上不确认收入，收到的款项应确认为负债

B. 采用买一赠一方式销售商品的，赠送的商品应视同销售计入收入总额

C. 采用以旧换新方式销售商品的，按照销售的新货物和换入的旧货物的价格差额确认销售收入

D. 销售商品涉及商业折扣的，按扣除商业折扣后的金额确定销售商品收入金额

6. 下列关于企业所得税收入的确认，说法正确的是（　　）。

A. 以分期收款方式销售货物的，按实际收到货款的日期确认收入的实现

B. 销售商品涉及现金折扣的，应当按扣除现金折扣后的余额确定销售商品收入金额

C. 企业购买永续债取得的利息收入，应当按照合同约定的债务人应付利息的日期确认收入的实现

D. 企业转让股权收入，应于转让协议生效且完成股权变更手续时，确认收入的实现

7. 根据企业所得税法律制度规定，下列说法中不符合规定的是（　　）。

A. 居民企业以非货币性资产对外投资确认的非货币性资产转让所得，可在不超过5年期限内，分期均匀计入相关年度的应纳税所得额

B. 居民企业以非货币性资产对外投资，应对非货币性资产进行评估，并按照评估的公允价值扣除计税基础后的余额，计算确认非货币性资产的转让所得

C. 居民企业以非货币性资产对外投资，应于投资协议生效并办理股权登记手续时，确认非货币性资产转让收入的实现

D. 非货币性资产投资分期纳税的政策的适用对象既可以是居民企业，也可以是非居民企业

8. 根据企业所得税的相关规定，企业外购资产用于下列情形的，应当视同销售确认收入的是（　　）。

A. 作为原材料投入生产

B. 作为门市房对外出租

C. 移送至境外分公司用于继续加工

D. 移送至境内分公司用于连续加工

9. 根据企业所得税的相关规定，下列各项应计入应纳税所得额的是（　　）。

A. 国债利息收入

B. 符合条件的居民企业之间的股息、红利等权益性投资收益

C. 某营利企业接受其他企业捐赠机器设备的收入

D. 符合条件的非营利组织的收入

10. 根据企业所得税法律制度的规定，企业缴纳的下列税金中，不得在计算企业所得税应纳税所得额时扣除的是（　　）。

A. 增值税　　B. 消费税　　C. 资源税　　D. 房产税

11. 根据企业所得税的相关规定，下列各项不属于合理的工资薪金总额的是（　　）。

A. 生产车间季节工的工资　　B. 销售部门临时工的工资

C. 职工食堂临时工的工资　　D. 科研部门返聘退休员工的工资

12. 某企业 2019 年已计入成本费用的实际发放的合理工资、薪金总额为 500 万元，实际发生职工福利费 72 万元，拨缴工会经费 14 万元，已经取得工会拨缴收据，实际发生职工教育经费 45 万元，该企业在计算 2019 年应纳税所得额时，就上述业务应调整的应纳税所得额为（　　）万元。

A. 7　　B. 9　　C. 11　　D. 6

13. 根据企业所得税法律制度规定，下列各项中，不得在企业所得税前扣除的是（　　）。

A. 企业缴纳的车船税

B. 企业向银行借款的利息支出

C. 企业发生的财产保险支出

D. 企业非广告性质的赞助支出

14. 某居民企业 2019 年度取得产品销售收入 5 000 万元（不含增值税，下同），销售不需要的材料取得收入 400 万元，分回的投资收益 700 万元，出租房屋取得租金收入 60 万元，发生管理费用 280 万元，其中包括业务招待费 50 万元。假设无其他需要纳税调整因素，该企业 2019 年度所得税前可以扣除管理费用（　　）万元。

A. 27.3　　B. 257.3　　C. 30　　D. 260

15. 某工业企业 2019 年 4 月 1 日向非金融企业借款 300 万元用于建造厂房，年利率为 8%，借款期限为 12 个月。该厂房于 2018 年开始建造，2019 年 9 月 30 日完工并办理竣工验收手续。已知银行同期同类贷款年利率为 6%，则该企业在计算 2019 年企业所得税应纳税所得额时准予直接扣除的利息支出为（　　）万元。

A. 6　　B. 18　　C. 12　　D. 4.5

16. 某公司 2018～2019 年的会计利润和实际发生公益性捐赠情况如下所示，假设当年无其他纳税调整事项，则该公司 2019 年应纳税所得额是（　　）万元。

	2018 年	2019 年
会计利润	2 000 万元	3 500 万元
公益性捐赠支出	400 万元（非目标脱贫地区）	500 万元（其中向目标脱贫地区捐赠 100 万元）

A. 3 640　　B. 3 480　　C. 3 500　　D. 520

17. 某企业 2019 年年初按金融机构同期同类贷款利率从其关联方借款 6 800 万元用于生产经营，本年度发生借款利息 408 万元。已知该企业权益性投资额为 3 000 万元。该企业在计算企业所得税应纳税所得额时，准予扣除的利息金额为（　　）万元。

A. 408　　B. 360　　C. 180　　D .90

18. 根据企业所得税相关规定，在计算应纳税所得额时，下列项目可以扣除的是（　　）。

A. 向投资者支付的股息　　B. 子公司支付给母公司的管理费

C. 企业按规定支付的财产保险费　　D. 对外投资期间的投资成本

19. 某商场2019年1月采用买一赠一的方式销售商品，规定购买一件价格为1 500元（不含增值税，下同）的西服的客户可获赠一条价值200元的领带；当月该商场一共销售西服100件，取得收入150 000元。则商场当月应确认西服的销售收入为（　　）元。

A. 150 000　　B. 132 352.94　　C. 17 647.06　　D. 170 000

20. 根据企业所得税的相关规定，下列说法中正确的是（　　）。

A. 企业以前年度发生的法定资产损失未能在当年企业所得税前扣除的，应追补至该项损失发生年度扣除

B. 企业筹办期间不计算为亏损年度，企业自开始生产经营的年度，为开始计算企业损益的年度

C. 企业因以前年度实际资产损失未在税前扣除而多缴纳的企业所得税税款，可在追补确认年度企业所得税应纳税款中予以抵扣，不足抵扣的，不得结转以后年度抵扣

D. 企业从事生产经营之前进行筹办活动期间发生筹办费用支出，直接计算为当期的亏损

21. 根据企业所得税的相关规定，下列表述中，正确的是（　　）。

A. 企业未投入使用的房屋和建筑物，不得计提折旧扣除

B. 企业以经营租赁方式租入的固定资产，应当计提折旧扣除

C. 企业盘盈的固定资产，以该固定资产的原值为计税基础

D. 企业自行建造的固定资产，以竣工结算前发生的支出为计税基础

22. 境内居民企业A公司2016年10月以1 000万元投资于境内另一居民企业M上市公司，取得M公司30%的股权。2019年11月经M公司股东会批准，A公司将其持有的全部股份撤资，撤资时M公司累计未分配利润与累计盈余公积合计数为3 000万元，A公司撤资分得2 000万元。则A公司该业务应缴纳企业所得税（　　）万元。

A. 25　　B. 225　　C. 250　　D. 500

23. A公司和B公司共同投资成立M公司，A公司出资4 000万元，占M公司股份的40%，B公司出资6 000万元，占M公司股份的60%，2019年12月A公司将其持有的股份以12 000万元全部转让给B公司。截至股权转让前，M公司的未分配利润为5 000万元，盈余公积为5 000万元。A公司转让股权取得的所得应缴纳企业所得税（　　）万元。

A. 1 500　　B. 2 000　　C. 2 500　　D. 3 000

24. 甲股份公司共有股权2 000万股，为了将来有更好的发展，将85%的股权转让给乙公司，然后成为乙公司的子公司。收购日甲公司每股资产的计税基础为8元，每股资产的公允价值为10元，在收购对价中乙公司以股权形式支付15 300万元，以银行存款支付1 700万元。该股权收购业务符合企业重组特殊性税务处理的条件且选择此方法执行。对于此项业务非股权支付额对应的资产转让所得为（　　）万元。

A. 340　　B. 170　　C. 153　　D. 400

25. A企业合并B企业，B企业尚在弥补期的未弥补的亏损为100万元，净资产公允价值为500万元。A企业净资产公允价值为1 500万元，截至合并业务发生当年年末国家发行的最长期限的国债利率为4%，假定该业务适用特殊性税务处理的方式，则可以由合

并后的企业弥补的被合并企业的亏损为（　　）万元。

A. 20　　B. 40　　C. 60　　D. 100

26. 下列各项不符合企业所得税税收优惠政策的是（　　）。

A. 企业从事远洋捕捞的所得，免征企业所得税

B. 企业从事环境保护项目的所得，自项目取得第一笔生产经营收入所属纳税年度起享受“三免三减半”优惠

C. 一个纳税年度内，居民企业技术转让所得不超过 500 万元的部分，免征企业所得税

D. 自 2019 年 1 月 1 日起，适用规定的固定资产加速折旧优惠的行业范围，扩大至全部行业

27. 2019 年某居民企业向主管税务机关申报收入总额 1 200 万元，成本费用支出总额 1 350万元，全年亏损 150 万元，经税务机关检查，成本费用支出核算准确，但收入总额不能确定。税务机关对该企业采取核定征税办法，应税所得率为 25%。2019 年度该企业应缴纳企业所得税（　　）万元。

A. 37.5　　B. 0　　C. 75　　D. 112.5

28. 根据企业所得税法律制度的规定，下列关于固定资产计税基础的确定方法的表述中，不正确的是（　　）。

A. 盘盈的固定资产，以同类固定资产的重置完全价值为计税基础

B. 融资租入的固定资产，以租赁合同约定的付款总额和承租人在签订租赁合同过程中发生的相关费用为计税基础

C. 自行建造的固定资产，以达到预定可使用状态前发生的支出为计税基础

D. 外购的固定资产，以购买价款和支付的相关税费以及直接归属于使该资产达到预定用途发生的其他支出为计税基础

29. 根据企业所得税的相关规定，下列关于小型微利企业优惠的表述正确的是（　　）。

A. 非居民企业可以享受小型微利企业的优惠政策

B. 跨境电子商务综合试验区内的跨境电商企业符合小型微利企业优惠政策条件的，不得享受小型微利企业的优惠政策

C. 2019 年 1 月 1 日至 2021 年 12 月 31 日，小型微利企业从业人数不能超过 300 人

D. 符合规定条件的小型微利企业经主管税务机关批准的可以享受减免政策

30. 企业发生的下列支出中，可在发生当期直接在企业所得税税前扣除的是（　　）。

A. 固定资产改良支出

B. 租入固定资产的改建支出

C. 固定资产的日常修理支出

D. 已足额提取折旧的固定资产的改建支出

31. 2019 年某居民企业实现产品销售收入 1 000 万元，视同销售收入 300 万元，接受捐赠收入 100 万元，国债利息收入 50 万元，成本费用 700 万元，其中业务招待费支出 15 万元。假定不存在其他纳税调整事项，2019 年度该企业应缴纳企业所得税（　　）万元。

A. 177.13　　B. 168　　C. 172　　D. 164

32. 2019 年某居民企业收入总额为 3 000 万元（其中免税收入 400 万元，符合条件的

技术转让收入 900 万元)，各项成本、费用和税金等准予扣除金额合计 1 800 万元（其中含技术转让准予扣除的金额 200 万元)。2019 年该企业应缴纳企业所得税（　　）万元。

A. 25　　B. 50　　C. 75　　D. 100

33. 自 2018 年 1 月 1 日起，当年具备高新技术企业或科技型中小企业资格的企业，其具备资格年度之前 5 个年度发生的尚未弥补完的亏损，准予结转以后年度弥补，最长结转年限由 5 年延长至（　　）年。

A. 5　　B. 6　　C. 8　　D. 10

34. 某小型微利企业 2019 年取得销售收入 190 万元，成本、费用合计 60 万元，已计入相关成本费用的合理的工资薪金支出 10 万元，其中支付残疾职工工资 3.5 万元。不考虑其他纳税调整项目。该小型微利企业 2019 年应缴纳企业所得税（　　）万元。

A. 9.56　　B. 7.65　　C. 8　　D. 10

35. 甲创业投资企业 2017 年 7 月以股权投资方式直接向境内初创科技型企业乙投资 200 万元。甲企业 2019 年度利润总额为 500 万元。假定不考虑其他纳税调整事项，甲企业 2019 年应缴纳的企业所得税为（　　）万元。

A. 75　　B. 105　　C. 90　　D. 125

36. 根据企业所得税的相关规定，下列表述正确的是（　　）。

A. 小型微利企业减按 15% 的税率征收企业所得税

B. 从事污染防治的第三方企业，适用 15% 的企业所得税税率

C. 跨境电子商务综合试验区内的跨境电商企业采用应税所得率方式核定征收企业所得税，应税所得率统一按照 10% 确定

D. 在我国设立机构场所的非居民企业，取得的与机构场所有实际联系的所得，实际减按 10% 征收企业所得税

37. 某高新技术企业 2019 年度取得境内应纳税所得额 2 000 万元，甲国应纳税所得额折合人民币 500 万元，在甲国已缴纳企业所得税折合人民币 70 万元。该企业汇总纳税时实际应缴纳企业所得税（　　）万元。

A. 375　　B. 355　　C. 325　　D. 305

38. 依据企业所得税法的规定，企业在年度中间终止经营活动的，向税务机关办理当期企业所得税汇算清缴的期限是自实际经营终止之日起（　　）。

A. 60 日内　　B. 90 日内　　C. 120 日内　　D. 150 日内

二、多项选择题

1. 根据企业所得税的规定，判断居民企业的标准有（　　）。

A. 登记注册地标准　　B. 所得来源地标准

C. 经营行为实际发生地标准　　D. 实际管理机构所在地标准

2. 根据企业所得税的有关规定，下列收入中，属于不征税收入的有（　　）。

A. 财政拨款

B. 依法收取并纳入财政管理的行政事业性收费

C. 有专项用途符合管理条件的财政性资金

D. 非营利机构接受其他单位的捐赠收入

3. 下列企业中，适用 15% 企业所得税税率的有（　　）。

A. 经认定的技术先进型服务企业

B. 小型微利企业

C. 高新技术企业

D. 从事污染防治的第三方企业

4. 依据企业所得税的相关规定，下列表述正确的有（　　）。

A. 商业折扣按折扣前的金额确定商品销售收入

B. 现金折扣应当按折扣后的金额确定商品销售收入

C. 属于提供初始及后续服务的特许权费，在提供服务时确认收入

D. 申请入会或加入会员，只允许取得会籍，所有其他服务或商品都要另行收费的，在取得该会员费时确认收入

5. 下列属于企业提供劳务完工进度的确定，可选用的方法有（　　）。

A. 已完工作的测量

B. 已提供劳务占劳务总量的比例

C. 发生成本占总成本的比例

D. 取得的收入占总收入的比例

6. 下列各项关于企业接收政府和股东划入资产的企业所得税处理中，说法正确的有（　　）。

A. 县级以上人民政府将国有资产明确以股权投资方式投入企业，企业应作为国家资本金（包括资本公积）处理

B. 县级以上人民政府将国有资产无偿划入企业，凡指定专门用途并按相关规定进行管理的，企业可作为不征税收入进行企业所得税处理

C. 企业接收股东划入资产，凡合同、协议约定作为资本金（包括资本公积）且在会计上已做实际处理的，不计入企业的收入总额，企业应按公允价值确定该项资产的计税基础

D. 企业接收股东划入资产，凡作为收入处理的，应按公允价值计入收入总额，计算缴纳企业所得税，同时按公允价值确定该项资产的计税基础

7. 根据企业所得税法律制度的规定，下列收入中，不属于企业所得税免税收入的有（　　）。

A. 财政拨款

B. 国债利息收入

C. 物资及现金溢余

D. 企业投资者持有 2019～2023 年发行的铁路债券取得利息收入

8. 企业缴纳的下列保险金可以在税前直接扣除的有（　　）。

A. 按照国家规定的标准，为特殊工种的职工支付的人身安全保险费

B. 为没有工作的董事长夫人缴纳的社会保险费用

C. 为投资者或者职工支付的商业保险费

D. 按照国家规定的标准，为雇员缴纳的“五险一金”

9. 下列企业中，发生的广告费和业务宣传费支出，以当年销售（营业）收入 30% 为限额扣除的有（　　）。

A. 化妆品销售企业　　B. 医药制造企业

C. 酒类制造企业　　D. 烟草企业

10. 企业发生的下列项目，不得在企业所得税税前扣除的有（　　）。

A. 企业计提未经核准的坏账准备金

B. 企业按规定计提的用于环境保护和生态恢复的专项资金

C. 企业按规定缴纳的财产保险费

D. 烟草企业的烟草广告费和业务宣传费支出

11. 下列各项中，允许在税前扣除的有（　　）。

A. 向投资者支付的股息、红利等权益性投资收益款项

B. 向银行支付的罚息

C. 诉讼费用

D. 银行内营业机构之间支付的利息

12. 根据企业所得税相关规定，固定资产大修理支出需要同时符合的条件有（　　）。

A. 修理后固定资产被用于新的或不同的用途

B. 修理后固定资产的使用年限延长 2 年以上

C. 修理后固定资产的使用年限延长 1 年以上

D. 修理支出达到取得固定资产时计税基础的 50% 以上

13. 根据企业所得税的相关规定，下列关于投资资产成本的说法中，正确的有（　　）。

A. 以支付现金方式取得的投资资产，以购买价款为成本

B. 以无形资产换取的投资资产，以无形资产的公允价值和支付的相关税费为投资资产的成本

C. 以自产货物换取的投资资产，以自产货物的最高售价和支付的相关税费为投资资产的成本

D. 以外购的货物换取的投资资产，以外购货物的公允价值和支付的相关税费为投资资产的成本

14. 下列处理方法，符合企业股权收购、资产收购重组的一般性税务处理规定的有（　　）。

A. 被收购方应确认股权、资产转让所得或损失

B. 被收购方不需要确认股权、资产转让所得或损失

C. 收购方取得股权或资产的计税基础以公允价值为基础确定

D. 收购方取得股权或资产的计税基础以被收购方原有计税基础确定

15. 根据企业所得税相关规定，下列关于企业亏损弥补的说法，正确的有（　　）。

A. 境外营业机构的亏损可以用境内营业机构的盈利弥补

B. 企业重组的一般性税务处理下被合并企业的亏损可以在合并企业弥补

C. 企业重组的一般性税务处理下被分立企业的亏损不得由分立企业弥补

D. 除另有规定外，亏损弥补的年限最长不得超过 5 年

16. 企业取得下列各项所得，免征企业所得税的有（　　）。

A. 林木的培育所得　　B. 海水养殖、内陆养殖所得

C. 香料作物的种植所得　　D. 农作物新品种的选育所得

17. 下列各项中，对集成电路企业或项目企业所得税税收优惠政策的表述正确的有（　　）。

A. 2018 年 1 月 1 日后新设立的集成电路线宽小于 130 纳米，且经营期限在 10 年以上的集成电路生产企业，自企业获利年度起，第一年和第二年免征企业所得税、第三年至第五年按 25% 法定税率减半征收，享受至期满为止

B. 2018 年 1 月 1 日后新设的集成电路线宽小于 65 纳米或投资额超过 150 亿元，且经营期在 15 年以上的集成电路生产项目，自项目取得第一笔生产经营收入所属纳税年度起，第一年至第五年免征企业所得税、第六年至第十年按 25% 法定税率减半征收，享受至期满为止

C. 2018 年 1 月 1 日后新设立的集成电路线宽小于 130 纳米，且经营期限在 10 年以上的集成电路生产项目，自项目获利年度起，第一年和第二年免征企业所得税、第三年至第五年按 25% 法定税率减半征收，享受至期满为止

D. 2018 年 1 月 1 日后新设的集成电路线宽小于 65 纳米或投资额超过 150 亿元，且经营期在 15 年以上的集成电路生产企业，自企业取得第一笔生产经营收入所属纳税年度起，第一年至第五年免征企业所得税、第六年至第十年按 25% 法定税率减半征收，享受至期满为止

18. 企业从事研发活动发生的下列费用支出，可纳入税前加计扣除的研究开发费用范围的有（　　）。

A. 直接从事研发活动人员的工资薪金

B. 外聘研发人员的劳务费用

C. 不构成固定资产的样品、样机及一般测试手段购置费

D. 用于研发活动的软件的摊销费用

19. 根据企业所得税法的相关规定，下列不属于职工福利费范畴的项目有（　　）。

A. 职工交通补贴

B. 向企业内设职工食堂的临时工支付的工资薪金

C. 为企业生产车间的工人缴纳的住房公积金

D. 由企业统一制作并要求员工工作时统一着装所发生的工作服饰费

20. 居民企业具有下列情形之一的，核定征收企业所得税的有（　　）。

A. 依照法律、行政法规的规定可以不设置账簿的

B. 擅自销毁账簿或者拒不提供纳税资料的

C. 虽设置账簿，但账目混乱或者成本资料、收入凭证、费用凭证残缺不全，难以查账的

D. 发生纳税义务，未按照规定的期限办理纳税申报

21. 境内某居民企业 2019 年度境内应纳税所得额为 3 000 万元。该企业在 A、B 两国设有分支机构，A 国分支机构当年应纳税所得额 600 万元，A 国规定的税率为 20%；B 国分支机构当年应纳税所得额 400 万元，B 国规定的税率为 30%。该企业已经按照规定在 A、B 两国缴纳了所得税，则下列说法正确的有（　　）。

A. 来源于 A、B 两国的所得可以汇总计算应纳税所得额

B. 来源于 A、B 两国的所得可以分别计算应纳税所得额

C. 采用分国不分项计算抵免，境外所得需要在我国缴纳30万元企业所得税

D. 采用不分国不分项计算抵免，境外所得无需在我国补税

22. 根据企业所得税法的相关规定，在中国境内未设立机构、场所的非居民企业从中国境内取得的下列所得，应按收入全额计算征收企业所得税的有（　　）。

A. 股息、红利所得　　B. 利息所得

C. 租金所得　　D. 转让财产所得

23. 根据企业所得税的相关规定，下列说法不正确的有（　　）。

A. 被投资企业发生的经营亏损，由投资企业按规定结转弥补，投资企业要相应调整减低其投资成本，并将其确认为投资损失

B. 企业在汇总计算缴纳企业所得税时，其境外营业机构的亏损不得抵减境内营业机构的盈利

C. 企业在汇总计算缴纳企业所得税时，其境内营业机构的亏损不得抵减境外营业机构的盈利

D. 合伙企业的合伙人是法人或其他组织的，合伙人在计算缴纳企业所得税时，不得用合伙企业的亏损抵减其盈利

24. 根据企业所得税法律制度规定，下列选项属于跨地区经营汇总纳税企业所得税征收管理的基本原则有（　　）。

A. 统一计算　　B. 分级管理　　C. 就地预缴　　D. 汇总清算

三、综合题

1. 某居民企业2019年销售产品收入1 000万元，利润总额为250万元，已经按照规定预缴了企业所得税50万元，2020年2月会计师事务所受托对该企业2019年度纳税情况进行审核，获得如下资料：

①投资收益科目中包括转让国债收入25万元（其中含国债利息收入10万元），从境内未上市居民企业取得投资收益100万元。

②营业外支出科目中包括通过民政部门向灾区捐赠50万元，直接向某农村小学捐赠20万元；自然灾害净损失30万元。

③企业销售费用中含广告费185万元、给客户的回扣费用5万元（无法提供合理票据）；企业管理费用中包含业务招待费12.5万元、研发费50万元。

④2019年向境内某居民企业（非关联方）支付借款利息支出48万元，该笔利息的借款发生在2019年1月1日，借款金额530万元，约定借款期1年，金融机构同期同类贷款年利率为6%。

⑤企业2019年12月接受其他单位捐赠的汽车一辆，取得普通发票上注明金额45万元，企业未进行任何账务处理。

要求：根据上述资料，回答下列问题。

（1）计算业务①应调整的应纳税所得额；

（2）计算业务②应调整的应纳税所得额；

（3）计算业务③合计应调整的应纳税所得额；

（4）计算业务④应调整的应纳税所得额；

（5）计算企业应补缴的企业所得税。

2. 某医药制造企业（增值税一般纳税人）是国家需要重点扶持的高新技术企业，2019 年取得商品销售收入 5 500 万元，转让固定资产的净收益 550 万元，投资收益 80 万元；发生商品销售成本 2 200 万元，税金及附加 120 万元，发生销售费用 1 900 万元，管理费用 960 万元，财务费用 180 万元，营业外支出 100 万元，实现利润总额 670 万元，企业预缴企业所得税 75 万元。经注册会计师审核，发现 2019 年该企业存在如下问题：

（1）12 月购进一台符合《安全生产专用设备企业所得税优惠目录》规定的安全生产专用设备，取得增值税专用发票上注明价款 30 万元、增值税 3.9 万元，当月投入使用。

（2）管理费用中含业务招待费 80 万元，研发费 100 万元。

（3）销售费用中含广告费 800 万元，业务宣传费 300 万元。

（4）财务费用中含支付给银行的借款利息 60 万元（借款金额 1 000 万元，期限 1 年，用于生产经营）；支付给境内关联方借款利息 60 万元（借款金额 1 000 万元，期限 1 年，用于生产经营），已知关联方的权益性投资为 400 万元，此项交易活动不符合独立交易原则且该企业实际税负高于境内关联方。

（5）营业外支出中含通过公益性社会组织向灾区捐款 55 万元、向目标脱贫地区捐赠 10 万元，因违反合同约定支付给其他企业违约金 30 万元，因违反工商管理规定被工商局处以罚款 5 万元。

（6）投资收益中含国债利息收入 10 万元；从境外 A 国子公司分回税后收益 45 万元，A 国政府规定的所得税税率为 20%；从境外 B 国子公司分回税后投资收益 25 万元，B 国政府规定的所得税税率为 10%。

（7）已计入成本、费用中的全年实发合理的工资总额为 400 万元，实际拨缴的工会经费 6 万元，发生职工福利费 60 万元、职工教育经费 15 万元。

（其他相关资料：该企业选择“分国（地区）不分项”方式计算可抵免境外所得税税额和抵免限额，不考虑预提所得税。）

要求：根据上述资料，回答下列问题。

（1）计算该企业业务招待费应调整的应纳税所得额。

（2）计算该企业研发费应调整的应纳税所得额。

（3）计算该企业广告费和业务宣传费金额应调整的应纳税所得额。

（4）计算该企业利息费用应调整的应纳税所得额。

（5）计算该企业营业外支出应调整的应纳税所得额。

（6）计算该企业工会经费、职工福利费和职工教育经费应调整的应纳税所得额。

（7）计算该企业 2019 年度境内应纳税所得额。

（8）计算该企业境外所得应在我国补缴的企业所得税。

（9）计算该企业应补（退）企业所得税税额。

3. 设立在我国境内的某重型机械生产企业，由未在中国境内设立机构、场所的非居民企业持股 25%，2019 年全年主营业务收入 7 500 万元，其他业务收入 2 300 万元，营业外收入 1 200 万元，主营业务成本 6 000 万元，其他业务成本 1 300 万元，营业外支出 800 万元，可以扣除的相关税金及附加 420 万元，销售费用 1 800 万元，管理费用 1 200 万元，财务费用 180 万元，投资收益 1 700 万元。

当年发生的部分具体业务如下：

①当年10月将两台重型机械设备通过市政府捐赠给受灾地区用于公共设施建设，“营业外支出”中已列支两台设备的成本及对应的销项税额合计236.4万元，每台设备市场售价为140万元（不含增值税）。

②当年10月向95%持股的境内子公司转让一项账面余值（计税基础）为500万元的专利技术，取得转让收入700万元，不考虑相关税费，该项转让业务已通过省科技部门认定登记。

③当年实际发放职工工资1 400万元，发生职工福利费支出200万元，拨缴工会经费30万元并取得专用收据，发生职工教育经费支出25万元，以前年度累计结转至本年的职工教育经费为5万元。

④当年发生广告费支出1 505万元，以前年度累计结转至本年的广告费为15万元。

⑤企业从事《国家重点支持的高新技术领域》规定项目的研究开发活动，对研发费用实行专账管理，发生研发费用支出200万元（含委托境外单位进行研发活动的委托研发费用80万元），未形成无形资产，计入当期损益。

⑥就2019年税后利润向全体股东分配股息1 000万元。

（其他相关资料：除非特别说明，各扣除项目均已取得有效凭证，相关优惠已办理必要手续，不考虑税收协定的影响。）

要求：根据上述资料，按照下列顺序计算回答问题。

（1）计算业务①应调整的应纳税所得额。

（2）计算业务②应调整的应纳税所得额。

（3）计算业务③应调整的应纳税所得额。

（4）计算业务④应调整的应纳税所得额。

（5）计算业务⑤应调整的应纳税所得额。

（6）计算业务⑥应预提的企业所得税税额。

（7）计算该企业2019年应纳企业所得税税额。

4. 某市生产企业为增值税一般纳税人，2019年取得产品不含税销售收入6 000万元，当年发生产品销售成本2 600万元，销售费用1 200万元，管理费用480万元，财务费用60万元，投资收益120万元；营业外支出150万元；销售税金160万元，其中含增值税120万元。

当年发生部分业务如下所示：

①计入成本、费用中的实发工资总额1 000万元，拨缴职工工会经费25万元、发生职工福利费150万元、发生职工教育经费30万元。

②销售费用含当年发生的广告支出1 050万元。

③管理费用中含当年发生的业务招待费25万元。

④营业外支出中含通过公益性社会团体向贫困山区捐款100万元，因管理不善造成的资产损失15万元，直接捐赠给扶贫帮扶对象5万元，支付税收滞纳金6万元。

⑤当年向境内关联方借款750万元，年利率7%（金融企业同期贷款利率为6%），实际支付利息52.5万元。关联企业在该企业的权益性投资为250万元，该企业不能证明此项交易符合独立原则，也不能证明实际税负不高于关联企业。

⑥当年撤回对境内某公司的股权投资取得85万元，其中原始投资成本50万元，相当于被投资企业累计未分配利润和累计盈余公积按减少实收资本的比例计算的部分为15万元。

⑦当年12月购入机器设备一台并投入使用，不含税价款为350万元，采用直线法进行摊销，预计使用年限为10年，净残值率为5%，企业选择一次性扣除。

⑧该企业分别在A、B两国设有分公司（我国与A、B两国已经缔结避免双重征税协定），在A国分公司的应纳税所得额为50万元，A国税率为20%；在B国分公司的应纳税所得额为30万元，B国税率为30%。两个分公司在A. B两国分别缴纳了10万元和9万元的企业所得税，该企业选择分国抵免方法。

要求：根据上述资料，按下列顺序计算回答问题，如有计算需计算出合计数。

（1）计算企业的会计利润总额。

（2）计算业务①应调整的应纳税所得额。

（3）计算业务②应调整的应纳税所得额。

（4）计算业务③应调整的应纳税所得额。

（5）计算业务④应调整的应纳税所得额。

（6）计算业务⑤应调整的应纳税所得额。

（7）计算业务⑥应调整的应纳税所得额。

（8）计算业务⑦应调整的应纳税所得额，并说明理由。

（9）计算企业境内所得的应纳税所得额。

（10）计算企业境外所得在我国应补缴的企业所得税额。

（11）计算企业年终汇算清缴实际缴纳的企业所得税。

5. 某制造企业为增值税一般纳税人，自2018年起被认定为高新技术企业，其2019年度的生产经营情况如下：

①当年销售货物实现销售收入8 000万元，对应成本为5 100万元。

②12月购入专门用于研发的新设备，取得增值税普通发票上注明的金额为600万元，当月投入使用，会计上作为固定资产核算并按照5年计提折旧。

③通过其他业务收入核算转让5年以上非独占许可使用权收入700万元，与之相应的成本及税费为100万元。

④当年发生管理费用800万元，其中含新产品研究开发费用300万元（已独立核算管理）、业务招待费80万元。

⑤当年发生销售费用1 800万元，其中含广告费1 500万元。

⑥当年发生财务费用200万元。

⑦取得国债利息收入150万元，企业债券利息收入180万元。

⑧全年计入成本、费用的实发合理工资总额400万元（含残疾职工工资50万元），实际发生职工福利费120万元，职工教育经费33万元，拨缴工会经费18万元。

⑨当年发生营业外支出共计130万元，其中违约金5万元、税收滞纳金7万元、补缴高管个人所得税15万元。

⑩当年税金及附加科目共列支200万元。

（其他相关资料：各扣除项目均已取得有效凭证，相关优惠已办理必要手续。）

要求：根据上述资料，按照下列顺序计算回答问题，如有计算需计算出合计数。

（1）判断12月购进新设备的成本能否一次性税前列支并说明理由。

（2）计算该企业当年的会计利润。

（3）计算业务③中转让非独占许可使用权应纳税所得额调整金额。

（4）计算业务④中研究开发费用及业务招待费应纳税所得额调整金额。

（5）计算业务⑤中广告费应纳税所得额调整金额。

（6）计算业务⑦中利息收入应纳税所得额调整金额。

（7）计算业务⑧中工资、职工福利费、工会经费、职工教育经费应纳税所得额调整金额。

（8）计算业务⑨涉及的应纳税所得额调整金额。

（9）计算当年该企业的企业所得税应纳税所得额。

（10）计算当年该企业应缴纳的企业所得税。

第七章　土地增值税

☞ 本章摘要

土地增值税法是指国家制定的用以调整土地增值税征收与缴纳之间权利及义务关系的法律规范。现行土地增值税的基本规范，是1993年12月13日国务院颁布的《中华人民共和国土地增值税暂行条例》(以下简称《土地增值税暂行条例》)。

土地增值税是对有偿转让国有土地使用权及地上建筑物和其他附着物产权，取得增值收入的单位和个人征收的一种税。征收土地增值税增强了政府对房地产开发和交易市场的调控，有利于抑制炒买炒卖土地获取暴利的行为，也增加了国家财政收入。

一、纳税义务人和征税范围

（一）纳税义务人

土地增值税的纳税义务人为转让国有土地使用权、地上的建筑及其附着物（以下简称转让房地产）并取得收入的单位和个人。单位包括各类企业、事业单位、国家机关和社会团体及其他组织。个人包括个体经营者。

概括起来，《土地增值税暂行条例》对纳税人的规定主要有以下四个特点：

1. 不论法人与自然人。即不论是企业、事业单位、国家机关、社会团体及其他组织，还是个人，只要有偿转让房地产，都是土地增值税的纳税人。

2. 不论经济性质。即不论是全民所有制企业、集体企业、私营企业、个体经营者，还是联营企业、合资企业、合作企业、外商独资企业等，只要有偿转让房地产，都是土地增值税的纳税人。

3. 不论内资与外资企业、中国公民与外籍个人。根据1993年12月29日第八届全国人大第五次常务委员会通过的《全国人大常委会关于外商投资企业和外国企业适用增值税、消费税、营业税等税收暂行条例的决定》和《国务院关于外商投资企业和外国企业适用增值税、消费税、营业税等税收暂行条例的有关问题的通知》，以及《国家税务总局关于外商投资企业和外国企业及外籍个人适用税种问题的通知》等的规定，土地增值税适用于涉外企业和个人。因此，不论是内资企业还是外商投资企业、外国驻华机构，也不论是中国公民、港澳台同胞、海外华侨，还是外国公民，只要有偿转让房地产，都是土地增值税的纳税人。

4. 不论行业与部门。即不论是工业、农业、商业、学校、医院、机关等，只要有偿转让房地产，都是土地增值税的纳税人。

（二）征税范围

土地增值税是对转让国有土地使用权及其地上建筑物和附着物征收。

1. 基本征税范围。

土地增值税是对转让国有土地使用权及其地上建筑物和附着物的行为征税，不包括国有土地使用权出让所取得的收入。

国有土地使用权出让，是指国家以土地所有者的身份将土地使用权在一定年限内让与土地使用者，并由土地使用者向国家支付土地使用权出让金的行为，属于土地买卖的一级市场。土地使用权出让的出让方是国家，国家凭借土地的所有权向土地使用者收取土地的租金。出让的目的是实行国有土地的有偿使用制度，合理开发、利用、经营土地，因此，土地使用权的出让不属于土地增值税的征税范围。

而国有土地使用权的转让是指土地使用者通过出让等形式取得土地使用权后，将土地使用权再转让的行为，包括出售、交换和赠与，它属于土地买卖的二级市场。土地使用权转让，其地上的建筑物、其他附着物的所有权随之转让。土地使用权的转让，属于土地增值税的征税范围。

土地增值税的征税范围不包括未转让土地使用权、房产产权的行为，是否发生转让行为主要以房地产权属（指土地使用权和房产产权）的变更为标准。凡土地使用权、房产产权未转让的（如房地产的出租），不征收土地增值税。

土地增值税的基本范围包括：

（1）转让国有土地使用权。“国有土地”，是指按国家法律规定属于国家所有的土地。出售国有土地使用权是指土地使用者通过出让方式，向政府缴纳了土地出让金，有偿受让土地使用权后，仅对土地进行通水、通电、通路和平整地面等土地开发，不进行房产开发，即所谓“将生地变熟地”，然后直接将空地出售出去。

（2）地上的建筑物及其附着物连同国有土地使用权一并转让。“地上的建筑物”，是指建于土地上的一切建筑物，包括地上地下的各种附属设施。“附着物”，是指附着于土地上的不能移动或一经移动即遭损坏的物品。纳税人取得国有土地使用权后进行房屋开发建造然后出售的，这种情况就是一般所说的房地产开发。虽然这种行为通常被称为卖房，但按照国家有关房地产法律和法规的规定，卖房的同时，土地使用权也随之发生转让。由于这种情况既发生了产权的转让又取得了收入，因此应纳入土地增值税的征税范围。

（3）存量房地产的买卖。存量房地产是指已经建成并已投入使用的房地产，其房屋所有人将房屋产权和土地使用权一并转让给其他单位和个人。这种行为按照国家有关的房地产法律和法规，应当到有关部门办理房产产权和土地使用权的转移变更手续；原土地使用权属于无偿划拨的，还应到土地管理部门补交土地出让金。

2. 特殊征税范围。

（1）房地产的继承。房地产的继承是指房产的原产权所有人、依照法律规定取得土地使用权的土地使用人死亡以后，由其继承人依法承受死者房产产权和土地使用权的民事法律行为。这种行为虽然发生了房地产的权属变更，但作为房产产权、土地使用权的原所有人（即被继承人）并没有因为权属变更而取得任何收入。因此，这种房地产的继承不属于土地增值税的征税范围。

（2）房地产的赠与。房地产的赠与是指房产所有人、土地使用权所有人将自己所拥有的房地产无偿地交给其他人的民事法律行为。但这里的“赠与”仅指以下情况：

①房产所有人、土地使用权所有人将房屋产权、土地使用权赠与直系亲属或承担直接

赡养义务人的。

②房产所有人、土地使用权所有人通过中国境内非营利的社会团体、国家机关将房屋产权、土地使用权赠与教育、民政和其他社会福利、公益事业的。社会团体是指中国青少年发展基金会、希望工程基金会、宋庆龄基金会、减灾委员会、中国红十字会、中国残疾人联合会、全国老年基金会、老区促进会以及经民政部门批准成立的其他非营利性的公益性组织。

房地产的赠与虽发生了房地产的权属变更，但作为房产所有人、土地使用权的所有人并没有因为权属的转让而取得任何收入。因此，房地产的赠与不属于土地增值税的征税范围。

（3）房地产的出租。房地产的出租是指房产的产权所有人、依照法律规定取得土地使用权的土地使用人，将房产、土地使用权租赁给承租人使用，由承租人向出租人支付租金的行为。房地产的出租，出租人虽取得了收入，但没有发生房产产权、土地使用权的转让。因此，不属于土地增值税的征税范围。

（4）房地产的抵押。房地产的抵押是指房地产的产权所有人、依法取得土地使用权的土地使用人作为债务人或第三人向债权人提供不动产作为清偿债务的担保而不转移权属的法律行为。这种情况由于房产的产权、土地使用权在抵押期间产权并没有发生权属的变更，房产的产权所有人、土地使用权人仍能对房地产行使占有、使用、收益等权利，房产的产权所有人、土地使用权人虽然在抵押期间取得了一定的抵押贷款，但实际上这些贷款在抵押期满后是要连本带利偿还给债权人的。因此，对房地产的抵押，在抵押期间不征收土地增值税。待抵押期满后，视该房地产是否转移占有而确定是否征收土地增值税。对于以房地产抵债而发生房地产权属转让的，应列入土地增值税的征税范围。

（5）房地产的交换。这种情况是指一方以房地产与另一方的房地产进行交换的行为。由于这种行为既发生了房产产权、土地使用权的转移，交换双方又取得了实物形态的收入，按《土地增值税暂行条例》规定，它属于土地增值税的征税范围。但对个人之间互换自有居住用房地产的，经当地税务机关核实，可以免征土地增值税。

（6）合作建房。对于一方出地，一方出资金，双方合作建房，建成后按比例分房自用的，暂免征收土地增值税；建成后转让的，应征收土地增值税。

（7）房地产的代建房行为。这种情况是指房地产开发公司代客户进行房地产的开发，开发完成后向客户收取代建收入的行为。对于房地产开发公司而言，虽然取得了收入，但没有发生房地产权属的转移，其收入属于劳务收入性质，故不属于土地增值税的征税范围。

（8）房地产的重新评估。这主要是指国有企业在清产核资时对房地产进行重新评估而使其升值的情况。这种情况下，房地产虽然有增值，但其既没有发生房地产权属的转移，房产产权、土地使用权人也未取得收入，所以不属于土地增值税的征税范围。

3. 企业改制重组土地增值税政策。

（1）按照《中华人民共和国公司法》的规定，非公司制企业整体改建为有限责任公司或者股份有限公司，有限责任公司（股份有限公司）整体改建为股份有限公司（有限责任公司）。对改建前的企业将国有土地、房屋权属转移、变更到改建后的企业，暂不征土地增值税。

整体改建是指不改变原企业的投资主体，并承继原企业权利、义务的行为。

（2）按照法律规定或者合同约定，两个或两个以上企业合并为一个企业，且原企业投资主体存续的，对原企业将国有土地、房屋权属转移、变更到合并后的企业，暂不征土地增值税。

（3）按照法律规定或者合同约定，企业分设为两个或两个以上与原企业投资主体相同的企业，对原企业将国有土地、房屋权属转移、变更到分立后的企业，暂不征土地增值税。

（4）单位、个人在改制重组时以国有土地、房屋进行投资，对其将国有土地、房屋权属转移、变更到被投资的企业，暂不征土地增值税。

上述（1）~（4）项有关改制重组土地增值税政策不适用于房地产开发企业。

（5）企业改制重组后再转让国有土地使用权并申报缴纳土地增值税时，应以改制前取得该宗国有土地使用权所支付的地价款和按国家统一规定缴纳的有关费用，作为该企业“取得土地使用权所支付的金额”扣除。企业在重组改制过程中经省级以上（含省级）国土管理部门批准，国家以国有土地使用权作价出资入股的，再转让该宗国有土地使用权并申报缴纳土地增值税时，应以该宗土地作价入股时省级以上（含省级）国土管理部门批准的评估价格，作为该企业“取得土地使用权所支付的金额”扣除。办理纳税申报时，企业应提供该宗土地作价入股时省级以上（含省级）国土管理部门的批准文件和批准的评估价格，不能提供批准文件和批准的评估价格的，不得扣除。

企业按有关规定享受相关土地增值税优惠政策的，应及时向主管税务机关提交相关房产、国有土地权证、价值证明等书面材料。

二、税率

土地增值税实行四级超率累进税率：

1. 增值额未超过扣除项目金额50%的部分，税率为30%。

2. 增值额超过扣除项目金额50%、未超过扣除项目金额100%的部分，税率为40%。

3. 增值额超过扣除项目金额100%、未超过扣除项目金额200%的部分，税率为50%。

4. 增值额超过扣除项目金额200%的部分，税率为60%。

上述所列四级超率累进税率，每级“增值额未超过扣除项目金额”的比例，均包括本比例数。超率累进税率见表7-1。

表7-1　土地增值税四级超率累进税率表　　单位:%

级数	增值额与扣除项金额的比率	税率	速算扣除系数
1	不超过50%的部分	30	0
2	超过50%~100%的部分	40	5
3	超过100%~200%的部分	50	15
4	超过200%的部分	60	35

三、应税收入与扣除项目

（一）应税收入

根据《土地增值税暂行条例》及其《实施细则》的规定，纳税人转让房地产取得的应税收入，应包括转让房地产的全部价款及有关的经济收益。从收入的形式来看，包括货币收入、实物收入和其他收入。

1. 货币收入。货币收入是指纳税人转让房地产而取得的现金、银行存款、支票、银行本票、汇票等各种信用票据和国库券、金融债券、企业债券、股票等有价证券。这些类型的收入其实质都是转让方因转让土地使用权、房屋产权而向取得方收取的价款。货币收入一般比较容易确定。

2. 实物收入。实物收入是指纳税人转让房地产而取得的各种实物形态的收入，如钢材、水泥等建材，房屋、土地等不动产等。实物收入的价值不太容易确定，一般要对这些实物形态的财产进行估价。

3. 其他收入。其他收入是指纳税人转让房地产而取得的无形资产收入或具有财产价值的权利，如专利权、商标权、著作权、专有技术使用权、土地使用权、商誉权等。这种类型的收入比较少见，其价值需要进行专门的评估。

（二）扣除项目

计算土地增值税应纳税额，并不是直接对转让房地产所取得的收入征税，而是要对收入额减除国家规定的各项扣除项目金额后的余额计算征税（这个余额就是纳税人在转让房地产中获取的增值额）。因此，要计算增值额，首先必须确定扣除项目。税法准予纳税人从转让收入额中减除的扣除项目包括如下几项：

1. 取得土地使用权所支付的金额。

取得土地使用权所支付的金额包括两方面的内容：

（1）纳税人为取得土地使用权所支付的地价款。如果是以协议、招标、拍卖等出让方式取得土地使用权的，地价款为纳税人所支付的土地出让金；如果是以行政划拨方式取得土地使用权的，地价款为按照国家有关规定补交的土地出让金；如果是以转让方式取得土地使用权的，地价款为向原土地使用权人实际支付的地价款。

（2）纳税人在取得土地使用权时按国家统一规定缴纳的有关费用。它是指纳税人在取得土地使用权过程中为办理有关手续，按国家统一规定缴纳的有关登记、过户手续费。

2. 房地产开发成本。

房地产开发成本是指纳税人房地产开发项目实际发生的成本，包括土地的征用及拆迁补偿费、前期工程费、建筑安装工程费、基础设施费、公共配套设施费、开发间接费等。

（1）土地征用及拆迁补偿费。包括土地征用费、耕地占用税、劳动力安置费及有关地上、地下附着物拆迁补偿的净支出、安置动迁用房支出等。

（2）前期工程费。包括规划、设计、项目可行性研究和水文、地质、勘察、测绘、“三通一平”等支出。

（3）建筑安装工程费。指以出包方式支付给承包单位的建筑安装工程费，以自营方式发生的建筑安装工程费。

（4）基础设施费。包括开发小区内道路、供水、供电、供气、排污、排洪、通信、照明、环卫、绿化等工程发生的支出。

（5）公共配套设施费。包括不能有偿转让的开发小区内公共配套设施发生的支出。

（6）开发间接费用。指直接组织、管理开发项目发生的费用，包括工资、职工福利费、折旧费、修理费、办公费、水电费、劳动保护费、周转房摊销等。

3. 房地产开发费用。

房地产开发费用是指与房地产开发项目有关的销售费用、管理费用和财务费用。根据现行财务会计制度的规定，这三项费用作为期间费用，直接计入当期损益，不按成本核算对象进行分摊。故作为土地增值税扣除项目的房地产开发费用，不按纳税人房地产开发项目实际发生的费用进行扣除，而按《实施细则》的标准进行扣除。

《实施细则》规定，财务费用中的利息支出，凡能够按转让房地产项目计算分摊并提供金融机构证明的，允许据实扣除，但最高不能超过按商业银行同类同期贷款利率计算的金额。其他房地产开发费用，按《实施细则》第七条（一）、（二）项规定（即取得土地使用权所支付的金额和房地产开发成本，下同）计算的金额之和的5%以内计算扣除。凡不能按转让房地产项目计算分摊利息支出或不能提供金融机构证明的，房地产开发费用按《实施细则》第七条（一）、（二）项规定计算的金额之和的10%以内计算扣除。计算扣除的具体比例，由各省、自治区、直辖市人民政府规定。

上述规定的具体含义是：

（1）纳税人能够按转让房地产项目计算分摊利息支出，并能提供金融机构的贷款证明的，其允许扣除的房地产开发费用为：利息+（取得土地使用权所支付的金额+房地产开发成本）×5%以内（注：利息最高不能超过按商业银行同类同期贷款利率计算的金额）。

（2）纳税人不能按转让房地产项目计算分摊利息支出或不能提供金融机构贷款证明的，其允许扣除的房地产开发费用为：（取得土地使用权所支付的金额+房地产开发成本）×10%以内。

全部使用自有资金，没有利息支出的，按照以上方法扣除。上述具体适用的比例按省级人民政府此前规定的比例执行。

（3）房地产开发企业既向金融机构借款，又有其他借款的，其房地产开发费用计算扣除时不能同时适用上述（1）、（2）项所述两种办法。

（4）土地增值税清算时，已经计入房地产开发成本的利息支出，应调整至财务费用中计算扣除。

此外，财政部、国家税务总局还对扣除项目金额中利息支出的计算问题作了两点专门规定：一是利息的上浮幅度按国家的有关规定执行，超过上浮幅度的部分不允许扣除；二是对于超过贷款期限的利息部分和加罚的利息不允许扣除。

4. 与转让房地产有关的税金。

与转让房地产有关的税金是指在转让房地产时缴纳的城市维护建设税、印花税。因转让房地产缴纳的教育费附加，也可视同税金予以扣除。

需要明确的是，房地产开发企业按照《施工、房地产开发企业财务制度》有关规定，其在转让时缴纳的印花税因列入管理费用中，故在此不允许单独再扣除。其他纳税人缴纳的印花税（按产权转移书据所载金额的贴花）允许在此扣除。

5. 其他扣除项目。

对从事房地产开发的纳税人可按《实施细则》第七条（一）、（二）项规定计算的金额之和，加计20%扣除。在此，应特别指出的是：此条优惠只适用于从事房地产开发的纳税人，除此之外的其他纳税人不适用。这样的规定，目的是抑制炒买炒卖房地产的投机行为，保护正常开发投资者的积极性。

6. 旧房及建筑物的评估价格。

纳税人转让旧房的，应按房屋及建筑物的评估价格、取得土地使用权所支付的地价款或出让金、按国家统一规定缴纳的有关费用和转让环节缴纳的税金作为扣除项目金额计征土地增值税。对取得土地使用权时未支付地价款或不能提供已支付的地价款凭据的，在计征土地增值税时不允许扣除。

旧房及建筑物的评估价格是指在转让已使用的房屋及建筑物时，由政府批准设立的房地产评估机构评定的重置成本价乘以成新度折扣率后的价格。评估价格须经当地税务机关确认。重置成本价的含义是：对旧房及建筑物，按转让时的建材价格及人工费用计算，建造同样面积、同样层次、同样结构、同样建设标准的新房及建筑物所需花费的成本费用。成新度折扣率的含义是：按旧房的新旧程度作一定比例的折扣。例如，一栋房屋已使用近10年，建造时的造价为1 000万元，按转让时的建材及人工费用计算，建同样的新房需花费5 000万元，假定该房有六成新，则该房的评估价格为：5 000×60% =3 000（万元）。

纳税人转让旧房及建筑物，凡不能取得评估价格，但能提供购房发票的，经当地税务部门确认，根据《土地增值税暂行条例》第六条第（一）、（三）项规定的扣除项目的金额（即：取得土地使用权所支付的金额、新建房及配套设施的成本、费用，或者旧房及建筑物的评估价格）可按发票所载金额并从购买年度起至转让年度止每年加计5%计算扣除。计算扣除项目时“每年”按购房发票所载日期起至售房发票开具之日止，每满12个月计1年；超过1年，未满12个月但超过6个月的，可以视同为1年。

对纳税人购房时缴纳的契税，凡能提供契税完税凭证的，准予作为“与转让房地产有关的税金”予以扣除，但不作为加计5%的基数。

对于转让旧房及建筑物，既没有评估价格，又不能提供购房发票的，地方税务机关可以根据《中华人民共和国税收征收管理法》第三十五条的规定，实行核定征收。

四、应纳税额的计算

（一）增值额的确定

土地增值税纳税人转让房地产所取得的收入减除规定的扣除项目金额后的余额，为增值额。准确核算增值额，还需要有准确的房地产转让收入额和扣除项目的金额。在实际房地产交易活动中，有些纳税人由于不能准确提供房地产转让价格或扣除项目金额，致使增值额不准确，直接影响应纳税额的计算和缴纳。因此，《土地增值税暂行条例》第九条规定，纳税人有下列情形之一的，按照房地产评估价格计算征收。

1. 隐瞒、虚报房地产成交价格。

“隐瞒、虚报房地产成交价格”是指纳税人不报或有意低报转让土地使用权、地上建筑物及其附着物价款的行为。隐瞒、虚报房地产成交价格，应由评估机构参照同类房地产的市场交易价格进行评估。税务机关根据评估价格确定转让房地产的收入。

2. 提供扣除项目金额不实。

“提供扣除项目金额不实”，是指纳税人在纳税申报时不据实提供扣除项目金额的行为。提供扣除项目金额不实的，应由评估机构按照房屋重置成本价乘以成新度折扣率计算的房屋成本价和取得土地使用权时的基准地价进行评估。税务机关根据评估价格确定扣除项目金额。

3. 转让房地产的成交价格低于房地产评估价格，又无正当理由。

“转让房地产的成交价格低于房地产评估价格，又无正当理由”，是指纳税人申报的转让房地产的实际成交价低于房地产评估机构评定的交易价，纳税人又不能提供凭据或无正当理由的行为。转让房地产的成交价格低于房地产评估价格，又无正当理由的，由税务机关参照房地产评估价格确定转让房地产的收入。

上述所说的“房地产评估价格”是指由政府批准设立的房地产评估机构根据相同地段、同类房地产进行综合评定的价格。

（二）应纳税额的计算方法

土地增值税按照纳税人转让房地产所取得的增值额和规定的税率计算征收。土地增值税的计算公式是：

应纳税额 = $\sum$（每级距的土地增值额 × 适用税率）

但在实际工作中，分步计算比较烦琐，一般可以采用速算扣除法计算。即：计算土地增值税税额，可按增值额乘以适用的税率减去扣除项目金额乘以速算扣除系数的简便方法计算，具体方法如下：

1. 增值额未超过扣除项目金额50%时，计算公式为：

土地增值税税额 = 增值额 × 30%

2. 增值额超过扣除项目金额50%，未超过100%时，计算公式为：

土地增值税税额 = 增值额 × 40% − 扣除项目金额 × 5%

3. 增值额超过扣除项目金额100%，未超过200%时，计算公式为：

土地增值税税额 = 增值额 × 50% − 扣除项目金额 × 15%

4. 增值额超过扣除项目金额200%时，计算公式为：

土地增值税税额 = 增值额 × 60% − 扣除项目金额 × 35%

上述公式中的5%、15%、35%分别为2、3、4级的速算扣除系数。

【例7－1】假定某房地产开发公司转让商品房一栋，取得收入总额为1 000万元，应扣除的购买土地的金额、开发成本的金额、开发费用的金额、相关税金的金额、其他扣除金额合计为400万元。请计算该房地产开发公司应缴纳的土地增值税。

（1）先计算增值额：

增值额 = 1 000 − 400 = 600（万元）

（2）再计算增值额与扣除项目金额的比率：

增值额与扣除项目金额的比率 $=600\div400\times100\%=150\%$

根据上述计算方法，增值额超过扣除项目金额 100%，未超过 200% 时，其适用的计算公式为：

土地增值税税额 = 增值额 ×50% − 扣除项目金额 ×15%

（3）最后计算该房地产开发公司应缴纳的土地增值税：

应缴纳土地增值税 $=600\times50\%-400\times15\%=240$（万元）

五、房地产开发企业土地增值税清算

自 2007 年 2 月 1 日起，各省级税务机关可按以下规定对房地产开发企业土地增值税进行清算。各省级税务机关可依据以下规定并结合当地实际情况制定具体清算管理办法。

（一）土地增值税的清算单位

土地增值税以国家有关部门审批的房地产开发项目为单位进行清算，对于分期开发的项目，以分期项目为单位清算。

开发项目中同时包含普通住宅和非普通住宅的，应分别计算增值额。

（二）土地增值税的清算条件

1. 符合下列情形之一的，纳税人应进行土地增值税的清算：

（1）房地产开发项目全部竣工、完成销售的；

（2）整体转让未竣工决算房地产开发项目的；

（3）直接转让土地使用权的。

2. 符合下列情形之一的，主管税务机关可要求纳税人进行土地增值税清算：

（1）已竣工验收的房地产开发项目，已转让的房地产建筑面积占整个项目可售建筑面积的比例在 85% 以上，或该比例虽未超过 85%，但剩余的可售建筑面积已经出租或自用的；

（2）取得销售（预售）许可证满 3 年仍未销售完毕的；

（3）纳税人申请注销税务登记但未办理土地增值税清算手续的；

（4）省级税务机关规定的其他情况。

（三）非直接销售和自用房地产的收入确定

1. 房地产开发企业将开发产品用于职工福利、奖励、对外投资、分配给股东或投资人、抵偿债务、换取其他单位和个人的非货币性资产等，发生所有权转移时应视同销售房地产，其收入按下列方法和顺序确认：

（1）按本企业在同一地区、同一年度销售的同类房地产的平均价格确定；

（2）由主管税务机关参照当地当年、同类房地产的市场价格或评估价值确定。

2. 房地产开发企业将开发的部分房地产转为企业自用或用于出租等商业用途时，如果产权未发生转移，不征收土地增值税，在税款清算时不列收入，不扣除相应的成本和费用。

3. 土地增值税清算时，已全额开具商品房销售发票的，按照发票所载金额确认收入；未开具发票或未全额开具发票的，以交易双方签订的销售合同所载的售房金额及其他收益确认收入。销售合同所载商品房面积与有关部门实际测量面积不一致，在清算前已发生补、退房款的，应在计算土地增值税时予以调整。

（四）土地增值税的扣除项目

1. 房地产开发企业办理土地增值税清算时计算与清算项目有关的扣除项目金额，应根据《土地增值税暂行条例》第六条及《实施细则》第七条的规定执行。除另有规定外，扣除取得土地使用权所支付的金额、房地产开发成本、费用及与转让房地产有关税金，须提供合法有效凭证；不能提供合法有效凭证的，不予扣除。

2. 房地产开发企业办理土地增值税清算所附送的前期工程费、建筑安装工程费、基础设施费、开发间接费用的凭证或资料不符合清算要求或不实的，地方税务机关可参照当地建设工程造价管理部门公布的建安造价定额资料，结合房屋结构、用途、区位等因素，核定上述四项开发成本的单位面积金额标准，并据以计算扣除。具体核定方法由省级税务机关确定。

3. 房地产开发企业开发建造的与清算项目配套的居委会和派出所用房、会所、停车场（库）、物业管理场所、变电站、热力站、水厂、文体场馆、学校、幼儿园、托儿所、医院、邮电通信等公共设施，按以下原则处理：

（1）建成后产权属于全体业主所有的，其成本、费用可以扣除；

（2）建成后无偿移交给政府、公用事业单位用于非营利性社会公共事业的，其成本、费用可以扣除；

（3）建成后有偿转让的，应计算收入，并准予扣除成本、费用。

4. 房地产开发企业销售已装修的房屋，其装修费用可以计入房地产开发成本。房地产开发企业的预提费用，除另有规定外，不得扣除。

5. 属于多个房地产项目共同的成本费用，应按清算项目可售建筑面积占多个项目可售总建筑面积的比例或其他合理的方法，计算确定清算项目的扣除金额。

6. 房地产开发企业在工程竣工验收后，根据合同约定，扣留建筑安装施工企业一定比例的工程款，作为开发项目的质量保证金，在计算土地增值税时，建筑安装施工企业就质量保证金对房地产开发企业开具发票的，按发票所载金额予以扣除；未开具发票的，扣留的质保金不得计算扣除。

7. 房地产开发企业逾期开发缴纳的土地闲置费不得扣除。

8. 房地产开发企业为取得土地使用权所支付的契税，应视同“按国家统一规定交纳的有关费用”，计入“取得土地使用权所支付的金额”中扣除。

9. 拆迁安置费的扣除，按以下规定处理：

（1）房地产企业用建造的该项目房地产安置回迁户的，安置用房视同销售处理，按《国家税务总局关于房地产开发企业土地增值税清算管理有关问题的通知》（以下简称《通知》）（国税发〔2006〕187 号）第三条第（一）款规定确认收入（即按本企业在同一地区、同一年度销售的同类房地产的平均价格确定；或由主管税务机关参照当地当年、同类房地产的市场价格或评估价值确定)，同时将此确认为房地产开发项目的拆迁补偿费。房地产开发企业支付给回迁户的补差价款，计入拆迁补偿费；回迁户支付给房地产开发企业的补差价款，应抵减本项目拆迁补偿费。

(2) 开发企业采取异地安置，异地安置的房屋属于自行开发建造的，房屋价值按(国税发〔2006〕187号文件) 第三条第（一）款的规定计算，计入本项目的拆迁补偿费；异地安置的房屋属于购入的以实际支付的购房支出计入拆迁补偿费。

(3) 货币安置拆迁的，房地产开发企业凭合法有效凭据计入拆迁补偿费。

(五) 土地增值税清算应报送的资料

符合《通知》第二条第（一）项规定的纳税人，须在满足清算条件之日起90日内到主管税务机关办理清算手续；符合《通知》第二条第（二）项规定的纳税人，须在主管税务机关限定的期限内办理清算手续。

纳税人办理土地增值税清算应报送以下资料：

1. 房地产开发企业清算土地增值税书面申请、土地增值税纳税申报表；

2. 项目竣工决算报表、取得土地使用权所支付的地价款凭证、国有土地使用权出让合同、银行贷款利息结算通知单、项目工程合同结算单、商品房购销合同统计表等与转让房地产的收入、成本和费用有关的证明资料；

3. 主管税务机关要求报送的其他与土地增值税清算有关的证明资料等。

纳税人委托税务中介机构审核鉴证的清算项目，还应报送中介机构出具的《土地增值税清算税款鉴证报告》。

(六) 土地增值税清算项目的审核鉴证

税务中介机构受托对清算项目审核鉴证时，应按税务机关规定的格式对审核鉴证情况出具鉴证报告。对符合要求的鉴证报告，税务机关可以采信。

税务机关要对从事土地增值税清算鉴证工作的税务中介机构在准入条件、工作程序、鉴证内容、法律责任等方面提出明确要求，并做好必要的指导和管理工作。

(七) 土地增值税的核定征收

房地产开发企业有下列情形之一的，税务机关可以参照与其开发规模和收入水平相近的当地企业的土地增值税税负情况，按不低于预征率的征收率核定征收土地增值税：

1. 依照法律、行政法规的规定应当设置但未设置账簿的；

2. 擅自销毁账簿或者拒不提供纳税资料的；

3. 虽设置账簿，但账目混乱或者成本资料、收入凭证、费用凭证残缺不全，难以确定转让收入或扣除项目金额的；

4. 符合土地增值税清算条件，未按照规定的期限办理清算手续，经税务机关责令限期清算，逾期仍不清算的；

5. 申报的计税依据明显偏低，又无正当理由的。

核定征收必须严格依照税收法律法规规定的条件进行，任何单位和个人不得擅自扩大核定征收范围，严禁在清算中出现“以核定为主、一核了之”“求快图省”的做法。凡擅自将核定征收作为本地区土地增值税清算主要方式的，必须立即纠正。对确需核定征收的，要严格按照税收法律法规的要求，从严、从高确定核定征收率，为了规范核定工作，核定征收率原则上不得低于5%，各省级税务机关要结合本地实际，区分不同房地产类型制定核定征收率。

（八）清算后再转让房地产的处理

在土地增值税清算时未转让的房地产，清算后销售或有偿转让的，纳税人应按规定进行土地增值税的纳税申报，扣除项目金额按清算时的单位建筑面积成本费用乘以销售或转让面积计算。

单位建筑面积成本费用 = 清算时的扣除项目总金额 ÷ 清算的总建筑面积

（九）土地增值税清算后应补缴的土地增值税加收滞纳金

纳税人按规定预缴土地增值税后，清算补缴的土地增值税，在主管税务机关规定的期限内补缴的，不加收滞纳金。

六、土地增值税税收优惠

（一）建造普通标准住宅的税收优惠

纳税人建造普通标准住宅出售，增值额未超过扣除项目金额20%的，免征土地增值税。这里所说的“普通标准住宅”，是指按所在地一般民用住宅标准建造的居住用住宅。高级公寓、别墅、度假村等不属于普通标准住宅。自2005年6月1日起，普通标准住宅应同时满足：住宅小区建筑容积率在1.0以上；单套建筑面积在120平方米以下；实际成交价格低于同级别土地上住房平均交易价格1.2倍以下。各省、自治区、直辖市要根据实际情况，制定本地区享受优惠政策普通住房的具体标准。允许单套建筑面积和价格标准适当浮动，但向上浮动的比例不得超过上述标准的20%。纳税人建造普通标准住宅出售，增值额未超过扣除项目金额20%的，免征土地增值税；增值额超过扣除项目金额20%的，应就其全部增值额按规定计税。

对于纳税人既建造普通标准住宅，又建造其他房地产开发的，应分别核算增值额。不分别核算增值额或不能准确核算增值额的，其建造的普通标准住宅不能适用这一免税规定。

对企事业单位、社会团体以及其他组织转让旧房作为公租房房源，且增值额未超过扣除项目金额20%的，免征土地增值税。

（二）国家征用收回的房地产的税收优惠

因国家建设需要依法征用、收回的房地产，免征土地增值税。

这里所说的“因国家建设需要依法征用、收回的房地产”，是指因城市实施规划、国家建设的需要而被政府批准征用的房产或收回的土地使用权。

（三）因城市规划、国家建设需要而搬迁由纳税人自行转让原房地产的税收优惠，因城市实施规划、国家建设的需要而搬迁，由纳税人自行转让原房地产的，免征土地增值税

因“城市实施规划”而搬迁，是指因旧城改造或因企业污染、扰民（指产生过量废气、废水、废弃物和噪声，使城市居民生活受到一定危害），而由政府或政府有关主管部门根据已审批通过的城市规划确定进行搬迁的情况。因“国家建设的需要”而搬迁，是指因实施国务院、省级人民政府、国务院有关部委批准的建设项目而进行搬迁的情况。

（四）对企事业单位、社会团体以及其他组织转让旧房作为公共租赁住房房源的税收优惠

企事业单位、社会团体以及其他组织转让旧房作为公共租赁住房房源的且增值额未超过扣除项目金额20%的，免征土地增值税。享受上述税收优惠政策的公共租赁住房是指纳入省、自治区、直辖市、计划单列市人民政府及新疆生产建设兵团批准的公共租赁住房发展规划和年度计划，并按照《关于加快发展公共租赁住房的指导意见》（建保〔2010〕87号）和市、县人民政府制定的具体管理办法进行管理的公共租赁住房。

七、征收管理

由于房地产开发与转让周期较长，造成土地增值税征管难度大，应加强土地增值税的预征管理办法，预征率的确定要科学、合理。对已经实行预征办法的地区，可根据不同类型房地产的实际情况，确定适当的预征率。除保障性住房外，东部地区预征率不得低于2%，中部和东北地区不得低于1.5%，西部地区不得低于1%。

（一）纳税地点

土地增值税的纳税人应向房地产所在地主管税务机关办理纳税申报，并在税务机关核定的期限内缴纳土地增值税。“房地产所在地”，是指房地产的坐落地。纳税人转让的房地产坐落在两个或两个以上地区的，应按房地产所在地分别申报纳税。

在实际工作中，纳税地点的确定又可分为以下两种情况：

1. 纳税人是法人的。当转让的房地产坐落地与其机构所在地或经营所在地一致时，则在办理税务登记的原管辖税务机关申报纳税即可；如果转让的房地产坐落地与其机构所在地或经营所在地不一致时，则应在房地产坐落地所管辖的税务机关申报纳税。

2. 纳税人是自然人的。当转让的房地产坐落地与其居住所在地一致时，则在住所所在地税务机关申报纳税；当转让的房地产坐落地与其居住所在地不一致时，则在办理过户手续所在地的税务机关申报纳税。

（二）纳税申报

土地增值税的纳税人应在转让房地产合同签订后的7日内，到房地产所在地主管税务机关办理纳税申报，并向税务机关提交房屋及建筑物产权、土地使用权证书，土地转让、房产买卖合同，房地产评估报告及其他与转让房地产有关的资料。

纳税人因经常发生房地产转让而难以在每次转让后申报的，经税务机关审核同意后，可以定期进行纳税申报，具体期限由税务机关根据相关规定确定。

纳税人因经常发生房地产转让而难以在每次转让后申报，是指房地产开发企业开发建造的房地产、因分次转让而频繁发生纳税义务、难以在每次转让后申报纳税的情况，土地增值税可按月或按各省、自治区、直辖市和计划单列市等地方税务局规定的期限申报缴纳。纳税人选择定期申报方式的，应向纳税所在地的地方税务机关备案。定期申报方式确定后，一年之内不得变更。

此外，根据《中华人民共和国土地增值税暂行条例实施细则》关于“纳税人在项目全部竣工结算前转让房地产取得的收入……可以预征土地增值税……具体办法由各省、自治区、直辖市地方税务局根据当地情况制定”的规定，对于纳税人预售房地产所取得的收入，凡当地税务机关规定预征土地增值税的，纳税人应当到主管税务机关办理纳税申报，并按规定比例预交，待办理决算后，多退少补；凡当地税务机关规定不预征土地增值税的，也应在取得收入时先到税务机关登记或备案。

税法知识链接

《土地增值税暂行条例》

复习思考题

一、单项选择题

1. 关于计算土地增值税时的扣除项目，下列说法中错误的是（　　）。

A. 土地增值税清算时，已经计入房地产开发成本的利息支出，应调整至财务费用中计算扣除

B. 利息的上浮幅度按国家的有关规定执行，超过上浮幅度的部分不允许扣除

C. 超过贷款期限的利息部分和加罚的利息允许扣除

D. 财务费用中的利息支出，凡能够按转让房地产项目计算分摊并提供金融机构证明的，允许据实扣除，但最高不能超过按商业银行同类同期贷款利率计算的金额

2. 某单位转让一幢 2008 年购买的厂房，当时的购买价为 700 万元。经房地产评估机构评定，该楼的重置成本为 2 000 万元，成新度折扣率为七成。在计算土地增值税时，该楼的评估价格为（　　）万元。

A. 1 000　　B. 1 200　　C. 1 350　　D. 1 400

3. 下列房地产转让行为中应征收土地增值税的是（　　）。

A. 企业分设为两个或两个以上与原企业投资主体相同的企业，对原企业将国有土地、房屋权属转移、变更到分立后的企业

B. 出租土地使用权

C. 用于贷款抵押期间的房地产

D. 单位之间相互交换的房地产

4. 根据土地增值税有关规定，纳税人提供扣除项目金额不实的，在计算土地增值额时，应按照（　　）。

A. 税务部门估定的价格扣除

B. 税务部门与房地产主管部门协商的价格扣除

C. 由评估机构按照房屋重置成本价乘以成新度折扣率计算的房屋成本价和取得土地使用权时的基准地价进行评估

D. 房地产原值减除30%后的余值扣除

5. 下列项目中，不属于土地增值税的纳税人转让房地产取得应税收入的是（　　）。

A. 无形资产收入　　B. 货币收入　　C. 实物收入　　D. 租金收入

6. 土地增值税的纳税人是法人的，如果转让的房地产坐落地与其机构所在地或经营所在地不一致时，则应在（　　）的税务机关申报纳税。

A. 房地产坐落地所管辖　　B. 机构所在地所管辖

C. 经营所在地所管辖　　D. 房地产转让实现地

7. 下列关于土地增值税的表述中，不正确的是（　　）。

A. 纳税人委托中介机构审核鉴证的清算项目，税务机构应该采信鉴证结果

B. 纳税人应该向房地产所在地主管税务机构办理纳税申报，在税务机构核定的期限内纳税

C. 对已经实行预征办法的地区，除保障性住房外，东部地区省份预征率不得低于2%

D. 因城市实施规划、国家建设的需要而搬迁，由纳税人自行转让原房地产的，免征土地增值税

8. 某市房地产开发公司为一般纳税人，2019年3月转让2018年自建的写字楼，取得含增值税收入1 000万元。土地增值税计算中为取得土地使用权所支付的金额为50万元，房地产开发成本为200万元，房地产开发费用为40万元（经税务机关批准可全额扣除），与转让房地产有关的税金为9.41万元（不含增值税和印花税），开发公司选择一般计税方法。该公司应缴纳的土地增值税为（　　）万元。

A. 180　　B. 229.70　　C. 300　　D. 360

9. 某房地产开发公司转让新建一幢写字楼取得不含增值税收入1 000万元。已知该公司为取得土地使用权所支付的金额为50万元，房地产开发成本为200万元，房地产开发费用为40万元（经税务机关批准可全额扣除），与转让房地产有关的税金为60万元（不含增值税和印花税）。该公司应缴纳的土地增值税为（　　）万元。

A. 180　　B. 240　　C. 300　　D. 360

二、多项选择题

1. 下列情形中，纳税人应当进行土地增值税清算的有（　　）。

A. 直接转让土地使用权的

B. 整体转让未竣工决算房地产开发项目的

C. 房地产开发项目全部竣工并完成销售的

D. 取得销售（预售）许可证 2 年仍未销售完的

2. 房地产开发企业进行土地增值税清算时，下列各项中，不允许在计算增值额时扣除的有（　　）。

A. 加罚的利息

B. 已售精装修房屋的装修费用

C. 逾期开发土地缴纳的土地闲置费

D. 未取得建筑安装施工企业开具发票的扣留质量保证金

3. 下列项目中，属于土地增值税免税范围的有（　　）。

A. 因城市规划，由纳税人自行转让原房产

B. 因国家建设需要而自行转让的房地产

C. 企业转让旧房作为公共租赁住房房源，且增值额未超过扣除项目金额 20%

D. 税务机关转让自用的房产

4. 以下不属于土地增值税征税范围的有（　　）。

A. 国家出让土地使用权取得的收入　　B. 国有企业房地产的重新评估升值

C. 房地产的抵押　　D. 将房地产赠与直系亲属

5. 下列各项中应缴纳土地增值税的纳税人有（　　）。

A. 与国有企业换房的某医院　　B. 合作建房后出售房产的合作企业

C. 转让办公楼的事业单位　　D. 国土局出让土地使用权

6. 下列各项中，应当缴纳土地增值税的纳税人有（　　）。

A. 与国有企业换房的外资企业　　B. 合作建房后出售房产的合作企业

C. 转让办公楼的事业单位　　D. 出让国有土地使用权的国土局

7. 关于土地增值税，下列说法中正确的有（　　）。

A. 土地增值税采用超额累进税率

B. 适用增值税一般计税方法的纳税人，其转让房地产的土地增值税应税收入不含增值税销项税额

C. 适用简易计税方法的纳税人，其转让房地产的土地增值税应税收入不含增值税应纳税额

D. 土地增值税预征的计征依据 = 预收款 − 应预缴增值税税款

第八章　财产税与行为类

☞ 本章摘要

房产税法是指国家制定的调整房产税征收与缴纳之间权利及义务关系的法律规范。现行房产税法的基本规范，是1986年9月15日国务院颁布的《中华人民共和国房产税暂行条例》(以下简称《房产税暂行条例》)。征收房产税有利于地方政府筹集财政收入也有利于加强房产管理。

契税法是指国家制定的用以调整契税征收与缴纳权利及义务关系的法律规范。现行契税法的基本规范，是1997年7月7日国务院发布并于同年10月1日开始施行的《中华人民共和国契税暂行条例》(以下简称《契税暂行条例》)。

车船税法是指国家制定的用以调整车船税征收与缴纳权利及义务关系的法律规范。现行车船税法的基本规范，是2011年2月25日由中华人民共和国第十一届全国人民代表大会常务委员会第十九次会议通过的《中华人民共和国车船税法》(以下简称《车船税法》)，自2012年1月1日起施行。

印花税法是指国家制定的用以调整印花税征收与缴纳权利及义务关系的法律规范。现行印花税法的基本规范，是1988年8月6日国务院发布并于同年10月1日实施的《中华人民共和国印花税暂行条例》(以下简称《印花税暂行条例》)。

第一节　房产税法

一、纳税义务人与征税范围

(一) 纳税义务人

房产税是以房屋为征税对象，按照房屋的计税余值或租金收入，向产权所有人征收的一种财产税。房产税以在征税范围内的房屋产权所有人为纳税人。其中：

1. 产权属国家所有的，由经营管理单位纳税；产权属集体和个人所有的，由集体单位和个人纳税。

所称单位，包括国有企业、集体企业、私营企业、股份制企业、外商投资企业、外国企业以及其他企业和事业单位、社会团体、国家机关、军队以及其他单位；所称个人，包括个体工商户以及其他个人。

2. 产权出典的，由承典人纳税。所谓产权出典，是指产权所有人将房屋、生产资料等的产权，在一定期限内典当给他人使用，而取得资金的一种融资业务。这种业务大多发生于出典人急需用款，但又想保留产权回赎权的情况。承典人向出典人交付一定的典价之后，在质典期内即获抵押物品的支配权，并可转典。产权的典价一般要低于卖价。出典人在规定期间内须归还典价的本金和利息，方可赎回出典房屋等的产权。由于在房屋出典期间，产权所有人已无权支配房屋，因此，税法规定由对房屋具有支配权的承典人为纳税人。

3. 产权所有人、承典人不在房屋所在地的，或者产权未确定及租典纠纷未解决的，由房产代管人或者使用人纳税。

所谓租典纠纷，是指产权所有人在房产出典和租赁关系上，与承典人、租赁人发生各种争议，特别是权利和义务的争议悬而未决的。此外还有一些产权归属不清的问题，也都属于租典纠纷。对租典纠纷尚未解决的房产，规定由代管人或使用人为纳税人，主要目的在于加强征收管理，保证房产税及时入库。

4. 无租使用其他房产的问题。纳税单位和个人无租使用房产管理部门、免税单位及纳税单位的房产，应由使用人代为缴纳房产税。

（二）征税范围

房产税以房产为征税对象。所谓房产，是指有屋面和围护结构（有墙或两边有柱），能够遮风避雨，可供人们在其中生产、学习、工作、娱乐、居住或储藏物资的场所。房地产开发企业建造的商品房，在出售前，不征收房产税；但对出售前房地产开发企业已使用或出租、出借的商品房应按规定征收房产税。

房产税的征税范围为城市、县城、建制镇和工矿区。具体规定如下：

1. 城市是指国务院批准设立的市。

2. 县城是指县人民政府所在地的地区。

3. 建制镇是指经省、自治区、直辖市人民政府批准设立的建制镇。

4. 工矿区是指工商业比较发达、人口比较集中、符合国务院规定的建制镇标准但尚未设立建制镇的大中型工矿企业所在地。开征房产税的工矿区须经省、自治区、直辖市人民政府批准。

房产税的征税范围不包括农村，这主要是为了减轻农民的负担。因为农村的房屋，除农副业生产用房外，大部分是农民居住用房。对农村房屋不纳入房产税征税范围，有利于农业发展，繁荣农村经济，促进社会稳定。

二、税率、计税依据和应纳税额的计算

（一）税率

我国现行房产税采用的是比例税率。由于房产税的计税依据分为从价计征和从租计征两种形式，所以房产税的税率也有两种：一种是按房产原值一次减除10% ~30%后的余值计征的，税率为1.2%；另一种是按房产出租的租金收入计征的，税率为12%。自2008年3月1日起，对个人出租住房，不区分用途，按4%的税率征收房产税。

（二）计税依据

房产税的计税依据是房产的计税价值或房产的租金收入。按照房产计税价值征税的，称为从价计征；按照房产租金收入计征的，称为从租计征。

1. 从价计征。

《房产税暂行条例》规定，房产税依照房产原值一次减除10%～30%后的余值计算缴纳。各地扣除比例由当地省、自治区、直辖市人民政府确定。

（1）房产原值是指纳税人按照会计制度规定，在会计核算账簿“固定资产”科目中记载的房屋原价。因此，凡按会计制度规定在账簿中记载有房屋原价的，应以房屋原价按规定减除一定比例后作为房产余值计征房产税；没有记载房屋原价的，按照上述原则，并参照同类房屋确定房产原值，按规定计征房产税。

值得注意的是：自2009年1月1日起，对依照房产原值计税的房产，不论是否记载在会计账簿固定资产科目中，均应按照房屋原价计算缴纳房产税。房屋原价应根据国家有关会计制度规定进行核算。对纳税人未按国家会计制度规定核算并记载的，应按规定予以调整或重新评估。

自2010年12月21日起，对按照房产原值计税的房产，无论会计上如何核算，房产原值均应包含地价，包括为取得土地使用权支付的价款、开发土地发生的成本费用等。宗地容积率低于0.5的，按房产建筑面积的2倍计算土地面积并据此确定计入房产原值的地价。

（2）房产原值应包括与房屋不可分割的各种附属设备或一般不单独计算价值的配套设施。主要有：暖气、卫生、通风、照明、煤气等设备；各种管线，如蒸汽、压缩空气、石油、给水排水等管道及电力、电信、电缆导线；电梯、升降机、过道、晒台等。属于房屋附属设备的水管、下水道、暖气管、煤气管等应从最近的探视井或三通管起，计算原值；电灯网、照明线从进线盒连接管起，计算原值。

自2006年1月1日起，为了维持和增加房屋的使用功能或使房屋满足设计要求，凡以房屋为载体，不可随意移动的附属设备和配套设施，如给排水、采暖、消防、中央空调、电气及智能化楼宇设备等，无论在会计核算中是否单独记账与核算，都应计入房产原值，计征房产税。对于更换房屋附属设备和配套设施的，在将其价值计入房产原值时，可扣减原来相应设备和设施的价值；对附属设备和配套设施中易损坏、需要经常更换的零配件，更新后不再计入房产原值。

（3）纳税人对原有房屋进行改建、扩建的，要相应增加房屋的原值。房产余值是房产的原值减除规定比例后的剩余价值。此外，还应注意以下两个问题：

①对投资联营的房产，在计征房产税时应予以区别对待。对于以房产投资联营，投资者参与投资利润分红，共担风险的，按房产余值作为计税依据计征房产税；对以房产投资，收取固定收入，不承担联营风险的，实际是以联营名义取得房产租金，应根据《房产税暂行条例》的有关规定由出租方按租金收入计缴房产税。

②对融资租赁房屋的情况，由于租赁费包括购进房屋的价款、手续费、借款利息等，与一般房屋出租的“租金”内涵不同，且租赁期满后，当承租方偿还最后一笔租赁费时，房屋产权要转移到承租方。这实际是一种变相的分期付款购买固定资产的形式，所以在计

征房产税时应以房产余值计算征收。根据财税〔2009〕128号文件的规定，融资租赁的房产，由承租人自融资租赁合同约定开始日的次月起依照房产余值缴纳房产税。合同未约定开始日的，由承租人自合同签订的次月起依照房产余值缴纳房产税。

（4）居民住宅区内业主共有的经营性房产缴纳房产税。自2007年1月1日起，对居民住宅区内业主共有的经营性房产，由实际经营（包括自营和出租）的代管人或使用人缴纳房产税。其中自营的，依照房产原值减除10%～30%后的余值计征，没有房产原值或不能将业主共有房产与其他房产的原值准确划分开的，由房产所在地地方税务机关参照同类房产核定房产原值；出租的，依照租金收入计征。

（5）凡在房产税征收范围内的具备房屋功能的地下建筑，包括与地上房屋相连的地下建筑以及完全建在地面以下的建筑、地下人防设施等，均应当依照有关规定征收房产税。上述具备房屋功能的地下建筑是指有屋面和维护结构，能够遮风避雨，可供人们在其中生产、经营、工作、学习、娱乐、居住或储藏物资的场所。自用的地下建筑，按以下方式计税：

①工业用途房产，以房屋原价的50%～60%作为应税房产原值。

应纳房产税的税额＝应税房产原值×[1－(10%～30%)]×1.2%

②商业和其他用途房产，以房屋原价的70%～80%作为应税房产原值。

应纳房产税的税额＝应税房产原值×[1－(10%～30%)]×1.2%

房屋原价折算为应税房产原值的具体比例，由各省、自治区、直辖市和计划单列市财政和地方税务部门在上述幅度内自行确定。

③对于与地上房屋相连的地下建筑，如房屋的地下室、地下停车场、商场的地下部分等，应将地下部分与地上房屋视为一个整体，按照地上房屋建筑的有关规定计算征收房产税。

2. 从租计征。

房产出租的，以房产租金收入为房产税的计税依据。

所谓房产的租金收入，是房屋产权所有人出租房产使用权所得的报酬，包括货币收入和实物收入。

如果是以劳务或者其他形式为报酬抵付房租收入的，应根据当地同类房产的租金水平，确定一个标准租金额从租计征。

对出租房产，租赁双方签订的租赁合同约定有免收租金期限的，免收租金期间由产权所有人按照房产原值缴纳房产税。

出租的地下建筑，按照出租地上房屋建筑的有关规定计算征收房产税。

（三）应纳税额的计算

房产税的计税依据有两种，与之相适应的应纳税额计算也分为两种：一是从价计征的计算；二是从租计征的计算。

1. 从价计征的计算。

从价计征是按房产的原值减除一定比例后的余值计征，其计算公式为：

应纳税额＝应税房产原值×(1－扣除比例)×1.2%

如前所述，房产原值是“固定资产”科目中记载的房屋原价；减除一定比例是省、自治区、直辖市人民政府规定的10%～30%的减除比例；计征的适用税率为1.2%。

【例8－1】某企业的经营用房原值为5 000万元，按照当地规定允许减除30%后按余值计税，适用税率为1.2%。请计算其应纳房产税税额。

应纳税额 = 5000 × (1 − 30%) × 1.2% = 42（万元）

2. 从租计征的计算。

从租计征是按房产的租金收入计征，其计算公式为：

应纳税额 = 租金收入 × 12%（或4%）

【例8－2】某公司出租房屋10间，年租金收入为300 000元，适用税率为12%。请计算其应纳房产税税额。

应纳税额 = 300 000 × 12% = 36 000（元）

三、税收优惠

房产税的税收优惠是根据国家政策需要和纳税人的负担能力制定的。由于房产税属地方税，因此给予地方一定的减免权限，有利于地方因地制宜地处理问题。

目前，房产税的税收优惠政策主要有：

1. 国家机关、人民团体、军队自用的房产免征房产税。但上述免税单位的出租房产以及非自身业务使用的生产、营业用房，不属于免税范围。

上述“人民团体”，是指经国务院授权的政府部门批准设立或登记备案并由国家拨付行政事业费的各种社会团体。

上述“自用的房产”，是指这些单位本身的办公用房和公务用房。

2. 由国家财政部门拨付事业经费的单位，如学校、医疗卫生单位、托儿所、幼儿园、敬老院、文化、体育、艺术这些实行全额或差额预算管理的事业单位所有的，本身业务范围内使用的房产免征房产税。

3. 宗教寺庙、公园、名胜古迹自用的房产免征房产税。

宗教寺庙自用的房产，是指举行宗教仪式等的房屋和宗教人员使用的生活用房。

公园、名胜古迹自用的房产，是指供公共参观游览的房屋及其管理单位的办公用房。

宗教寺庙、公园、名胜古迹中附设的营业单位，如影剧院、饮食部、茶社、照相馆等所使用的房产及出租的房产，不属于免税范围，应照章纳税。

4. 个人所有非营业用的房产免征房产税。

个人所有的非营业用房，主要是指居民住房，不分面积多少，一律免征房产税。

对个人拥有的营业用房或者出租的房产，不属于免税房产，应照章纳税。

5. 经财政部批准免税的其他房产，主要有：

（1）对非营利性医疗机构、疾病控制机构和妇幼保健机构等卫生机构自用的房产，免征房产税。

（2）自2001年1月1日起，对按政府规定价格出租的公有住房和廉租住房，包括企业和自收自支事业单位向职工出租的单位自有住房，房管部门向居民出租的公有住房，落实私房政策中带户发还产权并以政府规定租金标准向居民出租的私有住房等，暂免征收房产税。

（3）经营公租房的租金收入，免征房产税。公共租赁住房经营管理单位应单独核算公共租赁住房租金收入，未单独核算的，不得享受免征房产税优惠政策。

6. 自 2018 年 10 月 1 日至 2020 年 12 月 31 日，对按照去产能和调结构政策要求停产停业、关闭的企业，自停产停业次月起，免征房产税、城镇土地使用税。企业享受免税政策的期限累计不得超过两年。按照去产能和调结构政策要求停产停业、关闭的中央企业名单由国务院国有资产监督管理部门认定发布，其他企业名单由省、自治区、直辖市人民政府确定的去产能、调结构主管部门认定发布。认定部门应当及时将认定发布的企业名单（含停产停业、关闭时间）抄送同级财政和税务部门。各级认定部门应当每年核查名单内企业情况，将恢复生产经营、终止关闭注销程序的企业名单及时通知财政和税务部门。企业享受规定的免税政策，应按规定进行减免税申报，并将房产土地权属资料、房产原值资料等留存备查。

7. 自 2019 年 1 月 1 日至 2021 年 12 月 31 日，对国家级、省级科技企业孵化器、大学科技园和国家备案众创空间自用以及无偿或通过出租等方式提供给在孵对象使用的房产免征房产税。本条所称孵化服务是指为在孵对象提供的经纪代理、经营租赁、研发和技术、信息技术、鉴证咨询服务。国家级、省级科技企业孵化器、大学科技园和国家备案众创空间应当单独核算孵化服务收入。本条所称在孵对象是指符合前款认定和管理办法规定的孵化企业、创业团队和个人。国家级、省级科技企业孵化器、大学科技园和国家备案众创空间应按规定申报享受免税政策，并将房产土地权属资料、房产原值资料、房产土地租赁合同、孵化协议等留存备查，税务部门依法加强后续管理。2018 年 12 月 31 日以前认定的国家级科技企业孵化器、大学科技园，自 2019 年 1 月 1 日起享受规定的税收优惠政策。2019 年 1 月 1 日以后认定的国家级、省级科技企业孵化器、大学科技园和国家备案众创空间，自认定之日次月起享受规定的税收优惠政策。2019 年 1 月 1 日以后被取消资格的，自取消资格之日次月起停止享受规定的税收优惠政策。

8. 自 2019 年 1 月 1 日至 2021 年 12 月 31 日，对高校学生公寓免征房产税。本条所称高校学生公寓，是指为高校学生提供住宿服务，按照国家规定的收费标准收取住宿费的学生公寓。企业享受本条规定的免税政策，应按规定进行免税申报，并将不动产权属证明、载有房产原值的相关材料、房产用途证明、租赁合同等资料留存备查。

四、征收管理

（一）纳税义务发生时间

1. 纳税人将原有房产用于生产经营，从生产经营之月起缴纳房产税。

2. 纳税人自行新建房屋用于生产经营，从建成之次月起缴纳房产税。

3. 纳税人委托施工企业建设的房屋，从办理验收手续之次月起缴纳房产税。

4. 纳税人购置新建商品房，自房屋交付使用之次月起缴纳房产税。

5. 纳税人购置存量房，自办理房屋权属转移、变更登记手续，房地产权属登记机关签发房屋权属证书之次月起，缴纳房产税。

6. 纳税人出租、出借房产，自交付出租、出借房产之次月起，缴纳房产税。

7. 房地产开发企业自用、出租、出借本企业建造的商品房，自房屋使用或交付之次月起，缴纳房产税。

8. 纳税人因房产的实物或权利状态发生变化而依法终止房产税纳税义务的，其应纳税款的计算应截至房产的实物或权利状态发生变化的当月月末。

（二）纳税期限

房产税实行按年计算、分期缴纳的征收方法，具体纳税期限由省、自治区、直辖市人民政府确定。

（三）纳税地点

房产税在房产所在地缴纳。房产不在同一地方的纳税人，应按房产的坐落地点分别向房产所在地的税务机关纳税。

（四）纳税申报

房产税的纳税人应按照条例的有关规定，及时办理纳税申报，并如实填写《房产税纳税申报表》。

第二节 契税

契税是以在中华人民共和国境内转移土地、房屋权属为征税对象，向产权承受人征收的一种财产税。征收契税有利于增加地方财政收入，有利于保护合法产权，避免产权纠纷。

一、纳税义务人和征税范围

（一）纳税义务人

契税的纳税义务人是境内转移土地、房屋权属，承受的单位和个人。境内是指中华人民共和国实际税收行政管辖范围内。土地、房屋权属是指土地使用权和房屋所有权。单位是指企业单位、事业单位、国家机关、军事单位和社会团体以及其他组织。个人是指个体经营者及其他个人，包括中国公民和外籍人员。

（二）征税范围

契税是以在中华人民共和国境内转移土地、房屋权属为征税对象，向产权承受人征收的一种财产税。具体征税范围包括以下五项内容：

1. 国有土地使用权出让。

国有土地使用权出让是指土地使用者向国家交付土地使用权出让费用，国家将国有土地使用权在一定年限内让与土地使用者的行为。

国有土地使用权出让，受让者应向国家缴纳出让金，以出让金为依据计算缴纳契税。不得因减免土地出让金而减免契税。

2. 土地使用权的转让。

土地使用权的转让是指土地使用者以出售、赠与、交换或者其他方式将土地使用权转移给其他单位和个人的行为。土地使用权的转让不包括农村集体土地承包经营权的转移。

3. 房屋买卖。

即以货币为媒介，出卖者向购买者过渡房产所有权的交易行为。以下几种特殊情况，视同买卖房屋：

（1）以房产抵债或实物交换房屋。经当地政府和有关部门批准，以房抵债和实物交换房屋，均视同房屋买卖，应由产权承受人，按房屋现值缴纳契税。

例如，甲某因无力偿还乙某债务，而以自有的房产折价抵偿债务。经双方同意，有关部门批准，乙某取得甲某的房屋产权，在办理产权过户手续时，按房产折价款缴纳契税。如以实物（金银首饰等等价物品）交换房屋，应视同以货币购买房屋。

对已缴纳契税的购房单位和个人，在未办理房屋权属变更登记前退房的，退还已纳契税；在办理房屋权属变更登记后退房的，不予退还已纳契税。

（2）以房产作投资、入股。这种交易业务属房屋产权转移，应根据国家房地产管理的有关规定，办理房屋产权交易和产权变更登记手续，视同房屋买卖，由产权承受方按契税税率计算缴纳契税。

例如，甲企业以自有房产投资于乙企业取得相应的股权。其房屋产权变为乙企业所有，故产权所有人发生变化。因此，乙企业在办理产权登记手续后，按甲企业入股房产现值（国有企事业房产须经国有资产管理部门评估核价）缴纳契税。如丙企业以股份方式购买乙企业房屋产权，丙企业在办理产权登记后，按取得房产买价缴纳契税。

以自有房产作股投入本人独资经营的企业，免纳契税。因为以自有的房地产投入本人独资经营的企业，产权所有人和使用权使用人未发生变化，不需办理房产变更手续，也不办理契税手续。

（3）买房拆料或翻建新房，应照章征收契税。例如，甲某购买乙某房产，不论其目的是取得该房产的建筑材料或是翻建新房，实际构成房屋买卖。甲某应首先办理房屋产权变更手续，并按买价缴纳契税。

4. 房屋赠与。

房屋的赠与是指房屋产权所有人将房屋无偿转让给他人所有。其中，将自己的房屋转交给他人的法人和自然人，称作房屋赠与人；接受他人房屋的法人和自然人，称为受赠人。房屋赠与的前提必须是产权无纠纷，赠与人和受赠人双方自愿。

由于房屋是不动产，价值较大，故法律要求赠与房屋应有书面合同（契约），并到房地产管理机关或农村基层政权机关办理登记过户手续，才能生效。如果房屋赠与行为涉及涉外关系，还需公证处证明和外事部门认证，才能有效。房屋的受赠人要按规定缴纳契税。

5. 房屋交换。

房屋交换是指房屋所有者之间互相交换房屋的行为。

随着经济形势的发展，有些特殊方式转移土地、房屋权属的，也将视同土地使用权转让、房屋买卖或者房屋赠与。一是以土地、房屋权属作价投资、入股；二是以土地、房屋权属抵债；三是以获奖方式承受土地、房屋权属；四是以预购方式或者预付集资建房款方式承受土地、房屋权属。

二、税率、计税依据和应纳税额的计算

（一）税率

契税实行3% ~5%的幅度税率。实行幅度税率是考虑到我国经济发展的不平衡，各地经济差别较大的实际情况。因此，各省、自治区、直辖市人民政府可以在3% ~5%的幅度税率规定范围内，按照本地区的实际情况决定。

（二）计税依据

契税的计税依据为不动产的价格。由于土地、房屋权属转移方式不同，定价方法不同，因而具体计税依据视不同情况而决定。

1. 国有土地使用权出让、土地使用权出售、房屋买卖，以成交价格为计税依据。成交价格是指土地、房屋权属转移合同确定的价格，包括承受者应交付的货币、实物、无形资产或者其他经济利益。

2. 土地使用权赠与、房屋赠与，由征收机关参照土地使用权出售、房屋买卖的市场价格核定。

3. 土地使用权交换、房屋交换，为所交换的土地使用权、房屋的价格差额。也就是说，交换价格相等时，免征契税；交换价格不等时，由多交付的货币、实物、无形资产或者其他经济利益的一方缴纳契税。

4. 以划拨方式取得土地使用权，经批准转让房地产时，由房地产转让者补交契税。计税依据为补交的土地使用权出让费用或者土地收益。

为了避免偷、逃税款，税法规定，成交价格明显低于市场价格并且无正当理由的，或者所交换土地使用权、房屋价格的差额明显不合理并且无正当理由的，征收机关可以参照市场价格核定计税依据。

对承受国有土地使用权应支付的土地出让金。

5. 房屋附属设施征收契税的依据。

（1）不涉及土地使用权和房屋所有权转移变动的，不征收契税。

（2）采取分期付款方式购买房屋附属设施土地使用权、房屋所有权的，应按合同规定的总价款计征契税。

（3）承受的房屋附属设施权属如为单独计价的，按照当地确定的适用税率征收契税；如与房屋统一计价的，适用与房屋相同的契税税率。

6. 个人无偿赠与不动产行为（法定继承人除外），应对受赠人全额征收契税。在缴纳契税时，纳税人须提交经税务机关审核并签字盖章的《个人无偿赠与不动产登记表》，税务机关（或其他征收机关）应在纳税人的契税完税凭证上加盖“个人无偿赠与”印章，在《个人无偿赠与不动产登记表》中签字并将该表格留存。

（三）应纳税额的计算

契税采用比例税率。当计税依据确定以后，应纳税额的计算比较简单。应纳税额的计算公式为：

应纳税额 = 计税依据 × 税率

【例 8 –3】居民甲有两套住房，将一套出售给居民乙，成交价格为 1 200 000 元；将另一套两室住房与居民丙交换成两套一室住房，并支付给丙换房差价款 300 000 元。试计算甲、乙、丙相关行为应缴纳的契税（假定税率为 4%）。

（1）甲应缴纳契税 = 300 000 × 4% = 12 000（元）

（2）乙应缴纳契税 = 1 200 000 × 4% = 48 000（元）

（3）丙无须缴纳契税。

三、税收优惠

（一）契税优惠的一般规定

1. 国家机关、事业单位、社会团体、军事单位承受土地、房屋用于办公、教学、医疗、科研和军事设施的，免征契税。

2. 城镇职工按规定第一次购买公有住房免征契税。

此外，财政部、国家税务总局规定：自 2000 年 11 月 29 日起，对各类公有制单位为解决职工住房而采取集资建房方式建成的普通住房，或由单位购买的普通商品住房，经当地县以上人民政府房改部门批准、按照国家房改政策出售给本单位职工的，如属职工首次购买住房，均可免征契税。

3. 因不可抗力灭失住房而重新购买住房的，酌情减免。不可抗力是指自然灾害、战争等不能预见、不可避免并不能克服的客观情况。

4. 土地、房屋被县级以上人民政府征用、占用后，重新承受土地、房屋权属的，由省级人民政府确定是否减免。

5. 承受荒山、荒沟、荒丘、荒滩土地使用权，并用于农、林、牧、渔业生产的，免征契税。

6. 经外交部确认，依照我国有关法律规定以及我国缔结或参加的双边和多边条约或协定，应当予以免税的外国驻华使馆、领事馆、联合国驻华机构及其外交代表、领事官员和其他外交人员承受土地、房屋权属，免征契税。

7. 公租房经营单位购买住房作为公租房的，免征契税。

8. 对个人购买家庭唯一住房（家庭成员范围包括购房人、配偶以及未成年子女，下同），面积为 90 平方米及以下的，减按 1% 的税率征收契税；面积为 90 平方米以上的，减按 1.5% 的税率征收契税。

9. 对个人购买家庭第二套改善性住房，面积为 90 平方米及以下的，减按 1% 的税率征收契税；面积为 90 平方米以上的，减按 2% 的税率征收契税。

家庭第二套改善性住房是指已拥有一套住房的家庭购买的家庭第二套住房。

10. 纳税人申请享受税收优惠的，根据纳税人的申请或授权，由购房所在地的房地产主管部门出具纳税人家庭住房情况书面查询结果，并将查询结果和相关住房信息及时传递给税务机关。暂不具备查询条件而不能提供家庭住房查询结果的，纳税人应向税务机关提交家庭住房实有套数书面诚信保证，诚信保证不实的，属于虚假纳税申报，按照《中华人民共和国税收征收管理法》的有关规定处理，并将不诚信记录纳入个人征信系统。

（二）契税优惠的特殊规定

自2018年1月1日起至2020年12月31日，企业、事业单位改制重组过程中涉及的契税按以下规定执行。该规定出台前，企业、事业单位改制重组过程中涉及的契税尚未处理的，符合以下规定的可按以下规定执行。

1. 企业改制。企业按照《中华人民共和国公司法》有关规定整体改制，包括非公司制企业改制为有限责任公司或股份有限公司，有限责任公司变更为股份有限公司，股份有限公司变更为有限责任公司，原企业投资主体存续并在改制（变更）后的公司中所持股权（股份）比例超过75%，且改制（变更）后公司承继原企业权利、义务的，对改制（变更）后公司承受原企业土地、房屋权属，免征契税。

2. 事业单位改制。事业单位按照国家有关规定改制为企业，原投资主体存续并在改制后企业中出资（股权、股份）比例超过50%的，对改制后企业承受原事业单位土地、房屋权属，免征契税。

3. 公司合并。两个或两个以上的公司，依照法律规定、合同约定，合并为一个公司，且原投资主体存续的，对合并后公司承受原合并各方土地、房屋权属，免征契税。

4. 公司分立。公司依照法律规定、合同约定分立为两个或两个以上与原公司投资主体相同的公司，对分立后公司承受原公司土地、房屋权属，免征契税。

5. 企业破产。企业依照有关法律法规规定实施破产，债权人（包括破产企业职工）承受破产企业抵偿债务的土地、房屋权属，免征契税；对非债权人承受破产企业土地、房屋权属，凡按照《中华人民共和国劳动法》等国家有关法律法规政策妥善安置原企业全部职工，与原企业全部职工签订服务年限不少于三年的劳动用工合同的，对其承受所购企业土地、房屋权属，免征契税；与原企业超过30%的职工签订服务年限不少于三年的劳动用工合同的，减半征收契税。

6. 资产划转。对承受县级以上人民政府或国有资产管理部门按规定进行行政性调整、划转国有土地、房屋权属的单位，免征契税。同一投资主体内部所属企业之间土地、房屋权属的划转，包括母公司与其全资子公司之间，同一公司所属全资子公司之间，同一自然人与其设立的个人独资企业、一人有限公司之间土地、房屋权属的划转，免征契税。

7. 债权转股权。经国务院批准实施债权转股权的企业，对债权转股权后新设立的公司承受原企业的土地、房屋权属，免征契税。

8. 划拨用地出让或作价出资。以出让方式或国家作价出资（入股）方式承受原改制重组企业、事业单位划拨用地的，不属上述规定的免税范围，对承受方应按规定征收契税。

9. 公司股权（股份）转让。在股权（股份）转让中，单位、个人承受公司股权（股份），公司土地、房屋权属不发生转移，不征收契税。

四、征收管理

（一）纳税义务发生时间

契税的纳税义务发生时间是纳税人签订土地、房屋权属转移合同的当天，或者纳税人取得其他具有土地、房屋权属转移合同性质凭证的当天。

（二）纳税期限

纳税人应当自纳税义务发生之日起10日内，向土地、房屋所在地的契税征收机关办理纳税申报，并在契税征收机关核定的期限内缴纳税款。

（三）纳税地点

契税在土地、房屋所在地的征收机关缴纳。

（四）契税申报

1. 根据人民法院、仲裁委员会的生效法律文书发生土地、房屋权属转移，纳税人不能取得销售不动产发票的，可持人民法院执行裁定书原件及相关材料办理契税纳税申报，税务机关应予受理。

2. 购买新建商品房的纳税人在办理契税纳税申报时，由于销售新建商品房的房地产开发企业已办理注销税务登记或者被税务机关列为非正常户等原因，致使纳税人不能取得销售不动产发票的，税务机关在核实有关情况后应予受理。

（五）征收管理

纳税人办理纳税事宜后，征收机关应向纳税人开具契税完税凭证。纳税人持契税完税凭证和其他规定的文件材料，依法向土地管理部门、房产管理部门办理有关土地、房屋的权属变更登记手续。土地管理部门和房产管理部门应向契税征收机关提供有关资料，并协助契税征收机关依法征收契税。

另外，对已缴纳契税的购房单位和个人，在未办理房屋权属变更登记前退房的，退还已纳契税；在办理房屋权属变更登记之后退还的，不予退还已纳契税。

第三节　车船税法

车船税是以车船为征税对象，向拥有车船的单位和个人征收的一种税。征收车船税有利于为地方政府筹集财政资金，有利于车船的管理和合理配置，也有利于调节财富差异。

一、纳税义务人与征税范围

（一）纳税义务人

所谓车船税，是指在中华人民共和国境内的车辆、船舶的所有人或者管理人按照中华人民共和国车船税法应缴纳的一种税。

车船税的纳税义务人，是指在中华人民共和国境内，车辆、船舶（以下简称车船）的所有人或者管理人，应当依照《车船税法》的规定缴纳车船税。

（二）征税范围

车船税的征税范围是指在中华人民共和国境内属于车船税法所附《车船税税目税额表》规定的车辆、船舶。车辆、船舶是指：

1. 依法应当在车船管理部门登记的机动车辆和船舶；

2. 依法不需要在车船管理部门登记、在单位内部场所行驶或者作业的机动车辆和船舶。

车船管理部门，是指公安、交通运输、农业、渔业、军队、武装警察部队等依法具有车船登记管理职能的部门；单位，是指依照中国法律、行政法规规定，在中国境内成立的行政机关、企业、事业单位、社会团体以及其他组织。

二、税目与税率

车船税实行定额税率。定额税率，也称固定税额，是税率的一种特殊形式。定额税率计算简便，是适宜从量计征的税种。车船税的适用税额，依照车船税法所附的《车船税税目税额表》执行。

车辆的具体适用税额由省、自治区、直辖市人民政府依照车船税法所附《车船税税目税额表》规定的税额幅度和国务院的规定确定。

船舶的具体适用税额由国务院在车船税法所附《车船税税目税额表》规定的税额幅度内确定。

车船税采用定额税率，即对征税的车船规定单位固定税额。车船税确定税额总的原则是：非机动车船的税负轻于机动车船；人力车的税负轻于畜力车；小吨位船舶的税负轻于大船舶。由于车辆与船舶的行驶情况不同，车船税的税额也有所不同（见表8－1）。

1. 机动船舶，具体适用税额为：

（1）净吨位小于或者等于200吨的，每吨3元；

（2）净吨位201～2 000吨的，每吨4元；

（3）净吨位2 001～10 000吨的，每吨5元；

（4）净吨位10 001吨及以上的，每吨6元。

表 8-1　　车船税税目税额表

税目		计税单位	年基准税额（元）	备注
乘用车按发动机气缸容量（排气量分档）	1.0 升（含以下）	每辆	60～360	核定载客人数 9 人（含）以下
	1.0 升以上至 1.6 升（含）的		300～540	
	1.6 升以上至 2.0 升（含）的		360～660	
	2.0 升以上至 2.5 升（含）的		660～1 200	
	2.5 升以上至 3.0 升（含）的		1 200～2 400	
	3.0 升以上至 4.0 升（含）的		2 400～3 600	
	4.0 升以上的		3 600～5 400	
商用车	客车	每辆	480～1 440	核定载客人数 9 人（包括电车）以上
	货车	整备质量每吨	16～120	1. 包括半挂牵引车、挂车、客车两用汽车、三轮汽车和低速载货汽车。 2. 挂车按照货车税额的 50% 计算
其他车辆	专用作业车	整备质量每吨	16～120	不包括拖拉机
	轮式专用机械车	整备质量每吨	16～120	
摩托车		每辆	36～180	
船舶	机动船舶	净吨位每吨艇	3～6	拖船、非机动驳船分别按照机动船舶税额的 50% 计算；游艇的税额另行规定
	游艇	身长度每米	600～2 000	

拖船按照发动机功率每 1 千瓦折合净吨位 0.67 吨计算征收车船税。

2. 游艇，具体适用税额为：

（1）艇身长度不超过 10 米的游艇，每米 600 元；

（2）艇身长度超过 10 米但不超过 18 米的游艇，每米 900 元；

（3）艇身长度超过 18 米但不超过 30 米的游艇，每米 1 300 元；

（4）艇身长度超过 30 米的游艇，每米 2 000 元；

（5）辅助动力帆艇，每米 600 元。

游艇艇身长度是指游艇的总长。

3. 车船税法及其实施条例涉及的整备质量、净吨位、艇身长度等计税单位，有尾数的一律按照含尾数的计税单位据实计算车船税应纳税额。计算得出的应纳税额小数点后超过两位的可四舍五入保留两位小数。

4. 乘用车以车辆登记管理部门核发的机动车登记证书或者行驶证书所载的排气量毫升数确定税额区间。

5. 车船税法和实施条例所涉及的排气量、整备质量、核定载客人数、净吨位、功率（千瓦或马力）、艇身长度，以车船登记管理部门核发的车船登记证书或者行驶证相应项目所载数据为准。

依法不需要办理登记、依法应当登记而未办理登记或者不能提供车船登记证书、行驶证的，以车船出厂合格证明或者进口凭证相应项目标注的技术参数、所载数据为准；不能提供车船出厂合格证明或者进口凭证的，由主管税务机关参照国家相关标准核定，没有国家相关标准的参照同类车船核定。

三、应纳税额的计算与代缴纳

纳税人按照纳税地点所在的省、自治区、直辖市人民政府确定的具体适用税额缴纳车船税。车船税由地方税务机关负责征收。

1. 购置的新车船，购置当年的应纳税额自纳税义务发生的当月起按月计算。计算公式为：

应纳税额 =（年应纳税额 ÷12）× 应纳税月份数

应纳税月份数 =12 – 纳税义务发生时间（取月份）+1

2. 在一个纳税年度内，已完税的车船被盗抢、报废、灭失的，纳税人可以凭有关管理机关出具的证明和完税证明，向纳税所在地的主管税务机关申请退还自被盗抢、报废、灭失月份起至该纳税年度终了期间的税款。

3. 已办理退税的被盗抢车船，失而复得的，纳税人应当从公安机关出具相关证明的当月起计算缴纳车船税。

4. 在一个纳税年度内，纳税人在非车辆登记地由保险机构代收代缴机动车车船税，且能够提供合法有效完税证明的，纳税人不再向车辆登记地的地方税务机关缴纳车辆车船税。

5. 已缴纳车船税的车船在同一纳税年度内办理转让过户的，不另纳税，也不退税。

【例 8 – 4】 某运输公司拥有载货汽车 30 辆（货车整备质量全部为 10 吨）；乘人大客车 20 辆；小客车 10 辆。计算该公司应纳车船税。

（注：载货汽车每吨年税额 80 元，乘人大客车每辆年税额 800 元，小客车每辆年税额 700 元。）

（1）载货汽车应纳税额 =30 ×10 ×80 =24 000（元）

（2）乘人汽车应纳税额 =20 ×800 +10 ×700 =23 000（元）

全年应纳车船税额 =24 000 +23 000 =47 000（元）

四、税收优惠

（一）法定减免

1. 捕捞、养殖渔船。是指在渔业船舶登记管理部门登记为捕捞船或者养殖船的船舶。

2. 军队、武装警察部队专用的车船。是指按照规定在军队、武装警察部队车船管理部门登记，并领取军队、武警牌照的车船。

3. 警用车船。是指公安机关、国家安全机关、监狱、劳动教养管理机关和人民法院、人民检察院领取警用牌照的车辆和执行警务的专用船舶。

4. 依照法律规定应当予以免税的外国驻华使领馆、国际组织驻华代表机构及其有关人员的车船。

5. 对节约能源的车船，减半征收车船税。

减半征收车船税的节能乘用车应同时符合以下标准：（1）获得许可在中国境内销售的排量为1.6升以下（含1.6升）的燃用汽油、柴油的乘用车（含非插电式混合动力、双燃料和两用燃料乘用车）；（2）综合工况燃料消耗量应符合相关标准。减半征收车船税的节能商用车应同时符合以下标准：（1）获得许可在中国境内销售的燃用天然气、汽油、柴油的轻型和重型商用车（含非插电式混合动力、双燃料和两用燃料轻型和重型商用车）；（2）燃用汽油、柴油的轻型和重型商用车综合工况燃料消耗量应符合相关标准。

6. 对新能源车船，免征车船税。

免征车船税的新能源汽车是指纯电动商用车、插电式（含增程式）混合动力汽车、燃料电池商用车。纯电动乘用车和燃料电池乘用车不属于车船税征税范围，对其不征车船税。

免征车船税的新能源汽车应同时符合以下标准：（1）获得许可在中国境内销售的纯电动商用车、插电式（含增程式）混合动力汽车、燃料电池商用车；（2）符合新能源汽车产品相关技术标准；（3）通过新能源汽车专项检测，符合新能源汽车相关标准；（4）新能源汽车生产企业或进口新能源汽车经销商在产品质量保证、产品一致性、售后服务、安全监测、动力电池回收利用等方面符合相关要求。

免征车船税的新能源船舶应符合以下标准：船舶的主推进动力装置为纯天然气发动机。发动机采用微量柴油引燃方式且引燃油热值占全部燃料总热值的比例不超过5%的，视同纯天然气发动机。

7. 省、自治区、直辖市人民政府根据当地实际情况，可以对公共交通车船、农村居民拥有并主要在农村地区使用的摩托车、三轮汽车和低速载货汽车定期减征或者免征车船税。

8. 国家综合性消防救援车辆由部队号牌改挂应急救援专用号牌的，一次性免征改挂当年车船税。

（二）特定减免

1. 经批准临时入境的外国车船和香港特别行政区、澳门特别行政区、台湾地区的车船，不征收车船税。

2. 按照规定缴纳船舶吨税的机动船舶，自车船税法实施之日起5年内免征车船税。

3. 依法不需要在车船登记管理部门登记的机场、港口、铁路站场内部行驶或作业的车船，自车船税法实施之日起5年内免征车船税。

五、征收管理

（一）纳税期限

车船税纳税义务发生时间为取得车船所有权或者管理权的当月。以购买车船的发票或其他证明文件所载日期的当月为准。

（二）纳税地点

车船税的纳税地点为车船的登记地或者车船税扣缴义务人所在地。依法不需要办理登记的车船，车船税的纳税地点为车船的所有人或者管理人所在地。

扣缴义务人代收代缴车船税的，纳税地点为扣缴义务人所在地。

纳税人自行申报缴纳车船税的，纳税地点为车船登记地的主管税务机关所在地。

依法不需要办理登记的车船，纳税地点为车船所有人或者管理人主管税务机关所在地。

（三）纳税申报

车船税按年申报，分月计算，一次性缴纳。纳税年度为公历 1 月 1 日至 12 月 31 日。车船税按年申报缴纳。具体申报纳税期限由省、自治区、直辖市人民政府规定。

1. 税务机关可以在车船管理部门、车船检验机构的办公场所集中办理车船税征收事宜。

2. 公安机关交通管理部门在办理车辆相关登记和定期检验手续时，对未提交自上次检验后各年度依法纳税或者免税证明的，不予登记，不予发放检验合格标志。

3. 海事部门、船舶检验机构在办理船舶登记和定期检验手续时，对未提交依法纳税或者免税证明，且拒绝扣缴义务人代收代缴车船税的纳税人，不予登记，不予发放检验合格标志。

4. 对于依法不需要购买机动车交通事故责任强制保险的车辆，纳税人应当向主管税务机关申报缴纳车船税。

5. 纳税人在首次购买机动车交通事故责任强制保险时缴纳车船税或者自行申报缴纳车船税的，应当提供购车发票及反映排气量、整备质量、核定载客人数等与纳税相关的信息及其相应凭证。

6. 从事机动车第三者责任强制保险业务的保险机构为机动车车船税的扣缴义务人，应当在收取保险费时依法代收车船税，并出具代收税款凭证。

第四节　印花税

印花税是以经济活动和经济交往中，书立、领受应税凭证的行为为征税对象征收的一种税。印花税因其采用在应税凭证上粘贴印花税票的方法缴纳税款而得名。征收印花税有利于增加财政收入、有利于配合和加强经济合同的监督管理、有利于培养纳税意识也有利于配合对其他应纳税种的监督管理。

一、纳税义务人

印花税的纳税义务人，是在中国境内书立、使用、领受印花税法所列举的凭证并应依法履行纳税义务的单位和个人。

所称单位和个人，是指国内各类企业、事业、机关、团体、部队以及中外合资企业、合作企业、外资企业、外国公司和其他经济组织及其在华机构等单位和个人。

上述单位和个人，按照书立、使用、领受应税凭证的不同，可以分别确定为立合同人、立据人、立账簿人、领受人、使用人和各类电子应税凭证的签订人。

1. 立合同人。

指合同的当事人。所谓当事人，是指对凭证有直接权利义务关系的单位和个人，但不包括合同的担保人、证人、鉴定人。各类合同的纳税人是立合同人。各类合同，包括购销、加工承揽、建设工程承包、财产租赁、货物运输、仓储保管、借款、财产保险、技术合同或者具有合同性质的凭证。

所称合同，是指根据原《中华人民共和国经济合同法》《中华人民共和国涉外经济合同法》和其他有关合同法规订立的合同。所称具有合同性质的凭证，是指具有合同效力的协议、契约、合约、单据、确认书及其他各种名称的凭证。

《中华人民共和国合同法》1999 年 10 月 1 日起施行，《中华人民共和国经济合同法》《中华人民共和国涉外经济合同法》《中华人民共和国技术合同法》同时废止。有关合同的法律依据可参考《中华人民共和国合同法》的规定。

当事人的代理人有代理纳税的义务，他与纳税人负有同等的税收法律义务和责任。

2. 立据人。

产权转移书据的纳税人是立据人。立据人是指土地、房屋权属转移过程中买卖双方的当事人。

3. 立账簿人。

营业账簿的纳税人是立账簿人。所谓立账簿人，指设立并使用营业账簿的单位和个人。例如，企业单位因生产、经营需要，设立了营业账簿，该企业即为纳税人。

4. 领受人。

权利、许可证照的纳税人是领受人。领受人，是指领取或接受并持有该项凭证的单位和个人。例如，某人因其发明创造，经申请依法取得国家专利机关颁发的专利证书，该人即为纳税人。

5. 使用人。

在国外书立、领受，但在国内使用的应税凭证，其纳税人是使用人。

6. 各类电子应税凭证的签订人。

即以电子形式签订的各类应税凭证的当事人。

值得注意的是对应税凭证，凡由两方或两方以上当事人共同书立的，其当事人各方都是印花税的纳税人，应各就其所持凭证的计税金额履行纳税义务。

二、税目与税率

（一）税目

印花税的税目，指印花税法明确规定的应当纳税的项目，它具体划定了印花税的征税范围。一般地说，列入税目的就要征税，未列入税目的就不征税。印花税共有13个税目。

1. 购销合同。

包括供应、预购、采购、购销结合及协作、调剂、补偿、贸易等合同。此外，还包括出版单位与发行单位之间订立的图书、报纸、期刊和音像制品的应税凭证，如订购单、订数单等。还包括发电厂与电网之间、电网与电网之间（国家电网公司系统、南方电网公司系统内部各级电网互供电量除外）签订的购售电合同。但是，电网与用户之间签订的供用电合同不属于印花税列举征税的凭证，不征收印花税。

2. 加工承揽合同。

包括加工、定做、修缮、修理、印刷广告、测绘、测试等合同。

3. 建设工程勘察设计合同。

包括勘察、设计合同。

4. 建筑安装工程承包合同。

包括建筑、安装工程承包合同。承包合同，包括总承包合同、分包合同和转包合同。

5. 财产租赁合同。

包括租赁房屋、船舶、飞机、机动车辆、机械、器具、设备等合同，还包括企业、个人出租门店、柜台等签订的合同。

6. 货物运输合同。

包括民用航空、铁路运输、海上运输、公路运输和联运合同，以及作为合同使用的单据。

7. 仓储保管合同。

包括仓储、保管合同，以及作为合同使用的仓单、栈单等。

8. 借款合同。

银行及其他金融组织与借款人（不包括银行同业拆借）所签订的合同，以及只填开借据并作为合同使用、取得银行借款的借据。银行及其他金融机构经营的融资租赁业务，是一种以融物方式达到融资目的的业务，实际上是分期偿还的固定资金借款，因此融资租赁合同也属于借款合同。

9. 财产保险合同。

包括财产、责任、保证、信用保险合同，以及作为合同使用的单据。财产保险合同，分为企业财产保险、机动车辆保险、货物运输保险、家庭财产保险和农牧业保险五大类。“家庭财产两全保险”属于家庭财产保险性质，其合同在财产保险合同之列，应照章纳税。

10. 技术合同。

包括技术开发、转让、咨询、服务等合同，以及作为合同使用的单据。

技术转让合同，包括专利申请权转让和非专利技术转让。

技术咨询合同，是当事人就有关项目的分析、论证、预测和调查订立的技术合同。但一般的法律、会计、审计等方面的咨询不属于技术咨询，其所立合同不贴印花。

技术服务合同，是当事人一方委托另一方就解决有关特定技术问题，如为改进产品结构、改良工艺流程、提高产品质量、降低产品成本、保护资源环境、实现安全操作、提高经济效益等提出实施方案，实施所订立的技术合同，包括技术服务合同、技术培训合同和技术中介合同。但不包括以常规手段或者为生产经营目的进行一般加工、修理、修缮、广告、印刷、测绘、标准化测试，以及勘察、设计等所书立的合同。

11. 产权转移书据。

包括财产所有权和版权、商标专用权、专利权、专有技术使用权等转移书据和专利实施许可合同、土地使用权出让合同、土地使用权转让合同、商品房销售合同等权利转移合同。

所称产权转移书据，是指单位和个人产权的买卖、继承、赠与、交换、分割等所立的书据。“财产所有权”转移书据的征税范围，是指经政府管理机关登记注册的动产、不动产的所有权转移所立的书据，以及企业股权转让所立的书据，并包括个人无偿赠送不动产所签订的“个人无偿赠与不动产登记表”。当纳税人完税后，税务机关（或其他征收机关）应在纳税人印花税完税凭证上加盖“个人无偿赠与”印章。

12. 营业账簿。

指单位或者个人记载生产经营活动的财务会计核算账簿。营业账簿按其反映内容的不同，可分为记载资金的账簿和其他账簿。

记载资金的账簿，是指反映生产经营单位资本金数额增减变化的账簿。其他账簿，是指除上述账簿以外的有关其他生产经营活动内容的账簿，包括日记账簿和各明细分类账簿。

但是，对金融系统营业账簿，要结合金融系统财务会计核算的实际情况进行具体分析。凡银行用以反映资金存贷经营活动、记载经营资金增减变化、核算经营成果的账簿，如各种日记账、明细账和总账都属于营业账簿，应按照规定缴纳印花税；银行根据业务管理需要设置的各种登记簿，如空白重要凭证登记簿、有价单证登记簿、现金收付登记簿等，其记载的内容与资金活动无关，仅用于内部备查，属于非营业账簿，均不征收印花税。

13. 权利、许可证照。

包括政府部门发给的房屋产权证、工商营业执照、商标注册证、专利证、土地使用证。

（二）税率

印花税的税率设计，遵循税负从轻、共同负担的原则。所以，税率比较低；凭证的当事人，即对凭证有直接权利与义务关系的单位和个人均应就其所持凭证依法纳税。

印花税的税率有两种形式，即比例税率和定额税率。

1. 比例税率。

在印花税的13个税目中，各类合同以及具有合同性质的凭证（含以电子形式签订的各类应税凭证）、产权转移书据、营业账簿中记载资金的账簿，适用比例税率。

印花税的比例税率分为4个档次，分别是0.05‰、0.3‰、0.5‰、1‰。

（1）适用0.05‰税率的为“借款合同”。

（2）适用0.3‰税率的为“购销合同”“建筑安装工程承包合同”“技术合同”。

（3）适用0.5‰税率的为“加工承揽合同”“建筑工程勘察设计合同”“货物运输合同”“产权转移书据”“营业账簿”税目中记载资金的账簿。

（4）适用1‰税率的为“财产租赁合同”“仓储保管合同”“财产保险合同”。

（5）在上海证券交易所、深圳证券交易所、全国中小企业股份转让系统买卖、继承、赠与优先股所书立的股权转让书据，均依书立时实际成交金额，由出让方按1‰的税率计算缴纳证券（股票）交易印花税。

香港市场投资者通过沪港通买卖、继承、赠与上交所上市A股，按照内地现行税制规定缴纳证券（股票）交易印花税。内地投资者通过沪港通买卖、继承、赠与联交所上市股票，按照香港特别行政区现行税法规定缴纳印花税。

2. 定额税率。

在印花税的13个税目中，“权利、许可证照”和“营业账簿”税目中的其他账簿，适用定额税率，均为按件贴花，税额为5元。这样规定，主要是考虑到上述应税凭证比较特殊，有的是无法计算金额的凭证，如权利、许可证照；有的是虽记载有金额，但以其作为计税依据又明显不合理的凭证，如其他账簿。采用定额税率，便于纳税人缴纳，便于税务机关征管。印花税税目、税率见表8－2。

表8－2　　印花税税目、税率

税目	范围	税率	纳税人	说明
1. 购销合同	包括供应、预购、采购、购销结合及协作、调剂、补偿、易货等合同	按购销金额0.3‰贴花	立合同人	
2. 加工承揽合同	包括加工、定做、修缮、修理、印刷广告、测绘、测试等合同	按加工或承揽收入0.5‰贴花	立合同人	
3. 建设工程勘察设计合同	包括勘察、设计合同	按收取费用0.5‰贴花	立合同人	
4. 建筑安装工程承包合同	包括建筑、安装工程承包合同	按承包金额0.3‰贴花	立合同人	
5. 财产租赁合同	包括租赁房屋、船舶、飞机、机动车辆、机械、器具、设备等合同	按租赁金额1‰贴花。税额不足1元，按1元贴花	立合同人	
6. 货物运输合同	包括民用航空运输、铁路运输、海上运输、内河运输、公路运输和联运合同	按运输费用0.5‰贴花	立合同人	单据作为合同使用的，按合同贴花

续表

税目	范围	税率	纳税人	说明
7. 仓储保管合同	包括仓储、保管合同	按仓储保管费用1‰贴花	立合同人	仓单或栈单作为合同使用的，按合同贴花
8. 借款合同	银行及其他金融组织和借款人（不包括银行同业拆借）所签订的借款合同	按借款金额0.5‰贴花	立合同人	单据作为合同使用的，按合同贴花
9. 财产保险合同	包括财产、责任、保证、信用等保险合同	按收取保险费1‰贴花	立合同人	单据作为合同使用的，按合同贴花
10. 技术合同	包括技术开发、转让、咨询、服务等合同	按所记载金额0.5‰贴花	立合同人	
11. 产权转移书据	包括财产所有权和版权、商标专用权、专利权、专有技术使用权等转移书据、土地使用权出让合同、土地使用权转让合同、商品房销售合同	按所记载金额0.5‰贴花	立据人	
12. 营业账簿	生产、经营用账册	记载资金的账簿，按实收资本和资本公积的合计金额0.5‰贴花。其他账簿按件贴花5元	立账簿人	
13. 权利、许可证照	包括政府部门发给的房屋产权证、工商营业执照、商标注册征、专利证、土地使用证	按件贴花5元	领受人	

三、应纳税额的计算

（一）计税依据的一般规定

印花税的计税依据为各种应税凭证上所记载的计税金额。具体规定为：

1. 购销合同的计税依据为合同记载的购销金额。

2. 加工承揽合同的计税依据是加工或承揽收入的金额。具体规定为：

（1）对于由受托方提供原材料的加工、定做合同，凡在合同中分别记载加工费金额和原材料金额的，应分别按“加工承揽合同”“购销合同”计税，两项税额相加数，即为合同应贴印花；若合同中未分别记载，则应就全部金额依照加工承揽合同计税贴花。

（2）对于由委托方提供主要材料或原料，受托方只提供辅助材料的加工合同，无论加工费和辅助材料金额是否分别记载，均以辅助材料与加工费的合计数，依照加工承揽合同计税贴花。对委托方提供的主要材料或原料金额不计税贴花。

3. 建设工程勘察设计合同的计税依据为收取的费用。

4. 建筑安装工程承包合同的计税依据为承包金额。

5. 财产租赁合同的计税依据为租赁金额；经计算，税额不足 1 元的，按 1 元贴花。

6. 货物运输合同的计税依据为取得的运输费金额（即运费收入），不包括所运货物的金额、装卸费和保险费等。

7. 仓储保管合同的计税依据为收取的仓储保管费用。

8. 借款合同的计税依据为借款金额。针对实际借贷活动中不同的借款形式，税法规定了不同的计税方法：

（1）凡是一项信贷业务既签订借款合同，又一次或分次填开借据的，只以借款合同所载金额为计税依据计税贴花；凡是只填开借据并作为合同使用的，应以借据所载金额为计税依据计税贴花。

（2）借贷双方签订的流动资金周转性借款合同，一般按年（期）签订，规定最高额，借款人在规定的期限和最高限额内随借随还。为避免加重借贷双方的负担，对这类合同只以其规定的最高限额为计税依据，在签订时贴花一次，在限额内随借随还不签订新合同的，不再另贴印花。

（3）对借款方以财产作抵押，从贷款方取得一定数量抵押贷款的合同，应按借款合同贴花；在借款方因无力偿还借款而将抵押财产转移给贷款方时，应再就双方书立的产权书据，按产权转移书据的有关规定计税贴花。

（4）对银行及其他金融组织的融资租赁业务签订的融资租赁合同，应按合同所载租金总额，暂按借款合同计税。

（5）在贷款业务中，如果贷方系由若干银行组成的银团，银团各方均承担一定的贷款数额。借款合同由借款方与银团各方共同书立，各执一份合同正本。对这类合同借款方与贷款银团各方应分别在所执的合同正本上，按各自的借款金额计税贴花。

（6）在基本建设贷款中，如果按年度用款计划分年签订借款合同，在最后一年按总概算签订借款总合同，且总合同的借款金额包括各个分合同的借款金额的，这类基建借款合同，应按分合同分别贴花，最后签订的总合同，只就借款总额扣除分合同借款金额后的余额计税贴花。

9. 财产保险合同的计税依据为支付（收取）的保险费，不包括所保财产的金额。

10. 技术合同的计税依据为合同所载的价款、报酬或使用费。为了鼓励技术研究开发，对技术开发合同，只就合同所载的报酬金额计税，研究开发经费不作为计税依据。单对合同约定按研究开发经费一定比例作为报酬的，应按一定比例的报酬金额贴花。

11. 产权转移书据的计税依据为所载金额。

12. 营业账簿税目中记载资金的账簿的计税依据为“实收资本”与“资本公积”两项的合计金额。实收资本，包括现金、实物、无形资产和材料物资。现金按实际收到或存入纳税人开户银行的金额确定。实物，指房屋、机器等，按评估确认的价值或者合同、协议约定的价格确定。无形资产和材料物资，按评估确认的价值确定。

资本公积，包括接受捐赠、法定财产重估增值、资本折算差额、资本溢价等。如果是实物捐赠，则按同类资产的市场价格或有关凭据确定。

其他账簿的计税依据为应税凭证件数。

13. 权利、许可证照的计税依据为应税凭证件数。

（二）计税依据的特殊规定

1. 上述凭证以“金额”“收入”“费用”作为计税依据的，应当全额计税，不得作任何扣除。

2. 同一凭证，载有两个或两个以上经济事项而适用不同税目税率，如分别记载金额的，应分别计算应纳税额，相加后按合计税额贴花；如未分别记载金额的，按税率高的计税贴花。

3. 按金额比例贴花的应税凭证，未标明金额的，应按照凭证所载数量及国家牌价计算金额；没有国家牌价的，按市场价格计算金额，然后按规定税率计算应纳税额。

4. 应税凭证所载金额为外国货币的，应按照凭证书立当日国家外汇管理局公布的外汇牌价折合成人民币，然后计算应纳税额。

5. 应纳税额不足 1 角的，免纳印花税；1 角以上的，其税额尾数不满 5 分的不计，满 5 分的按 1 角计算。

6. 有些合同，在签订时无法确定计税金额，如技术转让合同中的转让收入，是按销售收入的一定比例收取或是按实现利润分成的；财产租赁合同，只是规定了月（天）租金标准而无租赁期限的。对这类合同，可在签订时先按定额 5 元贴花，以后结算时再按实际金额计税，补贴印花。

7. 应税合同在签订时纳税义务即已产生，应计算应纳税额并贴花。所以，不论合同是否兑现或是否按期兑现，均应贴花。

对已履行并贴花的合同，所载金额与合同履行后实际结算金额不一致的，只要双方未修改合同金额，一般不再办理完税手续。

8. 对有经营收入的事业单位，凡属由国家财政拨付事业经费，实行差额预算管理的单位，其记载经营业务的账簿，按其他账簿定额贴花，不记载经营业务的账簿不贴花；凡属经费来源实行自收自支的单位，其营业账簿，应对记载资金的账簿和其他账簿分别计算应纳税额。

跨地区经营的分支机构使用的营业账簿，应由各分支机构于其所在地计算贴花。对上级单位核拨资金的分支机构，其记载资金的账簿按核拨的账面资金额计税贴花，其他账簿按定额贴花；对上级单位不核拨资金的分支机构，只就其他账簿按件定额贴花。为避免对同一资金重复计税贴花，上级单位记载资金的账簿，应按扣除拨给下属机构资金数额后的其余部分计税贴花。

9. 商品购销活动中，采用以货换货方式进行商品交易签订的合同，是反映既购又销双重经济行为的合同。对此，应按合同所载的购、销合计金额计税贴花。合同未列明金额的，应按合同所载购、销数量依照国家牌价或者市场价格计算应纳税额。

10. 施工单位将自己承包的建设项目，分包或者转包给其他施工单位所签订的分包合同或者转包合同，应按新的分包合同或转包合同所载金额计算应纳税额。这是因为印花税是一种具有行为税性质的凭证税，尽管总承包合同已依法计税贴花，但新的分包或转包合同是一种新的凭证，又发生了新的纳税义务。

11. 自2008年9月19日起，对证券交易印花税政策进行调整，由双边征收改为单边征收，即只对卖出方（或继承、赠与A股、B股股权的出让方）征收证券（股票）交易印花税，对买入方（受让方）不再征税。税率仍保持1‰。

12. 对国内各种形式的货物联运，凡在起运地统一结算全程运费的，应以全程运费作为计税依据，由起运地运费结算双方缴纳印花税；凡分程结算运费的，应以分程的运费作为计税依据，分别由办理运费结算的各方缴纳印花税。

对国际货运，凡由我国运输企业运输的，不论在我国境内、境外起运或中转分程运输，我国运输企业所持的一份运费结算凭证，均按本程运费计算应纳税额；托运方所持的一份运费结算凭证，按全程运费计算应纳税额。由外国运输企业运输进出口货物的，外国运输企业所持的一份运费结算凭证免纳印花税；托运方所持的一份运费结算凭证应缴纳印花税。国际货运运费结算凭证在国外办理的，应在凭证转回我国境内时按规定缴纳印花税。

必须明确的是，印花税票为有价证券，其票面金额以人民币为单位，分为1角、2角、5角、1元、2元、5元、10元、50元、100元9种。

（三）应纳税额的计算方法

纳税人的应纳税额，根据应纳税凭证的性质，分别按比例税率或者定额税率计算，其计算公式为：

应纳税额 = 应税凭证计税金额（或应税凭证件数）× 适用税率

【例8-5】 某企业某年2月开业，当年发生以下有关业务事项：领受房屋产权证、工商营业执照、土地使用证各1件；与其他企业订立转移专用技术使用权书据1份，所载金额100万元；订立产品购销合同1份，所载金额为200万元；订立借款合同1份，所载金额为400万元。试计算该企业上述内容应缴纳的印花税税额。

（1）企业领受权利、许可证照应纳税额：

应纳税额 = 3 × 5 = 15（元）

（2）企业订立产权转移书据应纳税额：

应纳税额 = 1 000 000 × 0.5‰ = 500（元）

（3）企业订立购销合同应纳税额：

应纳税额 = 2 000 000 × 0.3‰ = 600（元）

（4）企业订立借款合同应纳税额：

应纳税额 = 4 000 000 × 0.05‰ = 200（元）

（5）当年企业应纳印花税税额：

15 + 500 + 600 + 200 = 1 315（元）

四、税收优惠

对印花税的减免税优惠主要有：

1. 对已缴纳印花税凭证的副本或者抄本免税。

凭证的正式签署本已按规定缴纳了印花税，其副本或者抄本对外不发生权利义务关系，只是留存备查。但以副本或者抄本视同正本使用的，则应另贴印花。

2. 对无息、贴息贷款合同免税。

无息、贴息贷款合同，是指我国的各专业银行按照国家金融政策放的无息贷款，以及由各专业银行发放并按有关规定由财政部门或中国人民银行给予贴息的贷款项目所签订的贷款合同。

一般情况下，无息、贴息贷款体现国家政策，满足特定时期的某种需要，其利息全部或者部分是由国家财政负担的，对这类合同征收印花税没有财政意义。

3. 对房地产管理部门与个人签订的用于生活居住的租赁合同免税。

4. 对农牧业保险合同免税。

对该类合同免税，是为了支持农村保险事业的发展，减轻农牧业生产的负担。

在商品住房等开发项目中配套建造安置住房的，依据政府部门出具的相关材料、房屋征收（拆迁）补偿协议或棚户区改造合同（协议），按改造安置住房建筑面积占总建筑面积的比例免征印花税。

5. 自 2019 年 1 月 1 日至 2021 年 12 月 31 日，对与高校学生签订的高校学生公寓租赁合同，免征印花税。高校学生公寓，是指为高校学生提供住宿服务，按照国家规定的收费标准 收取住宿费的学生公寓。企业享受本规定的免税政策，应按规定进行免税申报，并将不动产权属证明、载有房产原值的相关材料、房产用途证明、租赁合同等资料留存备查。

6. 对公租房经营管理单位建造管理公租房涉及的印花税予以免征。

对公租房经营管理单位购买住房作为公租房，免征印花税；对公租房租赁双方签订租赁协议涉及的印花税予以免征。

在其他住房项目中配套建设公租房，依据政府提供的相关材料，可按公租房建筑面积占总建筑面积的比例免征建造、管理公租房涉及的印花税。

7. 为贯彻落实《国务院关于加快棚户区改造工作意见》，对改造安置住房经营管理单位、开发商与改造安置住房相关的印花税以及购买安置住房的个人涉及的印花税自 2013 年 7 月 4 日起予以免征。

8. 自 2018 年 5 月 1 日起，对按万分之五税率贴花的资金账簿减半征收印花税，对按件贴花五元的其他账簿免征印花税。

9. 对全国社会保障基金理事会、全国社会保障基金投资管理人管理的全国社会保障基金转让非上市公司股权，免征全国社会保障基金理事会、全国社会保障基金投资管理人应缴纳的印花税。

五、征收管理

（一）纳税方法

印花税的纳税办法，根据税额大小、贴花次数以及税收征收管理的需要，分别采用以下三种纳税办法。

1. 自行贴花办法。

这种办法，一般适用于应税凭证较少或者贴花次数较少的纳税人。纳税人书立、领受或者使用印花税法列举的应税凭证的同时，纳税义务即已产生，应当根据应纳税凭证的性质和适用的税目税率自行计算应纳税额，自行购买印花税票，自行一次贴足印花税票并加以注销或划销，纳税义务才算全部履行完毕。值得注意的是，纳税人购买了印花税票，支付了税款，国家就取得了财政收入。但就印花税来说，纳税人支付了税款并不等于已履行了纳税义务。纳税人必须自行贴花并注销或划销，这样才算完整地完成了纳税义务。这也就是通常所说的“三自”纳税办法。

对已贴花的凭证，修改后所载金额增加的，其增加部分应当补贴印花税票。凡多贴印花税票者，不得申请退税或者抵用。

2. 汇贴或汇缴办法。

这种办法，一般适用于应纳税额较大或者贴花次数频繁的纳税人。

一份凭证应纳税额超过 500 元的，应向当地税务机关申请填写缴款书或者完税证，将其中一联粘贴在凭证上或者由税务机关在凭证上加注完税标记代替贴花。这就是通常所说的“汇贴”办法。

同一种类应纳税凭证，需要频繁贴花的，纳税人可以根据实际情况自行决定是否采用按期汇总缴纳印花税的方式，汇总缴纳的期限为 1 个月。采用按期汇总缴纳方式的纳税人应事先告知主管税务机关。缴纳方式一经选定，1 年内不得改变。主管税务机关接到纳税人要求按期汇总缴纳印花税的告知后，应及时登记，制定相应的管理办法，防止出现管理漏洞。对采用按期汇总缴纳方式缴纳印花税的纳税人，应加强日常监督、检查。

实行印花税按期汇总缴纳的单位，对征税凭证和免税凭证汇总时，凡分别汇总的，按本期征税凭证的汇总金额计算缴纳印花税；凡确属不能分别汇总的，应按本期全部凭证的实际汇总金额计算缴纳印花税。

凡汇总缴纳印花税的凭证，应加注税务机关指定的汇缴戳记、编号并装订成册后，将已贴印花或者缴款书的一联粘附册后，盖章注销，保存备查。

经税务机关核准，持有代售许可证的代售户，代售印花税票取得的税款须专户存储，并按照规定的期限，向当地税务机关结报，或者填开专用缴款书直接向银行缴纳，不得逾期不缴或者挪作他用。代售户领存的印花税票及所售印花税票的税款，如有损失，应负责赔偿。

3. 委托代征办法。

这一办法主要是通过税务机关的委托，经由发放或者办理应纳税凭证的单位代为征收印花税税款。税务机关应与代征单位签订代征委托书。所谓发放或者办理应纳税凭证的单位，是指发放权利、许可证照的单位和办理凭证的鉴证、公证及其他有关事项的单位。如按照印花税法规定，工商行政管理机关核发各类营业执照和商标注册证的同时，负责代售印花税票，征收印花税税款，并监督领受单位或个人负责贴花。税务机关委托工商行政管理机关代售印花税票，按代售金额 5% 的比例支付代售手续费。

印花税法规定，发放或者办理应纳税凭证的单位，负有监督纳税人依法纳税的义务，具体是指对以下纳税事项监督：

(1) 应纳税凭证是否已粘贴印花;
(2) 粘贴的印花是否足额;
(3) 粘贴的印花是否按规定注销。
对未完成以上纳税手续的,应督促纳税人当场完成。

(二) 纳税环节

印花税应当在书立或领受时贴花。具体是指在合同签订时、账簿启用时和证照领受时贴花。如果合同是在国外签订,并且不便在国外贴花的,应在将合同带入境时办理贴花纳税手续。

(三) 纳税地点

印花税一般实行就地纳税。对于全国性商品物资订货会(包括展销会、交易会等)上所签订合同应纳的印花税,由纳税人回其所在地后及时办理贴花完税手续;对地方主办、不涉及省际关系的订货会、展销会上所签合同的印花税,其纳税地点由各省、自治区、直辖市人民政府自行确定。

(四) 违章与处罚

印花税纳税人有下列行为之一的,由税务机关根据情节轻重予以处罚:
1. 在应纳税凭证上未贴或者少贴印花税票的或者已粘贴在应税凭证上的印花税票未注销或者未划销的,由税务机关追缴其不缴或者少缴的税款、滞纳金,并处不缴或者少缴的税款 50% 以上 5 倍以下的罚款。
2. 已贴用的印花税票揭下重用造成未缴或少缴印花税的,由税务机关追缴其不缴或者少缴的税款、滞纳金,并处不缴或者少缴的税款 50% 以上 5 倍以下的罚款;构成犯罪的,依法追究刑事责任。
3. 伪造印花税票的,由税务机关责令改正,处以 2 000 元以上 1 万元以下的罚款;情节严重的,处以 1 万元以上 5 万元以下的罚款;构成犯罪的,依法追究刑事责任。
4. 按期汇总缴纳印花税的纳税人,超过税务机关核定的纳税期限,未缴或少缴印花税款的,由税务机关追缴其不缴或者少缴的税款、滞纳金,并处不缴或者少缴的税款 50% 以上 5 倍以下的罚款;情节严重的,同时撤销其汇缴许可证;构成犯罪的,依法追究刑事责任。
5. 纳税人违反以下规定的,由税务机关责令限期改正,可处以 2 000 元以下的罚款;情节严重的,处以 2 000 元以上 1 万元以下的罚款。
(1) 凡汇总缴纳印花税的凭证,应加注税务机关指定的汇缴戳记,编号并装订成册后,将已贴印花或者缴款书的一联粘附册后,盖章注销,保存备查。
(2) 纳税人对纳税凭证应妥善保存。凭证的保存期限,凡国家已有明确规定的,按规定办理;没有明确规定的其余凭证均应在履行完毕后保存 1 年。
6. 代售户对取得的税款逾期不缴或者挪作他用,或者违反合同将所领印花税票转托他人代售或者转至其他地区销售,或者未按规定详细提供领、售印花税票情况的,税务机关可视其情节轻重,给予警告或者取消其代售资格的处罚。

税法知识链接

《车船税法实施细则》　　《车船税法》

《印花税暂行条例》　　《印花税暂行条例实施细则》　　《契税暂行条例》

《契税暂行条例细则》　　《房产税暂行条例》

复习思考题

一、单项选择题

1. 下列关于房产税计税依据的说法不正确的是（　　）。

A. 房产原值是指纳税人在账簿“固定资产”和“在建工程”科目中记载的房屋原价

B. 纳税人对原有房屋进行改建、扩建的，要相应增加房屋的原值

C. 对于融资租赁房屋的情况，在计征房产税时应以房产余值计算征收

D. 房屋出典的，由承典人按房产余值计算缴纳房产税

2. 甲企业以房产投资联营，投资者参与利润分红，共担风险，被投资方以（　　）为房产税的计税依据。

A. 房产余值　　B. 房产市值　　C. 房产原值　　D. 房产净值

3. 某企业 2017 年 1 月将新建办公楼底楼全部出租给某餐饮公司，租期五年，每年不含税租金 200 万元，当年 1 月一次性收取两年的租金 400 万元，以后年度的租金按规定提前一年收取，当年应纳的房产税为（　　）万元。

A. 22　　B. 10　　C. 20　　D. 24

4. 下列各项中，应缴纳契税的是（　　）。

A. 销售房屋的企业　　B. 企业受让土地使用权

C. 企业将厂房抵押给银行　　D. 个人承租居民住宅

5. 居民李某2017年购置了一套价值130万元的新住房，同时对原有的两套住房处理如下：一套出售给居民刘某，成交价格80万元；另一套市场价格80万元的住房与居民杨某进行等价交换。假定当地省政府规定的契税税率为4%，则居民2017年共应缴纳的契税是（　　）万元。

A. 8.4　　B. 4.2　　C. 8.2　　D. 3.2

6. 下列各项符合房产税纳税义务人规定的是（　　）。

A. 房屋出租的由承租人纳税

B. 房屋产权出典的由出典人缴纳房产税

C. 房屋产权未确定的暂不缴纳房产税

D. 无租使用房产管理部门的房产由使用人代为缴纳房产税

7. 关于房产税纳税人的下列表述中，不符合法律制度规定的是（　　）。

A. 甲企业无租使用他人房产，由出租人缴纳

B. 房屋产权所有人不在房产所在地的，房产代管人为纳税人

C. 刘某将个人拥有产权的房屋出典给李某，则李某为该房屋房产税的纳税人

D. 房屋产权未确定的，房产代管人为纳税人

8. 下列房产中免征房产税的是（　　）。

A. 自收自支事业单位向职工出租的单位自有住房

B. 信托投资公司经营用房

C. 个人所有营业用的房产

D. 军队营业用房产

9. 下列项目中，应征收房产税的是（　　）。

A. 高校的学生公寓　　B. 个人拥有的营业用房

C. 公园里的办公用房　　D. 经营公租房的租金收入

10. A有一房屋，价值240万元；B同样有一房屋，价值300万元，现由于工作需要，AB将房屋进行交换，交换价格以房屋价值为准。下列对契税的表述正确的是（　　）。

A. 免税　　B. 由A缴纳

C. 由B缴纳　　D. 由AB双方各缴纳一半

11. 某学校将一栋闲置不用的房屋转让给A公司，当年学校以无偿划拨方式取得土地使用权。按规定下列说法正确的是（　　）。

A. 仅受让公司缴纳契税

B. 学校和公司均不负担契税

C. 学校在转让时不缴纳契税

D. 学校补缴土地使用权的契税，公司缴纳房屋买卖的契税

12. 关于契税，下面说法不正确的是（　　）。

A. 城镇职工按规定第一次购买公有住房，免征契税

B. 承受国有土地使用权，减免土地出让金相应减免契税

C. 买房拆料或翻建新房，应照章征收契税

D. 对已缴纳契税的购房单位和个人，在未办理房屋权属变更登记前退房的，退还已纳契税

13. 下列情形中应征收契税的是（　　）。

A. 城镇职工按规定第一次购买普通住房

B. 以自有房产作股投入本人经营的独资企业

C. 公租房经营单位购买住房作为公租房的，免征契税

D. 在股权转让中，单位、个人承受公司股权，公司土地、房屋权属不发生转移，不征收契税

14. 下列各项表述不正确的是（　　）。

A. 国有土地使用权出让，属于契税的征税对象

B. 契税是对受让房屋权属的纳税人征收

C. 公司分立中，分立后的公司与原公司投资主体相同，对分立后公司承受原公司土地房屋权属的，免征契税

D. 承受荒山、荒沟、荒丘、荒滩土地使用权，并用于企业生产经营自用的，免征契税

15. 下列各项中应征收契税的是（　　）。

A. 法定继承人承受房屋权属　　B. 运动员因成绩突出获得国家奖励的住房

C. 企业以行政划拨方式取得土地使用权　　D. 承包者获得农村集体土地承包经营权

16. 根据契税的现行规定，下列行为中，不需要缴纳契税的是（　　）。

A. 等价交换房屋　　B. 买房拆料

C. 以获奖方式取得的房屋　　D. 受赠的房屋

17. 下列车船中不属于车船税征税范围的是（　　）。

A. 拖船　　B. 火车

C. 港口内部作业的船舶　　D. 小汽车

18. 纳税人缴纳印花税时，下列规定不正确的是（　　）。

A. 自行一次贴足印花税票并加以注销或划销，纳税义务才算全部履行完毕

B. 已经贴花的凭证，凡修改后金额增加的部分，应补贴印花

C. 印花税一般实行就地纳税

D. 凡多贴印花税票者，可以申请退税和抵扣

19. 下列各项中，属于印花税免税凭证的是（　　）。

A. 专利申请权转让　　B. 企业总账账簿

C. 农牧业保险合同　　D. 专有技术使用权

20. 下列征收印花税的是（　　）。

A. 事务所签订的审计合同　　B. 发电厂与电网之间签订的售电合同

C. 农牧业保险合同　　D. 人寿保险合同

21. 下列车船中，以每辆作为车船税计税标准的是（　　）。

A. 客车　　B. 半挂牵引车　　C. 游艇　　D. 机动船舶

22. 根据现行政策，下列表述不正确的是（　　）。

A. 半挂牵引车不需要缴纳车船税

B. 拖船按照发动机功率每 1 千瓦折合净吨位 0.67 吨计算征收车船税

C. 非机动驳船按照船舶税额的 50% 计税

D. 挂车按照货车税额的 50% 计算

23. 下列关于车船税的表述正确的是（　　）。

A. 新购置的车船，购置当年的应纳税额自纳税义务发生的下月起按月计算

B. 已办理退税的被盗抢车船，失而复得的，纳税人应当从公安机关出具相关证明的次月起计算缴纳车船税

C. 已完税的车船报废，纳税人可以向纳税机关所在地的主管税务机关申请退还自报废月份起计算缴纳的车船税

D. 已缴纳车船税的车船在同一纳税年度内办理转让过户的，另纳税

24. 某船舶公司拥有机动船 3 艘，每艘净吨位 2 000 吨；拖船 2 艘，发动机功率均为 1 500 千瓦。其船舶税额为净吨位 201 吨至 2 000 吨的，每吨 4 元。该船舶公司当年应缴纳车船税（　　）元。

A. 26 680　　B. 27 000　　C. 28 020　　D. 32 000

25. 某小型运输公司 2017 年拥有并使用以下车辆：（1）整备质量 4.3 吨的载货卡车 10 辆，省级人民政府规定年税额每吨 50 元；（2）18 座的小型客车 2 辆，省级人民政府规定年税额每辆 530 元。该公司当年应纳车船税为（　　）元。

A. 5 120　　B. 4 800　　C. 3 840　　D. 3 210

26. 某企业在 2017 年 4 月购入整备质量 6 吨的挂车 3 辆；11 月，年初购进的 1 辆小轿车被盗，取得了公安机关证明，当地载货汽车车船税年税额为每吨 60 元，小轿车适用的车船税年税额为每辆 300 元，该企业 2017 年实际应缴纳车船税（　　）元。

A. 600　　B. 655　　C. 612　　D. 648

27. 下列不同的借款合同，印花税计税方法不正确的是（　　）。

A. 流动资金周转性借款合同先以其规定的最高限额为计税依据，在签订时贴花一次，在限额内随借随还时，再另贴印花

B. 凡一项信贷业务既签订借款合同，又一次或分次填开借据的，应以借款合同所载金额计税贴花

C. 对借款方以财产作抵押，从贷款方取得一定数量抵押贷款的合同，应按借款合同贴花

D. 借款合同由借款方与银团各方共同书立、各执一份合同正本的，借款方与银团各方应分别在所执的合同正本上，按各自的借款金额计税贴花

28. 下列关于印花税计税依据说法错误的是（　　）。

A. 建筑安装工程承包合同，为承包金额

B. 货物运输合同为运输、保险、装卸等各项费用合计

C. 融资租赁合同为租赁费

D. 以物易物的购销合同所载的购销金额合计

29. 下列各项中，属于印花税的纳税人的是（　　）。

A. 以电子形式签订应税凭证的当事人　　B. 合同签订的证人

C. 权利许可证照的发放人　　D. 在国外书立合同且在国外使用的人

30. 下列合同中，不应按“产权转移书据”税目征收印花税的是（　　）。

A. 商品房销售合同　　B. 土地使用权出让合同

C. 专利申请权转让合同　　D. 企业无偿赠与不动产合同

31. 甲为乙提供仓储服务，未签订仓储合同，只有仓单，下列说法中正确的是（　　）。

A. 未签订合同不贴印花税票　　B. 应按仓单上的金额贴印花税票

C. 暂不贴印花税票　　D. 按件贴5元印花税票

二、多项选择题

1. 下列关于房产税的陈述，正确的有（　　）。

A. 对投资联营的房产，应由被投资企业房产余值作为计税依据计征房产税

B. 对出租的房产，租赁双方签订的租赁合同约定有免收租金期限的，免收租金期间由产权所有人按照房产余值缴纳房产税

C. 对于更换房屋附属设施和配套设施的，在将其价值计入房产原值时，可扣减原来相应设施的价值

D. 凡以房屋为载体，不可随意移动的附属设备和配套设施，应计入房产原值，计征房产税

2. 下列项目中，应以房产租金作为计税依据征收房产税的有（　　）。

A. 以融资租赁方式租入的房屋

B. 以经营租赁方式租出的房屋

C. 居民住宅区内业主自营的共有经营性房屋

D. 以收取固定收入、不承担联营风险方式投资的房屋

3. 根据契税法律制度的规定，下列各项中，不属于契税纳税人的有（　　）。

A. 购买房屋的个人　　B. 离婚房产分割

C. 出售房屋的个人　　D. 企业承受国家出让的土地使用权

4. 契税纳税义务的发生时间有（　　）。

A. 签订土地、房屋权属转移合同的当天　　B. 签订土地、房屋权属转移合同的次日

C. 取得具有产权转移合同性质凭证的当天　　D. 实际取得房地产产权证的当天

5. 居民甲有四套住房，第一套价值80万元的房产自用，将第二套价值120万元的别墅抵偿了乙100万元的债务；将第三套价值100万元的房产与丙的房产交换，并收到丙支付的差价款20万元；将第四套市场价值50万元的公寓房折成股份投入本人独资经营的企业。当地确定的契税税率为3%，下列说法正确的有（　　）。

A. 甲不缴纳契税，乙纳契税30 000元，丙纳契税6 000元

B. 甲缴纳契税6 000元，乙纳契税36 000元，丙不缴纳契税

C. 甲、丙交换房产，应该由丙缴纳契税

D. 甲将房产投资到本人经营的个人独资企业，应纳契税

6. 下列可以成为房产税纳税人，缴纳房产税的有（　　）。

A. 出租房屋的政府机关　　B. 自用房产的外商投资企业

C. 产权出典人　　D. 产权未确定的房产代管人

7. 下列各项中，暂免征收房产税的有（　　）。

A. 房管部门按政府规定价格向居民出租的公有住房

B. 文化体育单位出租的公有住房

C. 企业按政府规定向职工出租的单位自有住房

D. 个人对外出租经营的自有住房

8. 下列情形中，免征契税的有（　　）。

A. 承受荒山加以利用的

B. 因不可抗力灭失住房而重新购买住房的

C. 非公司制企业改为有限公司后，承受原土地、房屋权属的

D. 债权人承受破产企业抵偿债务的土地、房屋权属

9. 根据契税现行政策的规定，下列表述正确的有（　　）。

A. 不动产成交价格明显低于市场价格且无正当理由的，税务机关可参照市场价格核定契税的计税依据

B. 企业将一处房产转让给某社会团体用于办公，该社会团体属事业单位，因而此转让行为承受方不纳契税

C. 对个人购买家庭唯一住房，面积为 90 平方米及以下的，暂免征收契税

D. 采取分期付款方式购买房屋附属设施土地使用权的，应按合同规定的总价款计征契税

10. 下列行为中，应视同土地使用权转让征收契税的有（　　）。

A. 以土地权属作价投资　　B. 以土地权属抵债

C. 以获奖方式承受土地权属　　D. 以预购方式承受土地权属

11. 根据车船税的规定，下列各项属于车船税征税范围的有（　　）。

A. 电动自行车　　B. 非机动驳船

C. 机场内部场所使用的车辆　　D. 电车

12. 下列关于车船税的表述中，错误的有（　　）。

A. 车船税的纳税义务人是在中华人民共和国境内境外，车辆、船舶的所有人

B. 车船税的征税范围包括依法应当在车船管理部门登记的机动车辆和船舶

C. 扣缴义务人代收代缴车船税的，纳税地点为车船登记地的主管税务机关所在地

D. 车船管理部门包括公安、交通运输、农业、渔业、军队等依法具有车船登记管理职能的部门

13. 根据车船税的规定，下列选项中属于法定减免税的有（　　）。

A. 使用新能源的车船　　B. 人民检察院领取警用牌照的车辆

C. 外国驻华使领馆有关人员使用的车辆　　D. 农村公共交通车船

14. 下列选项中，属于印花税税率形式的有（　　）。

A. 比例税率　　B. 比率税率　　C. 定额税率　　D. 定量税率

15. 根据现行政策，下列表述不正确的有（　　）。

A. 车辆整备质量尾数在 0.5 吨以下的不计算车船税

B. 拖船按照发动机功率每 1 千瓦折合净吨位 0.67 吨计算征收车船税

C. 净吨位不超过 1 吨的船舶，免征车船税

D. 挂车按照货车税额的 70% 计算

16. 下列各项中，符合车船税有关规定的有（　　）。

A. 商用客车，以“每辆”为计税单位

B. 载货汽车，以“整备质量每吨”为计税单位

C. 游艇，以“每艘”为计税单位

D. 机动船，以“净吨位每吨”为计税单位

17. 下列关于车船税的征收管理表述正确的有（　　）。

A. 已办理退税的被盗抢车船，失而复得的，纳税人应当从公安机关出具相关证明的次月起计算车船税

B. 对于依法不需要购买机动车交通事故责任强制保险的车辆，纳税人应当向主管税务机关申报缴纳车船税

C. 车船税按年缴纳，具体申报纳税期限由国家税务总局规定

D. 税务机关可以在车船管理部门、车船检验机构的办公场所集中办理车船税征收

第九章　资源税和环境保护税类

☞ 本章摘要

资源税法是指国家制定的用以调整资源税征收与缴纳相关权利及义务关系的法律规范。现行资源税法的基本规范，包括2011年9月30日国务院公布的《中华人民共和国资源税暂行条例》（以下简称《资源税暂行条例》）、2011年10月28日财政部、国家税务总局公布的《中华人民共和国资源税暂行条例实施细则》（以下简称《资源税实施细则》）、2015年7月1日国家税务总局公布的《煤炭资源税征收管理办法（试行）》以及2016年5月9日财政部、国家税务总局公布的《关于全面推进资源税改革的通知》《关于资源税改革具体政策问题的通知》等。

环境保护税法是指国家制定的调整环境保护税征收与缴纳相关权利及义务关系的法律规范。现行环境保护税法的基本规范包括2016年12月25日第十二届全国人民代表大会常务委员会第二十五次会议通过的《中华人民共和国环境保护税法》（以下简称《环境保护税法》）、2017年12月30日国务院发布的《中华人民共和国环境保护税法实施条例》等。《环境保护税法》自2018年1月1日起正式实施。

第一节　资源税税法

资源税是对在我国境内从事应税矿产品开采和生产盐的单位和个人课征的一种税，属于对自然资源占用课税的范畴。1984年我国开征资源税时，普遍认为征收资源税主要依据的是受益原则、公平原则和效率原则。从受益方面考虑，资源属国家所有，开采者因开采国有资源而得益，有责任向所有者支付其地租；从公平角度来看，条件公平是有效竞争的前提，资源级差收入的存在影响资源开采者利润的真实性，故级差收入以归政府支配为宜；从效率角度分析，稀缺资源应由社会净效率高的企业来开采，对资源开采中出现的掠夺和浪费行为，国家有权采取经济手段促其转变。

1986年10月1日，《矿产资源法》施行，该法第五条进一步明确：国家对矿产资源施行有偿开采。开采矿产资源，必须按照国家有关规定缴纳资源税和资源补偿费。1993年全国财税体制改革，对1984年第一代资源税法律制度作了重大修改，形成了第二代资源税制度。1993年12月国务院发布的《资源税暂行条例》及《资源税暂行条例实施细则》，把盐税并到资源税中，并将资源税征收范围扩大为原油、天然气、煤炭、其他非金属矿原矿、黑色金属矿原矿、有色金属矿原矿和盐7种，于1994年1月1日起不再按超额利润征税，而是按矿产品销售量征税，按照“普遍征收、级差调节”的原则，就资源赋税情况、开采条件、资源等级、地理位置等客观条件的差异规定了幅度税额，为每一个课税矿区规定了适用税率。这一规定考虑了资源条件优劣的差别，对级差收益进行了有效调节。

2010年6月1日，国家在新疆对原油、天然气进行了资源税从价计征改革试点工作；2014年12月又对煤炭的资源税由从量计征改为从价计征，取得一定效果。根据党中央、国务院决策部署，自2016年7月1日起全面推进资源税改革，对绝大部分应税产品实行从价计征方式，对经营分散、多为现金交易且难以控管的黏土、砂石，按照便利征管原则，仍实行从量定额计征。同时在河北省开征水资源税试点工作，采取水资源费改税方式，将地表水和地下水纳入征税范围，实行从量定额计征。自2017年12月1日起，水资源税改革试点进一步扩大到北京、天津、山西、内蒙古、山东、河南、四川、陕西、宁夏9个省（自治区、直辖市）。

征收资源税的主要作用如下：（1）促进企业之间开展平等竞争。我国的资源税属于比较典型的级差资源税，它根据应税产品的品种、质量、存在形式、开采方式以及企业所处地理位置和交通运输条件等客观因素的差异确定差别税率，从而使条件优越者税负较高，反之则税负较低。这种税率设计使资源税能够比较有效地调节由于自然资源条件差异等客观因素给企业带来的级差收入，减少或排除资源条件差异对企业盈利水平的影响，为企业之间开展平等竞争创造有利的外部条件。（2）促进对自然资源的合理开发利用。通过对开发、利用应税资源的行为课征资源税，体现了国有自然资源有偿占用的原则，从而可以促使纳税人节约、合理地开发和利用自然资源，有利于我国经济可持续发展。（3）为国家筹集财政资金。随着其课征范围的逐渐扩展，资源税的收入规模及其在税收收入总额中所占的比重都相应增加，其财政意义也日渐明显，在为国家筹集财政资金方面发挥着不可忽视的作用。

一、纳税义务人与扣缴义务人

（一）纳税义务人

资源税的纳税义务人是指在中华人民共和国领域及管辖海域开采应税资源的矿产品或者生产盐的单位和个人。

单位是指国有企业、集体企业、私营企业、股份制企业、其他企业和行政单位、事业单位、军事单位、社会团体及其他单位；个人是指个体经营者和其他个人；其他单位和其他个人包括外商投资企业、外国企业及外籍人员。

资源税规定仅对在中国境内开采或生产应税产品的单位和个人征收，因此，进口的矿产品和盐不征收资源税。由于对进口应税产品不征收资源税，相应地，对出口应税产品也不免征或退还已纳资源税。

单位和个人以应税产品投资、分配、抵债、赠与、以物易物等，视同销售，应按规定计算缴纳资源税。

开采海洋或陆上油气资源的中外合作油气田，在2011年11月1日前已签订的合同继续缴纳矿区使用费，不缴纳资源税；自2011年11月1日起新签订的合同缴纳资源税，不再缴纳矿区使用费。开采海洋油气资源的自营油气田，自2011年11月1日起缴纳资源税，不再缴纳矿区使用费。

（二）扣缴义务人

收购未税矿产品的单位为资源税的扣缴义务人。规定资源税的扣缴义务人，主要是针对零星、分散、不定期开采的情况，为了加强管理，避免漏税，由扣缴义务人在收购矿产品时代扣代缴资源税。

收购未税矿产品的单位是指独立矿山、联合企业和其他单位。独立矿山是指只有采矿或只有采矿和选矿，独立核算、自负盈亏的单位，其生产的原矿和精矿主要用于对外销售。联合企业是指采矿、选矿、冶炼（或加工）连续生产的企业或采矿、冶炼（或加工）连续生产的企业，其采矿单位，一般是该企业的二级或二级以下核算单位。其他单位也包括收购未税矿产品的个体户在内。

扣缴义务具体包括：

1. 独立矿山、联合企业收购未税矿产品的单位，按照本单位应税产品税额、税率标准，依据收购的数量代扣代缴资源税。

2. 其他收购单位收购的未税矿产品，按税务机关核定的应税产品税额、税率标准，依据收购的数量代扣代缴资源税。

二、税目与税率

（一）税目

资源税税目包括5大类，在5个税目下又设有若干个子目。现行资源税的税目及子目主要是根据资源税应税产品和纳税人开采资源的行业特点设置的。

1. 原油，是指开采的天然原油，不包括人造石油。

2. 天然气，是指专门开采或者与原油同时开采的天然气。

3. 煤炭，包括原煤和以未税原煤（即：自采原煤）加工的洗选煤。

4. 金属矿，包含铁矿、金矿、铜矿、铝土矿、铅锌矿、镍矿、锡矿、钨、钼、未列举名称的其他金属矿产品原矿或精矿。

5. 其他非金属矿，包含石墨、硅藻土、高岭土、萤石、石灰石、硫铁矿、磷矿、氯化钾、硫酸钾、井矿盐、湖盐、提取地下卤水晒制的盐、煤层（成）气、海盐、稀土、未列举名称的其他非金属矿产品。

纳税人在开采主矿产品的过程中伴采的其他应税矿产品，凡未单独规定适用税率的，一律按主矿产品或视同主矿产品税目征收资源税。

（二）税率

资源税采取从价定率或者从量定额的办法计征，分别以应税产品的销售额乘以纳税人具体适用的比例税率或者以应税产品的销售数量乘以纳税人具体适用的定额税率计算，实施“级差调节”的原则。级差调节是指运用资源税对因资源贮存状况、开采条件、资源优劣、地理位置等客观存在的差别而产生的资源级差收入，通过实施差别税率或差别税额进行调节（见表9－1）。

表 9 – 1　　资源税税目、税率幅度表

序号	税目		征税对象	税率幅度
1	金属	铁矿	精矿	1% ~6%
2	金属	金矿	金锭	1% ~4%
3	金属	铜矿	精矿	2% ~8%
4	金属	铝土矿	原矿	3% ~9%
5	金属	铅锌矿	精矿	2% ~6%
6	金属	镍矿	精矿	2% ~6%
7	金属	锡矿	精矿	2%
8	金属	未列举名称的其他金属矿产品	原矿或精矿	税率不超过 20%
9	非金属矿	石墨	精矿	3% ~10%
10	非金属矿	硅藻土	精矿	1% ~6%
11	非金属矿	高岭土	原矿	1% ~6%
12	非金属矿	萤石	精矿	1% ~6%
13	非金属矿	石灰石	原矿	1% ~6%
14	非金属矿	硫铁矿	精矿	1% ~6%
15	非金属矿	磷矿	原矿	3% ~8%
16	非金属矿	氯化钾	精矿	3% ~8%
17	非金属矿	硫酸钾	精矿	6% ~12%
18	非金属矿	井矿盐	氯化钠初级产品	1% ~6%
19	非金属矿	湖盐	氯化钠初级产品	1% ~6%
20	非金属矿	提取地下卤水晒制的盐	氯化钠初级产品	3% ~15%
21	非金属矿	煤层（成）气	原矿	1% ~2%
22	非金属矿	黏土、砂石	原矿	每 1 吨或立方米，1 ~5 元
23	非金属矿	未列举名称的其他非金属矿产品	原矿	从量税率每吨或立方米不超过 30 元；从价税率不超过 20%
24	海盐		氯化钠初级产品	1% ~5%
25	原油			6% ~10%
26	天然气			6% ~10%
27	煤炭			2% ~10%

注：

1. 铝土矿包括耐火级矾土、研磨级帆土等高铝黏土。

2. 氯化钠初级产品是指井矿盐、湖盐原盐、提取地下卤水晒制的盐和海盐原盐，包括固体和液体形态的初级产品。

3. 海盐是指海水晒制的盐，不包括提取地下卤水晒制的盐。

4. 轻稀土按地区执行不同的适用税率。中重稀土资源税适用税率为 27%。钨资源税适用税率为 6.5%。钼资源税适用税率为 11%。

对表9－1中列举名称的资源品目，由省级人民政府在规定的税率幅度内提出具体适用税率建议，报财政部、国家税务总局确定核准。

对未列举名称的其他金属和非金属矿产品，由省级人民政府根据实际情况确定具体税目和适用税率，报财政部、国家税务总局备案。

省级人民政府在提出和确定适用税率时，要结合当前矿产企业实际生产经营情况，遵循改革前后税费平移原则，充分考虑企业负担能力。测算具体适用税率时，要充分考虑本地区资源禀赋、企业承受能力和清理收费基金等因素，按照改革前后税费平移原则，以近几年企业缴纳资源税、矿产资源补偿费金额（铁矿石开采企业缴纳资源税金额按40%税额标准测算）和矿产品市场价格水平为依据确定。一个矿种原则上设定一档税率，少数资源条件差异较大的矿种可按不同资源条件、不同地区设定两档税率。

纳税人开采或者生产不同税目应税产品的，应当分别核算不同税目应税产品的销售额或者销售数量；未分别核算或者不能准确提供不同税目应税产品的销售额或者销售数量的，从高适用税率。

煤炭资源税税率幅度为2%～10%，具体适用税率由省级财税部门在此幅度内，根据本地区清理收费基金、企业承受能力、煤炭资源条件等因素提出建议，报省级人民政府拟定。结合煤炭行业实际情况，现行税费负担较高的地区要适当降低负担水平。省级人民政府需要将拟定的适用税率在公布前报财政部、国家税务总局审批。跨省煤田的造用税率由财政部、国家税务总局确定。

三、计税依据

资源税的计税依据为应税产品的销售额或销售量，各税目的征税对象包括原矿、精矿（或原矿加工品，下同）、金锭、氯化钠初级产品，具体按照表9－1所附《资源税税目税率幅度表》相关规定执行。对未列举名称的其他矿产品，省级人民政府可对本地区主要矿产品按矿种设定税目，对其余矿产品按类别设定税目，并按其销售的主要形态（如原矿、精矿）确定征税对象。

对《资源税税目税率幅度表》中列举名称的资源品目和未列举名称的其他金属矿实行从价计征；对经营分散、多为现金交易且难以控管的粘土、砂石，按照便利征管原则，仍实行从量定额计征；对《资源税税目税率幅度表》中未列举名称的其他非金属矿产品，按照从价计征为主、从量计征为辅的原则，由省级人民政府确定计征方式。

（一）从价定率征收的计税依据

1. 销售额的基本认定。

从价定率征收的计税依据为销售额，它是指纳税人销售应税产品向购买方收取的全部价款和价外费用，不包括增值税销项税额。

其中，价外费用，包括价外向购买方收取的手续费、补贴、基金、集资费、返还利润、奖励费、违约金、滞纳金、延期付款利息、赔偿金、代收款项、代垫款项、包装费、包装物租金、储备费、优质费以及其他各种性质的价外收费。但下列项目不包括在内：

（1）同时符合以下条件的代垫运输费用：

①承运部门的运输费用发票开具给购买方的；

②纳税人将该项发票转交给购买方的。

（2）同时符合以下条件代为收取的政府性基金或者行政事业性收费：

①由国务院或者财政部批准设立的政府性基金，由国务院或者省级人民政府及其财政、价格主管部门批准设立的行政事业性收费；

②收取时开具省级以上财政部门印制的财政票据；

③所收款项全额上缴财政。

纳税人以人民币以外的货币结算销售额的，应当折合成人民币计算。其销售额的人民币折合率可以选择销售额发生的当天或者当月 1 日的人民币汇率中间价。纳税人应在事先确定采用何种折合率计算方法，确定后 1 年内不得变更。

2. 运杂费用的扣减。

对同时符合以下条件的运杂费用，纳税人在计算应税产品计税销售额时，可予以扣减：

（1）包含在应税产品销售收入中；

（2）属于纳税人销售应税产品环节发生的运杂费用，具体是指运送应税产品从坑口或者洗选（加工）地到车站、码头或者购买方指定地点的运杂费用；

（3）取得相关运杂费用发票或者其他合法有效凭据；

（4）将运杂费用与计税销售额分别进行核算。

纳税人扣减的运杂费用明显偏高导致应税产品价格偏低且无正当理由的，主管税务机关可以合理调整计税价格。

3. 原矿销售额与精矿销售额的换算或折算。

为公平原矿与精矿之间的税负，对同一种应税产品，征税对象为精矿的，纳税人销售原矿时，应将原矿销售额换算为精矿销售额缴纳资源税；征税对象为原矿的，纳税人销售自采原矿加工的精矿，应将精矿销售额折算为原矿销售额缴纳资源税。换算比或折算率原则上应通过原矿售价、精矿售价和选矿比计算，也可通过原矿销售额、加工环节平均成本和利润计算。

金矿以标准金锭为征税对象，纳税人销售金原矿、金精矿的，应比照上述规定将其销售额换算为金锭销售额缴纳资源税。

换算比或折算率应按简便可行、公平合理的原则，由省级财税部门确定，并报财政部、国家税务总局备案。

4. 特殊情形下销售额的确定。

（1）纳税人开采应税矿产品由其关联单位对外销售的，按其关联单位的销售额征收资源税。

（2）纳税人既有对外销售应税产品，又有将应税产品用于除连续生产应税产品以外的其他方面的（包括用于非生产项目和生产非应税产品），则自用的这部分应税产品按纳税人对外销售应税产品的平均价格计算销售额征收资源税。

（3）纳税人将其开采的应税产品直接出口的，按其离岸价格（不含增值税）计算销售额征收资源税。

(4) 纳税人申报的应税产品销售额明显偏低并且无正当理由的、有视同销售应税产品行为而无销售额的，除财政部、国家税务总局另有规定外，按下列顺序确定销售额：

①按纳税人最近时期同类产品的平均销售价格确定；

②按其他纳税人最近时期同类产品的平均销售价格确定；

③按组成计税价格确定。组成计税价格为：

组成计税价格 = 成本 × (1 + 成本利润率) + (1 − 资源税税率)

公式中的成本是指应税产品的实际生产成本。公式中的成本利润率由省、自治区、直辖市税务机关确定。

④按后续加工非应税产品销售价格，减去后续加工环节的成本利润后确定。

⑤按其他合理方法确定。

纳税人用已纳资源税的应税产品进一步加工应税产品销售的，不再缴纳资源税。纳税人以自采未税产品和外购已税产品混合销售或者混合加工为应税产品销售的，在计算加工后的应税产品计税销售额时，准予扣减已单独核算的已税产品购进金额；未分别核算的，一并计算缴纳资源税。已税产品购进金额当期不足扣减的可结转下期扣减。

纳税人核算并扣减当期外购已税产品购进金额，应依据外购已税产品的增值税发票、海关进口增值税专用缴款书或者其他合法有效凭据。

外购原矿或者精矿形态的已税产品与本产品征税对象不同的，在计算应税产品计税销售额时，应对混合销售额或者外购已税产品的购进金额进行换算或者折算。

(5) 纳税人与其关联企业之间的业务往来，应当按照独立企业之间的业务往来收取或者支付价款、费用。不按照独立企业之间的业务往来收取或者支付价款、费用，而减少其计税销售额的，税务机关可以按照《中华人民共和国税收征收管理法》及其实施细则的有关规定进行合理调整。

(二) 从量定额征收的计税依据

实行从量定额征收的以销售数量为计税依据。销售数量的具体规定为：

1. 销售数量，包括纳税人开采或者生产应税产品的实际销售数量和视同销售的自用数量。

2. 纳税人不能准确提供应税产品销售数量的，以应税产品的产量或者主管税务机关确定的折算比换算成的数量为计征资源税的销售数量。

3. 纳税人以自产的液体盐加工固体盐，按固体盐税额征税，以加工的固体盐数量为课税数量。纳税人以外购的液体盐加工固体盐，其加工固体盐所耗用液体盐的已纳税额准予抵扣。

(三) 视同销售的情形

计税销售额或者销售数量，包括应税产品实际销售和视同销售两部分。应当征收资源税的视同销售的自产自用产品，包括用于非生产项目和生产非应税产品两类。视同销售具体包括以下情形：

1. 纳税人以自采原矿直接加工为非应税产品的，视同原矿销售；

2. 纳税人以自采原矿洗选（加工）后的精矿连续生产非应税产品的，视同精矿销售；

3. 以应税产品投资、分配、抵债、赠与、以物易物等，视同应税产品销售。

四、应纳税额的计算

资源税的应纳税额，按照从价定率或者从量定额的办法，分别以应税产品的销售额乘以纳税人具体适用的比例税率或者以应税产品的销售数量乘以纳税人具体适用的定额税率计算。

（一）从价定率方式应纳税额的计算

实行从价定率方式征收资源税的，根据应税产品的销售额和规定的适用税率计算应纳税额，具体计算公式为：

应纳税额 = 销售额 × 适用税率

【例 9－1】 某油田 2017 年 3 月销售原油 20 000 吨，开具增值税专用发票取得销售额 10 000 万元、增值税额 1 300 万元，按《资源税税目税率幅度表》的规定，其适用的税率为 8%。请计算该油田 3 月应缴纳的资源税。

销售原油应纳税额 = 10 000 × 8% = 800（万元）

（二）从量定额方式应纳税额的计算

实行从量定额征收资源税的，根据应税产品的课税数量和规定的单位税额计算应纳税额，具体计算公式为：

应纳税额 = 课税数量 × 单位税额

代扣代缴应纳税额 = 收购未税矿产品的数量 × 适用的单位税额

【例 9－2】 某砂石开采企业 2017 年 3 月销售砂石 3 000 立方米，资源税税率为 2 元/立方米。请计算该企业 3 月应纳资源税税额。

销售砂石应纳税额 = 课税数量 × 单位税额 = 3 000 × 2 = 6 000（元）

（三）煤炭资源税计算方法

为规范煤炭资源税从价计征管理，国家税务总局制定了《煤炭资源税征收管理办法（试行）》，自 2015 年 8 月 1 日起施行。

1. 基本计征方式。

应税煤炭包括原煤和以未税原煤加工的洗选煤。煤炭资源税实行从价定率计征，应纳税额的计算公式如下：

应纳税额 = 应税煤炭销售额 × 适用税率

2. 应纳税额的确定。

（1）纳税人开采原煤直接对外销售的，以原煤销售额作为应税煤炭销售额计算缴纳资源税。计算公式为：

原煤应纳税额 = 原煤销售额 × 适用税率

（2）纳税人将其开采的原煤加工为洗选煤销售的，以洗选煤销售额乘以折算率作为应税煤炭销售额计算缴纳资源税。计算公式为：

洗选煤应纳税额 = 洗选煤销售额 × 折算率 × 适用税率

洗选煤计税销售额是指纳税人销售洗选煤向购买方收取的全部价款和价外费用，包括洗选副产品的销售额，不包括收取的增值税销项税额以及从洗选煤厂到车站、码头或购买方指定地点的运输费用。

在计算煤炭计税销售额时，原煤及洗选煤销售额中包含的运输费用、建设基金以及随运销产生的装卸、仓储、港杂等费用应与煤价分别核算，凡取得相应凭据的，允许在计算煤炭计税销售额时予以扣减。扣减的凭据包括有关发票或者经主管税务机关审核的其他凭据。运输费用明显高于当地市场价格导致应税煤炭产品价格偏低，且无正当理由的，主管税务机关有权合理调整计税价格。

纳税人同时销售（包括视同销售）应税原煤和洗选煤的，应当分别核算原煤和洗选煤的销售额；未分别核算或者不能准确提供原煤和洗选煤销售额的，一并视同销售原煤计算缴纳资源税。

纳税人同时以自采未税原煤和外购已税原煤加工洗选煤的，应当分别核算；未分别核算的，按洗选煤销售额缴纳资源税。

3. 洗选煤折算率计算方法。

折算率可通过洗选煤销售额扣除洗选环节成本、利润计算，也可通过洗选煤市场价格与其所用同类原煤市场价格的差额及综合回收率计算。折算率由省、自治区、直辖市财税部门或其授权地市级财税部门确定。

洗选煤折算率一经确定，原则上在一个纳税年度内保持相对稳定，但在煤炭市场行情、洗选成本等发生较大变化时可进行调整。

洗选煤折算率计算公式如下：

$$洗选煤折算率 = \frac{洗选煤平均销售额 - 洗选环节平均成本 - 洗选环节平均利润}{洗选煤平均销售额} \times 100\%$$

洗选煤平均销售额、洗选环节平均成本、洗选环节平均利润可按照上年当地行业平均水平测算确定。

洗选煤折算率 = 原煤平均销售额 +（洗选煤平均销售额 × 综合回收率）× 100%

原煤平均销售额、洗选煤平均销售额可按照上年当地行业平均水平测算确定。

综合回收率 = 洗选煤数量/入洗前原煤数量 × 100%

4. 视同销售。

纳税人将其开采的原煤，自用于连续生产洗选煤的，在原煤移送使用环节不缴纳资源税；自用于其他方面的，视同销售原煤。

纳税人将其开采的原煤加工为洗选煤自用的，视同销售洗选煤。

5. 特殊情形下销售额的确定。

（1）纳税人申报的原煤或洗选煤销售价格明显偏低且无正当理由的，或者有视同销售应税煤炭行为而无销售价格的，主管税务机关应按下列顺序确定计税价格：

①按纳税人最近时期同类原煤或洗选煤的平均销售价格确定。

②按其他纳税人最近时期同类原煤或洗选煤的平均销售价格确定。

③按组成计税价格确定：

组成计税价格 = 成本 ×（1 + 成本利润率）+（1 - 资源税税率）

④按其他合理方法确定。

（2）纳税人与其关联企业之间的业务往来，应当按照独立企业之间的业务往来收取或支付价款、费用；不按照独立企业之间的业务往来收取或支付价款、费用，而减少其应纳税收入的，税务机关有权按照《中华人民共和国税收征收管理法》及其实施细则的有关规定进行合理调整。

（3）纳税人以自采原煤或加工的洗选煤连续生产焦炭、煤气、煤化工、电力等产品，自产自用且无法确定应税煤炭移送使用量的，可采取最终产成品的煤耗指标确定用煤量，即：煤电一体化企业可按照每千瓦时综合供电煤耗指标进行确定；煤化工一体化企业可按照煤化工产成品的原煤耗用率指标进行确定；其他煤炭连续生产企业可采取其产成品煤耗指标进行确定，或者参照其他合理方法进行确定。

6. 销售额的扣减。

（1）纳税人将自采原煤与外购原煤（包括煤矸石）进行混合后销售的，应当准确核算外购原煤的数量、单价及运费，在确认计税依据时可以扣减外购相应原煤的购进金额。

计税依据 = 当期混合原煤销售额 − 当期用于混售的外购原煤的购进金额

外购原煤的购进金额 = 外购原煤的购进数量 × 单价

（2）纳税人将自采原煤连续加工的洗选煤与外购洗选煤进行混合后销售的，比照上述有关规定计算缴纳资源税。

纳税人以自采原煤和外购原煤混合加工洗选煤的，应当准确核算外购原煤的数量、单价及运费，在确认计税依据时可以扣减外购相应原煤的购进金额。

计税依据 = 当期洗选煤销售额 × 折算率 − 当期用于混洗混售的外购原煤的购进金额

外购原煤的购进金额 = 外购原煤的购进数量 × 单价

纳税人扣减当期外购原煤或者洗选煤购进额的，应当以增值税专用发票、普通发票或者海关报关单作为扣减凭证。

7. 征收管理。

（1）纳税环节。

纳税人销售应税煤炭的，在销售环节缴纳资源税。纳税人以自采原煤直接或者经洗选加工后连续生产焦炭、煤气、煤化工、电力及其他煤炭深加工产品的，视同销售，在原煤或者洗选煤移送环节缴纳资源税。

（2）纳税地点。

纳税人煤炭开采地与洗选、核算地不在同一行政区域（县级以上）的，煤炭资源税在煤炭开采地缴纳。纳税人在本省、自治区、直辖市范围开采应税煤炭，其纳税地点需要调整的，由省、自治区、直辖市税务机关决定。

五、减税、免税项目

（一）原油、天然气优惠政策

1. 开采原油过程中用于加热、修井的原油，免税。

2. 油田范围内运输稠油过程中用于加热的原油、天然气，免征资源税。

3. 稠油、高凝油和高含硫天然气资源税减征 40%。

稠油，是指地层原油黏度大于或等于 50 毫帕/秒或原油密度大于或等于 0.92 克/立方厘米的原油。高凝油，是指凝固点大于 40°C 的原油。高含硫天然气，是指硫化氢含量大于或等于 30 克/立方米的天然气。

4. 三次采油资源税减征 30%。三次采油，是指二次采油后继续以聚合物驱、三元复合驱、泡沫驱、二氧化碳驱、微生物驱等方式进行采油。

5. 对低丰度油气田资源税暂减征 20%。

陆上低丰度油田，是指每平方公里原油可采储量丰度在 25 万立方米（不含）以下的油田；陆上低丰度气田，是指每平方公里天然气可采储量丰度在 2.5 亿立方米（不含）以下的气田。

海上低丰度油田，是指每平方公里原油可采储量丰度在 60 万立方米（不含）以下的油田；海上低丰度气田，是指每平方公里天然气可采储量丰度在 6 亿立方米（不含）以下的气田。

6. 对深水油气田资源税减征 30%。

深水油气田，是指水深超过 300 米（不含）的油气田。

符合上述减免税规定的原油、天然气划分不清的，一律不予减免资源税；同时符合上述两项及两项以上减税规定的，只能选择其中一项执行，不能叠加适用。

为便于征管，对开采稠油、高凝油、高含硫天然气、低丰度油气资源及三次采油的陆上油气田企业，根据以前年度符合上述减税规定的原油、天然气销售额占其原油、天然气总销售额的比例，确定资源税综合减征率和实际征收率，计算资源税应纳税额。计算公式为：

$$综合减征率 = \sum（减税项目销售额 \times 减征幅度 \times 6\%）\div 总销售额$$

$$实际征收率 = 6\% - 综合减征率$$

$$应纳税额 = 总销售额 \times 实际征收率$$

（二）矿产资源优惠政策

1. 铁矿石资源税减按 40% 征收资源税。

2. 对鼓励利用的低品位矿、废石、尾矿、废渣、废水、废气等提取的矿产品，由省级人民政府根据实际情况确定是否减税或免税，并制定具体办法。

3. 自 2007 年 1 月 1 日起，对地面抽采煤层气暂不征收资源税。煤层气是指赋存于煤层及其围岩中与煤炭资源伴生的非常规天然气，也称煤矿瓦斯。

4. 对实际开采年限在 15 年以上的衰竭期矿山开采的矿产资源，资源税减征 30%。

衰竭期矿山是指剩余可采储量下降到原设计可采储量的 20%（含）以下或剩余服务年限不超过 5 年的矿山，以开采企业下属的单个矿山为单位确定。

5. 对依法在建筑物下、铁路下、水体下通过充填开采方式采出的矿产资源，资源税减征 50%。

充填开采是指随着回采工作面的推进，向采空区或离层带等空间充填废石、尾矿、废渣、建筑废料以及专用充填合格材料等采出矿产品的开采方法。

6. 对鼓励利用低品位矿、废石、尾矿、废渣、废水、废气等提取的矿产品，由省级人民政府根据实际情况确定是否给予减税或免税。

7. 为促进共伴生矿的综合利用，纳税人开采销售共伴生矿，共伴生矿与主矿产品销售额分开核算的，对共伴生矿暂不计征资源税；没有分开核算的，共伴生矿按主矿产品的税目和适用税率计征资源税。财政部、国家税务总局另有规定的，从其规定。

（三）其他减税、免税项目

纳税人开采或者生产应税产品过程中，因意外事故或者自然灾害等原因遭受重大损失的，由省、自治区、直辖市人民政府酌情决定减税或者免税。

六、征收管理

（一）纳税义务发生时间

1. 纳税人销售应税产品，其纳税义务发生时间为：

（1）纳税人采取分期收款结算方式的，其纳税义务发生时间，为销售合同规定的收款日期的当天。

（2）纳税人采取预收货款结算方式的，其纳税义务发生时间，为发出应税产品的当天。

（3）纳税人采取除分期收款和预收货款以外其他结算方式的，其纳税义务发生时间，为收讫销售款或者取得索取销售款凭据的当天。

2. 纳税人自产自用应税产品的纳税义务发生时间，为移送使用应税产品的当天。

3. 扣缴义务人代扣代缴税款的纳税义务发生时间，为支付首笔货款或首次开具支付货款凭据的当天。

（二）纳税期限

1. 纳税期限是纳税人发生纳税义务后缴纳税款的期限。资源税的纳税期限为 1 日、3 日、5 日、10 日、13 日、15 日或 1 个月，纳税人的纳税期限由主管税务机关根据实际情况具体核定不能按固定期限计算纳税的，可以按次计算纳税。

2. 纳税人以 1 个月为一期纳税的，自期满之日起 10 日内申报纳税；以 1 日、3 日、5 日、10 日或 15 日为一期纳税的，自期满之日起 5 日内预缴税款，于次月 1 日起 10 日内申报纳税并结清上月税款。

（三）纳税环节和纳税地点

1. 纳税环节。

（1）资源税在应税产品的销售或自用环节计算缴纳。以自采原矿加工精矿产品的，在原矿移送使用时不缴纳资源税，在精矿销售或自用时缴纳资源税。

（2）纳税人以自采原矿加工金锭的，在金锭销售或自用时缴纳资源税。纳税人销售自采原矿或者自采原矿加工的金精矿、粗金，在原矿或者金精矿、粗金销售时缴纳资源税，在移送使用时不缴纳资源税。

（3）以应税产品投资、分配、抵债、赠与、以物易物等，在应税产品所有权转移时计算缴纳资源税。

（4）纳税人以自采原矿加工金锭的，在金锭销售或自用时缴纳资源税。纳税人销售自采原矿或者自采原矿加工的金精矿、粗金，在原矿或者金精矿、粗金销售时缴纳资源税，在移送使用时不缴纳资源税。

2. 纳税地点。

（1）纳税人开采或者生产资源税应税产品，应当依法向开采地或者生产地主管税务机关申报缴纳资源税。

（2）如果纳税人应纳的资源税属于跨省开采，其下属生产单位与核算单位不在同一省、自治区、直辖市的，对其开采或者生产的应税产品，一律在开采地或者生产地纳税。实行从量计征的应税产品，其应纳税款一律由独立核算的单位按照每个开采地或者生产地的销售量及适用税率计算划拨；实行从价计征的应税产品，其应纳税款由独立核算的单位按照每个开采地或者生产地的销售量、单位销售价格及适用税率计算划拨。

（3）扣缴义务人代扣代缴的资源税，应当向收购地主管税务机关缴纳。

七、水资源税改革试点实施办法

为全面贯彻落实党的十九大精神，推进资源全面节约和循环利用，推动形成绿色发展方式和生活方式，根据财政部、税务总局、水利部11月28日发布《扩大水资源税改革试点实施办法》（以下简称《试点实施办法》），自12月1日起，北京、天津、山西、内蒙古、河南、山东、四川、陕西、宁夏9个省区市纳入水资源税改革试点，由征收水资源费改为征收水资源税。

（一）纳税义务人

除规定情形外，水资源税的纳税人为直接取用地表水、地下水的单位和个人，包括直接从江、河、湖泊（含水库）和地下取用水资源的单位和个人。

下列情形，不缴纳水资源税：

1. 农村集体经济组织及其成员从本集体经济组织的水塘、水库中取用水的。
2. 家庭生活和零星散养、圈养畜禽饮用等少量取用水的。
3. 水利工程管理单位为配置或者调度水资源取水的。
4. 为保障矿井等地下工程施工安全和生产安全必须进行临时应急取用（排）水的。
5. 为消除公共安全或者公共利益的危害临时应急取水的。
6. 为农业抗旱和维护生态与环境必须临时应急取水的。

（二）税率

除中央直属和跨省（区、市）水力发电取用水外，由试点省份省级人民政府统筹考虑本地区水资源状况、经济社会发展水平和水资源节约保护要求，在《试点实施办法》所附《试点省份水资源税最低平均税额表》规定的最低平均税额基础上，分类确定具体适用税额（见表9－2）。

表 9-2　试点省份水资源税最低平均税额表　单位：元/立方米

省（区、市）	地表水最低平均税额	地下水最低平均税额
北京	1.6	4
天津	0.8	4
山西	0.5	2
内蒙古	0.5	2
山东	0.4	1.5
河南	0.4	1.5
四川	0.1	0.2
陕西	0.3	0.7
宁夏	0.3	0.7

为发挥水资源税调控作用，按不同取用水性质实行差别税额，地下水税额要高于地表水，超采区地下水税额要高于非超采区，严重超采地区的地下水税额要大幅高于非超采地区。对超计划或超定额用水加征 1~3 倍，对特种行业从高征税，对超过规定限额的农业生产取用水、农村生活集中式饮水工程取用水从低征税。具体适用税额，授权省级人民政府统筹考虑本地区水资源状况、经济社会发展水平和水资源节约保护的要求确定。

（三）应纳税额的计算

水资源税实行从量计征。对一般取用水按照实际取用水量征税，对采矿和工程建设疏干排水按照排水量征税；对水力发电和火力发电贯流式（不含循环式）冷却取用水按照实际发电量征税。计算公式如下：

一般取用水应纳税额 = 实际取用水量 × 适用税额

疏干排水应纳税额 = 实际取用水量 × 适用税额

疏干排水的实际取用水量按照排水量确定。疏干排水是指在采矿和工程建设过程中破坏地下水层、发生地下涌水的活动。

水力发电和火力发电贯流式（不含循环式）冷却取用水应纳税额 = 实际发电量 × 适用税额

火力发电贯流式冷却取用水，是指火力发电企业从江河、湖泊（含水库）等水源取水，并对机组冷却后将水直接排入水源的取用水方式。火力发电循环式冷却取用水，是指火力发电企业从江河、湖泊（含水库）、地下等水源取水并引入自建冷却水塔，对机组冷却后返回冷却水塔循环利用的取用水方式。

（四）税收减免

下列情形，予以免征或者减征水资源税：

1. 规定限额内的农业生产取用水，免征水资源税。
2. 取用污水处理再生水，免征水资源税。

3. 除接入城镇公共供水管网以外，军队、武警部队通过其他方式取用水的，免征水资源税。

4. 抽水蓄能发电取用水，免征水资源税。

5. 采油排水经分离净化后在封闭管道回注的，免征水资源税。

6. 财政部、税务总局规定的其他免征或者减征水资源税情形。

（五）征收管理

为加强税收征管、提高征管效率，《试点实施办法》确定了“税务征管、水利核量、自主申报、信息共享”的征管模式，即税务机关依法征收管理；水行政主管部门负责核定取用水量；纳税人依法办理纳税申报；税务机关与水行政主管部门建立涉税信息共享平台和工作配合机制，定期交换征税和取用水信息资料。

水资源税的纳税义务发生时间为纳税人取用水资源的当日。除农业生产取用水外，水资源税按季或者按月征收，由主管税务机关根据实际情况确定。对超过规定限额的农业生产取用水水资源税可按年征收。不能按固定期限计算纳税的，可以按次申报纳税。纳税人应当自纳税期满或者纳税义务发生之日起 15 日内申报纳税。

水资源税由生产经营所在地的主管税务机关征收管理，跨省（区、市）调度的水资源，由调入区域所在地的税务机关征收水资源税。在试点省份内取用水，其纳税地点需要调整的，由省级财政、税务部门决定。

第二节　环境保护税

环境保护税是对在我国领域以及管辖的其他海域直接向环境排放应税污染物的企事业单位和其他生产经营者征收的一种税，其立法目的是保护和改善环境，减少污染物排放，推进生态文明建设。环境保护税是我国首个明确以环境保护为目标的独立型环境税税种，有利于解决排污费制度存在的执法刚性不足等问题，有利于提高纳税人环保意识和强化企业治污减排责任。

直接向环境排放应税污染物的企业事业单位和其他生产经营者，除依照《环境保护税法》规定缴纳环境保护税外，应当对所造成的损害依法承担责任。

作为落实生态文明建设的重要税制改革举措而推出的环境保护税，具有以下基本特点：

1. 属于调节型税种。《环境保护税法》第一条规定了环保税的立法目的是保护和改善环境，减少污染物排放，推进生态文明建设。环保税的首要功能是减少污染排放，而非增加财政收入。

2. 其渊源是排污收费制度。十八届三中全会明确要求“推动环境保护费改税”，环境保护税基本平移了原排污费的制度框架，环保税于 2018 年 1 月 1 日起正式实施，排污费同时停征。

3. 属于综合型环境税。环保税的征税范围包括大气污染物、水污染物、固体废物和噪声四大类，与对单一污染物征收的税种不同，属于综合型环境税。

4. 属于直接排放税。环保税的纳税义务人是在我国领域和管辖的其他海域直接向环境排放应税污染物的企业事业单位和其他生产经营者。如果企业事业单位和其他生产经营者向依法设立的污水集中处理、生活垃圾集中处理场所排放应税污染物，不属于直接排放，不征收环境保护税。

5. 对大气污染物、水污染物规定了幅度定额税率。环保税对大气污染物、水污染物规定了幅度比例税率，具体适用税额的确定和调整由省、自治区、直辖市人民政府在规定的税额幅度内提出。对应税污染物规定税率区间可使经济水平、环境目标要求不同的地区在税负设置方面具有一定的灵活性。

6. 采用税务、环保部门紧密配合的征收方式。环境保护税采用“纳税人自行申报，税务征收，环保监测，信息共享”的征管方式，税务机关负责征收管理，环境保护主管部门负责对污染物监测管理，高度依赖税务、环保的部门配合与协作。

7. 收入纳入一般预算收入，全部划归地方。为促进各地保护和改善环境、增加环境保护投入，国务院决定，环境保护税收入全部作为地方收入。

一、纳税义务人

环境保护税的纳税义务人是在中华人民共和国领域和中华人民共和国管辖的其他海域直接向环境排放应税污染物的企业事业单位和其他生产经营者。

应税污染物，是指《环境保护税法》所附《环境保护税税目税额表》《应税污染物和当量值表》所规定的大气污染物、水污染物、固体废物和噪声。

有下列情形之一的，不属于直接向环境排放污染物，不缴纳相应污染物的环境保护税：

1. 企业事业单位和其他生产经营者向依法设立的污水集中处理、生活垃圾集中处理场所排放应税污染物的。

2. 企业事业单位和其他生产经营者在符合国家和地方环境保护标准的设施、场所贮存或者处置固体废物的。

3. 达到省级人民政府确定的规模标准并且有污染物排放口的畜禽养殖场，应当依法缴纳环境保护税，但依法对畜禽养殖废弃物进行综合利用和无害化处理的。

二、税目与税率

（一）税目

环境保护税税目包括大气污染物、水污染物、固体废物和噪声四大类。

1. 大气污染物。

大气污染物包括二氧化硫、氮氧化物、一氧化碳、氯气、氯化氢、氟化物、氰化氢、硫酸雾、铬酸雾、汞及其化合物、一般性粉尘、石棉尘、玻璃棉尘、碳黑尘、铅及其化合物、镉及其化合物、铍及其化合物、镍及其化合物、锡及其化合物、烟尘、苯、甲苯、二甲苯、苯并芘、甲醛、乙醛、丙烯醛、甲醇、酚类、沥青烟、苯胺类、氯苯类、硝基苯、丙烯腈、氯乙烯、光气、硫化氢、三甲胺、甲硫醇、甲硫醚、二甲二硫、苯乙烯、二硫化碳，共计44项。环保税的征税范围不包括温室气体二氧化碳。

2. 水污染物。

水污染物分为两类水污染物：第一类水污染物包括总汞、总镉、总铬、六价铬、总砷、总铅、总镍、苯并（a）芘、总铍、总银；第二类水污染物包括悬浮物（SS）、生化需氧量（BOD5）、化学需氧量（CODcr）、总有机碳（TOC）、石油类、动植物油、挥发酚、总氰化物、硫化物、氨氮、氟化物、甲醛、苯胺类、硝基苯类、阴离子表面活性剂（LAS）、总铜、总锌、总锰、彩色显影剂（CD－2）、总磷、单质磷（以P计）、有机磷农药（以P计）、乐果、甲基对硫磷、马拉硫磷、对硫磷、五氯酸及五氯酚钠（以五氯酚计）、三氯甲烷、可吸附有机卤化物（AOX）（以CI计）、四氯化碳、三氯乙烯、四氯乙烯、苯、甲苯、乙苯、邻－二甲苯、对－二甲苯、间－二甲苯、氯苯、邻二氯苯、对二氯苯、对硝基氯苯、2，4－二硝基氯苯、苯酚、间－甲酚、2，4－二氯酚、2，4，6－三氯酚、邻苯二甲酸二丁酯、邻苯二甲酸二辛酯、丙烯腈、总硒。应税水污染物共计61项。

3. 固体废物。

固体废物包括煤矸石、尾矿、危险废物、冶炼渣、粉煤灰、炉渣、其他固体废物（含半固态、液态废物）。

4. 噪声。

应税噪声污染目前只包括工业噪声。

（二）税率

环境保护税采用定额税率，其中，对应税大气污染物和水污染物规定了幅度定额税率，具体适用税额的确定和调整由省、自治区、直辖市人民政府统筹考虑本地区环境承载能力、污染物排放现状和经济社会生态发展目标要求，在规定的税额幅度内提出，报同级人民代表大会常务委员会决定，并报全国人民代表大会常务委员会和国务院备案（见表9－3）。

表9－3　　环境保护税税目税额表

<table>
<tr><th colspan="2">税目</th><th>计税单位</th><th>税额</th><th>备注</th></tr>
<tr><td colspan="2">大气污染物</td><td>每污染当量</td><td>1.2元至12元</td><td></td></tr>
<tr><td colspan="2">水污染物</td><td>每污染当量</td><td>1.4元至14元</td><td></td></tr>
<tr><td rowspan="4">固体废物</td><td>煤矸石</td><td>每吨</td><td>5元</td><td></td></tr>
<tr><td>尾矿</td><td>每吨</td><td>15元</td><td></td></tr>
<tr><td>危险废物</td><td>每吨</td><td>1 000元</td><td></td></tr>
<tr><td>冶炼渣、粉煤灰、炉渣、其他固体废物（含半固态、液态废物）</td><td>每吨</td><td>25元</td><td></td></tr>
</table>

续表

<table>
<tr><th colspan="2">税目</th><th>计税单位</th><th>税额</th><th>备注</th></tr>
<tr><td rowspan="6">噪声</td><td rowspan="6">工业噪声</td><td>超标 1 ~ 3 分贝</td><td>每月 350 元</td><td rowspan="6">1. 一个单位边界上有多处噪声超标，根据最高一处超标声级计算应纳税额；当沿边界长度超过 100 米有两处以上噪声超标，按照两个单位计算应纳税额。
2. 一个单位有不同地点作业场所的，应当分别计算应纳税额，合并计征。
3. 昼、夜均超标的环境噪声，昼、夜分别计算应纳税额，累计计征。
4. 声源一个月内超标不足 15 天的，减半计算应纳税额。
5. 夜间频繁突发和夜间偶然突发厂界超标噪声，按等效声级和峰值噪声两种指标中超标分贝值高的一项计算应纳税额。</td></tr>
<tr><td>超标 4 ~ 6 分贝</td><td>每月 700 元</td></tr>
<tr><td>超标 7 ~ 9 分贝</td><td>每月 1 400 元</td></tr>
<tr><td>超标 10 ~ 12 分贝</td><td>每月 2 800 元</td></tr>
<tr><td>超标 13 ~ 15 分贝</td><td>每月 5 600 元</td></tr>
<tr><td>超标 16 分贝以上</td><td>每月 11 200 元</td></tr>
</table>

三、计税依据

（一）计税依据确定的基本方法

应税污染物的计税依据，按照下列方法确定：（1）应税大气污染物按照污染物排放量折合的污染当量数确定；（2）应税水污染物按照污染物排放量折合的污染当量数确定；（3）应税固体废物按照固体废物的排放量确定；（4）应税噪声按照超过国家规定标准的分贝数确定。

1. 应税大气污染物、水污染物按照污染物排放量折合的污染当量数确定计税依据。

污染当量数以该污染物的排放量除以该污染物的污染当量值计算。计算公式为：

应税大气污染物、水污染物的污染当量数 = 该污染物的排放量/该污染物的污染当量值

污染当量，是指根据污染物或者污染排放活动对环境的有害程度以及处理的技术经济性，衡量不同污染物对环境污染的综合性指标或者计量单位。同一介质相同污染当量的不同污染物，其污染程度基本相当。每种应税大气污染物、水污染物的具体污染当量值，依照《环境保护税法》所附《应税污染物和当量值表》执行（见表 9 - 4 至表 9 - 8）。

每一排放口或者没有排放口的应税大气污染物，按照污染当量数从大到小排序，对前三项污染物征收环境保护税。每一排放口的应税水污染物，按照《环境保护税法》所附《应税污染物和当量值表》，区分第一类水污染物和其他类水污染物，按照污染当量数从大到小排序，对第一类水污染物按照前五项征收环境保护税，对其他类水污染物按照前三项征收环境保护税。

省、自治区、直辖市人民政府根据本地区污染物减排的特殊需要，可以增加同一排放口征收环境保护税的应税污染物项目数，报同级人民代表大会常务委员会决定，并报全国人民代表大会常务委员会和国务院备案。

纳税人有下列情形之一的，以其当期应税大气污染物、水污染物的产生量作为污染物的排放量：

（1）未依法安装使用污染物自动监测设备或者未将污染物自动监测设备与环境保护主管部门的监控设备联网。

（2）损毁或者擅自移动、改变污染物自动监测设备。

（3）篡改、伪造污染物监测数据。

（4）通过暗管、渗井、渗坑、灌注或者稀释排放以及不正常运行防治污染设施等方式违法排放应税污染物。

（5）进行虚假纳税申报。

表 9－4　大气污染物污染当量值

污染物	污染当量值（千克）	污染物	污染当量值（千克）
1. 二氧化硫	0.95	23. 二甲苯	0.27
2. 氮氧化物	0.95	24. 苯并（a）芘	0.000002
3. 一氧化碳	16.7	25. 甲醛	0.09
4. 氯气	0.34	26. 乙醛	0.45
5. 氯化氢	10.75	27. 丙烯醛	0.06
6. 氟化物	0.87	28. 甲醇	0.67
7. 氰化氢	0.005	29. 酚类	0.35
8. 硫酸雾	0.6	30. 沥青烟	0.19
9. 铬酸雾	0.0007	31. 苯胺类	0.21
10. 汞及其化合物	0.0001	32. 氯苯类	0.72
11. 一般性粉尘	4	33. 硝基苯	0.17
12. 石棉尘	0.53	34. 丙烯腈	0.22
13. 玻璃棉尘	2.13	35. 氯乙烯	0.55
14. 碳黑尘	0.59	36. 光气	0.04
15. 铅及其化合物	0.02	37. 硫化氢	0.29
16. 镉及其化合物	0.03	38. 氨	9.09
17. 铍及其化合物	0.0004	39. 三甲胺	0.32
18. 镍及其化合物	0.13	40. 甲硫醇	0.04
19. 锡及其化合物	0.27	41. 甲硫醚	0.28
20. 烟尘	2.18	42. 二甲二硫	0.28
21. 苯	0.05	43. 苯乙烯	25
22. 甲苯	0.18	44. 二硫化碳	20

表 9－5　　第一类水污染物污染当量值

污染物	污染当量值（千克）
1. 总汞	0.0005
2. 总镉	0.005
3. 总路	0.04
4. 六价铬	0.02
5. 总砷	0.02
6. 总铅	0.025
7. 总镍	0.025
8. 苯并（a）芘	0.0000003
9. 总铍	0.01
10. 总银	0.02

表 9－6　　第二类水污染物污染当量值

污染物	污染当量值（千克）
11. 悬浮物（SS）	4
12. 生化需氧量（BOD_5）	0.5
13. 化学需氧量（COD_{cr}）	1
14. 总有机碳（TOC）	0.49
15. 石油类	0.1
16. 动植物油	0.16
17. 挥发酚	0.08
18. 总氰化物	0.05
19. 硫化物	0.125
20. 氨氮	0.8
21. 氟化物	0.5
22. 甲醛	0.125
23. 苯胺类	0.2
24. 硝基苯类	0.2
25. 阴离子表面活性剂（LAS）	0.2
26. 总铜	0.1
27. 总锌	0.2
28. 总锰	0.2
29. 彩色显影剂（CD－2）	0.2

续表

污染物	污染当量值（千克）
30. 总磷	0.25
31. 元素磷（以P计）	0.05
32. 有机磷农药（以P计）	0.05
33. 乐果	0.05
34. 甲基对硫磷	0.05
35. 马拉硫磷	0.05
36. 对硫磷	0.05
37. 五氯酚及五氯酚钠（以五氯酚计）	0.25
38. 三氯甲烷	0.04
39. 可吸附有机卤化物（AOX）（以Cl计）	0.25
40. 四氯化碳	0.04
41. 三氯乙烯	0.04
42. 四氯乙烯	0.04
43. 苯	0.02
44. 甲苯	0.02
45. 乙苯	0.02
46. 邻－二甲苯	0.02
47. 对－二甲苯	0.02
48. 间－二甲苯	0.02
49. 氯苯	0.02
50. 邻二氯苯	0.02
51. 对二氯苯	0.02
52. 对硝基氯苯	0.02
53. 2，4－二硝基氯苯	0.02
54. 苯酚	0.02
55. 间－甲酚	0.02
56. 2，4－二氯酚	0.02
57. 2，4，6－三氯酚	0.02
58. 邻苯二甲酸二丁酯	0.02
59. 邻苯二甲酸二辛酯	0.02
60. 丙烯腈	0.125
61. 总硒	0.02

说明：①第一、二类污染物的分类依据为《污水综合排放标准》（GB8978—1996）。
②同一排放口中的化学需氧量（COD_{cr}）、生化需氧量（BOD_5）和总有机碳（TOC），只征收一项。

表 9－7　　　　PH 值、色度、大肠菌群数、余氯量污染当量值

<table>
<tr><th colspan="2">污染物</th><th>污染当量值</th><th>备注</th></tr>
<tr><td>1. PH 值</td><td>1. 0～1，13～14
2. 1～2，12～13
3. 2～3，11～12
4. 3～4，10～11
5. 4～5，9～10
6. 5～6</td><td>0. 06 吨污水
0. 125 吨污水
0. 25 吨污水
0. 5 吨污水
1 吨污水
5 吨污水</td><td>PH5－6 指大于等于 5，小于 6；PH9－10 指大于 9，小于等于 10，其余类推</td></tr>
<tr><td colspan="2">2. 色度</td><td>5 吨水．倍</td><td></td></tr>
<tr><td colspan="2">3. 大肠杆菌群数（超标）</td><td>3. 3 吨污水</td><td rowspan="2">大肠菌群落和总余氯只征收一项</td></tr>
<tr><td colspan="2">4. 余氯量（用氯消毒的医院废水）</td><td>3. 3 吨污水</td></tr>
</table>

表 9－8

类型		污染当量值
禽畜养殖场	1. 牛	0. 1 头
	2. 猪	1 头
	3. 鸡、鸭等家禽	30 羽
4. 小型企业		1. 8 吨污水
5. 饮食娱乐服务业		0. 5 吨污水
6. 医院	消毒	0. 14 床
		2. 8 吨污水
	不消毒	0. 07 床
		1. 4 吨污水

说明：①本表仅适用于计算无法进行实际监测或物料衡算的禽畜养殖业、小型企业和第三产业等小型污者的污染当量数。

②仅对存栏规模大于 50 头牛、500 头猪、5 000 羽鸡、鸭等的禽畜养殖场征收。

③医院病床数大于 20 张的按本表计算污染当量。

【例 9－3】某企业 2018 年 3 月向水体直接排放第一类水污染物总汞 10 千克，根据第一类水污染物污染当量值表，总汞的污染当量值为 0. 0005（千克），其污染当量数为：10/0. 0005＝20 000

2. 应税固体废物按照固体废物的排放量确定计税依据。

固体废物的排放量为当期应税固体废物的产生量减去当期应税固体废物的贮存量、处置量、综合利用量的余额。其中，固体废物的贮存量、处置量，是指在符合国家和地方环境保护标准的设施、场所贮存或者处置的固体废物数量；固体废物的综合利用量，是指按照国家发展改革委、工业和信息化主管部门关于资源综合利用要求以及国家和地方环境保护标准进行综合利用的固体废物数量。计算公式为：

固体废物的排放量＝当期固体废物的产生量－当期固体废物的综合利用量－当期固体废物的贮存量－当期固体废物的处置量

纳税人有下列情形之一的，以其当期应税固体废物的产生量作为固体废物的排放量：

（1）非法倾倒应税固体废物。

（2）进行虚假纳税申报。

3. 应税噪声按照超过国家规定标准的分贝数确定计税依据。

工业噪声按超过国家规定标准的分贝数确定每月税额，超过国家规定标准的分贝数是指实际产生的工业噪声与国家规定的工业噪声排放标准限值之间的差值。

（二）应税大气污染物、水污染物、固体废物的排放量和噪声分贝数的确定方法

应税大气污染物、水污染物、固体废物的排放量和噪声的分贝数，按照下列方法和顺序计算：

1. 纳税人安装使用符合国家规定和监测规范的污染物自动监测设备的，按照污染物自动监测数据计算。

2. 纳税人未安装使用污染物自动监测设备的，按照监测机构出具的符合国家有关规定和监测规范的监测数据计算。

3. 因排放污染物种类多等原因不具备监测条件的，按照国务院环境保护主管部门规定的排污系数、物料衡算方法计算。

4. 不能按照上述第一项至第三项规定的方法计算的，按照省、自治区、直辖市人民政府环境保护主管部门规定的抽样测算的方法核定计算。

四、应纳税额的计算

（一）大气污染物应纳税额的计算

应税大气污染物应纳税额为污染当量数乘以具体适用税额。计算公式为：

大气污染物的应纳税额＝污染当量数×适用税额

【例9－4】某企业2018年3月向大气直接排放二氧化硫、氟化物各100千克，一氧化碳200千克、氯化氢80千克，假设当地大气污染物每污染当量税额1.2元，该企业只有一个排放口。其应纳税额计算如下：

第一步：计算各污染物的污染当量数。

污染当量数＝该污染物的排放量÷该污染物的污染当量值

据此计算各污染物的污染当量数为：

二氧化硫污染当量数 = 100/0.95 = 105.26

氟化物污染当量数 = 100/0.87 = 114.94

一氧化碳污染当量数 = 200/16.7 = 11.98

氯化氢污染当量数 = 80/10.75 = 7.44

第二步：按污染当量数排序。

氟化物污染当量数（114.94） > 二氧化硫污染当量数（105.26） > 一氧化碳污染当量数（11.98） > 氯化氢污染当量数（7.44）

该企业只有一个排放口，排序选取计税前三项污染物为：氟化物、二氧化硫、一氧化碳。

第三步：计算应纳税额。

应纳税额 = (114.94 + 105.26 + 11.98) × 1.2 = 278.62（元）

（二）水污染物应纳税额的计算

应税水污染物的应纳税额为污染当量数乘以具体适用税额。

1. 适用监测数据法的水污染物应纳税额的计算。

适用监测数据法的水污染物（包括第一类水污染物和第二类水污染物）的应纳税额为污染当量数乘以具体适用税额。计算公式为：

水污染物的应纳税额 = 污染当量数 × 适用税额

【例 9－5】 甲化工厂是环境保护税纳税人，该厂仅有 1 个污水排放口且直接向河流排放污水，已安装使用符合国家规定和监测规范的污染物自动监测设备。检测数据显示，该排放口 2018 年 2 月共排放污水 6 万吨（折合 6 万立方米），应税污染物为六价铬，浓度为六价铬 0.5mg/L。请计算该化工厂 2 月应缴纳的环境保护税（该厂所在省的水污染物税率为 2.8 元/污染当量，六价铬的污染当量值为 0.02）。

计算过程如下：

计算污染当量数。

六价铬污染当量数 = 排放总量 × 浓度值 ÷ 当量值

= 60 000 000 × 0.5 ÷ 1 000 000 ÷ 0.02 = 1 500

应纳税额 = 1 500 × 2.8 = 4 200（元）

2. 适用抽样测算法的水污染物应纳税额的计算。

适用抽样测算法的情形，纳税人按照环境保护税法所附《禽畜养殖业、小型企业和第三产业水污染物当量值表》所规定的当量值计算污染当量数。

（1）规模化禽畜养殖业排放的水污染物应纳税额。

禽畜养殖业的水污染物应纳税额为污染当量数乘以具体适用税额。其污染当量数以禽畜养殖数量除以污染当量值计算。

【例 9－6】 某养殖场，2018 年 2 月养牛存栏量为 500 头，污染当量值为 0.1 头，假设当地水污染物适用税额为每污染当量 2.8 元，当月应纳环境保护税税额计算如下：

水污染物当量数 = 500 ÷ 0.1 = 5 000

应纳税额 = 5 000 × 2.8 = 14 000（元）

（2）小型企业和第三产业排放的水污染物应纳税额。

小型企业和第三产业的水污染物应纳税额为污染当量数乘以具体适用税额。其污染当量数以污水排放量（吨）除以污染当量值（吨）计算。计算公式为：

应纳税额 = 污水排放量（吨）÷污染当量值（吨）× 适用税额

【例 9-7】 某餐饮公司，通过安装水流量计测得 2018 年 2 月排放污水量为 60 吨，污染当量值为 0.5 吨。假设当地水污染物适用税额为每污染当量 2.8 元，当月应纳环境保护税税额计算如下：

水污染物当量数 = 60 ÷ 0.5 = 120

应纳税额 = 120 × 2.8 = 336（元）

（3）医院排放的水污染物应纳税额。

医院排放的水污染物应纳税额为污染当量数乘以具体适用税额。其污染当量数以病床数或者污水排放量除以相应的污染当量值计算。计算公式为：

应纳税额 = 医院床位数/污染当量值 × 适用税额

应纳税额 = 污水排放量/污染当量值 × 适用税额

【例 9-8】 某县医院，床位 56 张，每月按时消毒，无法计量月污水排放量，污染当量值为 0.14 床，假设当地水污染物适用税额为每污染当量 2.8 元，当月应纳环境保护税税额计算如下：

水污染物当量数 = 56 ÷ 0.14 = 400

应纳税额 = 400 × 2.8 = 1 120（元）

（三）固体废物应纳税额的计算

固体废物的应纳税额为固体废物排放量乘以具体适用税额，其排放量为当期应税固体废物的产生量减去当期应税固体废物的贮存量、处置量、综合利用量的余额。计算公式为：

固体废物的应纳税额 =（当期固体废物的产生量 - 当期固体废物的综合利用量 - 当期固体废物的贮存量 - 当期固体废物的处置量）× 适用税额

【例 9-9】 假设某企业 2018 年 3 月产生尾矿 1 000 吨，其中综合利用的尾矿 300 吨（符合国家相关规定），在符合国家和地方环境保护标准的设施贮存 300 吨。请计算该企业当月尾矿应缴纳的环境保护税。

环境保护税应纳税额 =（1 000 - 300 - 300）× 15 = 6 000（元）

（四）噪声应纳税额的计算

应税噪声的应纳税额为超过国家规定标准的分贝数对应的具体适用税额。

【例 9-10】 假设某工业企业只有一个生产场所，只在昼间生产，边界处声环境功能区类型为 1 类，生产时产生噪声为 60 分贝，《工业企业厂界环境噪声排放标准》规定 1 类功能区昼间的噪声排放限值为 55 分贝，当月超标天数为 18 天。请计算该企业当月噪声污染应缴纳的环境保护税。

超标分贝数：60 - 55 = 5（分贝）

根据《环境保护税税目税额表》，可得出该企业当月噪声污染应缴纳环境保护税 700 元。

五、税收减免

（一）暂免征税项目

下列情形，暂予免征环境保护税：

1. 农业生产（不包括规模化养殖）排放应税污染物的。

2. 机动车、铁路机车、非道路移动机械、船舶和航空器等流动污染源排放应税污染物的。

3. 依法设立的城乡污水集中处理、生活垃圾集中处理场所排放相应应税污染物，不超过国家和地方规定的排放标准的。

4. 纳税人综合利用的固体废物，符合国家和地方环境保护标准的。

5. 国务院批准免税的其他情形。

（二）减征税额项目

1. 纳税人排放应税大气污染物或者水污染物的浓度值低于国家和地方规定的污染物排放标准百分之三十的，减按百分之七十五征收环境保护税。

2. 纳税人排放应税大气污染物或者水污染物的浓度值低于国家和地方规定的污染物排放标准百分之五十的，减按百分之五十征收环境保护税。

六、征收管理

（一）征管方式

环境保护税采用“企业申报、税务征收、环保协同、信息共享”的征管方式。纳税人应当依法如实办理纳税申报，对申报的真实性和完整性承担责任；税务机关依照《中华人民共和国税收征收管理法》和《环境保护税法》的有关规定征收管理；环境保护主管部门依照《环境保护税法》和有关环境保护法律法规的规定对污染物监测管理；县级以上地方人民政府应当建立税务机关、环境保护主管部门和其他相关单位分工协作工作机制；环境保护主管部门和税务机关应当建立涉税信息共享平台和工作配合机制，定期交换有关纳税信息资料。

（二）数据传递和比对

环境保护主管部门应当将排污单位的排污许可、污染物排放数据、环境违法和受行政处罚情况等环境保护相关信息，定期交送税务机关。

税务机关应当将纳税人的纳税申报、税款入库、减免税额、欠缴税款以及风险疑点等环境保护税涉税信息，定期交送环境保护主管部门。

税务机关应当将纳税人的纳税申报数据资料与环境保护主管部门交送的相关数据资料进行比对。纳税人申报的污染物排放数据与环境保护主管部门交送的相关数据不一致的，按照环境保护主管部门交送的数据确定应税污染物的计税依据。

（三）复核

税务机关发现纳税人的纳税申报数据资料异常或者纳税人未按照规定期限办理纳税申报的，可以提请环境保护主管部门进行复核，环境保护主管部门应当自收到税务机关的数据资料之日起十五日内向税务机关出具复核意见。税务机关应当按照环境保护主管部门复核的数据资料调整纳税人的应纳税额。

纳税人的纳税申报数据资料异常，包括但不限于下列情形：

1. 纳税人当期申报的应税污染物排放量与上一年同期相比明显偏低，且无正当理由。
2. 纳税人单位产品污染物排放量与同类型纳税人相比明显偏低，且无正当理由。

（四）纳税时间

环境保护税纳税义务发生时间为纳税人排放应税污染物的当日。环境保护税按月计算，按季申报缴纳。不能按固定期限计算缴纳的，可以按次申报缴纳。

纳税人按季申报缴纳的，应当自季度终了之日起十五日内，向税务机关办理纳税申报并缴纳税款。纳税人按次申报缴纳的，应当自纳税义务发生之日起十五日内，向税务机关办理纳税申报并缴纳税款。纳税人申报缴纳时，应当向税务机关报送所排放应税污染物的种类、数量，大气污染物、水污染物的浓度值，以及税务机关根据实际需要要求纳税人报送的其他纳税资料。

（五）纳税地点

纳税人应当向应税污染物排放地的税务机关申报缴纳环境保护税。应税污染物排放地是指应税大气污染物、水污染物排放口所在地，应税固体废物产生地，应税噪声产生地。

纳税人跨区域排放应税污染物，税务机关对税收征收管辖有争议的，由争议各方按照有利于征收管理的原则协商解决。

纳税人从事海洋工程向中华人民共和国管辖海域排放应税大气污染物、水污染物或者固体废物，申报缴纳环境保护税的具体办法，由国务院税务主管部门会同国务院海洋主管部门规定。

第三节　城镇土地使用税法

城镇土地使用税法是指国家制定的调整城镇土地使用税征收与缴纳权利及义务关系的法律规范。现行城镇土地使用税法的基本规范，是 2006 年 12 月 31 日国务院修改并颁布的《中华人民共和国城镇土地使用税暂行条例》，2013 年 12 月 4 日国务院第 32 次常务会议作了部分修改（2013 年 12 月 7 日起实施）（以下简称《城镇土地使用税暂行条例》）。

城镇土地使用税是以国有土地为征税对象，对拥有土地使用权的单位和个人征收的一种税。征收城镇土地使用税有利于促进土地的合理使用，调节土地级差收入，也有利于筹集地方财政资金。

一、纳税义务人与征税范围

（一）纳税义务人

城镇土地使用税是以国有土地或集体土地为征税对象，对拥有土地使用权的单位和个人征收的一种税。

在城市、县城、建制镇、工矿区范围内使用土地的单位和个人，为城镇土地使用税（以下简称土地使用税）的纳税人。

上述所称单位，包括国有企业、集体企业、私营企业、股份制企业、外商投资企业、外国企业以及其他企业和事业单位、社会团体、国家机关、军队以及其他单位；所称个人，包括个体工商户以及其他个人。

城镇土地使用税的纳税人通常包括以下几类：

1. 拥有土地使用权的单位和个人。

2. 拥有土地使用权的单位和个人不在土地所在地的，其土地的实际使用人和代管人为纳税人。

3. 土地使用权未确定或权属纠纷未解决的，其实际使用人为纳税人。

4. 土地使用权共有的，共有各方都是纳税人，由共有各方分别纳税。

5. 在城镇土地使用税征税范围内，承租集体所有建设用地的，由直接从集体经济组织承租土地的单位和个人，缴纳城镇土地使用税。

几个人或几个单位共同拥有一块土地的使用权，这块土地的城镇土地使用税的纳税人应是对这块土地拥有使用权的每一个人或每一个单位。他们应以其实际使用的土地面积占总面积的比例，分别计算缴纳土地使用税。例如，某城市的甲与乙共同拥有一块土地的使用权，这块土地面积为1 500平方米，甲实际使用1/3，乙实际使用2/3，则甲应是其所占的500平方米（1 500×1/3）土地的城镇土地使用税的纳税人，乙是其所占的1 000平方米（1 500×2/3）土地的城镇土地使用税的纳税人。

（二）征税范围

城镇土地使用税的征税范围，包括在城市、县城、建制镇和工矿区内的国家所有和集体所有的土地。

上述城市、县城、建制镇和工矿区分别按以下标准确认：

1. 城市是指经国务院批准设立的市。

2. 县城是指县人民政府所在地。

3. 建制镇是指经省、自治区、直辖市人民政府批准设立的建制镇。

4. 工矿区是指工商业比较发达，人口比较集中，符合国务院规定的建制镇标准，但尚未设立建制镇的大中型工矿企业所在地，工矿必须经省、自治区、直辖市人民政府批准。

上述城镇土地使用税的征税范围中，城市的土地包括市区和郊区的土地，县城的土地是指县人民政府所在地的城镇的土地，建制镇的土地是指镇人民政府所在地的土地。

建立在城市、县城、建制镇和工矿区以外的工矿企业不需要缴纳城镇土地使用税。

二、税率、计税依据和应纳税额的计算

（一）税率

城镇土地使用税采用定额税率，即采用有幅度的差别税额，按大、中、小城市和县城、建制镇、工矿区分别规定每平方米土地使用税年应纳税额。具体标准如下：

1. 大城市 1.5 ~ 30 元；
2. 中等城市 1.2 ~ 24 元；
3. 小城市 0.9 ~ 18 元；
4. 县城、建制镇、工矿区 0.6 ~ 12 元。

大、中、小城市以公安部门登记在册的非农业正式户口人数为依据，按照国务院颁布的《城市规划条例》中规定的标准划分。人口在 50 万人以上者为大城市；人口在 20 万 ~ 50 万人为中等城市；人口在 20 万以下者为小城市。城镇土地使用税税率见表 9 – 9。

表 9 – 9　　城镇土地使用税税率

级别	人口（人）	每平方米税额（元）
大城市	50 万以上	1.5 ~ 30
中等城市	20 万 ~ 50 万	1.2 ~ 24
小城市	20 万以下	0.9 ~ 18
县城、建制镇、工矿区		0.6 ~ 12

各省、自治区、直辖市人民政府可根据市政建设情况和经济繁荣程度在规定税额幅度内，确定所辖地区的适用税额幅度。经济落后地区，土地使用税的适用税额标准可适当降低，但降低额不得超过上述规定最低税额的 30%。经济发达地区的适用税额标准可以适当提高，但须报财政部批准。

城镇土地使用税规定幅度税额主要考虑到我国各地区存在悬殊的土地级差收益，同一地区内不同地段的市政建设情况和经济繁荣程度也有较大的差别。把城镇土地使用税税额定为幅度税额，拉开档次，而且每个幅度税额的差距规定为 20 倍。这样，各地政府在划分本辖区不同地段的等级、确定适用税额时，有选择余地，便于具体操作。幅度税额还可以调节不同地区、不同地段之间的土地级差收益，尽可能地平衡税负。

（二）计税依据

城镇土地使用税以纳税人实际占用的土地面积为计税依据，土地面积计量标准为每平方米。即税务机关根据纳税人实际占用的土地面积，按照规定的税额计算应纳税额，向纳税人征收土地使用税。

纳税人实际占用的土地面积按下列办法确定：

1. 由省、自治区、直辖市人民政府确定的单位组织测定土地面积的，以测定的面积为准。

2. 尚未组织测量，但纳税人持有政府部门核发的土地使用证书的，以证书确认的土地面积为准。

3. 尚未核发土地使用证书的，应由纳税人申报土地面积，据以纳税，待核发土地使用证以后再作调整。

4. 对在城镇土地使用税征税范围内单独建造的地下建筑用地，按规定征收城镇土地使用税。其中，已取得地下土地使用权证的，按土地使用权证确认的土地面积计算应征税款；未取得地下土地使用权证或地下土地使用权证上未标明土地面积的，按地下建筑垂直投影面积计算应征税款。

对上述地下建筑用地暂按应征税款的50%征收城镇土地使用税。

（三）应纳税额的计算方法

城镇土地使用税的应纳税额可以通过纳税人实际占用的土地面积乘以该土地所在地段的适用税额求得。其计算公式为：

全年应纳税额 = 实际占用应税土地面积（平方米）× 适用税额

【例9－11】设在某城市的一家企业使用土地面积为10 000平方米，经税务机关核定，该土地为应税土地，每平方米年税额为4元。请计算其全年应纳的土地使用税税额。

全年应纳税额 = 10 000 × 4 = 40 000（元）

三、税收优惠

（一）法定免缴土地使用税的优惠

1. 国家机关、人民团体、军队自用的土地。

这部分土地是指这些单位本身的办公用地和公务用地。如国家机关、人民团体的办公楼用地，军队的训练场用地等。

2. 由国家财政部门拨付事业经费的单位自用的土地。

这部分土地是指这些单位本身的业务用地。如学校的教学楼、操场、食堂等占用的土地。

3. 宗教寺庙、公园、名胜古迹自用的土地。

宗教寺庙自用的土地，是指举行宗教仪式等的用地和寺庙内的宗教人员生活用地。

公园、名胜古迹自用的土地，是指供公共参观游览的用地及其管理单位的办公用地。

以上单位的生产、经营用地和其他用地，不属于免税范围，应按规定缴纳土地使用税，如公园、名胜古迹中附设的营业单位如影剧院、饮食部、茶社、照相馆等使用的土地。

4. 市政街道、广场、绿化地带等公共用地。

5. 直接用于农、林、牧、渔业的生产用地。

这部分土地是指直接从事于种植养殖、饲养的专业用地，不包括农副产品加工场地和生活办公用地。

6. 经批准开山填海整治的土地和改造的废弃土地，从使用的月份起免缴土地使用税 5 ~ 10 年。

具体免税期限由各省、自治区、直辖市地方税务局在《城镇土地使用税暂行条例》规定的期限内自行确定。

7. 对非营利性医疗机构、疾病控制机构和妇幼保健机构等卫生机构自用的土地，免征城镇土地使用税。

8. 企业办的学校、医院、托儿所、幼儿园，其用地能与企业其他用地明确区分的，免征城镇土地使用税。

9. 免税单位无偿使用纳税单位的土地（如公安、海关等单位使用铁路、民航等单位的土地），免征城镇土地使用税。纳税单位无偿使用免税单位的土地，纳税单位应照章缴纳城镇土地使用税。纳税单位与免税单位共同使用、共有使用权土地上的多层建筑，对纳税单位可按其占用的建筑面积占建筑总面积的比例计征城镇土地使用税。

10. 对行使国家行政管理职能的中国人民银行总行（含国家外汇管理局）所属分支机构自用的土地，免征城镇土地使用税。

11. 为了体现国家的产业政策，支持重点产业的发展，对石油、电力、煤炭等能源用地，民用港口、铁路等交通用地和水利设施用地，三线调整企业、盐业、采石场、邮电等一些特殊用地划分了征免税界限和给予政策性减免税照顾。具体规定如下：

（1）对石油天然气生产建设中用于地质勘探、钻井、井下作业、油气田地面工程等施工临时用地暂免征收城镇土地使用税。

（2）对企业的铁路专用线、公路等用地，在厂区以外、与社会公用地段未加隔离的，暂免征收城镇土地使用税。

（3）对企业厂区以外的公共绿化用地和向社会开放的公园用地，暂免征收城镇土地使用税。

（4）对盐场的盐滩、盐矿的矿井用地，暂免征收城镇土地使用税。

12. 自 2016 年 1 月 1 日至 2021 年 12 月 31 日，对专门经营农产品的农产品批发市场、农贸市场使用（包括自有和承租，下同）的房产、土地，暂免征收房产税和城镇土地使用税。对同时经营其他产品的农产品批发市场和农贸市场使用的房产、土地，按其他产品与农产品交易场地面积的比例确定免征房产税和城镇土地使用税。

农产品批发市场和农贸市场，是指经工商登记注册，供买卖双方进行农产品及其初加工品现货批发或零售交易的场所。农产品包括粮油、肉禽蛋、蔬菜、干鲜果品、水产品、调味品、棉麻、活畜、可食用的林产品以及由省、自治区、直辖市财税部门确定的其他可食用的农产品。享受上述税收优惠的房产、土地，是指农产品批发市场、农贸市场直接为农产品交易提供服务的房产、土地。农产品批发市场、农贸市场的行政办公区、生活区，以及商业餐饮娱乐等非直接为农产品交易提供服务的房产、土地，不属于规定的优惠范围，应按规定征收房产税和城镇土地使用税。

13. 到 2019 年 12 月 31 日止（含当日），对物流企业自有的（包括自用和出租）大宗商品仓储设施用地和物流企业承租用于大宗商品仓储设施的土地，减按所属土地等级适用税额标准的 50% 计征城镇土地使用税。物流企业的办公、生活区用地及其他非直接从事大宗商品仓储的用地，不属于优惠范围，应按规定征收城镇土地使用税。符合减税条件的物流企业需持相关材料向主管税务机关办理备案手续。

14. 自 2018 年 10 月 1 日至 2020 年 12 月 31 日，对按照去产能和调结构政策要求停产停业、关闭的企业，自停产停业次月起，免征城镇土地使用税。企业享受免税政策的期限累计不得超过两年。按照去产能和调结构政策要求停产停业、关闭的中央企业名单由国务院国有资产监督管理部门认定发布，其他企业名单由省、自治区、直辖市人民政府确定的去产能、调结构主管部门认定发布。认定部门应当及时将认定发布的企业名单（含停产停业、关闭时间）抄送同级财政和税务部门。各级认定部门应当每年核查名单内企业情况，将恢复生产经营、终止关闭注销程序的企业名单及时通知财政和税务部门。企业享受本条规定的免税政策，应按规定进行减免税申报，并将房产土地权属资料等留存备查。

15. 自 2019 年 1 月 1 日至 2021 年 12 月 31 日，对国家级、省级科技企业孵化器、大学科技园和国家备案众创空间自用以及无偿或通过出租等方式提供给在孵对象使用的土地，免征城镇土地使用税。本条所称孵化服务是指为在孵对象提供的经纪代理、经营租赁、研发和技术、信息技术、鉴证咨询服务。国家级、省级科技企业孵化器、大学科技园和国家备案众创空间应当单独核算孵化服务收入。本条所称在孵对象是指符合前款认定和管理办法规定的孵化企业、创业团队和个人。国家级、省级科技企业孵化器、大学科技园和国家备案众创空间应按规定申报享受免税政策，并将房产土地权属资料等留存备查，税务部门依法加强后续管理。2018 年 12 月 31 日以前认定的国家级科技企业孵化器、大学科技园，自 2019 年 1 月 1 日起享受规定的税收优惠政策。2019 年 1 月 1 日以后认定的国家级、省级科技企业孵化器、大学科技园和国家备案众创空间，自认定之日次月起享受规定的税收优惠政策。2019 年 1 月 1 日以后被取消资格的，自取消资格之日次月起停止享受规定的税收优惠政策。

（二）省、自治区、直辖市地方税务局确定的土地使用税减免优惠

1. 个人所有的居住房屋及院落用地。
2. 房产管理部门在房租调整改革前经租的居民住房用地。
3. 免税单位职工家属的宿舍用地。
4. 集体和个人办的各类学校、医院、托儿所、幼儿园用地。

四、征收管理

（一）纳税期限

城镇土地使用税实行按年计算、分期缴纳的征收方法，具体纳税期限由省、自治区、直辖市人民政府确定。

（二）纳税义务发生时间

1. 纳税人购置新建商品房，自房屋交付使用之次月起，缴纳城镇土地使用税。
2. 纳税人购置存量房，自办理房屋权属转移、变更登记手续，房地产权属登记机关

签发房屋权属证书之次月起，缴纳城镇土地使用税。

3. 纳税人出租、出借房产，自交付出租、出借房产之次月起，缴纳城镇土地使用税。

4. 以出让或转让方式有偿取得土地使用权的，应由受让方从合同约定交付土地时间的次月起缴纳城镇土地使用税；合同未约定交付时间的，由受让方从合同签订的次月起缴纳城镇土地使用税。

5. 纳税人新征用的耕地，自批准征用之日起满 1 年时开始缴纳土地使用税。

6. 纳税人新征用的非耕地，自批准征用次月起缴纳土地使用税。

7. 自 2009 年 1 月 1 日起，纳税人因土地的权利发生变化而依法终止城镇土地使用税纳税义务的，其应纳税款的计算应截至土地权利发生变化的当月末。

（三）纳税地点和征收机构

城镇土地使用税在土地所在地缴纳。

纳税人使用的土地不属于同一省、自治区、直辖市管辖的，由纳税人分别向土地所在地的税务机关缴纳土地使用税；在同一省、自治区、直辖市管辖范围内，纳税人跨地区使用的土地，其纳税地点由各省、自治区、直辖市地方税务局确定。

城镇土地使用税由土地所在地的地方税务机关征收，其收入纳入地方财政预算管理。土 地使用税征收工作涉及面广，政策性较强，在税务机关负责征收的同时，还必须注意加强同国土管理、测绘等有关部门的联系，及时取得土地的权属资料，沟通情况，共同协作把征收管理工作做好。

税法知识链接

《资源税法》

《环境保护法》

《城镇土地使用税暂行条例》

《环境保护法实施条例》

复习思考题

一、单项选择题

1. 纳税人在采用外币结算销售额计算资源税时，应在事先确定采用何种折合率计算方法，确定后（　　）内不得变更。

A. 1年　　B. 2年　　C. 3年　　D. 5年

2. 下列关于资源税的计税依据，说法不正确的是（　　）。

A. 资源税计税依据包括向购买方收取的优质费

B. 向购买方收取的违约金不作为资源税的计税依据

C. 实行从量定额征收资源税的应该以销售数量为计税依据

D. 纳税人开采应税矿产品由其关联单位对外销售的，按其关联单位的销售额征收资源税

3. 下列企业属于资源税纳税人的是（　　）。

A. 出口铁矿的外贸企业　　B. 开采石灰石的合资企业

C. 外购原煤销售的商贸企业　　D. 进口有色金属矿原矿的进口公司

4. 下列各项中，不属于环境保护税征税范围的是（　　）。

A. 大气污染物

B. 噪声

C. 水污染物

D. 依法对畜禽养殖废弃物进行综合利用和无害化处理

5. 下列关于水资源税征收管理的表述，错误的是（　　）。

A. 除农业生产取用水外，水资源税按季或者按月征收，由主管税务机关根据实际情况确定

B. 水资源税的纳税义务发生时间为纳税人取用水资源的当日

C. 对超过规定限额的农业生产取用水，水资源税可按年征收

D. 在试点省份内取用水，其纳税地点需要调整的，由省级人民政府决定

6. 下列关于资源税纳税地点的表述中，不正确的是（　　）。

A. 收购未税矿产品的个体户，其纳税地点为收购地

B. 资源税扣缴义务人的纳税地点为应税产品的开采地或生产地

C. 资源税纳税义务人的纳税地点为应税产品的开采地或生产地

D. 跨省开采应税矿产品且生产单位与核算单位不在同一省的企业，其开采销售应税矿产品的纳税地点为开采地

7. 根据资源税规定，原油、天然气资源税实行（　　）。

A. 从量征收　　B. 从价征收　　C. 复合征收　　D. 选择征收

8. 甲企业拥有一土地使用权，其中的40%自用，另60%出租给乙企业生产经营使用，则（　　）。

A. 应当由甲缴纳全部的土地使用税　　B. 应当由乙缴纳全部的土地使用税

C. 应当按比例计算缴纳土地使用税　　D. 按双方协商比例缴纳土地使用税

9. 下列关于城镇土地使用税的纳税义务人，说法正确的是（　　）。

A. 拥有土地使用权的单位和个人

B. 土地使用权未确定或权属纠纷未解决的，不用缴纳土地使用税

C. 土地使用权共有的，选择其中一方是纳税人

D. 纳税单位无偿使用免税单位的土地，纳税单位免征土地使用税

10. 下列关于城镇土地使用税说法正确的是（　　）。

A. 公园的咖啡厅占地，免征城镇土地使用税

B. 开山填海整治的土地，从使用月份起免缴土地使用税 3 ~5 年

C. 厂区内部绿化用地不需要缴纳土地使用税

D. 直接用于农、林、牧、渔业的生产用地，免土地使用税

11. 城镇土地使用税实行的征收方法是（　　）。

A. 按季计算、分期缴纳　　B. 按月计算、一次性缴纳

C. 按年计算、分期缴纳　　D. 按年计算、一次性缴纳

12. 下列关于城镇土地使用税的陈述，不正确的是（　　）。

A. 土地使用税以纳税人实际占用的土地面积为计税依据，依照规定税额计算征收

B. 企业办的学校、医院、托儿所、幼儿园自用的土地，暂免征收土地使用税

C. 对单独的地下建筑用地，应暂按应征税款的 50% 征收城镇土地使用税

D. 土地使用权共有的，由双方协商，确定一方计算缴纳土地使用税

13. 某盐场 2016 年占地 300 000 平方米，其中办公楼占地 20 000 平方米，盐场内部绿化占地 50 000 平方米，盐厂附属医院占地 10 000 平方米，盐滩占地 120 000 平方米，盐场附属盐矿的矿井用地 100 000 平方米。盐场所在地城镇土地使用税单位税额每平方米 1 元。该盐场 2016 年应缴纳的城镇土地使用税为（　　）元。

A. 300 000　　B. 70 000　　C. 170 000　　D. 190 000

14. 某公司与军队共同拥有某幢建筑物的土地使用权。该建筑物占地面积为 3 000 平方米，建筑面积为 20 000 平方米，公司与军队的占用比例为 4∶1，公司所在市城镇土地使用税年税额为每平方米 5 元。该公司全年应纳城镇土地使用税为（　　）元。

A. 0　　B. 3 000　　C. 12 000　　D. 20 000

二、多项选择题

1. 下列关于应税污染物计税依据的说法，正确的有（　　）。

A. 应税大气污染物按照污染物排放量折合的污染当量数确定

B. 应税水污染物的污染当量数，以该污染物的排放量乘以该污染物的污染当量值计算

C. 应税固体废物按照固体废物的排放量确定

D. 固体废物的排放量为当期应税固体废物的产生量减去当期应税固体废物的贮存量、处置量、综合利用量的余额

2. 下列关于资源税纳税义务发生时间的表述中，正确的有（　　）。

A. 自产自用应税产品，移送使用当天缴纳资源税

B. 分期收款销售方式，收到货款当天缴纳资源税

C. 代扣代缴资源税，支付首笔货款或首次开具支付货款凭证的当天扣缴资源税

D. 预收货款销售方式，发出应税产品当天缴纳资源税

3. 下列各项中，属于资源税纳税人的有（　　）。

A. 生产人造石油的股份制企业　　B. 生产海盐的国有企业

C. 生产煤炭的集体企业　　D. 进口有色金属矿的私营企业

4. 下列选项中，属于资源税征税范围的有（　　）。

A. 石墨　　B. 黏土　　C. 井矿盐　　D. 萤石

5. 下列选项中，应该征收资源税的有（　　）。

A. 自产海盐　　B. 外购原煤自制蜂窝煤

C. 进口钨矿石　　D. 开采石灰石

6. 下列关于资源税纳税地点的表述，正确的有（　　）。

A. 资源税纳税人应向开采或生产所在地主管税务机关纳税

B. 跨省开采的，其下属生产单位与核算单位不在同一省、自治区、直辖市的，在开采地纳税

C. 扣缴义务人应向收购地主管税务机关缴纳代扣代缴的资源税

D. 纳税人在本省、自治区、直辖市范围内开采或者生产应税产品，其纳税地点需要调整的，由所在地省、自治区、直辖市税务机关决定

7. 下列关于资源税扣缴规定的说法中，不正确的有（　　）。

A. 资源税的扣缴义务人包括独立矿山、联合企业、其他单位和个人

B. 扣缴义务人代扣资源税时适用开采地的税额

C. 代扣代缴税款纳税义务发生时间为收到货款的当天

D. 扣缴义务人代扣的资源税应向收购地税务机关缴纳

8. 按照资源税代扣代缴的规定，下列说法不正确的有（　　）。

A. 独立矿山、联合企业收购未税矿产品，按照税务机关核定的应税产品税额、税率标准，依据收购的数量代扣代缴资源税

B. 其他收购单位收购的未税矿产品，按本单位应税产品税率、税额标准，依据收购的数量代扣代缴资源税

C. 扣缴义务人代扣代缴税款，其纳税义务发生时间为支付首笔货款或首次开具支付货款凭据的当天

D. 扣缴义务人代扣代缴的资源税，应当向核算地主管税务机关缴纳

9. 下列关于资源税的说法中，正确的有（　　）。

A. 铁矿石资源税减按 40% 征收资源税

B. 自 2016 年 7 月 1 日起，黏土、砂石从价征收

C. 稠油资源税减征 40%

D. 开采原油过程中用于加热、修井的原油，免税

10. 下列对资源税的表述，正确的有（　　）。

A. 铁矿石资源税减按 50% 征收资源税

B. 开采原油过程中用于加热、修井的原油，免税

C. 出口应税产品可以退还已纳资源税

D. 对地面抽采煤层气暂不征收资源税

11. 下列各项中，可以免征城镇土地使用税的有（　　）。

A. 财政拨付事业经费单位的食堂用地　　B. 名胜古迹场所设立的照相馆用地

C. 中国银行的营业用地　　D. 宗教寺庙人员在寺庙内的生活用地

12. 下列各项中，应缴纳城镇土地使用税的有（　　）。

A. 名胜古迹园区内附设的照相馆用地　　B. 公园中管理单位的办公用地

C. 农副产品加工厂生产用地　　D. 妇幼保健机构自用的土地

13. 下列关于城镇土地使用税的说法，正确的有（　　）。

A. 纳税人使用的土地不在同一省、自治区、直辖市管辖的，由纳税人分别向土地所在地的税务机关缴纳土地使用税

B. 纳税人使用的土地在同一省、自治区、直辖市范围内，但跨地区使用的，其纳税地点由省、自治区、直辖市人民政府确定

C. 纳税人新征用的耕地，自批准征用之日起满 1 年时开始计算缴纳土地使用税

D. 纳税人新征用的非耕地，自批准征用次月起缴纳土地使用税

14. 下列关于城镇土地使用税纳税义务发生时间相关表述不正确的有（　　）。

A. 纳税人出租房产，自交付出租房产之次月起计征城镇土地使用税

B. 以出让方式有偿取得土地使用权的，自取得土地使用权的当月起计征城镇土地使用税

C. 纳税人新征用的非耕地，自批准征用当月起缴纳城镇土地使用税

D. 纳税人新征用的耕地，自批准征用之日起满 1 年时开始缴纳城镇土地使用税

15. 下列各项中，符合城镇土地使用税规定的有（　　）。

A. 城镇土地使用税实行按年计算、分期缴纳的征收方式

B. 纳税人使用土地不属于同一省的，由纳税人向注册地税务机关缴纳

C. 纳税单位无偿使用免税单位的土地，纳税单位应当缴纳城镇土地使用税

D. 纳税人实际占有土地但尚未核发土地使用证书，由税务机关核定计税依据

16. 某企业 2015 年 5 月新占用耕地 3 500 平方米用于建造厂房，并临时占用耕地 500 平方米用于堆放沙子，沙子用于建造厂房，预计 2016 年 3 月厂房建造完成，临时占用耕地已获得批准。同年 9 月新占用耕地 2 000 平方米用于兴办学校。则下列说法正确的有（　　）。（所占耕地适用的定额税率为 20 元/平方米）

A. 建造厂房占用的耕地应计征耕地占用税 80 000 元

B. 兴办学校占用耕地应计征耕地占用税 40 000 元

C. 临时占用耕地不需要计征耕地占用税

D. 临时占用耕地需要计征耕地占用税，但在批准临时占用耕地的期限内恢复所占耕地原状的可以全额退还

17. 甲、乙两公司与政府机关共同使用一栋共有土地使用权的建筑物。该建筑物占用土地面积 6 000 平方米，建筑面积 21 000 平方米。甲、乙公司与机关的占用比例分别 2∶1∶3，公司所在地城镇土地使用税税额为 6 元/平方米。则下列表述正确的有（　　）。

A. 甲企业缴纳城镇土地使用税 12 000 元

B. 乙企业缴纳城镇土地使用税 6 000 元

C. 政府机关缴纳城镇土地使用税 18 000 元

D. 乙企业缴纳城镇土地使用税 36 000 元

第十章　特定目的税类

☞ **本章摘要**

城市维护建设税法，是指国家制定的用以调整城市维护建设税征收与缴纳权利及义务关系的法律规范。现行城市维护建设税的基本法律规范，是1985年2月8日国务院发布并于同年1月1日实施的《中华人民共和国城市维护建设税暂行条例》（以下简称《城市维护建设税暂行条例》）。

烟叶税是以纳税人收购烟叶的收购金额为计税依据征收的一种税。为了保持政策的连续性，充分兼顾地方利益和有利于烟叶产区可持续发展，国务院决定制定《中华人民共和国烟叶税暂行条例》，开征烟叶税取代原烟叶特产农业税。2006年4月28日，国务院公布了《中华人民共和国烟叶税暂行条例》，并自公布之日起施行。2017年12月27日第十二届全国人民代表大会常务委员会第三十一次会议通过《中华人民共和国烟叶税法》，该法自2018年7月1日起施行。

教育费附加和地方教育附加是对缴纳增值税、消费税的单位和个人，就其实际缴纳的税额为计算依据征收的一种附加费。

车辆购置税法是指国家制定的用以调整车辆购置税征收与缴纳权利及义务关系的法律规范。现行车辆购置税法的基本规范，是2018年12月29日第十三届全国人民代表大会常务委员会第七次会议通过，并于2019年7月1日起施行的《中华人民共和国车辆购置税法》（以下简称《车辆购置税法》）。

第一节　城市维护建设税

城市维护建设税是对从事工商经营，缴纳增值税、消费税的单位和个人征收的一种附加税。新中国成立以来，我国城市建设和维护取得了较大成绩，但国家在城市维护建设方面一直资金不足。1979年以前，我国用于城市维护建设的资金来源由当时的工商税附加、城市公用事业附加和国家下拨城市维护费组成。1985年2月8日国务院正式颁布了《城市维护建设税暂行条例》，并于1985年1月1日在全国范围内施行。

城市维护建设税的特点主要有以下几个方面：首先是税款专款专用，所征税款要求保证用于城市公用事业和公共设施的维护和建设；其次它属于一种附加税，城市维护建设税是以纳税人实际缴纳的增值税、消费税税额为计税依据，随增值税、消费税同时征收，其本身没有特定的课税对象，其征管方法也完全比照增值税、消费税的有关规定办理；最后根据城镇规模及其维护建设资金需要设计不同比例税率。

城市维护建设税的征收首先弥补了城市维护建设资金的不足，以增值税、消费税为代表的流转税是我国的主体税种，城市维护建设税以增值税、消费税应纳税额作为计税依据，保证了税源的充足，对补充城市维护建设资金的不足产生了积极的作用；它同时调动了地方政府进行城市维护和建设的积极性，城市维护建设税专项保证用于城市的公用事业和公共设施的维护建设，具体使用由地方人民政府确定，充分调动了地方政府协税护税征税的积极性。

一、纳税义务人与征税范围

城市维护建设税的纳税义务人，是指负有缴纳增值税、消费税义务的单位和个人，包括国有企业、集体企业、私营企业、股份制企业、其他企业和行政单位、事业单位、军事单位、社会团体、其他单位，以及个体工商户及其他个人。

城市维护建设税的代扣代缴、代收代缴，比照增值税、消费税的有关规定办理。增值税、消费税的代扣代缴、代收代缴义务人同时也是城市维护建设税的代扣代缴、代收代缴义务人。

二、税率、计税依据和应纳税额的计算

（一）税率

城市维护建设税的税率，是指纳税人应缴纳的城市维护建设税税额与纳税人实际缴纳的增值税、消费税税额之间的比率。城市维护建设税按纳税人所在地的不同，设置了三档地区差别比例税率，除特殊规定外，即：

1. 纳税人所在地为市区的，税率为7%。

2. 纳税人所在地为县城、镇的，税率为5%。撤县建市后，城市维护建设税适用税率为7%。

3. 纳税人所在地不在市区、县城或者镇的，税率为1%；开采海洋石油资源的中外合作油（气）田所在地在海上，其城市维护建设税适用1%的税率。

城市维护建设税的适用税率，应当按纳税人所在地的规定税率执行。但是，对下列两种情况，可按缴纳增值税、消费税所在地的规定税率就地缴纳城市维护建设税：

1. 由受托方代扣代缴、代收代缴增值税、消费税的单位和个人，其代扣代缴、代收代缴的城市维护建设税按受托方所在地适用税率执行；

2. 流动经营等无固定纳税地点的单位和个人，在经营地缴纳增值税、消费税的，其城市维护建设税的缴纳按经营地适用税率执行。

（二）计税依据

城市维护建设税的计税依据，是指纳税人实际缴纳的增值税、消费税税额。纳税人违反增值税、消费税有关税法而加收的滞纳金和罚款，是税务机关对纳税人违法行为的经济制裁，不作为城市维护建设税的计税依据；但纳税人在被查补增值税、消费税和被处以罚款时，应同时对其偷漏的城市维护建设税进行补税、征收滞纳金并处罚款。

城市维护建设税以增值税、消费税税额为计税依据并同时征收，如果要免征或者减征增值税、消费税，也就要同时免征或者减征城市维护建设税。

但对出口产品退还增值税、消费税的，不退还已缴纳的城市维护建设税。

自2005年1月1日起，经国家税务总局正式审核批准的当期免抵的增值税税额应纳入城市维护建设税和教育费附加的计征范围，分别按规定的税（费）率征收城市维护建设税和教育费附加。2005年1月1日前，已按抵免的增值税税额征收的城市维护建设税和教育费附加不再退还，未征的不再补征。

（三）应纳税额的计算

城市维护建设税纳税人的应纳税额大小是由纳税人实际缴纳的增值税、消费税税额决定的，其计算公式为：

应纳税额 = 纳税人实际缴纳的增值税、消费税税额 × 适用税率

【例10－1】某企业位于县城，2018年9月撤县设区，该企业2018年9月实际缴纳增值税500 000元，缴纳消费税400 000元。计算该企业应纳的城市维护建设税税额。

应纳城市维护建设税税额 =（实际缴纳的增值税 + 实际缴纳的消费税）× 适用税率 =（500 000 + 400 000）× 7% = 900 000 × 7% = 63 000（元）

三、税收优惠和征收管理

（一）税收优惠

城市维护建设税原则上不单独减免，但因城市维护建设税又具附加税性质，当主税发生减免时，城市维护建设税相应发生税收减免。城市维护建设税的税收减免具体有以下几种情况：

1. 城市维护建设税按减免后实际缴纳的增值税、消费税税额计征，即随增值税、消费税的减免而减免。

2. 对于因减免税而需要进行增值税、消费税退库的，城市维护建设税也可同时退库。

3. 海关对进口产品代征的增值税、消费税，不征收城市维护建设税。

4. 对增值税、消费税实行先征后返、先征后退、即征即退办法的，除另有规定外，对随增值税、消费税附征的城市维护建设税和教育费附加，一律不退（返）还。

5. 为支持国家重大水利工程建设，对国家重大水利工程建设基金免征城市维护建设税。

6. 对实行增值税期末留抵退税的纳税人，允许其从城市维护建设税、教育费附加和地方教育附加的计税（征）依据中扣除退还的增值税税额。

（二）征收管理

1. 纳税环节。

城市维护建设税的纳税环节，实际就是纳税人缴纳增值税、消费税的环节。纳税人只要发生增值税、消费税的纳税义务，就要在同样的环节，分别计算缴纳城市维护建设税。

2. 纳税地点。

城市维护建设税以纳税人实际缴纳的增值税、消费税税额为计税依据，分别与增值税、消费税同时缴纳。所以，纳税人缴纳增值税、消费税的地点，就是该纳税人缴纳城市

维护建设税的地点。但是，属于下列情况的，纳税地点为：

（1）代扣代缴、代收代缴增值税、消费税的单位和个人，同时也是城市维护建设税的代扣代缴、代收代缴义务人，其城市维护建设税的纳税地点在代扣代收地。

（2）跨省开采的油田，下属生产单位与核算单位不在一个省内的，其生产的原油，在油井所在地缴纳增值税，其应纳税款由核算单位按照各油井的产量和规定税率，计算汇拨各油井缴纳。所以，各油井应纳的城市维护建设税，应由核算单位计算，随同增值税一并汇拨油井所在地，由油井在缴纳增值税的同时，一并缴纳城市维护建设税。

（3）纳税人跨地区提供建筑服务、销售和出租不动产的，应在建筑服务发生地、不动产所在地预缴增值税时，以预缴增值税税额为计税依据，并按预缴增值税所在地的城市维护建设税适用税率和教育费附加征收率就地计算缴纳城市维护建设税和教育费附加。

预缴增值税的纳税人在其机构所在地申报缴纳增值税时，以其实际缴纳的增值税税额为计税依据，并按机构所在地的城市维护建设税适用税率和教育费附加征收率就地计算缴纳城市维护建设税和教育费附加。

（4）对流动经营等无固定纳税地点的单位和个人，应随同增值税、消费税在经营地按适用税率缴纳。

3. 纳税期限。

由于城市维护建设税是由纳税人在缴纳增值税、消费税时同时缴纳的，因此其纳税期限分别与增值税、消费税的纳税期限一致。根据增值税法和消费税法规定，增值税、消费税的纳税期限分别为 1 日、3 日、5 日、10 日、15 日或者 1 个月。增值税、消费税的纳税人的具体纳税期限，由主管税务机关根据纳税人应纳税额大小分别核定；不能按照固定期限纳税的，可以按次纳税。

第二节　烟叶税

一、纳税义务人和征税范围

（一）纳税义务人

在中华人民共和国境内依照《中华人民共和国烟叶税暂行条例》的规定收购烟叶的单位为烟叶税的纳税人。

（二）征税范围

烟叶税的征税范围是指晾晒烟叶、烤烟叶。

二、税率和应纳税额的计算

（一）税率

烟叶税实行比例税率，税率为 20%。烟叶税实行全国统一的税率，主要是考虑烟叶属于特殊的专卖品，其税率不宜存在地区间的差异，否则会形成各地之间的不公平竞争，不利于烟叶种植的统一规划和烟叶市场、烟叶收购价格的统一。

（二）应纳税额的计算

烟叶税的应纳税额按照纳税人收购烟叶实际支付价款总额乘以税率计算，计算公式为：

应纳税额 = 实际支付价款总额 × 税率

纳税人收购烟叶实际支付的价款总额包括纳税人支付给烟叶生产销售单位和个人的烟叶收购价款和价外补贴。其中，价外补贴统一按烟叶收购价款的10%计算。

实际收购价款总额 = 实际支付价款 ×（1 + 10%）

【例10－2】某烟草公司系增值税一般纳税人，2019年1月收购烟叶100 000千克，烟叶收购价格10元/千克，总计1 000 000元，货款已全部支付。请计算该烟草公司8月收购烟叶应缴纳的烟叶税。

应缴纳烟叶税 = 1 000 000 ×（1 + 10%）× 20% = 220 000（元）

三、征收管理

烟叶税的征收管理，依照《中华人民共和国税收征收管理法》及《中华人民共和国烟叶税法》的有关规定执行。

（一）纳税义务发生时间

烟叶税的纳税义务发生时间为纳税人收购烟叶的当日。收购烟叶的当日是指纳税人向烟叶销售者付讫收购烟叶款项或者开具收购烟叶凭据的当日。

（二）纳税地点

纳税人收购烟叶，应当向烟叶收购地的主管税务机关申报缴纳烟叶税纳税。

（三）纳税期限

烟叶税按月计征，纳税人应当于纳税义务发生月终了之日起十五日内申报并缴纳税款。

第三节 教育费附加和地方教育费附加

教育费附加是为加快地方教育事业，扩大地方教育经费的资金而征收的一项专用基金。1984年，国务院颁布了《关于筹措农村学校办学经费的通知》，开征了农村教育事业经费附加。1985年，中共中央做出了《关于教育体制改革的决定》，指出必须在国家增拨教育基本建设投资和教育经费的同时，充分调动企、事业单位和其他各种社会力量办学的积极性，开辟多种渠道筹措经费。为此，国务院于1986年4月28日颁布了《征收教育费附加的暂行规定》，决定从同年7月1日开始在全国范围内征收教育费附加。自2006年9月1日起施行的《中华人民共和国教育法》规定："税务机关依法足额征收教育费附加，由教育行政部门统筹管理，主要用于实施义务教育。省、自治区、直辖市人民政府根据国务院的有关规定，可以决定开征用于教育的地方附加费，专款专用。"2010年财政部下发了《关于统一地方教育附加政策有关问题的通知》对各省、自治区、直辖市的地方教育附加进行了统一。

一、教育费附加和地方教育附加的征收范围及计征依据

教育费附加和地方教育附加对缴纳增值税、消费税的单位和个人征收，以其实际缴纳的增值税、消费税税款为计征依据，分别与增值税、消费税同时缴纳。

二、教育费附加和地方教育附加计征比率

教育费附加计征比率曾几经变化。1986年开征时，规定为1%；1990年5月《国务院关于修改〈征收教育费附加的暂行规定〉的决定》中规定为2%；按照1994年2月7日《国务院关于教育费附加征收问题的紧急通知》的规定，现行教育费附加征收比率为3%，地方教育附加征收率从2010年起统一为2%。

三、教育费附加和地方教育附加的计算

教育费附加和地方教育附加的计算公式为：

应纳教育费附加或地方教育附加＝实际缴纳的增值税、消费税×征收比率（3%或2%）

【例10-3】 某企业2019年3月实际缴纳增值税300 000元，缴纳消费税300 000元。计算该企业应缴纳的教育费附加和地方教育附加。

应纳教育费附加＝(实际缴纳的增值税＋实际缴纳的消费税)×征收比率＝

(300 000＋300 000)×3%＝600 000×3%＝18 000（元）

应纳地方教育附加＝(实际缴纳的增值税＋实际缴纳的消费税)×征收比率＝

(300 000＋300 000)×2%＝600 000×2%＝12 000（元）

四、教育费附加和地方教育附加的减免规定

1. 对海关进口的产品征收的增值税、消费税，不征收教育费附加。

2. 对由于减免增值税、消费税而发生退税的，可同时退还已征收的教育费附加。但对出口产品退还增值税、消费税的，不退还已征的教育费附加。

3. 对国家重大水利工程建设基金免征教育费附加。

4. 自2016年2月1日起，按月纳税的月销售额或营业额不超过10万元（按季度纳税的季度销售额或营业额不超过30万元）的缴纳义务人，免征教育费附加、地方教育附加。

第四节 船舶吨税

船舶吨税是根据船舶运载量课征的一个税种，源于明朝以后税关的“船料”。鸦片战争后，海关对出入中国口岸的商船按船舶吨位计征税款，故称船舶吨税。除海关外，内地常关也对过往船只征船料，直到1931年常关撤销时，船料废止。现行船舶吨税的基本规范是2017年12月27日第十二届全国人民代表大会常务委员会第三十一次会议通过《中华人民共和国船舶吨税法》，自2018年7月1日起施行。

一、征税范围和税率

（一）征税范围

自中华人民共和国境外港口进入境内港口的船舶（以下简称应税船舶），应当缴纳船舶吨税（以下简称吨税）。吨税的税目、税率依照《吨税税目税率表》执行。

（二）税率

吨税设置优惠税率和普通税率。中华人民共和国国籍的应税船舶，船籍国（地区）与中华人民共和国签订含有相互给予船舶税费最惠国待遇条款的条约或者协定的应税船舶，适用优惠税率。其他应税船舶，适用普通税率（见表10－1）。

表10－1 吨税税目税率表

<table>
<tr><th rowspan="3">税目
（按船舶净吨位划分）</th><th colspan="6">税率（元/净吨）</th><th rowspan="3">备注</th></tr>
<tr><th colspan="3">普通税率
（按执照期限划分）</th><th colspan="3">优惠税率
（按执照期限划分）</th></tr>
<tr><th>1年</th><th>90日</th><th>30日</th><th>1年</th><th>90日</th><th>30日</th></tr>
<tr><td>不超过2 000净吨</td><td>12.6</td><td>4.2</td><td>2.1</td><td>9.0</td><td>3.0</td><td>1.5</td><td rowspan="4">1. 拖船按照发动机功率每千瓦折合净吨位0.67吨。
2. 无法提供净吨位证明文件的游艇，按照发动机功率每千瓦折合净吨位0.05吨。
3. 拖船和非机动驳船分别按相同净吨位船舶税率的50%计征税款</td></tr>
<tr><td>超过2 000净吨，但不超过10 000净吨</td><td>24.0</td><td>8.0</td><td>4.0</td><td>17.4</td><td>5.8</td><td>2.9</td></tr>
<tr><td>超过10 000净吨，但不超过50 000净吨</td><td>27.6</td><td>9.2</td><td>4.6</td><td>19.8</td><td>6.6</td><td>3.3</td></tr>
<tr><td>超过50 000净吨</td><td>31.8</td><td>10.6</td><td>5.3</td><td>22.8</td><td>7.6</td><td>3.8</td></tr>
</table>

注：拖船，是指专门用于拖（推）动运输船舶的专业作业船舶。

二、应纳税额的计算

吨税按照船舶净吨位和吨税执照期限征收。净吨位，是指由船籍国（地区）政府授权签发的船舶吨位证明书上标明的净吨位；吨税执照期限，是指按照公历年、日计算的期间。应税船舶负责人在每次申报纳税时，可以按照《吨税税目税率表》选择申领一种期限的吨税执照。吨税的应纳税额按照船舶净吨位乘以适用税率计算，计算公式为：

应纳税额 = 船舶净吨位 × 定额税率

吨税由海关负责征收。海关征收吨税应当制发缴款凭证。应税船舶负责人缴纳吨税或者提供担保后，海关按照其申领的执照期限填发吨税执照。

应税船舶在进入港口办理入境手续时，应当向海关申报纳税领取吨税执照，或者交验吨税执照（或者申请核验吨税执照电子信息）。应税船舶在离开港口办理出境手续时，应当交验吨税执照（或者申请核验吨税执照电子信息）。

应税船舶负责人申领吨税执照时，应当向海关提供下列文件：

1. 船舶国籍证书或者海事部门签发的船舶国籍证书收存证明；

2. 船舶吨位证明。

应税船舶因不可抗力在未设立海关地点停泊的，船舶负责人应当立即向附近海关报告，并在不可抗力原因消除后，依照本法规定向海关申报纳税。

【例 10 - 4】 B 国某运输公司一艘货轮驶入我国某港口，该货轮净吨位为 30 000 吨，货轮负责人已向我国该海关领取了吨税执照，在港口停留期限为 30 天，B 国已与我国签订有相互给予船舶税费最惠国待遇条款。请计算该货轮负责人应向我国海关缴纳的船舶吨税。

（1）根据船舶吨税的相关规定，该货轮应享受优惠税率，每净吨位为 3.3 元。

（2）应缴纳船舶吨税 = 30 000 × 3.3 = 99 000（元）。

三、税收优惠

（一）直接优惠

下列船舶免征吨税：

1. 应纳税额在人民币 50 元以下的船舶。

2. 自境外以购买、受赠、继承等方式取得船舶所有权的初次进口到港的空载船舶。

3. 吨税执照期满后 24 小时内不上下客货的船舶。

4. 非机动船舶（不包括非机动驳船）。非机动船舶，是指自身没有动力装置，依靠外力驱动的船舶；非机动驳船，是指在船舶登记机关登记为驳船的非机动船舶。

5. 捕捞、养殖渔船。捕捞、养殖渔船，是指在中华人民共和国渔业船舶管理部门登记为捕捞船或者养殖船的船舶。

6. 避难、防疫隔离、修理、终止运营或者拆解，并不上下客货的船舶。

7. 军队、武装警察部队专用或者征用的船舶。

8. 警用船舶。

9. 依照法律规定应当予以免税的外国驻华使领馆、国际组织驻华代表机构及其有关人员的船舶。

10. 国务院规定的其他船舶。本条免税规定，由国务院报全国人民代表大会常务委员会备案。

（二）延期优惠

在吨税执照期限内，应税船舶发生下列情形之一的，海关按照实际发生的天数批注延长吨税执照期限：

1. 避难、防疫隔离、修理，并不上下客货；

2. 军队、武装警察部队征用。

符合直接免税第 5 项至第 9 项以及延期优惠政策的船舶，应当提供海事部门、渔业船舶管理部门或者出入境检验检疫部门等部门、机构出具的具有法律效力的证明文件或者使用关系证明文件，申明免税或者延长吨税执照期限的依据和理由。

四、征收管理

1. 吨税纳税义务发生时间为应税船舶进入港口的当日。

应税船舶在吨税执照期满后尚未离开港口的，应当申领新的吨税执照，自上一次执照期满的次日起续缴吨税。

2. 应税船舶负责人应当自海关填发吨税缴款凭证之日起 15 日内向指定银行缴清税款。未按期缴清税款的，自滞纳税款之日起，按日加收滞纳税款万分之五的滞纳金。

3. 应税船舶到达港口前，经海关核准先行申报并办结出入境手续的，应税船舶负责人应当向海关提供与其依法履行吨税缴纳义务相适应的担保；应税船舶到达港口后，向海关申报纳税。

下列财产、权利可以用于担保：

（1）人民币、可自由兑换货币；

（2）汇票、本票、支票、债券、存单；

（3）银行、非银行金融机构的保函；

（4）海关依法认可的其他财产、权利。

4. 应税船舶在吨税执照期限内，因修理导致净吨位变化的，吨税执照继续有效。应税船舶办理出入境手续时，应当提供船舶经过修理的证明文件。

因船籍改变而导致适用税率变化的，应税船舶在办理出入境手续时，应当提供船籍改变的证明文件。

5. 应税船舶在吨税执照期限内，因税目税率调整或者船籍改变而导致适用税率变化的，吨税执照继续有效。

因船籍改变而导致适用税率变化的，应税船舶在办理出入境手续时，应当提供船籍改变的证明文件。

6. 吨税执照在期满前毁损或者遗失的，应当向原发照海关书面申请核发吨税执照副本，不再补税。

7. 海关发现少征或者漏征税款的，应当立即通知应税船舶缴纳税款之日起 1 年内，补征税款。但因应税船舶违反规定造成少征或者漏征税款的，海关可以自应当缴纳税款之日起 3 年内追征税款，并自应当缴纳税款之日起按日加征少征或者漏征税款万分之五的滞纳金。

海关发现多征税款的，应当立即通知应税船舶办理退还手续，并加算银行同期活期存款利息。

应税船舶发现多缴税款的，可以自缴纳税款之日起 1 年内以书面形式要求海关退还多缴的税款并加算银行同期活期存款利息；海关应当自受理退税申请之日起 30 日内查实并通知应税船舶办理退还手续。

应税船舶应当自收到退税通知之日起 3 个月内办理有关退还手续。

8. 应税船舶有下列行为之一的，由海关责令限期改正，处 2 000 元以上 3 万元以下罚款；不缴或者少缴应纳税款的，处不缴或者少缴税款 50% 以上 5 倍以下的罚款，但罚款不得低于 2 000 元：

（1）未按照规定申报纳税、领取吨税执照的；

（2）未按照规定交验吨税执照（或者申请核验吨税执照电子信息）及其他证明文件的。

9. 吨税税款、税款滞纳金、罚款以人民币计算。

吨税的征收，《中华人民共和国船舶吨税法》未作规定的，依照有关税收征收管理的法律、行政法规的规定执行。

第五节　耕地占用税法

耕地占用税法是指国家制定的调整耕地占用税征收与缴纳权利及义务关系的法律规范。现行耕地占用税法的基本规范，是 2018 年 12 月 29 日第十三届全国人民代表大会常务委员会第七次会议通过的《中华人民共和国耕地占用税法》（以下简称《耕地占用税法》）。

耕地占用税是对占用耕地建房或从事其他非农业建设的单位和个人，就其实际占用的耕地面积征收的一种税，它属于对特定土地资源占用课税。耕地是土地资源中最重要的组成部分，是农业生产最基本的生产资料。但我国人口众多，耕地资源相对较少，要用占世界总量 7% 的耕地，养活占世界总量 22% 的人口，人多地少的矛盾十分突出。为了遏制并逐步改变这种状况，政府决定开征耕地占用税，运用税收经济杠杆与法律、行政等手段相配合，以便有效地保护耕地。通过开征耕地占用税，使那些占用耕地建房及从事其他非农业建设的单位和个人承担必要的经济责任，有利于政府运用税收经济杠杆调节他们的经济利益，引导他们节约、合理地使用耕地资源。这对于保护国土资源，促进农业可持续发展，以及强化耕地管理，保护农民的切身利益等，都具有十分重要的意义。

一、纳税人与征税范围

（一）纳税人

耕地占用税的纳税人是指在中华人民共和国境内占用耕地建设建筑物、构筑物或者从事非农业建设的单位和个人。

所称单位，包括国有企业、集体企业、私营企业、股份制企业、外商投资企业、外国企业以及其他企业和事业单位、社会团体、国家机关、军队以及其他单位；所称个人，包括个体工商户以及其他个人。

（二）征税范围

耕地占用税的征税范围包括纳税人为建房或从事其他非农业建设而占用的国家所有和集体所有的耕地。

耕地指种植农业作物的土地，包括菜地、园地。其中，园地包括花圃、苗圃、茶园、果园、桑园和其他种植经济林木的土地。

占用鱼塘及其他农用土地建房或从事其他非农业建设，也视同占用耕地，必须依法征收耕地占用税。占用已开发从事种植、养殖的滩涂、草场、水面和林地等从事非农业建设，由省、自治区、直辖市本着有利于保护土地资源和生态平衡的原则，结合具体情况确定是否征收耕地占用税。

二、税率、计税依据和应纳税额的计算

（一）税率

由于在我国的不同地区之间人口和耕地资源的分布极不均衡，有些地区人烟稠密，耕地资源相对匮乏；而有些地区则人烟稀少，耕地资源比较丰富。各地区之间的经济发展水平也有很大差异。考虑到不同地区之间客观条件的差别以及与此相关的税收调节力度和纳税人负担能力方面的差别，耕地占用税在税率设计上采用了地区差别定额税率。税率规定如下：

1. 人均耕地不超过 1 亩的地区（以县级行政区域为单位，下同），每平方米为 10～50 元；

2. 人均耕地超过 1 亩但不超过 2 亩的地区，每平方米为 8～40 元；

3. 人均耕地超过 2 亩但不超过 3 亩的地区，每平方米为 6～30 元；

4. 人均耕地超过 3 亩以上的地区，每平方米为 5～25 元。

各地区耕地占用税的适用税额，由省、自治区、直辖市人民政府根据人均耕地面积和经济发展等情况，在前款规定的税额幅度内提出，报同级人民代表大会常务委员会决定，并报全国人民代表大会常务委员会和国务院备案。各省、自治区、直辖市耕地占用税适用税额的平均水平，不得低于本法所附《各省、自治区、直辖市耕地占用税平均税额表》规定的平均税额（见表 10－2）。

在人均耕地低于0.5亩的地区，省、自治区、直辖市可以根据当地经济发展情况，适当提高耕地占用税的适用税额，但提高的部分不得超过上述第1条确定的适用税额的50%。具体适用税额按照规定程序确定。

占用基本农田的，应当按照适用税额加征150%。

表10－2　　各省、自治区、直辖市耕地占用税平均税额　　单位：元

地区	每平方米平均税额
上海	45
北京	40
天津	35
江苏、浙江、福建、广东	30
辽宁、湖北、湖南	25
河北、安徽、江西、山东、河南、重庆、四川	22.5
广西、海南、贵州、云南、陕西	20
山西、吉林、黑龙江	17.5
内蒙古、西藏、甘肃、青海、宁夏、新疆	12.5

（二）计税依据

耕地占用税以纳税人占用耕地的面积为计税依据，按照规定的适用税额一次性征收。

（三）税额计算

耕地占用税以纳税人实际占用的耕地面积为计税依据，以每平方米土地为计税单位，按适用的定额税率计税。应纳税额为纳税人实际占用的耕地面积（平方米）乘以适用税额。其计算公式为：

应纳税额＝实际占用耕地面积（平方米）×适用税额

【例10－5】假设某市一家企业新占用20 000平方米耕地用于工业建设，所占耕地适用的定额税率为20元/平方米。计算该企业应纳的耕地占用税。

应纳税额＝20 000×20＝400 000（元）

三、税收优惠和征收管理

耕地占用税对占用耕地实行一次性征收，对生产经营单位和个人不设立减免税，仅对公益性单位和需要照顾群体设立减免税。

（一）免征耕地占用税

1. 军事设施占用耕地。

2. 学校、幼儿园、养老院、医院占用耕地。

学校范围，包括由国务院人力资源社会保障行政部门，省、自治区、直辖市人民政府

或其人力资源社会保障行政部门批准成立的技工院校。

3. 农村烈士遗属、因公牺牲军人遗属、残疾军人以及符合农村最低生活保障条件的农村居民，在规定用地标准以内新建自用住宅，免征耕地占用税。

（二）减征耕地占用税

1. 铁路线路、公路线路、飞机场跑道、停机坪、港口、航道占用耕地，减按每平方米2元的税额征收耕地占用税。

根据实际需要，国务院财政、税务主管部门商国务院有关部门并报国务院批准后，可以对前款规定的情形免征或者减征耕地占用税。

2. 农村居民在规定用地标准以内占用耕地新建自用住宅，按照当地适用税额减半征收耕地占用税；其中农村居民经批准搬迁，新建自用住宅占用耕地不超过原宅基地面积的部分，免征耕地占用税。免征或者减征耕地占用税后，纳税人改变原占地用途，不再属于免征或者减征耕地占用税情形的，应当按照当地适用税额补缴耕地占用税。

纳税人临时占用耕地，应当依照本条例的规定缴纳耕地占用税。纳税人在批准临时占用耕地的期限内恢复所占用耕地原状的，全额退还已经缴纳的耕地占用税。

占用林地、牧草地、农田水利用地、养殖水面以及渔业水域滩涂等其他农用地建房或者从事非农业建设的，比照本条例的规定征收耕地占用税。建设直接为农业生产服务的生产设施占用前款规定的农用地的，不征收耕地占用税。

（三）征收管理

耕地占用税由税务机关负责征收。耕地占用税的纳税义务发生时间为纳税人收到自然资源主管部门办理占用耕地手续的书面通知的当日。纳税人应当自纳税义务发生之日起三十日内申报缴纳耕地占用税。

自然资源主管部门凭耕地占用税完税凭证或者免税凭证和其他有关文件发放建设用地批准书。

纳税人因建设项目施工或者地质勘查临时占用耕地，应当依照本法的规定缴纳耕地占用税。纳税人在批准临时占用耕地期满之日起一年内依法复垦，恢复种植条件的，全额退还已经缴纳的耕地占用税。

耕地占用税的征收管理，依照《中华人民共和国耕地占用税法》和《中华人民共和国税收征收管理法》的规定执行。

纳税人、税务机关及其工作人员违反规定的，依照《中华人民共和国税收征收管理法》和有关法律法规的规定追究法律责任。

第六节　车辆购置税

车辆购置税是指在中华人民共和国境内购置汽车、有轨电车、汽车挂车、排气量超过150毫升的摩托车（以下统称应税车辆）的购置者征收的一种税。征收车辆购置税有利于合理筹集财政资金，规范政府行为，调节收入差距，也有利于配合打击车辆走私和维护国家权益。

一、纳税义务人与征税范围

(一) 纳税义务人

车辆购置税是以在中国境内购置规定车辆为课税对象、在特定的环节向车辆购置者征收的一种税。就其性质而言，属于直接税的范畴。

车辆购置税的纳税人是指在中华人民共和国境内购置汽车、有轨电车、汽车挂车、排气量超过150毫升的摩托车（以下统称应税车辆）的单位和个人。其中购置是指以购买、进口、自产、受赠、获奖或者其他方式取得并自用应税车辆的行为。车辆购置税实行一次性征收。购置已征车辆购置税的车辆，不再征收车辆购置税。

所称单位，包括国有企业、集体企业、私营企业、股份制企业、外商投资企业、外国企业以及其他企业，事业单位、社会团体、国家机关、部队和其他单位。

所称个人，包括个体工商户及其他个人，既包括中国公民又包括外国公民。

(二) 征税范围

车辆购置税以列举的车辆作为征税对象，未列举的车辆不纳税。其征税范围包括汽车、摩托车、电车、挂车、农用运输车，具体规定如下：

1. 汽车。

包括各类汽车。

2. 摩托车。

(1) 轻便摩托车：最高设计时速不大于50km/h，发动机气缸总排量不大于$50cm^3$的两个或三个车轮的机动车；

(2) 二轮摩托车：最高设计车速大于50km/h，或发动机气缸总排量大于$50cm^3$的两个车轮的机动车；

(3) 三轮摩托车：最高设计车速大于50km/h，发动机气缸总排量大于$50cm^3$，空车质量不大于400kg的三个车轮的机动车。

3. 电车。

无轨电车：以电能为动力，由专用输电电缆供电的轮式公共车辆；

有轨电车：以电能为动力，在轨道上行驶的公共车辆。

4. 挂车。

全挂车：无动力设备，独立承载，由牵引车辆牵引行驶的车辆；

半挂车：无动力设备，与牵引车共同承载，由牵引车辆牵引行驶的车辆。

5. 农用运输车。

(1) 三轮农用运输车：柴油发动机，功率不大于7.4kW，载重量不大于500kg，最高车速不大于40km/h的三个车轮的机动车；

(2) 四轮农用运输车：柴油发动机，功率不大于28kW，载重量不大于1 500kg，最高车速不大于50km/h的四个车轮的机动车。

为了体现税法的统一性、固定性、强制性和法律的严肃性特征，车辆购置税征收范围的调整，由国务院决定，其他任何部门、单位和个人无权擅自扩大或缩小车辆购置税的征税范围。

二、税率与计税依据

（一）税率

车辆购置税实行统一比例税率，税率为10%。

（二）计税依据

计税依据为应税车辆的计税价格，按照下列规定确定：

1. 纳税人购买自用应税车辆的计税价格，为纳税人实际支付给销售者的全部价款，不包括增值税税款；

2. 纳税人进口自用应税车辆的计税价格，为关税完税价格加上关税和消费税；

3. 纳税人自产自用应税车辆的计税价格，按照纳税人生产的同类应税车辆的销售价格确定，不包括增值税税款；

4. 纳税人以受赠、获奖或者其他方式取得自用应税车辆的计税价格，按照购置应税车辆时相关凭证载明的价格确定，不包括增值税税款。

纳税人申报的应税车辆计税价格明显偏低，又无正当理由的，由税务机关依照《中华人民共和国税收征收管理法》的规定核定其应纳税额。

纳税人以外汇结算应税车辆价款的，按照申报纳税之日的人民币汇率中间价折合成人民币计算缴纳税款。

三、应纳税额的计算

车辆购置税实行从价定率的方法计算应纳税额，计算公式为：

应纳税额 = 计税依据 × 税率

由于应税车辆的来源、应税行为的发生以及计税依据组成的不同，因而，车辆购置税应纳税额的计算方法也有区别。

（一）购买自用应税车辆应纳税额的计算

在应纳税额的计算当中，应注意以下费用的计税规定：

1. 购买者随购买车辆支付的工具件和零部件价款应作为购车价款的一部分，并入计税依据中征收车辆购置税。

2. 支付的车辆装饰费应作为价外费用并入计税依据中计税。

3. 代收款项应区别征税。凡使用代收单位（受托方）票据收取的款项，应视作代收单位价外收费，购买者支付的价费款，应并入计税依据中一并征税；凡使用委托方票据收取，受托方只履行代收义务和收取代收手续费的款项，应按其他税收政策规定征税。

4. 销售单位开给购买者的各种发票金额中包含增值税税款，因此，计算车辆购置税时，应换算为不含增值税的计税价格。

5. 销售单位开展优质销售活动所开票收取的有关费用，应属于经营性收入，企业在代理过程中按规定支付给有关部门的费用，企业已作经营性支出列支核算，其收取的各项费用并在一张发票上难以划分的，应作为价外收入计算征税。

【例 10-6】 宋某 2018 年 7 月从某汽车有限公司购买一辆小汽车供自己使用，支付了含增值税税款在内的款项 232 000 元，另支付代收临时牌照费 500 元、代收保险费 1 000 元，支付购买工具件和零配件价款 3 000 元，车辆装饰费 1 300 元。所支付的款项均由该汽车有限公司开具"机动车销售统一发票"和有关票据。请计算宋某应纳车辆购置税。

（1）计税依据 =（232 000 + 500 + 1 000 + 3 000 + 1 300）÷（1 + 16%）= 205 000（元）

（2）应纳税额 = 205 000 × 10% = 20 500（元）

（二）进口自用应税车辆应纳税额的计算

纳税人进口自用的应税车辆应纳税额的计算公式为：

应纳税额 =（关税完税价格 + 关税 + 消费税）× 税率

【例 10-7】 某外贸进出口公司 2018 年 8 月，从国外进口 10 辆某公司生产的某型号小轿车。该公司报关进口这批小轿车时，经报关地海关对有关报关资料的审查，确定关税完税价格为每辆 185 000 元人民币，海关按关税政策规定每辆征收了关税 46 200 元，并按消费税、增值税有关规定分别代征了每辆小轿车的进口消费税 25 600 元和增值税 41 000 元。由于联系业务需要，该公司将一辆小轿车留在本单位使用。根据以上资料，计算应纳车辆购置税。

（1）计税依据 = 185 000 + 46 200 + 25 600 = 256 800（元）

（2）应纳税额 = 256 800 × 10% = 25 680（元）

（三）其他自用应税车辆应纳税额的计算

纳税人自产自用、受赠使用、获奖使用和以其他方式取得并自用应税车辆的，凡不能取得该型车辆的购置价格，或者低于最低计税价格的，以国家税务总局核定的最低计税价格作为计税依据计算征收车辆购置税：

应纳税额 = 最低计税价格 × 税率

【例 10-8】 某客车制造厂将自产的一辆某型号的客车，用于本厂后勤服务，该厂在办理车辆上牌落籍前，出具该车的发票，注明金额 65 000 元，并按此金额向主管税务机关申报纳税。经审核，国家税务总局对该车同类型车辆核定的最低计税价格为 80 000 元。计算该车应纳车辆购置税。

应纳税额 = 80 000 × 10% = 8 000（元）

四、税收优惠

（一）车辆购置税减免税规定

我国车辆购置税实行法定减免，减免税范围的具体规定是：

1. 外国驻华使馆、领事馆和国际组织驻华机构及其外交人员自用车辆免税；

2. 中国人民解放军和中国人民武装警察部队列入军队武器装备订货计划的车辆免税；

3. 设有固定装置的非运输车辆免税；

4. 有国务院规定予以免税或者减税的其他情形的，按照规定免税或减税。

根据现行政策规定，上述其他情形的车辆，目前主要有以下几种：

（1）防汛部门和森林消防部门用于指挥、检查、调度、报汛（警）、联络的设有固定装置的指定型号的车辆。

（2）回国服务的留学人员用现汇购买1辆自用国产小汽车。

（3）长期来华定居专家进口1辆自用小汽车。

5. 农用三轮运输车免征车辆购置税。农用三轮车是指：柴油发动机，功率不大于7.4kW，载重量不大于500kg，最高车速不大于40km/h的三个车轮的机动车。

6. 自2016年1月1日起至2020年12月31日止，对城市公交企业购置的公共汽电车辆免征车辆购置税。

上述城市公交企业是指由县级以上（含县级）人民政府交通运输主管部门认定的，依法取得城市公交经营资格，为公众提供公交出行服务的企业。

上述公共汽电车辆是指由县级以上（含县级）人民政府交通运输主管部门按照车辆实际经营范围和用途等界定的，在城市中按规定的线路、站点、票价和时刻表营运，供公众乘坐的经营性客运汽车和无轨电车。

7. 自2018年1月1日至2020年12月31日，对购置的新能源汽车免征车辆购置税。对免征车辆购置税的新能源汽车，通过发布《免征车辆购置税的新能源汽车车型目录》实施管理。

8. 纳税人在办理车辆购置税免（减）税手续时，应如实填写纳税申报表和《车辆购置税免（减）税申报表》（以下简称免税申报表），除提供规定的资料外，还应根据不同情况，分别提供下列资料：

（1）外国驻华使馆、领事馆和国际组织驻华机构及其外交人员自用的车辆，分别提供机构证明和外交部门出具的身份证明；

（2）中国人民解放军和中国人民武装警察部队列入军队武器装备订货计划的车辆，提供订货计划的证明；

（3）设有固定装置的非运输车辆，提供车辆内、外观彩色5寸照片；

（4）其他车辆，提供国务院或者国务院授权的主管部门的批准文件。

9. 纳税人在办理设有固定装置的非运输车辆免税申报时，主管税务机关应当依据免税图册对车辆固定装置进行核实无误后，办理免税手续。

10. 自2018年7月1日至2021年6月30日，对购置挂车减半征收车辆购置税。购置日期按照《机动车销售统一发票》《海关关税专用缴款书》或者其他有效凭证的开具日期确定。本条所称挂车，是指由汽车牵引才能正常使用且用于载运货物的无动力车辆。

（二）车辆购置税的退税

纳税人已经缴纳车辆购置税但在办理车辆登记手续前，需要办理退还车辆购置税的，由纳税人申请，征收机构审查后办理退还车辆购置税手续。

五、征收管理

车辆购置税由税务机关负责征收。车辆购置税的征收规定如下：

（一）纳税申报

纳税人购置应税车辆，应当向车辆登记地的主管税务机关申报缴纳车辆购置税；购置不需要办理车辆登记的应税车辆的，应当向纳税人所在地的主管税务机关申报缴纳车辆购置税。

车辆购置税的纳税义务发生时间为纳税人购置应税车辆的当日。纳税人应当自纳税义务发生之日起60日内申报缴纳车辆购置税。

纳税人应当在向公安机关交通管理部门办理车辆注册登记前，缴纳车辆购置税。

1. 纳税人应到下列地点办理车辆购置税纳税申报：

（1）需要办理车辆登记注册手续的纳税人，向车辆登记注册地的主管税务机关办理纳税申报；

（2）不需要办理车辆登记注册手续的纳税人，向纳税人所在地的主管税务机关办理纳税申报。

2. 车辆购置税实行一车一申报制度。

3. 纳税人购买自用应税车辆的，应自购买之日起60日内申报纳税；进口自用应税车辆的，应自进口之日起60日内申报纳税；自产、受赠、获奖或者以其他方式取得并自用应税车辆的，应自取得之日起60日内申报纳税。

4. 免税车辆因转让、改变用途等原因，其免税条件消失的，纳税人应在免税条件消失之日起60日内到主管税务机关重新申报纳税。

免税车辆发生转让，但仍属于免税范围的，受让方应当自购买或取得车辆之日起60日内到主管税务机关重新申报免税。

5. 纳税人办理纳税申报时应如实填写《车辆购置税纳税申报表》（以下简称纳税申报表），同时提供以下资料：

（1）纳税人身份证明；

（2）车辆价格证明；

（3）车辆合格证明；

（4）税务机关要求提供的其他资料。

6. 免税条件消失的车辆，纳税人在办理纳税申报时，应如实填写纳税申请表，同时提供以下资料：

（1）发生二手车交易行为的，提供纳税人身份证明、《二手车销售统一发票》和《车辆购置税完税证明》（以下简称完税证明）正本原件；

（2）未发生二手车交易行为的，提供纳税人身份证明、完税证明正本原件及有效证明资料。

（二）纳税环节

车辆购置税的征税环节为使用环节，即最终消费环节。具体而言，纳税人应当在向公安机关等车辆管理机构办理车辆登记注册手续前，缴纳车辆购置税。

购买二手车时，购买者应当向原车主索要《车辆购置税完税证明》。购买已经办理车辆购置税免税手续的二手车，购买者应当到税务机关重新办理申报缴税或免税手续。未按规定办理的，按《征管法》的规定处理。

（三）纳税地点

纳税人购置应税车辆，应当向车辆登记注册地的主管税务机关申报纳税；购置不需办理车辆登记注册手续的应税车辆，应当向纳税人所在地主管税务机关申报纳税。车辆登记注册地是指车辆的上牌落籍地或落户地。

（四）纳税期限

纳税人购买自用的应税车辆，自购买之日起60日内申报纳税；进口自用的应税车辆，应当自进口之日起60日内申报纳税；自产、受赠、获奖和以其他方式取得并自用的应税车辆，应当自取得之日起60日内申报纳税。

上述的“购买之日”是指纳税人购车发票上注明的销售日期；“进口之日”是指纳税人报关进口的当天。

（五）车辆购置税的缴税管理

1. 车辆购置税的缴税方法。

车辆购置税税款缴纳方法主要有以下几种：

（1）自报核缴。即由纳税人自行计算应纳税额、自行填报纳税申报表有关资料，向主管税务机关申报，经税务机关审核后，开具完税证明，由纳税人持完税凭证向当地金库或金库经收处缴纳税款。

（2）集中征收缴纳。包括两种情况：一是由纳税人集中向税务机关统一申报纳税。它适用于实行集中购置应税车辆的单位缴纳和经批准实行代理制经销商的缴纳。二是由税务机关集中报缴税款。即在纳税人向实行集中征收的主管税务机关申报缴纳税款，税务机关开具完税凭证后，由税务机关填写汇总缴款书，将税款集中缴入当地金库或金库经收处。它适用于税源分散、税额较少、税务部门实行集中征收管理的地区。

（3）代征、代扣、代收。即扣缴义务人按税法规定代扣代缴、代收代缴税款由税务机关委托征收单位代征税款的征收方式。它适用于税务机关委托征收或纳税人依法受托征收税款。

2. 车辆购置税的缴税管理。

（1）税款缴纳方式。纳税人在申报纳税时，税款的缴纳方式主要有：现金支付、支票、信用卡和电子结算及委托银行代收、银行划转等方式。

（2）完税凭证及使用要求。税务机关在征收车辆购置税时，应根据纳税人税款缴纳方式的不同，分别使用税收通用完税凭证、税收转账专用完税凭证和税收通用缴款书三种税票，即纳税人以现金方式向税务机关缴纳车辆购置税的，由主管税务机关开具《税收通用完税凭证》；纳税人以支票、信用卡和电子结算方式缴纳及税务机关委托银行代收税款的，由主管税务机关开具《税收转账专用完税证》；纳税人从其银行存款户直接划转税款的，由主管税务机关开具《税收通用缴款书》。

（六）车辆购置税的退税制度

1. 已缴纳车辆购置税的车辆，发生下列情形之一的，准予纳税人申请退税：

（1）车辆退回生产企业或者经销商的；

（2）符合免税条件的设有固定装置的非运输车辆但已征税的；

（3）其他依据法律法规规定应予退税的情形。

2. 纳税人申请退税时，应如实填写《车辆购置税退税申请表》（以下简称退税申请表），由本人、单位授权人员到主管税务机关办理退税手续，按下列情况分别提供资料：

（1）车辆退回生产企业或者经销商的，提供生产企业或经销商开具的退车证明和退车发票。

未办理车辆登记注册的，提供原完税凭证、完税证明正本和副本；已办理车辆登记注册的，提供原完税凭证、完税证明正本、公安机关车辆管理机构出具的机动车注销证明。

（2）符合免税条件的设有固定装置的非运输车辆但已征税的，未办理车辆登记注册的，提供原完税凭证、完税证明正本和副本；已办理车辆登记注册的，提供原完税凭证、完税证明正本。

（3）其他依据法律法规规定应予退税的情形，未办理车辆登记注册的，提供原完税凭证、完税证明正本和副本；已办理车辆登记注册的，提供原完税凭证、完税证明正本、公安机关车辆管理机构出具的机动车注销证明或者税务机关要求的其他资料。

3. 车辆退回生产企业或者经销商的，纳税人申请退税时，主管税务机关自纳税人办理纳税申报之日起，按已缴纳税款每满 1 年扣减 10% 计算退税额；未满 1 年的，按已缴纳税款全额退税。

其他退税情形，纳税人申请退税时，主管税务机关依据有关规定计算退税额。

税法知识链接

《城市维护建设税暂行条例》　《烟叶税法》　《船舶吨税法》

《车辆购置税暂行条例》　《耕地占用税暂行条例》　《耕地占用税暂行条例实施细则》

复习思考题

一、单项选择题

1. 下列有关项目属于城市维护建设税计税依据的是（　　）。

A. 国有企业偷漏增值税被处的罚款

B. 化妆品公司偷逃的消费税

C. 个体工商户拖欠的个人所得税

D. 中外合资企业在华机构缴纳的企业所得税

2. 下列项目中，可以作为城建税计税依据的是（　　）。

A. 增值税税金　　B. 消费税滞纳金

C. 房产税罚款　　D. 补缴纳的企业所得税税金

3. 目前我国城建税的税率实行的是（　　）的方法。

A. 纳税人所属行业差别比例税率　　B. 纳税人所在地差别比例税率

C. 纳税人所属行业累进税率　　D. 纳税人所在地统一累进税率

4. 由受托方代收代缴增值税、消费税的单位和个人，其代收代缴城建税适用的税率是（　　）。

A. 委托方所在地税率　　B. 受托方所在地税率

C. 双方协商　　D. 从高征收

5. 某市一生产企业为增值税一般纳税人。本期进口原材料一批，向海关缴纳进口环节增值税 10 万元；本期在国内销售甲产品实际缴纳增值税 30 万元、消费税 50 万元，消费税滞纳金 1 万元；本期出口乙产品一批，按规定退回增值税 5 万元。该企业本期应缴纳城市维护建设税（　　）万元。

A. 4.55　　B. 4　　C. 4.25　　D. 5.6

6. 位于市区的甲企业 2017 年 7 月销售产品缴纳增值税和消费税共计 50 万元，被税务机关查补增值税 15 万元并处罚款 5 万元。甲企业 7 月应缴纳的城市维护建设税为（　　）万元。

A. 3.25　　B. 3.5　　C. 4.9　　D. 4.55

7. 某县城一家电生产企业为一般纳税人，2018 年 8 月因进口半成品缴纳增值税 60 万元，销售产品实际缴纳增值税税额 180 万元，本月又出租当年 7 月取得的厂房，收到不含税租金 30 万元。该企业本月应缴纳的城市维护建设税、教育费附加和地方教育附加为（　　）万元。

A. 18.3　　B. 24.15　　C. 21.96　　D. 16.8

8. 下列对城市维护建设税的表述不正确的是（　　）。

A. 城建税属于一种附加税

B. 税款专门用于城市的公用事业和公共设施的维护建设

C. 本身没有特定的课税对象

D. 根据城镇规模设计定额税率

9. 某烟厂为增值税一般纳税人，2018 年 1 月收购烟叶 2 000 公斤，实际支付的价款总额 30 万元，已开具烟叶收购发票。下列表述正确的是（　　）。

A. 烟厂应该代扣代缴烟叶税 6 万元　　B. 烟厂应该代扣代缴烟叶税 6.6 万元

C. 烟厂应该自行缴纳烟叶税 6 万元　　D. 烟厂应该自行缴纳烟叶税 6.6 万元

10. 甲县某烟草公司去相邻的乙县收购烟叶，2019 年 2 月 5 日，实际支付的价款总额 80 万元。下列纳税事项的表述正确的是（　　）。

A. 烟草公司应在 3 月 20 日申报缴纳烟叶税

B. 烟草公司 2 月收购烟叶应缴纳烟叶税 16 万元

C. 烟草公司应向甲县主管税务机关申报缴纳烟叶税

D. 烟草公司收购烟叶的纳税义务发生时间是 2 月 15 日

11. 下列关于船舶吨税的说法，不正确的是（　　）。

A. 拖船和非机动驳船按相同净吨位船舶税率的 50% 计征税款

B. 吨税设置一栏税率

C. 吨税按照船舶净吨位和执照期限征收

D. 吨税由海关负责征收

12. 下列各项中，属于耕地占用税征税范围的是（　　）。

A. 占用菜地开发花圃　　B. 占用农用地建房

C. 占用耕地开发经济林　　D. 占用耕地开发茶园

13. 下列人员不属于车辆购置税纳税义务人的是（　　）。

A. 应税车辆的馈赠人　　B. 应税车辆的购买使用者

C. 应税车辆的受赠使用者　　D. 应税车辆的进口使用者

14. 下列车辆需要缴纳车辆购置税的是（　　）。

A. 设有固定装置的非运输专用作业车辆　　B. 城市公交企业购置的公共电汽车辆

C. 部队特种车改装成后勤车　　D. 国际组织驻华机构人员自用的车辆

15. 甲某 2019 年 8 月参加幸运抽奖活动，中奖所得一辆小轿车，相关凭证上注明的小轿车不含增值税购置价格为 220 000 元。甲某应纳车辆购置税（　　）元。

A. 6 000　　B. 6 500　　C. 22 000　　D. 24 000

16. 某汽车制造厂将自产的小汽车 8 辆自用，同类型应税车辆的最低计税价格为 200 000 元/辆，该厂账面的小汽车的成本为 100 000 元/辆，成本利润率为 10%。该汽车制造厂应纳车辆购置税（　　）元。（以上价格均不含增值税）

A. 15 000　　B. 76 000　　C. 132 000　　D. 160 000

17. 汽车销售公司销售小汽车时同时向购买方收取的下列款项，可以征收车辆购置税的是（　　）。

A. 代办缴税收取的车辆购置税　　B. 收取的集资费

C. 代办保险收取的保险费　　D. 代办牌照收取的车辆牌照费

二、多项选择题

1. 下列不属于城市维护建设税纳税义务人的有（　　）。

A. 缴纳增值税的事业单位　　B. 缴纳消费税的国有企业

C. 缴纳印花税的外商投资企业　　D. 只缴纳个人所得税的公司职员

2. 以下属于城市维护建设税纳税义务人的有（　　）。

A. 从事经营活动的事业单位　　　　B. 集体所有制企业
C. 流动经营的小商贩　　　　D. 外商投资企业

3. 下列属于城建税计税基础的有（　　）。
A. 本月实际缴纳的消费税　　　　B. 计算的免抵税额
C. 本月实际缴纳的增值税　　　　D. 进口的增值税

4. 城建税的适用税率有（　　）。
A. 1%　　B. 3%　　C. 5%　　D. 7%

5. 下列关于教育费附加的表述中，正确的有（　　）。
A. 外商投资企业不需计算缴纳教育费附加
B. 国家重大水利工程建设基金免征教育费附加
C. 对海关进口的产品征收增值税，同时征收教育费附加
D. 对出口产品退还增值税、消费税的，不退还已征的教育费附加

6. 纳税人跨地区提供（　　）业务，预缴增值税时按照预缴地城建税税率计算缴纳城建税和附加费。
A. 建筑服务　　　　B. 销售不动产
C. 出租不动产　　　　D. 房地产企业销售开发项目

7. 下列各项中，符合城市维护建设税规定的有（　　）。
A. 对国家重大水利工程建设基金免征城市维护建设税
B. 因减免税而需进行增值税、消费税退库的，可同时退还城市维护建设税
C. 对出口产品退还增值税、消费税的，不退还城市维护建设税
D. 海关对进口产品代征增值税、消费税，征收城市维护建设税

8. 下列关于城市维护建设税减免税规定的表述中，正确的有（　　）。
A. 城市维护建设税随增值税、消费税的减免而减免
B. 对国家重大水利工程建设基金免征城市维护建设税
C. 对由海关代征的进口产品增值税和消费税应减半征收城市维护建设税
D. 因减免税而对增值税、消费税进行退库的，可同时对已征收的城市维护建设税实施退库

9. 下列属于城市维护建设税的特点的有（　　）。
A. 税款专款专用
B. 属于一种附加税
C. 根据城镇规模设计不同的定额税
D. 补充城市维护建设资金的不足

10. 下列不属于城市维护建设税的特点的有（　　）。
A. 征收范围广　　　　B. 实行从量定额征收
C. 属于一种附加税　　　　D. 税款专款专用，具有受益税性质

11. 烟叶税的征税范围包括（　　）。
A. 采摘烟叶　　B. 晾晒烟叶　　C. 烤烟叶　　D. 烟丝

12. 下列属于耕地占用税的范围的有（　　）。
A. 占用苗圃用地建游乐园　　　　B. 在滩涂上从事农业种植

C. 占用耕地建农产品加工厂　　　　　D. 占用菜地建房

13. 下列各项中，不属于耕地占用税征税范围的有（　　）。

A. 占用菜地开发花圃　　　　　B. 占用果园土地建造住宅区

C. 占用耕地修建鱼塘　　　　　D. 占用养殖的滩涂修建飞机场跑道

14. 下列关于耕地占用税的表述中，正确的有（　　）。

A. 建设直接为农业生产服务的生产设施而占用耕地的，征收耕地占用税

B. 获准占用耕地的单位或者个人，应当在收到自然资源主管部门的通知之日起60日内缴纳耕地占用税

C. 免征或者减征耕地占用税后，纳税人改变原占地用途，不再属于免征或者减征耕地占用税情形的，应当按照当地适用税额补缴耕地占用税

D. 在人均耕地低于0.5亩的地区，省、自治区、直辖市可以根据当地经济发展情况，适当提高耕地占用税的适用税额，但提高的部分不得超过确定的适用税额的50%

15. 下列车辆应缴纳车辆购置税的有（　　）。

A. 汽车挂车　　B. 汽车　　C. 有轨电车　　D. 农用运输车

16. 企业购置使用下列车辆应缴纳车辆购置税的有（　　）。

A. 汽车　　　　　B. 排气量为120毫升的摩托车

C. 电动车　　　　D. 汽车挂车

17. 下列购置的车辆，属于车辆购置税免税项目的有（　　）。

A. 排气量超过一百五十毫升的摩托车

B. 城市公交企业购置的公共电汽车辆

C. 悬挂应急救援专用号牌的国家综合性消防救援车辆

D. 有轨电车

18. 下列费用中，应该作为购买自用车辆的计税依据的有（　　）。

A. 购买者支付的车辆装饰费　　　　B. 销售方向购买方收取的违约金

C. 使用受托方票据收取的款项　　　D. 购买者支付的控购费

19. 下列各项中，属于车辆购置税计税依据的有（　　）。

A. 购买使用的，支付的不含增值税价款

B. 自产自用的，同类车辆最高销售价格

C. 受赠使用的，购置应税车辆时相关凭证载明的价格

D. 进口自用的，进口增值税的组成计税价格

20. 关于车辆购置税的纳税地点，下列说法中不正确的有（　　）。

A. 购置需要办理车辆登记注册手续的应税车辆，纳税地点是纳税人所在地

B. 购置需要办理车辆登记注册手续的应税车辆，应当向购买地主管税务机关申报纳税

C. 购置需要办理车辆登记注册手续的应税车辆，纳税地点是车辆上牌落籍地或落户地

D. 购置不需要办理车辆登记注册手续的应税车辆，应当向购买地主管税务机关申报纳税

第十一章　税收征收管理办法

☞ **本章摘要**

税收征收管理办法是有关税收征收管理法律规范的总称，包括税收征收管理法及税收征收管理的有关法律、法规和规章。

《中华人民共和国税收征收管理法》于1992年9月4日第七届全国人民代表大会常务委员会第二十七次会议通过，1993年1月1日起施行，1995年2月28日第八届全国人民代表大会常务委员会第十二次会议修正。2001年4月28日，第九届全国人民代表大会常务委员会第二十一次会议通过了修订后的《中华人民共和国税收征收管理法》（以下简称《征管法》），并于2001年5月1日起施行。2013年和2015年全国人民代表大会常务委员会对《征管法》又进行过两次修订。

本章中有关国税地税的表述仍然沿用以前的说法，有待新一轮国家税收征管体制改革完成后，《征管法》进行修订完善来加以明确。

第一节　税收征收管理法概述

一、税收征收管理法的立法目的

《征管法》第一条规定："为了加强税收征收管理，规范税收征收和缴纳行为，保障国家税收收入，保护纳税人的合法权益，促进经济和社会发展，制定本法。"此条规定对《征管法》的立法目的作了高度概括。

（一）加强税收征收管理

税收征收管理是国家征税机关依据国家税收法律、行政法规的规定，按照统一的标准，通过一定的程序，对纳税人应纳税额组织入库的一种行政活动，是国家将税收政策贯彻实施到每个纳税人，有效地组织税收收入及时、足额入库的一系列活动的总称。税收征管工作的好坏，直接关系到税收职能作用能否很好地发挥。理所当然，加强税收征收管理，成为《征管法》立法的首要目的。

（二）规范税收征收和缴纳行为

《征管法》既要为税务机关、税务人员依法执行提供标准和规范，税务机关、税务人员必须依照该法的规定进行税收征收，其一切行为都要依法进行，违者要承担法律责任；同时也要为纳税人缴纳税款提供标准和规范，纳税人只有按照法律规定的程序和办法缴纳税款，才能更好地保障自身的权益。因此，在该法中加入“规范税收征收和缴纳行为”的目的，是对依法治国、依法治税思想的深刻理解和运用，为《征管法》其他条款的修订指明了方向。

（三）保障国家税收收入

税收收入是国家财政的主要来源，组织税收收入是税收的基本职能之一。《征管法》是税收征收管理的标准和规范，其根本目的是保证税收收入的及时、足额入库，这也是任何一部《征管法》都具有的目的。

（四）保护纳税人的合法权益

税收征收管理作为国家的行政行为，一方面要维护国家的利益，另一方面要保护纳税人的合法权益不受侵犯。纳税人按照国家税收法律、行政法规的规定缴纳税款之外的任何其他款项，都是对纳税人合法权益的侵害。保护纳税人的合法权益一直是《征管法》的立法目的。

（五）促进经济发展和社会进步

税收是国家宏观调控的重要杠杆，《征管法》是市场经济的重要法律规范，这就要求税收征收管理的措施，如税务登记、纳税申报、税款征收、税收检查以及税收政策等以促进经济发展和社会进步为目标，方便纳税人，保护纳税人。因此，在该法中加入“促进经济和社会发展”的目的，表明了税收征收管理的历史使命和前进方向。

二、税收征收管理法的适用范围

《征管法》第二条规定：“凡依法由税务机关征收的各种税收的征收管理，均适用本法。”这就明确界定了《征管法》的适用范围。

我国税收的征收机关有税务和海关部门，税务机关征收各种工商税收，海关征收关税。《征管法》只适用于由税务机关征收的各种税收的征收管理。海关征收的关税及代征的增值税、消费税，适用其他法律、法规的规定。

值得注意的是，目前还有一部分政府收费由税务机关征收，如教育费附加。这些费不适用《征管法》，不能采取《征管法》规定的措施，其具体管理办法由收费的条例和规章决定。

三、税收征收管理法的遵守主体

（一）税务行政主体——税务机关

《征管法》第五条规定：“国务院税务主管部门主管全国税收征收管理工作。各地国家税务局和地方税务局应当按照国务院规定的税收征收管理范围分别进行征收管理。”《征管法》和《细则》规定：“税务机关是指各级税务局、税务分局、税务所和省以下税局的稽查局。稽查局专司偷税、逃避追缴欠税、骗税、抗税案件的查处。国家税务总局应明确划分税务局和稽查局的职责，避免职责交叉。”上述规定既明确了税收征收管理的行政主体（执法主体），也明确了《征管法》的遵守主体。

（二）税务行政管理相对人——纳税人、扣缴义务人和其他有关单位

《征管法》第四条规定：“法律、行政法规规定负有纳税义务的单位和个人为纳税人。法律、行政法规规定负有代扣代缴、代收代缴税款义务的单位和个人为扣缴义务人。纳税人、扣缴义务人必须依照法律、行政法规的规定缴纳税款、代扣代缴、代收代缴税款。”第六条第二款规定：“纳税人、扣缴义务人和其他有关单位应当按照国家有关规定如实向税务机关提供与纳税和代扣代缴、代收代缴税款有关的信息。”根据上述规定，纳税人、扣缴义务人和其他有关单位是税务行政管理的相对人，是《征管法》的遵守主体，必须按照《征管法》的有关规定接受税务管理，享受合法权益。

（三）有关单位和部门

《征管法》第五条规定：“地方各级人民政府应当依法加强对本行政区域内税收管理工作的领导或者协调，支持税务机关依法执行职务，依照法定税率计算税额，依法征收税款。各有关部门和单位应当支持、协助税务机关依法执行职务。”这说明包括地方各级人民政府在内的有关单位和部门同样是《征管法》的遵守主体，必须遵守《征管法》的有关规定。

第二节　税务管理

一、税务登记管理

税务登记是税务机关对纳税人的生产、经营活动进行登记并据此对纳税人实施税务管理的一种法定制度。税务登记又称纳税登记，它是税务机关对纳税人实施税收管理的首要环节和基础工作，是征纳双方法律关系成立的依据和证明，也是纳税人必须依法履行的义务。

根据《征管法》和国家税务总局印发的《税务登记管理办法》，我国税务登记制度大体包括以下内容：

（一）开业税务登记

1. 开业税务登记的对象。

根据有关规定，开业税务登记的纳税人分为以下两类：

（1）领取营业执照从事生产、经营的纳税人。

①企业，即从事生产经营的单位或组织，包括国有、集体、私营企业，中外合资合作企业、外商独资企业，以及各种联营、联合、股份制企业等。

②企业在外地设立的分支机构和从事生产、经营的场所。

③个体工商户。

④从事生产、经营的事业单位。

（2）其他纳税人。前款规定以外的纳税人，除国家机关、个人和无固定生产、经营场所的流动性农村小商贩外，也应该按规定办理税务登记。

2. 开业税务登记的时间和地点。

（1）企业在外地设立的分支机构和从事生产、经营的场所，个体工商户和从事生产、经营的事业单位（以下统称从事生产、经营的纳税人），向生产、经营所在地税务机关申报办理税务登记：

①从事生产、经营的纳税人领取工商营业执照的，应当自领取工商营业执照之日起 30 日内申报办理税务登记，税务机关发放税务登记证及副本；

②从事生产、经营的纳税人未办理工商营业执照但经有关部门批准设立的，应当自有关部门批准设立之日起 30 日内申报办理税务登记，税务机关发放税务登记证及副本；

③从事生产、经营的纳税人未办理工商营业执照也未经有关部门批准设立的，应当自纳税义务发生之日起 30 日内申报办理税务登记，税务机关发放临时税务登记证及副本；

④有独立的生产经营权、在财务上独立核算并定期向发包人或者出租人上交承包费或租金的承包承租人，应当自承包承租合同签订之日起 30 日内，向其承包承租业务发生地税务机关申报办理税务登记，税务机关发放临时税务登记证及副本；

⑤境外企业在中国境内承包建筑、安装、装配、勘探工程和提供劳务的，应当自项目合同或协议签订之日起 30 日内，向项目所在地税务机关申报办理税务登记，税务机关发放临时税务登记证及副本。

（2）上述规定以外的其他纳税人，除国家机关、个人和无固定生产、经营场所的流动性农村小商贩外，均应当自纳税义务发生之日起 30 日内，向纳税义务发生地税务机关申报办理税务登记，税务机关发放税务登记证及副本。

以下情况应比照开业登记办理：

扣缴义务人应当自扣缴义务发生之日起 30 日内，向所在地的主管税务机关申报办理扣缴税款登记，领取扣缴税款登记证件。税务机关对已办理税务登记的扣缴义务人，可以只在其税务登记证件上登记扣缴税款事项，不再发放扣缴税款登记证件。根据税收法律、行政法规的规定可不办理税务登记的扣缴义务人，应当自扣缴义务发生之日起 30 日内，向机构所在地税务机关申报办理扣缴税款登记。税务机关发放扣缴税款登记证件。

3. 设立税务登记的内容。

（1）单位名称、法定代表人或业主姓名及其居民身份证、护照或者其他证明身份的合法证件。

（2）住所、经营地点。

（3）登记类型。

（4）核算方式。

（5）生产经营方式。

（6）生产经营范围。

（7）注册资金（资本）、投资总额。

（8）生产经营期限。

（9）财务负责人、联系电话。

（10）国家税务总局确定的其他有关事项。

4. 设立税务登记程序。

（1）税务登记的申请。办理税务登记是为了建立正常的征纳秩序，是纳税人履行纳税义务的第一步。为此，纳税人必须严格按照规定的期限，向当地主管税务机关及时申报办理税务登记手续，实事求是地填报登记项目。

（2）纳税人办理税务登记时应提供的资料。

①工商营业执照或其他核准执业证件。

②有关合同、章程、协议书。

③组织机构统一代码证书。

④法定代表人或负责人或业主居民身份证、护照或者其他合法证件。

其他需要提供的有关证件、资料由省、自治区、直辖市税务机关确定。

根据2014年国家税务总局《关于创新税收服务和管理的意见》，纳税人申请办理税务登记时，税务机关应根据申请人情况，不再统一要求纳税人提供注册地址及生产、经营地址等场地的证明材料和验资报告，可不进行实地核查。

（3）税务登记证的核发。纳税人提交的证件和资料齐全且税务登记表的填写内容符合规定的，税务机关应当日办理并发放税务登记证件。纳税人提交的证件和资料不齐全或税务登记表的填写内容不符合规定的，税务机关应当场通知其补正或重新填报。

税务登记证件的主要内容包括：纳税人名称、税务登记代码、法定代表人或负责人、生产经营地址、登记类型、核算方式、生产经营范围（主营、兼营）、发证日期、证件有效期等。

根据2014年国家税务总局关于推进工商营业执照、组织机构代码证和税务登记证“三证合一”改革的若干意见，税务登记证和工商营业执照、组织机构代码证实行“三证合一”，由“三证联办”和“一证三码”逐渐发展为“一证一码”。“三证联办”是指工商、质监、国税、地税部门实现工商营业执照、组织机构代码证和税务登记证“三证”联办同发。“一证三码”是工商、质监、国税、地税部门的工商营业执照、组织机构代码证和税务登记证共同赋码，向市场主体发放包含“三证”功能三个代码的证照，简称“一证三码”。

根据2015年国家税务总局《关于落实“三证合一”登记制度改革的通知》，自2015年10月1日起，新设立企业、农民专业合作社领取由工商行政管理部门核发加载法人和其他组织社会统一社会信用代码的营业执照后，无需再次进行税务登记，不再领取税务登记证。企业办理涉税事宜时，在完成补充信息采集后，凭加载统一代码的营业执照可代替税务登记证使用。工商登记“一个窗口”统一受理申请后，申请材料和登记信息在部门间共享，各部门数据互换、档案互认。

根据国家税务总局2016年关于明确社会组织等纳税人使用统一社会信用代码及办理税务登记有关问题的通知，对于2016年1月1日以后在机构编制、民政部门登记设立并取得统一社会信用代码的纳税人，以18位统一社会信用代码为其纳税人识别号，按照现行规定办理税务登记，发放税务登记证件。

（二）变更、注销税务登记

变更税务登记，是纳税人税务登记内容发生重要变化时向税务机关申报办理的税务登记手续；注销税务登记，则是指纳税人税务登记内容发生了根本性变化，需要终止履行纳税义务时向税务机关申报办理的税务登记手续。

1. 纳税人已在工商行政管理机关办理变更登记的，应当自工商行政管理机关变更登记之日起 30 日内，向原税务登记机关如实提供下列证件、资料，申报办理变更税务登记。

（1）工商登记变更表及工商营业执照。

（2）纳税人变更登记内容的有关证明文件。

（3）税务机关发放的原税务登记证件（登记证正、副本和登记表等）。

（4）其他有关资料。

2. 纳税人按照规定不需要在工商行政管理机关办理变更登记，或者其变更登记的内容与工商登记内容无关的，应当自税务登记内容实际发生变化之日起 30 日内，或者自有关机关批准或者宣布变更之日起 30 日内，持下列证件到原税务登记机关申报办理变更税务登记。

（1）纳税人变更登记内容的有关证明文件。

（2）税务机关发放的原税务登记证件（登记证正、副本和税务登记表等）。

（3）其他有关资料。

3. 纳税人提交的有关变更登记的证件、资料齐全的，应如实填写税务登记变更表，符合规定的，税务机关应当日办理；不符合规定的，税务机关应通知其补正。

4. 税务机关应当于受理当日办理变更税务登记。纳税人税务登记表和税务登记证中的内容都发生变更的，税务机关按变更后的内容重新发放税务登记证件；纳税人税务登记表的内容发生变更而税务登记证中的内容未发生变更的，税务机关不重新发放税务登记证件。

5. 注销税务登记的适用范围及时间要求。

（1）纳税人发生解散、破产、撤销以及其他情形，依法终止纳税义务的，应当在向工商行政管理机关或者其他机关办理注销登记前，持有关证件和资料向原税务登记机关申报办理注销税务登记；按规定不需要在工商行政管理机关或者其他机关办理注册登记的，应当自有关机关批准或者宣告终止之日起 15 日内，持有关证件和资料向原税务登记机关申报办理注销税务登记。

（2）纳税人被工商行政管理机关吊销营业执照或者被其他机关予以撤销登记的，应当自营业执照被吊销或者被撤销登记之日起 15 日内，向原税务登记机关申报办理注销税务登记。

（3）纳税人因住所、经营地点变动，涉及改变税务登记机关的，应当在向工商行政管理机关或者其他机关申请办理变更、注销登记前，或者住所、经营地点变动前，持有关证件和资料，向原税务登记机关申报办理注销税务登记，并自注销税务登记之日起 30 日内向迁达地税务机关申报办理税务登记。

（4）境外企业在中国境内承包建筑、安装、装配、勘探工程和提供劳务的，应当在项目完工、离开中国境内前 15 日内，持有关证件和资料，向原税务登记机关申报办理注销税务登记。

6. 纳税人办理注销税务登记前，应当向税务机关提交相关证明文件和资料，结清应纳税款、多退（免）税款、滞纳金和罚款，缴销发票、税务登记证件和其他税务证件，经税务机关核准后，办理注销税务登记手续。

7. 根据2015年国家税务总局《关于落实“三证合一”登记制度改革的通知》，已实行“三证合一，一照一码”登记模式的企业、农民专业合作社办理注销登记，须先向主管税务机关申报清税，填写《清税申报表》。清税完毕后由受理税务机关根据清税结果向纳税人统一出具《清税证明》。

8. 根据国家税务总局《关于进一步优化办理企业税务注销程序的通知》（税总发〔2018〕149号），自2018年10月1日起：

（1）对向市场监管部门申请简易注销的纳税人，符合下列情形之一的，可免予到税务机关办理清税证明，直接向市场监管部门申请办理注销登记。

①未办理过涉税事宜的。

②办理过涉税事宜但未领用发票、无欠税（滞纳金）及罚款的。

（2）对向市场监管部门申请一般注销的纳税人，税务机关在为其办理税务注销时进一步落实限时办结规定。对未处于税务检查状态、无欠税（滞纳金）及罚款、已缴销增值税专用发票及税控专用设备，且符合下列情形之一的纳税人，优化即时办结服务，采取“承诺制”容缺办理，即：纳税人在办理税务注销时，若资料不齐，可在其作出承诺后，税务机关即时出具清税文书。

①纳税信用级别为A级和B级的纳税人。

②控股母公司纳税信用级别为A级和M级纳税人。

③省级人民政府引进人才或经省级以上行业协会等机构认定的行业领军人才等创办的企业。

④未纳入纳税信用级别评价的定期定额个体工商户。

⑤未达到增值税纳税起征点的纳税人。

纳税人应按承诺的时限补齐资料并办结相关事项。若未履行承诺的，税务机关将对其法定代表人、财务负责人纳入纳税信用D级管理。

（3）对已实行实名办税的纳税人，免予提供税务登记证件和个人身份证件。

（三）停业、复业登记

1. 实行定期定额征收方式的个体工商户需要停业的，应当在停业前向税务机关申报办理停业登记。纳税人的停业期限不得超过一年。

2. 纳税人在申报办理停业登记时，应如实填写停业复业报告书，说明停业理由、停业期限、停业前的纳税情况和发票的领、用、存情况，并结清应纳税款、滞纳金、罚款。

税务机关应收存其税务登记证件及副本、发票领购簿、未使用完的发票和其他税务证件。

3. 纳税人在停业期间发生纳税义务的，应当按照税收法律、行政法规的规定申报缴纳税款。

4. 纳税人应当于恢复生产经营之前，向税务机关申报办理复业登记，如实填写《停业复业报告书》，领回并启用税务登记证件、发票领购簿及其停业前领购的发票。

5. 纳税人停业期满不能及时恢复生产经营的，应当在停业期满前到税务机关办理延长停业登记，并如实填写《停业复业报告书》。

（四）外出经营报验登记

1. 纳税人跨省税务机关管辖区域（以下简称跨省）经营的，应当在外出生产经营以前，持税务登记证向主管税务机关申请开具《外出经营活动税收管理证明》（以下简称《外管证》）。

纳税人在省税务机关管辖区域内跨县（市）经营的，是否开具《外管证》由省税务机关自行确定。

2. 税务机关按照“一地一证”的原则，发放《外管证》，《外管证》的有效期限一般为30日，最长不得超过180天，但建筑安装行业纳税人项目合同期限超过180天的，按照合同期限确定有效期限。

3. 纳税人应当在《外管证》注明地进行生产经营前向当地税务机关报验登记，并提交下列证件、资料（实行实名办税的纳税人，可不提供）：

（1）税务登记证件副本。

（2）《外管证》。

从事建筑安装的纳税人另需提供外出经营合同或外出经营活动情况说明。

纳税人在《外管证》注明地销售货物的，除提交以上证件、资料外，应如实填写《外出经营货物报验单》，申报查验货物。

纳税人应当自《外管证》签发30日内，持《外管证》向经营地税务机关报验登记，并接受经营地税务机关的管理。建筑安装行业纳税人向经营地税务机关报验登记时，除提供《外管证》外，还应提供外出经营合同复印件或外出经营活动情况说明。

4. 纳税人外出经营活动结束，应当向经营地税务机关填报《外出经营活动情况申报表》，并结清税款、缴销发票。

5. 纳税人应当在《外管证》有效期届满后10日内，持《外管证》回原税务登记地税务机关办理《外管证》缴销手续。

（五）税务登记证的作用和管理

1. 税务登记证的作用。

除按照规定不需要发给税务登记证件的以外，纳税人办理下列事项时，必须持以下税务登记证件：

（1）开立银行账户。

（2）申请减税、免税、退税。

（3）申请办理延期申报、延期缴纳税款。

（4）领购发票。

（5）申请开具外出经营活动税收管理证明。

（6）办理停业、歇业。

（7）其他有关税务事项。

2. 税务登记证管理。

（1）税务机关对税务登记证件实行定期验证和换证制度。纳税人应当在规定的期限内持有关证件到主管税务机关办理验迁或者换证手续。

（2）纳税人应当将税务登记证件正本在其生产、经营场所或者办公场所公开悬挂，接受税务机关检查。

（3）纳税人遗失税务登记证件的，应当在15日内书面报告主管税务机关，并登报声明作废。同时，凭报刊上刊登的遗失声明向主管税务机关申请补办税务登记证件。

（六）非正常户处理

1. 已办理税务登记的纳税人未按照规定的期限申报纳税，在税务机关责令其限期改正后，逾期不改正的，税务机关应当派员实地检查，查无下落并且无法强制其履行纳税义务的，由检查人员制作非正常户认定书，存入纳税人档案，税务机关暂停其税务登记证件、发票领购簿和发票的使用。

2. 纳税人被列入非正常户超过3个月的，税务机关可以宣布其税务登记证件失效，其应纳税款的追征仍按《征管法》及其《实施细则》的规定执行。

二、账簿、凭证管理

账簿是纳税人、扣缴义务人连续地记录其各种经济业务的账册或簿籍。凭证是纳税人用来记录经济业务，明确经济责任，并据以登记账簿的书面证明。账簿、凭证管理是继税务登记之后税收征管的又一重要环节，在税收征管中占有十分重要的地位。

（一）账簿、凭证管理

1. 对账簿、凭证设置的管理。

（1）设置账簿的范围。根据《征管法》第十九条和《实施细则》第二十二条的有关规定，所有的纳税人和扣缴义务人都必须按照有关法律、行政法规和国务院财政、税务主管部门的规定设置账簿。

账簿是指总账、明细账、日记账以及其他辅助性账簿。总账、日记账应当采用订本式。

从事生产、经营的纳税人应当自领取营业执照或者发生纳税义务之日起15日内设置账簿。

扣缴义务人应当自税收法律、行政法规规定的扣缴义务发生之日起10日内，按照所代扣、代收的税种，分别设置代扣代缴、代收代缴税款账簿。

生产、经营规模小又确无建账能力的纳税人，可以聘请经批准从事会计代理记账业务的专业机构或者代为建账和办理账务；聘请上述机构有实际困难的，经县以上税务机关批准，可以按照税务机关的规定，建立收支凭证粘贴簿、进货销货登记簿或者使用税控装置。

（2）对会计核算的要求。根据《征管法》第十九条的有关规定，所有纳税人和扣缴义务人都必须根据合法、有效的凭证进行账务处理。

纳税人建立的会计电算化系统应当符合国家有关规定，并能正确、完整核算其收入或者所得。

纳税人使用计算机记账的，应当在使用前将会计电算化系统的会计核算软件、使用说明书及有关资料报送主管税务机关备案。

纳税人、扣缴义务人会计制度健全，能够通过计算机正确、完整计算其收入和所得或者代扣代缴、代收代缴税款情况的，其计算机输出的完整的书面会计记录，可视同会计账簿。

纳税人、扣缴义务人会计制度不健全，不能通过计算机正确、完整计算其收入和所得或者代扣代缴、代收代缴税款情况的，应当建立总账及与纳税或者代扣代缴、代收代缴税款有关的其他账簿。

账簿、会计凭证和报表应当使用中文。民族自治地方可以同时使用当地通用的一种民族文字。外商投资企业和外国企业可以同时使用一种外国文字。如外商投资企业、外国企业的会计记录不使用中文的，应按照《征管法》第六十三条第二款“未按照规定设置、保管账簿或者保管记账凭证和有关资料”的规定处理。

2. 对财务会计制度的管理。

（1）备案制度。根据《征管法》第二十条和《实施细则》第二十四条的有关规定，凡从事生产、经营的纳税人必须将所采用的财务、会计制度和具体的财务、会计处理办法，按税务机关的规定，自领取税务登记证件之日起15日内，及时报送税务机关备案。

（2）财会制度、办法与税收规定相抵触的处理办法。根据《征管法》第二十条的有关规定，当从事生产、经营的纳税人、扣缴义务人所使用的财务会计制度和具体的财务、会计处理办法与国务院、财政部和国家税务总局有关税收方面的规定相抵触时，纳税人、扣缴义务人必须按照国务院制定的税收法规的规定或者财政部、国家税务总局制定的有关税收的规定计缴税款。

3. 关于账簿、凭证的保管。根据《征管法》第二十四条的有关规定：“从事生产经营的纳税人、扣缴义务人必须按照国务院财政、税务主管部门规定的保管期限保管账簿、记账凭证、完税凭证及其他有关资料。账簿、记账凭证、报表、完税凭证、发票、出口凭证以及其他有关涉税资料不得伪造、变造或者擅自损毁。”

除另有规定者外，根据《实施细则》第二十九条，账簿、记账凭证、报表、完税凭证、发票、出口凭证以及其他有关涉税资料应当保存10年。

（二）发票管理

1. 根据《征管法》第二十一条规定：“税务机关是发票的主管机关，负责发票的印制、领购、开具、取得、保管、缴销的管理和监督。”在全国范围内统一式样的发票，由国家税务总局确定。在省、自治区、直辖市范围内统一式样的发票，由省、自治区、直辖市税务局（以下简称省税务局）确定。

发票的基本联次包括存根联、发票联、记账联。存根联由收款方或开票方留存备查；发票联由付款方或受票方作为付款原始凭证；记账联由收款方或开票方作为记账原始凭证。发票的基本内容包括：发票的名称、发票代码和号码、联次及用途、客户名称、开户银行及账号、商品名称或经营项目、计量单位、数量、单价、大小写金额、开票人、开票日期、开票单位（个人）名称（章）等。

2. 根据《征管法》第二十二条规定：增值税专用发票由国务院税务主管部门指定的企业印制；其他发票，按照国务院税务主管部门的规定，分别由省、自治区、直辖市国家税务局、地方税务局指定企业印制。未经规定的税务机关指定，不得印制发票。

3. 发票领购管理。

（1）依法办理税务登记的单位和个人，在领取税务登记证后，向主管税务机关申请领购发票。申请领购发票的单位和个人应当提出购票申请，提供经办人身份证明、税务登记证件或者其他有关证明，以及财务印章或者发票专用章的印模，经主管税务机关审核后，发给发票领购簿。领购发票的单位和个人应当凭发票领购簿核准的种类、数量以及购票方式，向主管税务机关领购发票。

（2）需要临时使用发票的单位和个人，可以直接向税务机关申请办理。临时到本省、自治区、直辖市行政区域以外从事经营活动的单位或者个人，应当凭所在地税务机关的证明，向经营地税务机关申请领购经营地的发票。

税务机关对外省、自治区、直辖市来本辖区从事临时经营活动的单位和个人申请领购发票的，可以要求其提供保证人或者根据所领购发票的票面限额及数量交纳不超过 1 万元的保证金，并限期缴销发票。按期缴销发票的，解除保证人的担保义务或者退还保证金；未按期缴销发票的，由保证人或者以保证金承担法律责任。税务机关收取保证金应当开具收据。对发票保证金应设专户储存，不得挪作他用。纳税人可以根据自己的需要申请领用普通发票。增值税专用发票只限于增值税一般纳税人领用使用。

4. 发票开具、使用、取得的管理。根据《征管法》第二十一条的规定：“单位、个人在购销商品、提供或者接受经营服务以及从事其他经营活动中，应当按照规定开具、使用、取得发票。”普通发票开具、使用、取得的管理，应注意以下几点（增值税专用发票开具、使用、取得的管理，按增值税有关规定办理）：

（1）销货方按规定填开发票，收购单位和扣缴义务人支付个人款项时等特殊情况下由付款方向收款方开具发票。

（2）购买方按规定索取发票，不得要求变更品名和金额。

（3）纳税人进行电子商务必须开具或取得发票。

（4）不符合规定的发票，不得作为财务报销凭证，任何单位和个人有权拒收。

（5）发票要全联一次如实填写，并且开具的发票要加盖财务印章或发票专用章。

（6）发票不得跨省、直辖市、自治区使用。发票限于领购单位和个人在本省、自治区、直辖市内开具。发票领购单位未经批准不得跨规定使用区域携带、邮寄、运输空白发票，禁止携带、邮寄或者运输空白发票出入境。

（7）不得转借、转让、代开发票；未经税务机关批准，不得拆本使用发票；不得自行扩大专业发票使用范围。

（8）开具发票后，如发生销货退回需开红字发票的，必须收回原发票并注明“作废”字样或取得对方有效证明；发生销售折让的，在收回原发票并证明“作废”后，重新开具发票。

（9）应当建立发票使用登记制度，设置发票登记簿，并定期向主管税务机关报告发票使用情况。

（10）应当在办理变更或者注销税务登记的同时，办理发票和发票领购簿的变更、缴销手续。

5. 发票保管管理。

（1）开具发票的单位和个人应当按照规定存放和保管发票。已开具的发票存根联和发票登记簿，应当保存五年。保存期满，报经税务机关查验后销毁。

（2）使用发票的单位和个人应当妥善保管发票。发生发票丢失情形时，应当于发现丢失当日书面报告税务机关，并登报声明作废。

6. 发票的检查。税务机关在发票管理中有权进行下列检查：

（1）检查印制、领购、开具、取得和保管发票的情况。

（1）调出发票查验。

（3）查阅、复制与发票有关的凭证、资料。

（4）向当事各方询问与发票有关的问题和情况。

（5）在查处发票案件时，对与案件有关的情况和资料，可以记录、录音、录像、照相和复制。

印制、使用发票的单位和个人，必须接受税务机关依法检查，如实反映情况，提供有关资料，不得拒绝、隐瞒。税务人员进行检查时，应当出示税务检查证。税务机关需要将已开具的发票调出查验时，应当向被查验的单位和个人开具发票换票证。发票换票证与所调出查验的发票有同等的效力。被调出查验发票的单位和个人不得拒绝接受。税务机关需要将空白发票调出查验时，应当开具收据；经查无问题的，应当及时发还。单位和个人从中国境外取得的与纳税有关的发票或者凭证，税务机关在纳税审查时有疑义的，可以要求其提供境外公证机构或者注册会计师的确认证明，经税务机关审核认可后，方可作为计账核算的凭证。税务机关在发票检查中需要核对发票存根联与发票联填写情况时，可以向持有发票或者发票存根联的单位发出发票填写情况核对卡，有关单位应当如实填写，按期报回。

7. 2014 年国家税务总局《关于创新税收服务和管理的意见》对发票发放领用的服务与监管提出新的要求：

（1）及时为纳税人提供清晰的发票领用指南。通过印发提示卡或涉税事项告知卡，引导纳税人快速办理发票领用手续。推行免填单、预填单、勾选等方式，补充采集国标行业、登记注册类型等税务机关所需的数据，以核定应纳税种、适用的发票票种、版别及数量，让纳税人切实感受到税务机关的优质服务。

（2）简化发票申领程序。税务机关应根据实际情况，设定统一、规范的发票申领程序，并将发票申领程序公开。申领普通发票原则上取消实地核查，统一在办税服务厅即时办结。一般纳税人申请增值税专用发票（包括增值税专用发票和货物运输业增值税专用发票）最高开票限额不超过 10 万元的，主管税务机关不需事前进行实地查验。可在此基础上适当扩大不需事前实地查验的范围，实地查验的范围和方法由各省级国税机关确定。

（3）不断提高发票管理信息化水平。积极探索建立风险监控指标，通过比对分析纳税人的开票信息，及时调整纳税人申领发票的版别和数量。做好网络发票应用工作，推动网络发票数据分析利用，完善网络发票平台实时查询和日常监控管理功能，为社会提供便捷的网络发票信息查询服务。同时，探索电子发票的推广与应用。

8. 增值税电子普通发票的推广与应用。

2015 年 11 月 26 日，国家税务总局发布了《关于推行通过增值税电子发票系统开具的增值税电子普通发票有关问题的公告》，对增值税电子发票的开具和使用提出具体规定。

（1）规定了增值税电子发票系统开具的增值税电子普通发票票样。

（2）增值税电子普通发票的开票方和受票方需要纸质发票的，可以自行打印增值税电子普通发票的版式文件，其法律效力、基本用途、基本使用规定等与税务机关监制的增值税普通发票相同。

（3）增值税电子普通发票的发票代码为 12 位，编码规则：第 1 位为 0，第 2 ~ 5 位代表省、自治区、直辖市和计划单列市，第 6 ~ 7 位代表年度，第 8 ~ 10 位代表批次，第 11 ~ 12 位代表票种（11 代表增值税电子普通发票）。发票号码为 8 位，按年度、分批次编制。

（4）除北京市、上海市、浙江省、深圳市外，其他地区已使用电子发票的增值税纳税人，应于 2015 年 12 月 31 日前完成相关系统对接技术改造，2016 年 1 月 1 日起使用增值税电子发票系统开具增值税电子普通发票，其他开具电子发票的系统同时停止使用。

9. 网络发票管理。网络发票是指符合国家税务总局统一标准并通过国家税务总局及省、自治区、直辖市税务局公布的网络发票管理系统开具的发票。国家积极推广使用网络发票管理系统开具发票，并提供便捷的网络发票信息查询渠道。

自 2013 年 4 月 1 日起：

（1）税务机关应根据开具发票的单位和个人的经营情况，核定其在线开具网络发票的种类、行业类别、开票限额等内容。开具发票的单位和个人需要变更网络发票核定内容的，可向税务机关提出书面申请，经税务机关确认，予以变更。

（2）开具发票的单位和个人开具网络发票应登录网络发票管理系统，如实完整填写发票的相关内容及数据，确认保存后打印发票。开具发票的单位和个人在线开具的网络发票，经系统自动保存数据后即完成开票信息的确认、查验。

（3）单位和个人取得网络发票时，应及时查询验证网络发票信息的真实性、完整性，对不符合规定的发票，不得作为财务报销凭证，任何单位和个人有权拒收。

（4）开具发票的单位和个人需要开具红字发票的，必须收回原网络发票全部联次或取得受票方出具的有效证明，通过网络发票管理系统开具金额为负数的红字网络发票。

开具发票的单位和个人作废开具的网络发票，应收回原网络发票全部联次，注明“作废”，并在网络发票管理系统中进行发票作废处理。开具发票的单位和个人应当在办理变更或者注销税务登记的同时，办理网络发票管理系统的用户变更、注销手续并缴销空白发票。

（5）税务机关根据发票管理的需要，可以按照国家税务总局的规定委托其他单位通过网络发票管理系统代开网络发票。税务机关应当与受托代开发票的单位签订协议，明确代开网络发票的种类、对象、内容和相关责任等内容。

（6）开具发票的单位和个人必须如实在线开具网络发票，不得利用网络发票进行转借、转让、虚开发票及其他违法活动。当网络出现故障，无法在线开具发票时，可离线开具发票。开具发票后，不得改动开票信息，并于 48 小时内上传开票信息。

（7）省级以上税务机关在确保网络发票电子信息正确生成、可靠存储、查询验证、安全唯一等条件的情况下，可以试行电子发票。

（三）税控管理

税控管理是税收征收管理的一个重要组成部分，也是近期提出来的一个崭新的概念。它是指税务机关利用税控装置对纳税人的生产经营情况进行监督和管理，以保障国家税收收入，防止税款流失，提高税收征管工作效率，降低征收成本的各项活动的总称。

《征管法》第二十三条规定："国家根据税收征收管理的需要，积极推广使用税控装置。纳税人应当按照规定安装、使用税控装置，不得损毁或者擅自改变税控装置。"同时还在第六十条中增加了一款，规定："不能按照规定安装、使用税控装置，损毁或者擅自改动税控装置的，由税务机关责令限期改正，可以处以2 000元以下的罚款；情节严重的，处2 000元以上1万元以下的罚款。"这样不仅使推广使用税控装置有法可依，而且可以打击在推广使用税控装置中的各种违法犯罪活动。

三、纳税申报管理

纳税申报是纳税人按照税法规定的期限和内容，向税务机关提交有关纳税事项书面报告的法律行为，是纳税人履行纳税义务、界定纳税人法律责任的主要依据，是税务机关税收管理信息的主要来源和税务管理的重要制度。

（一）纳税申报的对象

根据《征管法》第二十五条的规定，纳税申报的对象为纳税人和扣缴义务人。纳税人在纳税期内没有应纳税款的，也应当按照规定办理纳税申报。纳税人享受减税、免税待遇的，在减税、免税期间应当按照规定办理纳税申报。

（二）纳税申报的内容

纳税申报的内容，主要在各税种的纳税申报表和代扣代缴、代收代缴税款报告表中体现，还可以在随纳税申报表附报的财务报表和有关纳税资料中体现。纳税人和扣缴义务人的纳税申报和代扣代缴、代收代缴税款报告的主要内容包括：税种、税目，应纳税项目或者应代扣代缴、代收代缴税款项目，计税依据，扣除项目及标准，适用税率或者单位税额，应退税项目及税额、应减免税项目及税额，应纳税额或者应代扣代缴、代收代缴税额，以及税款所属期限、延期缴纳税款、欠税、滞纳金等。

（三）纳税申报的期限

《征管法》规定纳税人和扣缴义务人都必须按照法定的期限办理纳税申报。申报期限有两种：一种是法律、行政法规明确规定的；另一种是税务机关按照法律、行政法规的原则规定，结合纳税人生产经营的实际情况及其所应缴纳的税种等相关问题予以确定的。两种期限具有同等的法律效力。

（四）纳税申报的要求

纳税人办理纳税申报时，应当如实填写纳税申报表，并根据不同的情况相应报送下列有关证件、资料：

1. 财务会计报表及其说明材料。

2. 与纳税有关的合同、协议书及凭证。

3. 税控装置的电子报税资料。

4. 外出经营活动税收管理证明和异地完税凭证。

5. 境内或者境外公证机构出具的有关证明文件。

6. 税务机关规定应当报送的其他有关证件、资料。

7. 扣缴义务人办理代扣代缴、代收代缴税款报告时，应当如实填写代扣代缴、代收代缴税款报告表，并报送代扣代缴、代收代缴税款的合法凭证以及税务机关规定的其他有关证件、资料。

（五）纳税申报的方式

《征管法》第二十六条规定："纳税人、扣缴义务人可以直接到税务机关办理纳税申报，或者报送代扣代缴、代收代缴税款报告表，也可以按照规定采取邮寄、数据电文或者其他方式办理上述申报、报送事项。"目前，纳税申报的形式主要有以下三种：

1. 直接申报。直接申报，是指纳税人自行到税务机关办理纳税申报。这是一种传统申报方式。

2. 邮寄申报。邮寄申报，是指经税务机关批准的纳税人使用统一规定的纳税申报特快专递专用信封，通过邮政部门办理交寄手续，并向邮政部门索取收据作为申报凭据的方式。

纳税人采取邮寄方式办理纳税申报的，应当使用统一的纳税申报专用信封，并以邮政部门收据作为申报凭据。邮寄申报以寄出的邮戳日期为实际申报日期。

3. 数据电文。数据电文，是指经税务机关确定的电话语音、电子数据交换和网络传输等电子方式。例如，目前纳税人的网上申报，就是数据电文申报方式的一种形式。

纳税人采取电子方式办理纳税申报的，应当按照税务机关规定的期限和要求保存有关资料，并定期书面报送主管税务机关。纳税人、扣缴义务人采取数据电文方式办理纳税申报的，其申报日期以税务机关计算机网络系统收到该数据电文的时间为准。

除上述方式外，实行定期定额缴纳税款的纳税人，可以实行简易申报、简并征期等申报纳税方式。"简易申报"是指实行定期定额缴纳税款的纳税人在法律、行政法规规定的期限内或税务机关依据法规的规定确定的期限内缴纳税款的，税务机关可以视同申报；"简并征期"是指实行定期定额缴纳税款的纳税人，经税务机关批准，可以采取将纳税期限合并为按季、半年、年的方式缴纳税款。

（六）延期申报管理

延期申报是指纳税人、扣缴义务人不能按照税法规定的期限办理纳税申报或扣缴税款报告。

根据《征管法》第二十七条和《实施细则》第三十七条及有关法规的规定，纳税人因有特殊情况，不能按期进行纳税申报的，经县以上税务机关核准，可以延期申报。但应当在规定的期限内向税务机关提出书面延期申请，经税务机关核准，在核准的期限内办理。如纳税人、扣缴义务人因不可抗力，不能按期办理纳税申报或者报送代扣代缴、代收代缴税款报告表的，可以延期办理，但应当在不可抗力情形消除后立即向税务机关报告。

经核准延期办理纳税申报的，应当在纳税期内按照上期实际缴纳的税额或者税务机关核定的税额预缴税款，并在核准的延期内办理纳税结算。

第三节　税款征收

税款征收是税收征收管理工作中的中心环节，是全部税收征管工作的目的和归宿，在整个税收工作中占据着极其重要的地位。

一、税款征收的原则

（一）税务机关是征税的唯一行政主体

根据《征管法》第二十九条的规定：“除税务机关、税务人员以及经税务机关依照法律、行政法规委托的单位和个人外，任何单位和个人不得进行税款征收活动。”第四十一条同时规定：“采取税收保全措施、强制执行措施的权利，不得由法定的税务机关以外的单位和个人行使。”

（二）税务机关只能依照法律、行政法规的规定征收税款

根据《征管法》第二十八条的规定，税务机关只能依照法律、行政法规的规定征收税款。未经法定机关和法定程序调整，征纳双方均不得随意变动。税务机关代表国家向纳税人征收税款，不能任意征收，只能依法征收。

（三）税务机关不得违反法律、行政法规的规定开征、停征、多征、少征、提前征收或者延缓征收税款或者摊派税款

《征管法》第二十八条规定：“税务机关依照法律、行政法规的规定征收税款，不得违反法律、行政法规的规定开征、停征、多征、少征、提前征收、延缓征收或者摊派税款。”税务机关是执行税法的专职机构，既不得在税法生效之前先行向纳税人征收税款，也不得在税法尚未失效时，停止征收税款，更不得擅立章法，新开征一种税。

在税款征收过程中，税务机关应当按照税收法律、行政法规预先规定的征收标准进行征税。不得擅自增减改变税目、调高或降低税率、加征或减免税款、提前征收或延缓征收税款以及摊派税款。

（四）税务机关征收税款必须遵守法定权限和法定程序

税务机关执法必须遵守法定权限和法定的程序，这也是税款征收的一项基本原则。例如，采取税收保全措施或强制执行措施时；办理减税、免税、退税时；核定应纳税额时；

进行纳税调整时；针对纳税人的欠税进行清理，采取各种措施时；税务机关都必须按照法律或者行政法规规定的审批权限和程序进行操作，否则就是违法。

（五）税务机关征收税款或扣押、查封商品、货物或其他财产时，必须向纳税人开具完税凭证或开付扣押、查封的收据或清单

《征管法》第三十四条规定："税务机关征收税款时，必须给纳税人开具完税凭证。"第四十七条规定："税务机关扣押商品、货物或者其他财产时，必须开付收据；查封商品、货物或者其他财产时，必须开付清单。"这是税款征收的又一原则。

（六）税款、滞纳金、罚款统一由税务机关上缴国库

《征管法》第五十三条规定："国家税务局和地方税务局应当按照国家规定的税收征管 范围和税款入库预算级次，将征收的税款缴入国库。"这也是税款征收的一个基本原则。

（七）税款优先

《征管法》第四十五条的规定，第一次在税收法律上确定了税款优先的地位，确定了税款征收在纳税人支付各种款项和偿还债务时的顺序。税款优先的原则不仅增强了税法的刚性，而且增强了税法在执行中的可操作性。

1. 税收优先于无担保债权。这里所说的税收优先于无担保债权是有条件的，也就是说并不是优先于所有的无担保债权，对于法律上另有规定的无担保债权，不能行使税收优先权。

2. 纳税人发生欠税在前的，税收优先于抵押权、质权和留置权的执行。这里有两个前提条件：其一，纳税人有欠税；其二，欠税发生在前。即纳税人的欠税发生在以其财产设定抵押、质押或被留置之前。纳税人在有欠税的情况下设置抵押权、质权、留置权时，纳税人应当向抵押权人、质权人说明其欠税情况。

欠缴的税款是指纳税人发生纳税义务，但未按照法律、行政法规规定的期限或者未按照税务机关依照法律、行政法规的规定确定的期限向税务机关申报缴纳的税款或者少缴的税款。纳税人应缴纳税款的期限届满之次日是纳税人欠缴税款的发生时间。

3. 税收优先于罚款、没收非法所得。

（1）纳税人欠缴税款，同时又被税务机关决定处以罚款、没收非法所得的，税收优先于罚款、没收非法所得。

（2）纳税人欠缴税款，同时又被税务机关以外的其他行政部门处以罚款、没收非法所得的，税款优先于罚款、没收非法所得。

二、税款征收的方式

税款征收方式是指税务机关根据各税种的不同特点、征纳双方的具体条件而确定的计算征收税款的方法和形式。税款征收的方式主要有：

（一）查账征收

查账征收是指税务机关按照纳税人提供的账表所反映的经营情况，依照适用税率计算缴纳税款的方式。这种方式一般适用于财务会计制度较为健全，能够认真履行纳税义务的纳税单位。

（二）查定征收

查定征收是指税务机关根据纳税人的从业人员、生产设备、采用原材料等因素，对其产制的应税产品查实核定产量、销售额并据以征收税款的方式。这种方式一般适用于账册不够健全，但是能够控制原材料或进销货的纳税单位。

（三）查验征收

查验征收是指税务机关对纳税人应税商品，通过查验数量，按市场一般销售单价计算其销售收入并据以征税的方式。这种方式一般适用于经营品种比较单一，经营地点、时间和商品来源不固定的纳税单位。

（四）定期定额征收

定期定额征收是指税务机关通过典型调查，逐户确定营业额和所得额并据以征税的方式。这种方式一般适用于无完整考核依据的小型纳税单位。

（五）委托代征税款

委托代征税款是指税务机关委托代征人以税务机关的名义征收税款，并将税款缴入国库的方式。这种方式一般适用于小额、零散税源的征收。

（六）邮寄纳税

邮寄纳税是一种新的纳税方式。这种方式主要适用于那些有能力按期纳税，但采用其他方式纳税又不方便的纳税人。

（七）其他方式

如利用网络申报、用1C卡纳税等方式。

三、税款征收制度

（一）代扣代缴、代收代缴税款制度

1. 对法律、行政法规没有规定负有代扣、代收税款义务的单位和个人，税务机关不得要求其履行代扣、代收税款义务。

2. 税法规定的扣缴义务人必须依法履行代扣、代收税款义务。如果不履行义务，就要承担法律责任。除按《征管法》及《实施细则》的规定给予处罚外，应当责成扣缴义

务人限期将应扣未扣、应收未收的税款补扣或补收。

3. 扣缴义务人依法履行代扣、代收税款义务时，纳税人不得拒绝。纳税人拒绝的，扣缴义务人应当在1日之内报告主管税务机关处理。不及时向主管税务机关报告的，扣缴义务人应承担应扣未扣、应收未收税款的责任。

4. 扣缴义务人代扣、代收税款，只限于法律、行政法规规定的范围，并依照法律、行政法规规定的征收标准执行。对法律、法规没有规定代扣、代收的，扣缴义务人不能超越范围代扣、代收税款，扣缴义务人也不得提高或降低标准代扣、代收税款。

5. 税务机关按照规定付给扣缴义务人代扣、代收手续费。代扣、代收税款手续费只能由县（市）以上税务机关统一办理退库手续，不得在征收税款过程中坐支。

（二）延期缴纳税款制度

纳税人和扣缴义务人必须在税法规定的期限内缴纳、解缴税款。但考虑到纳税人在履行纳税义务的过程中，可能会遇到特殊困难的客观情况，为了保护纳税人的合法权益，《征管法》第三十一条第二款规定："纳税人因有特殊困难，不能按期缴纳税款的，经省、自治区、直辖市国家税务局、地方税务局批准，可以延期缴纳税款，但最长不得超过3个月。"

特殊困难的主要内容包括：一是因不可抗力，导致纳税人发生较大损失，正常生产经营活动受到较大影响的；二是当期货币资金在扣除应付职工工资、社会保险费后，不足以缴纳税款的。所谓"当期货币资金"，是指纳税人申请延期缴纳税款之日的资金余额，其中不含国家法律和行政法规明确规定企业不可动用的资金；"应付职工工资"是指当期计提数。

纳税人在申请延期缴纳税款时应注意以下几个问题：

1. 在规定期限内提出书面申请。纳税人需要延期缴纳税款的，应当在缴纳税款期限届满前提出申请，并报送下列材料：申请延期缴纳税款报告、当期货币资金余额情况及所有银行存款账户的对账单、资产负债表、应付职工工资和社会保险费等税务机关要求提供的支出预算。

税务机关应当自收到申请延期缴纳税款报告之日起20日内作出批准或者不予批准的决定；不予批准的，从缴纳税款期限届满之次日起加收滞纳金。

2. 税款的延期缴纳，必须经省、自治区、直辖市国家税务局、地方税务局批准，方为有效。

3. 延期期限最长不得超过3个月，同一笔税款不得滚动审批。

4. 批准延期内免予加收滞纳金。

（三）税收滞纳金征收制度

《征管法》第三十二条规定："纳税人未按照规定期限缴纳税款的，扣缴义务人未按照规定期限解缴税款的，税务机关除责令限期缴纳外，从滞纳税款之日起，按日加收滞纳税款万分之五的滞纳金。"

加收滞纳金的具体操作应按下列程序进行：

1. 先由税务机关发出催缴税款通知书，责令限期缴纳或解缴税款，告知纳税人如不按期履行纳税义务，将依法按日加收滞纳税款万分之五的滞纳金。

2. 从滞纳之日起加收滞纳金（加收滞纳金的起止时间为法律、行政法规规定或者税务机关依照法律、行政法规的规定确定的税款缴纳期限届满次日起至纳税人、扣缴义务人实际缴纳或者解缴税款之日止）。

3. 拒绝缴纳滞纳金的，可以按不履行纳税义务实行强制执行措施，强行划拨或者强制征收。

（四）减免税收制度

根据《征管法》第三十三条的有关规定，及《税收减免管理办法》办理减税、免税应注意下列事项：

1. 减免税必须有法律、行政法规的明确规定（具体规定在税收实体法中体现）。地方各级人民政府、各级人民政府主管部门、单位和个人违反法律、行政法规规定，擅自作出的减税、免税决定无效，税务机关不得执行，并向上级税务机关报告。

2. 纳税人申请减免税，应向主管税务机关提出书面申请，并按规定附送有关资料。

3. 减免税的申请须经法律、行政法规规定的减税、免税审查批准机关审批。

4. 纳税人在享受减免税待遇期间，仍应按规定办理纳税申报。

5. 纳税人享受减税、免税的条件发生变化时，应当自发生变化之日起 15 日内向税务机关报告，经税务机关审核后，停止其减税、免税；对不报告的，又不再符合减税、免税条件的，税务机关有权追回已减免的税款。

6. 减税、免税期满，纳税人应当自期满次日起恢复纳税。

7. 减免税分为核准类减免税和备案类减免税。核准类减免税是指法律、法规规定应由税务机关核准减免税项目；备案类减免税是指不需要税务机关核准的减免税项目。

纳税人享受核准类减免税，应当提交核准材料，虽提出申请，经依法具有批准权限的税务机关按本办法规定核准确认后执行。未按规定申请或虽申请但未经有批准权限的税务机关核准确认的，纳税人不得享受减免税。

纳税人享受备案类减免税，应当具备相应的减免税资质，并履行规定的备案手续。

8. 纳税人同时从事减免项目与非减免项目的，应分别核算，独立计算减免项目的计税依据以及减免税额度。不能分别核算的，不能享受减免税；核算不清的，由税务机关按合理方法核定。

9. 纳税人依法可以享受减免税待遇，但未享受而多缴税款的，凡属于无明确规定需经税务机关审批或没有规定申请期限的，纳税人可以在《征管法》第五十一条规定的期限内申请减免税，要求退还多缴的税款，但不加算银行同期存款利息。

10. 审批机关由税收法律、法规、规章设定。凡规定应由国家税务总局审批的，经由各省、自治区、直辖市和计划单列市税务机关上报国家税务总局；凡规定应由省级税务机关及省级以下税务机关审批的，由各省级税务机关审批或确定审批权限，原则上由纳税人所在地的县（区）税务机关审批；对减免税金额较大或减免税条件复杂的项目，各省、自治区、直辖市和计划单列市税务机关可根据效能与便民、监督与责任的原则适当划分审批权限。

11. 纳税人申请报批类减免税的，应当在政策规定的减免税期限内，向主管税务机关提出书面申请，并报送以下资料：

（1）减免税申请报告，列明减免税理由、依据、范围、期限、数量、金额等。

（2）财务会计报表、纳税申报表。

（3）有关部门出具的证明材料。

（4）税务机关要求提供的其他资料。

纳税人报送的材料应真实、准确、齐全。税务机关不得要求纳税人提交与其申请的减免税项目无关的技术资料和其他材料。

12. 纳税人可以向主管税务机关申请减免税，也可以直接向有权审批的税务机关申请。由纳税人所在地主管税务机关受理，应当由上级税务机关审批的减免税申请，主管税务机关应当自受理申请之日起10个工作日内直接上报有权审批的上级税务机关。

税务机关对纳税人提出的减免税申请，应当根据以下情况分别作出处理：

（1）申请的减免税项目，依法不需要由税务机关审查后执行的，应当即时告知纳税人不受理。

（2）申请的减免税材料不详或存在错误的，应当告知并允许纳税人更正。

（3）申请的减免税材料不齐全或者不符合法定形式的，应当场一次性书面告知纳税人。

（4）申请的减免税材料齐全、符合法定形式的，或者纳税人按照税务机关的要求提交全部补正减免税材料的，应当受理纳税人的申请。

13. 税务机关受理或者不予受理减免税申请，应当出具加盖本机关专用印章和注明日期的书面凭证。

14. 减免税审批是对纳税人提供的资料与减免税法定条件的相关性进行的审核，不改变纳税人的真实申报责任。

税务机关需要对申请材料的内容进行实地核实的，应当指派两名以上工作人员按规定程序进行实地核查，并将核查情况记录在案。上级税务机关对减免税实地核查工作量大、耗时长的，可委托企业所在地区县级税务机关具体组织实施。

15. 减免税期限超过1个纳税年度的，进行一次性审批。

纳税人享受减免税的条件发生变化的，应自发生变化之日起15个工作日内向税务机关报告，经税务机关审核后，停止其减免税。

有审批权的税务机关对纳税人的减免税申请，应按以下规定时限及时完成审批工作，作出审批决定：

县、区级税务机关负责审批的减免税，必须在20个工作日作出审批决定；地市级税务机关负责审批的，必须在30个工作日内作出审批决定；省级税务机关负责审批的，必须在60个工作日内作出审批决定。在规定期限内不能作出决定的，经本级税务机关负责人批准，可以延长10个工作日，并将延长期限的理由告知纳税人。

16. 减免税申请符合法定条件、标准的，主管税务机关应当在规定的期限内作出准予减免税的书面决定。依法不予减免税的，应当说明理由，并告知纳税人享有依法申请行政复议或者提起行政诉讼的权利。

税务机关作出的减免税审批决定，应当自作出决定之日起10个工作日内向纳税人送达减免税审批书面决定。

减免税批复未下达前，纳税人应按规定办理申报缴纳税款。

17. 备案类减免税要求纳税人在首次享受减免税的申报阶段在纳税申报表中附列或附送材料进行备案，也可以要求纳税人在申报征期后的其他规定期限内提交报备资料进行备案。

（1）纳税人随纳税申报表提交附送材料或报备材料进行备案的，应当在税务机关规定的减免税期限内，报送以下资料：

①列明减免税的项目、依据、范围、期限等；

②减免税依据的相关法律、法规规定要求报送的材料。

（2）税务机关对纳税人提请的减免税备案，应当根据以下情况分别作出处理：

①备案的免税材料存在错误的，应当告知并允许纳税人更正；

②备案的减免税材料不齐全或者不符合法定形式的应当场一次性书面告知纳税人；

③备案的减免税材料齐全、符合法定形式的，或者纳税人按照税务机关的要求提交全部补正减免税材料的，应当受理纳税人的备案。

18. 纳税人已享受减免税的，应当纳入正常申报，进行减免税申报。纳税人享受减免税到期的，应当申报缴纳税款。税务机关和税收管理员应当对纳税人已享受减免税情况加强管理监督。税务机关应结合纳税检查、执法检查或其他专项检查，每年定期对纳税人减免税事项进行清查、清理，加强监督检查，主要内容包括：

（1）纳税人是否符合减免税的资格条件，是否以隐瞒有关情况或者提供虚假材料等手段骗取减免税。

（2）纳税人享受减免税的条件发生变化时，是否根据变化情况经税务机关重新审查后办理减免税。

（3）减免税税款有规定用途的，纳税人是否按规定用途使用减免税款；有规定减免税期限的，是否到期恢复纳税。

（4）是否存在纳税人未经税务机关批准自行享受减免税的情况。

（5）已享受减免税是否未申报。

（五）税额核定和税收调整制度

1. 税额核定制度。根据《征管法》第三十五条的规定，纳税人（包括单位纳税人和个人纳税人）有下列情形之一的，税务机关有权核定其应纳税额：

（1）依照法律、行政法规的规定可以不设置账簿的。

（2）依照法律、行政法规的规定应当设置但未设置账簿的。

（3）擅自销毁账簿或者拒不提供纳税资料的。

（4）虽设置账簿，但账目混乱或者成本资料、收入凭证、费用凭证残缺不全，难以查账的。

（5）发生纳税义务，未按照规定的期限办理纳税申报，经税务机关责令限期申报，逾期仍不申报的。

（6）纳税人申报的计税依据明显偏低，又无正当理由的。

目前税务机关核定税额的方法主要有以下四种：

（1）参照当地同类行业或者类似行业中，经营规模和收入水平相近的纳税人的收入额和利润率核定。

（2）按照成本加合理费用和利润的方法核定。

（3）按照耗用的原材料、燃料、动力等推算或者测算核定。

（4）按照其他合理的方法核定。

采用以上一种方法不足以正确核定应纳税额时，可以同时采用两种以上的方法核定。

纳税人对税务机关采取规定的方法核定的应纳税额有异议的，应当提供相关证据，经税务机关认定后，调整应纳税额。

2. 税收调整制度。这里所说的税收调整制度，主要指的是关联企业的税收调整制度。

《征管法》第三十六条规定："企业或者外国企业在中国境内设立的从事生产、经营的机构、场所与其关联企业之间的业务往来，应当按照独立企业之间的业务往来收取或者支付价款、费用；不按照独立企业之间的业务往来收取或者支付价款、费用，而减少其应纳税的收入或者所得额的，税务机关有权进行合理调整"。

所称关联企业，是指有下列关系之一的公司、企业和其他经济组织：

（1）在资金、经营、购销等方面，存在直接或者间接的拥有或者控制关系。

（2）直接或者间接地同为第三者所拥有或者控制。

（3）在利益上具有相关联的其他关系。

纳税人与其关联企业之间的业务往来有下列情形之一的，税务机关可以调整其应纳税额：

（1）购销业务未按照独立企业之间的业务往来作价。

（2）融通资金所支付或者收取的利息超过或者低于没有关联关系的企业之间所能同意的数额，或者利率超过或者低于同类业务的正常利率。

（3）提供劳务，未按照独立企业之间的业务往来收取或者支付劳务费用。

（4）转让财产、提供财产使用权等业务往来，未按照独立企业之间的业务往来作价或者收取、支付费用。

（5）未按照独立企业之间业务往来作价的其他情形。

纳税人有上述所列情形之一的，税务机关可以按照下列方法调整计税收入额或者所得额：

（1）按照独立企业之间进行的相同或者类似业务活动的价格。

（2）按照再销售给无关联关系的第三者的价格所应取得的收入和利润水平。

（3）按照成本加合理的费用和利润。

（4）按照其他合理的方法。

调整期限：纳税人与其关联企业未按照独立企业之间的业务往来支付价款、费用的，税务机关自该业务往来发生的纳税年度起3年内进行调整；有特殊情况的，可以自该业务往来发生的纳税年度起10年内进行调整。

上述所称"特殊情况"是指纳税人有下列情形之一：①纳税人在以前年度与其关联企业间的业务往来累计达到或超过10万元人民币的；②经税务机关案头审计分析，纳税人在以前年度与其关联企业的业务往来，预计需调增其应纳税收入或所得额达50万元人民币的；③纳税人在以前年度与设在避税地的关联企业有业务往来的；④纳税人在以前年度未按规定进行关联企业间业务往来的年度申报，或申报内容不实，或不提供有关价用标准的。

（六）未办理税务登记的从事生产、经营的纳税人以及临时从事经营纳税人的税款征收制度

《征管法》第三十七条规定："对未按照规定办理税务登记的从事生产、经营的纳税人以及临时从事生产、经营的纳税人，由税务机关核定其应纳税额，责令缴纳；不缴纳的，税务机关可以扣押其价值相当于应纳税款的商品、货物。扣押后缴纳应纳税款的，税务机关必须立即解除扣押，并归还所扣押的商品、货物；扣押后仍不缴纳应纳税款的，经县以上税务局（分局）局长批准，依法拍卖或者变卖所扣押的商品、货物，以拍卖或者变卖所得抵缴税款。"

根据上述规定，应特别注意其适用对象及执行程序两个方面：

1. 适用对象：未办理税务登记的从事生产、经营的纳税人及临时从事经营的纳税人。

2. 执行程序：

（1）核定应纳税额。税务机关要按一定的标准，尽可能合理地确定其应纳税额。

（2）责令缴纳。税务机关核定应纳税额后，应责令纳税人按核定的税款缴纳税款。

（3）扣押商品、货物。对经税务机关责令缴纳而不缴纳税款的纳税人，税务机关可以扣押其价值相当于应纳税款的商品、货物。纳税人应当自扣押之日起15日内缴纳税款。

对扣押的鲜活、易腐烂变质或者易失效的商品、货物，税务机关根据被扣押物品的保质期，可以缩短前款规定的扣押期限。

（4）解除扣押或者拍卖、变卖所扣押的商品、货物。扣押后缴纳应纳税款的，税务机关必须立即解除扣押，并归还所扣押的商品、货物。

（5）抵缴税款。税务机关拍卖或者变卖所扣押的商品、货物后，以拍卖或者变卖所得抵缴税款。

（七）税收保全措施

税收保全措施是指税务机关对可能由于纳税人的行为或者某种客观原因，致使以后税款的征收不能保证或难以保证的案件，采取限制纳税人处理或转移商品、货物或其他财产的措施。

《征管法》第三十八条规定：税务机关有根据认为从事生产、经营的纳税人有逃避纳税义务行为的，可以在规定的纳税期之前，责令限期缴纳税款；在限期内发现纳税人有明显的转移、隐匿其应纳税的商品、货物以及其他财产迹象的，税务机关应责令其提供纳税担保。如果纳税人不能提供纳税担保，经县以上税务局（分局）局长批准，税务机关可以采取下列税收保全措施：

1. 书面通知纳税人开户银行或者其他金融机构冻结纳税人的金额相当于应纳税款的存款。

2. 扣押、查封纳税人的价值相当于应纳税款的商品、货物或者其他财产。其他财产包括纳税人的房地产、现金、有价证券等不动产和动产。

纳税人在上款规定的限期内缴纳税款的，税务机关必须立即解除税收保全措施；限期期满仍未缴纳税款的，经县以上税务局（分局）局长批准，税务机关可以书面通知纳税人

开户银行或者其他金融机构，从其冻结的存款中扣缴税款，或者依法拍卖或者变卖所扣押、查封的商品、货物或者其他财产，以拍卖或者变卖所得抵缴税款。

采取税收保全措施不当，或者纳税人在期限内已缴纳税款，税务机关未立即解除税收保全措施，使纳税人的合法利益遭受损失的，税务机关应当承担赔偿责任。

个人及其所抚养家属维持生活必需的住房和用品，不在税收保全措施的范围之内。个人所抚养家属，是指与纳税人共同居住生活的配偶、直系亲属以及无生活来源并由纳税人抚养的其他亲属。生活必需的住房和用品不包括机动车辆、金银饰品、古玩字画、豪华住宅或者一处以外的住房。税务机关对单价 5 000 元以下的其他生活用品，不采取税收保全措施和强制执行措施。

采取税收保全措施应注意以下几个方面：

1. 采取税收保全措施的前提和条件。税务机关采取税收保全措施的前提是，从事生产、经营的纳税人有逃避纳税义务行为。也就是说，税务机关采取税收保全措施的前提是对逃税的纳税人采取的。采取时，应当符合下列两个条件：

（1）纳税人有逃避纳税义务的行为。纳税人没有逃避纳税义务行为的，不能采取税收保全措施。逃避纳税义务行为的最终目的是不缴或少缴税款，其采取的方法主要是转移、隐匿可以用来缴纳税款的资金或实物。

（2）必须是在规定的纳税期之前和责令限期缴纳应纳税款的限期内。如果纳税期和责令缴纳应纳税款的限期届满，纳税人又没有缴纳应纳税款的，税务机关可以按规定采取强制执行措施，就无所谓税收保全了。

2. 采取税收保全措施的法定程序：

（1）责令纳税人提前缴纳税款。税务机关有根据认为从事生产、经营的纳税人有逃避纳税义务行为的，可以在规定的纳税期之前，责令限期缴纳应纳税款。税务机关对有逃税行为的纳税人在规定的纳税期之前，责令限期缴纳税款时，主管税务机关应下达给有逃税行为的纳税人执行。同时主管税务机关填制由纳税人签章的《税务文书送达回证》。

执行时应注意的问题：

①“有根据认为”是指税务机关依据一定线索作出的符合逻辑的判断，根据不等于证据。证据是能够表明真相的事实和材料，证据须依法定程序收集和取得。税收保全措施是针对纳税人即将转移、隐匿应税的商品、货物或其他财产的紧急情况下采取的一种紧急处理措施。不可能等到事实全部查清，取得充分的证据以后再采取行动，否则，纳税人早已将其收入和财产转移或隐匿完毕，到时再想采取税收保全措施就晚了。当然，这并不是说税务机关采取税收保全措施想什么时候采取就什么时候采取。

②可以采取税收保全措施的纳税人仅限于从事生产、经营的纳税人，不包括非从事生产、经营的纳税人，也不包括扣缴义务人和纳税担保人。

（2）责成纳税人提供纳税担保。在限期内，纳税人有明显转移、隐匿应纳税的商品、货物以及其他财产或者应纳税的收入迹象的，税务机关可以责成纳税人提供纳税担保。

①纳税担保的具体内容。纳税担保是纳税人为按时足额履行纳税义务而向税务机关作出的保证。纳税担保人，是指在中国境内具有纳税担保能力的公民、法人或其他经济组织。国家机关不得作为纳税担保人。

②纳税担保的提供。纳税担保人同意为纳税人提供纳税担保的，填写纳税担保书，写

明担保对象、担保范围、担保期限和担保责任以及其他有关事项。担保书须经纳税人、纳税担保人和税务机关签字盖章后方为有效。纳税人以其所拥有的未设置抵押权的财产作为纳税担保的，应当填写作为纳税担保的财产清单，并写明担保财产的价值以及其他有关事项。纳税担保清单须经纳税人和税务机关签字盖章后方为有效。

（3）冻结纳税人的存款。纳税人不能提供纳税担保的，经县以上税务局（分局）局长批准，书面通知纳税人开户银行或者其他金融机构冻结纳税人的金额相当于应纳税款的存款。

税务机关在采取此项措施时，应当注意的问题：

①应经县以上税务局（分局）局长批准。

②冻结的存款数额要以相当于纳税人应纳税款的数额为限，而不是全部存款。

③注意解除保全措施的时间。如果纳税人在税务机关采取税收保全措施后按照税务机关规定的期限缴纳了税款，税务机关应当自收到税款或银行转回的完税凭证之日起 1 日内解除税收保全。

（4）查封、扣押纳税人的商品、货物或其他财产。纳税人在开户银行或其他金融机构中没有存款，或者税务机关无法掌握其存款情况的，税务机关可以扣押、查封纳税人的价值相当于应纳税款的商品、货物或其他财产。

查封、扣押应注意以下几个问题：

①税务机关执行扣押、查封商品、货物或者其他财产时，必须由两名以上税务人员执行，并通知被执行人。被执行人是公民的，应当通知被执行人本人或成年家属到场；被执行人是法人或者其他组织的，应当通知其法定代表人或者主要负责人到场；拒不到场的，不影响执行。

②税务机关按照前款方法确定应扣押、查封的商品、货物或者其他财产的价值时，还应当包括滞纳金和扣押、查封、保管、拍卖、变卖所发生的费用。

③扣押、查封价值相当于应纳税款的商品、货物或者其他财产时，参照同类商品的市场价、出厂价或者评估价估算。

④税务机关扣押商品、货物或者其他财产时，必须开付收据；查封商品、货物或者其他财产时，必须开付清单。

⑤税务人员私分所扣押、查封的商品、货物或者其他财产的，必须责令退回并给予行政处分；情节严重、构成犯罪的，移送司法机关依法追究刑事责任。

3. 税收保全措施的终止。税收保全的终止有两种情况：一是纳税人在规定的期限内缴纳了应纳税款的，税务机关必须立即解除税收保全措施；二是纳税人超过规定的期限仍不缴纳税款的，经税务局（分局）局长批准，终止保全措施，转入强制执行措施，即书面通知纳税人开户银行或者其他金融机构从其冻结的存款中扣缴税款，或者拍卖、变卖所扣押、查封的商品、货物或其他财产，以拍卖或者变卖所得抵缴税款。

（八）税收强制执行措施

税收强制执行措施是指当事人不履行法律、行政法规规定的义务，有关国家机关采用法定的强制手段，强迫当事人履行义务的行为。

《征管法》第四十条规定：从事生产、经营的纳税人、扣缴义务人未按照规定的期限缴纳或者解缴税款，纳税担保人未按照规定的期限缴纳所担保的税款，由税务机关责令限期缴纳，逾期仍未缴纳的，经县以上税务局（分局）局长批准，税务机关可以采取下列强制执行措施：

1. 书面通知其开户银行或者其他金融机构从其存款中扣缴税款。

2. 扣押、查封、依法拍卖或者变卖其价值相当于应纳税款的商品、货物或者其他财产，以拍卖或者变卖所得抵缴税款。

税务机关采取强制执行措施时，对上款所列纳税人、扣缴义务人、纳税担保人未缴纳的滞纳金同时强制执行。

个人及其所扶养家属维持生活必需的住房和用品，不在强制执行措施的范围之内。

根据上述规定，采取税收强制执行措施应注意以下 5 个方面：

1. 税收强制执行的适用范围。强制执行措施的适用范围仅限于未按照规定的期限缴纳或者解缴税款，经责令限期缴纳，逾期仍未缴纳的从事生产、经营的纳税人。需要强调的是，采取强制执行措施适用于扣缴义务人、纳税担保人，采取税收保全措施时则不适用。

2. 税收强制执行应坚持的原则。税务机关采取税收强制执行措施时，必须坚持告诫在先的原则，即纳税人、扣缴义务人、纳税担保人未按照规定的期限缴纳或者解缴税款的，应当先行告诫，责令限期缴纳。逾期仍未缴纳的，再采取税收强制执行措施。如果没有责令限期缴纳就采取强制执行措施，也就违背了告诫在先的原则，所采取的措施和程序是违法的。

3. 采取税收强制执行措施的程序。

（1）税款的强制征收（扣缴税款）。纳税人、扣缴义务人、纳税担保人在规定的期限内未缴纳或者解缴税款或者提供担保的，经主管税务机关责令限期缴纳，逾期仍未缴纳的，经县以上税务局（分局）局长批准，书面通知其开户银行或者其他金融机构，从其存款中扣缴税款。

在扣缴税款的同时，主管税务机关应按照《征管法》第六十八条的规定，可以处以不缴或者少缴税款 50% 以上 5 倍以下的罚款。

（2）扣押、查封、拍卖或者变卖，以拍卖或者变卖所得抵缴税款。按照《征管法》第四十条的规定，扣押、查封、拍卖或者变卖等行为具有连续性，即扣押、查封后，不再给纳税人自动履行纳税义务的期间，税务机关可以直接拍卖或者变卖其价值相当于应纳税款的商品、货物或者其他财产，以拍卖或者变卖所得抵缴税款。

4. 滞纳金的强行划拨。采取税收强制执行措施时，对纳税人、扣缴义务人、纳税担保人未缴纳的滞纳金必须同时强制执行。对纳税人已缴纳税款，但拒不缴纳滞纳金的，税务机关可以单独对纳税人应缴未缴的滞纳金采取强制执行措施。

5. 其他注意事项。

（1）实施扣押、查封、拍卖或者变卖等强制执行措施时，应当通知被执行人或其成年家属到场，否则不能直接采取扣押和查封措施。但被执行人或其成年家属接到通知后拒不到场的，不影响执行。同时，应当通知有关单位和基层组织，他们是扣押、查封财产的见证人，也是税务机关执行工作的协助人。

（2）扣押、查封、拍卖或者变卖被执行人的商品、货物或者其他财产，应当以应纳税额和滞纳金等为限。对于被执行人必要的生产工具，他本人及他所供养家属的生活必需品应当予以保留，不得对其进行扣押、查封、拍卖或者变卖。

（3）对价值超过应纳税额且不可分割的商品、货物或者其他财产，税务机关在纳税人、扣缴义务人或者纳税担保人无其他可供强制执行财产的情况下，可以整体扣押、查封、拍卖，以拍卖所得抵缴税款、滞纳金、罚款以及扣押、查封、保管、拍卖等费用。

（4）实施扣押、查封时，对有产权证件的动产或者不动产，税务机关可以责令当事人将产权证件交税务机关保管，同时可以向有关机关发出协助执行通知书，有关机关在扣押、查封期间不再办理该动产或者不动产的过户手续。

（5）对查封的商品、货物或者其他财产，税务机关可以指令被执行人负责保管，保管责任由被执行人承担。

继续使用被查封的财产不会减少其价值的，税务机关可以允许被执行人继续使用；因被执行人保管或者使用的过错造成的损失，由被执行人承担。

（6）税务机关将扣押、查封的商品、货物或者其他财产变价抵缴税款时，应当交由依法成立的拍卖机构拍卖；无法委托拍卖或者不适于拍卖的，可以交由当地商业企业代为销售，也可以责令纳税人限期处理；无法委托商业企业销售，纳税人也无法处理的，可以由税务机关变价处理，具体办法由国家税务总局规定。国家禁止自由买卖的商品，应当交由有关单位按照国家规定的价格收购。

拍卖或者变卖所得抵缴税款、滞纳金、罚款以及扣押、查封、保管、拍卖、变卖等费用后，剩余部分应当在3日内退还被执行人。

（九）欠税清缴制度

欠税是指纳税人未按照规定期限缴纳税款，扣缴义务人未按照规定期限解缴税款的行为。《征管法》在欠税清缴方面主要采取了以下措施：

1. 严格控制欠缴税款的审批权限。根据《征管法》第三十一条的规定，缓缴税款的审批权限集中在省、自治区、直辖市国家税务局、地方税务局。这样规定，一方面能帮助纳税人渡过暂时的难关；另一方面也体现了严格控制欠税的精神，保证国家税收免遭损失。

2. 限期缴税时限。从事生产、经营的纳税人、扣缴义务人未按照规定的期限缴纳或者解缴税款的，纳税担保人未按照规定的期限缴纳所担保的税款的，由税务机关发出限期缴纳税款通知书，责令缴纳或者解缴税款的最长期限不得超过15日。

3. 建立欠税清缴制度

（1）扩大了阻止出境对象的范围。《征管法》第四十四条规定："欠缴税款的纳税人及其法定代表需要出境的，应当在出境前向税务机关结清应纳税款或者提供担保。未结清税款，又不提供担保的，税务机关可以通知出境管理机关阻止其出境。"

执行离境清税制度应注意下列问题：

①离境清税制度适用于依照我国税法规定，负有纳税义务且欠缴税款的所有自然人、法人的法定代表人和其他经济组织的负责人，包括外国人、无国籍人和中国公民。

②纳税人以其所拥有的未作抵押的财产作纳税担保的，应当就作为纳税担保的财产的监管和处分等事项在中国境内委托代理人，并将作为纳税担保的财产清单和委托代理证书

（副本）交税务机关。担保使用的所有文书和手续如前所述。

③需要阻止出境的，税务机关应当书面通知出入境管理机关执行。阻止出境是出入境管理机关依法对违反我国法律或者有未了结民事案件，以及其他法律规定不能离境等原因的外国人、中国公民告之不准离境、听候处理的一项法律制度，是国家实施主权管理的重要方面。

（2）建立改制纳税人欠税的清缴制度。《征管法》第四十八条规定："纳税人有合并、分立情形的，应当向税务机关报告，并依法缴清税款。纳税人合并时未缴清税款的，应当由合并后的纳税人继续履行未履行的纳税义务；纳税人分立时未缴清税款的，分立后的纳税人对未履行的纳税义务应当承担连带责任。"

（3）大额欠税处分财产报告制度。根据《征管法》第四十九条和《实施细则》第七十七条的规定，欠缴税款数额在 5 万元以上的纳税人，在处分其不动产或者大额资产之前，应当向税务机关报告。这一规定有利于税务机关及时掌握欠税企业处置不动产和大额资产的动向。税务机关可以根据其是否侵害了国家税收，是否有转移资产、逃避纳税义务的情形，决定是否行使税收优先权，是否采取税收保全措施或者强制执行措施。

（4）税务机关可以对欠缴税款的纳税人行使代位权、撤销权，即对纳税人的到期债权等财产权利，税务机关可以依法向第三者追索以抵缴税款。《征管法》第五十条规定了在哪些情况下税务机关可以依据《中华人民共和国合同法》行使代位权、撤销权。税务机关代表国家，拥有对欠税的债权，是纳税人应该偿还国家的债务。

如果欠税的纳税人，怠于行使其到期的债权，怠于收回其到期的资产、款项等，税务机关可以向人民法院请求以自己的名义代为行使债权。

（5）建立欠税公告制度。根据《征管法》第四十五条和《实施细则》第七十六条的规定，税务机关应当对纳税人欠缴税款的情况，在办税场所或者广播、电视、报纸、期刊、网络等新闻媒体上定期予以公告。定期公告是指税务机关定期向社会公告纳税人的欠税情况。同时税务机关还可以根据实际情况和实际需要，制定纳税人的纳税信用等级评价制度。

（十）税款的退还和追征制度

1. 税款的退还。《征管法》第五十一条规定，纳税人超过应纳税额缴纳的税款，税务机关发现后应当立即退还；纳税人自结算缴纳税款之日起 3 年内发现的，可以向税务机关要求退还多缴的税款并加算银行同期存款利息，税务机关及时查实后应当立即退还；涉及从国库中退库的，依照法律、行政法规中有关国库管理的规定退还。

根据上述规定，税务机关在办理税款退还时应注意以下几个问题：

（1）税款退还的前提是纳税人已经缴纳了超过应纳税额的税款。

（2）税款退还的范围包括：

①技术差错和结算性质的退税。

②为加强对收入的管理，规定纳税人先按应纳税额如数缴纳入库，经核实后再从中退还应退还的部分。

（3）退还的方式有：

①税务机关发现后立即退还。

②纳税人发现后申请退还。

（4）退还的时限有：

①纳税人发现的，可以自结算缴纳税款之日起 3 年内要求退还。

②税务机关发现的多缴税款，《征管法》没有规定多长时间内可以退还。法律没有规定期限的，推定为无限期。因此，税务机关发现的多缴税款，无论多长时间，都应当退还给纳税人。

③对纳税人超过应纳税额缴纳的税款，无论是税务机关发现的，还是纳税人发现后提出退还申请的，税务机关经核实后都应当立即办理退还手续，不应当拖延。《实施细则》第七十八条规定："税务机关发现纳税人多缴税款的，应当自发现之日起 10 日内办理退还手续；纳税人发现多缴税款，要求退还的，税务机关应当自接到纳税人退还申请之日起 30 日内查实并办理退还手续。"

2. 税款的追征。《征管法》第五十二条规定："因税务机关责任，致使纳税人、扣缴义务人未缴或者少缴税款的，税务机关在 3 年内可要求纳税人、扣缴义务人补缴税款，但是不得加收滞纳金。

因纳税人、扣缴义务人计算等失误，未缴或者少缴税款的，税务机关在 3 年内可以追征税款、滞纳金；有特殊情况的追征期可以延长到 5 年。

所称特殊情况，是指纳税人或者扣缴义务人因计算错误等失误，未缴或者少缴、未扣或者少扣、未收或者少收税款，累计数额在 10 万元以上的。

对偷税、抗税、骗税的，税务机关追征其未缴或者少缴的税款、滞纳金或者所骗取的税款，不受前款规定期限的限制。"

根据上述规定，税务机关在追征税款时应注意以下几个方面：

（1）对于纳税人、扣缴义务人和其他当事人偷税、抗税和骗取税款的，应无限期追征。

（2）纳税人、扣缴义务人未缴或者少缴税款的，其补缴和追征税款的期限，应自纳税人、扣缴义务人应缴未缴或少缴税款之日起计算。

（3）应注意明确划分征纳双方责任。

第四节　税务检查

一、税务检查的形式和方法

（一）税务检查的形式

1. 重点检查。重点检查指对公民举报、上级机关交办或有关部门转来的有偷税行为或偷税嫌疑的，纳税申报与实际生产经营情况有明显不符的纳税人及有普遍逃税行为的行业的检查。

2. 分类计划检查。分类计划检查指根据纳税人历来纳税情况、纳税人的纳税规模及税务检查间隔时间的长短等综合因素，按事先确定的纳税人分类、计划检查时间及检查频率而进行的检查。

3. 集中性检查。集中性检查指税务机关在一定时间、一定范围内，统一安排、统一组织的税务检查，这种检查一般规模比较大，如以前年度的全国范围内的税收、财务大查就属于这类检查。

4. 临时性检查。临时性检查指由各级税务机关根据不同的经济形势、偷逃税趋势、税收任务完成情况等综合因素，在正常的检查计划之外安排的检查，如行业性解剖、典型调查性的检查等。

5. 专项检查。专项检查指税务机关根据税收工作实际，对某一税种或税收征收管理某一环节进行的检查，如增值税一般纳税专项检查、漏征漏管户专项检查等。

（二）税务检查的方法

1. 全查法。全查法是对被查纳税人一定时期内所有会计凭证、账簿、报表及各种存货进行全面、系统检查的一种方法。

2. 抽查法。抽查法是对被查纳税人一定时期内的会计凭证、账簿、报表及各种存货，抽取一部分进行检查的一种方法。

3. 顺查法。顺查法与逆查法对称，是对被查纳税人按照其会计核算的顺序，依次检查会计凭证、账簿、报表，并将其相互核对的一种检查方法。

4. 逆查法。逆查法与顺查法对称，指逆会计核算的顺序，依次检查会计报表、账簿及凭证，并将其相互核对的一种稽查方法。

5. 现场检查法。现场检查法与调账检查法对称，指税务机关派人员到被查纳税人的机构办公地点对其账务资料进行检查的一种方法。

6. 调账检查法。调账检查法与现场检查法对称，指将被查纳税人的账务资料调到税务机关进行检查的一种方法。

7. 比较分析法。比较分析法是将被查纳税人检查期有关财务指标的实际完成数进行纵向或横向比较，分析其异常变化情况，从中发现纳税问题线索的一种方法。

8. 控制计算法。控制计算法也称逻辑推算法，指根据被查纳税人财务数据的相互关系，用可靠或科学测定的数据，验证其检查期账面记录或申报的资料是否正确的一种检查方法。

9. 审阅法。审阅法指对被查纳税人的会计账簿、凭证等账务资料，通过直观地审查阅览，发现在纳税方面存在问题的一种检查方法。

10. 核对法。核对法指通过对被查纳税人的各种相关联的会计凭证、账簿、报表及实物进行相互核对，验证其在纳税方面存在问题的一种检查方法。

11. 观察法。观察法指通过被查纳税人的生产经营场所、仓库、工地等现场，实地观察其生产经营及存货等情况，以发现纳税问题或验证账中可疑问题的一种检查方法。

12. 外调法。外调法指对被查纳税人有怀疑或已掌握一定线索的经济事项，通过向与其有经济联系的单位或个人进行调查，予以查证核实的一种方法。

13. 盘存法。盘存法指通过对被查纳税人的货币资金、存货及固定资产等实物进行盘点清查，核实其账实是否相符，进而发现纳税问题的一种检查方法。

14. 交叉稽核法。国家为加强增值税专用发票管理，应用计算机将开出的增值税专用发票抵扣联与存根联进行交叉稽核，以查出虚开及假开发票行为，避免国家税款流失。目前这种方法通过“金税工程”体现，对利用增值税专用发票偷逃税款行为起到了极大的遏制作用。

二、税务检查的职责

1. 税务机关有权进行下列税务检查：

（1）检查纳税人的账簿、记账凭证、报表和有关资料，检查扣缴义务人代扣代缴、代收代缴税款账簿、记账凭证和有关资料。

因检查需要时，经县以上税务局（分局）局长批准，可以将纳税人、扣缴义务人以前会计年度的账簿、记账凭证、报表和其他有关资料调回税务机关检查，但是税务机关必须向纳税人、扣缴义务人开付清单，并在 3 个月内完整退还；有特殊情况的，经设区的市、自治州以上税务局局长批准，税务机关可以将纳税人、扣缴义务人当年的账簿、记账凭证、报表和其他有关资料调回检查，但是税务机关必须在 30 日内退还。

（2）到纳税人的生产、经营场所和货物存放地检查纳税人应纳税的商品、货物或者其他财产，检查扣缴义务人与代扣代缴、代收代缴税款有关的经营情况。

（3）责成纳税人、扣缴义务人提供与纳税或者代扣代缴、代收代缴税款有关的文件、证明材料和有关资料。

（4）询问纳税人、扣缴义务人与纳税或者代扣代缴、代收代缴税款有关的问题和情况。

（5）到车站、码头、机场、邮政企业及其分支机构检查纳税人托运、邮寄、应税商品、货物或者其他财产的有关单据凭证和资料。

（6）经县以上税务局（分局）局长批准，凭全国统一格式的检查存款账户许可证明，查询从事生产、经营的纳税人、扣缴义务人在银行或者其他金融机构的存款账户。税务机关在调查税收违法案件时，经设区的市、自治州以上税务局（分局）局长批准，可以查询案件涉嫌人员的储蓄存款。税务机关查询所获得的资料，不得用于税收以外的用途。

上述所称的“经设区的市、自治州以上税务局局长”包括地（市）一级（含直辖市下设区）的税务局局长。

税务机关查询的内容，包括纳税人存款账户余额和资金往来情况。查询时应当指定专人负责，凭全国统一格式的检查存款账户许可证明进行，并有责任为被检查人保守秘密。

2. 税务机关对纳税人以前纳税期的纳税情况依法进行税务检查时，发现纳税人有逃避纳税义务的行为，并有明显的转移、隐匿其应纳税的商品、货物、其他财产或者应纳税收入的迹象的，可以按照批准权限采取税收保全措施或者强制执行措施。这里的批准权限是指县级以上税务局（分局）局长批准。

税务机关采取税收保全措施的期限一般不得超过 6 个月；重大案件需要延长的，应当报国家税务总局批准。

3. 纳税人、扣缴义务人必须接受税务机关依法进行的税务检查，如实反映情况，提供有关资料，不得拒绝、隐瞒。

4. 税务机关依法进行税务检查时，有权向有关单位和个人调查纳税人、扣缴义务人和其他当事人与纳税或者代扣代缴、代收代缴税款有关的情况，有关单位和个人有义务向税务机关如实提供有关资料及证明材料。

5. 税务机关调查税务违法案件时，对与案件有关的情况和资料，可以记录、录音、录像、照相和复制。

6. 税务人员进行税务检查时，应当出示税务检查证和税务检查通知书；无税务检查证和税务检查通知书的，纳税人、扣缴义务人及其他当事人有权拒绝检查。税务机关对集贸市场及集中经营业户进行检查时，可以使用统一的税务检查通知书。

税务机关对纳税人、扣缴义务人及其他当事人处以罚款或者没收违法所得时，应当开付罚没凭证；未开付罚没凭证的，纳税人、扣缴义务人以及其他当事人有权拒绝给付。

对采用电算化会计系统的纳税人，税务机关有权对其会计电算化系统进行检查，并可复制与纳税有关的电子数据作为证据。

税务机关进入纳税人电算化系统进行检查时，有责任保证纳税人会计电算化系统的安全性，并保守纳税人的商业秘密。

第五节　法律责任

一、违反税务管理基本规定行为的处罚

1. 根据《征管法》第六十条和《实施细则》第九十条规定：纳税人有下列行为之一的，由税务机关责令限期改正，可以处 2 000 元以下的罚款；情节严重的，处 2 000 元以上 10 000 元以下的罚款。

（1）未按照规定的期限申报办理税务登记、变更或者注销登记的；

（2）未按照规定设置、保管账簿或者保管记账凭证和有关资料的；

（3）未按照规定将财务、会计制度或者财务、会计处理办法和会计核算软件报送税务机关备查的；

（4）未按照规定将其全部银行账号向税务机关报告的；

（5）未按照规定安装、使用税控装置，或者损毁或擅自改动税控装置的；

（6）纳税人未按照规定办理税务登记证件验证或者换证手续的。

2. 纳税人不办理税务登记的，由税务机关责令限期改正；逾期不改正的，由工商行政管理机关吊销其营业执照。

3. 纳税人通过提供虚假的证明资料等手段，骗取税务登记证的，处 2 000 元以下的罚款；情节严重的，处 2 000 元以上 10 000 元以下的罚款。纳税人涉嫌其他违法行为的，按有关法律、行政法规的规定处理。

4. 扣缴义务人未按照规定办理扣缴税款登记的，税务机关应当自发现之日起 3 日内责令其限期改正，并可处以 1 000 元以下的罚款。

5. 纳税人未按照规定使用税务登记证件，或者转借、涂改、损毁、买卖、伪造税务登记证件的，处2 000元以上10 000元以下的罚款；情节严重的，处10 000元以上50 000元以下的罚款。

二、扣缴义务人违反账簿、凭证管理的处罚

《征管法》第六十一条规定："扣缴义务人未按照规定设置、保管代扣代缴、代收代缴税款账簿或者保管代扣代缴、代收代缴税款记账凭证及有关资料的，由税务机关责令限期改正，可以处2 000元以下的罚款；情节严重的，处2 000元以上5 000元以下的罚款。"

三、纳税人、扣缴义务人未按规定进行纳税申报的法律责任

《征管法》第六十二条规定："纳税人未按照规定的期限办理纳税申报和报送纳税资料的，或者扣缴义务人未按照规定的期限向税务机关报送代扣代缴、代收代缴税款报告表和有关资料的，由税务机关责令限期改正，可以处2 000元以下的罚款；情节严重的，可以处2 000元以上10 000元以下的罚款。"

四、对偷税的认定及其法律责任

1.《征管法》第六十三条规定："纳税人伪造、变造、隐匿、擅自销毁账簿、记账凭证，或者在账簿上多列支出或者不列、少列收入，或者经税务机关通知申报而拒不申报或者进行虚假的纳税申报，不缴或者少缴应纳税款的，是偷税。对纳税人偷税的，由税务机关追缴其不缴或者少缴的税款、滞纳金，并处不缴或者少缴的税款50%以上5倍以下的罚款；构成犯罪的，依法追究刑事责任。

扣缴义务人采取前款所列手段，不缴或者少缴已扣、已收税款，由税务机关追缴其不缴或者少缴的税款、滞纳金，并处不缴或者少缴的税款50%以上5倍以下的罚款；构成犯罪的，依法追究刑事责任。"

2.《中华人民共和国刑法》（以下简称《刑法》）第二百零一条规定："纳税人采取欺骗、隐瞒手段进行虚假纳税申报或者不申报，逃避缴纳税款数额较大并且占应纳税额10%以上的，处3年以下有期徒刑或者拘役，并处罚金；数额巨大并且占应纳税额30%以上的，处3年以上7年以下有期徒刑，并处罚金。

扣缴义务人采取前款所列手段，不缴或者少缴已扣、已收税款，数额较大的，依照前款的规定处罚。

对多次实施前两款行为，未经处理的，按照累计数额计算。

有第一款行为，经税务机关依法下达追缴通知后，补缴应纳税款，缴纳滞纳金，已受行政处罚的，不予追究刑事责任；但是，5年内因逃避缴纳税款受过刑事处罚或者被税务机关给予两次以上行政处罚的除外。"

五、进行虚假申报或不进行申报行为的法律责任

《征管法》第六十四条规定："纳税人、扣缴义务人编造虚假计税依据的，由税务机

关责令限期改正，并处 5 万元以下的罚款。

纳税人不进行纳税申报，不缴或者少缴应纳税款的，由税务机关追缴其不缴或者少缴的税款、滞纳金，并处不缴或者少缴税款 50% 以上 5 倍以下的罚款。”

六、逃避追缴欠税的法律责任

《征管法》第六十五条规定：“纳税人欠缴应纳税款，采取转移或者隐匿财产的手段，妨碍税务机关追缴欠缴的税款的，由税务机关追缴欠缴的税款、滞纳金，并处欠缴税款 50% 以上 5 倍以下的罚款；构成犯罪的，依法追究刑事责任。”

《刑法》第二百零三条规定：“纳税人欠缴应纳税款，采取转移或者隐匿财产的手段，致使税务机关无法追缴欠缴的税款，数额在 1 万元以上不满 10 万元的，处 3 年以下有期徒刑或者拘役，并处或者单处欠缴税款 1 倍以上 5 倍以下罚金；数额在 10 万元以上的，处 3 年以上 7 年以下有期徒刑，并处欠缴税款 1 倍以上 5 倍以下罚金。”

七、骗取出口退税的法律责任

《征管法》第六十六条规定：“以假报出口或者其他欺骗手段，骗取国家出口退税款的，由税务机关追缴其骗取的退税款，并处骗取税款 1 倍以上 5 倍以下的罚款；构成犯罪的，依法追究刑事责任。”

对骗取国家出口退税款的，税务机关可以在规定期间内停止为其办理出口退税。

《刑法》第二百零四条规定：“以假报出口或者其他欺骗手段，骗取国家出口退税款，数额较大的，处 5 年以下有期徒刑或者拘役，并处骗取税款 1 倍以上 5 倍以下罚金；数额巨大或者有其他严重情节的，处 5 年以上 10 年以下有期徒刑，并处骗取税款 1 倍以上 5 倍以下罚金；数额特别巨大或者有其他特别严重情节的，处 10 年以上有期徒刑或者无期徒刑，并处骗取税款 1 倍以上 5 倍以下罚金或者没收财产。”

八、抗税的法律责任

《征管法》第六十七条规定：“以暴力、威胁方法拒不缴纳税款的，是抗税，除由税务机关追缴其拒缴的税款、滞纳金外，依法追究刑事责任。情节轻微，未构成犯罪的，由税务机关追缴其拒缴的税款、滞纳金，并处拒缴税款 1 倍以上 5 倍以下的罚款。”

《刑法》第二百零二条规定：“以暴力、威胁方法拒不缴纳税款的，处 3 年以下有期徒刑或者拘役，并处拒缴税款 1 倍以上 5 倍以下罚金；情节严重的，处 3 年以上 7 年以下有期徒刑，并处拒缴税款 1 倍以上 5 倍以下罚金。”

九、在规定期限内不缴或者少缴税款的法律责任

《征管法》第六十八条规定：“纳税人、扣缴义务人在规定期限内不缴或者少缴应纳或者应解缴的税款，经税务机关责令限期缴纳，逾期仍未缴纳的，税务机关除依照本法第四十条规定采取强制执行措施追缴其不缴或者少缴的税款外，可以处不缴或者少缴税款 50% 以上 5 倍以下的罚款。”

十、扣缴义务人不履行扣缴义务的责任

《征管法》第六十九条规定："扣缴义务人应扣未扣、应收而不收税款的，由税务机关向纳税人追缴税款，对扣缴义务人处应扣未扣、应收未收税款50%以上3倍以下的罚款。"

十一、不配合税务机关依法检查的法律责任

《征管法》第七十条规定："纳税人、扣缴义务人逃避、拒绝或者以其他方式阻挠税务机关检查的，由税务机关责令改正，可以处1万元以下的罚款；情节严重的，处1万元以上5万元以下的罚款。"

逃避、拒绝或者以其他方式阻挠税务机关检查的情形：

（1）提供虚假资料，不如实反映情况，或者拒绝提供有关资料的。

（2）拒绝或者阻止税务机关记录、录音、录像、照相和复制与案件有关的情况和资料的。

（3）在检查期间，纳税人、扣缴义务人转移、隐匿、销毁有关资料的。

（4）有不依法接受税务检查的其他情形的。

2. 税务机关依照《征管法》第五十四条第（五）项的规定，"到车站、码头、机场、邮政企业及其分支机构检查纳税人有关情况时，有关单位拒绝的，由税务机关责令改正，可以处1万元以下的罚款；情节严重的，处1万元以上5万元以下的罚款。"

十二、非法印制发票的法律责任

1.《征管法》第七十一条规定："违反本法第二十二条规定，非法印制发票的，由税务机关销毁非法印制的发票，没收违法所得和作案工具，并处1万元以上5万元以下的罚款；构成犯罪的，依法追究刑事责任。"

2.《刑法》第二百零六条规定："伪造或者出售伪造的增值税专用发票的，处3年以下有期徒刑、拘役或者管制，并处2万元以上20万元以下罚金；数量较大或者有其他严重情节的，处3年以上10年以下有期徒刑，并处5万元以上50万元以下罚金；数量巨大或者有其他特别严重情节的，处10年以上有期徒刑或者无期徒刑，并处5万元以上50万元以下罚金或者没收财产。

单位犯本条规定的，对单位判处罚金，并对其直接负责的主管人员和其他直接责任人员，处3年以下有期徒刑、拘役或者管制；数量较大或者有其他严重情节的，处3年以上10年以下有期徒刑；数量巨大或者有其他特别严重情节的，处10年以上有期徒刑或者无期徒刑。"

3.《刑法》第二百零九条规定："伪造、擅自制造或者出售伪造、擅自制造的可以用于骗取出口退税、抵扣税款的其他发票的，处3年以下有期徒刑、拘役或者管制，并处2万元以上20万元以下罚金；数量巨大的，处3年以上7年以下有期徒刑，并处5万元以上50万元以下罚金；数量特别巨大的，处7年以上有期徒刑，并处5万元以上50万元以下罚金或者没收财产。

伪造、擅自制造或者出售伪造、擅自制造的前款规定以外的其他发票的，处2年以下

有期徒刑、拘役或者管制，并处或者单处1万元以上5万元以下罚金；情节严重的，处2年以上7年以下有期徒刑，并处5万元以上50万元以下罚金。”

4. 非法印制、转借、倒卖、变造或者伪造完税凭证的，由税务机关责令改正，处2 000元以上1万元以下的罚款；情节严重的，处1万元以上5万元以下的罚款；构成犯罪的，依法追究刑事责任。

十三、有税收违法行为而拒不接受税务机关处理的法律责任

《征管法》第七十二条规定：“从事生产、经营的纳税人、扣缴义务人有本法规定的税收违法行为，拒不接受税务机关处理的，税务机关可以收缴其发票或者停止向其发售发票。”

十四、银行及其他金融机构拒绝配合税务机关依法执行职务的法律责任

1. 银行和其他金融机构未依照《征管法》的规定在从事生产、经营的纳税人的账户中登录税务登记证件号码，或者未按规定在税务登记证件中登录从事生产、经营的纳税人的账户账号的，由税务机关责令其限期改正，处2 000元以上2万元以下的罚款；情节严重的，处2万元以上5万元以下的罚款。

2. 为纳税人、扣缴义务人非法提供银行账户、发票、证明或者其他方便，导致未缴、少缴税款或者骗取国家出口退税款的，税务机关除没收其违法所得外，可以处未缴、少缴或者骗取的税款1倍以下的罚款。

3. 《征管法》第七十三条规定：“纳税人、扣缴义务人的开户银行或者其他金融机构拒绝接受税务机关依法检查纳税人、扣缴义务人存款账户，或者拒绝执行税务机关作出的冻结存款或者扣缴税款的决定，或者在接到税务机关的书面通知后帮助纳税人、扣缴义务人转移存款，造成税款流失的，由税务机关处10万元以上50万元以下的罚款，对直接负责的主管人员和其他直接责任人员处1 000元以上1万元以下的罚款。”

十五、擅自改变税收征收管理范围的法律责任

《征管法》第七十六条规定：“税务机关违反规定擅自改变税收征收管理范围和税款入库预算级次的，责令限期改正，对直接负责的主管人员和其他直接责任人员依法给予降级或者撤职的行政处分。”

十六、不移送的法律责任

《征管法》第七十七条规定：“纳税人、扣缴义务人有本法规定的第六十三条、第六十五条、第六十六条、第六十七条、第七十一条规定的行为涉嫌犯罪的，税务机关应当依法移送司法机关追究刑事责任。

税务人员徇私舞弊，对依法应当移送司法机关追究刑事责任的不移送，情节严重的，依法追究刑事责任。”

十七、税务人员不依法行政的法律责任

《征管法》第八十条规定：“税务人员与纳税人、扣缴义务人勾结，唆使或者协助纳

税人、扣缴义务人有本法第六十三条、第六十五条、第六十六条规定的行为，构成犯罪的，按照《刑法》关于共同犯罪的规定处罚；尚不构成犯罪的，依法给予行政处分。

税务人员私分扣押、查封的商品、货物或者其他财产，情节严重，构成犯罪的，依法追究刑事责任；尚不构成犯罪的，依法给予行政处分。"

十八、渎职行为的法律责任

1.《征管法》第八十一条规定："税务人员利用职务上的便利，收受或者索取纳税人、扣缴义务人财物或者谋取其他不正当利益，构成犯罪的，依法追究刑事责任；尚不构成犯罪的，依法给予行政处分。"

2.《征管法》第八十二条规定："税务人员徇私舞弊或者玩忽职守，不征收或者少征应征税款，致使国家税收遭受重大损失，构成犯罪的，依法追究刑事责任；尚不构成犯罪的，依法给予行政处分。

税务人员滥用职权，故意刁难纳税人、扣缴义务人的，调离税收工作岗位，并依法给予行政处分。

税务人员对控告、检举税收违法违纪行为的纳税人、扣缴义务人以及其他检举人进行打击报复，依法给予行政处分；构成犯罪的，依法追究刑事责任。"

3.《刑法》第四百零四条规定："税务机关的工作人员徇私舞弊，不征或者少征应征税款，致使国家税收遭受重大损失的，处5年以下有期徒刑或者拘役；造成特别重大损失的，处5年以上有期徒刑。"

4.《刑法》第四百零五条规定："税务机关的工作人员违反法律、行政法规的规定，在办理发售发票、抵扣税款、出口退税工作中，徇私舞弊，致使国家利益遭受重大损失的，处5年以下有期徒刑或者拘役；致使国家利益遭受特别重大损失的，处5年以上有期徒刑。"

十九、不按规定征收税款的法律责任

《征管法》第八十三条规定："违反法律、行政法规的规定提前征收、延缓征收或者摊派税款的，由其上级机关或者行政监察机关责令改正，对直接负责的主管人员和其他直接责任人员依法给予行政处分。"

《征管法》第八十四条规定："违反法律、行政法规的规定，擅自作出税收的开征、停征或者减税、免税、退税、补税以及其他同税收法律、行政法规相抵触的决定的，除依照本法规定撤销其擅自作出的决定外，补征应征未征税款，退还不用征收而征收的税款，并由上级机关追究直接负责的主管人员和其他直接责任人员的行政责任；构成犯罪的，依法追究刑事责任。"

此外，《征管法》第七十四条还对行政处罚的权限作出了规定，指出："罚款额在2 000元以下的，可以由税务所决定。"

二十、违反税务代理的法律责任

税务代理人违反税收法律、行政法规，造成纳税人未缴或者少缴税款的，除由纳税人缴纳或者补缴应纳税款、滞纳金外，对税务代理人处纳税人未缴或者少缴税款50%以上3倍以下的罚款。

第六节　纳税担保和抵押

纳税担保，是指经税务机关同意或确认，纳税人或其他自然人、法人、经济组织以保证、抵押、质押的方式，为纳税人应当缴纳的税款及滞纳金提供担保的行为。

一、纳税保证

纳税保证，是指纳税保证人向税务机关保证；当纳税人未按照税收法律、行政法规规定或者税务机关确定的期限缴清税款、滞纳金时，由纳税保证人按照约定履行缴纳税款及滞纳金的行为。税务机关认可的，保证成立；税务机关不认可的，保证不成立。

（一）纳税保证人

纳税保证人，是指在中国境内具有纳税担保能力的自然人、法人或者其他经济组织。法人或其他经济组织财务报表资产净值超过需要担保的税额及滞纳金2倍以上的，自然人、法人或其他经济组织所拥有或者依法可以处分的未设置担保的财产的价值超过需要担保的税额及滞纳金的，为具有纳税担保能力。

国家机关、学校、幼儿园、医院等事业单位、社会团体不得作为纳税保证人。

企业法人的职能部门不得作为纳税保证人。企业法人的分支机构有法人书面授权的，可以在授权范围内提供纳税担保。

有以下情形之一的，不得作为纳税保证人：

1. 有偷税、抗税、骗税、逃避追缴欠税行为被税务机关、司法机关追究过法律责任未满2年的。

2. 因有税收违法行为正在被税务机关立案处理或涉嫌刑事犯罪被司法机关立案侦查的。

3. 纳税信誉等级被评为C级以下的。

4. 在主管税务机关所在地的市（地、州）没有住所的自然人或税务登记不在本市（地、州）的企业。

5. 无民事行为能力或限制民事行为能力的自然人。

6. 与纳税人存在担保关联关系的。

7. 有欠税行为的。

（二）纳税担保范围

纳税担保范围包括税款、滞纳金和实现税款、滞纳金的费用。费用包括抵押、质押登记费用、质押保管费用，以及保管、拍卖、变卖担保财产等相关费用支出。

纳税人有下列情况之一的，适用纳税担保：

1. 税务机关有根据认为从事生产、经营的纳税人有逃避纳税义务行为，在规定的纳税期之前经责令其限期缴纳应纳税款，在限期内发现纳税人有明显的转移、隐匿其应纳税的商品、货物以及其他财产或者应纳税收入的迹象，责成纳税人提供纳税担保的。

2. 欠缴税款、滞纳金的纳税人或者其法定代表人需要出境的。

3. 纳税人同税务机关在纳税上发生争议而未缴清税款，需要申请行政复议的。

4. 税收法律、行政法规规定可以提供纳税担保的其他情形。

（三）纳税保证责任

纳税保证为连带责任保证，纳税人和纳税保证人对所担保的税款及滞纳金承担连带责任。当纳税人在税收法律、行政法规或税务机关确定的期限届满未缴清税款及滞纳金的，税务机关即可要求纳税保证人在其担保范围内承担保证责任，缴纳担保的税款及滞纳金。

保证人用于纳税担保的财产、权利的价值不得低于应当缴纳的税款、滞纳金，并考虑相关的费用。纳税担保的财产价值不足以抵缴税款、滞纳金的，税务机关应当向提供担保的纳税人或纳税担保人继续追缴。

用于纳税担保的财产、权利的价格估算，除法律、行政法规另有规定外，由税务机关按照《税收征管法实施细则》第六十四条规定的方式，参照同类商品的市场价、出厂价或者评估价估算。

（四）纳税担保书的填列内容

1. 纳税人应缴纳的税款及滞纳金数额、所属期间、税种、税目名称。

2. 纳税人应当履行缴纳税款及滞纳金的期限。

3. 保证担保范围及担保责任。

4. 保证期间和履行保证责任的期限。

5. 保证人的存款账号或者开户银行及其账号。

6. 税务机关认为需要说明的其他事项。

（五）纳税担保时限

1. 纳税担保书须经纳税人、纳税保证人签字盖章并经税务机关签字盖章同意方为有效。纳税担保从税务机关在纳税担保书签字盖章之日起生效。

2. 保证期间为纳税人应缴纳税款期限届满之日起 60 日内，即税务机关自纳税人应缴纳税款的期限届满之日起 60 日内有权要求纳税保证人承担保证责任，缴纳税款、滞纳金。

履行保证责任的期限为 15 日，即纳税保证人应当自收到税务机关的纳税通知书之日起 15 日内履行保证责任，缴纳税款及滞纳金。

纳税保证期间内税务机关未通知纳税保证人缴纳税款及滞纳金以承担担保责任的，纳税保证人免除担保责任。

3. 纳税人在规定的期限届满未缴清税款及滞纳金的，税务机关在保证期限内书面通知纳税保证人的，纳税保证人应按照纳税担保及约定的范围，自收到纳税通知书之日起 15 日内缴纳税款及滞纳金，履行担保责任。

纳税保证人未按照规定的履行保证责任的期限缴纳税款及滞纳金的，由税务机关发出责令限期缴纳通知书，责令纳税保证人在限期15日内缴纳；逾期仍未缴纳的，经县以上税务局（分局）局长批准，对纳税保证人采取强制执行措施，通知其开户银行或其他金融机构从其存款中扣缴所担保的纳税人应缴纳的税款、滞纳金，或扣押、查封、拍卖、变卖其价值相当于所担保的纳税人应缴纳的税款、滞纳金的商品、货物或者其他财产，以拍卖、变卖所得抵缴担保的税款、滞纳金。

二、纳税抵押

纳税抵押是指纳税人或纳税担保人不转移下列可抵押财产的占有，将该财产作为税款及滞纳金的担保。纳税人逾期未缴清税款及滞纳金的，税务机关有权依法处置该财产以抵缴税款及滞纳金。

前款规定的纳税人或者纳税担保人为抵押人，税务机关为抵押权人，提供担保的财产为抵押物。

（一）可以抵押的财产

1. 抵押人所有的房屋和其他地上定着物。
2. 抵押人所有的机器、交通运输工具和其他财产。
3. 抵押人依法有权处分的国有房屋和其他地上定着物。
4. 抵押人依法有权处分的国有的机器、交通运输工具和其他财产。
5. 经设区的市、自治州以上税务机关确认的其他可以抵押的合法财产。

以依法取得的国有土地上的房屋抵押的，该房屋占用范围内的国有土地使用权同时抵押。以乡（镇）、村企业的厂房等建筑物抵押的，其占用范围内的土地使用权同时抵押。

（二）下列财产不得抵押

1. 土地所有权。
2. 土地使用权，上述抵押范围规定的除外。
3. 学校、幼儿园、医院等以公益为目的的事业单位、社会团体、民办非企业单位的教育设施、医疗卫生设施和其他社会公益设施；学校、幼儿园、医院等以公益为目的的事业单位、社会团体，可以其教育设施、医疗卫生设施和其他社会公益设施以外的财产为其应缴纳的税款及滞纳金提供抵押。
4. 所有权、使用权不明或者有争议的财产。
5. 依法被查封、扣押、监管的财产。
6. 依法定程序确认为违法、违章的建筑物。
7. 法律、行政法规规定禁止流通的财产或者不可转让的财产。
8. 经设区的市、自治州以上税务机关确认的其他不予抵押的财产。

（三）抵押办理程序

1. 填写抵押担保书和纳税担保财产清单。

纳税担保书应当包括以下内容：

（1）担保的纳税人应缴纳的税款及滞纳金数额、所属期间、税种名称、税目。

（2）纳税人履行应缴纳税款及滞纳金的期限。

（3）抵押物的名称、数量、质量、状况、所在地、所有权权属或者使用权权属。

（4）抵押担保的范围及担保责任。

（5）税务机关认为需要说明的其他事项。

纳税担保财产清单应当写明财产价值以及相关事项。纳税担保书和纳税担保财产清单须经纳税人签字盖章并经税务机关确认。

2. 提供抵押登记的证明及其复印件。纳税抵押财产应当办理抵押物登记。纳税抵押自抵押物登记之日起生效。纳税人应向税务机关提供由以下部门出具的抵押登记的证明及其复印件（以下简称证明材料）：

（1）以城市房地产或者乡（镇）、村企业的厂房等建筑物抵押的，提供县级以上地方人民政府规定部门出具的证明材料。

（2）以船舶、车辆抵押的，提供运输工具的登记部门出具的证明材料。

（3）以企业的设备和其他动产抵押的，提供财产所在地的工商行政管理部门出具的证明材料或者纳税人所在地的公证部门出具的证明材料。

抵押期间，经税务机关同意，纳税人可以转让已办理登记的抵押物，并告知受让人转让物已经抵押的情况。纳税人转让抵押物所得的价款，应当向税务机关提前缴纳所担保的税款、滞纳金。超过部分，归纳税人所有，不足部分由纳税人缴纳或提供相应的担保。

3. 抵押财产的处理。

（1）在抵押物灭失、毁损或者被征用的情况下，税务机关应该就该抵押物的保险金、赔偿金或者补偿金要求优先受偿，抵缴税款、滞纳金。

在抵押物灭失、毁损或者被征用的情况下，抵押权所担保的纳税义务履行期未满的，税务机关可以要求将保险金、赔偿金或补偿金等作为担保财产。

（2）纳税人在规定的期限内未缴清税款、滞纳金的，税务机关应当依法拍卖、变卖抵押物，变价抵缴税款、滞纳金。

（3）纳税担保人以其财产为纳税人提供纳税抵押担保的，按照纳税人提供抵押担保的规定执行；纳税担保书和纳税担保财产清单须经纳税人、纳税担保人签字盖章并经税务机关确认。

（4）纳税人在规定的期限届满未缴清税款、滞纳金的，税务机关应当在期限届满之日起15 日内书面通知纳税担保人自收到纳税通知书之日起 15 日内缴纳担保的税款、滞纳金。

纳税担保人未按照前款规定的期限缴纳所担保的税款、滞纳金的，由税务机关责令限期在 15 日内缴纳；逾期仍未缴纳的，经县以上税务局（分局）局长批准，税务机关依法拍卖、变卖抵押物，抵缴税款、滞纳金。

三、纳税质押

纳税质押是指经税务机关同意，纳税人或纳税担保人将其动产或权利凭证移交税务机关占有，将该动产或权利凭证作为税款及滞纳金的担保。纳税人逾期未缴清税款及滞纳金的，税务机关有权依法处置该动产或权利凭证以抵缴税款及滞纳金。纳税质押分为动产质押和权利质押。

动产质押包括现金以及其他除不动产以外的财产提供的质押。权利质押包括汇票、支票、本票、债券、存款单等权利凭证提供的质押。

对于实际价值波动很大的动产或权利凭证，经设区的市、自治州以上税务机关确认，税务机关可以不接受其作为纳税质押。

（一）动产质押

纳税人以动产提供质押担保的，应当填写纳税担保书和纳税担保财产清单并签字盖章。纳税担保书应当包括以下内容：

1. 担保的税款及滞纳金数额、所属期间、税种名称、税目。
2. 纳税人履行应缴纳税款、滞纳金的期限。
3. 质押物的名称、数量、质量、价值、状况、移交前所在地、所有权权属或者使用权权属。
4. 质押担保的范围及担保责任。
5. 纳税担保财产价值。
6. 税务机关认为需要说明的其他事项。

纳税质押自纳税担保书和纳税担保财产清单经税务机关确认和质押物移交之日起生效。

（二）权利质押

1. 纳税人以汇票、支票、本票、公司债券出质的，税务机关应当于纳税人背书清单上记载“质押”字样。以存款单出质的，应由签发的金融机构核押。

2. 以载明兑现或者提货日期的汇票、支票、本票、债券、存款单出质的，汇票、支票、本票、债券、存款单兑现日期先于纳税义务履行期或者担保期的，税务机关与纳税人约定将兑现的价款用于缴纳或者抵缴所担保的税款及滞纳金。

（三）质押的处理

1. 纳税担保人以其动产或财产权利为纳税人提供纳税质押担保的，按照纳税人提供质押担保的规定执行；纳税担保书和纳税担保财产清单须经纳税人、纳税担保人签字盖章并经税务机关确认。

2. 纳税人在规定的期限内未缴清税款、滞纳金的，税务机关应当在期限届满之日起15 日内书面通知纳税担保人自收到纳税通知书之日起 15 日内缴纳担保的税款、滞纳金。

3. 纳税担保人未按照前款规定的期限缴纳所担保的税款、滞纳金，由税务机关责令限期在 15 日内缴纳；缴清税款、滞纳金的，税务机关自纳税担保人缴清税款及滞纳金之日起 3 个工作日内返还质押物、解除质押关系；逾期仍未缴纳的，经县以上税务局（分局）局长批准，税务机关依法拍卖、变卖质押物，抵缴税款、滞纳金。

四、法律责任

1. 纳税人、纳税担保人采取欺骗、隐瞒等手段提供担保的，由税务机关处以 1 000 元以下的罚款；属于经营行为的，处以 10 000 元以下的罚款。

2. 非法为纳税人、纳税担保人实施虚假纳税担保提供方便的，由税务机关处以 1 000 元以下的罚款。

3. 纳税人采取欺骗、隐瞒等手段提供担保，造成应缴税款损失的，由税务机关按照《征管法》第六十八条规定处以未缴、少缴税款 50% 以上 5 倍以下的罚款。

4. 税务机关负有妥善保管质押物的义务。因保管不善致使质押物灭失或者损坏，或未经纳税人同意擅自使用、出租、处分质押物而给纳税人造成损失的，税务机关应当对直接损失承担赔偿责任。

纳税义务期限届满或担保期间，纳税人或者纳税担保人请求税务机关及时行使权利，而税务机关怠于行使权力致使质押物价格下跌造成损失的，税务机关应当对直接损失承担赔偿责任。

5. 税务机关工作人员有下列情形之一的，根据情节轻重给予行政处分：

（1）违反本办法规定，对符合担保条件的纳税担保，不予同意或故意刁难的；

（2）违反本办法规定，对不符合担保条件的纳税担保，予以批准，致使国家税款及滞纳金遭受损失的；

（3）私分、挪用、占用、擅自处分担保财物的；

（4）其他违法情形。

第七节　纳税信用管理

纳税信用管理，是指税务机关对纳税人的纳税信用信息开展的采集、评估、确定、发布和应用等活动。

除已办理税务登记，从事生产、经营并适用查账征收的企业纳税人外，纳税信用管理试行办法还适用于以下企业纳税人：

1. 从首次在税务机关办理涉税事宜之日起时间不满一个评价年度的企业（以下简称新设立企业）。评价年度是指公历年度，即 1 月 1 日至 12 月 31 日。

2. 评价年度内无生产经营业务收入的企业。

3. 适用企业所得税核定征收办法的企业。

一、纳税信用信息的采集

纳税信用信息采集工作由国家税务总局和省税务机关组织实施，按月采集。

（一）纳税信用信息的分类

1. 纳税人信用历史信息。

纳税人信用历史信息包括基本信息和评价年度之前的纳税信用记录，以及相关部门评定的优良信用记录和不良信用记录。

2. 税务内部信息。

税务内部信息包括经常性指标信息和非经常性指标信息。经常性指标信息是指涉税申报信息、税（费）款缴纳信息、发票与税控器具信息、登记与账簿信息等纳税人在评价年度内经常产生的指标信息；非经常性指标信息是指税务检查信息等纳税人在评价年度内不经常产生的指标信息。

3. 外部信息。

外部信息包括外部参考信息和外部评价信息。外部参考信息包括评价年度相关部门评定的优良信用记录和不良信用记录；外部评价信息是指从相关部门取得的影响纳税人纳税信用评价的指标信息。

（二）纳税人信用信息的采集

1. 纳税人信用历史信息中的基本信息由税务机关从税务管理系统中采集，税务管理系统中暂缺的信息由税务机关通过纳税人申报采集；评价年度之前的纳税信用记录，以及相关部门评定的优良信用记录和不良信用记录，从税收管理记录、国家统一信用信息平台等渠道中采集。

2. 税务内部信息从税务管理系统中采集。

3. 外部信息主要通过税务管理系统、国家统一信用信息平台、相关部门官方网站、新闻媒体或者媒介等渠道采集。通过新闻媒体或者媒介采集的信息应核实后使用。

二、纳税信用评估

（一）纳税信用评估方法

纳税信用评价采取年度评价指标得分和直接判级方式。

1. 年度评价指标得分采取扣分方式。纳税人评价年度内经常性指标和非经常性指标信息齐全的，从100分起评；非经常性指标缺失的，从90分起评。

2. 直接判级适用于有严重失信行为的纳税人。

（二）纳税信用评价指标体系

评价指标包括税务内部信息和外部信息。

1. 税务内部信息包括经常性指标信息和非经常性指标信息两大类。经常性指标信息有涉税申报信息、税（费）款缴纳信息、发票与税控器具信息和登记与账簿信息。非经常性指标信息有纳税评估、税务审计、反避税调查信息和税务稽查信息。

2. 外部信息包括外部参考信息和外部评价信息。外部参考信息是指外部门对纳税人在评价年度的信用记录，仅记录不扣分。外部评价信息是指税务机关从银行、工商、海关等外部门获取的纳税人未如实向税务机关报告的如银行账户设置数量、股权转让变更登记或其他涉税变更登记、进口货物报关数量等重要涉税信息。

（三）纳税信用评价周期

纳税信用评价周期为一个纳税年度，有下列情形之一的纳税人，不参加本期的评价：

1. 纳入纳税信用管理时间不满一个评价年度的；

2. 因涉嫌税收违法被立案查处尚未结案的；
3. 被审计、财政部门依法查出税收违法行为，税务机关正在依法处理，尚未办结的；
4. 已申请税务行政复议、提起行政诉讼尚未结案的；
5. 其他不应参加本期评价的情形。

（四）纳税信用级别

纳税信用级别设 A、B、M、C、D 五级：
1. A 级纳税信用为年度评价指标得分 90 分以上的。
有下列情形之一的纳税人，本评价年度不能评为 A 级：
（1）实际生产经营期不满 3 年的。
（2）上一评价年度纳税信用评价结果为 D 级的。
（3）非正常原因一个评价年度内增值税连续 3 个月或者累计 6 个月零申报、负申报的。
（4）不能按照国家统一的会计制度规定设置账簿，并根据合法、有效凭证核算，向税务机关提供准确税务资料的。
2. B 级纳税信用为年度评价指标得分 70 分以上不满 90 分的。
3. 未发生后述第 5 项所列失信行为的下列企业适用 M 级纳税信用：
（1）新设立企业。
（2）评价年度内无生产经营业务收入且年度评价指标得分 70 分以上的企业。
4. C 级纳税信用为年度评价指标得分 40 分以上不满 70 分的。
5. D 级纳税信用为年度评价指标得分不满 40 分或者直接判级确定的。
有下列情形之一的纳税人，本评价年度直接判为 D 级：
（1）存在逃避缴纳税款、逃避追缴欠税、骗取出口退税、虚开增值税专用发票等行为，经判决构成涉税犯罪的。
（2）存在第（1）项所列行为，未构成犯罪，但偷税（逃避缴纳税款）金额 10 万元以上且占各税种应纳税总额 10% 以上，或者存在逃避追缴欠税、骗取出口退税、虚开增值税专用发票等税收违法行为，已缴纳税款、滞纳金、罚款的。
（3）在规定期限内未按税务机关处理结论缴纳或者足额缴纳税款、滞纳金和罚款的。
（4）以暴力、威胁方法拒不缴纳税款或者拒绝、阻挠税务机关依法实施税务稽查执法行为的。
（5）存在违反增值税发票管理规定或者违反其他发票管理规定的行为，导致其他单位或者个人未缴、少缴或者骗取税款的。
（6）提供虚假申报材料享受税收优惠政策的。
（7）骗取国家出口退税款，被停止出口退（免）税资格未到期的。
（8）有非正常户记录或者由非正常户直接责任人员注册登记或者负责经营的。
（9）由 D 级纳税人的直接责任人员注册登记或者负责经营的。
（10）存在税务机关依法认定的其他严重失信情形的。
6. 纳税人有下列情形的，不影响其纳税信用评价：
（1）由于税务机关原因或者不可抗力，造成纳税人未能及时履行纳税义务的。
（2）非主观故意的计算公式运用错误以及明显的笔误造成未缴或者少缴税款的。

（3）国家税务总局认定的其他不影响纳税信用评价的情形。

三、纳税信用评估结果的确定和发布

（一）纳税信用评估结果发布的时间和复核

1. 税务机关每年 4 月确定上一年度纳税信用评价结果，并为纳税人提供自我查询服务。新设立企业在 2018 年 4 月 1 日以前已办理涉税事宜的，税务机关应在 2018 年 4 月 30 日前对其纳税信用进行评价；自 2018 年 4 月 1 日起，对首次在税务机关办理涉税事宜的新设立企业，税务机关应及时进行纳税信用评价。

2. 纳税人对纳税信用评价结果有异议的，可以书面向作出评价的税务机关申请复评。作出评价的税务机关应按前述纳税信用评估规定进行复核。

3. 纳税信用年度评价结果发布前，主管税务机关发现纳税人在评价年度存在动态调整情形的，应调整后再发布评价结果。

（二）纳税人纳税信用级别的调整

税务机关对纳税人的纳税信用级别实行动态调整。

1. 因税务检查等发现纳税人以前评价年度需要扣减信用评价指标得分或者直接判级的，税务机关应按前述纳税信用评价规定调整其以前年度纳税信用评价结果和记录。

2. 纳税人因下列情形解除而向税务机关申请补充纳税信用评价或对当期未予评价有异议的，可填写《纳税信用补评申请表》申请补评，税务机关应自受理申请之日 15 日内按前述纳税信用评估规定处理，并向纳税人反馈纳税信用评价信息或提供评价结果的自我查询服务。

（1）因涉嫌税收违法被立案查处尚未结案的；

（2）被审计、财政部门依法查出税收违法行为，税务机关正在依法处理，尚未办结的；

（3）已申请税务行政复议、提起行政诉讼尚未结案的。

3. 纳税人信用评价状态变化时，税务机关可采取适当方式通知、提醒纳税人。

4. 因税务检查等发现纳税人以前评价年度存在直接判为 D 级情形的，主管税务机关应调整其相应评价年度纳税信用级别为 D 级，并记录动态调整信息，该 D 级评价不保留至下一年度。对税务检查等发现纳税人以前评价年度存在需要扣减纳税信用评价指标得分情形的，主管税务机关暂不调整其相应年度纳税信用评价结果和记录。

5. 主管税务机关按月开展纳税信用级别动态调整工作，并为纳税人提供动态调整信息的自我查询服务。

6. 纳税人对纳税信用评价结果有异议的，可在纳税信用评价结果确定的当年内，填写《纳税信用复评申请表》，向主管税务机关申请复评。主管税务机关受理申请之日起 15 个工作日内完成复评工作，并向纳税人反馈纳税信用复评信息或提供复评结果的自我查询服务。

四、纳税信用评估结果的应用

税务机关按照守信激励、失信惩戒的原则，对不同信用级别的纳税人实施分类服务和管理。

1. 对纳税信用评价为 A 级的纳税人，税务机关予以下列激励措施：

（1）主动向社会公告年度 A 级纳税人名单；

（2）一般纳税人可单次领取 3 个月的增值税发票用量，需要调整增值税发票用量时即时办理，取消其增值税发票的认证；

（3）普通发票按需领用；

（4）连续 5 年被评为 A 级信用级别（简称 3 连 A）的纳税人，除享受以上措施外，还可以由税务机关提供绿色通道或专门人员帮助办理涉税事项。

2. 对纳税信用评价为 B 级的纳税人，税务机关实施正常管理，适时进行税收政策和管理规定的辅导，并视信用评价状态变化趋势选择性地提供纳税信用 A 级纳税人适用的激励措施。

3. 对纳税信用评价为 C 级的纳税人，税务机关应依法从严管理，并视信用评价状态变化趋势选择性地采取纳税信用 D 级纳税人适用的管理措施。

5. 对纳税信用评价为 D 级的纳税人，税务机关应采取以下措施：

（1）公开 D 级纳税人及其直接责任人员名单，对直接责任人员注册登记或者负责经营的其他纳税人纳税信用直接判为 D 级；

（2）增值税专用发票领用按一般纳税人政策办理，普通发票的领用实行交（验）旧供新、严格限量供应；

（3）加强出口退税审核；

（4）加强纳税评估，严格审核其报送的各种资料；

（5）列入重点监控对象，提高监督检查频次，发现税收违法违规行为的，不得适用规定处罚幅度内的最低标准；

（6）将纳税信用评价结果通报相关部门，建议在经营、投融资、取得政府供应土地、进出口、出入境、注册新公司、工程招投标、政府采购、获得荣誉、安全许可、生产许可、从业任职资格、资质审核等方面予以限制或禁止；

（7）D 级评价保留 2 年，第三年纳税信用不得评价为 A 级；

（8）税务机关与相关部门实施的联合惩戒措施，以及结合实际情况依法采取的其他严格管理措施。

税法知识链接

《税收征收管理法》

《税收征收管理法实施细则》

复习思考题

一、单项选择题

1. 下列项目中，不需要办理注销税务登记的是（　　）。

A. 纳税人被吊销营业执照

B. 纳税人因资不抵债而破产

C. 纳税人因经营地点变更而离开原主管税务机关管辖区

D. 纳税人变更经营范围

2. 纳税人不进行纳税申报，不缴或者少缴应纳税款的，由税务机关追缴其不缴或者少缴的税款、滞纳金，并处不缴或者少缴税款（　　）的罚款。

A. 50%以上3倍以下　　B. 50%以上5倍以下

C. 1倍以上3倍以下　　D. 1倍以上5倍以下

3. 下列各项财产中，能够作为纳税抵押的是（　　）。

A. 抵押人所有的房屋和其他地上定着物

B. 土地所有权

C. 依法定程序确认为违法、违章的建筑物

D. 学校的教育设施

4. 纳税人与其关联企业未按照独立企业之间的业务往来支付价款、费用的，税务机关自该业务往来发生的纳税年度起（　　）年内进行调整。

A. 1　　B. 2　　C. 3　　D. 5

5. 根据《税收征收管理法》及其实施细则的规定，欠缴税款数额较大的纳税人在处分其不动产或者大额资产之前，应当向税务机关报告。欠缴税款数额较大是指欠缴税款在（　　）。

A. 3万元以上　　B. 5万元以上　　C. 10万元以上　　D. 20万元以上

6. 根据征管法的规定，下列陈述正确的是（　　）。

A. 税务机关征收的各种税收的征收管理只能依据《税收征收管理法》

B. 海关征收关税，必须遵循《税收征收管理法》

C. 由税务机关代征的费用，要参照《税收征收管理法》

D. 海关代征的进口增值税，只能遵循《税收征收管理法》

7. 通过被查纳税人的生产经营场所、仓库、工地等现场，实地观察看其生产经营及存货等情况，以发现纳税问题或验证账中可疑问题，这种检查方法称为（　　）。

A. 核对法　　B. 观察法　　C. 比较分析法　　D. 现场检查法

8. 实行定期定额缴纳税款的纳税人在法律、行政法规规定的期限内或税务机关依据法规的规定确定的期限内缴纳税款的，税务机关可以视同申报，这种方式称为（　　）。

A. 直接申报　　B. 间接申报　　C. 简并申报　　D. 简易申报

9. 因纳税人计算失误，未缴或者少缴税款的，税务机关的处理正确的是（　　）。

A. 税务机关在3年内可以追征税款

B. 税务机关不得追加滞纳金

C. 未缴或者少缴税款在 20 万元以上的，追征期可以延长 5 年

D. 追征的年限不受限制

10. 根据征管法规定，下列各项中对税款的退还和追征表述正确的是（　　）。

A. 纳税人多缴纳的税款，税务机关发现后应当立即退还，并加算银行同期存款利息

B. 因税务机关责任，纳税人少缴纳税款的，税务机关可在 3 年内要求纳税人补缴税款，同时加收滞纳金

C. 因纳税人计算失误，税务机关可在 3 年内追征税款、滞纳金；特殊情况的，追征期可延长到 5 年

D. 纳税人偷税、抗税、骗税的，税务机关追征期可延长至 10 年

11. 从事生产、经营的纳税人，申请办理税务登记的税务机关是（　　）。

A. 单位注册所在地

B. 生产、经营地或者纳税义务发生地

C. 单位注册所在地或生产、经营地

D. 单位注册所在地或纳税义务发生地

12. 账簿、记账凭证、报表、完税凭证、发票、出口凭证以及其他有关涉税资料的保管期限，除另有规定者外，应当保存（　　）年。

A. 5　　B. 10　　C. 15　　D. 20

13. 从事生产、经营的纳税人应当自领取营业执照或者发生纳税义务之日起（　　）日内按照国家有关规定设置账簿。

A. 10　　B. 15　　C. 20　　D. 30

二、多项选择题

1. 对纳税信用评价为 A 级的纳税人，税务机关予以的激励措施包括（　　）。

A. 主动向社会公告年度 A 级纳税人名单

B. 一般纳税人可单次领取 6 个月的增值税发票用量，需要调整增值税发票用量时即时办理

C. 普通发票按需领用

D. 连续 3 年被评为 A 级的纳税人，由税务机关提供绿色通道办理涉税事项

2. 纳税人发生下列（　　）情形，不能按期纳税，经省级税务机关批准，可延期 3 个月纳税。

A. 因不可抗力，导致纳税人发生较大损失，正常经营受较大影响

B. 因客户拖欠货款，导致资金周转困难

C. 因经营不善，长期处于亏损状态

D. 当期货币资金扣除职工工资和社会保险费后，不足以纳税的

3. 下列符合欠税清缴制度规定的有（　　）。

A. 严格控制欠缴税款的审批权限　　B. 规定限期缴税时限

C. 吊销营业执照　　D. 建立欠税清缴制度，防止税款流失

4. 下列所示的各种税费中，不适用《税收征收管法》的有（　　）。

A. 房产税　　B. 教育费附加　　C. 土地增值税　　D. 关税

5. 下列关于税务机关行使税务检查权的表述中，符合税法规定的有（　　）。

A. 检查扣缴义务人代扣代缴、代收代缴税款账簿、记账凭证

B. 到纳税人的生产、经营场所和生活区检查纳税人应税的商品、货物或者其他财产

C. 到码头检查纳税人托运货物或者其他财产的有关单据，凭证和资料

D. 查核从事生产、经营的纳税人、扣缴义务人在银行或者其他金融机构的存款账户，但不得查询纳税人储蓄存款账户

6. 下列不能作为纳税保证人的有（　　）。

A. 企业法人的职能部门

B. 纳税信誉等级被评为 B 级以下的

C. 医院

D. 与纳税人存在担保关系的

7. 根据征管法规定，下列属于税收保全措施的有（　　）。

A. 责令纳税人提前缴纳税款

B. 责成纳税人提供纳税担保

C. 扣押、查封、依法拍卖或者变卖其价值相当于应纳税款的商品、货物或其他财产

D. 冻结纳税人存款

8. 下列各项中，符合非正常户处理的有（　　）。

A. 已办理税务登记的纳税人未按照规定的期限申报纳税的，认定为非正常户

B. 税务机关检查人员制作非正常户认定书，并存入纳税人档案

C. 被认定为非正常户的纳税人，税务机关暂停其发票的使用

D. 纳税人被列入非正常户超过 3 个月的，税务机关可以宣布其税务登记证件失效

第十二章　税务行政法制

☞ 本章摘要

税务行政法制是规范税务执法机关和工作人员执法行为的基本规范，是保护纳税人合法权益的司法保障。税务行政法制的基本内容包括税务行政处罚、税务行政复议和税务行政诉讼三个部分。

第一节　税务行政处罚

为了保障和监督行政机关有效实施行政管理，保护公民、法人和其他组织的合法权益，1996 年 3 月 17 日第八届全国人民代表大会第四次会议通过了《中华人民共和国行政处罚法》(以下简称《行政处罚法》)，于 1996 年 10 月 1 日实施。它的颁布实施，进一步完善了我国的社会主义民主法制制度。

税务行政处罚是行政处罚的重要组成部分。为了贯彻实施《行政处罚法》，规范税务行政处罚的实施，保护纳税人和其他税务当事人的合法权益，1996 年 9 月 28 日国家税务总局发布了《税务案件调查取证与处罚决定分开制度实施办法（试行)》和《税务行政处罚听证程序实施办法（试行)》，并于 1996 年 10 月 1 日施行。

税务行政处罚是指公民、法人或者其他组织有违反税收征收管理秩序的违法行为，尚未构成犯罪，依法应当承担行政责任的，由税务机关给予行政处罚。它包括以下几个方面内容。

一、税务行政处罚的原则

（一）法定原则

法定原则包括四个方面的内容：

1. 对公民和组织实施税务行政处罚必须有法定依据，无明文规定不得处罚。
2. 税务行政处罚必须由法定的国家机关在其职权范围内设定。
3. 税务行政处罚必须由法定的税务机关在其职权范围内实施。
4. 税务行政处罚必须由税务机关按照法定程序实施。

（二）公正、公开原则

公正就是要防止偏听偏信，要使当事人了解其违法行为的性质，并给其申辩的机会。公开，一是指税务行政处罚的规定要公开，凡是需要公开的法律规范都要事先公布；二是指处罚程序要公开，如依法举行听证会等。

（三）以事实为依据原则

任何法律规范的适用必然基于一定的法律行为和事件，法律事实不清或者脱离了法律事实，法律的适用就不可能准确，法律对各种社会关系的调整功能就不可能有效发挥。因此，税务行政处罚必须以事实为依据，以法律为准绳。

（四）过罚相当原则

过罚相当是指在税务行政处罚的设定和实施方面，都要根据税务违法行为的性质、情节、社会危害性的大小而定，防止畸轻畸重或者“一刀切”的行政处罚现象。

（五）处罚与教育相结合原则

税务行政处罚的目的是纠正违法行为，教育公民自觉守法，处罚只是手段。因此，税务机关在实施行政处罚时，要责令当事人改正或者限期改正违法行为，对情节轻微的违法行为也不一定都实施处罚。

（六）监督、制约原则

对税务机关实施行政处罚实行两方面的监督制约。一是内部的，如对违法行为的调查与处罚决定的分开，决定罚款的机关与收缴的机构分离，当场作出的处罚决定向所属行政机关备案等。二是外部的，包括税务系统上下级之间的监督制约和司法监督，具体体现主要是税务行政复议和诉讼。

二、税务行政处罚的设定和种类

（一）税务行政处罚的设定

税务行政处罚的设定是指由特定的国家机关通过一定形式首次独立规定公民、法人或者其他组织的行为规范，并规定违反该行为规范的行政制裁措施。现行我国税收法制的原则是税权集中、税法统一，税收的立法权主要集中在中央。

1. 全国人民代表大会及其常务委员会可以通过法律的形式设定各种税务行政处罚。

2. 国务院可以通过行政法规的形式设定除限制人身自由以外的税务行政处罚。

3. 国家税务总局可以通过规章的形式设定警告和罚款。税务行政规章对非经营活动中的违法行为设定罚款不得超过 1 000 元；对经营活动中的违法行为，有违法所得的，设定罚款不得超过违法所得的 3 倍，且最高不得超过 3 万元，没有违法所得的，设定罚款不得超过 1 万元；超过限额的，应当报国务院批准。

税务局及其以下各级税务机关制定的税收法律、法规、规章以外的规范性文件，在税收法律、法规、规章规定给予行政处罚的行为、种类和幅度的范围内作出具体规定，是一种执行税收法律、法规、规章的行为，不是对税务行政处罚的设定。因此，这类规范性文件与行政处罚法规定的处罚设定原则并不矛盾，是有效的，是可以执行的。

（二）税务行政处罚的种类

根据税务行政处罚的设定原则，税务行政处罚的种类是可变的，它将随着税收法律、法规、规章设定的变化而变化或者增减。根据税法的规定，现行税务行政处罚主要有：（1）罚款；（2）没收财物违法所得；（3）停止出口退税权；（4）法律、法规和规章规定的其他行政处罚。

三、税务行政处罚的主体与管辖

（一）主体

税务行政处罚的实施主体主要是县以上的税务机关。税务机关是指能够独立行使税收征收管理职权，具有法人资格的行政机关。我国税务机关的组织构成包括国家税务总局；省、自治区、直辖市国家税务局和地方税务局；地（市、州、盟）国家税务局和地方税务局；县（市、旗）国家税务局和地方税务局四级。这些税务机关都具有税务行政处罚主体资格。

各级税务机关的内设机构、派出机构不具处罚主体资格，不能以自己的名义实施税务行政处罚。但是税务所可以实施罚款额在 2 000 元以下的税务行政处罚。这是《征管法》对税务所的特别授权。

（二）管辖

根据《行政处罚法》和《征管法》的规定，税务行政处罚由当事人税收违法行为发生地的县（市、旗）以上税务机关管辖。这一管辖原则有以下几层含义：

1. 从税务行政处罚的地域管辖来看，税务行政处罚实行行为发生地原则。只有当事人违法行为发生地的税务机关才有权对当事人实施处罚，其他地方的税务机关则无权实施。

2. 从税务行政处罚的级别管辖来看，必须是县（市、旗）以上的税务机关。法律特别授权的税务所除外。

3. 从税务行政处罚的管辖主体的要求来看，必须有税务行政处罚权。

四、税务行政处罚的简易程序

税务行政处罚的简易程序，是指税务机关及其执法人员对于公民、法人或者其他组织违反税收征收管理秩序的行为，当场作出税务行政处罚决定的行政处罚程序。简易程序的适用条件：一是案情简单、事实清楚、违法后果比较轻微且有法定依据应当给予处罚的违法行为；二是给予的处罚较轻，仅适用于对公民处以 50 元以下和对法人或者其他组织处以 1 000 元以下罚款的违法案件。

符合上述条件，税务行政执法人员当场作出税务行政处罚决定应当按照下列程序进行：

1. 向当事人出示税务行政执法身份证件。

2. 告知当事人受到税务行政处罚的违法事实、依据和陈述申辩权。

3. 听取当事人陈述申辩意见。

4. 填写具有预定格式、编有号码的税务行政处罚决定书，并当场交付当事人。

税务行政处罚决定书应当包括下列事项：

(1) 税务机关名称。

(2) 编码。

(3) 当事人姓名（名称）、住址等。

(4) 税务违法行为事实、依据。

(5) 税务行政处罚种类、罚款数额。

(6) 作出税务行政处罚决定的时间、地点。

(7) 罚款代收机构名称、地址。

(8) 缴纳罚款期限。

(9) 当事人逾期缴纳罚款是否加处罚款。

(10) 当事人不服税务行政处罚的复议权和起诉权。

(11) 税务行政执法人员签字或者盖章。

税务行政执法人员当场制作的税务行政处罚决定书，应当报所属税务机关备案。

自 2017 年 11 月 1 日起，税务机关依法对公民、法人或者其他组织当场作出行政处罚决定的，使用修订后的《税务行政处罚决定书（简易）》，不再另行填写《陈述申辩笔录》和《税务文书送达回证》。

五、税务行政处罚的一般程序

除了适用简易程序的税务违法案件外，对于其他违法案件，税务机关在作出处罚决定之前都要经过立案、调查取证（有的案件还要举行听证）、审查、决定、执行程序。适用一般程序的案件一般是情节比较复杂、处罚比较重的案件。

（一）调查与审查

对税务违法案件的调查取证由税务机关内部设立的调查机构（如管理、检查机构）负责。调查机构进行调查取证后，对依法应当给予行政处罚的，应及时提出处罚建议，以税务机关的名义制作《税务行政处罚事项告知书》并送达当事人，告知当事人作出处罚建议的事实、理由和依据，以及当事人依法享有的陈述申辩或要求听证的权利。调查终结，调查机构应当制作调查报告，并及时将调查报告连同所有案卷材料移交审查机构审查。

对税务违法案件的审查由税务机关内部设立的比较超脱的机构（如法制机构）负责。审查机构收到调查机构移交的案卷后，应对案卷材料进行登记，填写《税务案件审查登记簿》。审查机构应对案件下列事项进行审查：

1. 调查机构认定的事实、证据和处罚建议适用的处罚种类、依据是否正确。

2. 调查取证是否符合法定程序。

3. 陈述申辩的事实、证据是否成立。

4. 听证人、当事人听证申辩的事实、证据是否成立。

审查机构应在自收到调查机构移交案卷之日起 10 日内审查终结，制作审查报告，并连同案卷材料报送税务机关负责人审批。

（二）听证

听证，是指税务机关在对当事人某些违法行为作出处罚决定之前，按照一定形式听取调查人员和当事人意见的程序。税务行政处罚听证的范围是对公民作出 2 000 元以上，或者对法人或其他组织作出 1 万元以上罚款的案件。税务行政处罚听证主持人应由税务机关内设的非本案调查机构的人员（如法制机构工作人员）担任。

（三）决定

审查机构作出审查意见并报送税务机关负责人审批后，应当在收到审批意见之日起 3 日内，根据不同情况分别制作以下处理决定书再报税务机关负责人签发：

1. 有应受行政处罚的违法行为的，根据情节轻重及具体情况予以处罚。
2. 违法行为轻微，依法可以不予行政处罚的不予行政处罚。
3. 违法事实不能成立，不得予以行政处罚。
4. 违法行为已构成犯罪的，移送公安机关。

税务机关作出罚款决定的行政处罚决定书，应当载明罚款代收机构的名称、地址和当事人应缴纳罚款的数额、期限等，并明确当事人逾期缴纳是否加处罚款。

六、税务行政处罚权力清单

（一）账簿、凭证管理类

1. 未按规定设置、保管账簿资料，报送财务、会计制度办法核算软件，安装使用税控装置的（包括纳税人未按照规定设置、保管账簿或者保管记账凭证和有关资料的；纳税人未按照规定将财务、会计制度或者财务、会计处理办法和会计核算软件报送税务机关备查的；纳税人未按照规定安装、使用税控装置，或者损毁或者擅自改动税控装置的），税务机关责令其限期改正，可以处 2 000 元以下的罚款；情节严重的，处 2 000 元以上 1 万元以下的罚款。

2. 扣缴义务人未按照规定设置、保管代扣代缴、代收代缴税款账簿或者保管代扣代缴、代收代缴税款记账凭证及有关资料的，税务机关责令其限期改正，可以处 2 000 元以下的罚款；情节严重的，处 2 000 元以上 5 000 元以下的罚款。

3. 非法印制、转借、倒卖、变造或者伪造完税凭证的，税务机关责令其改正，处 2 000 元以上 1 万元以下的罚款；情节严重的，处 1 万元以上 5 万元以下的罚款；构成犯罪的，依法追究刑事责任。

（二）纳税申报类

1. 未按规定期限办理纳税申报和报送纳税资料的（包括纳税人未按照规定的期限办理纳税申报和报送纳税资料的；扣缴义务人未按照规定的期限向税务机关报送代扣代缴、

代收代缴税款报告表和有关资料的)，税务机关责令其限期改正，可以处 2 000 元以下的罚款；情节严重的，可以处 2 000 元以上 1 万元以下的罚款。

2. 纳税人、扣缴义务人编造虚假计税依据的，税务机关责令其限期改正，并处 5 万元以下的罚款。

（三）税务检查类

1. 纳税人、扣缴义务人逃避、拒绝或者以其他方式阻挠税务机关检查（包括提供虚假资料，不如实反映情况，或者拒绝提供有关资料的；拒绝或者阻止税务机关记录、录音、录像、照相和复制与案件有关的情况和资料的；在检查期间，纳税人、扣缴义务人转移、隐匿、销毁有关资料的；有不依法接受税务检查的其他情形的)，税务机关责令其改正，可以处 1 万元以下的罚款；情节严重的，处 1 万元以上 5 万元以下的罚款。

2. 纳税人、扣缴义务人的开户银行或者其他金融机构拒绝接受税务机关依法检查纳税人、扣缴义务人存款账户，或者拒绝执行税务机关作出的冻结存款或者扣缴税款的决定，或者在接到税务机关的书面通知后帮助纳税人、扣缴义务人转移存款，造成税款流失的，税务机关处 10 万元以上 50 万元以下的罚款，对直接负责的主管人员和其他直接责任人员处 1 000 元以上 1 万元以下的罚款。

3. 税务机关依照税收征管法第五十四条第（五）项的规定到车站、码头、机场、邮政企业及其分支机构检查纳税人有关情况时，有关单位拒绝的，税务机关责令其改正，可以处 1 万元以下的罚款；情节严重的，处 1 万元以上 5 万元以下的罚款。

七、税务行政处罚的执行

税务机关作出行政处罚决定后，应当依法送达当事人执行。

税务行政处罚的执行，是指履行税务机关依法作出的行政处罚决定的活动。税务机关依法作出行政处罚决定后，当事人应当在行政处罚决定规定的期限内，予以履行。当事人在法定期限内不申请复议又不起诉，并且在规定期限内又不履行的，税务机关可以依法强制执行或者申请法院强制执行。

税务机关对当事人作出罚款行政处罚决定的，当事人应当在收到行政处罚决定书之日起 15 日内缴纳罚款，到期不缴纳的，税务机关可以对当事人每日按罚款数额的 3% 加处罚款。

（一）税务机关行政执法人员当场收缴罚款

税务机关对当事人当场作出行政处罚决定，具有依法给予 20 元以下罚款或者不当场收缴罚款事后难以执行情形的，税务机关行政执法人员可以当场收缴罚款。

税务机关行政执法人员当场收缴罚款的，必须向当事人出具合法罚款收据，并应当自收缴罚款之日起 2 日内将罚款交至税务机关。税务机关应当在 2 日内将罚款交付指定的银行或者其他金融机构。

（二）税务行政罚款决定与罚款收缴分离

除了依法可以当场收缴罚款的情形以外，税务机关作出罚款的行政处罚决定的执行，自1998年1月1日起，应当按照国务院制定的《罚款决定与罚款收缴分离实施办法》的规定，实行作出罚款决定的税务机关与收缴罚款的机构分离。

税务机关作出的罚款处罚决定，代收罚款的银行或其他金融机构（代收机构）由国家税务总局与财政部、中国人民银行研究决定。各级地方税务机关的代收机构也可以由各地地方税务局与当地财政部门、中国人民银行分支机构研究确定。

自代收罚款协议签订之日起15日内，税务机关应当将代收罚款协议报上一级税务机关和同级财政部门备案；代收机构应当将代收罚款协议报中国人民银行或当地分支机构备案。

代收机构代收罚款，应当向当事人出具财政部规定的罚款收据。

八、税务行政处罚裁量权行使规则

税务行政处罚裁量权，是指税务机关根据法律、法规和规章的规定，综合考虑税收违法行为的事实、性质、情节及社会危害程度，选择处罚种类和幅度并作出处罚决定的权力。

（一）行使税务行政处罚裁量权应当遵循的原则

1. 合法原则。在法律、法规、规章规定的种类和幅度内，依照法定权限，遵守法定程序，保障当事人合法权益。

2. 合理原则。符合立法目的，考虑相关事实因素和法律因素，作出的行政处罚决定与违法行为的事实、性质、情节、社会危害程度相当，与本地的经济社会发展水平相适应。

3. 公平公正原则。对事实、性质、情节及社会危害程度等因素基本相同的税收违法行为，所适用的行政处罚种类和幅度应当基本相同。

4. 公开原则。按规定公开行政处罚依据和行政处罚信息。

5. 程序正当原则。依法保障当事人的知情权、参与权和救济权等各项法定权利。

6. 信赖保护原则。非因法定事由并经法定程序，不得随意改变已经生效的行政行为。

7. 处罚与教育相结合原则。预防和纠正涉税违法行为，引导当事人自觉守法。

（二）行政处罚裁量基准制定

税务行政处罚裁量基准，是税务机关为规范行使行政处罚裁量权而制定的细化量化标准。税务行政处罚裁量基准，应当包括违法行为、处罚依据、裁量阶次、适用条件和具体标准等内容。

1. 税务行政处罚裁量基准应当在法定范围内制定，并符合以下要求：

（1）法律、法规、规章规定可予以行政处罚的，应当明确是否予以行政处罚的适用条件和具体标准。

（2）法律、法规、规章规定可以选择行政处罚种类的，应当明确不同种类行政处罚的适用条件和具体标准。

（3）法律、法规、规章规定行政处罚幅度的，应当根据违法事实、性质、情节、社会危害程度等因素确定适用条件和具体标准。

（4）法律、法规、规章规定可以单处也可以并处行政处罚的，应当明确单处或者并处行政处罚的适用条件和具体标准。

2. 制定税务行政处罚裁量基准，参照下列程序进行：

（1）确认行政处罚裁量依据。

（2）整理、分析行政处罚典型案例，为细化量化税务行政处罚裁量权提供参考。

（3）细化量化税务行政处罚裁量权，拟定税务行政处罚裁量基准。

税务行政处罚裁量基准应当以规范性文件形式发布，并结合税收行政执法实际及时修订。

（三）行政处罚裁量规则适用

1. 法律、法规、规章规定可以给予行政处罚，当事人首次违反且情节轻微，并在税务机关发现前主动改正的或者在税务机关责令限期改正的期限内改正的，不予行政处罚。

2. 税务机关应当责令当事人改正或者限期改正违法行为的，除法律、法规、规章另有规定外，责令限期改正的期限一般不超过三十日。

3. 对当事人的同一个税收违法行为不得给予两次以上罚款的行政处罚。当事人同一个税收违法行为违反不同行政处罚规定且均应处以罚款的，应当选择适用处罚较重的条款。

4. 当事人有下列情形之一的，不予行政处罚：

（1）违法行为轻微并及时纠正，没有造成危害后果的。

（2）不满十四周岁的人有违法行为的。

（3）精神病人在不能辨认或者不能控制自己行为时有违法行为的。

（4）其他法律规定不予行政处罚的。

5. 当事人有下列情形之一的，应当依法从轻或者减轻行政处罚：

（1）主动消除或者减轻违法行为危害后果的。

（2）受他人胁迫有违法行为的。

（3）配合税务机关查处违法行为有立功表现的。

（4）其他依法应当从轻或者减轻行政处罚的。

6. 违反税收法律、行政法规应当给予行政处罚的行为在五年内未被发现的，不再给予行政处罚。

7. 行使税务行政处罚裁量权应当依法履行告知义务。在作出行政处罚决定前，应当告知当事人作出行政处罚决定的事实、理由、依据及拟处理结果，并告知当事人依法享有的权利。

8. 税务机关行使税务行政处罚裁量权涉及法定回避情形的，应当依法告知当事人享有申请回避的权利。税务人员存在法定回避情形的，应当自行回避或者由税务机关决定回避。

9. 当事人有权进行陈述和申辩。税务机关应当充分听取当事人的意见，对其提出的事实、理由或者证据进行复核，陈述申辩事由成立的，税务机关应当采纳；不采纳的，应予说明理由。税务机关不得因当事人的申辩而加重处罚。

10. 税务机关对公民作出 2 000 元以上罚款或者对法人或者其他组织作出 1 万元以上罚款的行政处罚决定之前，应当告知当事人有要求举行听证的权利；当事人要求听证的，税务机关应当组织听证。

11. 对情节复杂、争议较大、处罚较重、影响较广或者拟减轻处罚等税务行政处罚案件，应当经过集体审议决定。

12. 税务机关按照一般程序实施行政处罚，应当在执法文书中对事实认定、法律适用、基准适用等说明理由。省税务机关应当积极探索建立案例指导制度，通过案例指导规范税务行政处罚裁量权。

第二节　税务行政复议

为了防止和纠正税务机关违法或者不当的具体行政行为，保护纳税人及其他当事人的合法权益，保障和监督税务机关依法行使职权，根据《中华人民共和国行政复议法》《中华人民共和国税收征收管理法》和其他有关规定，国家税务总局制定了《税务行政复议规则》已于 2009 年 12 月 15 日由国家税务总局第 2 次局务会议审议通过并予公布，自 2010 年 4 月 1 日起施行。2015 年 12 月 28 日国家税务总局对该规则进行了修正。

税务行政复议是指当事人（纳税人、扣缴义务人、纳税担保人及其他税务当事人）不服税务机关及其工作人员作出的税务具体行政行为，依法向上一级税务机关（复议机关）提出申请，复议机关经审理对原税务机关具体行政行为依法作出维持、变更、撤销等决定的活动。

税务行政复议是我国行政复议制度的一个重要组成部分。我国税务行政复议具有以下特点：

1. 税务行政复议以当事人不服税务机关及其工作人员作出的税务具体行政行为为前提。这是由行政复议对当事人进行行政救济的目的所决定的。如果当事人认为税务机关的处理合法、适当，或税务机关还没有作出处理，当事人的合法权益没有受到侵害，就不存在税务行政复议。

2. 税务行政复议因当事人的申请而产生。当事人提出申请是引起税务行政复议的重要条件之一。当事人不申请，就不可能通过行政复议这种形式获得救济。

3. 税务行政复议案件的审理一般由原处理税务机关的上一级税务机关进行。

4. 税务行政复议与行政诉讼相衔接。根据《中华人民共和国行政诉讼法》（以下简称《行政诉讼法》）和《行政复议法》的规定，对于大多数行政案件来说，当事人都可以选择行政复议或者行政诉讼程序解决，当事人对行政复议决定不服的，还可以向法院提起行政诉讼。在此基础上，两个程序的衔接方面，税务行政案件的适用还有其特殊性。根据《征管法》第八十八条的规定，对于因征税问题引起的争议，税务行政复议是税务行政诉讼的必经前置程序，未经复议不能向法院起诉，经复议仍不服的，才能起诉；对于因处罚、保全措施及强制执行引起的争议，当事人可以选择适用复议或诉讼程序，如选择复议程序，对复议决定仍不服的，可以向法院起诉。

一、税务行政复议机构和人员

1. 各级行政复议机关负责法制工作的机构（以下简称行政复议机构）依法办理行政复议事项，履行下列职责：

（1）受理行政复议申请。

（2）向有关组织和人员调查取证，查阅文件和资料。

（3）审查申请行政复议的具体行政行为是否合法和适当，起草行政复议决定。

（4）处理或者转送对本规则第十五条所列有关规定的审查申请。

（5）对被申请人违反行政复议法及其实施条例和本规则规定的行为，依照规定的权限和程序向相关部门提出处理建议。

（6）研究行政复议工作中发现的问题，及时向有关机关或者部门提出改进建议，重大问题及时向行政复议机关报告。

（7）指导和监督下级税务机关的行政复议工作。

（8）办理或者组织办理行政诉讼案件应诉事项。

（9）办理行政复议案件的赔偿事项。

（10）办理行政复议、诉讼、赔偿等案件的统计、报告、归档工作和重大行政复议决定备案事项。

（11）其他与行政复议工作有关的事项。

2. 各级行政复议机关可以成立行政复议委员会，研究重大、疑难案件，提出处理建议。行政复议委员会可以邀请本机关以外的具有相关专业知识的人员参加。

3. 行政复议工作人员应当具备与履行行政复议职责相适应的品行、专业知识和业务能力，并取得行政复议法实施条例规定的资格。

二、税务行政复议范围

1. 行政复议机关受理申请人对税务机关下列具体行政行为不服提出的行政复议申请。

（1）征税行为，包括确认纳税主体、征税对象、征税范围、减税、免税、退税、抵扣税款、适用税率、计税依据、纳税环节、纳税期限、纳税地点和税款征收方式等具体行政行为，征收税款、加收滞纳金，扣缴义务人、受税务机关委托的单位和个人作出的代扣代缴、代收代缴、代征行为等。

（2）行政许可、行政审批行为。

（3）发票管理行为，包括发售、收缴、代开发票等。

（4）税收保全措施、强制执行措施。

（5）行政处罚行为：

①罚款。

②没收财物和违法所得。

③停止出口退税权。

（6）不依法履行下列职责的行为：

①颁发税务登记。

②开具、出具完税凭证、外出经营活动税收管理证明。

③行政赔偿。

④行政奖励。

⑤其他不依法履行职责的行为。

（7）资格认定行为。

（8）不依法确认纳税担保行为。

（9）政府信息公开工作中的具体行政行为。

（10）纳税信用等级评定行为。

（11）通知出入境管理机关阻止出境行为。

（12）其他具体行政行为。

2. 申请人认为税务机关的具体行政行为所依据的下列规定不合法，对具体行政行为申请行政复议时，可以一并向行政复议机关提出对有关规定的审查申请；申请人对具体行政行为提出行政复议申请时不知道该具体行政行为所依据的规定的，可以在行政复议机关作出行政复议决定以前提出对该规定的审查申请。

（1）国家税务总局和国务院其他部门的规定。

（2）其他各级税务机关的规定。

（3）地方各级人民政府的规定。

（4）地方人民政府工作部门的规定。

前款中的规定不包括规章。

三、税务行政复议管辖

1. 对各级国家税务局的具体行政行为不服的，向其上一级国家税务局申请行政复议。对计划单列市税务局的具体行政行为不服的，向国家税务总局申请行政复议。

2. 对各级地方税务局的具体行政行为不服的可以选择向其上一级地方税务局或者该税务局的本级人民政府申请行政复议。

3. 对国家税务总局的具体行政行为不服的，向国家税务总局申请行政复议。对行政复议决定不服的，申请人可以向人民法院提起行政诉讼，也可以向国务院申请裁决。国务院的裁决为最终裁决。

4. 对下列税务机关的具体行政行为不服的，按照下列规定申请行政复议：

（1）对两个以上税务机关以共同的名义作出的具体行政行为不服的，向共同上一级税务机关申请行政复议；对税务机关与其他行政机关以共同的名义作出的具体行政行为不服的，向其共同上一级行政机关申请行政复议。

（2）对被撤销的税务机关在撤销以前所作出的具体行政行为不服的，向继续行使其职权的税务机关的上一级税务机关申请行政复议。

（3）对税务机关作出逾期不缴纳罚款加处罚款的决定不服的，向作出行政处罚决定的税务机关申请行政复议。但是对已处罚款和加处罚款都不服的，一并向作出行政处罚决定的税务机关的上一级税务机关申请行政复议。

申请人向具体行政行为发生地的县级地方人民政府提交行政复议申请的，由接受申请的县级地方人民政府依照上述第1、2、3项的规定予以转送。

四、税务行政复议申请人和被申请人

1. 合伙企业申请行政复议的，应当以工商行政管理机关核准登记的企业为申请人，由执行合伙事务的合伙人代表该企业参加行政复议；其他合伙组织申请行政复议的，由合伙人共同申请行政复议。

前款规定以外的不具备法人资格的其他组织申请行政复议的，由该组织的主要负责人代表该组织参加行政复议；没有主要负责人的由共同推选的其他成员代表该组织参加行政复议。

2. 股份制企业的股东大会、股东代表大会、董事会认为税务具体行政行为侵犯企业合法权益的，可以以企业的名义申请行政复议。

3. 有权申请行政复议的公民死亡的，其近亲属可以申请行政复议；有权申请行政复议的公民为无行为能力人或者限制行为能力人，其法定代理人可以代理申请行政复议。

有权申请行政复议的法人或者其他组织发生合并、分立或终止的，承受其权利义务的法人或者其他组织可以申请行政复议。

4. 行政复议期间，行政复议机关认为申请人以外的公民、法人或者其他组织与被审查的具体行政行为有利害关系的，可以通知其作为第三人参加行政复议。

行政复议期间，申请人以外的公民、法人或者其他组织与被审查的税务具体行政行为有利害关系的，可以向行政复议机关申请作为第三人参加行政复议。

第三人不参加行政复议，不影响行政复议案件的审理。

5. 非具体行政行为的行政管理相对人，但其权利直接被该具体行政行为所剥夺、限制或者被赋予义务的公民、法人或其他组织，在行政管理相对人没有申请行政复议时，可以单独申请行政复议。

6. 同一行政复议案件申请人超过5人的，应当推选1~5名代表参加行政复议。

7. 对具体行政行为不服申请行政复议的，作出该具体行政行为的税务机关为被申请人。

8. 申请人对扣缴义务人的扣缴税款行为不服的，主管该扣缴义务人的税务机关为被申请人；对税务机关委托的单位和个人的代征行为不服的，委托税务机关为被申请人。

9. 税务机关与法律、法规授权的组织以共同的名义作出具体行政行为的，税务机关和法律、法规授权的组织为共同被申请人。

税务机关与其他组织以共同名义作出具体行政行为的，税务机关为被申请人。

10. 税务机关依照法律、法规和规章规定，经上级税务机关批准作出具体行政行为的，批准机关为被申请人。

申请人对经重大税务案件审理程序作出的决定不服的，审理委员会所在税务机关为被申请人。

11. 税务机关设立的派出机构、内设机构或者其他组织，未经法律、法规授权，以自己名义对外作出具体行政行为的，税务机关为被申请人。

12. 申请人、第三人可以委托1~2名代理人参加行政复议。申请人、第三人委托代理人的，应当向行政复议机构提交授权委托书。授权委托书应当载明委托事项、权限和期限。公民在特殊情况下无法书面委托的，可以口头委托。口头委托的，行政复议机构应当核实并记录在卷。申请人、第三人解除或者变更委托的，应当书面告知行政复议机构。

被申请人不得委托本机关以外人员参加行政复议。

五、税务行政复议申请

1. 申请人可以在知道税务机关作出具体行政之日起60日内提出行政复议申请。

因不可抗力或者被申请人设置障碍等原因耽误法定申请期限的，申请期限的计算应当扣除被耽误时间。

2. 申请人对“征税行为”的行为不服的，应当先向行政复议机关申请行政复议；对行政复议决定不服的，可以向人民法院提起行政诉讼。

申请人按照前款规定申请行政复议的，必须依照税务机关根据法律、法规确定的税额、期限，先行缴纳或者解缴税款和滞纳金，或者提供相应的担保，才可以在缴清税款和滞纳金以后或者所提供的担保得到作出具体行政行为的税务机关确认之日起60日内提出行政复议申请。

申请人提供担保的方式包括保证、抵押和质押。作出具体行政行为的税务机关应当对保证人的资格、资信进行审查，对不具备法律规定资格或者没有能力保证的，有权拒绝。作出具体行政行为的税务机关应当对抵押人、出质人提供的抵押担保、质押担保进行审查，对不符合法律规定的抵押担保、质押担保，不予确认。

3. 申请人对“征税行为”以外的其他具体行政行为不服的，可以申请行政复议，也可以直接向人民法院提起行政诉讼。

申请人对税务机关作出逾期不缴纳罚款加处罚款的决定不服的，应当先缴纳罚款和加处罚款，再申请行政复议。

4. 申请人可以在知道税务机关作出具体行政行为之日起60日内提出行政复议申请。申请期限的计算，依照下列规定办理：

（1）当场作出具体行政行为的，自具体行政行为作出之日起计算。

（2）载明具体行政行为的法律文书直接送达的，自受送达人签收之日起计算。

（3）载明具体行政行为的法律文书邮寄送达的，自受送达人在邮件签收单上签收之日起计算；没有邮件签收单的，自受送达人在送达回执上签名之日起计算。

（4）具体行政行为依法通过公告形式告知受送达人的，自公告规定的期限届满之日起计算。

（5）税务机关作出具体行政行为时未告知申请人，事后补充告知的，自该申请人收到税务机关补充告知的通知之日起计算。

（6）被申请人能够证明申请人知道具体行政行为的，自证据材料证明其知道具体行政行为之日起计算。

税务机关作出具体行政行为，依法应当向申请人送达法律文书而未送达的，视为该申请人不知道该具体行政行为。

5. 申请人依照《行政复议法》第六条第（八）项、第（九）项、第（十）项的规定申请税务机关履行法定职责，税务机关未履行的，行政复议申请期限依照下列规定计算：

（1）有履行期限规定的，自履行期限届满之日起计算。

（2）没有履行期限规定的，自税务机关收到申请满60日起计算。

6. 税务机关作出的具体行政行为对申请人的权利、义务可能产生不利影响的，应当告知其申请行政复议的权利、行政复议机关和行政复议申请期限。

7. 申请人书面申请行政复议的，可以采取当面递交、邮寄或者传真等方式提出行政复议申请。

有条件的行政复议机关可以接受以电子邮件形式提出的行政复议申请。

对以传真、电子邮件形式提出行政复议申请的，行政复议机关应当审核确认申请人的身份、复议事项。

8. 申请人书面申请行政复议的，应当在行政复议申请书中载明下列事项：

（1）申请人的基本情况，包括公民的姓名、性别、出生年月、身份证件号码、工作单位、住所、邮政编码、联系电话；法人或者其他组织的名称、住所、邮政编码、联系电话和法定代表人或者主要负责人的姓名、职务。

（2）被申请人的名称。

（3）行政复议请求、申请行政复议的主要事实和理由。

（4）申请人的签名或者盖章。

（5）申请行政复议的日期。

9. 申请人口头申请行政复议的，行政复议机构应当依照本规则第三十九条规定的事项，当场制作行政复议申请笔录，交申请人核对或者向申请人宣读，并由申请人确认。

10. 有下列情形之一的，申请人应当提供证明材料：

（1）认为被申请人不履行法定职责的，提供要求被申请人履行法定职责而被申请人未履行的证明材料。

（2）申请行政复议时一并提出行政赔偿请求的，提供受具体行政行为侵害而造成损害的证明材料。

（3）法律、法规规定需要申请人提供证据材料的其他情形。

11. 申请人提出行政复议申请时错列被申请人的，行政复议机关应当告知申请人变更被申请人。申请人不变更被申请人的，行政复议机关不予受理，或者驳回行政复议申请。

12. 申请人向行政复议机关申请行政复议，行政复议机关已经受理的，在法定行政复议期限内申请人不得向人民法院提起行政诉讼；申请人向人民法院提起行政诉讼，人民法院已经依法受理的，不得申请行政复议。

六、税务行政复议受理

1. 行政复议申请符合下列规定的，行政复议机关应当受理：

（1）属于本规则规定的行政复议范围。

（2）在法定申请期限内提出。

（3）有明确的申请人和符合规定的被申请人。

（4）申请人与具体行政行为有利害关系。

（5）有具体的行政复议请求和理由。

（6）符合税务行政复议申请中第1项和第3项规定的条件。

（7）属于收到行政复议申请的行政复议机关的职责范围。

（8）其他行政复议机关尚未受理同一行政复议申请，人民法院尚未受理同一主体就同一事实提起的行政诉讼。

2. 行政复议机关收到行政复议申请以后，应当在5日内审查，决定是否受理。对不符合本规则规定的行政复议申请，决定不予受理，并书面告知申请人。

对不属于本机关受理的行政复议申请，应当告知申请人向有关行政复议机关提出。

行政复议机关收到行政复议申请以后未按照前款规定期限审查并作出不予受理决定的，视为受理。

3. 对符合规定的行政复议申请，自行政复议机构收到之日起即为受理；受理行政复议申请，应当书面告知申请人。

4. 行政复议申请材料不齐全、表述不清楚的，行政复议机构可以自收到该行政复议申请之日起5日内书面通知申请人补正。补正通知应当载明需要补正的事项和合理的补正期限。无正当理由逾期不补正的，视为申请人放弃行政复议申请。

补正申请材料所用时间不计入行政复议审理期限。

5. 上级税务机关认为行政复议机关不予受理行政复议申请的理由不成立的，可以督促其受理；经督促仍不受理的，责令其限期受理。

上级税务机关认为行政复议申请不符合法定受理条件的，应当告知申请人。

6. 上级税务机关认为有必要的，可以直接受理或者提审由下级税务机关管辖的行政复议案件。

7. 对应当先向行政复议机关申请行政复议，对行政复议决定不服再向人民法院提起行政诉讼的具体行政行为，行政复议机关决定不予受理或者受理以后超过行政复议期限不作答复的，申请人可以自收到不予受理决定书之日起或者行政复议期满之日起15日内，依法向人民法院提起行政诉讼。

依照本规则第八十三条规定，延长行政复议期限的，以延长以后的时间为行政复议期满时间。

8. 行政复议期间具体行政行为不停止执行；但是有下列情形之一的，可以停止执行：

（1）被申请人认为需要停止执行的。

（2）行政复议机关认为需要停止执行的。

（3）申请人申请停止执行，行政复议机关认为其要求合理，决定停止执行的。

（4）法律规定停止执行的。

七、税务行政复议证据

1. 行政复议证据包括以下类别：

（1）书证；

（2）物证；

（3）视听资料；

（4）电子数据；

（5）证人证言；

（6）当事人陈述；

（7）鉴定意见；

（8）勘验笔录、现场笔录。

2. 在行政复议中，被申请人对其作出的具体行政行为负有举证责任。

3. 行政复议机关应当依法全面审查相关证据。行政复议机关审查行政复议案件，应当以证据证明的案件事实为依据。定案证据应当具有合法性、真实性和关联性。

4. 行政复议机关应当根据案件的具体情况，从以下方面审查证据的合法性：

（1）证据是否符合法定形式。

（2）证据的取得是否符合法律、法规、规章和司法解释的规定。

（3）是否有影响证据效力的其他违法情形。

5. 行政复议机关应当根据案件的具体情况，从以下方面审查证据的真实性：

（1）证据形成的原因。

（2）发现证据时的环境。

（3）证据是否为原件、原物，复制件、复制品与原件、原物是否相符。

（4）提供证据的人或者证人与行政复议参加人是否具有利害关系。

（5）影响证据真实性的其他因素。

6. 行政复议机关应当根据案件的具体情况，从以下方面审查证据的关联性：

（1）证据与待证事实是否具有证明关系。

（2）证据与待证事实的关联程度。

（3）影响证据关联性的其他因素。

7. 下列证据材料不得作为定案依据：

（1）违反法定程序收集的证据材料。

（2）以偷拍、偷录和窃听等手段获取侵害他人合法权益的证据材料。

（3）以利诱、欺诈、胁迫和暴力等不正当手段获取的证据材料。

（4）无正当事由超出举证期限提供的证据材料。

（5）无正当理由拒不提供原件、原物，又无其他证据印证，且对方不予认可的证据的复制件、复制品。

（6）无法辨明真伪的证据材料。

（7）不能正确表达意志的证人提供的证言。

（8）不具备合法性、真实性的其他证据材料。

行政复议机构依据本规则第十一条第（二）项规定的职责所取得的有关材料（即：向有关组织和人员调查取证，查阅文件和资料），不得作为支持被申请人具体行政行为的证据。

8. 在行政复议过程中，被申请人不得自行向申请人和其他有关组织或者个人搜集证据。

9. 行政复议机构认为必要时，可以调查取证。

行政复议工作人员向有关组织和人员调查取证时，可以查阅、复制和调取有关文件和资料，向有关人员询问。调查取证时，行政复议工作人员不得少于2人，并应当向当事人和有关人员出示证件。被调查单位和人员应当配合行政复议工作人员的工作，不得拒绝、阻挠。

需要现场勘验的，现场勘验所用时间不计入行政复议审理期限。

10. 申请人和第三人可以查阅被申请人提出的书面答复、作出具体行政行为的证据、依据和其他有关材料，除涉及国家秘密、商业秘密或者个人隐私外，行政复议机关不得拒绝。

八、税务行政复议审查和决定

1. 行政复议机构应当自受理政复议申请之日起7日内，将行政复议申请书副本或者行政复议申请笔录复印件发送被申请人。被申请人应当自收到申请书副本或者申请笔录复印件之日起10日内提出书面答复，并提交当初作出具体行政行为的证据、依据和其他有关材料。

对国家税务总局的具体行政行为不服申请行政复议的案件，由原承办具体行政行为的相关机构向行政复议机构提出书面答复，并提交当初作出具体行政行为的证据、依据和其他有关材料。

2. 行政复议机构审理行政复议案件，应当由2名以上行政复议工作人员参加。

3. 行政复议原则上采用书面审查的办法，但是申请人提出要求或者行政复议机构认为有必要时，应当听取申请人、被申请人和第三人的意见，并可以向有关组织和人员调查了解情况。

4. 对重大、复杂的案件，申请人提出要求或者行政复议机构认为必要时，可以采取听证的方式审理。

5. 行政复议机构决定举行听证的，应当将举行听证的时间、地点和具体要求等事项通知申请人、被申请人和第三人。

第三人不参加听证的，不影响听证的举行。

6. 听证应当公开举行，但是涉及国家秘密、商业秘密或者个人隐私的除外。

7. 行政复议听证人员不得少于2人，听证主持人由行政复议机构指定。

8. 听证应当制作笔录。申请人、被申请人和第三人应当确认听证笔录内容。

行政复议听证笔录应当附卷，作为行政复议机构审理案件的依据之一。

9. 行政复议机关应当全面审查被申请人的具体行政行为所依据的事实证据、法律程序、法律依据和设定的权利义务内容的合法性、适当性。

10. 申请人在行政复议决定作出以前撤回行政复议申请的，经行政复议机构同意，可以撤回。

申请人撤回行政复议申请的，不得再以同一事实和理由提出行政复议申请。但是，申请人能够证明撤回行政复议申请违背其真实意思表示的除外。

11. 行政复议期间被申请人改变原具体行政行为的，不影响行政复议案件的审理。但是，申请人依法撤回行政复议申请的除外。

12. 在申请行政复议时，依据本规则第十五条规定一并提出对有关规定的审查申请的，行政复议机关对该规定有权处理的，应当在30日内依法处理；无权处理的，应当在7日内按照法定程序逐级转送有权处理的行政机关依法处理，有权处理的行政机关应当在60日内依法处理。处理期间，中止对具体行政行为的审查。

13. 行政复议机关审查被申请人的具体行政行为时，认为其依据不合法，本机关有权处理的，应当在30日内依法处理；无权处理的，应当在7日内按照法定程序逐级转送有权处理的国家机关依法处理。处理期间，中止对具体行政行为的审查。

14. 行政复议机构应当对被申请人的具体行政行为提出审查意见，经行政复议机关负责人批准，按照下列规定作出行政复议决定：

（1）具体行政行为认定事实清楚，证据确凿，适用依据正确，程序合法，内容适当的，决定维持。

（2）被申请人不履行法定职责的，决定其在一定期限内履行。

（3）具体行政行为有下列情形之一的：决定撤销、变更或者确认该具体行政行为违法；决定撤销或者确认该具体行政行为违法的，可以责令被申请人在一定期限内重新作出具体行政行为：

①主要事实不清、证据不足的。

②适用依据错误的。

③违反法定程序的。

④超越职权或者滥用职权的。

⑤具体行政行为明显不当的。

（4）被申请人自收到行政复议机构申请书副本或者申请笔录复印件之日起10日内，不能提出书面答复，提交当初作出具体行政行为的证据、依据和其他有关材料的，视为该具体行政行为没有证据、依据，决定撤销该具体行政行为。

15. 行政复议机关责令被申请人重新作出具体行政行为的，被申请人不得以同一事实和理由作出与原具体行政行为相同或者基本相同的具体行政行为；但是行政复议机关以原具体行政行为违反法定程序决定撤销的，被申请人重新作出具体行政行为的除外。

16. 行政复议机关责令被申请人重新作出具体行政行为的，被申请人不得作出对申请人更为不利的决定；但是行政复议机关以原具体行政行为主要事实不清、证据不足或适用依据错误决定撤销的，被申请人重新作出具体行政行为的除外。

17. 有下列情形之一的，行政复议机关可以决定变更：

（1）认定事实清楚，证据确凿，程序合法，但是明显不当或者适用依据错误的。

（2）认定事实不清，证据不足，但是经行政复议机关审理查明事实清楚，证据确凿的。

18. 有下列情形之一的，行政复议机关应当决定驳回行政复议申请：

（1）申请人认为税务机关不履行法定职责申请行政复议，行政复议机关受理以后发现该税务机关没有相应法定职责或者在受理以前已经履行法定职责的。

（2）受理行政复议申请后，发现该行政复议申请不符合行政复议法及其实施条例和本规则规定的受理条件的。

上级税务机关认为行政复议机关驳回行政复议申请的理由不成立的，应当责令限期恢复受理。行政复议机关审理行政复议申请期限的计算应当扣除因驳回耽误的时间。

19. 行政复议期间，有下列情形之一的，行政复议中止：

（1）作为申请人的公民死亡，其近亲属尚未确定是否参加行政复议的。

（2）作为申请人的公民丧失参加行政复议的能力，尚未确定法定代理人参加行政复议的。

（3）作为申请人的法人或者其他组织终止，尚未确定权利义务承受人的。

（4）作为申请人的公民下落不明或者被宣告失踪的。

（5）申请人、被申请人因不可抗力，不能参加行政复议的。

（6）行政复议机关因不可抗力原因暂时不能履行工作职责的。

（7）案件涉及法律适用问题，需要有权力机关作出解释或者确认的。

（8）案件审理需要以其他案件的审理结果为依据，而其他案件尚未审结的。

（9）其他需要中止行政复议的情形。

行政复议中止的原因消除以后，应当及时恢复行政复议案件的审理。

行政复议机构中止、恢复行政复议案件的审理，应当告知申请人、被申请人、第三人。

20. 行政复议期间，有下列情形之一的，行政复议终止：

（1）申请人要求撤回行政复议申请，行政复议机构准予撤回的。

（2）作为申请人的公民死亡，没有近亲属，或者其近亲属放弃行政复议权利的。

（3）作为申请人的法人或者其他组织终止，其权利义务的承受人放弃行政复议权利的。

（4）申请人与被申请人依照本规则第八十七条的规定，经行政复议机构准许达成和解的。

（5）行政复议申请受理以后，发现其他行政复议机关已经先于本机关受理，或者人民法院已经受理的。

依照上述19项（1）、（2）、（3）规定中止行政复议，满60日行政复议中止的原因未消除的，行政复议终止。

21. 行政复议机关责令被申请人重新作出具体行政行为的，被申请人应当在60日内重新作出具体行政行为；情况复杂，不能在规定期限内重新作出具体行政行为的，经行政复议机关批准，可以适当延期，但是延期不得超过30日。

公民、法人或者其他组织对被申请人重新作出的具体行政行为不服，可以依法申请行政复议，或者提起行政诉讼。

22. 申请人在申请行政复议时可以一并提出行政赔偿请求，行政复议机关对符合国家赔偿法的规定应当赔偿的，在决定撤销、变更具体行政行为或者确认具体行政行为违法时，应当同时决定被申请人依法赔偿。

申请人在申请行政复议时没有提出行政赔偿请求的，行政复议机关在依法决定撤销、变更原具体行政行为确定的税款、滞纳金、罚款和对财产的扣押、查封等强制措施时，应当同时责令被申请人退还税款、滞纳金和罚款，解除对财产的扣押、查封等强制措施，或者赔偿相应的价款。

23. 行政复议机关应当自受理申请之日起60日内作出行政复议决定。情况复杂，不能在规定期限内作出行政复议决定的，经行政复议机关负责人批准，可以适当延期，并告知申请人和被申请人；但是延期不得超过 30 日。

行政复议机关作出行政复议决定，应当制作行政复议决定书，并加盖行政复议机关印章。

行政复议决定书一经送达，即发生法律效力。

24. 被申请人应当履行行政复议决定。

被申请人不履行、无正当理由拖延履行行政复议决定的，行政复议机关或者有关上级税务机关应当责令其限期履行。

25. 申请人、第三人逾期不起诉又不履行行政复议决定的，或者不履行最终裁决的行政复议决定的，按照下列规定分别处理：

（1）维持具体行政行为的行政复议决定，由作出具体行政行为的税务机关依法强制执行，或者申请人民法院强制执行。

（2）变更具体行政行为的行政复议决定，由行政复议机关依法强制执行，或者申请人民法院强制执行。

九、税务行政复议和解与调解

1. 对下列行政复议事项，按照自愿、合法的原则，申请人和被申请人在行政复议机关作出行政复议决定以前可以达成和解，行政复议机关也可以调解：

（1）行使自由裁量权作出的具体行政行为，如行政处罚、核定税额、确定应税所得率等。

（2）行政赔偿。

（3）行政奖励。

（4）存在其他合理性问题的具体行政行为。

行政复议审理期限在和解、调解期间中止计算。

2. 申请人和被申请人达成和解的，应当向行政复议机构提交书面和解协议。和解内容不损害社会公共利益和他人合法权益的，行政复议机构应当准许。

3. 经行政复议机构准许和解终止行政复议的，申请人不得以同一事实和理由再次申请行政复议。

4. 调解应当符合下列要求：

（1）尊重申请人和被申请人的意愿。

（2）在查明案件事实的基础上进行。

（3）遵循客观、公正和合理原则。

（4）不得损害社会公共利益和他人合法权益。

5. 行政复议机关按照下列程序调解：

（1）征得申请人和被申请人同意。

（2）听取申请人和被申请人的意见。

（3）提出调解方案。

（4）达成调解协议。

（5）制作行政复议调解书。

6. 行政复议调解书应当载明行政复议请求、事实、理由和调解结果，并加盖行政复议机关印章。行政复议调解书经双方当事人签字，即具有法律效力。

调解未达成协议，或者行政复议调解书不生效的，行政复议机关应当及时作出行政复议决定。

7. 申请人不履行行政复议调解书的，由被申请人依法强制执行，或者申请人民法院强制执行。

十、税务行政复议指导和监督

1. 各级税务复议机关应当加强对履行行政复议职责的监督。行政复议机构负责对行政复议工作进行系统督促、指导。

2. 各级税务机关应当建立健全行政复议工作责任制，将行政复议工作纳入本单位目标责任制。

3. 各级税务机关应当按照职责权限，通过定期组织检查、抽查等方式，检查下级税务机关的行政复议工作，并及时向有关方面反馈检查结果。

4. 行政复议期间行政复议机关发现被申请人和其他下级税务机关的相关行政行为违法或者需要做好善后工作的，可以制作行政复议意见书。有关机关应当自收到行政复议意见书之日起60日内将纠正相关行政违法行为或者做好善后工作的情况报告行政复议机关。

行政复议期间行政复议机构发现法律、法规和规章实施中带有普遍性的问题，可以制作行政复议建议书，向有关机关提出完善制度和改进行政执法的建议。

5. 省级以下各级税务机关应当定期向上一级税务机关提交行政复议、应诉、赔偿统计表和分析报告，及时将重大行政复议决定报上一级行政复议机关备案。

6. 行政复议机构应当按照规定将行政复议案件资料立卷归档。

行政复议案卷应当按照行政复议申请分别装订立卷，一案一卷，统一编号，做到目录清晰、资料齐全、分类规范、装订整齐。

7. 行政复议机构应当定期组织行政复议工作人员进行业务培训和工作交流，提高行政复议工作人员的专业素质。

8. 行政复议机关应当定期总结行政复议工作。对行政复议工作中作出显著成绩的单位和个人，依照有关规定表彰和奖励。

第三节　税务行政诉讼

行政诉讼是人民法院处理行政纠纷、解决行政争议的法律制度，与刑事诉讼、民事诉讼一起，共同构筑起现代国家的诉讼制度。具体来讲，行政诉讼是指公民、法人和其他组织认为行政机关及其工作人员的具体行政行为侵犯其合法权益，依照行政诉讼法向人民法院提起诉讼，由人民法院进行审理并作出裁决的诉讼制度和诉讼活动。《行政诉讼法》颁布实施后，人民法院审理行政案件以及公民、法人和其他组织与行政机关进行行政诉讼进入了一个有法可依的新阶段。税务行政诉讼作为行政诉讼的一个重要组成部分，也必须遵循《行政诉讼法》所确立的基本原则和普遍程序；同时，税务行政诉讼又不可避免地具有本部门的特点。

一、税务行政诉讼的概念

税务行政诉讼，是指公民、法人和其他组织认为税务机关及其工作人员的具体税务行政行为违法或者不当，侵犯了其合法权益，依法向人民法院提起行政诉讼，由人民法院对具体税务行政行为的合法性和适当性进行审理并作出裁决的司法活动。其目的是保证人民法院正确、及时审理税务行政案件，保护纳税人、扣缴义务人等当事人的合法权益，维护和监督税务机关依法行使行政职权。

从税务行政诉讼与税务行政复议及其他行政诉讼活动的比较中可以看出，税务行政诉讼具有以下特殊性：

1. 税务行政诉讼是由人民法院进行审理并作出裁决的一种诉讼活动。这是税务行政诉讼与税务行政复议的根本区别。税务行政复议和税务行政诉讼是解决税务行政争议的两条重要途径。由于税务行政争议范围广、数量多、专业性强，大量税务行政争议由税务机关以税务复议方式解决，只有由人民法院对税务案件进行审理并作出裁决的活动，才是税务行政诉讼。

2. 税务行政诉讼以解决税务行政争议为前提，这是税务行政诉讼与其他行政诉讼活动的根本区别，具体体现在：

（1）被告必须是税务机关，或经法律、法规授权的行使税务行政管理权的组织，而不是其他行政机关或组织。

（2）税务行政诉讼解决的争议发生在税务行政管理过程中。

（3）因税款征纳问题发生的争议，当事人在向人民法院提起行政诉讼前，必须先经税务行政复议程序，即复议前置。

二、税务行政诉讼的原则

除共有原则外（如人民法院独立行使审判权，实行合议、回避、公开、辩论、两审、终审等），税务行政诉讼还必须与其他行政诉讼一样，遵循以下几个特有原则：

1. 人民法院特定主管原则。即人民法院对税务行政案件只有部分管辖权。根据《行政诉讼法》第十一条的规定，人民法院只能受理因具体行政行为引起的税务行政争议案。

2. 合法性审查原则。除审查税务机关是否滥用权力、税务行政处罚是否显失公正外，人民法院只对具体税务行为是否合法予以审查。与此相适应，人民法院原则上不直接判决变更。

3. 不适用调解原则。税收行政管理权是国家权力的重要组成部分，税务机关无权依自己意愿进行处置，因此，人民法院也不能对税务行政诉讼法律关系的双方当事人进行调解。

4. 起诉不停止执行原则。即当事人不能以起诉为理由而停止执行税务机关所作出的具体行政行为，如税收保全措施和税收强制执行措施。

5. 税务机关负举证责任原则。由于税务行政行为是税务机关单方依一定事实和法律作出的，只有税务机关最了解作出该行为的证据。如果税务机关不提供或不能提供证据，就可能败诉。

6. 由税务机关负责赔偿的原则。依据《中华人民共和国国家赔偿法》（以下简称《国家赔偿法》）的有关规定，税务机关及其工作人员因执行职务不当，给当事人造成人身及财产损害，应负担赔偿责任。

三、税务行政诉讼的管辖

税务行政诉讼管辖，是指人民法院受理第一审税务案件的职权分工。《行政诉讼法》第十三条至第二十三条详细具体地规定了行政诉讼管辖的种类和内容。这对税务行政诉讼当然也是适用的。

具体来讲，税务行政诉讼的管辖分为级别管辖、地域管辖和裁定管辖。

（一）级别管辖

级别管辖是上下级人民法院之间受理第一审税务案件的分工和权限。根据《行政诉讼法》的规定，基层人民法院管辖除上级法院管辖的第一审税务行政案件以外的所有的第一审税务行政案件，即一般的税务行政案件；中、高级人民法院管辖本辖区内重大、复杂的第一审税务行政案件；最高人民法院管辖全国范围内重大、复杂的第一审税务行政案件。

（二）地域管辖

地域管辖是同级人民法院之间受理第一审行政案件的分工和权限，分一般地域管辖和特殊地域管辖两种。

1. 一般地域管辖，是指按照最初作出具体行政行为的机关所在地来确定管辖法院。凡是未经复议直接向人民法院提起诉讼的，或者经过复议，复议裁决维持原具体行政行为，当事人不服向人民法院提起诉讼的，根据《行政诉讼法》第十七条的规定，均由最初作出具体行政行为的税务机关所在地人民法院管辖。

2. 特殊地域管辖，是指根据特殊行政法律关系或特殊行政法律关系所指的对象来确定管辖法院。税务行政案件的特殊地域管辖主要是指：经过复议的案件，复议机关改变原具体行政行为的，由原告选择最初作出具体行政行为的税务机关所在地的人民法院，或者复议机关所在地人民法院管辖。原告可以向任何一个有管辖权的人民法院起诉，最先收到起诉状的人民法院为第一审法院。

经复议的案件，也可以由复议机关所在地人民法院管辖。经最高人民法院批准，高级人民法院可以根据审判工作的实际情况，确定若干人民法院跨行政区域管辖行政案件。

（三）裁定管辖

裁定管辖，是指人民法院依法自行裁定的管辖，包括移送管辖、指定管辖及管辖权的转移三种情况。

1. 移送管辖，是指人民法院将已经受理的案件，移送给有管辖权的人民法院审理。受移送的人民法院应当受理。受移送的人民法院认为受移送的案件按照规定不属于本院管辖的，应当报请上级人民法院指定管辖，不得再自行移送。

根据《行政诉讼法》第二十一条的规定，移送管辖必须具备三个条件：一是移送人民法院已经受理了该案件；二是移送人民法院发现自己对该案件没有管辖权；三是接受移送的人民法院必须对该案件确有管辖权。

2. 指定管辖，是指上级人民法院以裁定的方式，指定某下一级人民法院管辖某一案件。根据《行政诉讼法》第二十二条的规定，有管辖权的人民法院因特殊原因不能行使对行政诉讼的管辖权的，由其上级人民法院指定管辖；人民法院对管辖权发生争议且协商不成的，由它们共同的上级人民法院指定管辖。

3. 管辖权的转移。根据《行政诉讼法》第二十三条的规定，上级人民法院有权审理下级人民法院管辖的第一审税务行政案件，也可以将自己管辖的第一审行政案件移交下级人民法院审判。下级人民法院对其管辖的第一审税务行政案件，认为需要由上级人民法院审判的，可以报请上级人民法院决定。

四、税务行政诉讼的受案范围

税务行政诉讼的受案范围，是指人民法院对税务机关的哪些行为拥有司法审查权。换言之，公民、法人或者其他组织对税务机关的哪些行为不服可以向人民法院提起税务行政诉讼。在实际生活中，税务行政争议种类多、涉及面广，不可能也没有必要都诉诸人民法院通过诉讼程序解决。界定税务行政诉讼的受案范围，便于明确人民法院、税务机关及其他国家机关间在解决税务行政争议方面的分工和权限。

税务行政诉讼案件的受案范围除受《行政诉讼法》有关规定的限制外，也受《征管法》及其他相关法律、法规的调整和制约。具体地说，税务行政诉讼的受案范围与税务行政复议的受案范围基本一致，包括：

1. 税务机关作出的征税行为：一是征收税款、加收滞纳金；二是扣缴义务人、受税务机关委托的单位作出代扣代缴、代收代缴行为及代征行为。

2. 税务机关作出的责令纳税人提交纳税保证金或者纳税担保行为。

3. 税务机关作出的行政处罚行为：一是罚款；二是没收违法所得；三是停止出口退税权；四是收缴发票和暂停供应发票。

4. 税务机关作出的通知出境管理机关阻止出境行为。

5. 税务机关作出的税收保全措施：一是书面通知银行或者其他金融机构冻结存款；二是扣押、查封商品、货物或者其他财产。

6. 税务机关作出的税收强制执行措施：一是书面通知银行或者其他金融机构扣缴税款；二是拍卖所扣押、查封的商品、货物或者其他财产抵缴税款。

7. 认为符合法定条件申请税务机关颁发税务登记证和发售发票，税务机关拒绝颁发、发售或者不予答复的行为。

8. 税务机关的复议行为：一是复议机关改变了原具体行政行为；二是期限届满，税务机关不予答复。

五、税务行政诉讼的起诉和受理

（一）税务行政诉讼的起诉

税务行政诉讼起诉，是指公民、法人或者其他组织认为自己的合法权益受到税务机关行政行为的侵害，而向人民法院提出诉讼请求，要求人民法院行使审判权，依法予以保护的诉讼行为。起诉，是法律赋予税务行政管理相对人及其他与行政行为有利害关系的公民、法人或者其他组织用以保护其合法权益的权利和手段。在税务行政诉讼等行政诉讼中，起诉权是单向性的权利，税务机关不享有起诉权，只有应诉权，即税务机关只能作为被告；与民事诉讼不同，作为被告的税务机关不能反诉。

纳税人、扣缴义务人等税务管理相对人在提起税务行政诉讼时，必须符合下列条件：

1. 原告是认为具体行政行为侵犯其合法权益的公民、法人或者其他组织。
2. 有明确的被告。
3. 有具体的诉讼请求和事实、法律根据。
4. 属于人民法院的受案范围和受诉人民法院管辖。

此外，提起税务行政诉讼，还必须符合法定的期限和必经的程序。根据《征管法》第八十八条及其他相关规定，对税务机关的征税行为提起诉讼，必须先经过复议；对复议决定不服的，可以在接到复议决定书之日起 15 日内向人民法院起诉。对其他具体行政行为不服的，当事人可以在接到通知或者知道之日起 15 日内直接向人民法院起诉。

税务机关作出具体行政行为时，未告知当事人诉权和起诉期限，致使当事人逾期向人民法院起诉的，其起诉期限从当事人实际知道诉权或者起诉期限时计算。但最长不得超过 2 年。

（二）税务行政诉讼的受理

原告起诉，经人民法院审查，认为符合起诉条件并立案审理的行为，称为受理。对当事人的起诉，人民法院一般从以下几方面进行审查并作出是否受理的决定：一是审查是否属于法定的诉讼受案范围；二是审查是否具备法定的起诉条件；三是审查是否已经受理或者正在受理；四是审查是否有管辖权；五是审查是否符合法定的期限；六是审查是否经过必经复议程序。

根据新《行政诉讼法》第五十一条和第五十二条，人民法院在接到起诉状时对符合本法规定的起诉条件的，应当登记立案。

对当场不能判定是否符合本法规定的起诉条件的，应当接收起诉状，出具注明收到日期的书面凭证，并在七日内决定是否立案。不符合起诉条件的，作出不予立案的裁定。裁定书应当载明不予立案的理由。原告对裁定不服的，可以提起上诉。

起诉状内容欠缺或者有其他错误的，应当给予指导和释明，并一次性告知当事人需要补正的内容。不得未经指导和释明即以起诉不符合条件为由不接收起诉状。

对于不接收起诉状、接收起诉状后不出具书面凭证，以及不一次性告知当事人需要补正的起诉状内容的，当事人可以向上级人民法院投诉，上级人民法院应当责令改正，并对直接负责的主管人员和其他直接责任人员依法给予处分。

人民法院既不立案，又不作出不予立案裁定的，当事人可以向上一级人民法院起诉。上一级人民法院认为符合起诉条件的，应当立案、审理，也可以指定其他下级人民法院立案、审理。

六、税务行政诉讼的审理和判决

（一）税务行政诉讼的审理

人民法院审理行政案件实行合议、回避、公开审判和两审终审的审判制度。审理的核心是审查被诉具体行政行为是否合法，即作出该行为的税务机关是否依法享有该税务行政管理权；该行为是否依据一定的事实和法律作出；税务机关作出该行为是否遵照必备的程序等。

根据《行政诉讼法》第五十二条、第五十三条的规定，人民法院审查具体行政行为是否合法，依据法律、行政法规和地方性法规（民族自治地方的自治条例和单行条例参照部门规章和地方性规章）。

2014 年国家税务总局发布《重大税务案件审理办法》（以下简称《办法》），已于 2015 年 2 月 1 日起施行。该《办法》的推出是落实《中共中央关于全面推进依法治国若干重大问题的决定》的税务行动之一，它的贯彻实施有助于推进税务机关科学民主决策、强化内部权力制约、保护纳税人合法权益。

重大税务案件的范围是：重大税务行政处罚案件，根据《重大税收违法案件督办管理暂行办法》督办的案件，应司法、监察机关要求出具认定意见的案件，拟移送公安机关处理的案件，审理委员会成员单位认为案情重大、需要审理的案件，其他需要审理委员会审理的案件。

（二）税务行政诉讼的判决

人民法院对受理的税务行政案件，经过调查、收集证据、开庭审理之后，分别作出如下判决：

1. 维持判决。适用于具体行政行为证据确凿，适用法律、法规正确，符合法定程序的案件。

2. 撤销判决。被诉的具体行政行为主要证据不足，适用法律、法规错误，违反法定程序，或者超越职权、明显不当的滥用职权，人民法院应判决撤销或部分撤销，同时可判决税务机关重新作出具体行政行为。

3. 履行判决。人民法院经过审理，查明被告不履行法定职责的，判决被告在一定期限内履行。

4. 判决变更。税务行政处罚明显不当或显失公正的，可以判决变更。

对一审人民法院的判决不服，当事人可以上诉。对发生法律效力的判决，当事人必须执行，否则人民法院有权依对方当事人的申请予以强制执行。

复习思考题

一、单项选择题

1. 税务行政规章对非经营活动中的违法行为设定罚款不得超过（　　）元；对经营

活动中的违法行为，有违法所得的，设定罚款不得超过违法所得的 3 倍，且最高不得超过（　　）万元，没有违法所得的，设定罚款不得超过（　　）万元。

A. 1 000；1；1　　B. 1 000；2；1.5　　C. 1 000；3；1　　D. 5 000；3；1

2. 税务机关对当事人做出罚款行政处罚决定的，当事人应当在收到行政处罚决定书之日起（　　）日内缴纳罚款，到期不缴纳的，税务机关可以对当事人每日按罚款数额的 3% 加处罚款。

A. 15　　B. 30　　C. 45　　D. 60

3. 根据《征管法》规定，不能按照规定安装、使用税控装置，或者毁损或者擅自改动税控装置的，由税务机关责令限期改正，可以处以（　　）罚款。

A. 5 000 元以下　　B. 2 000 元以上 5 000 元以下

C. 2 000 元以上 10 000 元以下　　D. 2 000 元以下

4. 下列税务行政复议受理案件中，必须经复议程序的是（　　）。

A. 因税务机关作出行政处罚引起争议的案件

B. 因不予代开发票引起争议的案件

C. 因停止出口退税权引起争议的案件

D. 因不予审批减免税或者出口退税引起争议的案件

5. 申请人对下列税务行政复议范围中的（　　）不服的，必须先申请行政复议，对复议结果不服的才可以向人民法院提起行政诉讼。

A. 没收财物　　B. 确认抵扣税款

C. 不予开具完税凭证　　D. 不予认定为增值税一般纳税人

6. 根据《税务行政复议规则》，下列事项中，不适用调解的是（　　）。

A. 确定应税所得率　　B. 税务机关办事流程

C. 行政奖励　　D. 行政赔偿

7. 下列选项中不可以和解与调解的是（　　）。

A. 行使自由量裁权作出的具体行政行为　　B. 行政赔偿

C. 行政奖励　　D. 确定税种

8. 某国有企业因有违反税收征收管理法的行为，被税务机关处以 8 000 元的罚款。假定该企业收到税务行政处罚决定书的时间为 2017 年 3 月 1 日，则该企业 4 月 5 日缴纳罚款时的总金额为（　　）元。

A. 8 000　　B. 9 200　　C. 13 040　　D. 16 640

9. 按照税务行政处罚的地域管辖来看，我国税务行政处罚实行的是（　　）。

A. 居住所在地原则　　B. 行为发生地原则

C. 收入来源地原则　　D. 户籍所在地原则

10. 税务所可以在（　　）元以下实施罚款作为税务行政处罚。

A. 50　　B. 2 000　　C. 10 000　　D. 50 000

11. 某企业对县级税务机关的征税行为不服，在缴纳税款之后，欲申请行政复议。根据有关法律、法规的规定，有管辖权的行政复议机关是（　　）。

A. 县人民政府　　B. 县级税务机关　　C. 市人民政府　　D. 市级税务机关

12. 下列行政复议情形中，需中止行政复议的是（　　）。

A. 行政复议申请受理后，发现人民法院已经受理的
B. 作为申请人的公民被宣告失踪
C. 申请人申请停止执行，复议机关认为其要求合理的
D. 申请人与被申请人按规定达成和解

13. 中、高级人民法院管辖的是（　　）。
A. 一般的税务行政案件
B. 本辖区内重大、复杂的第一审税务行政案件
C. 全国范围内的重大、复杂的第一审税务行政案件
D. 各种税务行政复议活动

二、多项选择题

1. 下列各项中，属于税务行政处罚权力清单包括的处罚权力事项有（　　）。
A. 账簿凭证管理类　　B. 税务文书类
C. 纳税申报类　　D. 税务检查类

2. 下列税务行政诉讼范围中，必须先经过税务行政复议程序的有（　　）。
A. 税务机关作出的税收保全措施　　B. 税务机关作出的加收滞纳金决定
C. 税务机关作出的征税决定　　D. 税务机关作出的税收强制执行措施

3. 下列选项中，属于行政复议证据类别的有（　　）。
A. 视听资料　　B. 证人证言　　C. 当事人陈述　　D. 鉴定意见

4. 按照《税务行政复议规则》规定，不得作为定案依据的证据材料有（　　）。
A. 不能到复议机关作证的证人证言　　B. 不能正确表达意志的证人提供的证言
C. 当事人的陈述　　D. 无法辨明真伪的证据材料

5. 下列项目中属于税务行政诉讼的原则有（　　）。
A. 人民法院特定主管原则　　B. 由税务机关负责赔偿的原则
C. 起诉不停止执行原则　　D. 税务机关负举证责任原则

6. 下列选项中，属于税务行政诉讼原则的有（　　）。
A. 起诉不停止执行原则　　B. 不适用调解原则
C. 人民法院特定主管原则　　D. 由税务机关负责赔偿的原则

7. 下列属于税务行政处罚听证案件范围的有（　　）。
A. 对公民作出 2 000 元以上罚款的案件　　B. 对公民作出 1 000 元以上罚款的案件
C. 对法人作出 10 000 元以上罚款的案件　　D. 对法人作出 5 000 元以上罚款的案件

8. 税务行政诉讼的管辖分为（　　）。
A. 属地管辖　　B. 级别管辖　　C. 地域管辖　　D. 裁定管辖

课后习题答案

第一章　税法与税收筹划的基础理论

一、单项选择题

1. B【答案解析】涉税鉴证属于涉税专业服务机构涉税业务内容，非涉税鉴证不属于。【该题针对“发展涉税专业服务促进税法遵从”知识点进行考核】

2. D【答案解析】征税对象又叫课税对象，指税法规定对什么征税，是征纳税双方权利义务共同指向的客体或标的物，是区别一种税与另一种税的主要标志。【该题针对“纳税义务人和征税对象”知识点进行考核】

3. A【答案解析】税收法定原则是税法基本原则的核心。【该题针对“税法基本原则”知识点进行考核】

4. A【答案解析】选项A，纳税人不一定是实际负担税款的单位和个人。【该题针对“税法要素（综合）”知识点进行考核】

5. A【答案解析】税法具有经济分配的性质，并且是经济利益由纳税人向国家的无偿单向转移，这是一般行政法所不具备的；税法是一种义务性法规；行政法大多为授权性法规。【该题针对“税收法律关系及税法与其他法律的关系”知识点进行考核】

6. B【答案解析】增值税、消费税、资源税、土地增值税暂行条例均属于全国人大授权国务院立法。【该题针对“税收立法机关”知识点进行考核】

7. A【答案解析】财政部颁布的《增值税暂行条例实施细则》属于税收部门规章。【该题针对“税收立法机关”知识点进行考核】

8. B【答案解析】城镇土地使用税是地方政府固定收入。【该题针对“税收收入划分”知识点进行考核】

9. C【答案解析】税法属义务性法规这一特点是由税收的无偿性、强制性特点所决定的。【该题针对“税法概念”知识点进行考核】

10. B【答案解析】选项A，新法优于旧法是新法、旧法对同一事项有不同规定时，新法的效力优于旧法；选项C，实体从旧、程序从新是实体法不具备溯及力，程序性税法在特定条件下具备一定的溯及力；选项D，程序优于实体原则的基本含义为，在诉讼发生时税收程序法优于税收实体法。【该题针对“税法适用原则”知识点进行考核】

11. D【答案解析】按照税法的基本内容和效力的不同，可以将税法分成税收基本法与税收普通法。【该题针对“税收立法程序与我国税法体系”知识点进行考核】

12. C【答案解析】我国目前税制基本上是以间接税和直接税为双主体的税制结构。【该题针对“税收立法程序与我国税法体系”知识点进行考核】

13. D【答案解析】选项D是税务机关的权利。【该题针对“税务权利与义务”知识

点进行考核】

14. C【答案解析】纳税人的权利主要有多缴税款申请退还权、延期纳税权、依法申请减免税权、申请复议和提起诉讼权等。其义务主要是按税法规定办理税务登记、进行纳税申报、接受税务检查、依法缴纳税款等。【该题针对“税务权利与义务”知识点进行考核】

15. D【答案解析】税收制度按照构成方法和形式分类，可以分为简单型税制和复合型税制，我国税收制度属于复合型税制。【该题针对“税收立法程序与我国税法体系”知识点进行考核】

二、多项选择题

1. BCD【答案解析】选项A属于税法的适用原则。【该题针对“税法基本原则”知识点进行考核】

2. AD【答案解析】税收法律关系的产生、变更和消灭必须有能够引起税收法律关系产生、变更或消灭的客观情况，也就是由税收法律事实来决定。税收法律事实可以分为税收法律事件和税收法律行为。【该题针对“税收法律关系及税法与其他法律的关系”知识点进行考核】

3. AB【答案解析】选项C、D都属于税收行政法规。【该题针对“税收立法机关”知识点进行考核】

4. ABC【答案解析】选项D属于地方政府固定收入。【该题针对“税收收入划分”知识点进行考核】

5. ABCD【答案解析】税收执法权是指税收机关依法征收税款，依法进行税收管理活动的权力。具体包括税款征收管理权、税务稽查权、税务检查权、税务行政复议裁决权及其他税务管理权。【该题针对“税收执法（综合）”知识点进行考核】

6. ACD【答案解析】国际重复征税根据产生的原因可以分为：居民（公民）管辖权同地域管辖权的重叠；居民（公民）管辖权同居民（公民）管辖权的重叠；地域管辖权同地域管辖权的重叠。【该题针对“国际税收关系”知识点进行考核】

7. ABC【答案解析】目前世界上的税收管辖权大致可以分为居民管辖权、地域管辖权和公民管辖权。【该题针对“国际税收关系”知识点进行考核】

8. AD【答案解析】税法具有义务性法规和综合性法规的特点。【该题针对“税法概念”知识点进行考核】

9. ABD【答案解析】税收效率原则属于税法基本原则，而不是税法适用原则。【该题针对“税法适用原则”知识点进行考核】

10. BC【答案解析】选项A，土地增值税是超率累进税率；选项D，个人所得税没有定额税率。【该题针对“税目和税率”知识点进行考核】

11. ABCD【答案解析】选项ABCD表述均正确。【该题针对“税目和税率”知识点进行考核】

12. ACD【答案解析】车辆购置税是在交易过程中，由购买方或使用方缴纳。【该题针对“税收立法程序与我国税法体系”知识点进行考核】

13. ABCD【答案解析】税收立法是指有权的机关依据一定的程序，遵循一定的原则，运用一定的技术，制定、公布、修改、补充和废止有关税收法律、法规、规章的活动。【该题针对“税收立法原则、税收立法权及其划分”知识点进行考核】

14. ABCD【答案解析】税收管理权限，包括税收立法权、税收法律法规的解释权、税种的开征或停征权、税目和税率的调整权、税收的加征和减免权等。【该题针对“税收立法原则、税收立法权及其划分”知识点进行考核】

第二章　增值税

一、单项选择题

1. 【答案】D

【解析】选项A：不视同销售，进项可以抵扣；选项BC：不视同销售，进项不得抵扣。

2. 【答案】C

【解析】选项C：纳税人提供的邮政代理服务，按照“邮政服务——其他邮政服务”缴纳增值税。

3. 【答案】B

【解析】选项B：纳税人提供的货物运输代理服务，按照“现代服务——商务辅助服务——经纪代理服务”缴纳增值税。

4. 【答案】A

【解析】选项A：境外单位或个人向境内单位或者个人销售完全在境外发生的服务，不属于在境内销售服务，不缴纳增值税。

5. 【答案】D

【解析】纳税人偶然发生的销售无形资产、转让不动产的销售额，不计入应税行为年应税销售额。

6. 【答案】A

【解析】小规模纳税人销售自己使用过的固定资产和旧货，减按2%计算缴纳增值税，应纳税额 $=(120\ 000+32\ 400)/(1+3\%)\times 2\%=2\ 959.22$（元）。

7. 【答案】C

【解析】以旧换新销售电冰箱，以新电冰箱的不含税售价为计税依据；而以旧换新销售金银首饰，以扣除旧首饰作价后实际收取的不含税差价为计税依据。则当月该商城以上业务的销项税额 $=(5\times 5\ 000/10\ 000+0.03\times 2\ 000)/(1+13\%)\times 13\%=7.19$（万元）。

8. 【答案】D

【解析】选项A：企业销售货物发生销售折扣的，按照折扣前的销售额征收增值税，不得从销售额中减除折扣额；选项B：除金银首饰外，采用以旧换新销售方式销售货物的，应按新货物的同期销售价格确定销售额，不得扣减旧货物的收购价格；选项C：采取还本销售方式销售货物的，以货物的销售价格为销售额计征增值税，不得从销售额中减除还本支出。

9. 【答案】C

【解析】投入产出法：当期允许抵扣的农产品增值税进项税额 = 当期农产品耗用数量 × 农产品平均购买单价 × 扣除率 ÷（1 + 扣除率），当期农产品耗用数量 = 当期销售货物数量 × 农产品单耗数量 $=70\times 1.068=74.76$（吨），当期允许抵扣的农产品增值税进项税额 =

$74.76\times0.3\times13\%/(1+13\%)=2.58$（万元）。

10.【答案】B

【解析】纳税人购进国内旅客运输服务，取得注明旅客身份信息的铁路车票的，按照下列公式计算可抵扣的进项税额：铁路旅客运输进项税额 = 票面金额 $\div(1+9\%)\times9\%=524.30\div(1+9\%)\times9\%=43.29$（元）。

11.【答案】D

【解析】自2018年1月1日起，纳税人租入固定资产、不动产，既用于一般计税方法计税项目，又用于简易计税方法计税项目、免征增值税项目、集体福利或者个人消费的，其进项税额准予从销项税额中全额抵扣。购置的乘用车专用于集体福利，进项税额不得抵扣。该企业本月准予抵扣的进项税额 $=3\ 200+20\ 000\times13\%=5\ 800$（元）；则该企业本月应纳增值税 $=100\ 000\times13\%-5\ 800=7\ 200$（元）。

12.【答案】A

【解析】对销售除啤酒、黄酒以外的其他酒类产品而收取的包装物押金，无论是否返还以及会计上如何核算，均应并入当期销售额征税，逾期时不再重复计税。啤酒、黄酒的包装物押金收取时不计税，逾期时才计税。该酒厂2020年3月增值税销项税额 $=(120+80)\times13\%+(5+6)/(1+13\%)\times13\%=27.27$（万元）。

13.【答案】C

【解析】销售货物以后发生的现金折扣，折扣额不能从增值税计税销售额中减除；该家电生产企业本月应缴纳增值税 $=170\ 000\times13\%-8\ 190=13\ 910$（元）。

14.【答案】A

【解析】应预缴增值税税款 =（全部价款和价外费用 − 支付的分包款）$\div(1+9\%)\times2\%=(500-200)\div(1+9\%)\times2\%=5.50$（万元）。

15.【答案】C

【解析】应预缴增值税税款 = 含税销售额 $\div(1+5\%)\times5\%=150\ 000\div(1+5\%)\times5\%=7\ 142.86$（元）。

16.【答案】B

【解析】房地产开发企业的一般纳税人采取预收款方式销售自行开发的房地产项目，应在收到预收款时按照3%的预征率预缴增值税。

17.【答案】A

【解析】2019年10月1日至2021年12月31日，允许生活性服务业纳税人按照当期可抵扣进项税额加计15%，抵减应纳税额。

当期计提加计抵减额 = 当期可抵扣进项税额 $\times15\%=33\ 900\times15\%=5\ 085$（元）；

当期可抵减加计抵减额 = 上期末加计抵减额余额 + 当期计提加计抵减额 − 当期调减加计抵减额 $=2\ 250+5\ 085-0=7\ 335$（元）。

18.【答案】C

【解析】一般纳税人因销售货物发生退回或者折让退还给购买方的销售额，按规定开具红字增值税专用发票，应从发生销售货物退回或者折让当期的销售额中扣减，所以该企业2月应纳增值税 $=(50\ 000-2\ 000)\div(1+13\%)\times13\%-2\ 600=2\ 922.12$（元）。

19.【答案】B

【解析】水路运输的程租、期租业务，属于水路运输服务；水路运输的光租业务属于有形动产经营性租赁；该公司当月应缴纳增值税 = (500 + 300 + 200) × 9% + 200 × 13% − 12 = 104（万元）。

20.【答案】B

【解析】采取分期收款方式销售货物的，增值税的纳税义务发生时间为书面合同约定的收款日期的当天。本题中，虽然乙企业在 3 月 9 日才支付了第一笔款项，但是要在 2 月确认 50% 货款金额的增值税纳税义务。所以，甲企业 2020 年 2 月应确认的增值税销项税额 = 565 × 50% ÷ (1 + 13%) × 13% = 32.5（万元）。

21.【答案】A

【解析】不含税销售额 = 18.9 ÷ (1 + 5%) = 18（万元）；月销售额超过 10 万元，应当缴纳增值税。应纳增值税 = 18.9 ÷ (1 + 5%) × 5% = 0.9（万元）。个人出租住房减按 1.5% 征收增值税，本题主体是商铺，不享受减税优惠。

22.【答案】D

【解析】在境内载运旅客或者货物属于“交通运输服务”，适用 9% 税率计税。

23.【答案】D

【解析】当期不得免征和抵扣税额 = 690 × (13% − 10%) = 20.7（万元），当期应纳增值税 = 150 × 13% − (105.3 − 20.7) = −65.1（万元），当期免抵退税额 = 690 × 10% = 69（万元），69 万元 > 65.1 万元，则当期应退税额为 65.1 万元，当期免抵税额 = 69 − 65.1 = 3.9（万元）。

24.【答案】C

【解析】超市零售蔬菜是免征增值税的，但是因为未分别核算大米和蔬菜的销售额，所以不得享受蔬菜增值税免税政策。蔬菜和大米属于农产品，适用 9% 的低税率，零售收入一定是含税的，所以要换算为不含税的金额计算应纳增值税税额。外购货物取得增值税专用发票的可以作为进项税额抵扣凭证，取得普通发票的不得抵扣进项税额。所以该超市 2019 年 12 月应纳税额 = 15 000 ÷ (1 + 9%) × 9% = 1 238.53（元）。

25.【答案】B

二、多项选择题

1.【答案】AC

【解析】选项 B：属于“现代服务——商务辅助服务”；选项 D：属于“交通运输服务”。

2.【答案】ABCD

3.【答案】AD

【解析】在境内销售服务、无形资产或者不动产，是指：（1）服务（租赁不动产除外）或者无形资产（自然资源使用权除外）的销售方或者购买方在境内；（2）所销售或者租赁的不动产在境内；（3）所销售自然资源使用权的自然资源在境内；（4）财政部和国家税务总局规定的其他情形。境外单位为出境的函件、包裹在境外提供的邮政服务、收派服务以及向境内单位或个人提供的在境外的工程勘察勘探服务不属于在境内销售服务。

4.【答案】BD

【解析】选项 AC：不征收增值税。

5.【答案】ABC

【解析】选项 A：可以选择按照简易计税方法计税；选项 B：房地产开发企业中的一般纳税人以围填海方式取得土地并开发的房地产项目，围填海工程《建筑工程施工许可证》或建筑工程承包合同注明的围填海开工日期在 2016 年 4 月 30 日前的，属于房地产老项目，可以选择适用简易计税方法按照 5% 的征收率计算缴纳增值税；选项 C：一般纳税人销售电梯的同时提供安装服务，其安装服务可以按照甲供工程选择适用简易计税方法计税；选项 D：公共交通运输服务才可以选择按照简易计税办法计税，一般纳税人销售的其他交通运输服务只能采用一般计税方法计税。

6.【答案】ACD

【解析】选项 B：管理人可选择分别或汇总核算资管产品运营业务销售额和增值税应纳税额。

7.【答案】ABCD

【解析】纳税人的年应税销售额包括纳税申报销售额、稽查查补销售额、纳税评估调整销售额，其中纳税申报销售额包括税务机关代开发票销售额和免税销售额。

8.【答案】ABCD

【解析】上述选项均正确。

9.【答案】ABC

【解析】选项 D：按基本税率 13% 计征增值税。

10.【答案】ABC

【解析】选项 D：一般纳税人提供的“文化体育服务”可以选择简易计税方法计税，提供“文化创意服务”不得选择简易计税。

11.【答案】AB

【解析】选项 C：适用 9% 的增值税税率；选项 D 适用 13% 的增值税税率。

12.【答案】ABCD

13.【答案】ABD

【解析】选项 C：增值税普通发票不属于增值税的扣税凭证，不得抵扣进项税额。

14.【答案】AC

【解析】对商业企业向供货方收取的与商品销售量、销售额挂钩的各种返还收入，均应按照平销返利行为的有关规定冲减当期增值税进项税金。准予抵扣的进项税额 $=26-6\div(1+13\%)\times13\%=25.31$（万元），增值税的销项税额 $=200\times13\%=26$（万元），应纳的增值税 $=26-25.31=0.69$（万元）。

15.【答案】ABC

【解析】选项 D：提供保险服务的纳税人以实物赔付方式承担机动车辆保险责任的，自行向车辆修理劳务提供方购进的车辆修理劳务，其进项税额可以按规定从保险公司销项税额中抵扣。

16.【答案】ABD

【解析】选项 C：县级及县级以下小型水力发电单位生产的自产电力可以选择适用简易计税方法计税，火力发电单位不得采用简易计税方法计税。

17.【答案】ABC

【解析】选项D：进料加工复出口的货物适用“免抵退”税办法，而不是免征增值税。

18.【答案】ABCD

【解析】上述选项均按视同出口货物处理，适用增值税退（免）税政策。

19.【答案】BCD

【解析】选项A：商业企业一般纳税人零售的烟、酒、食品、服装、鞋帽（不包括劳保专用部分）、化妆品等消费品不得开具增值税专用发票。

20.【答案】ABCD

【解析】符合下列情形之一的增值税专用发票，列入异常凭证范围：

（1）纳税人丢失、被盗税控专用设备中未开具或已开具未上传的增值税专用发票（选项D）；

（2）非正常户纳税人未向税务机关申报或未按规定缴纳税款的增值税专用发票（选项C）；

（3）增值税发票管理系统稽核比对发现“比对不符”“缺联”“作废”的增值税专用发票（选项A）；

（4）经税务总局、省税务局大数据分析发现，纳税人开具的增值税专用发票存在涉嫌虚开、未按规定缴纳消费税等情形的（选项B）；

（5）属于《国家税务总局关于走逃（失联）企业开具增值税专用发票认定处理有关问题的公告》（国家税务总局公告2016年第76号）第二条第（一）项规定情形的增值税专用发票。

21.【答案】ABD

【解析】选项C：“外国政府、国际组织”无偿援助的进口物资和设备，免征增值税。

22.【答案】ACD

【解析】选项B：按照“生活服务——教育医疗服务”征收增值税。

23.【答案】ABCD

【解析】以上各项均免征增值税。

24.【答案】CD

【解析】选项A：不征收增值税；选项B：免征增值税。

25.【答案】BD

【解析】选项AB：纳税人取得虚开的增值税专用发票，不得作为增值税合法抵扣凭证抵扣进项税额；选项CD：纳税人善意取得虚开的增值税专用发票被依法追缴抵扣税款的，不适用“税务机关除责令限期缴纳外，从滞纳税款之日起，按日加收滞纳税款万分之五的滞纳金”的规定。

26.【答案】BCD

【解析】选项A：对个人投资者转让创新企业CDR取得的差价收入，暂免征收增值税。

三、计算问答题

1.【答案及解析】

（1）第（4）笔业务应纳增值税 $=7.92\div(1+3\%)\times2\%=0.15$（万元）。

（2）应确认销项税额 =［（800 - 40）+ 200 + 26.4 ÷（1 + 13%）］× 13% = 127.84（万元）。

（3）准予抵扣的进项税额 = 78 + 10 × 3% = 78.3（万元）。

（4）应纳增值税 = 127.84 - 78.3 + 0.15 = 49.69（万元）。

2.【答案及解析】

（1）应转出的进项税额 =（3 - 1）× 13% + 1 × 9% = 0.35（万元）。

（2）本月准予从销项税额中抵扣的进项税额 = 3 × 9% + 5.2 + 1.04 + 1 × 9% - 0.35 = 6.25（万元）。

（3）本月应确认的销项税额 =［35 +（28 + 2.4）/（1 + 13%）］× 13% = 8.05（万元）。

（4）本月应纳增值税 = 8.05 - 6.25 = 1.80（万元）。

3.（1）【正确答案】本月销项税额 =（120 + 30）÷（1 + 6%）× 6% = 8.49（万元）。

（2）【正确答案】销项税额 = 90 × 6% = 5.4（万元）。

（3）【正确答案】销项税额 = 0。纳税人提供技术转让、技术开发和与之相关的技术咨询、技术服务收入，免征增值税。

（4）【正确答案】本月准予抵扣的进项税额 = 6.5 + 0.9 = 7.4（万元）。

（5）【正确答案】应缴纳的增值税 = 8.49 + 5.4 - 7.4 = 6.49（万元）。

（6）【正确答案】对符合规定的研发机构采购的国产设备，按规定实行全额退还增值税。

（7）【正确答案】研发机构已退税的国产设备，自增值税发票开具之日起 3 年内，设备所有权转移或移作他用的，研发机构须按照规定计算增值税，向主管国家税务机关补缴已退税款。

四、综合题

1.【答案及解析】

（1）业务（1）准予抵扣的进项税额 = 730 + 24 + 120 ×（1 - 5%）= 868（万元）。

（2）应纳进口关税 =（800 + 80 + 20）× 20% = 180（万元）。

应纳进口增值税 =（800 + 80 + 20 + 180）× 13% = 140.4（万元）。

（3）应确认的销项税额 =（3 600 × 50% + 12 000）× 13% = 1 794（万元）。

业务（3）准予抵扣的进项税额 = 150 × 9% = 13.5（万元）。

（4）业务（4）应确认的销项税额 =（4 + 1）× 12 000 ÷ 800 × 13% + 2 × 3 600 ÷ 200 × 13% = 14.43（万元）。

（5）业务（5）应确认的销项税额 =（46.8 + 14）÷（1 + 13%）× 13% + 30 × 9% = 9.69（万元）。

（6）该企业当月应向税务机关缴纳的增值税税额 =（1 794 + 14.43 + 9.69）-（868 + 140.4 + 13.5）= 796.22（万元）。

2.【答案及解析】

（1）甲建筑公司应在 B 地主管税务机关预缴增值税；

应预缴税款 =（545 - 109）÷（1 + 9%）× 2% = 8（万元）。

（2）甲建筑公司应在 C 地主管税务机关预缴增值税；

应预缴税款 =（206 - 51.5）÷（1 + 3%）× 3% = 4.5（万元）。

（3）①从分包方取得的 2016 年 4 月 30 日前开具的建筑业营业税发票，该发票在 2016

年6月30日前可作为预缴税款的扣除凭证。

②从分包方取得的2016年5月1日后开具的，备注栏注明建筑服务发生地所在县（市、区）、项目名称的增值税发票。

③国家税务总局规定的其他凭证。

（4）应纳税款 = [545 ÷ (1 + 9%) × 9% − 35] + [(206 − 51.5) ÷ (1 + 3%) × 3%] = 14.5（万元）。

应补税款 = 应纳税款 − 已预缴税款 = 14.5 − (8 + 4.5) = 2（万元）。

3.【答案及解析】

（1）【正确答案】汽车租赁公司应缴纳增值税 = 16 000 ÷ (1 + 13%) × 13% = 1 840.71（元）。

（2）【正确答案】电影放映服务可以选择简易计税。影院电影票收入应缴纳的增值税 = 110 ÷ (1 + 3%) × 3% = 3.20（元）。

（3）【正确答案】旅游公司提供的代订宾馆服务应缴纳增值税 = (1 000 − 880) ÷ (1 + 6%) × 6% = 6.79（元）。

（4）【正确答案】酒店应缴纳增值税 = (168 + 268) ÷ (1 + 6%) × 6% = 24.68（元）。

（5）【正确答案】博物馆取得的收入应缴纳增值税为0。

因为税法规定，纪念馆、博物馆、文化馆、文物保护单位管理机构、美术馆、展览馆、书画院、图书馆在自己的场所提供文化体育服务取得的第一道门票收入，免征增值税。

（6）【正确答案】提供游览场所按照文化服务缴纳增值税，文化体育服务可以选择简易计税。

景区取得收入应缴纳的增值税 = 420 ÷ (1 + 3%) × 3% = 12.23（元）。

（7）【正确答案】王某销售股票，不缴纳增值税。

因为税法规定，个人从事金融商品转让业务免征增值税。

（8）【正确答案】翻译服务按照咨询服务缴纳增值税，但其他个人按小规模纳税人纳税，适用3%的征收率。

应缴纳增值税 = 5 000 ÷ (1 + 3%) × 3% = 145.63（元）。

应缴纳个人所得税 = (5 000 ÷ 1.03 − 5 000 ÷ 1.03 × 3% × 12%) × (1 − 20%) × 20% = 773.90（元）。

（9）【正确答案】王某销售自己使用过的电脑不缴纳增值税。

因为税法规定，其他个人销售自己使用过的物品，免征增值税。

【答案解析】【点评】本题考查的是增值税的计算，其中涉及按差额确定销售额、纳税义务发生时间和税收优惠，在做本题时注意以下几点：

（1）纳税人提供租赁服务，采取预收款方式的，其纳税义务发生时间为收到预收款的当天。

（2）纳税人提供旅游服务，可以选择以取得的全部价款和价外费用，扣除向旅游服务购买方收取并支付给其他单位或者个人的住宿费、餐饮费、交通费、签证费、门票费和支付给其他接团旅游企业的旅游费用后的余额为销售额。

（3）个人从事金融商品转让业务免征增值税。

(4) 翻译服务按照咨询服务缴纳增值税，其他个人按照小规模纳税人纳税，适用3%的征收率。

(5) 其他个人销售自己使用过的物品，免征增值税。

第三章 消费税

一、单项选择题

1. B【答案解析】零售环节适用税率为5%，在纳税人销售金银首饰、钻石及钻石饰品时征收。【该题针对“零售环节征税范围”知识点进行考核】

2. B【答案解析】选项ACD环节不是消费税的纳税环节，不征收消费税，只征收增值税。【该题针对“零售环节征税范围”知识点进行考核】

3. A【答案解析】粮食白酒、高档化妆品属于消费税征税范围，但是不在零售环节缴纳消费税；服装不属于消费税征税范围，不征收消费税。【该题针对“生产环节征税范围”知识点进行考核】

4. A【答案解析】消费税中只有卷烟在批发环节加征一道消费税。【该题针对“批发环节征税范围”知识点进行考核】

5. A【答案解析】选项B，属于连续生产应税消费品，不缴纳消费税，也不缴纳增值税；选项C，电动汽车，缴纳增值税，但无需缴纳消费税；选项D，金银镶嵌首饰在零售环节缴纳消费税。【该题针对“消费税的征税环节”知识点进行考核】

6. D【答案解析】金银首饰在零售环节征收消费税，税率为5%。【该题针对“消费税税率”知识点进行考核】

7. A【答案解析】电动汽车、体育用鞭炮药引线和价格低于10 000元的手表不属于消费税征税范围。【该题针对“消费税税目：高档化妆品及其他”知识点进行考核】

8. B【答案解析】将自产的应税消费品用于连续生产应税消费品，不缴纳增值税，也不缴纳消费税。【该题针对“自产用于连续生产的应税消费品”知识点进行考核】

9. C【答案解析】选项A，将自产应税消费品用于连续生产应税消费品，不缴纳增值税和消费税；选项B，将自产消费税应税消费品用于连续生产消费税应税消费品，既不缴纳增值税也不缴纳消费税。选项D，轮胎不缴纳消费税，所以用轮胎连续生产小汽车移送使用时不缴纳消费税。【该题针对“自产用于连续生产的应税消费品”知识点进行考核】

10. B【答案解析】应纳消费税 = [1 100 × (1 + 30%) ÷ (1 − 10%)] × 10% = 158.89(万元)。【该题针对“进口环节应纳消费税的计算”知识点进行考核】

11. A【答案解析】委托加工应税消费品必须是委托方提供原料和主要材料，受托方只收取加工费和代垫辅料加工应税消费品。【该题针对“委托加工应税消费品的确定”知识点进行考核】

12. C【答案解析】外贸企业从生产企业购进从价定率计征消费税的消费品直接出口，应该依照外贸企业从工厂购进货物时不含增值税的价格计算应退的消费税税款，应退消费税 = 30 × 15% = 4.5（万元）。【该题针对“消费税出口退税的计算”知识点进行考核】

13. C【答案解析】应纳消费税税额 = [成本 × (1 + 成本利润率) + 定额消费税] ÷ (1 − 消费税税率) × 消费税税率 + 定额消费税 = [8 000 × (1 + 10%) + 3 × 2 000 × 0.5] ÷ (1 −

20%）×20% +3×2 000×0.5 =5 950（元）。【该题针对“自产自用组成计税价格及税额计算”知识点进行考核】

14. B【答案解析】应纳消费税 =400×240 +[2×35 000×（1 +10%）+2×2 000×0.5]÷（1 -20%）×20% +2×2 000×0.5 =117 750（元）。【该题针对“自产自用组成计税价格及税额计算”知识点进行考核】

二、多项选择题

1. AD【答案解析】选项 BC 属于零售环节交纳的消费税，不属于生产环节。【该题针对“生产环节征税范围”知识点进行考核】

2. AC【答案解析】选项 A，零售金银首饰的纳税人是零售单位；选项 C，委托加工实木地板的纳税人是委托方，受托方只是代收代缴。【该题针对“消费税纳税义务人”知识点进行考核】

3. AD【答案解析】选项 B，卷烟应该在生产环节和批发环节征税，不是零售环节；选项 C，加工应税消费品的受托方是扣缴义务人，纳税人为委托方。【该题针对“消费税纳税义务人”知识点进行考核】

4. BD【答案解析】调味料酒、电动汽车不属于消费税的征收范围；黄酒按照酒类税目征收消费税。【该题针对“消费税税目（综合）”知识点进行考核】

5. ABC【答案解析】酒精不属于消费税征税范围。【该题针对“消费税税目：烟、酒”知识点进行考核】

6. ABD【答案解析】卷烟批发企业的机构所在地，总机构与分支机构不在同一地区的，由总机构申报纳税，选项 C 叙述错误。【该题针对“批发环节征税范围”知识点进行考核】

7. BD【答案解析】选项 A，进口应税消费品应该在报关地海关缴纳进口消费税；选项 C，委托加工应税消费品，一般的情况都应该是委托方提货的时候，受托方代收代缴消费税，这是最一般的情况，只有委托个人加工的应税消费品，是委托方向其机构所在地或居住地主管税务机关申报纳税的，这属于特殊情况。【该题针对“消费税的征收管理”知识点进行考核】

8. ABD【答案解析】委托加工的应税消费品，除受托方为个体经营者外，由受托方向机构所在地主管税务机关代收代缴消费税税款。【该题针对“消费税的征收管理”知识点进行考核】

9. AD【答案解析】纳税人用于抵偿债务，应当以纳税人同类应税消费品的最高销售价格作为计税依据计算消费税。应交消费税 =5×10 000×8×20% +8×2 000×0.5 =88 000（元）。【该题针对“消费税计税依据的特殊规定”知识点进行考核】

10. ABD【答案解析】继续加工生产其他系列高档化妆品属于将自产自用的应税消费品用于连续生产应税消费品的情形，不缴纳消费税。【该题针对“用于其他方面的应税消费品”知识点进行考核】

11. AD【答案解析】选项 B 不属于进入消费领域使用的应税消费品，不纳消费税；选项 C 为自产自用，用于连续生产应税消费品不纳消费税；选项 A、D 为消费税的视同销售行为，应缴纳消费税。【该题针对“用于其他方面的应税消费品”知识点进行考核】

12. AD【答案解析】从价定率征收消费税的组价中，成本利润率按消费税规定中执行，组价 $=8\times(1+5\%)\div(1-5\%)=8.84$（万元），这一价格也是计算增值税的依据。【该题针对“自产自用组成计税价格及税额计算”知识点进行考核】

三、计算分析题

1.【正确答案】工厂应代收代缴的消费税 $=(37.5+5)\div(1-15\%)\times15\%=7.5$（万元）。【该题针对“委托加工收回的应税消费品已纳税款的扣除”知识点进行考核】

【正确答案】需要交纳消费税。委托加工业务中，受托方的计税价格 $=(37.5+5)\div(1-15\%)=50$（万元）$50\times60\%=30$（万元），低于直接销售 38 万元。此处属于将委托加工收回的应税消费品以高于受托方的计税价格出售，需要缴纳消费税。应缴纳的消费税 $=38\times15\%-7.5\times60\%=5.7-4.5=1.2$（万元）。【该题针对“委托加工收回的应税消费品已纳税款的扣除”知识点进行考核】

【正确答案】赠送客户计征消费税的计税依据的金额 $=36\div80\%\times20\%=9$（万元）。【该题针对“委托加工收回的应税消费品已纳税款的扣除”知识点进行考核】

【正确答案】根据规定，应按生产领用数量抵扣已纳消费税。准予扣除的已纳消费税 $=(37.5+5)\div(1-15\%)\times15\%\times40\%=3$（万元）。【该题针对“委托加工收回的应税消费品已纳税款的扣除”知识点进行考核】

【正确答案】纳税人采取分期收款结算方式的，消费税纳税义务发生时间为书面合同约定的收款日期的当天。6 月份应纳消费税 $=36\times70\%\times15\%+36\div80\%\times20\%\times15\%-3=2.13$（万元）。7 月份应纳消费税 $=36\times30\%\times15\%=1.62$（万元）消费税合计 $=2.13+1.62=3.75$（万元）。【该题针对“委托加工收回的应税消费品已纳税款的扣除”知识点进行考核】

2.【答案及解析】

（1）应缴纳进口环节增值税 $=(8+8\times30\%)\div(1-5\%)\times13\%=1.42$（万元）。

应缴纳进口环节消费税 $=(8+8\times30\%)\div(1-5\%)\times5\%=0.55$（万元）。

甲地板厂应缴纳的进口环节增值税和消费税合计 $=1.42+0.55=1.97$（万元）。

（2）准予抵扣的实木地板已纳消费税 $=(8+8\times30\%)\div(1-5\%)\times5\%\times20\%+5\times5\%\times70\%=0.28$（万元）。

采取赊销方式销售应税消费品的，消费税纳税义务发生时间为销售合同约定的收款日期的当天；业务（2）、业务（3）应缴纳实木地板 B 的消费税 $=32\times5\%+150\times5\%-0.28=8.82$（万元）。

业务（4）：自产应税消费品对外投资的，按照最高销售价格计征消费税，应缴纳实木地板 C 的消费税 $=200\times5\%=10$（万元）。

业务（5）：应缴纳消费税 $=(90+90\times5\%)\div(1-5\%)\times5\%=4.97$（万元）。

甲地板厂应向税务机关缴纳的消费税 $=8.82+10+4.97=23.79$（万元）。

3.【答案及解析】

（1）销售套装礼盒应缴纳的消费税 $=29\div(1+13\%)\times5\%=1.28$（万元）。

金银首饰与其他产品组成成套消费品销售的，应按销售额全额征收消费税。

（2）以旧换新销售金项链应缴纳的消费税 $=2\ 000\times0.03\div(1+13\%)\times5\%=2.65$（万元）。

（3）将银基项链无偿赠送给客户应缴纳的消费税 $=70.2\div(1+13\%)\times5\%=3.11$

(万元)。

(4) 商城2月份应缴纳的增值税 = (29 + 2 000 × 0.03 + 70.2) ÷ (1 + 13%) × 13% − 6.5 = 11.82 (万元)。

4.【答案及解析】

(1) 应纳税额为0，酒精不属于消费税的应税消费品。

(2) 配制酒的酒精度数高于38度的均按照白酒征收消费税。

应纳消费税 = 18 × 20% + 2 × 2 000 × 0.5 ÷ 10 000 = 3.8 (万元)。

(3) 应纳消费税 = 36 × 10% = 3.6 (万元)。

(4) 组成计税价格 = (43 + 4 + 35 000 × 0.5 × 2 ÷ 10 000) ÷ (1 − 20%) = 63.13 (万元)。

A公司代收代缴消费税 = 63.13 × 20% + 35 000 × 0.5 × 2 ÷ 10 000 = 16.13 (万元)。

【提示】核定扣除政策下，产品销售后才核定扣除所耗用农产品的进项税额，所以委托加工时，农产品的成本按购入高粱的全部成本计算。

(5) 【正确答案】业务(4)应纳消费税 = 80 × 20% + 35 000 × 0.5 × 2 ÷ 10 000 − 16.13 = 3.37 (万元)。

四、综合题

1.【答案及解析】

(1) 应代收代缴的消费税 = (20 + 8)/(1 − 15%) × 15% = 4.94 (万元)。

(2) 应纳进口关税 = (60 + 9 + 1) × 20% = 14 (万元)。

组成计税价格 = (60 + 9 + 1) × (1 + 20%)/(1 − 15%) = 98.82 (万元)。

应纳进口环节增值税 = 98.82 × 13% = 12.85 (万元)。

应纳进口环节消费税 = 98.82 × 15% = 14.82 (万元)。

2019年12月该企业进口高档化妆品应缴纳进口环节税金合计 = 14 + 12.85 + 14.82 = 41.67 (万元)。

(3) 销项税额 = [48 + 150 + 1.4 × (1 + 5%)/(1 − 15%)] × 13% + 1.04 = 27(万元)。

进项税额 = 1.1 × 9% + 12.85 = 12.95 (万元)。

2019年12月该企业国内销售环节应自行向税务机关缴纳的增值税 = 27 − 12.95 = 14.05 (万元)。

(4) 2019年12月该企业国内销售环节应自行向税务机关缴纳的消费税 = [48 + 150 + 1.4 × (1 + 5%)/(1 − 15%)] × 15% − 14.82 × 80% = 18.10 (万元)。

2.【答案及解析】

(1) 丙企业应代收代缴的消费税 = [(30 000 + 3 000) × (1 + 20%) × (1 − 12%) + 10 000 + 10 000] ÷ (1 − 30%) × 30% = 23 506.29 (元)。

(2) 应缴纳进口环节增值税 = (30 000 + 30 000 × 50%) ÷ (1 − 30%) × 13% = 8 357.14 (元)。

应缴纳进口环节消费税 = (30 000 + 30 000 × 50%) ÷ (1 − 30%) × 30% = 19 285.71 (元)。

应缴纳的进口环节消费税和增值税合计 = 8 357.14 + 19 285.71 = 27 642.85 (元)。

(3)

业务(1)：准予抵扣的进项税额 = (30 000 + 3 000) × (1 + 20%) × 10% + 10 000 × 9% +

1 300 =6 160（元）。

业务（2）：准予抵扣的进项税额 =20 000 ×3% =600（元）。

业务（4）：应确认的增值税销项税额 =120 000 ×13% +520 000 ×13% =83 200（元）。

业务（5）：应转出的进项税额 =20 000 ×13% =2 600（元）。

甲企业应向主管税务机关缴纳的增值税 =83 200 -6 160 -600 +2 600 -8 357.14 =70 682.86（元）。

（4）应缴纳的消费税 =120 000 ×56% +3 ×150 -20 000 ×30% ×60% +520 000 ×36% =251 250（元）。

第四章　关税

一、单项选择题

1. D【答案解析】选项 A、B 属于特定减免的货物；选项 C，如果是关税税额在人民币 50 元以下的一票货物，免税。【该题针对“法定减免税”知识点进行考核】

2. A【答案解析】应纳关税 =（200 -10 +8 +4）×20% =40.40（万元）。【该题针对“关税应纳税额的计算”知识点进行考核】

3. B【答案解析】进口设备到岸价格 =10 ×15 +10 =160（万元），应纳进口关税 =160 ×40% =64（万元）。【该题针对“关税应纳税额的计算”知识点进行考核】

4. A【答案解析】如果进口货物的运费无法确定或未实际发生，海关应当按照该货物进口同期运输行业公布的运费率（额）计算运费；按照“货价加运费”两者总额的 3‰ 计算保险费。【该题针对“进口货物完税价格中的运输及相关费用、保险费的计算”知识点进行考核】

5. C【答案解析】为进口货物而发生的境外考察费，不属于进口货物的直接费用，不应计入完税价格。【该题针对“一般进口货物的完税价格”知识点进行考核】

6. B【答案解析】《完税价格办法》规定，买方负担的除购货佣金以外的佣金和经纪费应计入完税价格。选项 A 属于购货佣金，不计入完税价格，选项 B 属于计入完税价格的佣金。设备进口后的安装调试费用和进口关税不得计入完税价格。【该题针对“一般进口货物的完税价格”知识点进行考核】

7. D【答案解析】注意选项 A，如果是除购货佣金外的佣金和经纪费，要计入关税的完税价格。【该题针对“一般进口货物的完税价格”知识点进行考核】

8. A【答案解析】对于携带进境的物品，推定其携带人为所有人；对分离运输的行李，推定相应的进出境旅客为所有人；对以邮递方式进境的物品，推定其收件人为所有人；以邮递或其他运输方式出境的物品，推定其寄件人或托运人为所有人。【该题针对“征税对象与纳税义务人”知识点进行考核】

9. D【答案解析】进出境物品的所有人，是关税的纳税义务人。【该题针对“征税对象与纳税义务人”知识点进行考核】

10. A【答案解析】目前，我国海关计征关税标准主要是从价税。【该题针对“关税税率”知识点进行考核】

11. B【答案解析】关税经批准的延期缴纳，最长不得超过 6 个月。【该题针对“关税

征收管理”知识点进行考核】

12. D【答案解析】纳税人应当自海关填发税款缴款书之日起15日内，向指定银行缴纳税款。自缴纳税款期限届满之日起3个月仍未缴纳税款，经海关关长批准，海关可以采取强制扣缴、变价抵缴等强制措施。【该题针对“关税征收管理”知识点进行考核】

13. D【答案解析】我国确定进口货物原产地主要是全部产地生产标准和实质性加工两个标准。【该题针对“原产地规定”知识点进行考核】

14. D【答案解析】“实质性加工”是指产品加工后，在进出口税则中四位数税号一级的税则归类已经有了改变，或者加工增值部分所占新产品总值的比例已超过30%及以上的【该题针对“原产地规定”知识点进行考核】

二、多项选择题

1. AD【答案解析】购货佣金就是买方佣金，是不能计入关税完税价中的。购货佣金就是购买方支付给自己的采购代理人的佣金，不能计入关税完税价格中。要是题目中说支付的购货佣金或买方佣金，或支付给自己的采购代理人的佣金，都不计入关税完税价格。【该题针对“一般进口货物的完税价格”知识点进行考核】

2. ACD【答案解析】选项B，我国出口税则为一栏税率。【该题针对“关税税率”知识点进行考核】

3. BCD【答案解析】关税强制执行措施有两类：征收关税滞纳金和强制征收，其中强制征收包括强制扣缴、变价抵缴等强制措施。【该题针对“关税征收管理”知识点进行考核】

4. AC【答案解析】税率表作为税则主体，包括税则商品分类目录和税率栏两大部分。【该题针对“进出口税则概况及税则归类”知识点进行考核】

5. ABC【答案解析】特定减免税包括：科教用品、残疾人专用品、慈善捐赠物资、加工贸易产品、边境贸易进口物资等的减灾关税规定。【该题针对“特定减免税和临时减免税”知识点进行考核】

6. AC【答案解析】我国原产地规定采用了“全部产地生产标准”、“实质性加工标准”两种国际上通用的原产地标准。【该题针对“原产地规定”知识点进行考核】

第五章　个人所得税

一、单项选择题

1. C【答案解析】员工将行权之后的股票再转让，获得的高于购买日公平市场的差额，应按照“财产转让所得”征收个人所得税。其他选项应按“工资、薪金所得”征税。【该题针对“财产转让所得及其计算”知识点进行考核】

2. C【答案解析】收入额 = 20 000 ×（1 − 20%）× 70% = 11 200（元）。【该题针对“稿酬所得的计算”知识点进行考核】

3. D【答案解析】财产转让所得不属于综合所得，综合所得适用七级超额累进税率。【该题针对“个人所得税税率”知识点进行考核】

4. D【答案解析】根据个人所得税法规定，个人的所得（不含偶然所得和经国务院财政部门确定征税的其他所得）用于资助非关联的科研机构和高等学校研究开发新产品、新技术、新工艺所发生的研究开发经费，经主管税务机关确定，可以全额在下月（工资、薪金所得）或下次（按次计征的所得）或当年（按年计征的所得）计征个人所得税时，从应纳税所得额中扣除，不足抵扣的，不得结转抵扣。【该题针对“应纳税所得额的其他规定”知识点进行考核】

5. C【答案解析】直接捐赠不能在计算应纳税所得额时扣除。该笔收入应预缴的个人所得税 =20 000 ×（1 -20%）×20% =3 200（元）。【该题针对“应纳税所得额的其他规定”知识点进行考核】

6. D【答案解析】个人提前退休取得的补贴收入，应按照“工资、薪金所得”项目征收个人所得税。应纳税额 =｛[（一次性补贴收入 ÷ 办理提前退休手续至法定退休年龄的实际年度数）- 费用扣除标准] ×适用税率 - 速算扣除数｝×提前办理退休手续至法定退休年龄的实际年度数。王某应缴纳个人所得税 =[（150 000 ÷2 -60 000）×3%] ×2 =900（元）。【该题针对“个人提前退休取得补贴收入征收个人所得税的规定”知识点进行考核】

7. C【答案解析】个人与用人单位解除劳动关系取得一次性补偿收入（包括用人单位发放的经济补偿金、生活补助费和其他补助费），在当地上年职工平均工资 3 倍数额以内的部分，免征个人所得税；超过 3 倍数额的部分，不并入当年综合所得，单独适用综合所得税率表，计算纳税。找税率：100 000 -8 000 ×3 =76 000（元），适用税率为 10%，速算扣除数为 2 520。应纳税额 =76 000 ×10% -2 520 =5 080（元）。【该题针对“个人因解除劳动合同取得经济补偿金的征税方法”知识点进行考核】

8. C【答案解析】个人领取一次性补偿收入时按照国家和地方政府规定的比例实际缴纳的住房公积金、医疗保险费、基本养老保险费、失业保险费，可以在计征其一次性补偿收入的个人所得税时予以扣除。【该题针对“个人因解除劳动合同取得经济补偿金的征税方法”知识点进行考核】

9. C【答案解析】个人投资者从上市公司取得的持股期限在 1 个月以上至 1 年（含 1 年）的股息、红利所得，暂减按 50% 计入个人应纳税所得额，依照现行税法规定计征个人所得税。应纳个人所得税 =5 000 ×50% ×20% =500（元）。【该题针对“股息红利差别化个人所得税的规定”知识点进行考核】

10. A【答案解析】法定退休工资免征个人所得税。退休人员再任职取得的收入按照“工资、薪金所得”项目计征个人所得税。李先生月工资小于费用扣除标准，无需缴纳个人所得税。【该题针对“内部退养个税处理”知识点进行考核】

11. A【答案解析】实行内部退养的个人在其办理内部退养手续后至法定离退休年龄之间从原任职单位取得的工资、薪金，不属于离退休工资，应按“工资、薪金所得”项目计征个人所得税。【该题针对“内部退养个税处理”知识点进行考核】

12. A【答案解析】工资薪金所得、劳务报酬所得、稿酬所得、特许权使用费所得属于综合所得，居民个人按纳税年度合并计算个人所得税。【该题针对“工资、薪金所得”知识点进行考核】

13. B【答案解析】根据我国目前个人收入的构成情况，规定对于一些不属于工资、薪金性质的补贴、津贴或者不属于纳税人本人工资、薪金所得项目的收入，不予征税，包括：独生子女补贴；执行公务员工资制度未纳入基本工资总额的补贴、津贴等差额和家属成员的副食品补贴；差旅费津贴、误餐补助。【该题针对“工资、薪金所得”知识点进行考核】

14. C【答案解析】对于雇员取得的这项奖励，按照工资薪金所得缴纳个人所得税；对于非雇员取得的这项奖励，按照劳务报酬所得缴纳个人所得税。【该题针对“劳务报酬所得”知识点进行考核】

15. D【答案解析】选项A、B、C按照财产转让所得征税。【该题针对“特许权使用费所得”知识点进行考核】

16. A【答案解析】选项A，个人对企事业单位承包、承租经营后，工商登记改变为个体工商户的，不再征收企业所得税，仅按“经营所得”缴纳个人所得税。【该题针对“经营所得应纳税额的计算”知识点进行考核】

二、多项选择题

1. BD【答案解析】个人转让房屋的个人所得税应税收入不含增值税，其取得房屋时所支付价款中包含的增值税计入财产原值，计算转让所得时可扣除的税费不包括本次转让缴纳的增值税。【该题针对“应纳税所得额和费用减除标准”知识点进行考核】

2. CD【答案解析】选项A、B，不缴纳个人所得税；选项C、D，应当按照“偶然所得”项目缴纳个人所得税。【该题针对“偶然所得”知识点进行考核】

3. ABD【答案解析】选项C，个人转让境外上市公司的股票而取得的所得，应按照税法的规定计算应纳税所得额和应纳税额，依法缴纳税款。【该题针对“个人股票期权所得个人所得税的征税方法”知识点进行考核】

4. BCD【答案解析】选项B，按照“经营所得”项目征税；选项C，按照“偶然所得”项目征税；选项D，按照“工资、薪金所得”项目征税。【该题针对“利息、股息、红利所得”知识点进行考核】

5. BCD【答案解析】选项A，新股东以不低于净资产价格收购股权的，企业原盈余积累已全部计入股权交易价格，新股东取得盈余积累转增股本的部分，不征收个人所得税。【该题针对“应纳税额计算的特殊问题（综合）”知识点进行考核】

6. AC【答案解析】股票转让差价免税；股息红利所得按照20%的税率征税。【该题针对“应纳税额计算的特殊问题（综合）”知识点进行考核】

7. AD【答案解析】王某不参与分享餐厅经营成果，其取得的承包收入实质上属于岗位责任工资，所以按照“工资、薪金所得”项目征税。张某参与分享承包企业的经营成果，其从招待所取得的工资、薪金和承包经营成果都属于“经营所得”项目。【该题针对“经营所得应纳税额的计算”知识点进行考核】

8. ABCD【答案解析】以上情况纳税人均应当依法办理纳税申报。【该题针对“自行申报纳税”知识点进行考核】

三、计算分析题

【正确答案】1月份张某应预扣预缴的个人所得税 =（17 500 − 5 000 − 2 800 − 1 000 − 2 000）×3% = 201（元）。【该题针对“个人所得税应纳税额的计算（综合）”知识点进行考核】

【正确答案】2月张某实施股票期权行权应缴纳的个人所得税：行权取得的所得额 = 4 000 ×（9.6 − 6）= 14 400（元）。应缴纳的个人所得税 = 14 400 ×3% = 432（元）。【该题针对“个人所得税应纳税额的计算（综合）”知识点进行考核】

【正确答案】5月份张某取得的各项利息收入应缴纳的个人所得税 = 750 ×20% = 150

(元)。【该题针对“个人所得税应纳税额的计算(综合)”知识点进行考核】

【正确答案】7月份张某实施股票期权行权应缴纳的个人所得税：2月第1次行权所得额 =4 000×(9.6-6)=14 400(元)。7月第2次行权所得额 =6 000×(10.8-6)=28 800(元)。7月实施股票期权行权应缴纳的个人所得税 =[(14 400+28 800)×10% -2 520]-432=1 368(元)。【该题针对“个人所得税应纳税额的计算(综合)”知识点进行考核】

第六章 企业所得税

一、单项选择题

1.【答案及解析】

【答案】B

【解析】居民企业是指依法在中国境内成立，或者依照外国(地区)法律成立但实际管理机构在中国境内的企业。这里的企业包括国有企业、集体企业、私营企业、联营企业、股份制企业，外商投资企业、外国企业以及有生产、经营所得和其他所得的其他组织。

2.【答案及解析】

【答案】C

【解析】非居民企业在中国境内设立机构、场所的，应当就其所设机构、场所取得的来源于中国境内的所得，以及发生在中国境外但与其所设机构、场所有实际联系的所得，缴纳企业所得税。该企业来自境内的应税收入 =1 000+200=1 200(万元)；在美国洛杉矶取得的所得不是境内所得，而且和境内机构无实际联系，所以不属于我国企业所得税应税收入。

3.【答案及解析】

【答案】D

【解析】选项A：销售货物所得，按照交易活动发生地确定所得来源地；选项B：动产转让所得，按照转让动产的企业或者机构、场所所在地确定所得来源地；选项C：权益性投资资产转让所得，按照被投资企业所在地确定所得来源地。

4.【答案及解析】

【答案】C

【解析】特许权使用费收入，按照合同约定的特许权使用人应付特许权使用费的日期确认收入的实现。

5.【答案及解析】

【答案】D

【解析】选项A：采用售后回购方式销售商品的，销售的商品按售价确认收入，回购的商品作为购进商品处理。有证据表明不符合销售收入确认条件的，如以销售商品方式进行融资，收到的款项应确认为负债，回购价格大于原售价的，差额应在回购期间确认为利息费用；选项B：企业以买一赠一等方式组合销售本企业商品的，不属于捐赠，应将总的销售金额按各项商品的公允价值的比例来分摊确认各项的销售收入；选项C：销售商品以旧换新的，销售商品应当按照销售商品收入确认条件确认收入，回收的商品作为购进商品处理。

6. 【答案及解析】

【答案】D

【解析】选项 A：采取分期收款方式销售货物的，按照合同约定的收款日期确认收入的实现；选项 B：销售商品涉及现金折扣的，应当按扣除现金折扣前的金额确定销售商品收入金额，现金折扣在实际发生时作为财务费用扣除；选项 C：自 2019 年 1 月 1 日起，企业发行的永续债，可以适用股息、红利企业所得税政策，投资方取得的永续债利息收入属于股息、红利性质，按照现行企业所得税政策相关规定进行处理；企业发行符合规定条件的永续债，也可以按照债券利息适用企业所得税政策，投资方取得的永续债利息收入应当依法纳税。

7. 【答案及解析】

【答案】D

【解析】非货币性资产投资分期纳税的政策的适用对象仅为居民企业。

8. 【答案及解析】

【答案】C

【解析】选项 C：将资产移送至境外分公司的，应视同销售确认收入。

9. 【答案及解析】

【答案】C

【解析】选项 ABD 都属于企业所得税的免税收入，不计入应纳税所得额征税。

10. 【答案及解析】

【答案】A

【解析】增值税属于价外税，不影响损益，也不得在企业所得税税前扣除。

11. 【答案及解析】

【答案】C

【解析】企业福利部门人员的工资应计入职工福利费在税前扣除。

12. 【答案及解析】

【答案】C

【解析】职工福利费扣除限额 $=500\times14\%=70$（万元），实际发生 72 万元，准予扣除 70 万元，纳税调增 2 万元；工会经费扣除限额 $=500\times2\%=10$（万元），实际拨缴 14 万元，准予扣除 10 万元，纳税调增 4 万元；职工教育经费扣除限额 $=500\times8\%=40$（万元），实际发生 45 万元，准予扣除 40 万元，纳税调增 5 万元。应调增的应纳税所得额 $=2+4+5=11$（万元）。

13. 【答案及解析】

【答案】D

【解析】企业非广告性质的赞助支出不得在企业所得税前扣除。

14. 【答案及解析】

【答案】B

【解析】企业发生的与生产经营活动有关的业务招待费支出，按照实际发生额的 60% 扣除，但最高不得超过当年销售（营业）收入的 5‰。销售（营业）收入包含主营业务收入、其他业务收入以及会计上不确认收入但税法上确认收入的视同销售收入。销售（营业）收入 =5 000 +400 +60 =5 460（万元），业务招待费扣除限额 1 =5 460 ×5‰ =27.3（万元）。

业务招待费扣除限额 2 =50 ×60% =30（万元），大于 27.3 万元，按 27.3 万元扣除。

税前可以扣除的管理费用 =280 -（50 -27.3） =257.3（万元）。

15.【答案及解析】

【答案】D

【解析】2019 年 4 月 ~9 月的利息应作为资本性支出计入厂房的成本，不在发生当期扣除。当年准予扣除的利息支出 =300 ×6% ×3/12 =4.5（万元）。

16.【答案及解析】

【答案】B

【解析】2018 年公益性捐赠的税前扣除限额 =2 000 ×12% =240（万元），超过限额的部分 =400 -240 =160（万元），结转以后 3 个纳税年度扣除；2019 年公益性捐赠的税前扣除限额 =3 500 ×12% =420（万元），先扣除 2018 年结转的 160 万元公益性捐赠之后（调减应纳税所得额 160 万元），剩余可以扣除的限额 =420 -160 =260（万元），2019 年发生的公益性捐赠支出中，用于目标脱贫地区的捐赠支出，可以直接在税前扣除，剩余 500 -100 =400 万元，需要在 260 万元的限额内扣除，需要结转以后年度扣除的捐赠支出为 140 万元，当年调增 140 万元。2019 年的应纳税所得额 =3 500 -160 +140 =3 480（万元）。

17.【答案及解析】

【答案】B

【解析】企业实际支付给关联方的利息支出，除另有规定外，需要满足 2 个条件：①金融企业同期同类贷款利率；②债资比的要求，金融企业为 5∶1，其他企业为 2∶1。该企业的权益性投资额为 3 000 万元，接受关联方债权性投资不超过 3 000 ×2 =6 000（万元）的部分对应的利息准予扣除，现借款 6 800 万元，准予扣除的利息金额是 6 000 万元产生的利息，借款利率 =408 ÷6 800 ×100% =6%，则可以税前扣除的利息金额 =6 000 ×6% =360（万元）。

18.【答案及解析】

【答案】C

【解析】选项 A：向投资者支付的股息、红利等权益性投资收益不得在税前扣除；选项 B：子公司支付给母公司的管理费不得在税前扣除；选项 D：企业对外投资期间的投资成本不得扣除，在转让或处置投资资产时才准予扣除。

19.【答案及解析】

【答案】B

【解析】企业以买一赠一方式组合销售本企业商品的，不属于捐赠，应将总的销售金额按各项商品的公允价值的比例来分摊确认各项商品的销售收入；商场应确认西服的销售收入 =150 000 ×1 500/（1 500 +200） =132 352.94（元）。

20.【答案及解析】

【答案】B

【解析】选项 A：企业以前年度发生的资产损失未能在当年税前扣除的，可以按照规定向税务机关说明并申报扣除，其中属于实际资产损失的，准予追补至该项损失发生年度扣除，属于法定资产损失的，应在申报年度扣除；选项 C：企业因以前年度实际资产损失未在税前扣除而多缴纳的企业所得税税款，可在追补确认年度企业所得税应纳税款中予以抵扣，不足抵扣的，向以后年度递延抵扣；选项 D：企业从事生产经营之前进行筹办活动期间发生筹办费用支出，不得计算为当期的亏损。

21. 【答案及解析】

【答案】D

【解析】选项 A：企业未使用的房屋和建筑物，可以计提折旧扣除；选项 B：以经营租赁方式租入的固定资产不得计提折旧扣除；选项 C：企业盘盈的固定资产，应当以同类固定资产的重置完全价值作为计税基础。

22. 【答案及解析】

【答案】A

【解析】A 公司取得的 2 000 万元中，1 000 万元应确认为投资收回；3 000 × 30% = 900（万元），应确认为股息所得，居民企业直接投资于其他居民企业取得的股息、红利等权益性投资收益符合条件的，属于免税收入；2 000 - 1 000 - 900 = 100（万元），剩余的 100 万元应确认为投资资产转让所得。A 公司该业务应缴纳企业所得税 = 100 × 25% = 25（万元）。

23. 【答案及解析】

【答案】B

【解析】企业在计算股权转让所得时，不得扣除被投资企业未分配利润等股东留存收益中按该项股权所可能分配的金额。A 公司股权转让所得 = 12 000 - 4 000 = 8 000（万元），应缴纳企业所得税 = 8 000 × 25% = 2 000（万元）。

24. 【答案及解析】

【答案】A

【解析】非股权支付对应的资产转让所得或损失 =（被转让资产的公允价值 - 被转让资产的计税基础）×（非股权支付金额 ÷ 被转让资产的公允价值） = 2 000 × 85% ×（10 - 8）× 1 700 ÷（15 300 + 1 700） = 340（万元）。

25. 【答案及解析】

【答案】A

【解析】可由合并企业弥补的被合并企业亏损的限额 = 被合并企业净资产公允价值 × 截至合并业务发生当年年末国家发行的最长期限的国债利率 = 500 × 4% = 20（万元），实际未弥补亏损为 100 万元，超过限额，则可以由被合并企业弥补的亏损为 20 万元。

26. 【答案及解析】

【答案】D

【解析】自 2019 年 1 月 1 日起，适用规定的固定资产加速折旧优惠的行业范围，扩大至全部制造业领域。

27. 【答案及解析】

【答案】D

【解析】由于该居民企业申报的成本费用支出核算准确而收入总额不准确，因此该企业应纳税所得额 = 成本（费用）支出额 ÷（1 − 应税所得率）× 应税所得率 = 1 350 ÷（1 − 25%）× 25% = 450（万元）。应纳企业所得税 = 应纳税所得额 × 25% = 450 × 25% = 112.5（万元）。

28.【答案及解析】

【答案】C

【解析】选项 C：自行建造的固定资产，以竣工结算前发生的支出为计税基础。

29.【答案及解析】

【答案】C

【解析】选项 A：小型微利企业是指全部生产经营活动产生的所得均负有我国企业所得税纳税义务的企业，不包含非居民企业。选项 B：跨境电子商务综合试验区内的跨境电商企业符合小型微利企业优惠政策条件的，可以享受小型微利企业的优惠政策。选项 D：符合规定条件的小型微利企业自行申报享受减免政策。

30.【答案及解析】

【答案】C

【解析】选项 A：企业的固定资产改良支出，如果有关资产尚未提足折旧，可增加固定资产价值；如果有关资产已提足折旧，可作为长期待摊费用，在规定的期限内平均分摊。选项 BD：应作为长期待摊费用，按规定摊销。

31.【答案及解析】

【答案】A

【解析】销售（营业）收入 = 1 000 + 300 = 1 300（万元），业务招待费扣除限额 1 = 1 300 × 0.5% = 6.5（万元）＜业务招待费扣除限额 2 = 15 × 60% = 9（万元），所以税前允许扣除 6.5 万元。业务招待费纳税调增 = 15 − 6.5 = 8.5（万元）。应纳企业所得税 =（1 000 + 300 + 100 − 700 + 8.5）× 25% = 177.13（万元）。

32.【答案及解析】

【答案】B

【解析】2019 年该企业应缴纳企业所得税 =（3 000 − 400 − 900 − 1 800 + 200）× 25% +（900 − 200 − 500）× 50% × 25% = 50（万元）。

33.【答案及解析】

【答案】D

【解析】自 2018 年 1 月 1 日起，当年具备高新技术企业或科技型中小企业资格的企业，其具备资格年度之前 5 个年度发生的尚未弥补完的亏损，准予结转以后年度弥补，最长结转年限由 5 年延长至 10 年。

34.【答案及解析】

【答案】B

【解析】企业安置残疾人员的，在按照支付给残疾职工工资据实扣除的基础上，按照支付给残疾职工工资的 100% 加计扣除。自 2019 年 1 月 1 日至 2021 年 12 月 31 日，对小型微利企业年应纳税所得额不超过 100 万元的部分，减按 25% 计入应纳税所得额，按 20% 的税率缴纳企业所得税；对年应纳税所得额超过 100 万元但不超过 300 万元的部分，减按50%计入应纳税所得额，按20%的税率缴纳企业所得税。该企业应纳税所得额 = 190 - 60 - 3.5 = 126.5（万元），应缴纳企业所得税 = [100 × 25% + (126.5 - 100) × 50%] × 20% = 7.65（万元）。

35.【答案及解析】

【答案】C

【解析】创业投资企业采取股权投资方式直接投资于初创科技型企业满2年的，可以按照其投资额的70%在股权持有满2年的当年抵扣该创业投资企业的应纳税所得额。甲企业2019年应缴纳的企业所得税 = (500 - 200 × 70%) × 25% = 90（万元）。

36.【答案及解析】

【答案】B

【解析】选项A：小型微利企业减按20%的税率征收企业所得税。选项C：跨境电子商务综合试验区内的跨境电商企业采用应税所得率方式核定征收企业所得税，应税所得率统一按照4%确定。选项D：在中国境内设立机构、场所且取得的所得与机构、场所有实际联系的非居民企业，按25%的税率征收企业所得税。

37.【答案及解析】

【答案】D

【解析】境外已缴纳所得税的抵免限额 = 500 × 15% = 75（万元），汇总纳税时实际应缴纳企业所得税 = 2 000 × 15% + 75 - 70 = 305（万元）。

38.【答案及解析】

【答案】A

【解析】企业在年度中间终止经营活动的，自实际经营终止之日起60日内向税务机关办理当期企业所得税汇算清缴。

二、多项选择题

1.【答案及解析】

【答案】AD

【解析】判断居民企业的标准有登记注册地标准、实际管理机构所在地标准。

2.【答案及解析】

【答案】ABC

【解析】选项D：属于免税收入，其他各项均为不征税收入。

3.【答案及解析】

【答案】ACD

【解析】选项B：适用20%的企业所得税税率。

4.【答案及解析】

【答案】CD

【解析】商品销售涉及商业折扣，应当按照扣除商业折扣后的金额确定销售商品收入金额；销售商品涉及现金折扣的，应当按扣除现金折扣前的金额确定销售商品收入金额，现金折扣在实际发生时作为财务费用扣除。

5.【答案及解析】

【答案】ABC

【解析】企业提供劳务完工进度的确定，可选用的方法包括：已完工作的测量；已提供劳务占劳务总量的比例；发生成本占总成本的比例。

6.【答案及解析】

【答案】ABCD

7.【答案及解析】

【答案】ACD

【解析】选项 A：属于不征税收入（而非免税收入）；选项 C：属于应当征税的收入；选项 D：企业投资者持有 2019 年～2023 年发行的铁路债券取得的利息收入减半征收企业所得税。

8.【答案及解析】

【答案】AD

【解析】选项 BC 均不得在税前扣除。

9.【答案及解析】

【答案】AB

【解析】自 2016 年 1 月 1 日起至 2020 年 12 月 31 日止，对化妆品制造或销售、医药制造和饮料制造（不含酒类制造）企业发生的广告费和业务宣传费支出，不超过当年销售（营业）收入 30% 的部分，准予扣除；超过部分，准予在以后纳税年度结转扣除。烟草企业的烟草广告费和业务宣传费支出，一律不得在计算应纳税所得额时扣除。

10.【答案及解析】

【答案】AD

【解析】选项 A：企业计提的未经核定的各项准备金不得税前扣除；选项 D：烟草企业的烟草广告费和业务宣传费支出，一律不得在计算应纳税所得额时扣除。

11.【答案及解析】

【答案】BCD

【解析】选项 B：纳税人违反国家有关法律、法规规定，被有关部门处以的罚款，以及被司法机关处以的罚金和被没收财物的损失，不得在税前扣除，而向银行支付的罚息，可以在税前扣除；选项 C：诉讼费用，可以在税前扣除；选项 D：非银行企业内营业机构之间支付的利息，不得在税前扣除，但银行内营业机构之间支付的利息，是可以在税前扣除的。

12.【答案及解析】

【答案】BD

【解析】企业所得税法所指固定资产的大修理支出，是指同时符合下列条件的支出：（1）修理支出达到取得固定资产时的计税基础的 50% 以上；（2）修理后固定资产的使用年限延长 2 年以上。

13.【答案及解析】

【答案】ABD

【解析】通过支付现金以外的方式取得的投资资产，以该资产的公允价值和支付的相关税费为成本。

14. 【答案及解析】

【答案】AC

【解析】选项 AB：企业重组的一般性税务处理中，企业股权收购、资产收购重组交易，被收购方应确认股权、资产转让所得或损失；选项 CD：收购方取得股权或资产的计税基础应以公允价值为基础确定。

15. 【答案及解析】

【答案】CD

【解析】选项 A：境外营业机构的亏损不得抵减境内营业机构的盈利。选项 B：企业重组一般性税务处理下被合并企业的亏损不得在合并企业结转弥补。选项 D：一般企业亏损弥补的年限为 5 年；自 2018 年 1 月 1 日起，当年具备高新技术企业或科技型中小企业资格的企业，其具备资格年度之前 5 个年度发生的尚未弥补完的亏损，准予结转以后年度弥补，最长结转年限由 5 年延长至 10 年。

16. 【答案及解析】

【答案】AD

【解析】企业从事下列项目的所得，减半征收企业所得税：（1）花卉、茶以及其他饮料作物和香料作物的种植；（2）海水养殖、内陆养殖。因此，选项 BC 属于减半征收企业所得税的情形，选项 AD 正确。

17. 【答案及解析】

【答案】AB

【解析】选项 AC：2018 年 1 月 1 日后新设立的集成电路线宽小于 130 纳米，且经营期限在 10 年以上的集成电路生产企业或项目，第一年和第二年免征企业所得税、第三年至第五年按 25% 法定税率减半征收，享受至期满为止；选项 BD：2018 年 1 月 1 日后新设的集成电路线宽小于 65 纳米或投资额超过 150 亿元，且经营期在 15 年以上的集成电路生产企业或项目，第一年至第五年免征企业所得税、第六年至第十年按 25% 法定税率减半征收，享受至期满为止。享受上述优惠的集成电路生产企业，优惠期自企业获利年度起算；按集成电路生产项目享受上述优惠的，优惠期自项目取得第一笔生产经营收入所属纳税年度起算。

18. 【答案及解析】

【答案】ABCD

【解析】ABCD 选项均符合规定。

19. 【答案及解析】

【答案】CD

【解析】选项 C：企业内设福利部门工作人员的工资薪金、社会保险费、住房公积金、劳务费，属于职工福利费的范畴，生产车间工人不包括在内；选项 D：由企业统一制作并要求员工工作时统一着装所发生的工作服饰费，属于企业发生的合理的劳动保护支出，不属于职工福利费。

20. 【答案及解析】

【答案】ABC

【解析】居民企业核定征收企业所得税的范围包括：（1）依照法律、行政法规可以不设置账簿的；（2）依照法律、行政法规的规定应当设置但未设置账簿的；（3）擅自销毁账簿或者拒不提供纳税资料的；（4）虽设置账簿，但账目混乱或者成本资料、收入凭证、费用凭证残缺不全，难以查账的；（5）发生纳税义务，未按照规定的期限办理纳税申报，经税务机关责令限期申报，逾期仍不申报的；（6）申报的计税依据明显偏低，又无正当理由的。

21.【答案及解析】

【答案】ABC

【解析】选项AB：自2017年1月1日起，企业可以选择“分国（地区）不分项”或者“不分国（地区）不分项”计算其来源于境外的应纳税所得额。在A国的已纳税额 = 600×20% = 120（万元），在B国的已纳税额 = 400×30% = 120（万元）。选项C：采用分国不分项计算抵免，A国的抵免限额 = 600×25% = 150（万元）> 120万元，需在我国补税 = 150 − 20 = 30（万元）；B国的抵免限额 = 400×25% = 100（万元）< 120万元，不需在我国补税；所以采用分国不分项计算抵免，境外所得需要在我国缴纳30万元企业所得税。选项D：采用不分国不分项计算抵免，AB两国合计抵免限额 =（600 + 400）×25% = 250（万元）> 240万元（120 + 120），需要在我国补税 = 250 − 240 = 10（万元）。

22.【答案及解析】

【答案】ABC

【解析】选项D：在中国境内未设立机构、场所的非居民企业从中国境内取得的转让财产所得，以收入全额减除财产净值后的余额为企业所得税应纳税所得额。

23.【答案及解析】

【答案】AC

【解析】选项A：被投资企业发生的经营亏损，由被投资企业按规定结转弥补，投资企业不得调整减低其投资成本，也不得将其确认为投资损失；选项C：企业在汇总计算缴纳企业所得税时，其境内营业机构的亏损可以抵减境外营业机构的盈利，但境外营业机构的亏损不得抵减境内营业机构的盈利。

24.【答案及解析】

【答案】ABCD

三、综合题

1.【答案及解析】

（1）取得的国债利息收入和从境内未上市的居民企业取得的投资收益属于免税收入。

业务（1）应调减应纳税所得额 = 10 + 100 = 110（万元）。

（2）12月接受其他单位捐赠的汽车一辆，应计入营业外收入，企业未进行账务处理，则应调整利润总额。

公益性捐赠扣除限额 =（250 + 45）×12% = 35.4（万元）。

向某农村小学的直接捐赠，不得在税前扣除。

业务（2）应调增应纳税所得额 = 50 − 35.4 + 20 = 34.6（万元）。

（3）广告费扣除限额 = 1 000×15% = 150（万元）；回扣支出不得扣除。

业务招待费扣除限额1 = 1 000×5‰ = 5（万元）；业务招待费扣除限额2 = 12.5×60% = 7.5（万元）。

企业开展研发活动中实际发生的研发费用，未形成无形资产计入当期损益的，在按规定据实扣除的基础上，再按照实际发生额的75%在税前加计扣除。

业务（3）合计应调增的应纳税所得额＝（185－150）＋5＋（12.5－5）－50×75%＝10（万元）。

（4）业务（4）应调增应纳税所得额＝48－530×6%＝16.2（万元）。

（5）应纳税所得额＝250－110＋34.6＋10＋16.2＋45＝245.8（万元）。

应补缴的企业所得税＝245.8×25%－50＝11.45（万元）。

2.【答案及解析】

（1）业务招待费税前扣除限额1＝5 500×5‰＝27.5（万元），业务招待费税前扣除限额2＝实际发生额的60%＝80×60%＝48（万元）＞27.5万元，业务招待费应调增应纳税所得额＝80－27.5＝52.5（万元）。

（2）研发费可以加计扣除75%，所以应调减应纳税所得额＝100×75%＝75（万元）。

（3）广告费和业务宣传费税前扣除限额＝5 500×30%＝1 650（万元），实际发生广告费和业务宣传费＝800＋300＝1 100（万元）＜1 650万元，无须调整应纳税所得额。

（4）支付给银行的60万元利息可以税前扣除。银行同期同类贷款年利率＝60÷1 000×100%＝6%。

与关联方的债资比：1 000÷400＝2.5＞2，可以在税前扣除的支付给关联方的利息支出＝400×2×6%＝48（万元）。

利息费用应调增应纳税所得额＝60－48＝12（万元）。

（5）公益性捐赠支出税前扣除限额＝670×12%＝80.4（万元），用于目标脱贫地区的捐赠支出可以全额在税前扣除，其余公益性捐赠支出55万元＜80.4万元，准予全部在税前扣除。

因违反合同约定支付给其他企业的违约金，可以在税前扣除。

违反工商管理规定被工商局处以的罚款，属于行政性质的罚款，不得在税前扣除。

营业外支出应调增应纳税所得额为5万元。

（6）工会经费税前扣除限额＝400×2%＝8（万元），实际拨缴的6万元没有超过限额，可以在税前据实扣除。职工福利费税前扣除限额＝400×14%＝56（万元）＜实际发生的60万元，只能在税前扣除56万元，应调增应纳税所得额＝60－56＝4（万元）。职工教育经费税前扣除限额＝400×8%＝32（万元）＞实际发生的15万元，不需要调整。工会经费、职工福利费和职工教育经费应调增应纳税所得额为4万元。

（7）国债利息收入免征企业所得税，应调减应纳税所得额10万元。

该企业2019年度境内应纳税所得额＝670＋52.5（业务招待费调增）－75（研发费用调减）＋12（利息费用调增）＋5（罚款调增）＋4（三项经费调增）－10（国债利息调减）－45（A国的投资收益）－25（B国的投资收益）＝588.5（万元）。

（8）境外A国所得的抵免限额＝45÷（1－20%）×15%＝8.44（万元），实际在A国缴纳的税额＝45÷（1－20%）×20%＝11.25（万元），由于在境外A国实际缴纳的税额超过了抵免限额，所以可以全额抵免，不需要在我国补税；境外B国所得的抵免限额＝25÷（1－10%）×15%＝4.17（万元），实际在B国缴纳的税额＝25÷（1－10%）×10%＝2.78（万元），需要在我国补税＝4.17－2.78＝1.39（万元）。

该居民企业境外所得应在我国补缴的企业所得税为1.39万元。

（9）企业购置并实际使用符合《安全生产专用设备企业所得税优惠目录》规定的安全生产专用设备的，该专用设备的投资额的10%可以从企业当年的应纳税额中抵免，当年不足抵免的，可以在以后5个纳税年度结转抵免；可抵免的应纳税额＝30×10%＝3（万元）。

该居民企业应补缴企业所得税税额＝588.5×15%＋1.39－3－75＝11.67（万元）。

3.【答案及解析】

（1）

①将两台设备捐赠给受灾地区，企业所得税应视同销售，确认视同销售收入＝140×2＝280（万元），应确认视同销售成本＝236.4－140×13%×2＝200（万元），视同销售业务应调增应纳税所得额＝280－200＝80（万元）。

②企业发生的公益性捐赠支出，不超过年度利润总额12%的部分，准予扣除。年度利润总额＝7 500＋2 300＋1 200－6 000－1 300－800－420－1 800－1 200－180＋1 700＝1 000（万元），公益性捐赠支出税前扣除限额＝1 000×12%＝120（万元），实际捐赠236.4万元，应调增应纳税所得额＝236.4－120＝116.4（万元）。

③业务（1）应调增应纳税所得额＝80＋116.4＝196.4（万元）。

（2）一个纳税年度内，居民企业转让技术所有权所得不超过500万元的部分，免征企业所得税；超过500万元的部分，减半征收企业所得税。本题中，技术转让所得＝700－500＝200（万元），200万元小于500万元，免征企业所得税，应调减应纳税所得额200万元。

（3）职工福利费扣除限额＝1 400×14%＝196（万元），应调增应纳税所得额＝200－196＝4（万元）。

工会经费扣除限额＝1 400×2%＝28（万元），应调增应纳税所得额＝30－28＝2（万元）。

职工教育经费扣除限额＝1 400×8%＝112（万元），本年度职工教育经费25万元加上以前年度累计结转至本年的职工教育经费5万元未超过扣除限额112万元，本年度发生的职工教育经费25万元准予据实扣除，不需要进行纳税调整；以前年度累计结转至本年度的职工教育经费准予在本年度扣除，应调减应纳税所得额5万元。

业务（3）应调增应纳税所得额＝4＋2－5＝1（万元）。

（4）广告费税前扣除限额＝（7 500＋2 300＋280）×15%＝1 512（万元），待扣除广告费支出1 520万元（1 505＋15），应调减应纳税所得额＝1 512－1 505＝7（万元）。

业务（4）应调减应纳税所得额为7万元。

（5）自2018年1月1日起，委托境外进行研发活动所发生的费用，按照费用实际发生额的80%计入委托方的委托境外研发费用。委托境外研发费用不超过境内符合条件的研发费用2/3的部分，可以按规定在企业所得税前加计扣除。即对于委托境外研发的研发费用，在账面扣除80万元的基础上，可加计扣除48万元（80×80%×75%）。

业务（5）应调减应纳税所得额＝（200－80）×75%＋（80×80%）×75%＝90＋48＝138（万元）。

（6）应预提所得税税额＝1 000×25%×10%＝25（万元）。

（7）该企业2019年应纳税所得额＝1 000＋196.4－200＋1－7－138＝852.4（万元）。

该企业 2019 年应缴纳企业所得税 = 852.4 × 25% = 213.1（万元）。

4.（1）【正确答案】会计利润总额 = 6 000 − 2 600 − 1 200 − 480 − 60 + 120 − 150 − (160 − 120) = 1 590（万元）。

（2）【正确答案】工会经费应调增所得额 = 25 − 1 000 × 2% = 5（万元）。

职工福利费应调增所得额 = 150 − 1 000 × 14% = 10（万元）。

职工教育经费扣除限额 = 1 000 × 8% = 80（万元），实际发生 30 万元，可以据实扣除，无需调整。

工资和三项经费应调增所得额 = 10 + 5 = 15（万元）。

（3）【正确答案】广告费扣除限额 = 6 000 × 15% = 900（万元）。

广告费调增所得额 = 1 050 − 900 = 150（万元）。

（4）【正确答案】业务招待费扣除限额 = 6 000 × 5‰ = 30（万元）> 25 × 60% = 15（万元）。

业务招待费调增所得额 = 25 − 15 = 10（万元）。

（5）【正确答案】公益性捐赠扣除限额 = 1 590 × 12% = 190.8（万元），实际发生的公益性捐赠 100 万元，可以据实扣除，无需调整。直接捐赠和税收滞纳金，不得税前扣除。

应调增所得额 = 5 + 6 = 11（万元）。

（6）【正确答案】可以扣除的利息费用 = 250 × 2 × 6% = 30（万元），应纳税调增 = 52.5 − 30 = 22.5（万元）。

（7）【正确答案】相当于被投资企业累计未分配利润和累计盈余公积按减少实收资本的比例计算的部分是免税的，因此纳税调减 15 万元。

（8）【正确答案】2019 年应调整应纳税所得额 0 万元。

理由：企业在 2018 年 1 月 1 日至 2020 年 12 月 31 日期间新购进的设备、器具，单位价值不超过 500 万元的，允许一次性计入当期成本费用在计算应纳税所得额时扣除。固定资产在投入使用月份的次月所属年度一次性税前扣除。所以 2019 年 12 月购入的机器设备，在 2020 年度一次性扣除。

（9）【正确答案】境内所得的应纳税所得额 = 1 590 + 15 + 150 + 10 + 11 + 22.5 − 15 − (50 + 30)（境外所得）= 1 703.5（万元）。

（10）【正确答案】A 国扣除限额 = 50 × 25% = 12.5（万元）。

B 国扣除限额 = 30 × 25% = 7.5（万元）。

在 A 国缴纳的所得税为 10 万元，低于扣除限额 12.5 万元，可全额扣除。

在 B 国缴纳的所得税为 9 万元，高于扣除限额 7.5 万元，其超过扣除限额的部分 1.5 万元当年不能扣除。

在我国应补缴的所得税额 = 12.5 − 10 = 2.5（万元）。

（11）【正确答案】年终汇算清缴实际缴纳的企业所得税 = 1 703.5 × 25% + 2.5 = 428.38（万元）。

5.（1）【正确答案】不能一次性税前列支。

理由：企业在 2018 年 1 月 1 日至 2020 年 12 月 31 日期间新购进的设备、器具，单位价值不超过 500 万元的，允许一次性计入当期成本费用在计算应纳税所得额时扣除，不再分年度计算折旧；单位价值超过 500 万元的，不允许一次性扣除。

（2）【正确答案】会计利润 = 8 000 - 5 100 + 700 - 100 - 800 - 1 800 - 200 + 150 + 180 - 130 - 200 = 700（万元）。

（3）【正确答案】纳税调减 = 500 + (700 - 100 - 500) × 50% = 550（万元）。

（4）【正确答案】研究开发费用纳税调减 = 300 × 75% = 225（万元）。

注：企业开展研发活动中实际发生的研发费用，未形成无形资产计入当期损益的，在按规定据实扣除的基础上，在 2018 年 1 月 1 日至 2020 年 12 月 31 日期间，再按照实际发生额的 75% 在税前加计扣除。

业务招待费扣除限额 = (8 000 + 700) × 5‰ = 43.5（万元）。

实际发生额的 60% = 80 × 60% = 48（万元）。

业务招待费纳税调增 = 80 - 43.5 = 36.5（万元）。

业务（4）纳税调减 = 225 - 36.5 = 188.5（万元）。

（5）【正确答案】广告费扣除限额 = (8 000 + 700) × 15% = 1 305（万元）。

纳税调增 = 1 500 - 1 305 = 195（万元）。

（6）【正确答案】取得国债利息收入免征企业所得税，应纳税调减 150 万元。

（7）【正确答案】支付给残疾职工工资按照 100% 加计扣除，因此残疾人工资纳税调减 50 万元；

职工福利费扣除限额 = 400 × 14% = 56（万元），纳税调增 = 120 - 56 = 64（万元）；

职工教育经费扣除限额 = 400 × 8% = 32（万元），纳税调增 = 33 - 32 = 1（万元）；

拨缴工会经费扣除限额 = 400 × 2% = 8（万元），纳税调增 = 18 - 8 = 10（万元）；

业务（8）纳税调增 = 64 + 1 + 10 - 50 = 25（万元）。

（8）【正确答案】税收滞纳金和补缴高管个人所得税，不得在税前扣除。

纳税调增 = 7 + 15 = 22（万元）。

（9）【正确答案】应纳税所得额 = 700 - 550 - 188.5 + 195 - 150 + 25 + 22 = 53.5（万元）。

（10）【正确答案】应缴纳企业所得税 = 53.5 × 15% = 8.03（万元）。

第七章　土地增值税

一、单项选择题

1. C【答案解析】超过贷款期限的利息部分和加罚的利息不允许扣除。【该题针对“土地增值税的扣除项目”知识点进行考核】

2. D【答案解析】重置成本与成新度的乘积为评估价格。评估价格 = 2 000 × 70% = 1 400（万元）。【该题针对“土地增值税的扣除项目”知识点进行考核】

3. D【答案解析】选项 A 属于暂不征收土地增值税，选项 B、C 均未发生房地产的权属变更，不是土地增值税的征收范围。【该题针对“土地增值税的征税范围”知识点进行考核】

4. C【答案解析】对于纳税人提供扣除项目金额不实的行为，应由评估机构按照房屋重置成本价乘以成新度折扣率计算的房屋成本价和取得土地使用权时的基准地价进行评估。【该题针对“增值额的确定”知识点进行考核】

5. D【答案解析】土地增值税的纳税人转让房地产取得的收入，包括货币收入、实物收入、其他收入。但是不包括租金收入，因为出租没有发生房地产产权的转移。【该题针对“土地增值税的税率与应税收入的确定”知识点进行考核】

6. A【答案解析】纳税人是法人的，如果转让的房地产坐落地与其机构所在地或经营所在地不一致时，则应在房地产坐落地所管辖的税务机关申报纳税。【该题针对“土地增值税的征收管理”知识点进行考核】

7. A【答案解析】税务中介机构受托对清算项目审核鉴证时，应按税务机关规定的格式对审核鉴证情况出具鉴证报告。对符合要求的鉴证报告，税务机关可以采信。【该题针对“土地增值税的征收管理”知识点进行考核】

8. B【答案解析】扣除项目金额 $=50+200+40+9.41+(50+200)\times20\%=349.41$（万元），不含增值税收入 $=1\ 000-(1\ 000-50)\div(1+10\%)\times10\%=913.64$（万元），土地增值额 $=913.64-349.41=564.23$（万元），增值额与扣除项目金额的比率 $=564.23\div349.41\times100\%=161.48\%$，应纳土地增值税 $=564.23\times50\%-349.41\times15\%=229.70$（万元）。【该题针对“土地增值税应纳税额的计算”知识点进行考核】

9. B【答案解析】扣除项目金额 $=50+200+40+60+(50+200)\times20\%=400$（万元），土地增值额 $=1\ 000-400=600$（万元），增值额与扣除项目之比 $=600\div400\times100\%=150\%$，应纳土地增值税 $=600\times50\%-400\times15\%=240$（万元）。【该题针对“土地增值税应纳税额的计算”知识点进行考核】

二、多项选择题

1. ABC【答案解析】符合下列情形之一的，纳税人应进行土地增值税的清算：(1) 房地产开发项目全部竣工、完成销售的；(2) 整体转让未竣工决算房地产开发项目的；(3) 直接转让土地使用权的。【该题针对“土地增值税的清算”知识点进行考核】

2. ACD【答案解析】房地产开发企业销售已装修的房屋，其装修费用可以计入房地产开发成本扣除；选项 A、C、D 均属于土地增值税清算时不能扣除的项目。【该题针对“土地增值税的清算”知识点进行考核】

3. ABC【答案解析】税务机关转让自用的房产，是房产的转让行为，缴纳土地增值税。【该题针对“土地增值税的税收优惠”知识点进行考核】

4. ABCD【答案解析】以上选项全都不是土地增值税的征税范围。【该题针对“土地增值税的征税范围”知识点进行考核】

5. ABC【答案解析】国有土地使用权出让不征土地增值税。【该题针对“土地增值税的纳税义务人”知识点进行考核】

6. ABC【答案解析】出让国有土地使用权，不属于土地增值税的征税范围。【该题针对“土地增值税的纳税义务人”知识点进行考核】

7. BCD【答案解析】土地增值税采用超率累进税率；房产用于抵押，所有权并未发生转移，不属于土地增值税的征税范围。【该题针对“土地增值税的税率与应税收入的确定”知识点进行考核】

第八章 财产税与行为类

一、单项选择题

1. A【答案解析】房产原值是指纳税人按照会计制度规定，在账簿“固定资产”科目中记载的房屋原价。【该题针对“房产税的计税依据”知识点进行考核】

2. A【答案解析】以房产投资联营，共担风险，由被投资方按照房产余值缴纳房产税。【该题针对“房产税的计税依据”知识点进行考核】

3. D【答案解析】房产税按年计算缴纳房产税，应纳房产税 = 200 × 12% = 24（万元）。【该题针对“房产税应纳税额的计算”知识点进行考核】

4. B【答案解析】契税的纳税义务人是境内转移土地、房屋权属，承受的单位和个人。选项 A，承受方缴纳契税，所以对于销售方而言不缴纳契税。选项 CD，房屋产权没有发生转移，不缴纳契税。【该题针对“契税的纳税人与税率”知识点进行考核】

5. A【答案解析】契税以承受方为纳税人，居民之间等价交换房屋的免征契税，甲应纳契税 = 130 × 4% = 5.2（万元）。刘某应缴纳契税 = 80 × 4% = 3.2（万元），共缴纳契税 = 3.2 + 5.2 = 8.4（万元）。【该题针对“契税应纳税额的计算”知识点进行考核】

6. D【答案解析】选项 A，房屋出租的，由出租人纳税；选项 B，产权出典的由承典人缴纳房产税；选项 C，房屋产权未确定的由代管人或使用人纳税。【该题针对“房产税的纳税义务人”知识点进行考核】

7. A【答案解析】纳税单位和个人无租使用房产管理部门、免税单位及纳税单位的房产，由使用人代为缴纳房产税。【该题针对“房产税的纳税义务人”知识点进行考核】

8. A【答案解析】选项 B、C、D 都是需要缴纳房产税。【该题针对“房产税税收优惠”知识点进行考核】

9. B【答案解析】选项 A、C、D，均免征房产税。【该题针对“房产税税收优惠”知识点进行考核】

10. B【答案解析】以房屋进行交换时，交换价格相等的，免征契税；交换价格不等时，由多交付货币的一方缴纳契税，所以由 A 缴纳契税。【该题针对“契税的计税依据”知识点进行考核】

11. D【答案解析】以无偿划拨方式取得土地使用权又转让的，由转让者按补缴的土地出让费或土地收益补缴契税。【该题针对“契税的计税依据”知识点进行考核】

12. B【答案解析】对承受国有土地使用权所应支付的土地出让金，要计征契税。不得因减免土地出让金而减免契税。【该题针对“契税的税收优惠”知识点进行考核】

13. A【答案解析】选项 B、C、D 都属于免征契税的情形。选项 A，城镇职工按规定第一次购买公有住房，免征契税。【该题针对“契税的税收优惠”知识点进行考核】

14. D【答案解析】选项 D，承受荒山、荒沟、荒丘、荒滩土地使用权，并用于农、林、牧、渔生产的，免征契税。用于企业生产经营的，不免征。【该题针对“契税法（综合）”知识点进行考核】

15. B【答案解析】法定继承人承受房屋权属不征契税；以划拨方式取得土地使用权，取得时是不需要缴纳契税的，应该在转让该土地使用权时，按照补缴的出让费补缴契税；

契税的征收范围不包括农村集体土地承包权的转移。【该题针对“契税征税范围”知识点进行考核】

16. A【答案解析】选项 B、C、D，都是需要征收契税的。选项 A，等价交换的房屋，是免征契税的。【该题针对“契税征税范围”知识点进行考核】

17. B【答案解析】依法应当在车船登记管理部门登记的车辆和船舶，在机场、港口以及其他企业内部场所行驶或作业且依法不需在车船登记管理部门登记的车船属于征收范围，但是火车不属于车船税的征税范围。【该题针对“车船税的纳税义务人和征税范围”知识点进行考核】

18. D【答案解析】凡多贴印花税票者，不得申请退税或者抵扣。【该题针对“印花税的征收管理”知识点进行考核】

19. C【答案解析】选项 ABD 缴纳印花税，其中专利申请权转让属于技术合同，专利技术使用权属于产权转移书据。【该题针对“印花税税收优惠”知识点进行考核】

20. B【答案解析】选项 A，审计合同不属于印花税征税范围；选项 C，免印花税；选项 D，印花税只对财产合同征收，对人身保险合同不缴纳印花税。【该题针对“印花税税收优惠”知识点进行考核】

21. A【答案解析】选项 B，半挂牵引车按照整备质量每吨为计税单位；选项 C，游艇是按照艇身长度每米为计税单位；选项 D，机动船舶是以净吨位每吨为计税单位。【该题针对“车船税的税目与税率”知识点进行考核】

22. A【答案解析】半挂牵引车按照载货汽车缴纳车船税。【该题针对“车船税的税目与税率”知识点进行考核】

23. C【答案解析】选项 A，新购置的车船，购置当年的应纳税额自纳税义务发生的当月起按月计算；选项 B，已办理退税的被盗抢车船，失而复得的，纳税人应当从公安机关出具相关证明的当月起计算缴纳车船税；选项 D，已缴纳车船税的车船在同一纳税年度内办理转让过户的，不纳税，也不退税。【该题针对“车船税的征收管理”知识点进行考核】

24. C【答案解析】车船税 $=3\times2\,000\times4+2\times1\,500\times0.67\times4\times50\%=28\,020$（元）。【该题针对“车船税应纳税额的计算与代缴纳”知识点进行考核】

25. D【答案解析】车船税 $=4.3\times10\times50+2\times530=3\,210$（元）。【该题针对“车船税应纳税额的计算与代缴纳”知识点进行考核】

26. B【答案解析】挂车年税额按照货车税额的 50% 计算缴纳车船税。车船税 $=6\times3\times60\times50\%\div12\times9+300-300\times2\div12=655$（元）。【该题针对“车船税应纳税额的计算与代缴纳”知识点进行考核】

27. A【答案解析】流动资金周转性借款合同以其规定的最高限额为计税依据，在签订时贴花一次，在限额内随借随还不签订新合同时，不再另贴印花。【该题针对“印花税的计税依据的一般规定”知识点进行考核】

28. B【答案解析】货物运输合同的计税依据为运输费用，不包括其他费用。【该题针对“印花税的计税依据的一般规定”知识点进行考核】

29. A【答案解析】本题考核印花税纳税人的知识点。以电子形式签订应税凭证的当事人，属于印花税的纳税人；合同的当事人属于印花税的纳税人，所谓当事人，是指对凭证有直接权利义务关系的单位和个人，但不包括合同的担保人、证人、鉴定人；权利许可证照的领受人，属于印花税的纳税人；在国外书立、领受，但在国内使用的应税凭证，其纳税人是使用人。【该题针对“印花税的纳税义务人”知识点进行考核】

30. C【答案解析】税法规定，专利申请权转让按“技术转让合同”贴花。【该题针对“印花税税目”知识点进行考核】

31. B【答案解析】仓储保管合同包括仓储、保管合同，以及作为合同使用的仓单、栈单。【该题针对“印花税税目”知识点进行考核】

二、多项选择题

1. BCD【答案解析】选项 A，对投资联营的房产，投资者参与投资利润分红，共担风险的，按照房产余值计征房产税；对以房产投资，只收取固定收入，不承担风险的，由出租方按租金收入缴纳房产税。【该题针对“房产税的计税依据”知识点进行考核】

2. BD【答案解析】选项 A、C 依照房产余值缴纳房产税。【该题针对“房产税的计税依据”知识点进行考核】

3. BC【答案解析】在我国境内“承受”土地、房屋权属转移的单位和个人，为契税的纳税人。离婚房产分割不需要交契税，因为原来财产是双方共有的，离婚后只是按协议或判决进行分配，所有权由双方共有变成分别所有，不视为转让所有权，不征收契税。【该题针对“契税的纳税人与税率”知识点进行考核】

4. AC【答案解析】契税纳税义务的发生时间是纳税人签订土地、房屋权属转移合同的当天，或者纳税人取得具有转移合同性质凭证的当天。【该题针对“契税的征收管理”知识点进行考核】

5. AC【答案解析】甲自用住房不缴纳契税；甲将别墅抵债，是住房的出售方，不缴纳契税，而应该由承受方乙缴纳契税 $1\ 000\ 000 \times 3\% = 30\ 000$（元）；与丙换房，应该由支付差价的丙根据支付的差价缴纳契税 $200\ 000 \times 3\% = 6\ 000$（元）；将公寓房折成股份投入本人独资经营的企业并未涉及房屋产权变化，也不用缴纳契税。【该题针对“契税应纳税额的计算”知识点进行考核】

6. ABD【答案解析】政府机关出租的房产，应当从租计征房产税；外商投资企业应当依法纳税；产权出典的，由承典人纳税。产权未确定，由房产代管人或者使用人纳税。产权出典的，由承典人纳税，产权出典人不缴纳房产税。【该题针对“房产税的纳税义务人”知识点进行考核】

7. AC【答案解析】选项 B、D 经营租赁需要缴纳房产税。【该题针对“房产税税收优惠”知识点进行考核】

8. CD【答案解析】选项 A，承受荒山用于农、林、牧、渔等生产的，免征契税，用于其他方面不免征契税；选项 B，因不可抗力灭失住房而重新购买住房的，酌情减免。【该题针对“契税的税收优惠”知识点进行考核】

9. ABD【答案解析】对个人购买家庭唯一住房，面积为 90 平方米及以下的，减按 1% 的税率征收契税。【该题针对“契税的税收优惠”知识点进行考核】

10. ABCD【答案解析】选项 A、B、C、D 都应视作土地使用权转让，计征契税。【该题针对“契税征税范围”知识点进行考核】

11. BCD【答案解析】电动自行车不属于车船税的征税范围。【该题针对“车船税的

纳税义务人和征税范围”知识点进行考核】

12. AC【答案解析】选项 A，车船税的纳税义务人是在中华人民共和国境内，车辆、船舶的所有人或者管理人；选项 C，扣缴义务人代收代缴车船税的，纳税地点为扣缴义务人所在地。【该题针对“车船税的纳税义务人和征税范围”知识点进行考核】

13. ABCD【答案解析】以上选项均属于法定减免税项目。【该题针对“车船税的税收优惠”知识点进行考核】

14. AC【答案解析】印花税的税率有两种形式：比例税率和定额税率。【该题针对“印花税税率”知识点进行考核】

15. ACD【答案解析】车船税法及其实施条例的整备质量、净吨位、艇身长度等计税单位，有尾数的一律按照含尾数的计税单位据实计算车船税应纳税额；挂车按照货车税额的 50% 计算。【该题针对“车船税的税目与税率”知识点进行考核】

16. ABD【答案解析】游艇，以“艇身长度每米”为计税单位。【该题针对“车船税的税目与税率”知识点进行考核】

17. BD【答案解析】已办理退税的被盗抢车船，失而复得的，纳税人应当从公安机关出具相关证明的当月起计算车船税；车船税按年缴纳，具体申报纳税期限由省、自治区、直辖市人民政府规定。【该题针对“车船税的征收管理”知识点进行考核】

第九章　资源税和环境保护税类

一、单项选择题

1. A【答案解析】纳税人应在事先确定采用何种折合率计算方法，确定后 1 年内不得变更。【该题针对“资源税的计税依据”知识点进行考核】

2. B【答案解析】选项 B，向购买方收取的违约金作为资源税的计税依据。【该题针对“资源税的计税依据”知识点进行考核】

3. B【答案解析】资源税的纳税义务人是指在中华人民共和国领域及管辖海域开采应税资源的矿产品或者生产盐的单位和个人。选项 A、D，资源税进口不征，出口不退；选项 C，开采销售征资源税，外购销售不征资源税。【该题针对“资源税纳税义务人”知识点进行考核】

4. D【答案解析】依法对畜禽养殖废弃物进行综合利用和无害化处理的，不属于直接向环境排放污染物，不缴纳相应污染物的环境保护税。【该题针对“环境保护税的纳税义务人、税目与税率”知识点进行考核】

5. D【答案解析】在试点省份内取用水，其纳税地点需要调整的，由省级财政、税务部门决定。【该题针对“水资源税改革试点实施办法”知识点进行考核】

6. B【答案解析】选项 B，扣缴义务人代扣代缴的资源税，也应当向收购地主管税务机关缴纳。【该题针对“资源税的纳税期限和纳税地点”知识点进行考核】

7. B【答案解析】根据资源税规定，原油、天然气资源税实行从价计征。【该题针对“资源税税率”知识点进行考核】

8. A【答案解析】拥有土地使用权的单位和个人为城镇土地使用税的纳税人；土地使用权共有的，由共有各方分别纳税，即几个人或几个单位共同拥有一块土地使用权的，各方应以其实际使用的土地面积占整个土地总面积的比例，分别计算缴纳土地使用税。本题中甲拥有土地使用权，所以应当由甲缴纳全部的土地使用税。【该题针对“城镇土地使用税的纳税义务人与征税范围”知识点进行考核】

9. A【答案解析】选项 B，土地使用权未确定或权属纠纷未解决的，其实际使用人为纳税人；选项 C，土地使用权共有的，共有各方都是纳税人，由共有各方分别纳税；选项 D，纳税单位无偿使用免税单位的土地，由纳税单位照章纳税。【该题针对“城镇土地使用税的纳税义务人与征税范围”知识点进行考核】

10. D【答案解析】选项 A，咖啡厅属于经营用地，需要缴纳土地使用税；选项 B，开山填海整治的土地，从使用月份起免缴土地使用税 5～10 年；选项 C，对企业厂区以外的公共绿化用地和向社会开放的公园用地，暂免征收城镇土地使用税。【该题针对“城镇土地使用税税收优惠”知识点进行考核】

11. C【答案解析】城镇土地使用税实行按年计算、分期缴纳的征收方法。【该题针对“城镇土地使用税征收管理”知识点进行考核】

12. D【答案解析】土地使用权共有的各方，应按其实际使用的土地面积占总面积的比例，分别计算缴纳土地使用税。【该题针对“城镇土地使用税的税率与计税依据”知识点进行考核】

13. B【答案解析】企业内部的医院以及盐场的盐滩、盐矿的矿井用地免征城镇土地使用税，因此，应缴纳的城镇土地使用税 = (20 000 + 50 000) × 1 = 70 000（元）。【该题针对“城镇土地使用税应纳税额的计算”知识点进行考核】

14. C【答案解析】纳税单位与免税单位共同拥有土地使用权的多层建筑，对纳税单位按照其占用的建筑面积占建筑总面积的比例计征城镇土地使用税，该公司全年应纳城镇土地使用税 = 3 000 × 4 ÷ (4 + 1) × 5 = 12 000（元）。【该题针对“城镇土地使用税应纳税额的计算”知识点进行考核】

二、多项选择题

1. ACD【答案解析】应税大气污染物、水污染物的污染当量数，以该污染物的排放量除以该污染物的污染当量值计算。【该题针对“环境保护税的计税依据与应纳税额的计算”知识点进行考核】

2. ACD【答案解析】分期收款销售方式，以合同规定的收款日期当天缴纳资源税。【该题针对“资源税的纳税义务发生时间”知识点进行考核】

3. BC【答案解析】资源税的纳税义务人是指在中华人民共和国领域及管辖海域开采应税资源的矿产品或者生产盐的单位和个人。【该题针对“资源税纳税义务人”知识点进行考核】

4. ABCD【答案解析】以上选项均属于资源税的征税范围。【该题针对“资源税税目”知识点进行考核】

5. AD【答案解析】蜂窝煤不属于原煤，不属于资源税的征税范围；对于进口资源不征收资源税。【该题针对“资源税税目”知识点进行考核】

6. ABCD【答案解析】无论省内开采，还是跨省开采，资源税应向开采地或生产地主管税务机关缴纳。【该题针对“资源税的纳税期限和纳税地点”知识点进行考核】

7. ABC【答案解析】选项 A，资源税扣缴义务人不包括自然人个人。选项 B，独立矿山、联合企业收购未税矿产品的单位，按照本单位应税产品税额、税率标准，依据收购的数量代扣代缴资源税；其他收购单位收购未税矿产品，按税务机关核定的应税产品税额、税率标准，依据收购的数量代扣代缴资源税。选项C，扣缴义务人代扣代缴税款的纳税义务发生时间，为支付首笔货款或首次开具支付货款凭据的当天。【该题针对“资源税的纳税期限和纳税地点”知识点进行考核】

8. ABD【答案解析】独立矿山、联合企业收购未税矿产品，按照本单位应税产品税额、税率标准，依据收购的数量代扣代缴资源税；其他收购单位收购的未税矿产品，按税务机关核定的应税产品税额、税率标准，依据收购的数量代扣代缴资源税，选项A、B说法颠倒了；扣缴义务人代扣代缴的资源税，应当向收购地主管税务机关缴纳，选项D说法不正确。【该题针对“资源税扣缴义务人”知识点进行考核】

9. ACD【答案解析】自2016年7月1日起，除粘土、砂石和部分未列明的其他非金属矿产品保留从量定额征收外，其他应税产品全面推开从价计征改革。【该题针对“资源税减税、免税项目”知识点进行考核】

10. BD【答案解析】铁矿石资源税减按40%征收资源税；资源税进口不征，对出口应税产品也不免征或退还已纳资源税。【该题针对“资源税减税、免税项目”知识点进行考核】

11. AD【答案解析】名胜古迹设立的照相馆用地属于经营性用地，不属于免征土地使用税的范围；中国人民银行自用土地，免征城镇土地使用税。【该题针对“城镇土地使用税税收优惠”知识点进行考核】

12. AC【答案解析】名胜古迹设立的照相馆用地属于经营性用地，不属于免缴城镇土地使用税的范围；直接用于农林牧渔业的生产用地可以免税，但农副产品加工厂占地和从事农林牧渔业生产单位的办公用地不可以免税。【该题针对“城镇土地使用税税收优惠”知识点进行考核】

13. ACD【答案解析】选项B，纳税人使用的土地在同一省、自治区、直辖市范围内，但跨地区使用的，其纳税地点由省、自治区、直辖市地方税务局确定，而非人民政府确定。【该题针对“城镇土地使用税征收管理”知识点进行考核】

14. BC【答案解析】以出让方式或转让方式有偿取得土地使用权的，应由受让方从合同约定交付土地时间的次月起缴纳城镇土地使用税；合同未约定交付时间的，由受让方从合同签订的次月起缴纳城镇土地使用税；纳税人新征用的非耕地，应自批准征用次月起缴纳城镇土地使用税。【该题针对“城镇土地使用税征收管理”知识点进行考核】

15. AC【答案解析】纳税人使用的土地不属于同一省、自治区、直辖市管辖的，由纳税人分别向土地所在地的税务机关缴纳土地使用税；尚未核发出土地使用证书的，应由纳税人申报土地面积，据以纳税，待核发土地使用证以后再作调整。【该题针对“城镇土地使用税征收管理”知识点进行考核】

16. AD【答案解析】建造厂房占用的耕地应计征耕地占用税 =（3 500 + 500）× 20 = 80 000（元）；兴办学校占用耕地免征耕地占用税；临时占用耕地，应当缴纳耕地占用税。纳税人在批准临时占用耕地的期限内恢复所占用耕地原状的，全额退还已经缴纳的耕地占用税。【该题针对“耕地占用税的税率与应纳税额的计算”知识点进行考核】

17. AB【答案解析】甲应缴税款 = 6 000 × 2/6 × 6 = 12 000（元）；乙应缴税款 = 6 000 ×

1/6 ×6 =6 000（元）。国家机关、人民团体、军队自用的土地享受城镇土地使用税的免征优惠。所以本题中政府机关不缴纳城镇土地使用税。【该题针对“城镇土地使用税应纳税额的计算”知识点进行考核】

第十章 特定目的税类

一、单项选择题

1. B【答案解析】滞纳金、罚款不是城市维护建设税的计税依据；个人所得税、企业所得税不是城建税计税依据。【该题针对“城建税及教育费附加的计税依据”知识点进行考核】

2. A【答案解析】纳税人实际缴纳的增值税、消费税是城建税的计税依据，而增值税、消费税的罚款和滞纳金不是城建税计税依据；房产税、企业所得税不是城建税的计税依据。【该题针对“城建税及教育费附加的计税依据”知识点进行考核】

3. B【答案解析】目前我国城建税法实行的是纳税人所在地差别比例税率，所以在计算应纳税额时，应根据纳税人所在地来确定适用税率。【该题针对“城建税税率”知识点进行考核】

4. B【答案解析】由受托方代扣代缴、代收代缴增值税和消费税的单位和个人，其代扣代缴、代收代缴的城市维护建设税按受托方所在地适用税率执行。【该题针对“城建税税率”知识点进行考核】

5. D【答案解析】城建税是以纳税人实际缴纳的增值税、消费税为依据；进口不征，出口不退。缴纳的滞纳金不作为计征城建税的依据。该企业本期应缴纳城市建设维护税 =（30 +50）×7% =5.6（万元）。【该题针对“城建税应纳税额的计算”知识点进行考核】

6. D【答案解析】罚款不作为城市维护建设税的计税依据，应缴纳城市维护建设税 =（50 +15）×7% =4.55（万元）。【该题针对“城建税应纳税额的计算”知识点进行考核】

7. A【答案解析】应纳的城建税、教育费附加和地方教育附加 =（180 +30 ×10%）×（5% +3% +2%） =18.3（万元）。【该题针对“城建税及教育费附加应纳税额的计算（综合）”知识点进行考核】

8. D【答案解析】根据城镇规模设计不同的比例税率。【该题针对“城市维护建设税基本原理”知识点进行考核】

9. D【答案解析】烟叶税的纳税人是收购烟叶的单位，应缴纳烟叶税 = 实际支付的价款总额 × 税率 =30 ×20% =6（万元）。【该题针对“烟叶税法”知识点进行考核】

10. B【答案解析】选项 A，烟叶税按月计征，纳税人应当于纳税义务发生月终了之日起十五日内申报并缴纳税款；选项 B，应缴纳烟叶税 =80 ×20% =16（万元）；选项 C，烟草公司应向收购地（乙县）主管税务机关申报缴纳烟叶税；选项 D，烟叶税的纳税义务发生时间为纳税人收购烟叶的当天，即 2 月 5 日。【该题针对“烟叶税法”知识点进行考核】

11. B【答案解析】吨税设置普通税率和优惠税率。【该题针对“船舶吨税的基本规定和计算”知识点进行考核】

12. B【答案解析】占用鱼塘及其他农用土地建房或从事其他非农建设的，视同占用耕地，缴纳耕地占用税。【该题针对“耕地占用税的纳税义务人与征税范围”知识点进行考核】

13. A【答案解析】车辆购置税的纳税义务人是指在中华人民共和国境内购置应税车辆的单位和个人，不包括馈赠人。其中购置是指购买使用行为、进口使用行为、受赠使用行为、自产自用行为、获奖使用行为以及以拍卖、抵债、走私、罚没等方式取得并使用的行为。【该题针对“车辆购置税的纳税义务人与征税范围”知识点进行考核】

14. C【答案解析】选项ABD免征车辆购置税。【该题针对“车辆购置税的税收优惠”知识点进行考核】

15. C【答案解析】纳税人受赠使用、获奖使用和以其他方式取得并自用应税车辆的，按照购置应税车辆时相关凭证载明的价格确定，不包括增值税税款。甲某应纳车辆购置税 $=220\ 000\times10\%=22\ 000$（元）。【该题针对“车辆购置税应纳税额的计算”知识点进行考核】

16. D【答案解析】纳税人自产自用应税车辆的计税价格，按照纳税人生产的同类应税车辆的销售价格确定，不包括增值税税款。该厂应纳车辆购置税 $=200\ 000\times8\times10\%=160\ 000$（元）。【该题针对“车辆购置税应纳税额的计算”知识点进行考核】

17. B【答案解析】全部价款包括销售额和价外收费，价外向购买方收取的手续费、补贴、基金、集资费、返还利润、奖励费、违约金、滞纳金、延期付款利息、赔偿金、代收款项、代垫款项、包装费、优质费以及其他各种性质的价外收费。但不包括销售货物的同时代办保险等向购买方收取的保险费，以及向购买方收取的代购买方缴纳的车辆购置税。【该题针对“车辆购置税的税率与计税依据”知识点进行考核】

二、多项选择题

1. CD【答案解析】城市维护建设税是对从事经营活动，缴纳增值税、消费税的单位和个人征收的一种税，所以选项C和D不是城市维护建设税的纳税义务人。【该题针对“城建税的纳税义务人”知识点进行考核】

2. ABCD【答案解析】自2010年12月1日起，对外国投资企业征收城建税。【该题针对“城建税的纳税义务人”知识点进行考核】

3. ABC【答案解析】城市维护建设税进口不征、出口不退。【该题针对“城建税及教育费附加的计税依据”知识点进行考核】

4. ACD【答案解析】城建税按纳税人所在地区设置了三档比例税率，即7%、5%、1%，无3%税率。【该题针对“城建税税率”知识点进行考核】

5. BD【答案解析】选项A，对外商投资企业、外国企业及外籍个人征收教育费附加。选项C，对海关进口的产品征收增值税，不征收教育费附加。【该题针对“教育费附加和地方教育附加的有关规定”知识点进行考核】

6. ABCD【答案解析】纳税人跨地区提供建筑服务、销售和出租不动产，在建筑服务发生地、不动产所在地预缴增值税，以预缴增值税税额、预缴地城建税税率计算缴纳城建税和附加费。【该题针对“教育费附加和地方教育附加的有关规定”知识点进行考核】

7. ABC【答案解析】选项D，海关对进口产品代征增值税、消费税，不征收城市维护建设税。【该题针对“城建税税收优惠”知识点进行考核】

8. ABD【答案解析】选项 C，海关对进口产品代征的增值税、消费税，不征收城市维护建设税。【该题针对“城建税税收优惠”知识点进行考核】

9. AB【答案解析】选项 C，应该是比例税，而非定额税；选项 D，属于城市维护建设税的作用，而非特点。【该题针对“城市维护建设税基本原理”知识点进行考核】

10. AB【答案解析】城市维护建设税的特点：税款专款专用；属于一种附加税；根据城镇规模设计不同的比例税率。【该题针对“城市维护建设税基本原理”知识点进行考核】

11. BC【答案解析】烟叶税的征税范围是晾晒烟叶和烤烟叶。【该题针对“烟叶税法”知识点进行考核】

12. ACD【答案解析】选项 B，在滩涂上从事农业种植，不征收耕地占用税。【该题针对“耕地占用税的纳税义务人与征税范围”知识点进行考核】

13. AC【答案解析】选项 B、D，均属于耕地占用税征税范围。【该题针对“耕地占用税的纳税义务人与征税范围”知识点进行考核】

14. CD【答案解析】选项 A，建设直接为农业生产服务的生产设施而占用耕地的，不征收耕地占用税；选项 B，耕地占用税的纳税义务发生时间为纳税人收到自然资源主管部门办理占用耕地手续的书面通知的当日。纳税人应当自纳税义务发生之日起 30 日内申报缴纳耕地占用税。【该题针对“耕地占用税的征收管理”知识点进行考核】

15. ABC【答案解析】在中华人民共和国境内购置汽车、有轨电车、汽车挂车、排气量超过一百五十毫升的摩托车的单位和个人，为车辆购置税的纳税人，应当依照规定缴纳车辆购置税。【该题针对“车辆购置税的纳税义务人与征税范围”知识点进行考核】

16. AD【答案解析】在中华人民共和国境内购置汽车、有轨电车、汽车挂车、排气量超过一百五十毫升的摩托车的单位和个人，为车辆购置税的纳税人，应当依照规定缴纳车辆购置税。【该题针对“车辆购置税的纳税义务人与征税范围”知识点进行考核】

17. BC【答案解析】选项 AD 属于车辆购置税的征税范围。【该题针对“车辆购置税的税收优惠”知识点进行考核】

18. ABC【答案解析】购买者支付的控购费，是政府部门的行政性收费，不属于销售者的价外费用范围，不应并入计税价格计税。【该题针对“车辆购置税的税率与计税依据”知识点进行考核】

19. ACD【答案解析】纳税人自产自用应税车辆的计税价格，按照纳税人生产的同类应税车辆的销售价格确定，不包括增值税税款。【该题针对“车辆购置税的税率与计税依据”知识点进行考核】

20. ABD【答案解析】纳税人购置应税车辆，应当向车辆登记注册地的主管税务机关申报纳税；购置不需办理车辆登记注册手续的应税车辆，应当向纳税人所在地主管税务机关申报纳税。车辆登记注册地是指车辆的上牌落籍地或落户地。【该题针对“车辆购置税的征收管理”知识点进行考核】

第十一章 税收征收管理办法

一、单项选择题

1. D【答案解析】选项 D 属于变更税务登记的范围。【该题针对“变更、注销税务登

记”知识点进行考核】

2. B【答案解析】纳税人不进行纳税申报，不缴或者少缴应纳税款的，由税务机关追缴其不缴或者少缴的税款、滞纳金，并处不缴或者少缴税款50%以上5倍以下的罚款。【该题针对“法律责任”知识点进行考核】

3. A【答案解析】可以抵押的财产（1）抵押人所有的房屋和其他地上定着物。（2）抵押人所有的机器、交通运输工具和其他财产。（3）抵押人依法有权处分的国有房屋和其他地上定着物。（4）抵押人依法有权处分的国有的机器、交通运输工具和其他财产。（5）经设区的市、自治州以上税务机关确认的其他可以抵押的合法财产。【该题针对“纳税抵押”知识点进行考核】

4. C【答案解析】纳税人与其关联企业未按照独立企业之间的业务往来支付价款、费用的，税务机关自该业务往来发生的纳税年度起3年内进行调整；有特殊情况的，可以自该业务往来发生的纳税年度起10年内进行调整。【该题针对“税额核定和税收调整制度”知识点进行考核】

5. B【答案解析】欠税清缴制度中规定：欠缴税款数额在5万元以上的纳税人，在处分其不动产或大额资产之前，应当向税务机关报告。【该题针对“税款征收”知识点进行考核】

6. C【答案解析】《税收征收管理法》适用于依法由税务机关征收的各种税收的征收管理。但是也有一些情形不适用《税收征收管理法》：比如教育费附加等；海关代征的增值税适用其他法律、法规的规定，不适用《税收征收管理法》。【该题针对“概述”知识点进行考核】

7. B【答案解析】观察法指通过被查纳税人的生产经营场所、仓库、工地等现场，实地观察看其生产经营及存货等情况，以发现纳税问题或验证账中可疑问题的一种检查方法。【该题针对“税务检查”知识点进行考核】

8. D【答案解析】“简易申报”是指实行定期定额缴纳税款的纳税人在法律、行政法规规定的期限内或税务机关依据法规的规定确定的期限内缴纳税款的，税务机关可以视同申报。【该题针对“纳税申报管理”知识点进行考核】

9. A【答案解析】因纳税人、扣缴义务人计算等失误，未缴或者少缴税款的，税务机关在3年内可以追征税款、滞纳金；有特殊情况的追征期可以延长到5年。所称特殊情况，是指纳税人或者扣缴义务人因计算错误等失误，未缴或者少缴、未扣或者少扣、未收或者少收税款，累计数额在10万以上的。【该题针对“税款的退还和追征制度”知识点进行考核】

10. C【答案解析】选项A，纳税人多缴纳的税款，税务机关发现后应当立即退还，不加算银行存款利息；选项B，因税务机关责任，不得加收滞纳金；选项D，纳税人偷税、抗税、骗税的，税务机关无限期追征其未缴或者少缴的税款、滞纳金或者骗取的税款。【该题针对“税款的退还和追征制度”知识点进行考核】

11. B【答案解析】从事生产、经营的纳税人只能向生产、经营地或者纳税义务发生地的主管税务机关申报办理税务登记，其他纳税人向所在地主管税务机关办理税务登记。【该题针对“税务登记管理”知识点进行考核】

12. B【答案解析】账簿、记账凭证、报表、完税凭证、发票、出口凭证以及其他有

关涉税资料的保管期限为 10 年。【该题针对“账簿、凭证管理”知识点进行考核】

13. B【答案解析】从事生产、经营的纳税人应当自领取营业执照或者发生纳税义务之日起 15 日内设置账簿。【该题针对“账簿、凭证管理”知识点进行考核】

二、多项选择题

1. ACD【答案解析】一般纳税人可单次领取 3 个月的增值税发票用量，需要调整增值税发票用量时即时办理。【该题针对“纳税信用管理”知识点进行考核】

2. AD【答案解析】纳税人发生特殊困难，经省级税务机关批准，可延期纳税。特殊困难就是指选项 A、D 两种情况。【该题针对“税款征收”知识点进行考核】

3. ABD【答案解析】选项 C，不符合欠税清缴制度规定。【该题针对“税款征收”知识点进行考核】

4. BD【答案解析】教育费附加是费，并不是税务机关征收的税，不适用《征管法》；海关征收的关税及代征的增值税、消费税，不适用于《征管法》。【该题针对“概述”知识点进行考核】

5. AC【答案解析】选项 B，税务机关有权到纳税人的生产、经营场所和货物存放地检查，但不得进入纳税人生活区进行检查；选项 D，税务机关在调查税收违法案件时，经设区的市、自治州以上税务局（分局）局长批准，可以查询案件涉案人员的储蓄存款。【该题针对“税务检查”知识点进行考核】

6. ACD【答案解析】纳税信誉等级被评为 C 级以下的不得作为纳税保证人。【该题针对“纳税保证”知识点进行考核】

7. ABD【答案解析】选项 C，属于税收强制执行措施。【该题针对“税收保全措施与税收强制措施”知识点进行考核】

8. BCD【答案解析】选项 A，并不是直接认定为非正常户，而是在税务机关责令其限期改正后，逾期不改正的，税务机关应当派员实地检查，查无下落并且无法强制其履行纳税义务的，认定为非正常户。【该题针对“税务登记管理”知识点进行考核】

第十二章 税务行政法制

一、单项选择题

1. C【答案解析】税务行政规章对非经营活动中的违法行为设定罚款不得超过 1 000 元；对经营活动中的违法行为，有违法所得的，设定罚款不得超过违法所得的 3 倍，且最高不得超过 3 万元，没有违法所得的，设定罚款不得超过 1 万元。【该题针对“税务行政处罚的设定和种类”知识点进行考核】

2. A【答案解析】税务机关对当事人作出罚款行政处罚决定的，当事人应当在收到行政处罚决定书之日起 15 日内缴纳罚款，到期不缴纳的，税务机关可以对当事人每日按罚款数额的 3% 加处罚款。【该题针对“税务行政处罚的程序与执行”知识点进行考核】

3. D【答案解析】根据《征管法》规定，不能按照规定安装、使用税控装置，或者毁损或者擅自改动税控装置的，由税务机关责令限期改正，可以处以 2 000 元以下的罚款。情节严重的，处 2 000 元以上 1 万元以下的罚款。【该题针对“税务行政处罚权力清单”知识点进行考核】

4. D【答案解析】对税务机关做出的征税行为不服，以及不予审批减免税或者出口退税、不予抵扣税款、不予退还税款引起争议，必须先经税务行政复议，对复议结果不服，才能提起税务行政诉讼；选项 A、B、C 中的争议，当事人可以选择行政复议或诉讼程序。【该题针对“税务行政复议范围”知识点进行考核】

5. B【答案解析】对税务机关作出的征税行为，必须先向税务机关提出复议，如果对复议结果不服的，可以再向人民法院提出行政诉讼。本题只有选项 B 属于征税行为。【该题针对“税务行政复议范围”知识点进行考核】

6. B【答案解析】对下列税务行政复议事项，依照自愿、合法的原则，申请人和被申请人在行政复议机关做出行政复议决定以前可以达成和解，税务行政复议机关也可以调节：行使自由裁量权做出的税务具体行政行为，如行政处罚、核定税额、确定应税所得率等；行政赔偿；行政奖励；存在其他合理性问题的具体行政行为。【该题针对“税务行政复议和解与调解”知识点进行考核】

7. D【答案解析】对下列行政复议事项，按照自愿、合法的原则，申请人和被申请人在行政复议机关做出行政复议决定以前可以达成和解，行政复议机关也可以调解：(1) 行使自由裁量权做出的具体行政行为，如行政处罚、核定税额、确定应税所得率等。(2) 行政赔偿。(3) 行政奖励。(4) 存在其他合理性问题的具体行政行为。【该题针对“税务行政复议和解与调解”知识点进行考核】

8. C【答案解析】税务机关对当事人作出罚款行政处罚决定的，当事人应当在收到行政处罚决定书之日起 15 日内缴纳罚款，到期不缴纳的，税务机关可以对当事人每日按罚款数额的 3% 加处罚款。该企业在 2017 年 4 月 5 日缴纳罚款时的总金额 = (16 + 5) × 8 000 × 3% + 8 000 = 13 040（元）。【该题针对“税务行政处罚的程序与执行”知识点进行考核】

9. B【答案解析】从税务行政处罚的地域管辖来看，税务行政处罚实行行为发生地原则。只有当事人违法行为发生地的税务机关才有权对当事人实施处罚，其他地方的税务机关则无权实施。【该题针对“税务行政处罚的主体与管辖”知识点进行考核】

10. B【答案解析】各级税务机关的内设机构、派出机构不具有处罚主体，不能以自己名义实施税务行政处罚。但是税务所可以实施罚款额在 2 000 元以下的税务行政处罚。【该题针对“税务行政处罚的主体与管辖”知识点进行考核】

11. D【答案解析】对各级税务局的具体行政行为不服的，向其上一级税务局申请行政复议。【该题针对“税务行政复议管辖”知识点进行考核】

12. B【答案解析】选项 A、D，属于行政复议终止的情形；选项 C，属于行政复议期间具体行政行为停止执行的情形。【该题针对“税务行政复议审查和决定”知识点进行考核】

13. B【答案解析】基层人民法院管辖一般的税务行政案件；最高人民法院管辖全国范围内重大、复杂的第一审税务行政案件。【该题针对“税务行政诉讼”知识点进行考核】

二、多项选择题

1. ACD【答案解析】税务行政处罚权力清单共包括 3 类 8 项处罚权力事项。其中，账簿凭证管理类 3 项，纳税申报类 2 项，税务检查类 3 项。【该题针对“税务行政处罚权力

清单”知识点进行考核】

2. BC【答案解析】纳税人对税务机关作出的征收税款、加收滞纳金决定不服，必须先经过税务行政复议程序，对复议决定不服的，才可以提起税务行政诉讼。【该题针对“税务行政复议范围”知识点进行考核】

3. ABCD【答案解析】行政复议证据包括：书证、物证、视听资料、证人证言、当事人陈述、鉴定意见、勘验笔录、现场笔录。【该题针对“税务行政复议受理及证据”知识点进行考核】

4. BD【答案解析】下列证据材料不得作为定案依据：（1）违反法定程序收集的证据材料；（2）以偷拍、偷录、窃听等手段获取侵害他人合法权益的证据材料；（3）以利诱、欺诈、胁迫、暴力等不正当手段获取的证据材料；（4）当事人无正当事由超出举证期限提供的证据材料；（5）当事人无正当理由拒不提供原件、原物，又无其他证据印证，且对方当事人不予认可的证据的复制件或者复制品；（6）无法辨明真伪的证据材料；（7）不能正确表达意志的证人提供的证言；（8）不具备合法性和真实性的其他证据材料。【该题针对“税务行政复议受理及证据”知识点进行考核】

5. ABCD【答案解析】税务行政诉讼的原则有6条：人民法院特定主管原则；合法性审查原则；不适用调解原则；起诉不停止执行原则；税务机关负举证责任原则；由税务机关负责赔偿的原则。所以四个备选答案都是正确的。【该题针对“税务行政诉讼的原则”知识点进行考核】

6. ABCD【答案解析】税务行政诉讼的原则包括：（1）人民法院特定主管原则；（2）合法性审查原则；（3）不适用调解原则；（4）起诉不停止执行原则；（5）税务机关负举证责任原则；（6）由税务机关负责赔偿原则。【该题针对“税务行政诉讼的原则”知识点进行考核】

7. AC【答案解析】税务行政处罚听证的范围是对公民作出2 000元以上或者对法人或其他组织作出10 000元以上罚款的案件。【该题针对“税务行政处罚的程序与执行”知识点进行考核】

8. BCD【答案解析】税务行政诉讼的管辖分为级别管辖、地域管辖和裁定管辖。【该题针对“税务行政诉讼”知识点进行考核】

历年注会真题

参考文献

［1］中国注册会计师协会．税法［M］．中国财政经济出版社，2021（03）．

［2］盖地，丁芸．税务筹划［M］．首都经济贸易大学出版社，2021（07）．

［3］盖地．税务筹划学［M］．中国人民大学出版社，2021（01）．

［4］关于深化增值税改革有关政策的公告，2019 年 3 月 20 日．财政部 税务总局 海关总署公告 2019 年第 39 号．

［5］增值税一般纳税人登记管理办法，2017 年 12 月 29 日．国家税务总局令第 43 号．

［6］中华人民共和国个人所得税法实施条例，2018 年 12 月 18 日．国务院令第 707 号．

［7］国家税务总局关于发布《资源税征收管理规程》的公告，2018 年 3 月 30 日．国家税务总局公告 2018 年第 13 号．

［8］国家税务总局关于城市维护建设税征收管理有关事项的公告，2021 年 8 月 31 日．国家税务总局公告 2021 年第 26 号．

［9］国家税务总局关于契税纳税服务与征收管理若干事项的公告，2021 年 8 月 26 日．国家税务总局公告 2021 年第 25 号．

［10］中华人民共和国环境保护税法实施条例，2017 年 12 月 25 日．国务院令第 693 号．

致 谢

本教材的编写过程中，得益于财政部规划教材、普通高等学校“十三五”规划教材、高等学校会计核心课程教材系列编委会相关人员对本教材的编写给予了大力支持，特此致谢，具体名单如下（排名不分先后）：

一、学术类成员

步丹璐　西南财经大学会计学院
曹越湖　南大学工商管理学院
陈　骏　南京审计大学
陈朝琳　厦门国家会计学院
杜　勇　西南大学经济与管理学院
耿云江　东北财经大学会计学院
黄莲琴　福州大学经济与管理学院
雷　宇　广东财经大学会计学院
李　成　厦门大学管理学院会计系
廖义刚　江西财经大学会计学院
刘媛媛　东北财经大学会计学院
权小锋　苏州大学东吴商学院会计系
宋晓红　龙岩学院经济与管理学院
吴昊旻　石河子大学经管学院会计学系
吴育辉　厦门大学管理学院财务学系
张伟华　北京工商大学商学院财务系
赵子夜　上海财经大学会计学院

二、企业类成员

陈亨强　福建中医药大学附属第二人民医院
陈永云　集美大学财务处
傅中琰　福建林业职业技术学院计划财务处
李怀宇　福建星网锐捷通讯股份有限公司
连国萍　福建省人民政府发展研究中心
梁武全　中核产业基金管理（北京）有限公司

刘　锦　中国航空研究院
施晓莹　漳州市财政局
宋家兴　中国煤炭科工集团天地科技股份有限公司
万爱民　新疆维吾尔自治区新华书店
王伟明　北京兴华会计师事务所（特殊普通合伙）
王文章　中国中煤能源集团有限公司
王欣健　航天科工投资基金管理（北京）有限公司
吴峰宇　华东建筑设计集团股份有限公司
杨淑飞　恒泰证券股份有限公司
游俊红　福建体育职业学院财务处
曾政林　福建诚仕达税务师事务所
郑丽敏　福建医科大学附属南平市第一医院

感谢上述专家学者对本教材编写的支持，但教材的文责还是本人负责，在此一并感谢！

张瑞琛
2021 年 10 月 18 日